解密对冲基金组合基金

如何承担债市风险、获取股市回报

聂军　文芳 著

DECRYPT FUND OF HEDGE FUNDS

How to Take Bond Market Risks & Get Stock Market Return

北京大学出版社
PEKING UNIVERSITY PRESS

图书在版编目(CIP)数据

解密对冲基金组合基金:如何承担债市风险、获取股市回报/聂军,文芳著.—北京:北京大学出版社,2018.10

ISBN 978-7-301-29943-2

Ⅰ.①解… Ⅱ.①聂… ②文… Ⅲ.①对冲基金—投资—研究 Ⅳ.①F830.59

中国版本图书馆CIP数据核字(2018)第224613号

书　　名　解密对冲基金组合基金——如何承担债市风险、获取股市回报
JIEMI DUICHONG JIJIN ZUHE JIJIN

著作责任者　聂　军　文　芳　著

策划编辑　张　燕

责任编辑　兰　慧

标准书号　ISBN 978-7-301-29943-2

出版发行　北京大学出版社

地　　址　北京市海淀区成府路205号　100871

网　　址　http://www.pup.cn

电子信箱　em@pup.cn　　QQ:552063295

新浪微博　@北京大学出版社　@北京大学出版社经管图书

电　　话　邮购部010-62752015　发行部010-62750672　编辑部010-62752926

印 刷 者　北京中科印刷有限公司

经 销 者　新华书店

720毫米×1020毫米　16开本　32.5印张　515千字

2018年10月第1版　2020年9月第2次印刷

定　　价　96.00元

未经许可,不得以任何方式复制或抄袭本书之部分或全部内容。

版权所有,侵权必究

举报电话:010-62752024　电子信箱:fd@pup.pku.edu.cn

图书如有印装质量问题,请与出版部联系,电话:010-62756370

推荐序一

在资产管理行业中，对冲基金有着独特而重要的地位。由于对冲基金的服务对象是机构和高净值个人，其私募的性质使得对冲基金经理致力于运用一切可使用的金融工具在各种市场环境下为客户提供稳健持续的收益，即所谓的绝对收益。这对对冲基金经理提出了很高的要求。投资者愿意将数量可观的资金交与对冲基金经理管理，也表明了对其能力的认可和对其品行的信任。

中国的对冲基金行业在最近几年内有了突飞猛进的发展。对冲基金在中国常被称为私募证券投资基金，而直到 2010 年股指期货和融资融券推出之前，国内市场上并没有真正的对冲工具。2013 年修订的《中华人民共和国证券投资基金法》确立了私募证券投资基金的法律地位，2014 年证监会的《私募投资基金监督管理暂行办法》则为建立行业的行为准则和监管体系开了个头，由此对冲基金行业出现了腾飞。然而，这一百舸争流的局面随着市场环境的变化也出现鱼目混珠、良莠不齐的现象。对冲基金策略的基本特征是什么？如何鉴别对冲基金经理的业绩优劣和能力强弱？如何形成有效的对冲基金组合？这些都是对冲基金的投资者、管理人和监管方需要清晰了解的问题。

聂军先生和文芳女士的这本著作正是在这个关键时点应运而生的。这本著作实际上是将两本书合二为一，既系统地介绍了对冲基金的结构和基础概念，全面生动地阐述了对冲基金常用策略及其在中国市场中的应用，又缜密地涵盖了对冲基金组合基金(FOHF)的形成过程和要领，充分体现出对冲基金组合管理所需的专业性。

相对于中国对冲基金行业较短的成长期，海外对冲基金的发展始于将近

70年前的美国，在度过漫长的摸索期之后，直到最近30年间才有了快速的发展，并经历了亚洲金融危机、俄罗斯债务违约、互联网泡沫破裂和全球金融危机的历练与考验，现已发展到将近三万亿美元的规模，充分体现出这一投资形态的价值和生命力。海外对冲基金行业发展的经验和教训对中国有着重要的借鉴意义。这本书基于聂军先生在海外市场多年的实战经验和对亚太市场特别是中国市场的深刻理解，把各类策略的原理和应用娓娓道来，佐以生动的案例——包括聂军先生亲历的事件——和丰富的图表，将复杂的内涵解剖得淋漓尽致，让从业人员仿佛置身于真实的课堂。

对冲基金行业的“老兵们”都知道，在这一高度竞争、千变万化的市场中的第一训诫就是要能活下来，因为这个市场见证过天才基金经理的基金夭折，也见证过曾苦苦挣扎的经理最终取得辉煌，其中的重要因素就是对风险的管控。在本书中，这一要素不仅体现在策略的分析上，也体现在操作的指引上，更体现在案例的解剖上。书中对风险的类型也作了详细的论述。这会让国内年轻的从业人员受益良多，因为他们一旦面对风险失控的局面就已为时过晚了。

对投资者来说，对冲基金一向具有一层神秘的面纱。在本书把各类相关策略的面纱揭开之后，也许不少投资者又会觉得无所适从，不知该投资于哪类策略，选择哪一个基金经理。而对冲基金经理的工作向来是具有挑战性的，因为这需要既有对各类策略的理解、又有对不同基金的认知，还有对市场趋势的预判。而好的基金组合的管理人则往往是这些方面的佼佼者，他们通过对基金的评估、选择、配置和调整，为投资者带来稳健而可观的收益，即所谓“以债市的风险获得股市的回报”。

本书的第二部分堪称FOHF管理人的宝典。这部分特别突出了尽职调查的重要性和广泛性，从投资到运营再到风险管理，充分体现了一个FOHF管理人所应具有的特性和技能，由此也暴露出国内市场中不少基金公司简单粗暴地把几只过往业绩较好的基金凑在一起的做法之业余。书中对尽职调查各个方面的详尽描述和解释不仅是聂军先生多年实战经验的结晶，为FOHF管理人提供了不可多得的参考资源，更为FOHF这一投资生态环境健康专业的发展奠定了基石。

本书的出版是对冲基金行业的幸运，也是读者的幸运。聂军先生具有丰富的海外对冲基金的经验，对对冲基金的策略应用了如指掌，对对冲基金组合基金的建立和管理有着独到的见解。作为中国绝对收益投资管理协会的创始会长,聂军先生对中国对冲基金事业的发展满怀激情、全力助推,在为对冲基金"正名"的同时,也犀利地指出了行业中出现的乱象和弊端。他还在上海交通大学上海高级金融学院五年前推出的全国首创"中国对冲基金领军人才"课程中担纲授课,为对冲基金行业培养了一批批中坚力量。文芳女士则以犀利的文笔在《新财富》杂志上为我们带来了一篇篇行业中人物的生动写生和趋势的深度剖析。在《新财富》与上海交通大学中国私募证券投资研究中心共同发起的"2016 年中国最佳私募投资基金经理 50 人榜单"的调研过程中,我也目睹了文芳女士的专业素养和职业追求,感叹她在特刊中对上榜的基金经理的勾勒生动鲜活。我非常有幸与这两位作者为友,从他们身上学到了很多。我相信读者在读完本书之后,也会对作者产生亦师亦友的感觉,获得对对冲基金更加深入的理解和认知,这也是两位作者对中国对冲基金行业发展的里程碑式的贡献。

严　弘

上海交通大学上海高级金融学院教授、副院长

中国私募证券投资研究中心主任

2018.2.25 于上海

推荐序二

国内对冲基金(其前身为证券投资信托、证券私募基金)行业诞生已逾十四年光景,其发展历程虽非一帆风顺,但其发展速度之快却有目共睹,这充分说明对冲基金行业在中国具有强大的生命力。

然而,尽管国内投资者对"对冲基金""私募基金""阳光私募"这样的字眼已不再陌生,但在对这个行业的理解和认识上仍存在很多误区。

正如本书开篇所说,对冲基金本质上是对冲或回避了潜在风险的基金,其对冲的方法和手段多种多样,由此带来的投资策略也是非常丰富的,而并非卖空指数期货那么狭隘。

真正的对冲基金既不是妖魔鬼怪或洪水猛兽,也不是神秘操盘手和世外高人,而是职业投资管理人依靠各自的经验和绝活,以专业化、纪律化、系统化的投资方法,为客户谋取稳健、持续的绝对收益,同时收取合理的管理费和绩效表现费。

从广义上讲,国内目前的管理型证券集合资金信托、证券资管计划、基金专户、期货资管计划、契约型证券私募基金等都可以视为对冲基金结构。与公募基金不同,对冲基金的投资目标是获取绝对收益,而不是跟大盘指数比快慢高低;对冲基金的收费方式往往是按照"高水位法"收取超额绩效表现费,而不是仅仅按照管理规模收取固定费用。所以在国内,投资者判定一只基金是否为对冲基金结构,并不是看其名称,也不是看其是否采用所谓的"量化对冲"策略,而要看其投资目标和收费方式。

对一个完整健全的资本市场生态而言,对冲基金是不可或缺的投资力量。对冲基金的存在对于构建多层次资本市场、培育专业机构投资者、满足不同风险偏好的投资者多样化的理财需求等都具有重要意义。同时,对冲基金的存在也使得资本市场定价更加充分和有效。

乱花渐欲迷人眼,市场上对冲基金(证券私募基金)数目庞杂、策略繁多、业绩分化。投资者该如何评估对冲基金的优劣?如何选择对冲基金投资?如何看待对冲基金的本质?如何构建稳健的对冲基金组合?种种问题困扰着国内高净值投资者甚至很多机构投资者。

本书仿佛行业的一场"及时雨"。它以极其专业的视角,既提纲挈领,又细致入微地剖析了对冲基金的含义、结构、策略、风险管理、对对冲基金的遴选过程、对冲基金组合基金的构建等关键问题,可谓恰逢其时。每个对冲基金投资者都应该读一读本书。

对冲基金的灵魂是对冲基金经理。对冲基金行业的竞争是激烈而残酷的,也是不断进化和能人辈出的,但"裸泳者"亦不在少数。大浪淘沙,绩效长期稳定的优秀对冲基金经理凤毛麟角。若长期观察,我们会发现,优秀基金经理有一些共同特质。比如,要有骨子里的傲气,这不是骄傲的"傲",而是在专业领域、大是大非问题上的底线和原则;要有专业的素养,这不仅指专业技能和经验,还包含职业精神和专业态度;要有人文精神和家国情怀,这不仅体现在其投资哲学层面,还包括对客户、对行业的责任和担当。因此,我们可以说,如果以中期视角评估基金经理,需关注其专业能力、经验和技巧,那么以长期视角选择基金经理,就是投资其个人品格和团队品格。正如本书中提到的"如果限于用一个词来描述选择对冲基金经理最重要的指标,那就是诚信"。

对冲基金保持绩效长青的法宝是投资过程管理。如果好的投资结果是B,那么完整的投资过程就是A。A执行到位不一定导致B发生,但从长期看会大概率导致B发生;但若A执行不到位,B则几乎不会发生,即便发生也是撞大运;而B发生却没有看到A,则可直接证伪。这也是有些对冲基金投资绩效捉摸不定和风格漂移的重要原因。本书在尽职调查的"三驾马车"中,反复提及这一点,就是希望投资者不要单纯依据历史业绩来选择对冲基金,而要把关注重点放到投资过程管理的方方面面和点点滴滴上去。

对冲基金的内核是风险管理,风险管理是长期绝对收益的来源。长期业绩优异的对冲基金无一不是把风险管理放在首位的。当然,由于对冲基金策略的多样性,不同策略之间风险管理的过程、手段和目标有所区别,但风险管理永远都应当是居于首位的考量因素。评估和投资对冲基金也是一样。从FOHF的角度来看,也应当把组合风险管理列为首要考量因素。FOHF的风险管理更为复杂,因为这不仅涉及宏观风险判断、对冲策略甄别、基金经理评估,还涉及大量、琐碎的运营尽职调查和风险管理尽职调查细节,“三驾马车”一驾都不能少。而且,风险管理的过程是持续、滚动和动态的,绝不是一投了之,重前期组合构建,轻后期组合管理。可想而知,FOHF的投资门槛和专业难度是相当高的,看数据、刷排名、拍脑袋式投资对冲基金所蕴含的风险相当大。事实上,对于风险管理无论怎样强调都不为过。本书花费了大量笔墨,逻辑上前后勾稽,强调了评估对冲基金时,不仅要注重投资尽职调查,还要把运营尽职调查和风险管理尽职调查做到位。

国内对FOHF的实践探索始于2009年,从萌芽到今天曾有过两个小高潮。如今,FOF(基金的组合基金)的概念已广为传播,已有越来越多的机构加入到投资实践中来,这对于中国对冲基金行业的健康发展,对于培养专业机构投资者和普及正确的投资理念,都是莫大的好事。

但是,我们同时也看到,国内多数FOHF投资机构还处于初期摸索阶段,投资哲学、投资理念、投资方法和投资体系尚不成熟。从实践来看,基于理念、团队、经验、商业模式的约束,很多FOHF还是偏投资尽职调查,而根本没有或极少考虑到另外“两驾马车”。而且,即使是投资尽职调查“这驾马车”,也缺乏应有的专业深度。这也不利于树立FOHF行业的专业形象,令人忧虑。这本书的出版恰逢其时,系统而全面地阐明了FOHF应当做的最基础的工作,不啻为一部优秀的FOHF行业投资指南。

另外,需要特别指明的是,FOHF与业内惯称的大类资产配置是不同的。两者不仅投资范围不同,而且投资哲学和理念,所用系统、工具和方法,乃至投研团队的专业宽度和深度也大相径庭。虽然FOHF投资范围中也包含债券策略、信用策略、利率汇率策略等,但用大类资产配置的思路做FOHF投资仍然是有问题的。打个比喻,如果说大类资产配置是宏观层面的投资,对冲基金是微观层面的投资,那么FOHF就像中观层面的投资。中观包含于宏观之内,宽广于微观之外,但却是专属和另类的投资领域。之所以强调这一点,是因为国内有些机构用大类资产配置的方法和模型做FOHF投资,或尝试建立一个大一统的模型涵盖FOHF投资。这些模型虽然对FOHF投资有所帮助,但深度却往往不够，从而无法实现FOHF的预期投资目标，甚至还可能带来组合风险。

本书作者是我相识多年的老朋友，他们长期浸淫在对冲基金和FOHF行业，长期关注和关心中国对冲基金行业的发展，并身体力行，不懈地宣传和实践对冲基金行业的正确理念，不遗余力地推动行业的规范化和专业化，其精神非常值得钦佩。

FOHF和对冲基金是对冲基金生态链的下上游，FOHF的发展必将极大地推动对冲基金行业的规范化、专业化和机构化，对优化国内对冲基金行业的投资者结构，推动对冲基金行业优胜劣汰、健康发展，乃至推动中国资本市场的完善，都具有重要意义。我相信，本书的出版也必定能够为这一目标的达成给予强有力的推动！

刘　辉

淳臻投资CEO

2018年1月8日于深圳

推荐序三[*]

资产配置的基本理念：一是持有风险资产可以获取风险溢价；二是分散化投资应该是风险因子的分散化，是唯一的“免费午餐”；三是投资回报等于资产类别指数回报 β 加上积极管理超额收益 α。β 是持有风险资产获取的系统性风险溢价，其特点是市场容量大、获取较为容易（如简单复制指数基金）、成本低。β 收益是对所有持有该风险资产的投资者进行的风险补偿，对于市场参与者来说是共赢的。而 α 收益是在 β 收益基础上的超额收益，例如积极管理相对于指数投资的超额收益、市场中性的绝对收益产品等。α 收益有很多来源，例如选券、择时（包括动态资产配置）、套利等。与 β 不同，真正的 α 是零和博弈，有人赚就有人亏。并且，α 的市场容量有限，对投资能力要求高，很多积极型管理人因此收取高昂的管理费甚至业绩提成费。介于 α 和 β 之间的是非传统 β 或系统性 α，如风格因子、波动率、并购溢价、巨灾保险等。对冲基金作为绝对收益产品，属于金字塔的上两层。

海外对冲基金由来已久，简单来说，对冲基金是投资基金的一种形式，意为“风险对冲过的基金”。管理者采用各种公开市场金融工具和交易方法来对冲掉不想承担的风险，承担“性价比”高的风险来赚取利润。投资决策有主观判断，也有量化模型驱动，具体投资策略很多，通常分股票多空、事件驱动、全球宏观和相对价值四大类，每一类还可以细分为很多小策略。从收益来源上来看，对冲基金收取的是 α 的费用，但不少策略有一定市场 β。多数股票多空策略、事件驱动策略有一定股票 β，管理人主要通过选券获取 α；市场中性管理

---

* 本文曾以“海外对冲基金投资分析”为题发表于《清华金融评论》2016 年第 9 期，第 83—86 页。

人基本没有股市 β,靠选券获取 α;全球宏观管理人靠在大类资产间择时,做多或做空利率、外汇、股票指数、商品等获取 α;相对价值类管理人以套利为主,抓住市场因参与者不同、监管/税收/会计等限制、流动性溢价等机会。

海外对冲基金的管理资产自 20 世纪 90 年代以来一直呈上涨趋势,2008 年因全球金融危机市值缩水加上投资者大幅赎回,有较大的回落,危机后又持续上涨,现在处于历史高点。对冲基金日益流行可以归结为三大主要原因:一是投资范围广泛、投资方式灵活。相对于传统的公募基金(简单做多,有明确的基准和跟踪误差、杠杆限制,甚至行业、评级要求),对冲基金更为灵活,为投资者获取 α、增强组合夏普比提供了更好的平台。二是管理人与投资者激励相容。管理人通常是对冲基金的拥有者和创始人,自己管理基金主要风险,通常基金内有相当比例的自有资金,基金的业绩提成等机制保证了管理人与投资者激励相容,相对于公募基金代理成本小(less agency cost)。三是易于聚集优秀管理人。对冲基金优厚的薪酬体系吸引了优秀的管理人,近 20 年来,新成立的资产管理公司多为对冲基金,而传统资产管理公司中并购多发,少数几个做大做强,行业整合现象明显。优秀的机构投资者(如耶鲁大学捐赠基金)率先加大对冲基金配置,寻找更好的风险调整后回报。

2002 年以来捐赠基金的平均配置逐年上涨,从 10%上升到目前的 20%左右。从 2010 年以来,美国公共养老金配置对冲基金的数量和配置比例也是逐年增加的,但养老金在对冲基金上的配置比例不到捐赠基金的一半,这既反映了养老金的董事会和管理者对对冲基金的接受程度,也说明养老金规模通常比捐赠基金大,很难大比例配置对冲基金。另外,市场容量限制也是制约许多大型机构投资者对冲基金配置的重要因素。许多大型养老金[如加拿大养老金(CPPIB)]及国家主权基金[如阿布扎比投资局(ADIA)]对于对冲基金的配置都低于捐赠基金。挪威央行投资管理局(NBIM)由于规模超过 1 万亿美元,选择不配置对冲基金。

对冲基金在机构投资者资产配置中的定位

海外机构投资者的资产配置主流是以公开市场股债为主,长期来看,对冲基金较传统股票、债券的风险调整后收益更好。数据显示,1990 年以来对冲基金整体风险较股票更低、回报更高。但最近 10 年,由于全球进入低增长、低利率的市场环境,对冲基金的平均收益有所下降。对冲基金整体风险收益特征在剔除费用后不如债券。

展望未来,美联储已经退出量化宽松,开始了升息的步伐,利率下行空间有限,债券的预期收益低于以往。这就增加了相对价值和市场中性类策略的吸引力。一类投资者将对冲基金作为债券类资产的替代,希望在承担类似风险的同时,可以获得更加稳定的回报。同时,全球增长虽有复苏,但人口结构、科技发展等长期因素很难回到危机前水平,风险资产价格经历了 8 年上涨,预期收益很难满足投资者的收益目标,投资者不得不增加股票类风险资产的配置,由于担心下行风险,投资者投资对冲基金作为股票类资产的替代,如耶鲁,希望在获取类似收益的同时承担更低的风险。还有一些投资者更加饥渴地寻求 α,把对冲基金归类为稳定的绝对收益(portable α),由独立的团队管理,争取与风险资产低相关性的收益,增加组合战胜基准的概率。实际上,在传统的股债配置中增加对冲基金,可以将投资有效边界向左上方移动(见图 1),改善组合的风险收益特征。

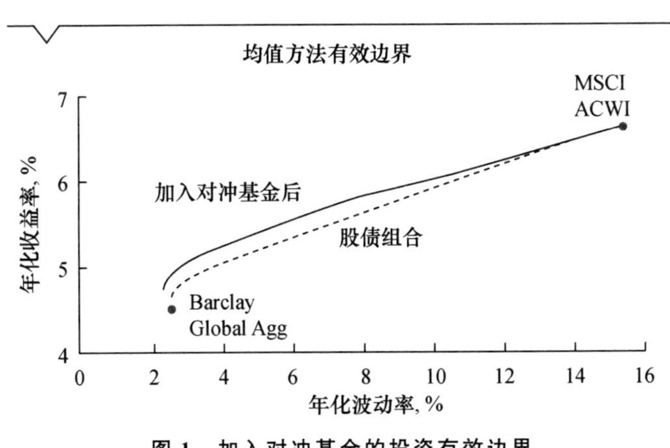

图 1　加入对冲基金的投资有效边界

对冲基金的业绩

业界常用的对冲基金数据库和指数很多,如 HFR、Barclay、Eureka、Bloomberg、Credit Swiss、Cambridge Associate、Morningstar、Lipper、Preqin、Albourne 等。但这些对冲基金指数普遍存在以下问题:一是覆盖率低,按照基金

个数或在管资产数量计算，均低于 50%；二是由于自愿报告，不仅业绩不好的基金会停止报告业绩，业绩出色、对外关闭的基金也没有动力报告业绩；三是由于对冲基金是自愿报告，投资策略各异，估值时间长短有别，因此对冲基金指数会随着数据不断加入而不断更新；四是存在存活者偏差（survivorship bias），对于被迫关闭的基金，数据库中的最后回报通常高于投资者实际能够获得的回报；五是存在权重差异，资产加权的指数主要反映大基金的回报，算术平均加权的指数倾向小基金；六是很多对冲基金对投资者有一定要求，特别是业绩优秀的基金不再对新投资者开放，所以与股票指数不同，投资者很难获得指数回报。

尽管对冲基金指数存在各种问题，但从中仍然可以看出一些行业趋势。对此，我们有以下几点观察与思考：

第一，观测区间不同，对冲基金的业绩有很大波动，需要积累尽可能长期的数据才能得出统计上显著的结论。例如，对于夏普比为 1 的策略，通常需要 4 年时间才能得出统计上显著的结论。

第二，简单拿对冲基金指数业绩与股票或债券指数比较并不公平，因为对冲基金管理人的初衷并不一定是超越股票或债券指数，而机构投资者对于对冲基金的定位各不相同。相对客观的比较是拿管理人和投资者业绩与其自身目标比较，当然这些数据很难获取。我们收集到的最有说服力的数据是杰姆基准公司（CEM Benchmarking Inc.）提供的机构投资者费后数据，过去 3 年 300 多家机构投资者的对冲基金投资小幅战胜自身基准，而相同数据库中股票、债券的积极管理人业绩未能战胜自身基准，其中，25 家大型机构投资者在对冲基金上的投资超额收益为负，而股债积极管理贡献为正。2016 年是史上积极管理最具挑战的一年。

第三，对冲基金指数或投资者实际投资情况近 3 年不如公开市场股债组成的近似组合，主要是由于对冲基金收取的高昂费用。

第四，对冲基金中隐含了市场 β。例如，股票多空和事件驱动策略的股票 β 较高。应该避免为市场 β 付高昂的费用。

第五，在 2008 年全球金融危机期间，投资者担心金融系统崩溃，市场流动性枯竭，投资者大幅赎回对冲基金，使得平时与市场低相关的资产和策略也被清盘，尾部相关性大幅上升。

第六，对冲基金指数近10年的回报不如之前，是不是市场环境变了，α不存在了？对部分优秀对冲基金指数3年滚动超额收益进行分析，发现危机后总体为正，但均值有所下降，但还不足以得出统计上显著的结论。学术界对对冲基金方面也很关注，从最早的Fama-French三因子模型，到之后的五因子模型，都不能解释对冲基金的回报。Fung-Hsieh(2004)做了一系列研究，他们基于资产风格的七因子模型可以更好地解释对冲基金回报。Buraschi等(2013)研究的结论是，优秀管理人的α有一定可持续性。

选聘对冲基金的考量

对冲基金的α具有可持续性，管理人的选聘至关重要，成功需要经验的积累、科学与艺术的结合。我们通常会从以下几个方面考量来判断业绩的可持续性：

第一，投资团队(people)。重点关注决策人(decision maker)，也就是对业绩负责的关键人，考察同一决策人是否有长期的业绩记录并且仍负责该策略，管理人管理的资产规模在比对期(也就是公司考察的业绩期间)是否有大幅变动，管理数千万美元和数十亿美元的考察能力并不完全相同。此外，应关注决策机构设置、决策记录的留存和验证、管理人的历史和所有权架构、投资团队的合作经历和激励机制等；在支持团队(support staff)方面，需关注是否出现过重大失误以致影响业绩等。

第二，投资流程(process)。(1) 投资策略是否有道理，可持续；(2) 决策方法、业绩是基于大量"小"决定还是使用少量"大"决定，相对而言前者稳定性更好；(3) 选券(security selection)流程方面是自上而下或自下而上，有无量化方法的使用；(4) 量化分析管理人增加、改变或撤销模型机制的流程和对投资模型持续的研究能力及动力；(5) 风险管理机制，包括对流动性风险、大幅下跌风险、操作风险等的管控；(6) 止损机制，点位设置以及执行纪律；(7) 运营管理机制，清算结算流程和数据及时维护。

第三，过往业绩(performance)。这通常是最重要的因素。考量管理人的历史绩效应重点检验完整周期中的滚动表现(rolling return)，而不仅是累计回报(cumulative return)，最好观察5年、10年乃至更长时间的绩效。但也要注意市场环境的变化，因为5年前、10年前的市场可能很不同，需要判断管理人适应现有环境的能力,对管理人的业绩进行适当归因,区分管理人业绩来源于风格(style)还是能力(skill),剖析收益来源是偶然获取还是可持续的。还需要关注市场机会的捕捉率、波动率和夏普比,了解业绩大幅下降的原因以及管理人的改进举措。

第四,规模和容量(size and capacity)。主要评估表现优秀的管理人能否对委托人开放足够和有意义的投资规模,公司可以设定一个起点标准,例如投资金额在 2000 万美元(相对于公司总资产万分之一)或策略的 1/10 才被认为是有意义和值得考量的管理人。另外,需要考量管理人的策略管理资产(AUM),有时数额过大反而难以获取超额收益。

第五,透明度(transparency)。管理人愿意提供是理想情景,因为有了管理人持仓或是风险敞口,可以详细了解管理人的策略执行,更好地判断收益的可持续性,而管理人没有了选择性“讲故事”的余地。事实上多数机构投资者选择对冲基金是因为没有自己组建团队的能力,因而有些管理人担心机构投资者拿到头寸后复制策略。因此有些业绩优秀、容量有限的基金不提供头寸,其实,只要提供足够的敞口信息让投资者了解策略执行情况,也是可以接受的。

对冲基金的组合构建

对冲基金的组合构建可以简单归纳为三个原则:

第一,挑选夏普比高的投资。如果能找到夏普比高、回报好的投资,应该优先投资,因其达到投资目标的可能性会很大。但现实情况通常是,好基金很难找,找到了也会有容量有限的情况,即对新投资者关闭了。

第二,挑选相关性低的策略。组合管理的优点就是将低相关性的投资组合在一起,使得组合的夏普比提高。市场上股票 β 容易获得,而与股市相关性低的资产和策略通常被忽视。

第三,注重风险配置。不少投资者只考虑资金配置,而忽略了不同基金的风险水平差异很大,相同资金配置的基金,风险大的对组合影响更大。组合构建应该保证基金的风险配置与我们对其管理人的置信度一致;置信度差不多的管理人中优先考虑相关性低的基金;置信度和相关性类似时,可以均衡配置风险。

组合中应该配置多少个基金呢?如图 2 所示,如果找到 5 个 0 相关的投资,组合风险就能降低一半;20 个以上的投资,新增加的分散化效果就很有限了。而相关性 0.6 的投资,很难将组合风险降到 80%以下。事实上,选择管理人个数过多,不仅需要大量的精力跟踪、监控与管理,还会导致过度分散,回报特征趋于指数化,考虑到需要支付的高昂费用,投资个数过多不利于完成投资目标。

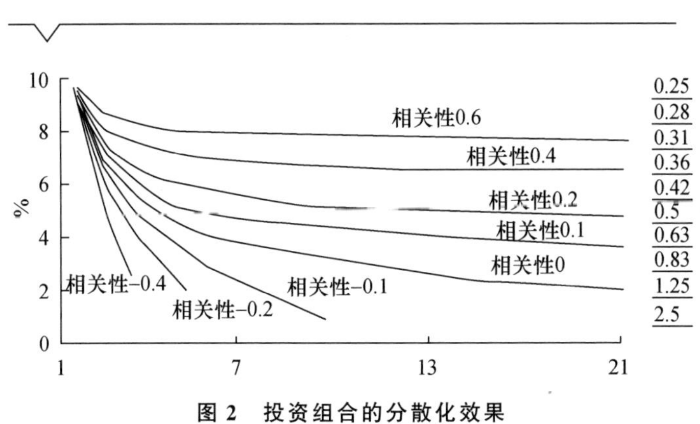

图 2　投资组合的分散化效果

策略配置的神话

对冲基金各个策略的回报在不同市场环境下有所不同。根据宏观判断进行动态的策略配置听起来很有吸引力,但操作难度较大。主要是因为业绩出色的对冲基金对新投资者关闭,配置者一旦撤资,很难再获得投资额度。而同一策略内管理人的收益差异(dispersion)通常大于短期策略间平均收益之差。以宏观策略为例,选到第一象限的管理人足以弥补宏观策略与其他策略的差异。

对冲基金的增减资的成本和实效性较差,月度、季度的申购/赎回较为常见,不少基金设有门槛(gate),部分基金甚至收取一定费用。这还不包括初次投资时的尽职调查和法律谈判时间。所以我们跟踪多年的机构投资者中很少有人能够做到在策略配置上总是正确。业绩归因显示,平均 2/3 以上的超额收益来自管理人选择。这一现象可以从理论上进行解释,即积极管理的基本原则(fundamental law of active management):

$$信息化=置信度\times\sqrt{宽度}$$

套利类策略置信度较高,股票多空等策略选券的宽度大,而全球宏观策略的置信度和宽度都不够,所以其信息比或夏普比不如其他策略。同理,策略选择与管理人选择相比,置信度和宽度都不够,自然信息比不高。一个有意思的悖论是,如果配置者有能力判断宏观形势和市场环境,那么直接进行全球宏观投资可以有更灵活、交易成本更小的工具,其回报也远远高于对冲基金配置者。而宏观策略对冲基金的不尽如人意的回报其实很能说明问题。

因此,管理人选择应该是基本功,20%的努力可以贡献80%的回报。策略选择可以用来锦上添花。

投资者最新发展趋势

近两年,媒体报道了一些知名基金特别是全球宏观策略业绩不佳,资产规模大幅下降。机构投资者中也有一些减配甚至完全退出了对冲基金,引起不少养老金董事会的质疑。事实上,行业统计显示,退出总量有限,投资者2017年呈现净流入状态。Barclay、eVestmentd、Preqin等多家机构的投资者调查显示,机构投资者对于对冲基金的信心有所回升。瑞信(Credit Swiss)对冲基金投资者信心调查结果显示,2017年投资者净需求增加了12%。

伴随投资者对对冲基金业绩的不满和另类β等低成本替代产品的兴起,对冲基金行业的费率一直呈下降趋势。2016年年底管理费中位数已降至1.51%,74%的管理人愿意降低业绩提成费。这实际上对投资者非常有利,特别是对于大额投资、种子投资、早期投资和长锁定期的投资费率降低幅度更大。

对冲基金是α的游戏,整个行业的费用高昂,长期平均回报很难超过简单的市场指数,在牛市中就更为明显。但是对冲基金管理人之间差异明显,第一象限的管理人业绩出色,能够提供优秀的风险调整后收益。然而人性的80—20法则导致,80%的投资者都认为自己是最优秀的20%,能够达到市场的第一象限回报。所以,作为投资者,除了之前提到的明确投资目标,还要清楚自己的竞争优势和劣势。

一般而言,拥有大额的长期资金的投资者最受优质对冲基金青睐,有条件投资业绩出色的大型基金;有专业能力的投资者通常会敢于投资新管理人,通过逢低进入低相关性管理人、高集中度、跟投和杠杆等方式降低费率,提高整体组合的风险调整后收益。如果以上二者都不是,建议聘用专业团队来达到投资目标。同时,需要明白的是,没有一只对冲基金适合所有人,重要的是我们能找到最适合自己的投资策略。

我自1998年在纽约高盛公司从业以来,亲身经历了多家对冲基金的兴衰,从长期资产管理公司(Long Term Capital Management),到2008年的全球金融危机对冲基金行业,可以说是"一家欢乐几家愁"。2009年我加入中投公司后从对冲基金的委托投资开始,到开展自营投资,到接手整个绝对收益组合的投资,有幸接触了业界大大小小多家对冲基金,学习了很多专业知识和业务管理。2017年年末我受《清华金融评论》之约,写了一篇关于海外对冲基金的文章,感慨良多:一方面,对冲基金领域博大精深,还有很多内容可以仔细介绍;另一方面,工作之余写作非常不易,需要顽强的信念和持久的坚持。恰逢聂军总寄来了他集多年经验与心血而成的书稿《解密对冲基金组合基金——如何承担债市风险、获取股市回报》,邀我作序,深感荣幸,敬佩之余,仅以此文抛砖引玉。

迄今为止,这是我看到的关于对冲基金组合基金最为全面的著作。书中不仅涵盖了对冲基金的各个策略,还系统性地介绍了组合基金的运作,从投资、运营到风险管理的尽职调查,还包含很多操作层面的具体案例和建议。这本书可以作为开展组合基金业务的投资者的入门指南,也可以为资深的对冲基金投资人提供很好的参考材料,有助于中国资产管理行业朝着专业化、现代化、机构化的方向可持续健康发展。

范　华

中国投资有限责任公司资深董事总经理

前　言

（一）

对冲基金(hedge fund)本意为“风险对冲过的基金”,起源于1949年的美国,阿尔弗雷德·温斯洛·琼斯(Alfred Winslow Jones)与四位朋友创建了世界上第一只对冲基金,在其中首次引进做空策略来对冲他持有的股票投资组合,并首次引进杠杆投资来提高投资组合的回报。

此后,人们用了将近20年的时间来认识和观察对冲基金。直到1968年,对冲基金行业才真正成形,当时全世界大约有140家对冲基金机构。人们发现,对冲基金的收益较传统的共同基金的收益要高十几个百分点,且波动幅度远低于共同基金的波动幅度,也就是说,这种非传统投资方式不但明显提高了投资收益,风险还比传统的股票投资低很多。

另外,长期的事实证明,对冲基金的业绩表现与传统投资策略的相关性较低,且其投资策略较传统投资策略灵活得多,能更好地为投资者实现保值增值。在当今的欧洲国家、美国、日本等发达国家,对冲基金已成为各种机构投资者(如主权基金、退休基金、大学捐赠基金、保险公司、再保险公司、家族办公室、银行财富管理等)及高净值投资者的一种新兴投资资产类别,成为其资产配置的标配。

目前全球有10 000多家正式注册的对冲基金公司,管理资产约31 000亿美元。而整个亚洲大约有1 000家对冲基金公司,管理资产仅占全球对冲基金管理资产的8%左右,专注于大中华地区的对冲基金的管理资产在全球对冲基金行业中约占0.5%。而美国对冲基金行业管理资产占全球的70%左右,欧洲的占 20%左右。这种悬殊的占比一方面反映了中国市场与欧美市场的巨大差距,另一方面也说明中国市场蕴藏巨大的发展空间,我们有足够的理由相信,中国的资本市场规模在不远的将来可以与美国的资本市场规模相媲美。

在过去的几十年里,对冲基金为投资者创造财富的同时,也造就了许多富豪对冲基金经理。比如,在 2017 年的“《福布斯》全美 400 富豪榜”上有 25 位富豪是通过经营对冲基金而上榜的。其中除了众所周知的乔治·索罗斯(George Soros)和“文艺复兴科技”创始人詹姆斯·西蒙斯(James Simons),还有曾经在纽约开过出租车的布鲁斯·柯夫纳(Bruce Kovner)。可见,在对冲基金的世界里“英雄不问出处”,关键是要发挥出自己的“独门武功”的优势。

人们通常把乔治·索罗斯作为对冲基金的典型代表人物。他于 1992 年经过细致的宏观分析,认为英国央行无力支撑英镑的汇率而难逃被踢出欧洲货币组织的命运,因此与英国央行打了一场攻坚战,从中盈利约 11 亿美元,从此名声大振,在数年中使得其旗下的基金迅速达到了 200 多亿美元。1997 年他又带领几家大对冲基金对马来西亚、印度尼西亚、泰国的金融系统发起攻击,从“亚洲金融风暴”中赚得盆满钵满。然而,就在其踌躇满志地希望大举进攻中国香港市场时却苦战不下,最后不得不在损失近 20 亿美元后铩羽而归,导致如日中天的索罗斯基金几乎关门歇业,也为索罗斯在亚洲“赢得”了“金融大鳄”的称号。究其原因,索罗斯低估了当时中国香港特区政府借助中国人民银行雄厚的外汇储备的能力,低估了中国政府在香港回归后要不遗余力维护香港金融市场稳定的决心,使得他在西方金融市场中屡试不爽的法宝在中国香港市场失灵。由此可见,再好的模型也并非放之四海而皆准。

索罗斯基金是通过对宏观经济因素的分析来交易并从中盈利的,这种策略只是各种不同的对冲基金策略里的一种,称为全球宏观对冲策略。

实际上,除了琼斯的股市多/空头策略和索罗斯的全球宏观对冲策略,对冲基金策略还有许多种,从大的分类上来说有十几种,从小的分类(具体模型)来说就数不胜数了。而不同的市场条件对不同的策略有完全不同的盈利机会,应该说每个策略都有其“顺风”环境和“逆风”环境,没有哪个策略是“常胜将军”。比如说,当股市或传统金融市场处于熊市时,相应的做空策略便有不错的盈利机会;疲软的股市可能正是市场中性策略,特别是统计模型套利策略有良好表现的时候;公司进入破产法庭后则可能给受压资产策略带来良机;剧烈的地缘政治往往使传统市场的波动增大,但动荡的外汇市场则给好的外汇套利策略带来更多的盈利空间;甚至天气因素也会给农产品期货策略带来丰厚的利润;经济复兴或进入萧条又给宏观模型策略创造获利的良机;强劲的股市不但会使广大投资者欢天喜地,而且可以使聪明的可转债套利者从中享受“丰盛大餐”;轰轰烈烈的兼并热潮还会给并购套利策略提供获利良机;等等。

对冲基金的一个特点是每只对冲基金都精于自己的“一亩三分地”。人们常说,对冲基金的投资是“一厘米宽度但却是一千米深度”的精深度投资。每片天地,自有春秋。从理论上而言,很难说哪一种对冲基金策略会长期优于其他策略。

当然,有人会说,如果每种对冲基金策略都根据不同的市场条件启动相应的策略,岂不是能使投资者在任何市场条件下都有盈利的机会?或者说,就能构成一种“四季长春”的投资策略?这就产生了对冲基金组合基金(FOHF)策略。实际上,各种对冲基金策略的风险/收益各具特色,套利型的策略收益和风险都比较低,而方向性策略的收益率和风险都相对高些。因为各种对冲基金策略之间的相关性通常都比较低,所以从理论上而言,在正常的市场状况下,将各种策略组合起来可有效地分散风险。如何正确地分析判断各种市场的走向,然后把各种对冲基金策略组合起来,就成了 FOHF 所面临的主要挑战。

好的 FOHF 通常有一整套实施方案来解决这些问题,该实施方案以风险因子为操作的 DNA,将“自上而下”流程与“自下而上”流程相结合,来构建和调整投资组合。我们在本书中将对此作详细介绍。在这个过程中,一个额外的礼物是 FOHF 还能以主动的方式顺带实现动态大类资产配置。不仅如此,这种方式还可以使 FOHF 基金经理能根据客户的风险偏好而量身定制各种风险水位及收益区间的投资组合,充分在全市场、全资产类别中有效地分散风险,从而“承担债市风险、获取股市回报”。

应该指出的是,无论是单一的对冲基金策略还是对冲基金组合基金策略,都不是上天赐给的“免费午餐”,其高回报、低风险是靠具体操作者“承担有意向的风险同时规避无意向的风险”,靠其兢兢业业的全面分析、独特的技术专长及丰富经验来实现的。同其他任何投资一样,对冲基金投资也存在各种风险,投资者在投资之前一定要作好全面的尽职调查,深入了解所要投资的风险和回报的特征,基金经理是靠承担什么样的风险来获取其额外收益的。

必须强调的是,投资对冲基金面临的最大风险是“人性风险”。过去几十年里,人们不时听到有对冲基金“炸锅”的消息。这方面当首推2008年的“麦道夫庞氏欺诈事件”,前纳斯达克主席伯纳德·麦道夫(Bernard Madoff)在长达十几年的时间里通过“庞氏骗局”导致投资者损失650亿美元,受害者名单中也不乏著名金融机构。麦道夫的联接基金曾经与作者聂军所在的不同团队接触三次寻求投资,但每次都被我们拒绝了(细节在本书相关章节有描述),所以麦道夫事件没有给我们的投资者带来任何直接损失。

其次是1998年的“长期资本管理公司”(Long Term Capital Management)败走麦城事件。当时,该基金由于过分贪婪以及对俄罗斯国债违约风险(default risk)没有正确的估计而铸下大错,几乎导致了美国及整个世界金融市场的崩溃,最后美联储不得不出面联合华尔街16家银行紧急营救,基金投资损失达94%并且导致了长期资本的全面倒闭,其中也涉及该团队的人性风险。在本书相关的章节中,我们也会叙述当年作者聂军所在团队通过尽职调查,决定不向长期资本投资一分钱的原因——当时华尔街许多大行高管都在争先恐后地将自己的私人财产投到长期资本基金中去。当然,最后长期资本爆仓时我们的投资者没有遭受任何直接损失。

以上两个实例中,作者聂军所在的团队都是在尽职调查的“第二驾马车”和“第三驾马车”中甄别出潜在风险而避开这两个“大雷”的。作者聂军常说,运营风险给投资者所造成的损失往往会远超投资风险所带来的损失。这方面还有许多的实际操作例子,作者也希望在本书中与读者分享,以便使读者可以从中体会到投资对冲基金时完整的尽职调查的重要性。

对冲基金与对冲基金组合基金(FOHF)处于投资“食物链”的两个不同环节,二者相得益彰。一个非常重要的事实是,FOHF需要丰富的对冲基金策略来发展,而FOHF行业的稳健发展反过来又有效地推动了对冲基金行业的健康发展。欧美市场在各种对冲基金策略发达的基础上全过程地发展了FOHF,形成了一个完备的生态系统。对冲基金的诸多优越性使之成为投资界的皇冠,而FOHF则是这个皇冠上的明珠。要想摘得这颗明珠,需要做很多很深的功课才能避开途中各种潜在的雷区。

（二）

亚洲对冲基金起步较晚，比美国晚了近40年，直到20世纪80年代才真正发芽成长。而FOHF在亚洲的发展则是在1999年左右才真正开始的。遗憾的是，2008年金融海啸给还在“成长期”的亚洲FOHF行业造成重创，不少组合基金不得不关门歇业或变卖公司股份。这一行业因此没能像在欧美一样真正经历“起步—发展—成熟—繁荣”的全过程，机构投资者也没能真正成为一支独立的力量来系统地扶持亚洲对冲基金行业的全面发展。可以说，亚洲对冲基金目前的良莠不齐与此有很大关系。

作者聂军第一次提笔写作本书是在2004年，那时对冲基金在亚洲尚处于比较初级的阶段，中国内地市场仍处于“谈对冲基金色变”的状况，人们一方面将对冲基金神秘化，另一方面则将之妖魔化。在亚洲尤其是在中国，提起对冲基金，人们不禁会联想到乔治·索罗斯、老虎基金以及1997—1998年的亚洲金融风暴，不少人认为是对冲基金制造了那场金融风暴。此后，亚洲人把对冲基金形容成洪水猛兽、麻烦制造者。此外，许多人包括新闻媒体均误认为对冲基金是高风险的做空基金。

虽然中国人涉足对冲基金比较晚，但在过去二十多年里也逐渐涌现了许多杰出的华人对冲基金经理，其中不少是在西方受到海外对冲基金一线实践训练的，例如，泓策资本创始人周忠全、凯思博资本创始人郑方、申毅投资创始人申毅、天元资本创始人王兵、智德投资创始人伍军、博煊资产管理创始人居雄伟等。随着中国内地市场的成熟和发展，许多优秀的投资人如雨后春笋般地涌现，如高瓴资本创始人张磊、期货行业传奇大佬葛卫东等。

2006年作者聂军回亚洲后有了更多机会接触到中国市场和投资者，深感身体力行地做些投资者教育之事更为重要，于是不得不停下本书的写作，把时间和精力花在实际推行中国对冲基金的实践中。2010年作者聂军首次接受《新财富》杂志的访谈，访谈文章《聂军：为对冲基金正名》及《美国VS日本：对冲基金发展六大制胜法宝》由作者文芳发表于《新财富》2010年7月号。两篇文章后来对中国对冲基金行业的发展起到了一定的推动作用。过去数年中，在与国内外精英同仁的共同努力及各地方政府金融办的大力支持下，作者聂军及其团队成功举办了各种对冲基金国际高峰论坛,以推广对冲基金的投资理念、策略、流程、结构、行业操守等,并于2011年2月在中国香港地区注册成立了中国绝对收益投资管理协会,在推动中国对冲基金发展方面尽了些绵薄之力,在业界引起了积极正面的反响。本书两位作者均为该协会创始成员。

在过去几年里,中国资本市场和金融市场发生了迅速的变化,对冲基金在中华大地上也不再是什么“洪水猛兽”,而是成为业界的热门话题和寻求突破的新兴事物。2013年修订的《中华人民共和国证券投资基金法》正式实施后,对冲基金更是如雨后春笋般蓬勃发展。2013年10月18日“对冲基金园”正式在上海虹口区挂牌更是成为中国对冲基金行业的里程碑事件。

真正具有对冲意义的基金在中国A股市场实际上是从股指期货于2010年推出以来才出现的,其历史到现在还很短。2014年2月7日中国证监会开放私募基金注册备案制后,中国对冲基金公司才可以通过在基金业协会备案的方式正式成立,发行自己的对冲基金产品。目前中国内地可以被称为对冲基金的基金公司大约为700家,部分公司是从阳光私募转型的,部分公司是海归回国创办的。这些对冲基金公司的产品分布在股市多/空头策略、市场中性策略、宏观策略、CTA、事件驱动策略、相对价值策略等。中国的对冲基金公司的数目还在迅速增长中,我们有理由相信,随着中国内地市场的监管的开放、金融工具的推出和相关人才的成长,越来越多的对冲基金策略将有其用武之地,一些海外对冲基金策略经过本土化之后可以直接用于中国市场。从2010年4月沪深300股指期货推出至今,中证500股指期货、上证50股指期货、2年期国债期货、5年期国债期货、10年期国债期货、上证50ETF期权、黄金期货、原油期货、各种商品期货期权等的陆续推出,期货品种的不断丰富,沪港通、深港通、债券通等互联互通渠道的推出,中国A股纳入MSCI全球股指及新兴市场指数等都为对冲基金策略向多元发展提供了巨大的空间,使对冲基金策略可以往纵深拓展。虽然有人会说,前面提到的这些与发达市场相比仍然相差很远,但不得不说跟5年前、10年前比已经有了突飞猛进的变化,而且在中国市场走向成熟的过程中,很多对冲基金策略能从中获得在发达市场无法获得的盈利机会,因为其中存在许多市场非有效性。也正因为如此,在中国内地市场的参与者中,不仅有本土成长的基金经理,还有一大批若干年前在美国和全球金融市场驰骋的基金经理纷纷回归施展才华,更有一批外国人带着他们的梦想来到中国内地市场探索和参与中国对冲基金行业的发展。

毫无疑问,中国市场是一块对冲基金发展的热土,中国投资者也急需各种对冲基金策略带来更加稳健的收益以降低风险和波动,保护几十年改革开放所创造的财富,使之能传承给后代、更好地服务于实体经济。国人有足够的聪明才智利用好各种对冲基金投资策略造福社会。海外对冲基金行业走了70年的路,中国对冲基金行业在过去不到10年的时间正在努力赶上。目前国内的对冲基金策略还很有限,有多方面的原因,我们认为一个重要原因是全面而系统地介绍各种对冲基金策略的书籍还很少,使得不少很明显的盈利机会(例如最简单的各种指数调整时带来的盈利机会)悄悄地从人们的眼皮底下溜走了。本书希望以对各种对冲基金策略的系统性介绍来弥补这一空缺。

对冲基金策略的多样化以及子策略向纵深拓展,为中国FOHF的发展提供了越来越肥沃的土壤。FOHF的精美之处和对行业发展的重要性,越来越得到认可。2016年5月,中国基金业协会宣布将致力于推动中国私募FOF的发展,希望培育出100家左右比较大型的私募基金的FOF。这无疑给尚属新生事物的中国FOHF带来了政策的春风和赋予了历史使命,给FOHF的发展创造了一个良好的大环境。恰似“忽如一夜春风来,千树万树梨花开”,2016年夏天,FOF作为资产管理行业最时髦的词汇热度日增,很多人的微信昵称中突然冠上了“FOF”字样,上千家打着FOF旗号的基金公司也在短期内成立。这也导致了行业中扎堆儿FOF现象的出现,带来了鱼目混珠、良莠不齐的隐忧。据估计,国内现在大约有数千家FOF,多数属于公募基金和一批小型私募基金旗下。然而,严格意义下的FOHF为数不多,更遑论真正懂得如何操作FOHF的机构。据了解,这些FOF公司中绝大多数目前仍处在很大的困惑或迷茫中,有的甚至出现误操作。有不少业界同仁纷纷表示,希望作者能从一个实践者的角度全面系统地介绍如何操作FOHF。这也是出版本书的另一个主要原因。

我们的愿望是通过本书向中国同仁们系统地介绍对冲基金策略和FOHF的方方面面,使之能对业界同仁们起参考作用、让大家少走弯路,在大家的共同推动下,使新兴的中国对冲基金行业能够参考欧美对冲基金行业的发展,并避免亚洲对冲基金行业发展的不平衡状态,与中国的FOHF行业并肩发展、相互促进,以较有效的途径完成其类似于欧美行业成长的全过程,造就一个健全的生态环境，使各个层次的投资者都能从中真正受益。

（三）

我们将全书分为两大部分共十六章，第一部分“对冲基金策略解析”包括前十章，第二部分“对冲基金组合基金”包括后六章。开展对冲基金业务的从业者可以参考第一部分中各种对冲基金策略的方方面面，选定最适合自己本身特点的策略和市场开展业务，也可以参考第二部分了解机构投资者在遴选对冲基金时所关注的重点，从而有的放矢地加强自己的设置与布局。投资对冲基金的机构投资者（尤其是希望开展 FOHF 业务的机构）和专业投资者则可以重点参考第二部分，当然，要成功地投资对冲基金，对第一部分的内容也必须有深刻和全面的了解。

无论是要开展对冲基金策略业务，还是要投资对冲基金，最好了解清楚对冲基金的结构，明白哪些部分是必不可少的，每一个部分发挥什么功能。这样，无论是投资对冲基金作尽职调查时，还是自己要设立对冲基金时，都能“纲举目张”，直击要害。所以，我们以“对冲基金的结构”开篇，在第一章里介绍海外对冲基金的结构并比对国内的情形，同时也指出国内基金业界存在的一些问题，尤其指出了在国内尚缺乏基金行政人这个非常重要的行业的亟待改进的状况。在第二章，我们厘清了一些常用的基本概念（收益率、风险、夏普比率、跌幅、最大跌幅、做空及其风险、套利等），并定义了“痛苦指数”这个新概念，在之后的章节里，我们会看到在评估基金时“痛苦指数”是一个非常有用的工具。在进入各种详细的对冲基金策略之前，我们也花了一些篇幅给读者介绍对冲基金用得最多的一个工具——期权。期权是最灵活又最经济有效的一种对冲工具和风险管理工具，利用各种期权策略可以做到避免情绪化的低买高卖，而且还可以降低投资组合的波动率、增强投资收益。我们会介绍作者聂军在实践中的一些期权交易实例。

从第四章到第十章，我们介绍各种常见对冲基金策略。第四章首先从总体上介绍对冲基金的发展概况及与传统股指相比的历史收益及波动率、痛苦指数等指标的情况；继而介绍各种常用对冲基金策略并讨论这些策略各自的起伏周期。我们特别指出对冲基金策略没有“常胜将军”。接下来的六章则详细介绍各种对冲基金策略的策略特征、收益及风险特征的剖析、策略的回报来源及风险来源。第五章先介绍有关股市对冲基金策略，其中包括的子策略有最常见的股市多/空头策略、股票市场中性策略以及股市偏空策略。第六章主要介绍事件驱动策略，其中包括的子策略有并购套利策略、特殊情形策略以及受压资产策略。事件驱动策略在接下来的一个时期在中国市场将有很多的发展机会。第七章则聚焦于相对价值套利策略，包括可转债套利策略和固定收益套利策略。可转债市场和固定收益市场在中国市场有不小的潜力，监管机构如果能全面放开做空限制，则这些策略将有很大的发展空间。第八章重点介绍 CTA 策略，自从 2012 年“第一届中国 CTA 国际研讨会”之后，该策略已经在中国市场如火如荼地发展起来。在各种期货、期货上的期权等金融工具越来越丰富后，CTA 策略在中国还会有更好的发展。第九章则集中于全球宏观策略，顾名思义，该策略需要分析判断全球宏观政策变化所导致的市场变化从而作出投资决策并获利。中国现在已经是全球第二大经济体，中国的各种宏观政策将会在不同程度上影响全球的市场变动，而宏观策略中常用到的期货、期权等交易品在中国市场正在不断丰富完善，全球宏观策略在中国市场也就有很好的发展机会。第十章介绍新兴市场策略，由于中国本身也属于新兴市场且“一带一路”等重大国家政策与新兴市场密切相关，中国对冲基金经理在这一块天地里将有不少得天独厚的优势。

在第二部分中，我们比较详细地介绍操作 FOHF 所需要的尽职调查的三驾马车——投资尽职调查、运营尽职调查、风险管理尽职调查，以及如何构建和管理运营 FOHF，如何进行风险管理。通过这部分林林总总的细节，读者应该可以看到，FOHF 是一种主动的投资，绝不仅仅是基金的堆砌或者被动的资产配置。做好 FOHF 除了要求专业知识技能精湛，对团队的结构和协作也有非常高的要求，并不是任何团队都可以胜任的。第十一章是作者聂军于 2016 年 9 月发表的文章，当时限于杂志的篇幅，只能比较简单地介绍 FOHF 及如何构建 FOHF。我们在第十二章至第十五章中将 FOHF 的细节内容充分展开，使读者能充分了解 FOHF 在投资对冲基金的整个过程中所需要做的功课。我们在第十二章中强调了遴选对冲基金时深入透彻的尽职调查的重要性，并指出依靠各种排行榜挑选基金实际上是不靠谱的。完整的尽职调查是通过“三驾马车”来共同完成的。在第十三章里我们展示了从事投资尽职调查的翔实细节,其目的是发掘盈利的智慧和技能。第十四章中我们呈现了从事运营尽职调查所必须关注的方方面面,其目的是甄别潜在欺诈、识别雷区。风险管理尽职调查部分则在第十五章中作了详尽的介绍,其目的是鉴定动态的投资市场风险因子。

在本书第十六章中,我们详细呈现了优秀的基金公司是如何开展 FOHF 业务和管理 FOHF 的,包括如何建立完整的产品投资指南、建立自有数据库、构建投资组合及仓位调整、投前中后的持续监控,以及团队建设中的重要事项等。

我们希望通过本书使读者能真正明白,对冲基金并不可怕,也不神秘,而是一种理想的投资渠道;同时也向读者展示,要成功地投资对冲基金,必须认真深入地做好自己的功课。对于希望从事对冲基金相关业务或 FOHF 业务的从业者,在掌握了本书介绍的基本知识后,还需要有过硬的技术和对实际市场的正确分析,方能从各种金融市场中获得别人所不能获得的回报。

(四)

自从作者聂军于 2004 年开始写作本书到这次成功出版,已是四易其稿。两位作者过去近十年各方面的合作是这次成功合作的基础。作者聂军有幸在 20 世纪 90 年代于全球对冲基金圣地 Commodities Corporation 入行,并经历和见证了对冲基金及 FOHF 在西方国家轰轰烈烈的鼎盛时期;在与上千家的世界级对冲基金的经理进行业务来往时,领略到了对冲基金的许多美妙之处,还目睹了不少对冲基金的兴衰荣辱,积累了丰富的经验。这不仅为本书的写作提供了主题的灵魂,也提供了第一手信息和素材的细节,在写作中许多历史事件和人物不禁又一幕幕地浮现在眼前。本书许多内容便是作者聂军长年职业生涯中的所见所闻所思所虑所悟所感的记录。而作者文芳自从 2010 年发表《聂军:为对冲基金正名》及《美国 VS 日本:对冲基金发展六大制胜法宝》在国内引起行业高度关注和获得普遍好评后,对对冲基金产生了浓厚的兴趣,在《新财富》杂志发表了一系列中国模式的对冲基金方面的文章,对对冲基金策略进行了系列研究,尤其是对受压资产策略进行了深入研究、构建了事件驱动策略框架。在负责"新财富最佳私募证券投资经理评选""新财富最佳投行评选”等活动中，作者文芳通过大量的访谈和尽职调查收集了对冲基金在中国国内发展较为及时和全面的信息。这也使得在本书的合作中与海外对冲基金的相关内容论述相映成辉。

本书主要面向各种资产管理机构投资者（包括各种退休社保基金、大学捐赠基金、高净值投资者、保险公司、再保险公司、家族办公室、私人银行财富管理等）以及有志于从事对冲基金行业的人士、政府监管人员和学校相关专业的师生。必须要声明的是，对冲基金通常只面向机构投资者和专业投资者（包括高净值投资者），并不适用于散户投资者。

作者力求书中叙述及案例准确明了，然而错误仍在所难免，敬请读者不吝指正。所有错误之处，皆由作者负责。此外，在介绍各种具体策略时，我们尽量避免提到具体的基金公司或个人姓名，除非不得不提的情况，还请读者理解。

作者在此特别感谢中国投资有限责任公司资深董事总经理、资产配置部总监范华女士，原华润深国投信托总裁助理、淳臻投资创始人、CEO 刘辉先生，上海交通大学中国私募证券投资研究中心主任、上海交通大学上海高级金融学院副院长及中国金融研究院副院长严弘教授等行业大师级资深专家为本书作序。非常感谢上海邦信阳中建中汇律师事务所合伙人谢鸿铭律师审阅了本书的第一章。

作者聂军还要衷心感谢凯思博创始人郑方先生和泓策创始人周忠全先生等朋友们长期的鼓励和支持！

聂军、文芳

2018 年 1 月

在本书的写作过程中，我的家人（尤其是父母亲大人）给予了多方面的鼓励和支持，太太刘丹丹也为此作出了很大牺牲。谨以此书献给关爱我的家人。

——聂军

谨以此书献给我的家人和所有支持过我的业界朋友们。

——文芳

目录

第一部分　对冲基金策略解析

第一部分

对冲基金策略解析

Hedge Fund Strategies

第一章
对冲基金的结构

无论是要投资对冲基金,还是要做对冲基金,都有必要把对冲基金的结构搞清楚。投资对冲基金最大的风险是运营风险,而对冲基金是在特定的结构框架下运行的。对冲基金的投资者应该了解自己投资的流程是什么,所投资的资金是怎么运转的,有些什么结构上的陷阱应该避免。我们常说"不以规矩,不成方圆",如果结构上不对,则整个基金运行出错的概率就比较大。对冲基金结构也是投资者必须要做的尽职调查的一部分。

对于运作对冲基金的从业者来说,应该了解自己构建一个什么样的对冲基金结构才能获得国际机构投资者的认可,避免做出"三脚猫"来;也避免在结构上做一些重复的工作,浪费人力资源,做出"三只眼睛的怪猫"。

所以在展示各种对冲基金策略的美妙之处之前,在本章我们首先介绍海外标准的对冲基金的基本结构;通过以下对对冲基金机构的介绍,让读者知道,对冲基金其实不但不可怕,而且对投资者有很好的安全保护,进而对照国内现在的运行方式,指出存在哪些问题以及改进的方向。

第一节　对冲基金的三层结构

在海外,一只"对冲基金"通常是通过三层结构上的三个不同的公司组成的:① 主基金本身(很多基金还有不同的联接基金);② 投资管理人(investment manager,IM);③ 投资顾问(investment advisor, IA)。图 1-1 中的纵向的长方形中的三个实体分别代表对冲基金的三层结构,每个箭头表示它们之间的投资合同及权利、责任和报酬。

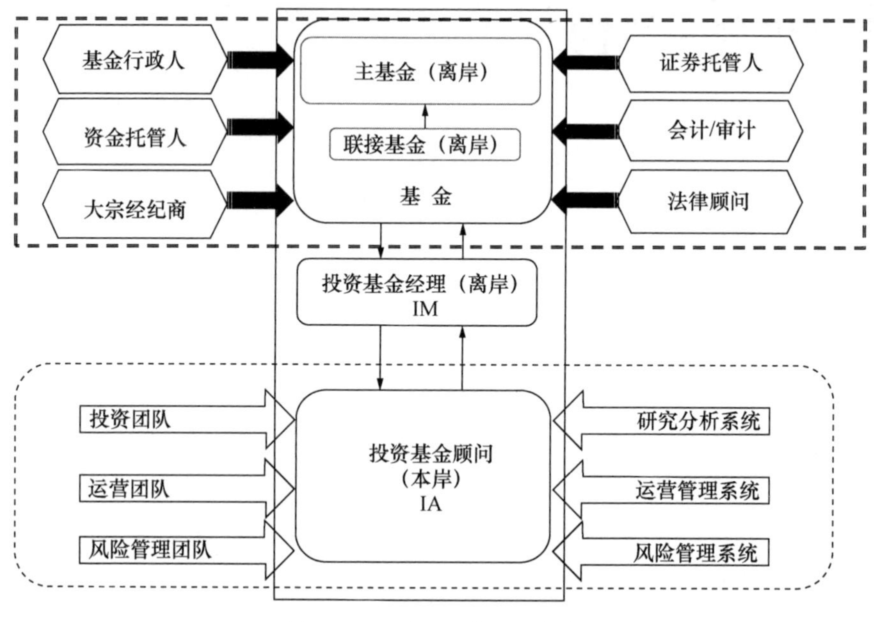

图 1-1 对冲基金的三层结构

主基金(公司)

主基金通常是一家离岸公司,有其公司章程及独立的董事会,但通常不需要具体雇员,基金的各项运作由董事会完成,各种文件也由董事会签署。董事会有权更改公司章程及基金的条款,所以在设立基金时一定要找有专业知识和良好操守记录的资深人士来担任董事。考虑到税收及登记注册收费结构等情况,目前 90%左右的主基金公司选择在开曼群岛注册。另外,英属维京群岛、百慕大群岛、巴哈马群岛、都柏林、卢森堡等地也正受到越来越多的青睐。基金公司通常向每位董事支付几千美元到一万多美元涵盖出席董事会等的费用,在开曼群岛等地有专门提供这类董事的“董事专业户”公司。但由于这些董事从每个基金公司所收的费用平均只有一万美元左右,他们会同时担任几十家(通常为 40—60 家)公司的董事,这使得他们对许多基金的具体情况无暇顾及,形同虚设。开曼群岛有不少“董事专业户”就曾担任过麦道夫联接基金的董事,而没有发现麦道夫基金的庞氏骗局。有很多对冲基金会选设立基金的普通合伙人(GP)选派董事并免去董事的费用,但这里有个居住地的问题,必须要满足免税的条件。

海外对冲基金多为公司制,通常选择 GPLP 的结构,设立方为 GP(普通合伙人)而基金投资者是 LP(有限合伙人),按基金的净资产值(net asset value, NAV)购入或赎回基金(公司)的股份。

投资对冲基金最重要的文件是私募认购备忘录(private placement memorandum, PPM),这是投资者与基金之间的法律文件,其中除了介绍基金的投资目的、投资策略及投资范围,还定义了投资者申购和赎回的各种条款。对冲基金通常只对专业投资者(professional investor)开放,各个不同的监管机构对专业投资者均有明确定义。对冲基金对首次投资金额的要求通常为 100 万美元或等值金额,对后续追加投资者金额的要求则通常为 50 万美元。具体到每只对冲基金由其私募认购备忘录中规定,基金董事会可以针对特定条件豁免最低门槛要求。

对于私募认购备忘录由基金设立者 GP 负责订立,通常会通过专业的律师事务所协助,但也可以由基金行政人协助订立,并获专业律师事务所确认最后版本,两者之间的差别我们稍后再介绍。

根据投资者对产品的不同需要,基金可以采取主基金-联接基金的形式,也可以采取伞型基金的形式或其他形式。联接基金可能是另外一家公司发行的产品,但都投资到主基金统一操作。具体采取什么形式以及决定在何地登记注册最符合投资者的需求,可以详细咨询基金行政人。

基金第三方服务商

基金第三方服务商中最重要的应该是基金行政人,直白地说是因为基金行政人是管理投资者资金及为投资者的每项投资算账的人。确切地说是因为成立每只基金的条款通常都不相同,而基金行政人是这些条款的具体执行者,其服务质量直接关系到投资者的利益。基金行政人通常都会与基金(公司)签订很详细的服务条款,尤其包括交易物品的具体估值定价机制和流程、投资者的认购和赎回、对每个投资者的反洗钱(anti-money laundering, AML)及背景(know your client, KYC)的审核、每个投资者投资的净资产值计算方法等。投资者的认购资金是直接转账到基金行政人在托管银行为基金(公司)开设的账户,然后计入投资者的子账户的。所以,投资者资金是不会经过投资管理人或者投资顾问的账户,也就是说,不管是投资管理人还是投资顾问,都不可能接触到投资者的任何资金。基金行政人必须记录和保留基金交易的所有头寸信息。所以,在选择投资对冲基金时一定要考察其基金行政人是否独立、公正,并具有该基金所交易物品的估值定价专业知识,能及时而又准确地提供基金的会计报告。

设立基金需要起草私募认购备忘录,它通常是几十页到上百页的文件,其中往往充斥许多艰涩的法律术语。一般情况下,在设立对冲基金时的私募认购备忘录是请专业律师事务所起草,律师会将手上其他已经成立了的基金的私募认购备忘录作些改动交给 GP 修改(主要是基金投资策略部分),然后再交回给律师审查修改,在律师和 GP 经过几轮修改后最终形成正式版本。在此过程中律师是按小时收取 GP 的费用的,通常需要几十万美元才能把基金的私募认购备忘录完成,且律师在这件事情上没有紧迫感——基金成立正式运行后就基本上没律师太多的事情了,因为律师与 GP 的利益并不一致,因此往往要拖上几个月才能完成。然而,如果 GP 对自己的投资策略等内容非常清晰的话,实际上可以找基金行政人协助起草私募认购备忘录,因为基金行政人手上也有许多现成的私募认购备忘录蓝本,GP 将基金投资策略部分写好后请法律顾问审查,这样不但要快得多,而且费用只需几万美元,在这个过程中基金行政人的利益与 GP 的利益是一致的——因为基金行政人在基金正式运行后才能提供服务并收取费用。

在对冲基金的运作中,大宗经纪商(prime brokerage,PB)是不可或缺的第三方服务商,因为对冲基金通常都需要融资融券及其他服务。因对冲基金的这些需求,大宗经纪商便应运而生,为对冲基金提供套餐服务。这包括将对冲基金与不同经纪商所进行的交易中心化以便于结算和管理、资本引介、证券托管、贷款、融资、融券、中台风险管理报告及后台技术管理等。对冲基金与其 PB 之间需要签订内容很详细的 PB 服务合同,其中很多内容都是标准化了的。

PB 最核心的功能是融资融券以及引资(capital introduction),也就是说,在对冲基金需要融资加杠杆时,PB 必须有资金按 PB 服务合同借给基金进行交易;在对冲基金需要融券做空某证券时,PB 需要提供券源;在一些定期的投资活动及会议中,PB 为对冲基金引荐投资者进行洽谈,探讨投资的可能性。

在海外设立对冲基金一般是到最后阶段在比较各家券商的服务内容、质量、性价比等方方面面后才确定PB的。而且一只对冲基金可以有几家不同的PB,这样基金经理除了可以在不同的PB之间比较同一项服务的性价比,还能在融券等服务方面将业务需求分散到不同的PB以便使效益最大化,尤其是券源比较紧张的证券更是如此。

2008年,在雷曼兄弟公司轰然倒下以后,用雷曼兄弟公司做PB的对冲基金的资产便被锁在里面出不来,过了四五年才最后拿回了绝大部分资产。当时,华尔街很多券商也都呈现了不同程度的倒闭风险,那段时间作者聂军所在的团队不时需要夜以继日地帮助我们的子基金管理公司在其他欧洲券商另外设立第二个甚至第三个备用的PB,以确保基金能比较正常地交易运作。而这种情形在国内是很难想象的,因为在国内缺乏"基金行政人"这个行业的情况下,PB扮演了多重角色,包括部分基金行政人的角色。

另外,对于任何公司而言,独立的会计审计报告都是必不可少的,投资者的每一分钱都依赖于审计师的审核。设立基金时选择一家熟悉相关市场的法律法规(尤其是税法)的高质量的审计师事务所是至关重要的。投资者在选择对冲基金时,应该谨慎审查候选基金服务商,尤其是其审计师在业内的声誉,以及独立性、公正性。

当然,从一开始,基金的各种文件和合同都需要律师事务所来起草审核。有精通基金注册地及基金的潜在投资者市场的相关法律法规(尤其是税法)的律师事务所的帮助也是非常重要的。

必须要特别强调的是,客户的所有资金都只是在图1-1中最上面的长方形里流动。如果所选第三方服务商均为国际著名的专业服务商,则无论是投资管理人还是投资顾问都无法接触到客户的资金。这样的设计为投资者提供了强有力的安全防火墙。

投资基金管理人

投资基金管理人通过投资协议受聘于主基金(公司)管理基金的投资并收取管理费和绩效费,通常也是离岸公司,所收费用(收入)通常是免税的。投资管理人的注册地与基金(公司)的注册地虽然常常会选在同一个地方,但这并不是必需的。作为独立公司,投资管理人也有其独立的董事会及会计师事务所、审计师事务所、律师事务所作为第三方服务商,但该公司通常没有雇员。

虽然简单,但投资基金管理人是对冲基金结构中很重要的一环。它不但使负责管理投资的投资顾问的利益和投资者之间的利益剥离开了,也使得设立对冲基金的灵活性大大增加。比如,投资顾问公司和基金管理人公司的实际控制人可以不同,这样为不同机构之间提供合作发行基金的各种空间,其利益分成可以在"投资基金管理人"的设计中体现出来。

投资顾问(公司)

投资顾问公司,受托于投资基金管理人,通过与基金(公司)和投资基金管理人的三方协议为基金投资提供投资研究及投资指令服务并获得其服务费,通常是本岸公司,受当地监管机构监管并按当地税收政策缴纳税款。投资顾问就是人们通常所说的"基金经理",是基金的灵魂和核心所在。

主基金(公司)、投资基金管理人、投资顾问(公司)合起来组成了一只"对冲基金"。在这三者中,投资顾问公司是需要实体办公室和各方面雇员的。大概正因为这种情况,人们往往错误地将投资顾问等同于它所服务的对冲基金。

投资顾问公司除了要有一般公司的机制,还应该在前台、中台、后台配置具有专业知识和技能的人员,并且实行合理的责任分工和隔离。好的投资顾问公司通常要有"三辆马车"并行作保证:① 健全的投资团队、投资流程和系统;② 健全的运营团队和运营系统,并有效执行;③ 健全的风险管理团队和风险管理系统,并有效执行。

相比较而言,亚洲对冲基金投资顾问公司较多地注重第一部分而忽略后两部分尤其是运营部分,多数投资顾问公司在运营方面实行"能省则省"的原则,舍不得投资,风险管理更被认为是可有可无的投入。据作者聂军观察,有不少在中国国内的投资顾问公司更是如此。基金经理们过多地相信了"业绩为王"的信条。实际上,如果没有健全的"三辆马车"协同并肩作战,在没有后两辆马车的支持时,第一辆马车出问题只是时间问题。这一点对于中国内地市场刚起步的对冲基金行业尤其重要——要想走得远、长得大,一定要加强三辆马车的基础制度建设。

投资顾问接受投资基金管理人的委托,对基金提供投资服务。从交易流程上而言,在经过严谨的调研讨论产生投资决定后,投资顾问将投资决策指令传送给基金行政人以及相关交易券商，由券商按交易指令执行交易，同时基金行政人从托管银行账户中汇出相应资金结算交易。交易执行记录再由券商寄回给投资顾问及基金行政人，基金行政人将信息输入其内部系统后，再将所产生的报告寄给投资顾问复核。如此三方对账的结果便能杜绝许多虚假交易的可能，从而使投资者的利益得到更好的保护。

基金行政人必须保留所有的交易记录，并对每一个头寸进行估值定价以便计算基金的净资产值。券商通常也要保留交易记录。但如果进行交易的券商并不是基金的主券商，则该券商还应该通过与基金主券商所签的转让协议将所交易的头寸转让到主券商处，而主券商必须详细记录交易头寸并将之“视如己出”并入基金投资组合中作各种计算。

投资顾问公司应当将所有的交易记录载入内部会计系统和风险管理系统进行运营（包括合规申报等）和风险管理计算（如各种风险敞口、杠杆水平、非流动性、跌幅状况、压力测试结果、阿尔法、贝塔、相关性系数等）。

如果一只对冲基金希望做大做强并能吸引全球资金的投资，那最好在一开始就按照图 1-1 所示的国际惯例的结构设立，否则日后在中途再作更正，不仅成本会非常高，而且还会引起未来投资者的不断质疑，极有可能得不偿失。

第二节　国内私募基金设立中 PB“一角独大”

与海外的“公司型”基金不同，在国内的私募基金基本上都是以契约型发行的，对冲基金也不例外。而成立一只基金的第一件事是必须选好“大宗经纪商”（PB），之后其他事项才能开始，之所以带引号，是因为在大宗经纪商的“融资”“融券”“资本引介”三个核心功能中，目前国内券商可能只是在“融资”方面做得还不错，但同时又担任了其他的一些角色。在找好 PB 之后，设立基金的全过程基本上就由 PB 来主导了，很多重要文件包括基金投资者协议等都由 PB 来起草，这样就造成基金对 PB 的依赖，同时 PB 对基金的控制使得基金很难有空间选另外一家券商来做第二个 PB，这样导致了基金完全被 PB 捆绑，一旦 PB 出什么状况，基金的运作可能在很大程度上处于瘫痪状态。这种现象显然并不健康，需要从根本上进行改变。

这种现象固然有其历史原因。国内对冲基金行业的发展仍处于起步阶段，围绕这个行业的生态环境发展更是处于起步阶段，当然有的第三方服务商的发展速度确实非常惊人，例如，PB 业务成长非常快而基金行政人业务就发展得非常慢，几乎还是一片空白。不得不说整个生态环境发展很不平衡。

实际上，国内券商的 PB 业务 2011 年前后才开始，借助券商的强势发展，PB 业务在最近几年发展迅速，但囿于国内市场的各种机制，PB 在融资方面发展得不错，但在其他两个核心功能“融券”及“资本引介”方面就相对弱很多。另外，由于国内基金行政人这个行业基本上是一片空白，所以 PB 还额外担任了部分基金行政人的功能，使得 PB 在国内基金的运作中存在比较大的关联性风险。所以，从行业的健康发展的角度而言，当务之急是要抓紧发展基金行政人行业，使得 PB 业务更加精准于核心业务，把一些附加上去的功能尽早剥离出来。

相比海外对冲基金，国内私募基金有两个比较大的差异。

第一，**先天结构上的不足**。国内私募基金的结构与海外对冲基金结构不一样，国内私募基金在设立时多采用契约制，而海外多是公司制。但国内在实际设立私募基金时，又实质上复制了海外的公司制的机制，将公司制中的结构直接转化为契约制，比如公司的股东大会机制就被转化为国内的持有人大会，但责权却不对应，如持有人大会的权限包括炒掉基金经理，但实际上不可能。这实际上是国内私募基金结构上的先天不足。从根本上讲，由于国内还缺乏基金行政人行业，制约了对冲基金的独立运行模式。国内亟须发展基金行政人行业来推动对冲基金行业的健康发展，同时，这也显示出具有基金行政人背景或经验的相关人士在中国市场这个“蓝海”有巨大的发展空间。如果把对冲基金业务比喻为当年的淘金客，那么基金行政人就好比是当年卖牛仔裤或卖铁锹的！

第二，**功能相差很大**。在海外，基金行政人在基金设立和运行中虽然扮演很重要的角色，但基金行政人与其他第三方服务彼此独立、相互监督。然而在国内成立基金，首先需要确定 PB，由 PB 制作基金合同，指定资金托管行、法务甚至到基金业协会备案等都由 PB 主导，PB 实际上不仅扮演了券商和证券托管人的角色，还承担了基金行政人的角色和部分资金托管甚至律师事务所的功能。其实，PB 的这种“一条龙”服务出力不讨好，海外机构投资者很忌讳这种情况，因为其中有太多的关联了。这种关联关系通常在运营尽职调查评估系统中要被扣分，因为可能涉嫌造假欺瞒投资者。

举个实际案例，我们曾投资过某只主营高频量化交易的对冲基金，该基金的规模很大，在全球也颇有影响力。由于其策略的复杂性以及交易量很大，而基金行政人的其中一项工作是做估值，每一个仓位的估值都要做，一般的基金行政人的服务很难达到该基金满意的程度，除非基金愿意额外大幅增加付费使基金行政人专门聘请人员来处理。于是该基金决定成立自己的基金行政子公司，不仅节省费用，而且不用再担心策略的细节有可能被泄露。作者聂军所在的团队在有一次开展尽职调查时，他们把这一决定和实施作为“公司的改进”告诉了我们，但我们在第一时间在运营尽职调查评估系统中对该基金扣了分。

国内 PB 试图提供一站式服务，一方面是希望为对冲基金提供舒适的服务，方便简洁，另一方面也是希望“肥水不流外人田”。但对于对冲基金的机构投资者而言，这种形态是不健全的，投资者自然会产生很多担忧，反而会对其服务的对冲基金不利。对冲基金从“一站式”服务中得不偿失，对手盘风险也太大了些。

近几年来，国内 PB 服务私募基金的能力有实质性提高。但“一花独放不是春”，我们希望看到对冲基金各方服务商能早日“百花争艳”，共同建设好对冲基金行业发展的生态环境。

第二章
相关基本概念

为完整起见,在正式介绍对冲基金投资策略之前,先介绍几个会常用到的基本概念,以求叙述方便。

第一节　收益率、风险和夏普比率

谈到投资,就必须谈收益率(或者回报)和风险,天下没有免费的午餐,通常希望有高收益率就必须承担相应的高风险,但反过来并不是只要愿意或实际承担高风险就有高回报,而且风险可以通过不同的形式来表现。毫无疑问,每位投资者都希望自己的投资有丰厚的回报,然而,并不是每个人对收益率和风险都有很清晰的理解与正确的期望,有时还有很多的误区和误解。例如,某位投资者说“某基金去年赚了 20%,今年亏了 20%,总算是不亏不赚”;又例如,有人会说“基金 A 去年赚了 20%,今年又亏了 20%,还不如基金 B 去年赚了 50%而今年才亏 50%”。

首先,人们往往忽略了复利的威力。在图 2-1 中我们给出了两个示意图。第一个图显示,在 20 年(大约一代人的时间间隔)的过程中,如果每年收益率为 1%,2%,…,10%,最后的复利收益率分别是 22%,49%,…,573%,其差别可能有几十倍之巨!第二个图则显示,在 20 年的过程中,如果每年收益率为 -1%,-2%,…,-10%,最后的复利收益率分别是 -18%,-33%,…,-88%,差别也是巨大的。如果比较每年收益率为 10%与-10%的复利收益率,其结果就更令人吃惊了。所以,正确理解年化收益率是很重要的。

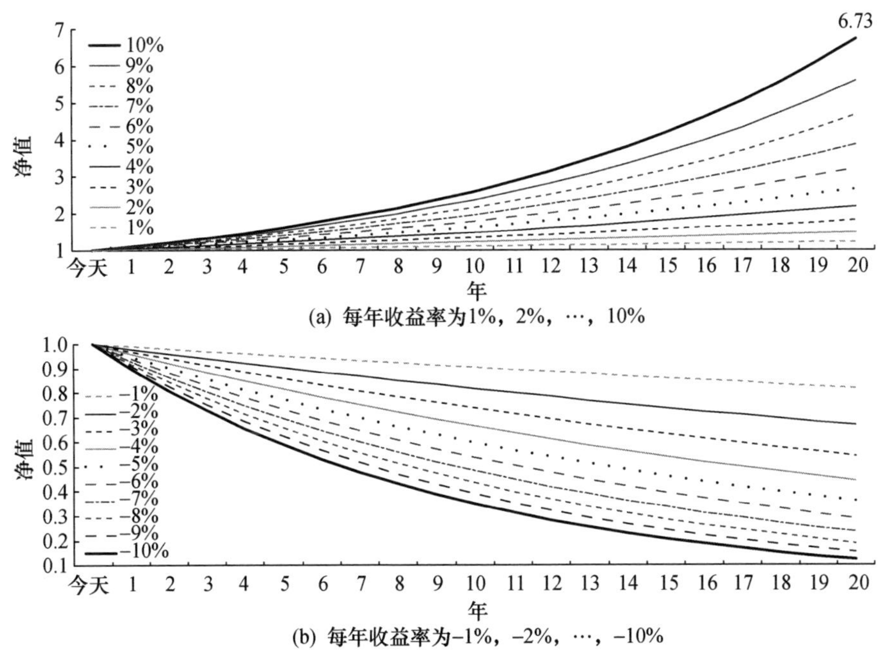

(a) 每年收益率为1%，2%，…，10%

(b) 每年收益率为−1%，−2%，…，−10%

图 2-1　不同收益率的 20 年复利结果比较

如果一只基金去年赚了 20%，今年亏了 20%，那么投资者最开始的 100 元将变成 100×(1+20%)×(1−20%)=96 元，净亏损为 4 元或者总收益率为−4%，而不是像有些人认为是不赚不亏的。再来比较一下上面说的基金 A 和基金 B，用同样简单的计算，两年后基金 A 的收益率为−4%，但基金 B 的收益率为−25%。很显然，基金 B 的亏损远远超过基金 A，但还是有人直观地觉得基金 B 比基金 A 好，愿意买基金 B。这显然是投资的误区，实际上，亏损 50%需要上涨 100%才能把坑填平。

作为长期投资者，对投资收益须有比较实际的认识和期望。前些年我们常遇到一些国内投资者看不上年化收益率低于 20%的投资，这非常令人吃惊。了解全球投资的投资者应该知道，美国的标普 500 指数通常被认为是非常进取的投资，但在没有任何费用并计入分红再投资的情况下，标普 500 指数在 1997 年 1 月 1 日到 2016 年 12 月 31 日的 20 年中，其年化收益率仅为 7.68%，而从 1967 年 1 月 1 日到 2016 年 12 月 31 日的 50 年中，其年化收益率也只有 10.12%，而且中间还经历过几次回撤超过 40%的痛苦时期。由此不难看出，在成熟市场里10%的年化收益率期望实际上已经非常进取了。

投资者在看基金业绩时往往只注重于年化收益率和每个日历年的实际收益率，在基金历史比较短时，这种数据的随机性可能比较大，难以判断。当然，在基金业绩不满一年的情况下，海外很多监管机构不允许将业绩年化，但在国内我们常常看到不少基金将几个月甚至几周的业绩表现年化后放在路演材料中，这显然很不合适。其实，除了看年化收益率和每个日历年的实际收益率，我们在实践中发现，12个月的滚动收益率也是个很有用的概念。对比标普500指数(含分红)1997年1月1日至2016年12月31日的20年年化收益率、年度收益率和12个月滚动收益率(见图2-2)，我们可以看到，在这20年的时间里连续12个月的收益率可能高达50%以上，但也可能亏损近45%。更重要的是，我们可以看到不同时期连续12个月收益率的演变过程。

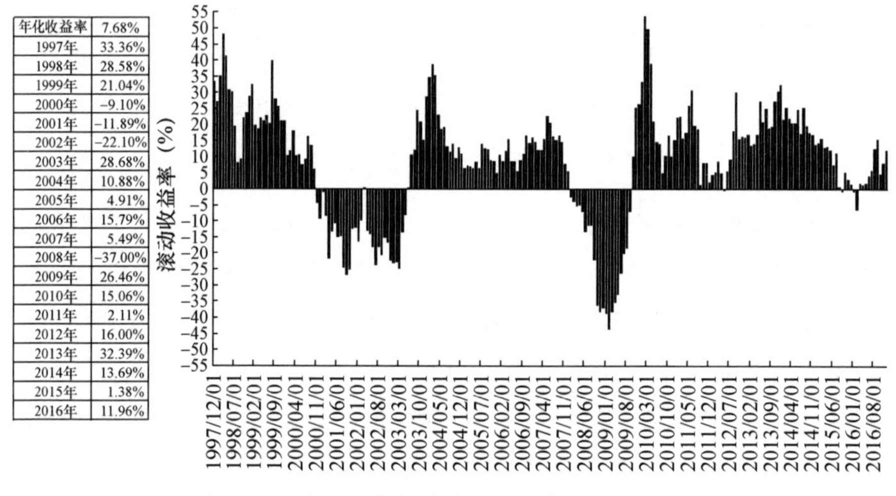

年化收益率	7.68%
1997年	33.36%
1998年	28.58%
1999年	21.04%
2000年	−9.10%
2001年	−11.89%
2002年	−22.10%
2003年	28.68%
2004年	10.88%
2005年	4.91%
2006年	15.79%
2007年	5.49%
2008年	−37.00%
2009年	26.46%
2010年	15.06%
2011年	2.11%
2012年	16.00%
2013年	32.39%
2014年	13.69%
2015年	1.38%
2016年	11.96%

图2-2　标普500指数的滚动收益率(1997—2016)

资料来源：彭博。

收益的另一面是风险。有许多计算评估风险的指标，最常用的方法是收益率时间序列的标准方差(波动率，standard deviation)，也有用风险值(value-at-risk，VaR)等。虽然我们会用不同的指标进行风险评估，在比较不同投资产品时，为简单起见，通常也会以收益率时间序列的标准方差来表示其风险度。如此而论，标普500指数在1997年1月1日到2016年12月31日的20年中，其年化波动率为15.29%，其他时间段也基本上是这个水平。

类似地，我们发现收益率的12个月滚动波动率也是个很有用的动态分析指标。

高回报的投资产品有高风险，低风险的产品回报也低。人们常常需要对于不同的投资产品作优劣比较，一个常用的指标是以1990年诺贝尔经济学奖得主威廉·夏普（William Sharpe）命名的夏普比率。具体而言，夏普比率定义为：

$$夏普比率 = \frac{投资产品的年化收益率期望值 - 无风险收益率}{投资产品的年化波动率}$$

这里，无风险收益率通常指的是各种货币的3个月期伦敦银行间同业拆借利率（3-month LIBOR）或者是短期政府债券利率。为求简洁，在本书中我们常常会假设无风险收益率为0，这与近年许多国家（包括美国）大力推行量化宽松政策从而导致的零利率环境相差也不是太远，欧洲央行和日本央行还曾经推出过负利率。

夏普比率用于衡量风险调整后的投资结果，可以直白地理解为一种“性价比”，它计算每单位波动率所带来的超额收益率。故而当夏普比率大于1时，该投资所获来的额外收益率超过其所承担的风险率，是一个“合算”的投资，否则便有可能“得不偿失”。

第二节 跌幅、最大跌幅及痛苦指数

简单地说，用股票举例，股票的现价低于投资者的买入价，差价就是跌幅（drawdown）或者回撤。例如，投资者以每股10元买入股票，现价为9.6元，则跌幅为4%。如果所买的股票很幸运地涨回本并创出新高到12元，然后出现回落到11元，落差为8.33%（(11－12)/12＝－8.33%），就是跌幅或者回撤。有投资就会有风险，有投资就会有跌幅。“买在最低点，卖在最高点”只不过是人们的一种美好愿望而已，在实践中基本上是做不到的。有跌幅就会有痛苦，所以，drawdown一词，作者聂军第一个将之翻译成“痛苦指数”，跌幅越大越痛苦，跌幅持续时间越长越痛苦；而跌幅为0时表明净值正在创新高，投资者正在享受“快乐时光”。

最大跌幅则是指在某特定的时间段里从前期最高点到最低点的跌幅。这个指标也常被专业人士用来衡量一个投资的风险，因为如果投资者正好在前期最高点进场,最大跌幅就显示了投资者可能的最大损失。但这是个单一参数,在比较基金时并不公平。首先,显然,一只基金历史越长,其最大跌幅可能越大。其次,最大跌幅可能发生在比较遥远的过去,与目前的实际情况有较大差异,再用最大跌幅来衡量基金的风险就会出现高估风险,如果该投资产品的管理团队已经从过去的最大跌幅中吸取经验教训进行了改进却还用最大跌幅来衡量之则未免有失公允。最后,如果两个基金的最大回撤都是8%,一个是很快就"收复失地"并创出新高,但另一个则长期处于回撤之中迟迟难以"收复失地",同样用8%的最大跌幅来衡量它们显然不公平。

为了克服这些缺陷,研究整个时间序列的跌幅状况即"痛苦指数"就显得更为客观。不仅如此,仔细研究一个时间序列的"痛苦指数"的形状、回撤发生的频率、每次的深度和宽度、对应的大市环境等,能挖掘出许多非常有用的信息(比如跌幅中的数学模块等)。作者聂军曾从分析痛苦指数图挖掘出许多对冲基金的历史信息(比如系统更新、团队变故等)。

具体而言,对于一个净值时间序列 $x_1,\cdots,x_n$,痛苦指数也是一个时间序列,其计算公式为:

$$\text{痛苦指数}_j = \frac{x_j}{\max(x_1,\cdots,x_j)} - 1$$

将痛苦指数画出来是一个二维图,纵坐标是跌幅的深度,横坐标则是时间。上面提到,很多专业人士会以跌幅深度的最大值为风险指标来衡量一只基金的表现。实际上我们发现,痛苦持续的时间也是刻画风险的一个有用的指标。能否尽量缩短痛苦持续的时间,标志着基金经理能否很快"收复失地"并创新高。如果很长时间不能收复损失,则表明该基金经理回天乏术。如果长期处于亏损状态,则会使基金经理消磨斗志甚至怀疑自己的策略是否仍然有效,有可能会导致风格漂移,情况严重的可能会导致其出现"赌徒行为"。对于一只对冲基金而言,如果痛苦持续时间超过一年,则这只基金可能在那一年就收不到业绩表现费,要正常地维护基金的运作,在财务上会面临很大的压力。

所以,如果一只对冲基金的痛苦指数的形状像冬天的冰棱(见图2-3),说明基金在发生下跌后能很快反弹并创出新的高点,我们说这种痛苦指数是好的痛苦指数。人生本来就是在欢乐和痛苦中交替前行的,有起有落才是常态,才可以持久;没有蹲下,就不可能持续地跳到更高的高度。基金的业绩表现亦如此。

图 2-3 冰棱

但是如果痛苦指数的形状像冰山一样,有一个“大肚皮”,尤其是这个“肚皮”还越长越大时,那就不是好的痛苦指数了。这表明基金在相当长的一段时间里有比较大的跌幅。人们常说“冰冻三尺非一日之寒”,反之,要化解三尺之冰,也绝非一朝一夕的功夫。当发现一个基金的痛苦指数出现“大肚皮”形状时,投资者应该特别谨慎,可能是该赎回撤离的时候了。

如果在不同的时间段里,一个基金的痛苦指数从“冰棱”的模块演变成了“冰山”的模块,有可能是大环境所致(如 1998 年、2008 年等),也可能是基金本身的表现发生了变化,如果是后者,则值得研究其中的具体原因。通过分析研究这种不同模块,我们能从中判断基金的操作是否保持一致性。如果在基金本身的管理资产规模不断增大的情况下基金操作还能保持一致性,则说明基金的策略和操作具有可扩展性。

所以,虽然痛苦指数是一个二维图,但它所透露的信息远远不只是二维的。下面我们给出三张不同的痛苦指数图(见图 2-4、图 2-5、图 2-6),有兴趣的读者可以仔细琢磨其中的异同点:① 上证指数;② MSCI 全球股票指数(MSCI World);③ 瑞信对冲基金指数(CSHFI)。我们选择它们共同的时间窗口——1994 年 1 月至 2017 年 10 月——的月度数据作分析。

仔细分析图 2-4、图 2-5 和图 2-6,不难看出这三个时间序列的跌幅模式的异同,从中也不难理解为什么投资者在中国 A 股市场上普遍都不开心。很显然,瑞信对冲基金指数的痛苦深度和痛苦持续的时间都比上证指数和 MSCI World 指数要小得多和短得多,并且能够较快地“康复”并创新高。

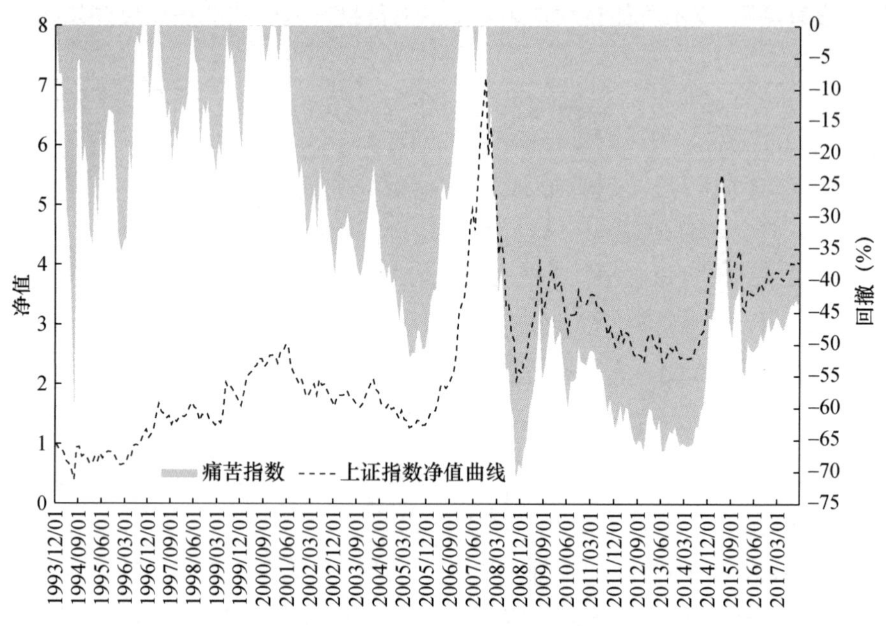

图 2-4 上证指数的痛苦指数

资料来源：彭博、上证指数。

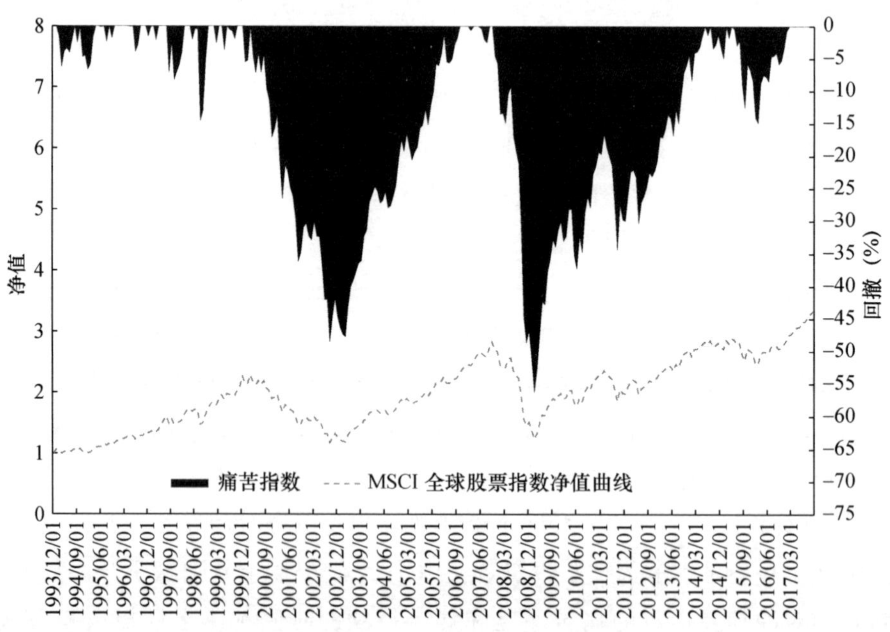

图 2-5 MSCI 全球股指的痛苦指数

资料来源：彭博、MSCI 全球股票指数。

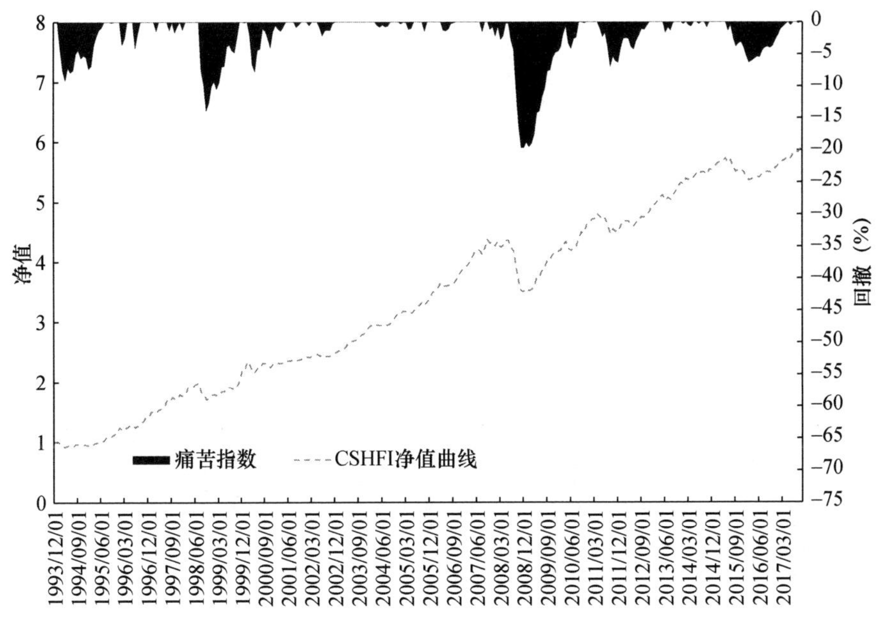

图 2-6 瑞信对冲基金指数的痛苦指数

资料来源：彭博、瑞信对冲基金指数。

痛苦指数还有一个很有用的功能——止盈和止损：控制跌幅，表面上可以看成一种止损的技巧，但实际上这也是一种止盈的手段。例如，我们假设基金投资指南中直接规定跌幅达到10%为清仓水准，如果一个头寸从建仓以后就慢慢地连续亏损，当痛苦指数达到10%时清仓，那么这个投资的总损失是10%，这时就是止损。但是如果这个投资建仓后开始赚钱，比如说涨了70%然后开始回落，在痛苦指数达到10%时清仓，实际上这项投资还有53%的收益，而避免了进一步将盈利“还回市场”。基金经理没有“水晶球”，在投资出现逆转时能按事先所定好的操作流程获利了结是一件很不容易做到的事，而通过痛苦指数的方法却可以做到。这个方法还有一个好处，就是在痛苦指数小于10%时放心“让盈利多飞一会儿”。一旦痛苦指数达到10%，严格获利了结清仓。

在介绍完收益率、波动率、夏普比率、跌幅、痛苦指数等概念后，我们可以看一张20年收益率及波动率图（见图2-7）。从图中可以清楚地看到，长期而言，对冲基金指数的波动率远远低于传统股票指数的波动率，而收益率除了略低于标普500指数（含分红再投资），比上证指数和恒生指数都要高（而在美

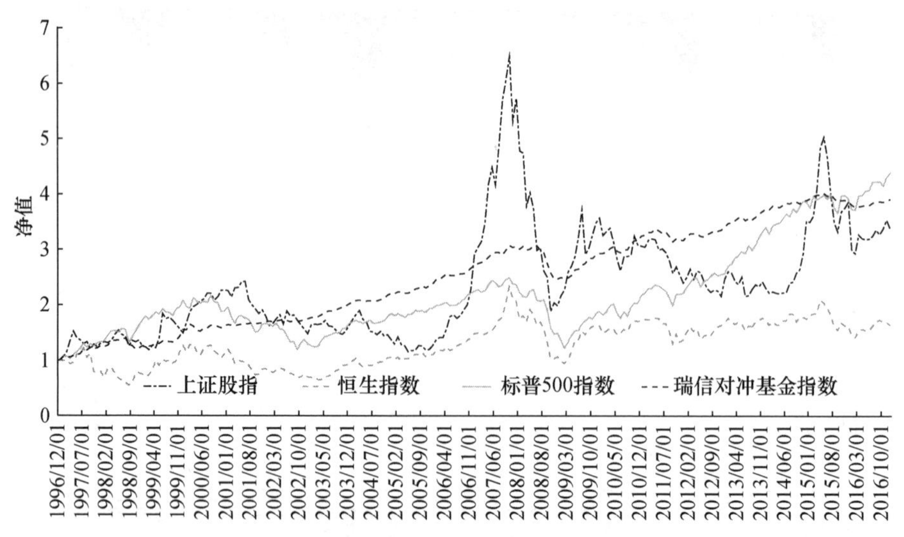

图 2-7　20 年收益率及风险比较

资料来源:彭博、瑞信对冲基金指数。

国,绝大多数共同基金是跑不赢标普 500 指数的)。例如,在这 20 年里,瑞信对冲基金指数的年化收益率是 7.06%,而上证指数同期的年化收益率仅为 6.29%,但瑞信对冲基金指数的年化波动率仅为 6.56%,相对于上证指数 28.03%的年化波动率,还不到 1/4。另外,瑞信对冲基金指数的夏普比率是图中几个指数中唯一超过 1 的,也就是说,投资者所获得的超额收益率大于他所承担的风险。由此足见对冲基金投资为投资者带来了更稳健的良性回报,在保值增值方面具有明显的优势。

第三节　做空及做空的风险

首先需要声明,纯粹做空只是单边方向性交易,并不是对冲策略。至于像浑水(Muddy Water)那种做空行为则根本不属于对冲基金交易。

传统的投资策略一般指在股票、债券、可转债等市场中以现金购买证券的直接投资,投资者预计这些市场走高时买进,这种行为被称为“做多”;而预计这些市场将下跌时,投资者便会将手上持有的证券卖出转换成现金获利了结。

与做多相对应的是做空。这是在做空者并不持有股票(为方便起见,我们在

本节只谈股票做空)时卖出股票,靠股价的下跌来盈利。具体操作过程如下:

基金经理小王经过自己团队的调研,判断 XYZ 股票将下跌,在股票价格处于 51.47 元时,经过券商借来 XYZ 股票以 51.47 元卖出。假如该只股票如小王所分析的那样开始下跌,在三个半月左右跌到 43.83 元而达到小王预计的价位,小王便可以从市场上以 43.83 元买回这只股票还给券商。在这个过程中,我们可以看成小王是以 43.83 元买进股票而以 51.47 元卖出,其利润是中间的差价 7.64 元(见图 2-8)。当然,与传统投资方法不同的是在整个过程中小王从来没有持有过这只股票,而且把“买”和“卖”的时间顺序掉换了。

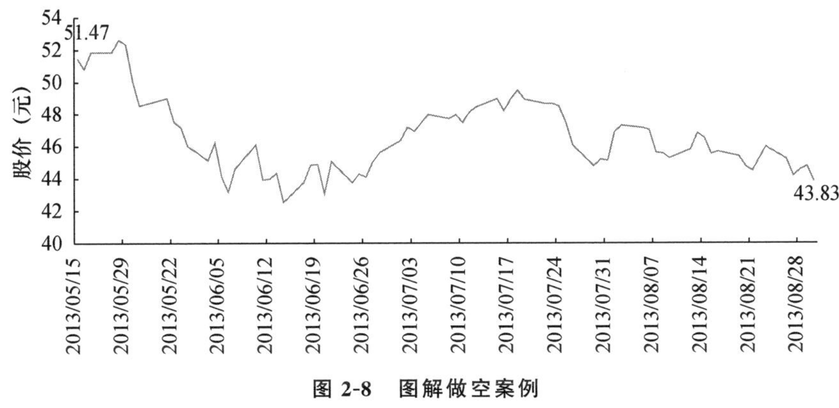

图 2-8　图解做空案例

由于小王是通过券商借来 XYZ 股票卖出,需要支付一笔“租赁费”。当然,小王在卖出股票后也可以将所获现金存放到银行收取利息。许多西方国家的证券法规规定任何投资者做空的金额不得超过其账户中总资产金额的 50%。

只有在所做空的股票价格下跌时,小王方可获利,而且其理论上获利的最大空间是股价跌为 0 时的获利 51.47 元。之所以说是理论上的,是因为股价跌到一定程度时,交易所会要求停牌或强制摘牌。一旦 XYZ 股票被停牌或摘牌,小王将无法从市场上买回股票还给券商变现其获利。

小王在这样做空时实际上面临多种风险:

第一,小王面临的最大风险是 XYZ 股票在小王做空以后不跌反涨,使小王出现账面浮亏,这在被夹仓时常常发生。当这种浮亏达到一定百分比时,券商会强行要求小王平仓了结,此时小王必须按市价买回股票还给券商(然后再还给借出股票者)。夹仓可能是市场上其他投资者所为,更常见的是被做空的上市公司所为。由于公司董事会有权决定股票回购,在发现市场上有明显的做空行为造成股价大跌时,董事会常常会宣布推出回购股票的决定,这样既减少了市场上的流通股,更给投资者传递一个"公司有信心"的信息,使现有股东避免参与恐慌性抛售。

第二,在小王做空股票后等待时间来实现其利润时(尤其是区间震荡时),如果借出股票者突然想要卖出他所持有的 XYZ 股票,此时不管小王是否盈利,券商都会强制小王到公开市场买回股票还给借出股票者。

第三,如果该股票是有分红的,做空者在分红时必须要支付红利给券商,再由券商将之转交给借出股票者;

第四,哪怕小王的分析再精准,如果 XYZ 股票在市场上本身很稀缺,小王要借股票做空的"租赁费"都会很高而增加成本;再者,在小王希望买回股票还给券商时,如果流动性不够,"海森堡测不准原理"将会使小王的账面浮盈大大缩水。

第五,做空者,尤其是那些很高调的做空者,还面临不确定的法律风险。做空者如果发布做空报告,被做空的公司可以用做空报告中的不实内容起诉做空者并要求赔偿损失。做空者必须从股市上分心去应付官司诉讼。

第六,按现在中国 A 股市场的状况有 10%的跌停板规则,小王每天的获利将限制在 10%的范围内。另外,现在国内融券成本至少 8%,使做空者获利的概率远远小于所面临的风险而使做空非常不活跃。

无论是做多还是做空,其目的都是"低买高卖",赚取中间的差价。

我们希望再一次强调,虽然做空是对冲的必要工具,但纯粹做空并不是对冲策略。考虑到做空的各种风险,纯粹单边做空最好是基于基本面的做空,基于技术面的单边做空风险会面临很多困难,更不能为做空而做空。另外,全球有些专注于做空的个人或机构(如大家常听说的浑水、香橼),它们并不是基金,更是与对冲基金沾不上边。浑水甚至连公司的地址都不敢公开,否则被它们恶意做空的不少公司的诉讼传票就有可能像雪花一样飞来。对冲基金的公司地址是公开信息,根本无须躲躲藏藏的。仅凭这一点,浑水就不能被归入对冲基金之列。另外,浑水也并没有发行任何基金。

顺便提一下,国内媒体,尤其是自媒体,常常无端地把浑水等做空机构神化。实际上,浑水的做空报告也常常出错,有时还是故意而为(比如2012年做空新东方的报告)。实际上,很多对冲基金的做空研究报告比浑水等做空机构的做空报告要深入得多,只不过对冲基金通常都没有必要去大肆渲染而已。有不少对冲基金就直接跟浑水等做空机构真金白银地对着干过,它们的做空给这些已经准备入场又还没有进货的对冲基金带来过进货的好机会,而这些对冲基金的入场也使市场的恐慌情绪得到了安抚。所以,完全没有必要神化浑水等做空机构。

实例

2014年7月22日是令著名对冲基金Pershing Squared的创始人基金经理比尔·阿克曼(Bill Ackman)终生难忘的日子。此前一天,阿克曼宣布他将于次日上午作他职业生涯中最为重要的演讲,讨论他所做空的营养保健品公司康宝莱(Herbalife,NYSE. HLF)的商业模式实际上是个骗局。7月21日,康宝莱的股价应声下跌了11%,第二天演讲开始前康宝莱的股价又跌了2%左右,但不可思议的是10点钟演讲开始时股票也随之开始上冲,而全世界都在等阿克曼抛出他的重磅炸弹时,他的演讲却令人感到空乏无力,现场气氛使人昏昏欲睡(有位朋友是阿克曼的铁粉,去捧场时居然在现场美美地睡了一觉),结果本该一个小时之内"密集扫射"的打假演讲拖了三个半小时,而市场再也按捺不住,将康宝莱的股票抬高了25%(见图2-9)。阿克曼打假康宝莱的事件还在进行之中,且不去评论其证据能否足以使他最后成功,只论他这种高调做空的方式,是应该作为前车之鉴的。很显然,他在2014年7月22日这天被夹仓了,很痛!所幸阿克曼在实施其做空理念时主要通过看跌期权来执行,否则如2014年7月22日的情形发生时,基金的风险管理系统会强制平仓。

尽管做空并不是对冲基金策略,而且我们也不主张做空者利用市场信息的非对称性通过恶意做空而引起市场混乱,但我们始终认为在资本市场上全面开放做空机制,对整个市场是一种健康的金融工具,因为它能将市场上不合理的高估值拉回合理区间,使普通投资者能在合理价位参与交易,也能有效地在使投资者从中获益和培养长期投资者。比如,前些年所发行的一些IPO股

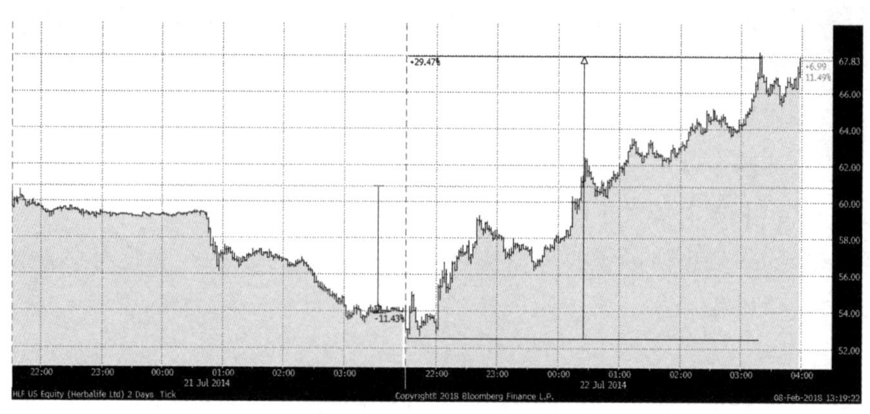

图 2-9　2014 年 7 月 21—22 日康宝莱股价分时图

资料来源:彭博。

票,估值出奇的高。投资者要么“望估值兴叹”而只能旁观,要么只能硬着头皮冲进去,也不知道什么时候会因狂跌而深度被套;即使参与,也是随时准备开溜的,难有真正的长期投资者。如果全面开放做空机制,完善新股发行制度,那么新股发行就能避免许多不合理的高估值发行,市场也会更健康,也才能吸引更多的长期投资者参与中国实体经济,同时也使监管机构面临的许多困难迎刃而解。从这些角度来考虑,把做空者比喻为“金融市场上的啄木鸟”是有道理的。

做空机制可以理解成一种监督机制,是一剂苦口的良药。一个上市公司的股票被做空时,或许可以把它看成一面镜子,“有则改之,无则加勉”,做个自我完善的“体检”。

实例

2007 年 7 月,对冲基金绿光资本(Greenlight Capital)创始人兼总裁大卫·艾因霍恩(David Einhorn)开始做空雷曼兄弟公司的股票,因为他相信雷曼兄弟在流动性很差的房地产方面的风险敞口太大。到了 2008 年 4 月,艾因霍恩开始公开质疑雷曼兄弟的财报误导并披露了他的雷曼兄弟空仓,指出雷曼兄弟需要募集 40 亿美元支撑公司正常运作,但雷曼兄弟公司官方只是极力指责艾因霍恩的行为是做空雷曼兄弟公司后的炒作,同时声称雷曼兄弟根本不缺钱,领导层却没有好好地进行自我反省以找出隐藏的风险。同年5月,另一位资产管理机构分析师指出雷曼兄弟需要募集50亿美元,雷曼兄弟CEO理查德·富尔德(Richard Fuld)亲自出面指责分析师耸人听闻,并号称雷曼兄弟的业务还在增加杠杆(表示雷曼兄弟现金充裕)。然而,仅仅几个星期以后,雷曼兄弟的季报就报出了亏空28亿美元,需要募集60亿美元支撑正常运转。我们当时就开玩笑说,从某种意义上讲,雷曼兄弟确实不需要募集40亿美元,也不需要募集50亿美元,他们需要募集的是60亿美元。

雷曼兄弟当初如果认真对待艾因霍恩的质疑和挑战,闭门自查并及时采取相应对策,不要那么一意孤行地张狂,或许能逃过2008年那个致命之劫,至少不会死得那么早、那么惨。

上市公司要想避开被做空是不可能的,但可以从自身的角度进行防范。首先,上市公司要把自己的业务做好,财务报表一定要做扎实。这样,“苍蝇不叮无缝的蛋”,做空者看到无利可图就会自己退却了。其次,上市公司应该使自己的财务报表和业务线保持透明,投资者有质疑时应该及时与之沟通,对于合理的声音要倾听,哪怕是很刺耳的也要虚心地倾听,有则改之,无则加勉,做空者也会自己退却。

第四节　套　　利

关于套利,维基百科这样定义:套利(arbitrage),通常指在某种实物资产或金融资产(在同一市场或不同市场)拥有两个价格的情况下,以较低的价格买进、较高的价格卖出,从而获取低风险的收益。

我们所说的套利策略要比上面的定义更广泛,具体两类包括:

第一,在密切相关的两个或多个金融交易物品之间的价格“平衡关系”被打破后出现的价格错位,这时做多相对便宜的交易物品并做空相对昂贵的交易物品,依靠它们的价格回归到新的平衡关系而获利。出现这种机会的时间往往很短,所以要有复杂的模型和系统去全面地监控市场动态,以及及时有效地捕捉这种稍纵即逝的机会并迅速建仓,实现利润后也要迅速平仓、落袋为安。

第二,两个或多个金融交易物品之间因“资质”的差别所造成的价差需要“假以时日”来收敛。比如,两个公司宣布并购后,其股票的价格将随着并购的进程而逐渐按并购比率合拢。又比如,由于信用评级不同,两个公司所发行的5年期公司债券在市场上的价格不同,但只要两个公司在今后5年内不破产,届时它们的债券就都是等值的,即它们的价格会合拢收敛。对于这些情形,可以针对相对便宜的交易物品建立多头仓位而针对相对昂贵的交易物品建立空头仓位,通过时间的考验完成价格合拢收敛从而获利。

国内很火的一种量化投资策略“阿尔法对冲”实际上应该称为“阿尔法套利”策略。有人说在国内“套利”有“投机”之意。从我们以后各章的实例中读者可以看到,本书中所说的“套利”与“投机”的含义是很不一样的。当然,我们所说的“套利”与任何内幕操作更是风马牛不相及。

第三章
期权简介

从事对冲基金业务，就必须要做对冲。一方面，期权是最灵活又最经济有效的一种对冲工具和风险管理工具。另一方面，许多期权策略本身就可以成为对冲基金的主要投资策略。也有纯粹用期权策略来做的对冲基金，但是并不多。然而，很多对冲基金都会用到期权。利用期权策略可以做到避免情绪化的低买高卖，还可以降低投资组合的波动率。为完整起见，我们先对期权进行介绍。

期权的内容非常丰富，光是专门讲期权就可以写一本专著。考虑到期权产品将在国内市场不断推出，加上对冲基金可能是应用各种期权策略最多、最灵活的群体，我们在此对期权仅作些简单的介绍。有兴趣深入了解期权等衍生品的读者可以参考这方面的经典之作：John C. Hull 所著的 *Options, Futures and Other Derivatives*，Paul Wilmott 所著的 *Derivatives* 以及 Neil A. Chriss 所著的 *Black-Scholes and Beyond: Option Pricing Models*。

期权与传统投资物品最大的不同体现在它的非线性特征，其原始目的是用来作风险管理。后来人们很快发现还可以通过利用期权的高杠杆来实现高回报，利用期权的非线性特征来构建各种投资策略。作者聂军希望强调的是，如果期权被用来作为风险管理工具，它会为投资者降低投资风险，有些策略还能为投资者带来额外的增强收益。但如果只是一味地把期权作为投机工具并无节制地放大杠杆，那这部分期权参与者迟早要出问题。

作者聂军曾经在路透社-旗鱼系统软件公司担任金融工程师，开发和建立各种金融衍生产品的数学模型，我们所建的风险管理系统 KVAR+曾经是全球市场上最早的风险值(VaR)系统之一,被第一本关于风险值的专著*Value at Risk*收录于其中作为范例。在过去的二十多年里,作者聂军进行过大大小小不同的期权交易,本章中所列的一些案例便是其独自构建的。

第一节　什么是期权

“期权”一词来源于英文option,也就是一种选择权。虽然“期权”和“期货”仅一字之差,但其实二者差别很大。比如,期货是线性产品,而期权是非线性产品。

我们先介绍几个很简单的投资组合定价图(见图3-1)。

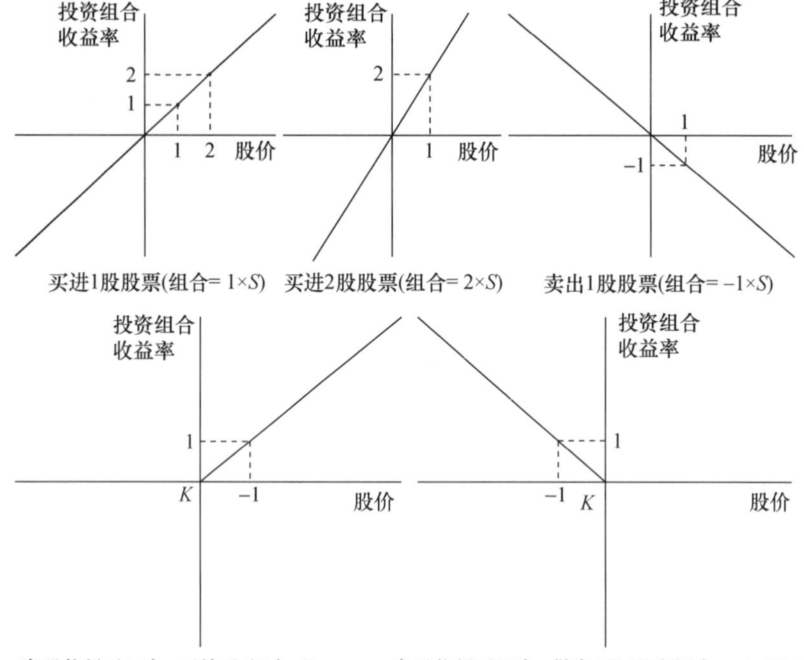

图3-1　投资组合定价图

最基本的期权有两种,看涨期权和看跌期权。

(美式)看涨期权(call option):看涨期权是一种金融合约,指在合约规定的有效期内,合约持有人可以按事先规定的价格(行权价 K)购进股票或其他证券的权利(而不是必须)。

欧式看涨期权合约的持有者只能在合约到期日行权。百慕大期权是允许合约持有人在规定的有效期内,有若干时间窗口可以行权。

以股票的看涨期权为例,其价格(又称期权金)取决于六个因素并由以下Black-Scholes公式给出:

$$C(S,t)=f(S,\ K,\ r,\ q,\ T-t,\ \sigma)$$

$$C(S,t)=N(d_1)Se^{-q(T-t)}-N(d_2)Ke^{-r(T-t)}$$

$$d_1=\frac{\ln\left(\frac{S}{K}\right)+\left(r-q+\frac{\sigma^2}{2}\right)(T-t)}{\sigma\sqrt{T-t}}$$

$$d_2=\frac{\ln\left(\frac{S}{K}\right)+\left(r-q-\frac{\sigma^2}{2}\right)(T-t)}{\sigma\sqrt{T-t}}$$

其中:S为股价,K为行权价,r为利率,q为股息率,$T-t$为离期权到期时间,σ为股价波动率,$N(d_1)$,$N(d_2)$为正态分布变量的累积概率分布函数。

如果$K=S$,则称为平价期权;

如果$K<S$,则称为实值期权;

如果$K>S$,则称为虚值期权。

看涨期权的定价曲线如图3-2所示。

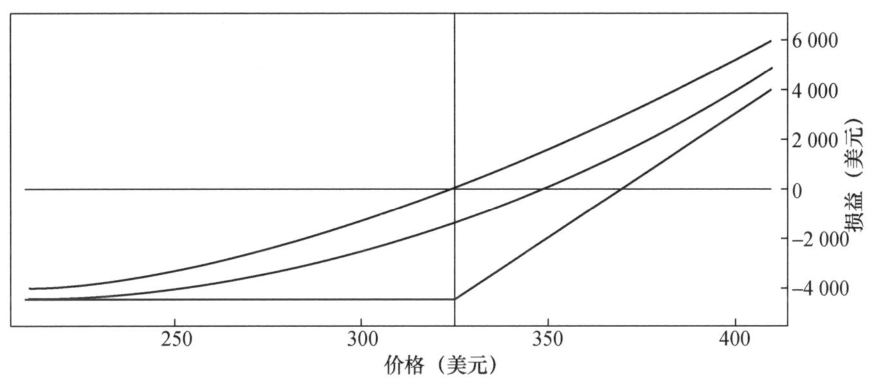

图3-2　看涨期权的定价曲线

资料来源:彭博。

读者可能注意到了,在期权到期日,定价曲线变成了一条折线,正是我们

在图 3-1 中看到的折线。这是因为在期权到期日 T,期权金(合约价)是:

$$C=\max(S-K,0)$$

换言之,如果在到期日股价 S 低于行权价 K,则期权金归零;如果在到期日股价 S 高于行权价 K,则期权金等于二者之差,即 $S-K$。$S-K$ 也被称为该期权的内在价值(intrinsic value)。从看涨期权的定价曲线我们看到,期权的价值总是不低于其内在价值的。

另外,很有趣的是,随着时间离行权日越来越近,看涨期权的定价曲线也越来越往下"沉"(见图 3-3)。这清楚地体现了"时间就是金钱"的真理。

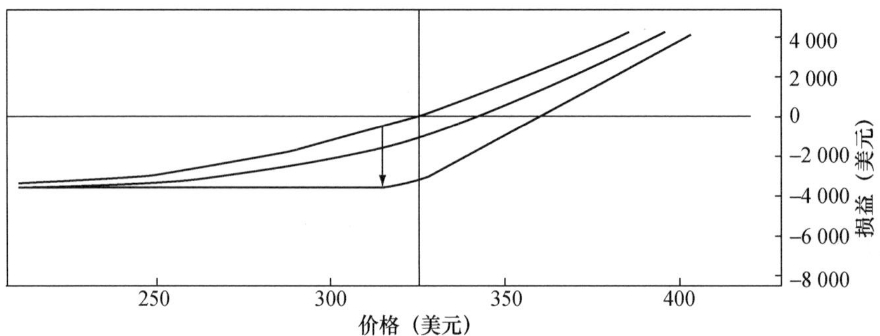

图 3-3 看涨期权的时间价值

资料来源:彭博。

(美式)看跌期权(put option):看跌期权是一种金融合约,指在合约规定的有效期内,合约持有人可以按事先规定的价格(行权价 K)卖出股票或其他证券的权利(而不是必须)。

欧式看跌期权合约的持有者只能在合约到期日行权。百慕大期权是允许合约持有人在规定的有效期内,有若干时间窗口可以行权。

以股票的看跌期权为例,其价格(又称期权金)也取决于六个因素并由以下 Black-Scholes 公式给出:

$$P(S,t)=h(S,\ K,\ r,\ q,\ T-t,\ \sigma)$$

$$P(S,t)=N(-d_2)Ke^{-r(T-t)}-N(-d_1)Se^{-q(T-t)}$$

$$d_1=\frac{\ln\left(\frac{S}{K}\right)+\left(r-q+\frac{\sigma^2}{2}\right)(T-t)}{\sigma\sqrt{T-t}}$$

$$d_2 = \frac{\ln\left(\frac{S}{K}\right) + \left(r - q - \frac{\sigma^2}{2}\right)(T - t)}{\sigma\sqrt{T - t}}$$

其中,参数的定义与看涨期权中的参数定义一样。

如果 $K = S$,则称为平值期权;

如果 $K < S$,则称为虚值期权;

如果 $K > S$,则称为实值期权。

看跌期权的定价曲线如图 3-4 所示。

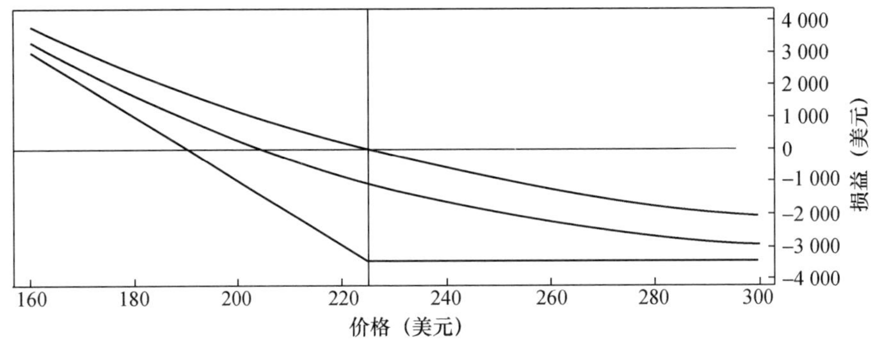

图 3-4　看跌期权的定价曲线

资料来源:彭博。

我们注意到,在期权到期日,定价曲线变成了一条折线,正是我们在图 3-1 中看到的折线。这是因为在期权到期日 T,期权金(合约价)是:

$$P = \max(K - S,\ 0)$$

换言之,如果在到期日,股价 S 高于行权价 K,则期权金归零;如果在到期日,股价 S 低于行权价 K,则期权金等于二者之差,即 $K - S$。$K - S$ 也被称为该期权的内在价值(intrinsic value)。从看跌期权的定价曲线我们看到,期权的价值总是不低于其内在价值的。

随着时间离行权日越来越近,看跌期权的定价曲线也越来越往下"沉"(见图 3-5)而趋近于上面所提到的折线。这再一次清楚地体现了"时间就是金钱"的真理。

在期权的世界里,参与者既可以做多(买进),也可以做空。做多期权的最大损失是期权金,虽然绝对数额与正股相比要小得多,但一旦在行权日时期权金归零,损失也是 100%。做空看跌期权则使做空者的"选择权"变成了义

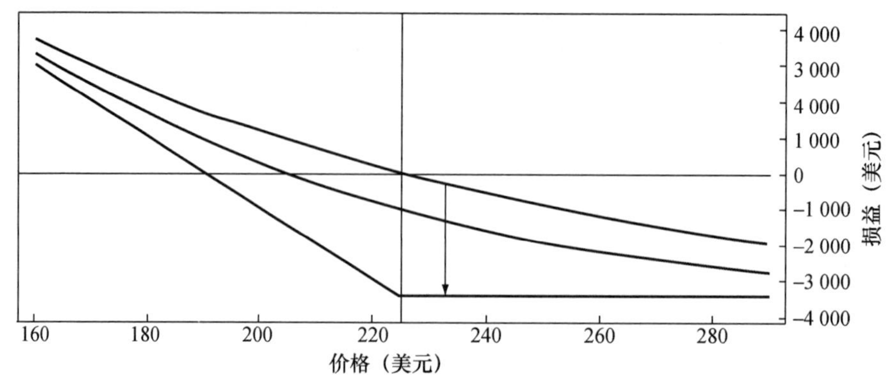

图 3-5 看跌期权的时间价值

资料来源:彭博。

务——必须接受行权以行权价买入股票。行权时如果做空看跌期权者没有足够资金接受行权,券商将强行以市价卖出行权购入的股票,这种情况下做空者往往会承受损失。尽管如此,其风险还是可控的。总的说来,做多看涨期权、做多看跌期权、做空看跌期权的风险通常是可控的。

但是,单边做空看涨期权的潜在风险则是无限的。单边做空深度实值看涨期权等同于单边做空股票,并且还有杠杆,其收益是卖出看涨期权后收到的期权金,但其损失理论上则是无穷的。我们不主张裸做空看涨期权。

在很多西方发达市场上有很多期权合约可供交易。例如,在美国,几乎所有个股都有个股期权,合约数量的多少取决于其交易量,一般临近几个月都有合约供交易,行权日为每个月第三个周五之后的周六。比较活跃的个股还有每周合约供交易。

许多券商也提供柜台(OTC)期权合约,通常可以根据客户的需求量身定制,但与券商交易柜台期权合约时,最好自己有一个定价系统,输入券商的每个参数的数值进行验证,这样就能清楚地知道哪些参数因子多付了或者少付了。

在期权交易的实践中,参与者应该牢记,看涨期权持有者不享受正股的分红权,看跌期权持有者也不用支付分红。在对冲基金操作中用买入看跌期权的方法比直接做空股票要经济得多,如果判断错了,最大的损失也只是付出的期权金,更多细节我们在后面章节中再介绍。

第二节　期权的特征和用途

除了柜台期权,其他期权通常是经过交易所交易的,这样就使得交易所是期权交易者的对手机构,从而使得期权交易者不必太担心对手到期违约的问题。

期权的一个简单特征是其单调性,看涨期权是标的物品的单调递增函数,而看跌期权是标的物品的单调递减函数。期权的最大特征在于其非线性特征,这种非线性特征使得在定价曲线上不同点处的期权的杠杆效益不同。这些特征使期权可以用来作为对冲工具降低风险,比如买进一个看跌期权可以有效地避免投资的下行风险。备兑期权则可以在降低投资风险的同时增强投资回报,人们也可以通过构建不同的期权组合来精准对冲一些特殊的风险。这些我们会在本章后面部分作介绍。

诚然,期权也可以作为投机工具。例如,合理地利用虚值期权的高杠杆特性可以使投资者在判断正确的情况下在很短的时间窗口里赚到很高的回报(见图 3-6),但作者希望再次强调的是期权产品应该主要用于对冲来降低投资风险,其次才是作为投机工具,不可本末倒置。

TSLA 08/01/2014 C265					
最新价（美元）	净变动（美元）	变动（%）	买价（美元）	卖价（美元）	成交量
0.92	0.68	283.33	0.79	0.98	127
TSLA股票					
最新价（美元）	净变动（美元）	变动（%）	买价（美元）	卖价（美元）	成交量
220.02	4.62	2.14	220.02	220.04	4 260 618

图 3-6　期权的杠杆性

从这个真实例子可以很清楚地看到,当正股特斯拉(TSLA)股票上涨 2.14%时,这个特定的看涨期权合约同时上涨了 283.33%,其杠杆水平可见一斑(在这个具体例子里是一百多倍)。

另外,正是期权的非线性特征使投资者可以通过构造各种期权组合来精准地表达对标的投资产品的观点。例如，如果投资者预计某公司股价将有大跌或大涨，但又不确定是哪个方向，该投资者便可以买进由一个看涨期权和一个看跌期权组合而成的跨式期权($1\times C+1\times P$)；如果预计大涨的概率是大跌的概率的3倍，则该投资者可以买进由3个平值看涨期权合约和1个平值看跌期权合约组成的期权组合($3\times C+1\times P$)，如此等等，非常灵活。图3-7是上面所描述的两个期权组合的定价曲线比较，从图中很容易看出，两个期权组合的盈损区间很不一样。

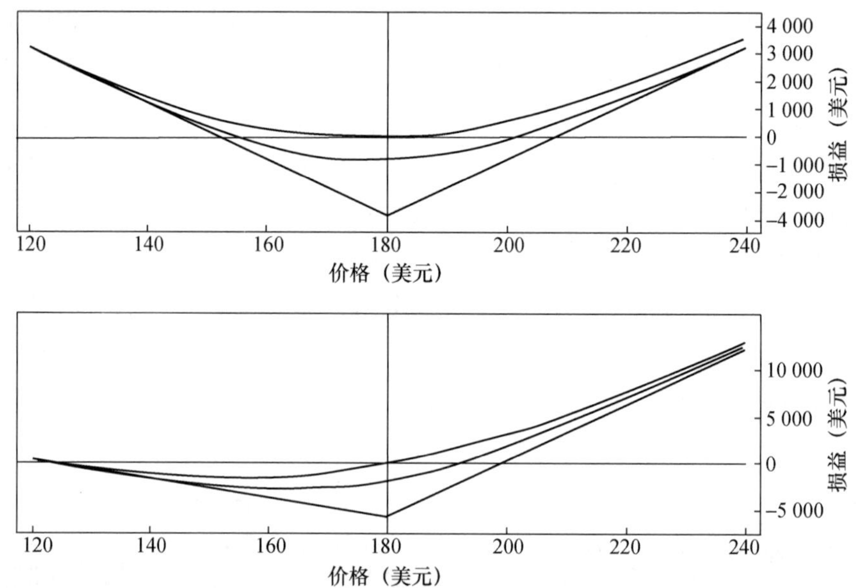

图 3-7　期权组合定价曲线比较

资料来源：彭博。

在本章后面的案例我们可以看到，合理的期权投资组合不但可以降低投资风险，还能提高投资回报，合理构建和应用期权组合使得投资的风险真正可控而且保持上升空间。当然，天下没有免费的午餐，如何构建这些期权组合但又不增加成本，就体现了构建的艺术和水平了。

从数学上来说，刻画非线性函数最基本的方法是先看看这个函数对各个自变量的一阶偏导数，如果有必要，再看二阶偏导数。在期权世界里我们把这些偏导数称为"期权的希腊字母们"，通常人们关心的希腊字母是期权价格对标的物品价格的一阶、二阶偏导数；对时间变量的一阶偏导数；对利率变量的一阶偏导数;对蕴含波动率的一阶偏导数;等等。

(1) 德尔塔 Δ。这是期权价格对股价的一阶偏导数,也是期权定价曲线在相应点上切线的斜率(见图 3-8),其数学公式为:

$$\Delta = \frac{\partial C}{\partial S} = \mathrm{e}^{-q(T-t)} N(d_1)$$

$$\Delta = \frac{\partial P}{\partial S} = \mathrm{e}^{-q(T-t)} [N(d_1) - 1]$$

所以,看涨期权 Δ 的数值介于 0 和 1 之间,而看跌期权 Δ 的数值介于 −1 和 0 之间。

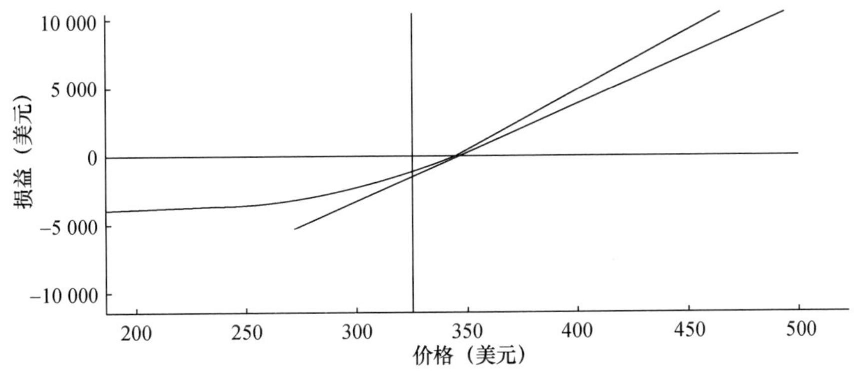

图 3-8　Δ 是期权定价曲线上切线的斜率

看涨期权的 Δ 仍然是股价 S 的递增函数,而看跌期权的 Δ 也是股价 S 的递增函数,它们的图形如图 3-9 所示。看涨期权和看跌期权的 Δ 都是股价 S 的递增函数,这一特性很重要,因为它直接给出了用看涨期权和看跌期权进行**有效对冲**的理论依据。

从图 3-9 可以清楚地看出,对于深度实值看涨期权,其 Δ 趋近于 1,而对于深度虚值看涨期权,其 Δ 则趋近于 0,平价看跌期权的 Δ 理论上是 0.5。对于深度实值看跌期权,其 Δ 趋近于 1,而对于深度虚值看跌期权,其 Δ 则趋近于 0,平价看跌期权的 Δ 理论上是 −0.5。

对于一个期权结构性组合,我们也可以计算其 Δ。如果 Δ 为正,则表明该策略是看涨策略,例如买进看涨期权或卖出看跌期权;如果 Δ 为负,则表明该策略是看跌策略,例如买进看跌期权或卖出看涨期权;如果 Δ 为 0,则说明该策略是 Δ 中性策略,有的 Δ 中性策略能使我们实际上实现“低买高卖”。

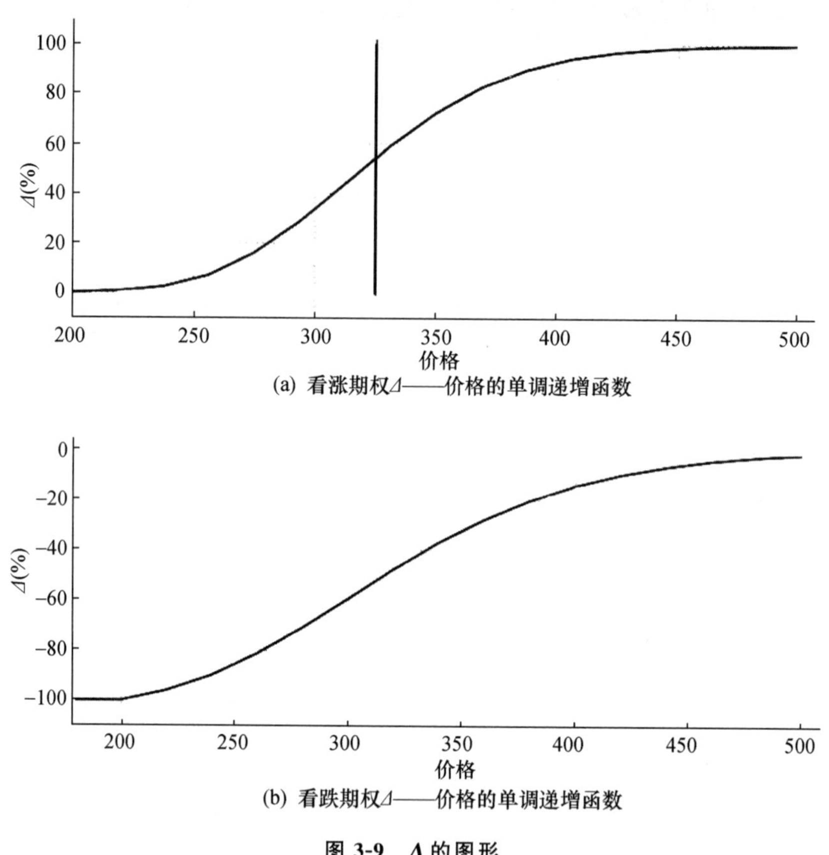

(a) 看涨期权Δ——价格的单调递增函数

(b) 看跌期权Δ——价格的单调递增函数

图 3-9　Δ 的图形

(2) 伽马 Γ。这是 Δ 对股价 S 的一阶偏导数,也就是期权价格对股价 S 的二阶偏导数,也是期权定价曲线在相应点上的曲率,用数学公式表示为:

$$\Gamma=\frac{\partial\Delta}{\partial S}=\frac{\partial^2 C}{\partial S^2}=\frac{\partial^2 P}{\Delta S^2}=\frac{N'(d_1)\mathrm{e}^{-q(T-t)}}{S\sigma\sqrt{T-t}}$$

从期权的价值曲线中我们可以清楚地看到,平值期权的弯曲度最大,所以其 Γ 值最大,也就是其 Δ 对股价的变动最为敏感,这带来了"Γ 交易"的机会。买进看涨期权或买进看跌期权时,其 Γ 都是正的,而卖出看涨期权或卖出看跌期权时,其 Γ 都是负的。

对于一个期权结构性组合,我们也可以计算其 Γ。如果 Γ 为正,则表明该策略主要是买进期权;如果 Γ 为负,则表明该策略主要是卖出期权;如果 Γ 为 0,则说明该策略是 Γ 中性策略。

(3) 维伽 Λ。这是期权价格对波动率 σ 的一阶偏导数，也就是期权价格对波动率变化的敏感度，用数学公式表示为：

$$\Lambda = \frac{\partial C}{\partial \sigma} = \frac{\partial P}{\partial \sigma} = S\sqrt{T-t}\mathrm{e}^{-q(T-t)}N'(d_1)$$

(4) θ。这是期权价格对“离期权到期时间”的一阶偏导数，也就是期权价格对时间的敏感度。对于一个欧式看涨期权，有

$$\theta = \frac{\partial C}{\partial \tau} = \frac{SN'(d_1)\sigma \mathrm{e}^{-q(T-t)}}{2\sqrt{T-t}} + qSN(d_1)e^{-q(T-t)} - rK\mathrm{e}^{-r(T-t)}N(d_2)$$

对于一个欧式看跌期权，有

$$\theta = \frac{\partial P}{\partial \tau} = \frac{SN'(d_1)\sigma \mathrm{e}^{-q(T-t)}}{2\sqrt{T-t}} - qSNd_1\mathrm{e}^{-q(T-t)} + rK\mathrm{e}^{-r(T-t)}N(-d_2)$$

(5) ρ。这是期权价格对利率的一阶偏导数，也就是期权价格对利率的敏感度。对于一个欧式看涨期权，有

$$\rho = \frac{\partial C}{\partial r} = (T-t)K\mathrm{e}^{-r(T-t)}N(d_2)$$

对于一个欧式看跌期权，有

$$\rho = \frac{\partial P}{\partial r} = -(T-t)K\mathrm{e}^{-r(T-t)}N(-d_2)$$

第三节　常用的期权策略

前面已经提到，期权的非线性特征使参与者能构建各种投资组合，来比较精确地实施对标的物价格(如股价的判断)或预期。限于篇幅，本节简单介绍一些最常用的期权策略，读者可以在此基础上进行各种组合，产生新的策略。期权世界是一个用科学量化的方式实现投资艺术的地方。然而，在设计各种策略时，参与者必须注意策略是否经济、容易执行。在很多时候，简单可能是最美的。

本节中，我们简单介绍的策略如表 3-1 所示。

表 3-1 一些期权策略

期权策略	具体操作	优/缺点及适用情形
买进看涨期权	$+C$	看涨时以小博大。方向正确时,可以博取高百分比回报;方向错误时,最大损失是期权金(有限)。 **警示**:如果方向判断失误,期权金将100%损失,故不主张大仓位做此策略。
卖出看涨期权	$-C$	滞涨或下跌时收取期权金。 **警示**:如果判断失误,股票上涨时,其风险是无限的。不主张裸卖出看涨期权。
买进看跌期权	$+P$	看跌时以小博大。方向正确时,可以博取高百分比回报;方向错误时,最大损失是期权金(有限)。 **警示**:如果方向判断失误,期权金将100%损失,故不主张大仓位做此策略。
卖出看跌期权	$-P$	滞涨或上涨时收取期权金。该策略的最大损失是行权价减期权金。 另外,如投资者愿意并有资金以行权价买入并持有某只股票,可使用这种策略降低持股成本。 如果股票一直持续上涨,该策略的最大收益是卖出看跌期权所获取的期权金。
备兑期权	$+S-C$	如果预测正股的波动区间较为稳定,便可采取这一策略获取额外盈利,这是正股出现滞涨而锁定利润的策略。缺点:对冲的最大金额是期权金,并要放弃行权价之上的上升空间。
保护性看跌期权	$+S+P$	最常见的下行保护策略,相当于止损策略。与传统持股相比,买进看跌期权是一个经常性的额外成本。
跨式期权	$+C+P$	常用的波动率策略,如果投资者预计股价会大起大落,则可以买入跨式期权;如果预计股价会在一定范围内起落,则可以卖出跨式期权。 缺点:买进看涨和看跌期权都需要成本。由于是平值期权,两边付出的成本都会比较高。
勒式期权	$+C(K_1)+P(K_2)$	是跨式期权的衍化,将平值期权换成两个虚值期权,为买入者降低成本。缺点:股价需要涨、跌的跨度更大方能最后盈利。以宽度换高度。

（续表）

期权策略	具体操作	优/缺点及适用情形
牛差期权组合(bullish spread)	$+C(K_1)-C(K_2)$，$K_2>K_1$	如果投资者预计股价会上涨超过 K_1，但不太可能涨超过 K_2，可通过 $+C(K_1)$ 准备以 K_1 买入股票并做空 $C(K_2)$ 作保护同时降低投资成本。
	$-P(K_1)+P(K_2)$，$K_2<K_1$	如果投资者预期股价会跌到 K_1 以下，但不太可能跌超过 K_2，可以通过 $-P(K_1)$ 以 K_1 买入股票再加上 $+P(K_2)$ 作保护。
熊差期权组合(bearish spread)	$+P(K_1)-P(K_2)$，$K_2<K_1$	如果投资者预计股价将下跌，跌过 K_1，但不大可能下跌超过 K_2，可以通过 $+P(K_1)$ 准备以 K_1 卖出股票并做空 $P(K_2)$ 收取期权金降低投资成本。
	$-C(K_1)+C(K_1)$，$K_2>K_1$	如果投资者预期股价将下跌，则可以通过 $-C(K_1)$ 做空，然后可以通过 $+C(K_2)$ 作为保护。
自融期权组合	$+S-C(K_1)+P(K_2)$，$K_1>S>K_2$	优点：在不增加持股成本的情况下，有效控制下行风险。具体操作：在持有正股的同时，卖出一个看涨期权"融资"来购买一个看跌期权。缺点：投资组合必须放弃股价超过 K_1 的上升空间。
改良自融期权组合	$+S-C(K_1)+C(K_3)+P(K_2)$，$K_3>K_1>S>K_2$	该策略为作者聂军研发而成，改良自融期权组合的不足之处，下移 K_1 使得卖出看涨期权能收到更多的期权金，在买入看跌期权的同时，还有剩余资金再买入一个看涨期权，如此整个投资组合便能享受到上升空间。
蝶式期权组合	$+C(K_1)-2\times C(K_2)+C(K_3)$，$K_2=(K_1+K_3)/2$	这是纯粹买卖期权的组合。如果投资者对正股股价的预期偏于"保守"，就可以使用这种策略。具体操作：买入两个不同行权价的看涨期权，同时卖出两份以中间价为行权价的看涨期权。
跨期价差期权组合(calendar spread)	$-C(T_1)+C(T_2)$，$T_1<T_1$	如果投资者预期股价近一个月内会暂时下降而在两个月左右会上升，则可以使用这一策略。

注："C"代表看涨期权(call)，"P"代表看跌期权(put)，"+"代表买入，"−"代表卖出，"S"代表正股(stock)，"K"代表行权价，"T"代表时间。

前四个策略都是单边方向性的交易，非常直接明了。唯一需要说一下的是第四个策略——卖出看跌期权。如果投资者很喜欢一只股票并准备买进持有时，不妨采取卖出看跌期权的策略，这样可以以投资者希望的合理价格买入股票，降低成本。这里的一个关键问题是投资者确实想买这只股票并且有资金按他所预定的价格买进。当然，对于不想买进的标的，不应该去卖该标的的看跌期权,无论机会有多诱人,万不可存侥幸之心。另外,一定要有现金准备接货,对手盘有可能会提前在行权日之前行权。而选什么时间到期和什么行权价的合约是个技术活,有很多讲究,应该将基本面研究与技术分析结合起来考虑。非常重要、值得提醒的是:在卖出看跌期权时,其仓位限制应该是用所卖出看跌期权的“名义仓位”而不是仅考虑期权金为仓位的敞口,相应的“名义仓位”的规模更不能超出投资组合中对单个头寸仓位的规模。

图 3-10 给出了一个具体例子。在这个案例中,如果按常规的方式直接在市场上买进股票,得付 43.21 美元/股,然而,通过以 3.2 美元/股卖出两个月后 45 美元的看跌期权,如果股价在行权日收在 45 美元/股之下,则看跌期权被行权,投资者将以 45 美元/股买进股票,也就是说,投资者相当于以 45 美元－3.2 美元＝41.8 美元/股买进股票,明显低于 43.21 美元/股;如果在行权日股价收在 45 美元/股以上,则看跌期权将不被行权,投资者直接收益 3.2 美元/股。在图 3-11 的例子中,股价在行权日收在 45.3 美元/股,如果投资者一开始直接付出 43.21 美元/股买进股票的话,其收益为 45.3 美元－43.21 美元＝2.09 美元/股,显然低于卖出看跌期权策略的 3.2 美元/股的收益。

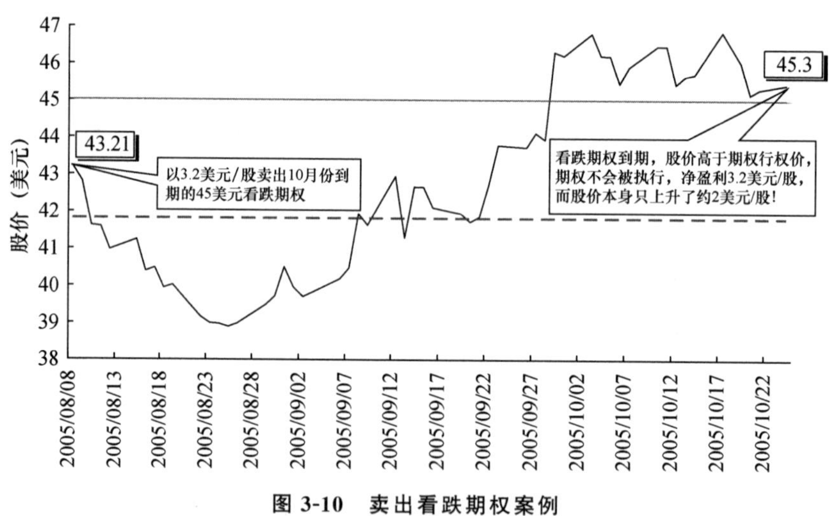

图 3-10　卖出看跌期权案例

再看另一个有趣的实例。

实例

2012 年 7 月 17 日，美国证监会公布调查新东方 VIE(可变利益实体)结构变动的消息，新东方股价大跌 34%；第二天做空机构浑水研究乘机发布早已准备好的唱空报告，股价进一步大跌 35%。新东方股票蕴含波动率从 50%左右狂飙到 149%(见图 3-11)。

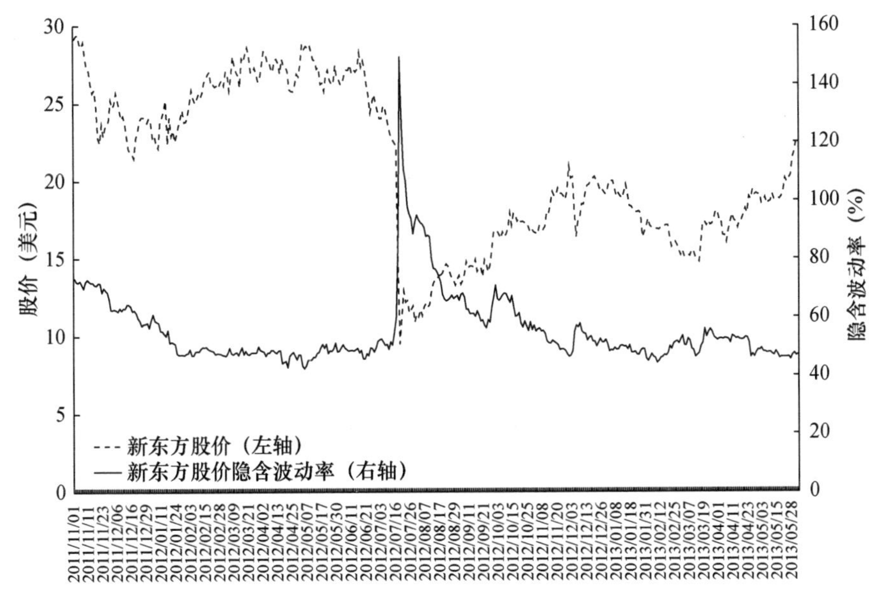

图 3-11 新东方股价及隐含波动率

资料来源:彭博。

某投资者在及时研判分析美国证监会报告及仔细研读浑水唱空报告后，加之平时对新东方所做的充分调研工作，使之对新东方的业务运行有足够信心，在市场对新东方产生巨大恐惧之时，该投资者果断出手，及时在 2012 年 7 月 18 日卖出新东方看跌期权，捕捉高蕴含波动率所带来的红利机会，以每股 4 美元卖出新东方期权合约(EDU 9/22/12 P12)，到 8 月 15 日该期权只值 0.58 美元了，如果该投资者此时平仓，将净赚 3.42 美元(见图 3-12)。

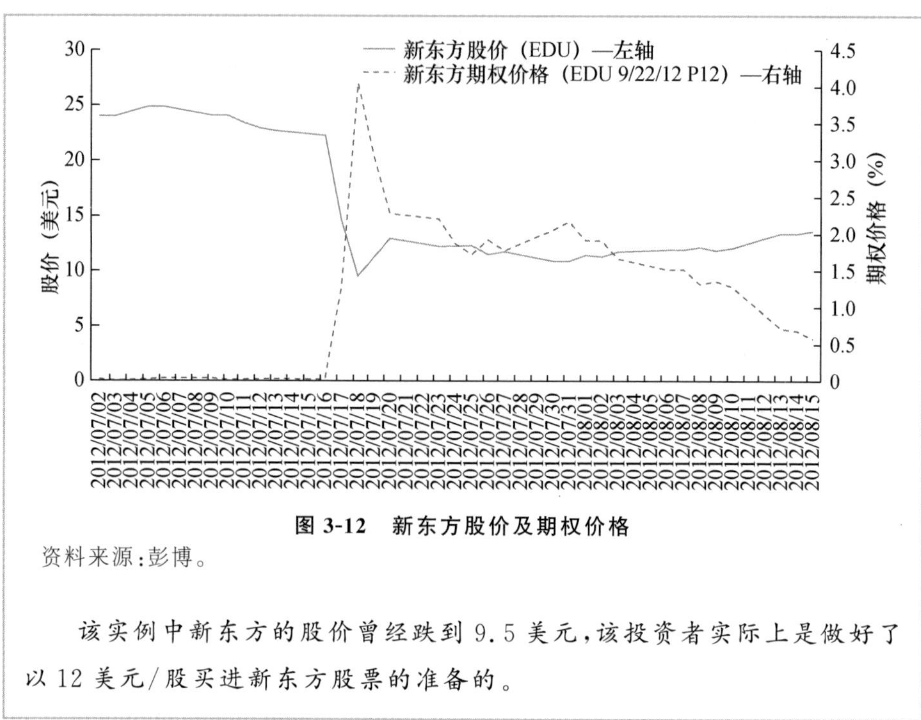

图 3-12　新东方股价及期权价格

资料来源:彭博。

该实例中新东方的股价曾经跌到 9.5 美元,该投资者实际上是做好了以 12 美元/股买进新东方股票的准备的。

备兑期权(＋S－C)是一种很有效的既可降低风险,又可增加回报的对冲策略。该策略的不足之处是对冲的最大金额是期权金以及必须要放弃行权价之上的上升空间。我们在下节会作较详细介绍。图 3-13 显示了一个备兑期权的定价曲线。

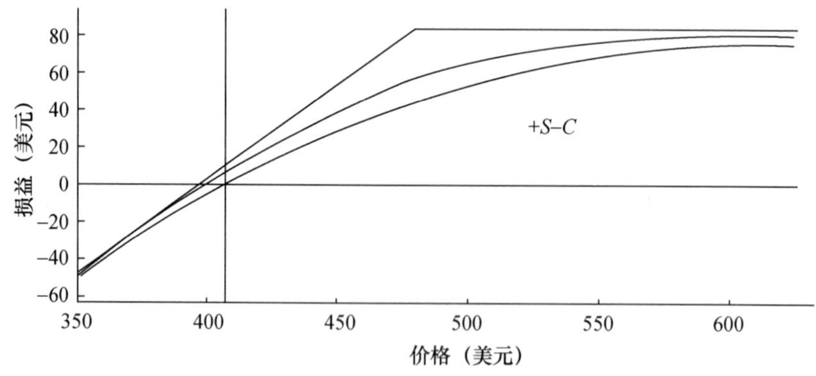

图 3-13　备兑期权的定价曲线

资料来源:彭博。

保护性看跌期权($+S+P$)是一种最常见的下行保护策略,相当于一种止损策略。该策略的缺陷是与传统持股相比,买进看跌期权是一个经常性的额外成本。图 3-14 显示了其定价曲线。

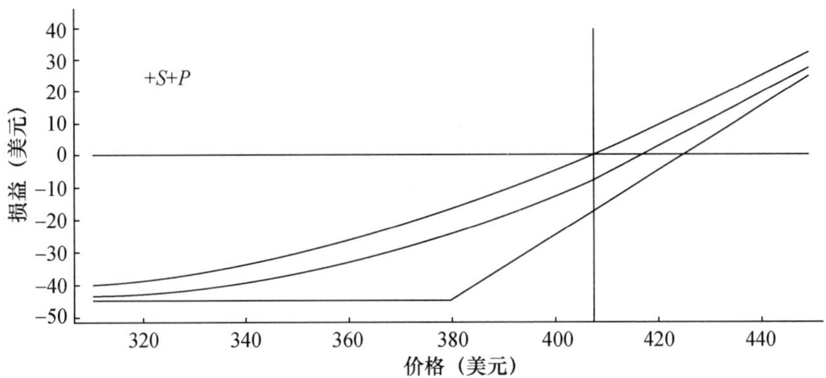

图 3-14　保护性看跌期权的定价曲线

资料来源:彭博。

跨式期权($+C+P$)实际上是一种常用的波动率策略,如果投资者预计股价会大起或大落,则可以通过买进跨式期权来寻求获利机会,即买进一个同期的平值看涨期权和一个平值看跌期权。反之,如果预计股价会在一定范围内起落,则可以卖出跨式期权。图 3-15 给出了一个跨式期权的定价曲线。

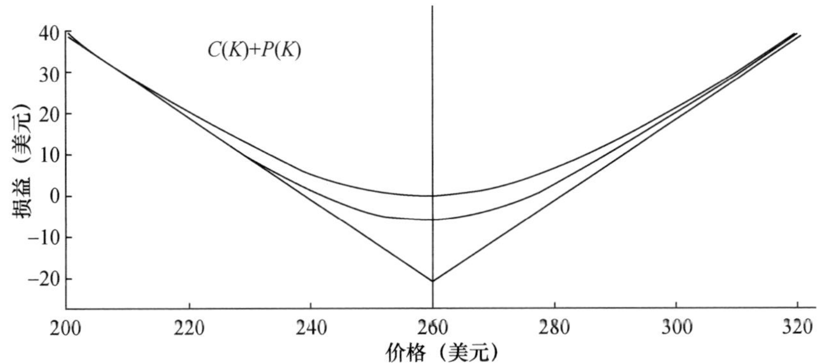

图 3-15　跨式期权的定价曲线

资料来源:彭博。

勒式期权($+C(K_1)+P(K_2)$)是跨式期权的一种推广,主要是通过改变行权价使其中的看涨期权和看跌期权均成为虚值期权以降低成本(见图 3-16)。

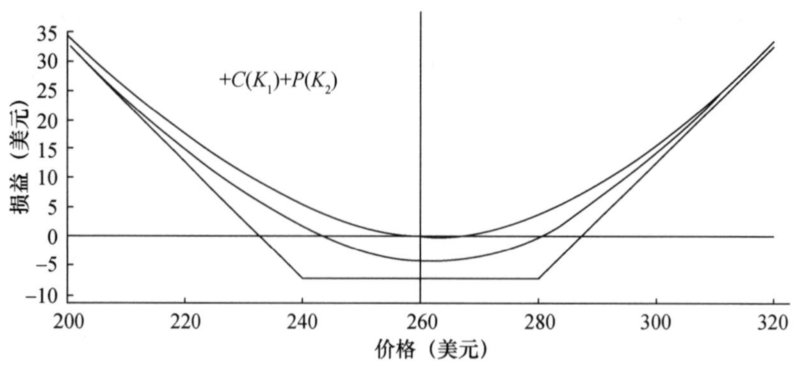

图 3-16　勒式期权的定价曲线

资料来源:彭博。

牛差期权组合(bullish spread)有两种方式来实施,都等同于看涨股票。一种是($+C(K_1)-C(K_2),K_2>K_1$),如果投资者预计股票会涨超过 K_1 但不太可能涨超过 K_2,则可以通过买进看涨期权 $C(K_1)$同时做空看涨期权 $C(K_2)$来摊薄成本(见图 3-17);另一种是($-P(K_1)+P(K_2),K_1>K_2$),通过买进一个较远的虚值期权加强前面所讨论过的做空看跌期权策略,该策略在急跌过程中抢反弹时较有用(见图 3-18)。

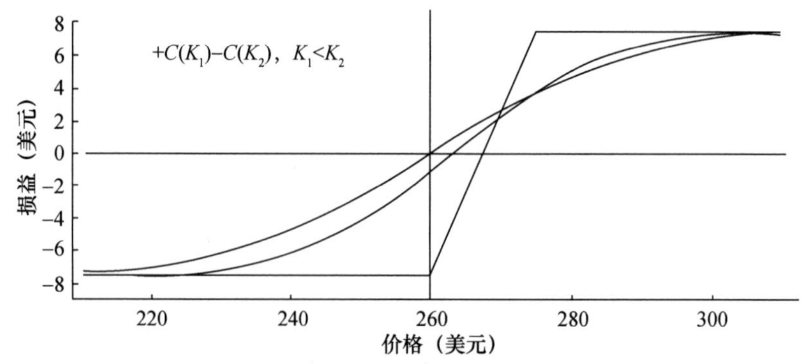

图 3-17　牛差期权组合的定价曲线(1)

资料来源:彭博。

与上面提到的牛差期权组合相对应,熊差期权组合(bearish spread)也有两种方式来实施,都等同于看跌股票,一种是($+P(K_1)-P(K_2)$, $K_2<K_1$),如果投资者预期股价将跌过 K_1 但不太可能跌超过 K_2,可以通过买进看跌期权 $P(K_1)$同时卖出看跌期权 $P(K_2)$以便摊薄成本(见图 3-19)。另一种是

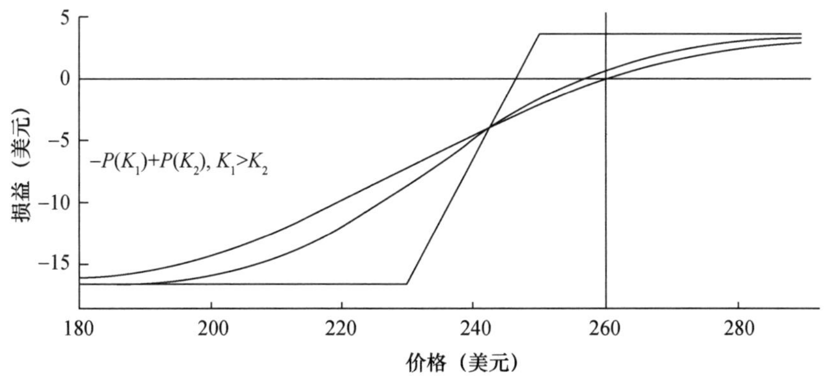

图 3-18　牛差期权组合的定价曲线(2)

资料来源:彭博。

$(-C(K_1)+C(K_2), K_2>K_1)$,做空看涨期权 $C(K_1)$,再做多一个较远的虚值看涨期权 $C(K_2)$作为防止暴涨状况下的“保险”(见图 3-20)。

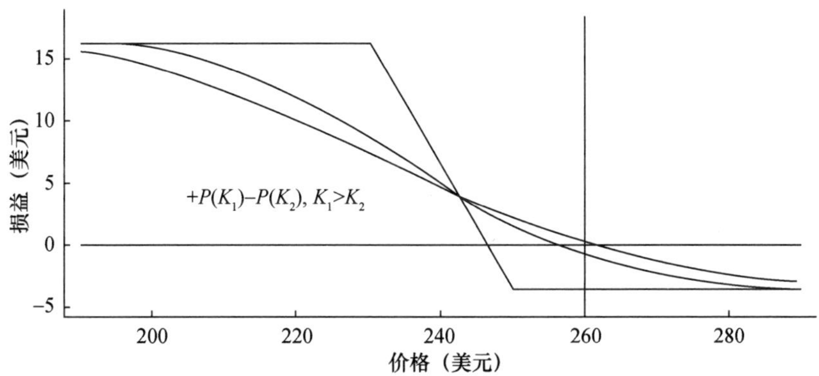

图 3-19　熊差期权组合的定价曲线(1)

资料来源:彭博。

自融期权组合$(+S-C(K_1)+P(K_2))$是在持股的情况下通过卖出一个看涨期权“融资”来购买一个看跌期权进行下行保护,从而在不增加持股成本的情况下有效地控制了下行风险(见图 3-21)。

改良自融期权组合$(+S-C(K_1)+C(K_3)+P(K_2))$是前面自融期权组合$(+S-C(K_1)+P(K_2))$的改良版,为作者聂军研究开发而成。自融期权组合$(+S-C(K_1)+P(K_2))$中有一个不足之处是投资组合必须放弃股价超过 K_1 的上升空间,改良自融期权组合$(+S-C(K_1)+C(K_3)+P(K_2))$通过下移 K_1

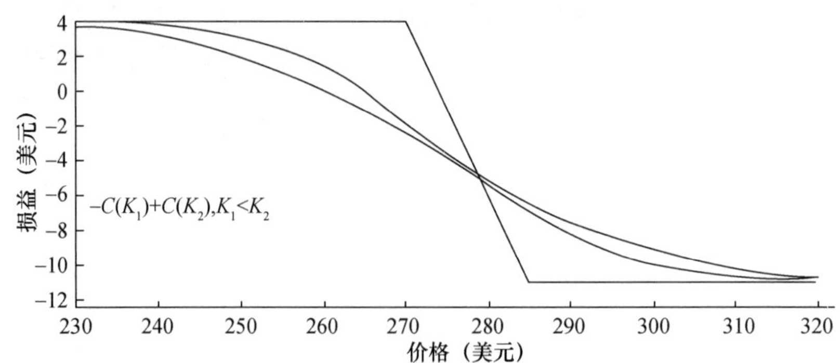

图 3-20　熊差期权组合的定价曲线(2)

资料来源:彭博。

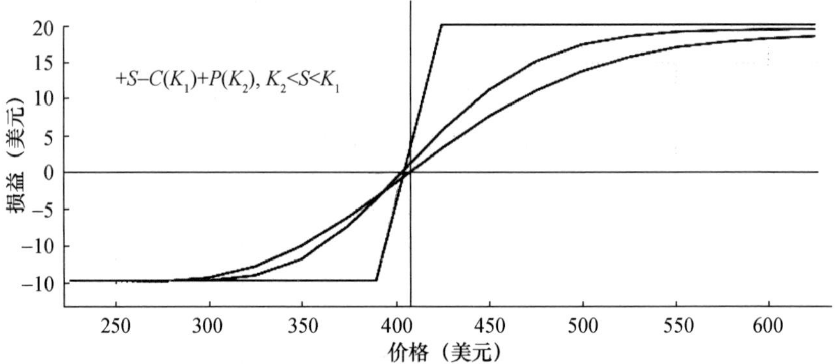

图 3-21　自融期权组合的定价曲线

资料来源:彭博。

使得卖出 $C(K_1)$时能收到更多的期权金,再买入一个看涨期权 $C(K_3)$,$K_3>K_1$,使得整个投资组合能享受上升空间(见图 3-22)。

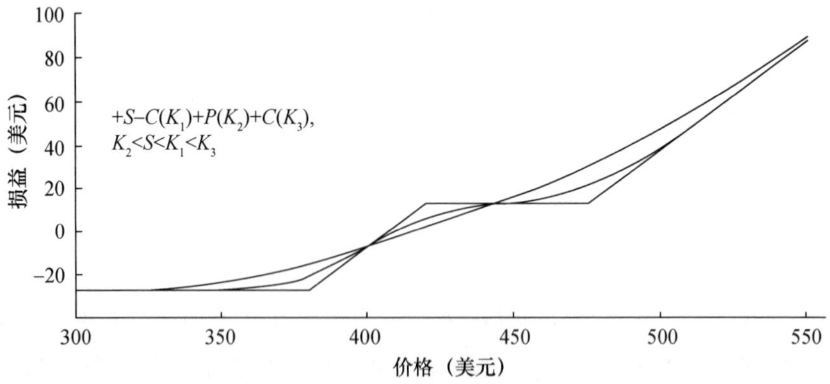

图 3-22　改良自融期权组合的定价曲线

资料来源:彭博。

有很多不同方法构建**蝶式期权组合**，蝶式期权组合（$+C(K_1)-2\times C(K_2)+C(K_3)$，$K_2=(K_1+K_3)/2$）买进两个不同行权价（$K_1$，$K_3$）的看涨期权，同时卖出两份以其中间价 $K_2=(K_1+K_3)/2$ 为行权价的看涨期权，来实施投资者对正股股价的“保守”预期（见图 3-23）。

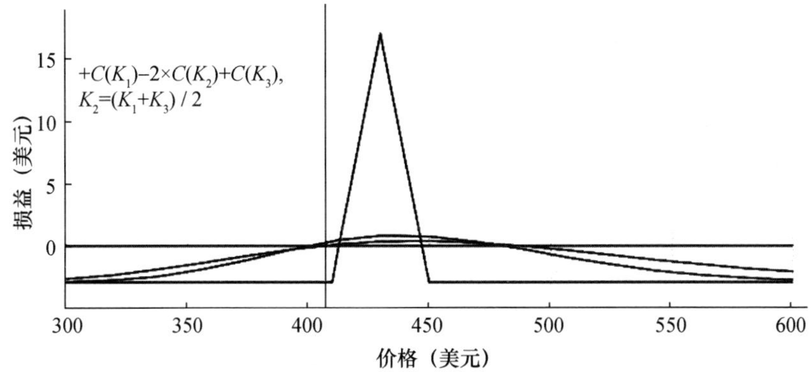

图 3-23　蝶式价差期权组合的定价曲线

资料来源：彭博。

跨期价差期权组合（calendar spread）是一种常见的期权组合，主要是通过“时间差”来实施投资者对标的物价格（如股价）的判断或预期。有多种方式来构建该策略，图 3-24 给出的是（$-C(T_1)+C(T_2)$，$T_1<T_2$）的一个例子，显示投资者期望股价近一个月内会暂时下降，而在两个月左右会上升。

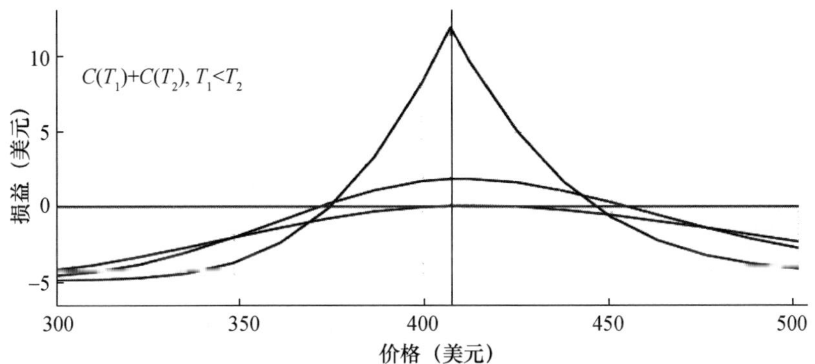

图 3-24　跨期价差期权组合的定价曲线

资料来源：彭博。

第四节　期权对冲策略案例

期权的最原始功能是用作风险管理，在这方面对冲基金可以说是用得最灵活的。在本节中我们给出几个案例。为叙述方便起见，对冲策略仍然以股票期权为对象，但不难推广到其他金融交易品。

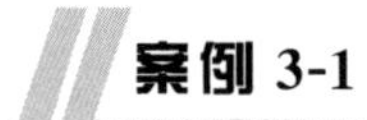

备兑期权

我们知道，看涨期权价格是股价的单调递增函数，其价值随股价上升而上升，随股价下跌而逐渐下降趋于0。这一特性为我们提供了一个很好的对冲工具和策略。备兑期权策略是在买进股票后再做空相应股数的看涨期权，比如行权价为 K 而期权金为 C。这样，在行权日如果股价未超过 $K+C$，则备兑期权策略不仅收益高于传统单独持股策略的收益，并且风险明显低于后者。当股价在行权日超过 $K+C$ 时，备兑期权策略的收益低于传统单独持股策略的收益，但在整个过程中备兑期权策略的风险显著低于传统单独持股策略的风险。

以下是具体的构建：

（1）2014 年 3 月 3 日买进 100 股特斯拉股票，每股 250.56 美元；

（2）卖出 1 张 2015 年 1 月 17 日到期的 C$265，即行权价为 265 美元的看涨期权，每股收入 40.4 美元的期权金。

图 3-25 通过具体例子很清楚地展现了备兑期权策略的优势：有效降低投资风险的同时增加了投资回报。相比于特斯拉的正股，备兑期权组合的波动率要小得多。比如，2014 年 8 月 22 日收市时，备兑期权组合的年化波动率为 16%，而特斯拉正股的年化波动率为 30%；同时，自 2014 年 3 月 3 日至 2014 年 8 月 22 日，备兑期权组合的收益率为 10.17%，而特斯拉股票的收益率仅为 2.48%。

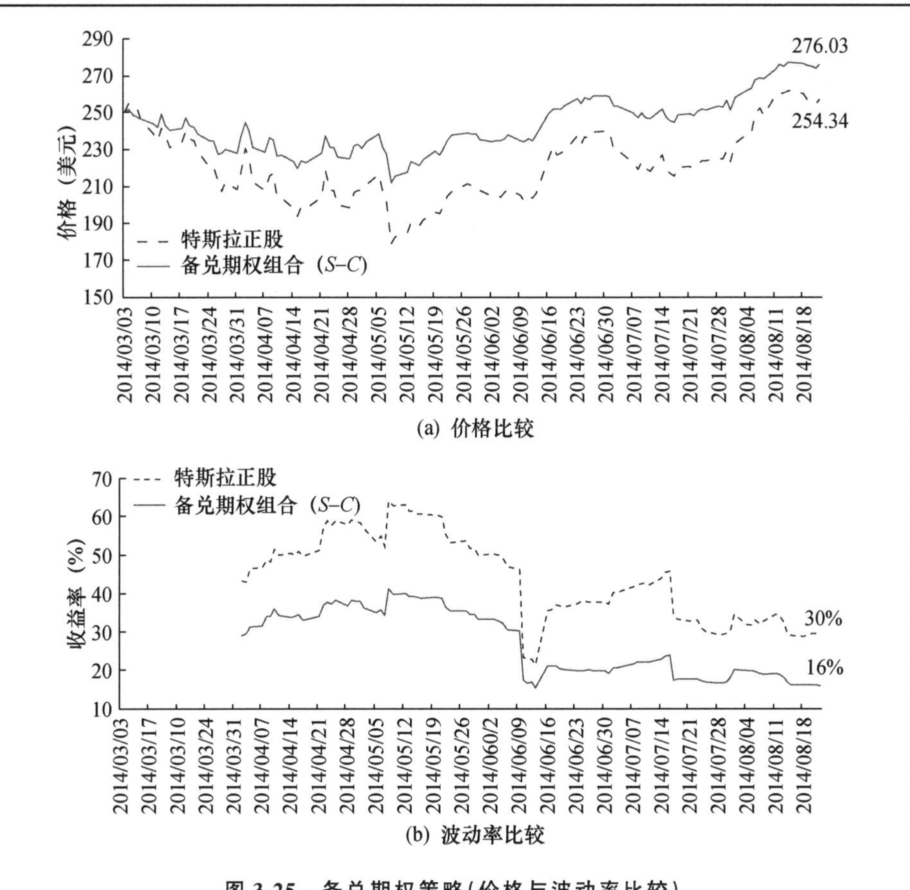

(a) 价格比较

(b) 波动率比较

图 3-25　备兑期权策略(价格与波动率比较)

资料来源:彭博。

备兑期权当然有其不足之处,怎样设计期权中的各项参数是需要做很多功课的。例如,如何选择行权月份应该与该公司的财政年度以及年度、季度财报,或者相对隐含波动率有关系;如何选择行权价既要考虑到期权金的“油水”是否够,又要考虑到不至于放弃太多上行空间,比如,可以结合技术分析选择“阻力位”为行权价,或者结合基本面分析选择“目标价”为行权价,那样的话,如果期权被行权了,我们仍然可以有可观的收益,并且很可能提前实现了“目标价”。

改良自融期权组合

上一节中我们介绍了这个由作者聂军研究开发的策略。以下是具体的构建：

(1) 每股 169 美元买进 100 股股票；

(2) 每股 0.43 美元买进 P(160 美元)；

(3) 每股 1 美元卖出 C(171 美元)；

(4) 每股 0.48 美元买进 C(173 美元)。

如此构建后，我们还有 0.09 元/股的盈利，也就是说，我们的投资组合不但提供了下行的保护，打开了上行空间，还比传统的“裸持股”略有盈余，虽然小，但确实是正的现金流，显示了该策略的持续性。最为关键的是，投资组合可能承担的最大损失为 $\frac{9-0.09}{169}=5.27\%$，通过在上升空间里仅割舍 2/169，即 1.18%的利益来构建起一个坚实的保护层。图 3-26 是该例子的定价曲线。当然，我们也可以根据需要调整这个组合里的各项参数。

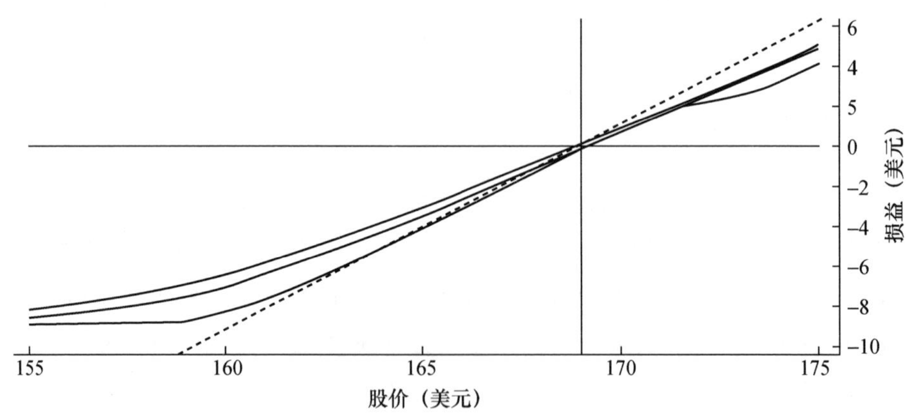

图 3-26 改良自融期权组合的定价曲线

利用期权构建对冲策略的方法很多，限于篇幅，我们先介绍到此。

第四章
对冲基金策略概论

无论是正面的还是负面的报道,对冲基金总是被罩在一片神秘的光环之中。无疑,对冲基金与其他行业一样,伴随很多传奇,创造了许多财富。其他不说,光是每年《福布斯》公布的"富豪榜"中就有几十位上榜者是靠从事对冲基金投资而致富的。

我们将带领大家把这些光环一层层地剥开,之后我们会发现,很多对冲基金策略和盈利机会其实就在身边(最简单的就是指数调整策略),但很多人因为不懂其策略而使得盈利机会悄悄溜走了。本章将概述各种对冲基金策略(以后各章将进行详细剖析)。读者不难从中比较全面地看到,对冲基金并不神秘,也不可怕。对冲基金的策略实际上非常丰富,粗分有十几种,细分则有数千种,由不同的投资理念、逻辑和流程主导,每一种策略的回报/风险特征各不相同,而且所有策略的收益来源均可以透明地拿出来"晒"。不仅如此,通过各种比较和分析,读者还会看到,对冲基金投资不仅不是媒体渲染的"高风险"或"大空头",相反,是比传统投资更加稳健的替代投资产品,是名副其实的投资界的"皇冠"。

"对冲基金"本意为"风险对冲过的基金",也有翻译成"避险基金"的,起源于 1949 年的美国,其后沉寂了近 20 年,对冲基金行业才真正成形,当时全世界大约有 140 家对冲基金。人们发现,对冲基金的收益不仅较传统的共同基金投资要高十几个百分点,波动幅度远低于共同基金的波动幅度,而且与传统的共同基金的相关性要低很多。对冲基金投资策略较传统投资策略灵活得多,能为投资者在保值增值方面更好地带来实际利益。对冲基金以优异的稳健业绩终于赢得了投资者的青睐而开始传向全球。

在当今的美国、欧洲、日本等发达国家,对冲基金已成为退休基金、大学捐赠基金、保险公司、再保险公司、家族办公室、银行财富管理等各种机构投资者及高净值投资者的一种新兴投资资产类别,成为这些投资者必须配置的投资品种。

目前全球大约有一万家正式注册的对冲基金公司,管理资产达 31 500 亿美元。而整个亚洲大约有一千家对冲基金公司,管理资产仅占全球对冲基金管理资产的不到 10%,专注于大中华地区的对冲基金的管理资产仅占全球对冲基金管理资产的不到 1%。2014 年 2 月 7 日中国证监会开放私募基金注册备案制后,中国内地可以被称为对冲基金的基金公司约 700 家(这些公司的前身被称为阳光私募)。而美国对冲基金行业管理资产占全球的 70%左右,欧洲占 20%左右。这种悬殊的占比一方面反映了中国市场与欧美市场的巨大差距,另一方面也说明中国这个市场蕴藏着巨大的发展空间。我们有足够的理由相信,中国的资本市场规模在不远的将来可以与美国市场的规模相媲美。

在过去的几十年里,对冲基金在为投资者创造财富的同时,也造就了许多富豪对冲基金经理。比如,在 2017 年的"《福布斯》全美 400 富豪榜"上有 25 位富豪是通过经营对冲基金而上榜的。其中,乔治·索罗斯(George Soros)先生是最富有的对冲基金大佬,净财富 230 亿美元,总排名第 20 位,"文艺复兴科技"创始人詹姆斯·西蒙斯(James Simons)以 185 亿美元排第 25 位(西蒙斯同时是著名微分几何学家,他与我们中国人引以为傲的伟大现代微分几何之父陈省身合作研究的"陈-西蒙斯定理"是现代微分几何学中非常重要的成果),其年化收益率 35%的杰出业绩远远超出许多人崇拜的股神沃伦·巴菲特(Warren Buffett)。桥水的雷·达里奥(Ray Dalio)以 170 亿美元排第 26 位,卡尔·伊坎(Carl Icahn)以 165 亿美元排第 27 位。而布鲁斯·柯夫纳(Bruce Kovner)则以 52 亿美元排第 108 位,他曾经在纽约开过出租车,而他在"《福布斯》全美 400 富豪榜"已经连续上榜十多年了,最高排名第 85 位。可见,只要发挥出自己的特色策略的优势,在对冲基金的世界里也是"英雄不问出处"的。

虽然中国人涉足对冲基金比较晚,但在过去二十多年里也逐渐涌现了许多杰出的华人对冲基金经理,比如,泓策资本的创始人周忠全、凯思博资本的创始人郑方、高瓴资本创始人张磊、天元资本创始人王兵、方圆投资的创始人刘骞、Capula Investment Management 创始人之一霍焱、禾其投资创始人之一吴慧敏、智德投资创始人伍军、申毅投资创始人申毅、保银资产管理创始人王强等。随着中国内地市场的成熟发展,一大批新人正如雨后春笋般涌现。2017 年 10 月发布的胡润富豪榜中也有一些熟悉的名字:高瓴资本创始人张磊以 170 亿元位居第 179 名,期货行业传奇大佬葛卫东以 150 亿元位居第 216 名,等等。

人们通常把乔治·索罗斯作为对冲基金的典型代表人物。人们常说:“不要跟央行对着干!”意思是,胳膊是拧不过大腿的,但索罗斯就是不信邪,于 1992 年认为英国央行无力支撑英镑的汇率而难逃将会被踢出欧洲货币组织(European Exchange Rate Mechanism,欧盟的前身),单独挑战并击败了英国中央银行,从中盈利约 11 亿美元,从此名声大振,在数年中使得其旗下的索罗斯基金迅速达到了 200 多亿美元。五年后,以索罗斯为首的几家大对冲基金再次对 M. I. T. (马来西亚、印度尼西亚、泰国)的央行发起攻击,从亚洲金融风暴中赚得盆满钵满。然而,就在“索罗斯们”踌躇满志地希望在中国香港地区复制其模型时却苦战不下,最后不得不在损失近 20 亿美元后铩羽而归,导致了如日中天的索罗斯基金元气大伤,顿失不久前荡涤东南亚的风光而几乎关门歇业,也为索罗斯在亚洲“赢得”了“金融大鳄”的称号,而且这一恶称被沿用到所有对冲基金行业人士身上。究其原因,“索罗斯们”低估了当时香港特区政府借助中国人民银行雄厚的外汇储备的能力,低估了中国政府在香港刚回归后要不遗余力维护香港金融市场稳定的决心(当时作者聂军有一位担任对冲基金经理的朋友便是索罗斯军团中的一员),使得他在西方金融市场中屡试不爽的法宝在中国人的强力抵制下失灵。由此可见,再好的模型也要根据实际应用对象来用才能收到好的效果。另外,虽然在中国香港“索罗斯们”是军团作战,但还是印证了“不要跟央行对着干”。

索罗斯基金是通过对宏观经济因素的分析来交易并从中盈利的,这种策略只是各种不同的对冲基金策略里的一种,称为全球宏观对冲策略,投资的方向性很强。而索罗斯也只是众多对冲基金代表人物中的一位。

实际上,对冲基金策略除此之外还有许多种,各种策略分布在股票市场、固定收益市场、大宗商品市场、外汇市场及信用市场上,还有跨这些市场的多市场策略。根据地域划分，可分为北美市场、欧洲市场、亚洲市场及新兴市场。对冲基金策略从大的分类上来说有十几种，从小的分类(具体模型)来说就数不胜数了。而不同的市场条件对不同的策略来说有完全不同的盈利机会，每种策略有其"顺风"和"逆风"的周期。每只对冲基金都集中关注自己的"一亩三分地"。人们常说，对冲基金的投资是"一厘米宽度但却是一千米深度"的精深度投资。每片天地，自有春秋。从理论上而言，很难说哪一种对冲基金策略会长期优于其他的策略，并没有"常胜将军"。

应该指出的是，对冲基金的稳健回报、低风险是靠具体操作者兢兢业业的全面分析和独特的技术专长及丰富经验来实现的。同其他任何投资一样，对冲基金投资也存在各种风险尤其是人性风险，投资者在投资之前一定要做好全面的尽职调查，深入了解该项投资的风险和回报特征，基金经理靠承担什么样的风险来获取其额外收益。希望从事对冲基金业务的人必须在了解对冲基金各种策略的特征后，深度评估自己及团队的特长，找到合适的策略来发展自己的业务，毕竟投资到了最后，是自己的个性、人品决定各种交易以及盈损。在此基础上，有目的地练就过硬的技术本领和对实际市场进行正确分析的能力，方能从各种金融市场中获得别人所不能获得的回报。

毫无疑问，投资对冲基金面临"人性风险"。过去几十年里，人们也不时听到有对冲基金"炸锅"的消息。在这方面当首推 2008 年的"麦道夫庞氏欺诈事件"，前纳斯达克主席伯纳德·麦道夫在长达十几年的时间里打造的"庞氏骗局"成为华尔街有史以来的最大骗局，导致投资者损失超过 600 亿美元。麦道夫的联接基金曾经与作者聂军所在团队接触三次，寻求投资，但每次都被我们拒绝了(详细细节在本书相关章节有描述)，所以麦道夫事件没有给我们的投资者带来任何直接损失。

第二个是 1998 年的长期资本管理公司(Long-Term Capital Management)败走麦城事件。此前，从 1994 年到 1997 年，该基金的费后年化收益率是 47%，而且在 1997 年年底，长期资本管理的两位合伙人迈伦·斯科尔斯(Myron Scholes)和罗伯特·默顿(Robert Merton)因为在金融市场风险管理方面的杰出贡献而获诺贝尔经济学奖。当时，该基金由于过分贪婪以及对俄罗斯国债违约风险(default risk)没有做出正确估计而铸成大错，几乎导致了美国及整个世界金融市场的崩溃，最后美联储不得不出面联合华尔街 16 家银行紧急营救,基金投资损失达 94%,并且导致了长期资本管理公司的全面倒闭。其中也涉及该团队的人性风险,在后面的章节中我们会介绍当年我们团队在做尽职调查时决定不向长期资本管理公司投资一分钱(当时华尔街许多大银行高管都在争先恐后地将自己的私人财产投到长期资本基金中去)。当然,最后长期资本管理公司爆仓时,我们的投资者没有遭受任何直接损失。

对冲基金并不可怕,也不神秘。各种对冲基金策略体现了许多智慧,是一种理想的投资渠道。

第一节　对冲基金策略

在正式进入对冲基金策略部分之前,我们先从整体上看看对冲基金的情况。全球对冲基金在 1999 年总体管理资产约 2 000 亿美元,到 2008 年金融海啸前达到 2.3 万亿美元,之后遭遇全球金融海啸冲击曾大幅下跌,然而到 2017 年 6 月又达到 3.15 万亿美元的新高。在中国内地市场,虽然在过去几年已经有了长足的进步,但许多人仍认为对冲基金的风险远比传统的股票投资要大,读者很容易从本章的图表中看出实际上完全不是那么回事。

回顾第二章中的图 2-7,在过去的 20 年里,瑞信对冲基金指数的年化收益率 7.06%优于上证指数的年化收益率 6.29%,大幅优于恒生指数的年化收益率 2.49%,略低于标普 500 指数的年化收益率 7.68%;然而,瑞信对冲基金指数的年化波动率 6.56%仅是上证指数年化波动率 28.03%的 1/4 还不到,仅为恒生指数年化波动率 25.04%的 1/4 左右,是标普 500 指数的年化波动率 15.29%的 40%左右。如果我们再看看夏普比率(假设无风险利率为 0),对冲基金指数的夏普比率(1.08)是唯一超过 1 的,远远超过上证指数的夏普比率(0.36)、恒生指数的夏普比率(0.22)、标普 500 指数的夏普比率(0.56)。仅从这些指标,人们不难看出对冲基金指数的回报要远远稳健得多,风险要小得多。

再进一步比较一下痛苦指数,我们会看到一幅更加清晰的图画:在过去 20 年里,上证指数的最大跌幅为 71.0%,从峰值到 2016 年年底的跌幅仍有 47.88%;恒生指数的相应数据为 59.1%和 29.8%;标普 500 指数(含分红再投资)的相应数据为 50.9%和 0.0%;瑞信对冲基金指数的相应数据为

19.7%和−2.73%。虽然标普 500 指数在 2016 年年底达到峰值而瑞信对冲基金指数从前期 2015 年夏的高点回撤 2.73%，然而我们可以看到，在 2008 年的金融海啸后，瑞信对冲基金指数在 2010 年就已经回到了海啸前的峰值，而标普 500 指数则是到了 2013 年才回到海啸前的峰值(见图 4-1)。

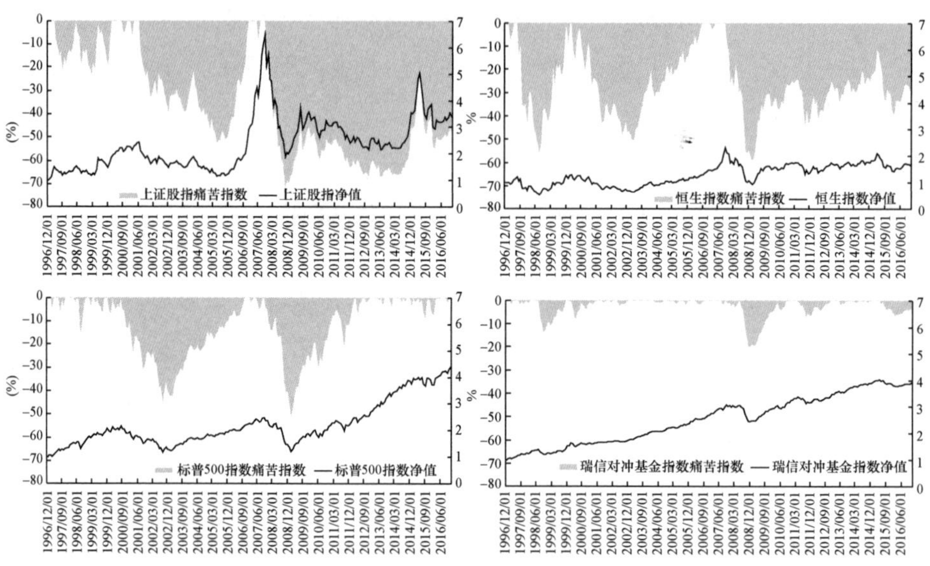

图 4-1　上证指数、恒生指数、标普 500 指数、瑞信对冲基金指数痛苦指数

资料来源：彭博、瑞信对冲基金指数。

另外，从图 4-1 中我们看到上证指数、恒生指数、标普 500 指数和瑞信对冲基金指数跌幅超过 10%的频率也完全不一样。从这个角度我们也再次看到对冲基金在保值增值方面比传统的股指有明显的优势。

通常我们把资产划分为五大类：股票市场、固定收益市场、大宗商品市场、外汇市场和信用市场。在国内说到投资，人们往往想到的是股市投资。近年大宗商品市场也在不断丰富和完善，固定收益市场则逐步在发展健全。众所周知，在中国内地外汇市场尚受资本项下管制的影响而不可为；信用市场的条件则仍不成熟，但 2014 年不断曝出各种信用债违约事件后，信用市场有望开始逐渐萌发生机，我们可以静待其带来的发展良机。

对冲基金策略粗略地可以分为十几种：股市多/空头策略；股市中性策略(包括股市统计模型套利策略)；股市偏空策略；并购套利策略；特殊情形策略；受压资产策略；事件驱动混合策略；资本结构套利策略；相对价值套利策略；固

定收益套利策略;可转债套利策略;信用套利策略;管理期货策略(包括系统性和非系统性策略);全球宏观策略;新兴市场策略。

股市多/空头策略。该策略往往被认为是对冲基金行业的替代品,利用股票及其期权建立多头头寸和空头头寸。有的通过基本面分析建仓,有的通过量化分析模型建仓;有的侧重某些行业板块,有的不分行业板块,在整个市场中寻找最有吸引力的投资点;有的是自下而上通过分析每一只股票而建仓,然后在整个投资组合上对冲风险,有的则是自上而下通过宏观分析预测大势走向,然后在利好的行业中选表现较好的股票建立多头、在利空的行业板块里选表现较差的股票建立空头,等等。股市多/空头策略是一种最普遍的对冲基金策略,与传统的共同基金投资策略有着深厚的渊源。该策略注重基金经理的选股能力,而不是基金经理预测整个市场大方向或是揣测最佳交易时间的能力。

总体而言,股市多/空头是使用最多的策略,尤其在亚洲。Eurekahedge 的数据显示,2017 年 10 月股市多/空头策略在全球的占比为 35%(见图 4-2)。但是,在亚洲股市多/空头策略的占比则高达 70%以上。造成这种策略分布不平衡的原因主要是,很多对冲基金从共同基金演变而来,交易策略照搬共同基金的基本面分析,所以在做空时,基金经理的心理承受能力不是很好,经验不是很足,加之市场限制比较多,很多亚洲对冲基金在做空上还比较欠缺必备的工具或必要的技巧。

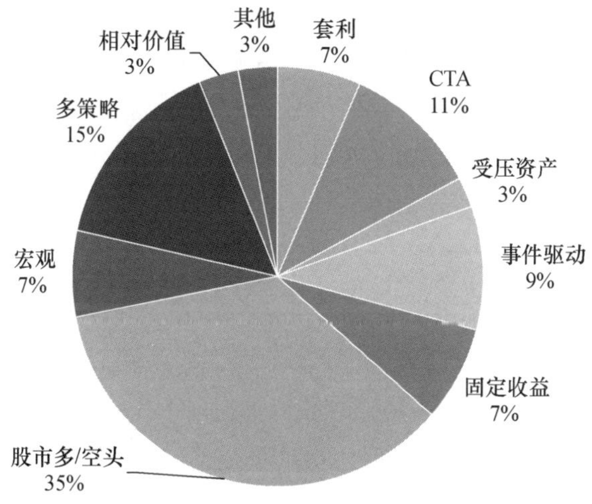

图 4-2　2017 年 10 月全球各策略占比

资料来源:Eurekahedge。

股市中性策略(包括股市统计模型套利策略)。这是在股票多/空头策略基础上发展出来的一种将市场系统风险降到最低的策略,力图做到基金的回报不受大市起伏的影响。虽然也有靠基本面分析建仓的股市中性策略对冲基金,但由于市场每时每刻都在变化,而基本面并不是每时每刻都在变化,该策略中主要还是靠量化模型分析各股票之间的内在相关性和对未来价格变动的预测建仓来实现市场中性的对冲基金占多数。该策略一般会用到2—5倍的杠杆来加强回报,对计算机系统和建模都有较高的要求。

股市中性策略中有一种是通过统计模型来分析建仓,使投资组合不但达到市场中性,而且达到贝塔中性、国家中性、行业中性,以期实现在“正常市况”下将市场系统风险降到最低。

股市偏空策略。该策略利用股票及其期权建立多头头寸和空头头寸,一般空头头寸大于多头头寸。该策略主要以分析个股的基本面进行自下而上的过程建仓,在投资组合的层面用股指期货或期权进行对冲,与传统的共同基金投资策略正好处于多、空头的另一面。做空常常使该策略必须面对各种官司诉讼或纠纷,故该策略要求基金经理除了要有很扎实的基本面分析判断能力,还要有丰富的法律知识和很强的应对能力。理论上来说,做空可能承担无限度的风险,需要很强的心理承受能力。

并购套利策略。这种策略主要从公司并购事件中通过对并购个案的分析来做多被收购方的股票及其他可交易金融产品,同时做空收购方的股票来建仓,等待并购完成从而盈利。例如,如果A公司收购B公司,每股B公司股票可以转换成0.8股A公司的股票。并购消息宣布后,一般B公司的股票不会马上跳升到0.8股A公司股票的价位,假设每股差价为0.5元。对冲基金经理可以买进10 000股B公司股票,同时做空8 000股A公司股票。一旦并购完成,该经理手上将不再持有任何股票,但从该对冲投资中净盈利5 000元。

特殊情形策略。这种策略主要通过买卖涉及公司重组、股权配置、特别分红、公司分拆等重大事件的公司证券来获利。该策略往往利用对公司基本面及公司的深层研究来寻求“深度的内在价值”。

该策略也可以参与股指周期性的调整。比如,当某只股票将入选股指时,跟踪股指的“指数基金”便不得不进行相应的建仓或加仓,通常会导致该股票价格上涨;相反,如果某只股票将要被剔除出股指时,“指数基金”便会纷纷抛售而导致其价格下跌。

受压资产策略。这种策略主要通过对进入破产法庭保护的公司的证券以及所涉及的相关法律、法规进行深入的分析来进行投资以期获利。投资经理往往要介入管理层重组、债权谈判等公司重组设计中。比如：当公司进入破产法庭时，公司证券价格往往会大幅下跌，面值 100 元的债券通常只以 20 元甚至更低的价位在市场上交易。一旦公司能重组成功、走出破产法庭，该债券的价位很可能急速上升到 60 元甚至更高，投资即可实现相对可观的回报。但如果该公司最后不能走出破产法庭，投资将全部血本无归。该策略不仅要求基金经理深入地从基本面上对所涉及的公司证券做深入研究，更重要的是需要了解公司为什么进了破产法庭，公司的债务结构，重组计划的可行性和进展预期，债权人及投资者的利益范围，以及相关法律、法规。在该策略中，虽然大多数情况下基金经理都会做多受压资产，但根据不同情况也可做空。

事件驱动混合策略。这种策略主要注重公司异动事件，依靠对具体事件发展方向的分析预测来建仓盈利或套利。异动事件包括公司并购、分拆、内部商业重组、内部资产重组、发行新股、上市公司私有化，等等。该策略主要靠基本面分析，强调对具体事件的深入了解和总体判断，对所涉及的事件的相关法律和法规要有深入的了解，不但要承担市场风险，还要承担所涉及公司的信誉风险。投资工具一般采用股票、期权、优先股、高级债券、次级债券相结合的组合。

股指成分股周期性的调整也是该策略关注的题材。比如，当某只股票将入选成为股指成分股时，跟踪股指的“指数基金”便不得不进行相应的建仓或加仓，通常会导致该股票价格上涨，可以借机建仓做多；相反，如果某只股票将要被剔除出股指成分股时，“指数基金”便会纷纷抛售而导致其价格下跌，可以乘机建仓做空。

资本结构套利策略。这种策略主要通过分析市场定价错位来套利。比如，由于投资者群体和需求不同，同一个公司的股票、优先债券、次级债券、可转债券等的交易定价的合理性往往不一致，基金经理可以通过对这些不合理性的分析来对同一公司的不同证券建立相应的多头及空头仓位，等待这些证券的定价趋于其合理价位来套利。可转债套利策略也可归为这种策略。这种策略的关键是建立“合理性定价”分析模型，来准确地分析不同证券定价的不合理性程度,建立相应的仓位。另外,由于这种策略往往涉及在不同种类的证券市场建仓,要求基金经理有能力和资源在不同证券市场同时建仓或平仓,否则,利润可能会被“时间差”吃掉。

相对价值套利策略。这种策略主要靠模型分析出不同金融产品之间的内在相关性以及市场的错位定价(比如同一公司的股票和债券对该公司的利好(差)消息的反应速度不一样,会导致错位定价)。通过买进相对“便宜”的产品同时做空相对“贵”的产品,假以时日,市场上会逐步将错位定价归位,从而从中套利。其中的金融产品可以是同一公司的股票与债券,也可以是同一公司发行的不同层次的债券,还可以是不同公司的股票或者是不同公司的债券,也可以是国债与公司债券,还可以是不同期限的国债,等等。该策略的关键在于所建模型能迅速、准确地找出错位定价并以最低成本建立合理的仓位。

广义而言,以下策略均可归为相对价值套利策略:固定收益套利策略、可转债套利策略、并购套利策略、股票统计模型套利策略、配对交易策略、资本结构套利策略,等等。

(1) 固定收益套利策略。虽然只是相对价值套利策略中的一块,该策略依然要求基金经理对固定收益市场有深入的了解和运作能力。该策略注重于各种债券(例如国债、公司债券、房贷按揭,等等)之间的价差,需要建立较复杂的模型来分析和捕捉各种价差而从中套利。比如,就同一个国家的国债收益率曲线来说,由于市场对 3 年期、5 年期及 10 年期国债的不同需求,会在短期内造成 3 年、5 年及 10 年的利率起伏而出现异常现象,呈现套利机会。

(2) 可转债套利策略。可转债是一种公司发行的债券,发行时约定债券在一定的条件下可以按一定的比例转换成公司股票,是一种集股票和债券于一体的复合金融产品。股价下跌时,可转债持有者可以定期享受债券的固定息票,而股价大幅上升时,又可以享受股票的高回报。可转债套利策略一般采取买进可转债同时按转换比例做空公司股票以套取价差,在很少的情况下,可转债定价会高于股票定价,这时应该买进股票而做空可转债来套利。值得指出的是,当公司面临破产时,可转债定价将由公司信誉水平来驱动,而比股票更急速下降。可转债在 2008 年金融海啸中市场缺少流通性时被极端错误定价,给可转债套利策略造成了史无前例的损失,也给 2009 年新入市者带来了前所未有的获利机会。

信用套利策略。与直接交易股票一样,在比较成熟的市场里,投资者也可以直接交易信誉衍生产品来套利。该策略通过对市场上交易的不同信誉产品的深入分析,找出其相对价位的错位机会来套利。比如,一个公司 CDS(债务抵押掉期)的价位是衡量该公司离破产还有多远的标准,CDS 越高,该公司破产的可能性越大。发行债券的公司在市场上通常也有该家公司的 CDS 在交易,一般来说,CDS 与债券的息率有一定的正比关系。基金经理可以通过建立模型来分析这种关系,一旦两者之间的价位偏离这种关系,便可以建仓寻求获利机会。又比如,投资者可以通过分析单个 CDS 与 CDS 指数间的相对定价错位来建仓获利。

管理期货策略(包括系统式交易和非系统式交易)。该策略完全通过不同期货合约及调期合约多/空头头寸进行投资,起始于商品期货市场,后发展到了股指期货、外汇期货及调期、债券期货市场,期权是该策略常用到的工具。除了基本面分析,大多数基金经理依赖于对价格的技术分析来预测价格的未来走向,所以该策略中大多数基金经理从自己的实战经验中建立了各种技术分析系统来进行交易,这些系统有针对长期、中期及短期投资目标的,很多交易是通过计算机按系统设计的交易信号自动完成的。每个交易系统在投入使用前都会对历史数据进行全方位的仿真操作和压力测试。最常用的子策略是套期策略及跨市场套利策略,一般而言,一个有明显趋势的市场环境对该策略较为有利。

管理期货策略(系统式交易)。该策略通过建造很复杂的数学模型来产生买和卖的指令,所有交易操作均通过计算机系统来操作,通常也被称为“黑匣子”。由于其高频交易的特点,该策略青睐于交易流动性良好且交易成本较低的市场。

该策略中的模型通常来自基金经理对技术因子及技术指标的量化分析,并经过大量的历史数据回溯测试(一般是 10 年)。

该策略中的中、长期模型往往来源于惯性分析的趋势追逐方法。而短期模型通常会用到比较复杂的统计模型分析来判断具有统计意义的短期市场非有效性。这些方法包括模式识别、短期惯性、逆趋势分析、价格突破技术指标等。

全球宏观策略。该策略以对各国及全球经济数据变化的分析预测为基础进行投资,交易的市场范围非常广泛,大致分为股票指数(期货、期权)、国债(单个国债上的期货、期货期权、利率期货)、外汇(现汇、期货、掉期)、商品期货、掉期。该策略主要通过分析在特定的宏观经济环境下各种金融市场的大趋势来建仓获利。不同于传统投资策略的是,该策略的仓位可以是多头,也可以是空头,只要特定的市场有明显的走向趋势就有获利机会。有的基金经理通过系统模型建仓,有的则通过个案分析自由式建仓。该策略有较强的市场方向性,投资周期相对较长——经济发展方向不是短期内可以改变的,波动性也比较大。找准趋势的拐点是该策略的关键所在,索罗斯所擅长的也正是这一点。

新兴市场策略。以上各种对冲基金策略在新兴市场中能应用的都可以归为该策略。在新兴市场,一方面,由于市场的发展开放程度不够,可以交易的金融产品不多或者市场容量不够大、不够深、不够广;另一方面,由于种种原因,各个国家不同政策的限制比较大,税法各异,很多国家不允许做空,或者即使允许做空,但各种限制极其苛严,使得许多对冲基金策略中的对冲功能无法发挥,策略并不能全方位地施展。比如中国市场就是比较典型的新兴市场,一方面,中国已经是世界第二大经济体了,股市的交易额也很大,但另一方面,市场上很多交易产品尤其是衍生品都还没有。毫无疑问,在过去十年里,中国对冲基金行业已经发生了天翻地覆的巨大变化,有些对冲基金策略可以比较全功能地展开,有些策略则可以部分地展开。[①] 与发达市场相比,中国金融市场仍然有非常大的改善空间。

以上这些对冲基金策略,有的集中于一类资产类别中,有的则是跨资产类别的(例如资本结构套利策略和可转债套利策略等);有的可以是全球市场的,有的只是区域市场的。这些策略的风险和投资收益都有着各自的特征,其中套利型策略的收益和风险都比较低,比较稳健;方向性策略(股市多/空头、股市偏空、全球宏观、新兴市场等)的收益率较高,同时其风险也相对较高;管理期货策略与传统投资的相关性很低,在资产配置中能很好地分散风险。数据显示,无论是对冲基金指数,还是对冲基金策略指数(除了偏空策略)的表现都比较稳定(见表4-1)。

---

① 参见聂军,“对冲基金中国策”,《新财富》,2014年6月。

表 4-1　对冲基金策略指数长期、中期、短期历史表现

1994.1—2017.11	对冲基金指数	可转债对冲基金指数	偏空对冲基金指数	新兴市场对冲基金指数	市场中性对冲基金指数	事件策动对冲基金指数	受压力资产对冲基金指数	并购套利对冲基金指数	固定收益套利对冲基金指数	全球宏观对冲基金指数	股市多/空头对冲基金指数	管理期货对冲基金指数	多策略对冲基金指数	MSCI全球股指
年化收益率	7.71%	6.59%	−6.02%	7.17%	6.77%	8.05%	9.19%	5.80%	5.16%	9.76%	8.70%	4.70%	7.71%	5.21%
年化波动率	6.81%	6.27%	15.97%	13.29%	3.73%	6.00%	6.09%	3.91%	5.11%	8.76%	9.00%	11.43%	4.85%	14.91%
夏普比率(0%)	1.13	1.05	(0.38)	0.54	1.82	1.34	1.51	1.48	1.01	1.11	0.97	0.41	1.59	0.35
最大回调	−19.67%	−32.86%	−81.87%	−45.15%	−5.62%	−19.15%	−22.45%	−8.18%	−29.03%	−26.78%	−21.97%	−17.77%	−24.75%	−56.23%
10 年														
年化收益率	3.19%	3.53%	−11.55%	3.41%	2.46%	2.89%	3.71%	2.91%	3.61%	4.40%	3.96%	2.27%	4.89%	2.25%
年化波动率	5.48%	7.99%	14.53%	9.07%	4.45%	6.35%	5.69%	3.42%	6.61%	5.32%	7.53%	10.68%	5.44%	16.79%
夏普比率(0%)	0.58	0.44	(0.79)	0.38	0.55	0.46	0.65	0.85	0.55	0.83	0.53	0.21	0.90	0.13
最大回调	−19.49%	−31.86%	−76.19%	−31.96%	−5.62%	−18.03%	−21.48%	−8.18%	−29.03%	−14.94%	−21.63%	−17.77%	−23.88%	−54.14%
3 年														
年化收益率	2.20%	3.37%	−8.94%	6.48%	0.68%	0.06%	1.95%	3.82%	3.43%	1.53%	4.12%	−1.57%	5.33%	6.20%
年化波动率	2.85%	3.27%	13.01%	5.32%	4.16%	4.63%	3.12%	2.54%	2.15%	3.97%	4.29%	10.63%	2.12%	10.65%
夏普比率(0%)	0.77	[illegible].03	(0.69)	1.22	0.16	0.01	0.63	1.50	1.60	0.38	0.96	(0.15)	2.52	0.58
最大回调	−6.31%	−4.83%	−33.23%	−9.20%	−4.62%	−13.65%	−8.70%	−3.37%	−2.25%	−6.26%	−6.41%	−17.77%	−1.72%	−14.82%

资料来源：瑞信对冲基金指数、HFR。

这里要特别提一下股票市场偏空策略,这可能是一个“随风而逝”的对冲基金策略,它实际上是股市多/空头策略中的一个子策略,与多头头寸相比,空头头寸总是偏重些。无论从短期、中期还是长期来看,这个策略的年化回报率均为负数,而且年化波动率也相当高,是典型的出力不讨好的策略。那为什么人们还会去投资该策略呢?首先,这个策略在对冲基金大家庭里属于非常小众的,总共占不到5%的比例,目前则更小了,以至于瑞信对冲基金指数从2017年不得不由于标本数太少而终止了股市偏空对冲基金策略指数。其次,有别于那些利用信息不对称恶意做空者,偏空策略中的基金是正式注册和运作的对冲基金,其中确实有很杰出的基金经理(例如,David Rocker等)。再次,这些偏空策略中不少基金一般在大市下行时能为投资者提供较好的保护,帮助大机构投资者对冲下行风险,平滑投资波动率。最后,偏空策略持续面临投资者的赎回压力,Rocker曾亲自对作者聂军表明过他的沮丧:① 大市上涨时往往是良莠不齐、鸡犬升天,他们的基本面做空策略按设计就是面临损失的概率远远大于盈余的概率,投资者会对偏空基金的表现不满(做空本身不符合总是期望上涨的人性),常会抱怨别的标的都涨了,唯独偏空的在亏损,明里暗里表示可能要赎回;② 大市下跌时,投资者的其他偏多策略又往往在亏损,投资者就想拆偏空策略中的盈利去填补其他策略的亏损,所以也想赎回。2008年的金融海啸本来是偏空策略的“黄金时节”,但各大金融市场的监管机构禁止做空的种种限制使得很多偏空策略对冲基金不得不清仓歇业。而事后有许多学术研究论证了在市场恐惧出现时,限制做空并不能有效降低市场波动率。

所以,如果对冲基金经理希望在偏空策略这个冷门小众的策略中崭露头角,一定要有强大的心理素质。在亚洲,2008年金融海啸之前“能做空”似乎成为基金经理炫耀能力的一种时尚,当时在亚洲有几只对冲基金声称是偏空策略的,但海啸刚开始没多久,这些基金居然一个个地都关门了。我们预计在中国内地资本市场开放的进程中,类似情形恐怕在所难免,值得再三提醒的是,不能为做空而做空。

在以上所谈到的这十几种不同的对冲基金策略中,每一个又包含许多子策略,细分起来则有上千种。将这些策略作不同的组合,则又可以衍生出许多“多策略”的对冲基金策略。值得一提的是,在进行这种组合多策略时,应该考虑优化团队资源共享,最好是在彼此相关联的策略中组合。比如,由于其事件驱动之共性，人们常常将兼并套利策略、特殊情形策略、受压资产策略组合在一起形成事件驱动多策略对冲基金；由于其量化系统性交易，人们也会将管理期货策略及统计模型套利策略结合起来形成量化多策略；等等。但是，将事件驱动型策略与统计模型套利策略组合成多策略对冲基金则是一种比较糟糕的组合，因为它们有一些内在的东西是"天敌"。

大多数对冲基金策略是通过交易股票、债券等基础资产来实施投资理念的，然而，也有仅靠金融衍生品如期权、期货、掉期等来实施投资理念的。通常情况下是两者的结合，通过交易基础资产来建立长期基本头寸，再辅之予金融衍生品进行对冲，或增强短期敞口交易。

应该特别指出的是，同质化的投资策略难以长期并存，对于对冲基金策略更是如此。对冲基金行业实际上是一个对技术含金量要求很高而竞争也非常激烈的行业，开发出每一种独特的投资理念或交易策略无异于新的发明创造，既是智慧的结晶、享有知识产权，又是可以直接带来财富效益的秘密武器。每一家对冲基金都要有自己的特色，方能占有自己的一片天地。有人把对冲基金比喻成精品店，比喻成特色酒楼，它们只有拥有自己的特色，才能做到"酒香不怕巷子深"，受到客户的青睐。

中国的公募基金行业的同质化是有目共睹的，而且这种同质化现象已经影响了行业的发展；我们希望中国对冲基金行业能从一开始就走各具特色的创新之道，健康成长。

第二节　策略周期

人们常常会问：这么多的对冲基金策略中，哪一种最好？

这是一个简单的问题，但其答案并不简单。首先，"好"有很多不同的指标，不仅是年化收益率，还需要看风险及其他参数指标（例如，可持续性、可展性、透明度、痛苦指数等）；其次，要视具体投资者的风险-收益偏好而定，只有根据投资者的具体风险承受能力，按投资者的需要"量身定制"的投资组合才是最好的投资策略。

如果仅仅从年化收益率而言，各种对冲基金策略都有其自身的周期，没有一种策略会总是表现得比其他策略强（见图 4-3）。也就是说，对冲基金策略中没有常胜将军（尽管偏空策略多数年份"喜欢"沉底，但也有该策略辉煌的时候）。

收益从低到高 ↑																							
L	K	A	K	J	B	I	D	J	A	D	A	A	A	J	I	K	K	D	B	J	E	I	A
A	D	K	A	B	A	L	K	L	D	G	L	G	K	L	A	G	F	E	D	E	B	D	E
J	B	D	B	C	G	C	I	K	G	A	D	D	B	C	F	F	C	F	G	B	L	B	C
H	G	G	D	E	D	H	G	C	K	B	B	E	G	H	E	J	L	G	E	F	C	A	D
G	I	I	G	H	I	K	C	A	B	K	K	B	E	K	D	A	E	A	C	K	I	E	E
D	F	B	E	D	C	E	F	E	E	E	G	I	C	G	G	I	I	B	A	D	F	F	F
F	H	C	C	K	H	G	A	F	J	F	E	K	H	B	B	D	H	I	I	G	H	K	G
C	E	F	I	I	F	F	H	I	I	C	C	C	D	D	H	E	J	K	H	A	K	G	H
E	C	E	B	G	E	J	E	G	H	J	H	F	L	E	K	B	D	B	K	C	A	B	I
K	J	H	F	L	K	B	J	D	F	H	F	H	J	F	C	H	A	C	F	H	J	C	J
I	L	J	J	F	J	D	L	B	C	I	J	J	I	A	J	C	B	J	J	I	D	J	K
B	A	L	L	A	L	A	B	H	L	L	I	L	F	I	L	L	G	L	L	L	G	L	L
1994	1995	1996	1997	1998	1999	2000	2001	2002	2003	2004	2005	2006	2007	2008	2009	2010	2011	2012	2013	2014	2015	2016	2017

A=新兴市场策略	C=市场中性策略	E=多策略组合策略	G=事件驱动策略	I=可转债套利策略	K=全球宏观策略
B=股市多/空头策略	D=受压资产策略	F=固定收益套利策略	H=并购套利策略	J=管理期货策略	L=偏空策略

图 4-3 各种对冲基金策略的历史收益率比较

值得一提的是，投资者往往会在某个策略面临严峻挑战时认为该策略已彻底失效而离场，而他们离去后不久该策略却又开始“变得”有效了。

比如，1998 年以后，全球金融市场经历了亚洲金融风暴、俄罗斯债券违约及货币贬值等事件后，几乎处于崩溃的边缘，而后全球宏观对冲基金策略经历了长达两年多的深度跌幅（该策略 2008 年金融海啸之后的跌幅居然没有 1998 年时的跌幅大），许多投资者真心觉得全球宏观策略已死。当时人们普遍认为该策略依赖于各国政府公布的宏观数据作为主要核心分析依据，但是所公布的数据不但频率低（有的是每季度，有的是月度），而且往往需要作几次修正，更重要的是所公布的数据都是已经发生一段时间了的事情，对未来市场的走向未必能提供很大的指导意义，这无异于看着后视镜开车。然而，在许多投资者从全球宏观策略中赎回撤资以后，这一策略再轻装上阵，创造了非常喜人的业绩（见图 4-4），从 2001 年直到 2008 年金融海啸之前短短的几年里持续上涨了 160%左右。长期的业绩事实也证明了该策略不但没死，反而是表现最好的对冲基金策略之一。

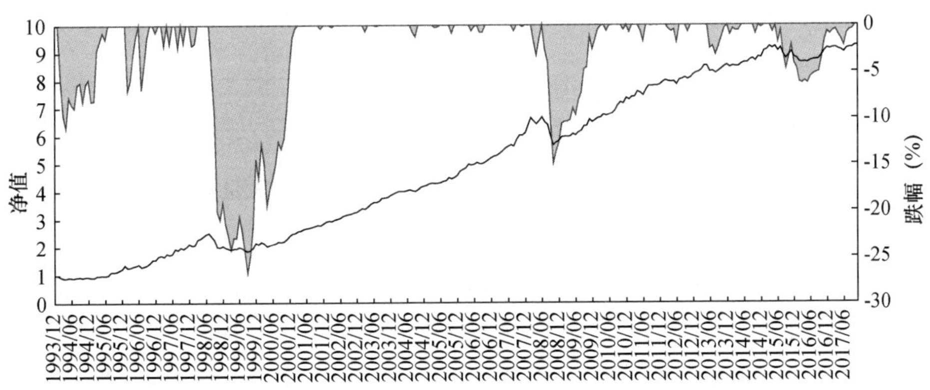

图 4-4　全球宏观对冲基金策略增长曲线与痛苦指数图

资料来源：瑞信对冲基金指数。

另一个类似的情形是可转债套利策略，2005 年上半年该策略经历了超过 7%的跌幅，这属于比较令人感到意外的跌幅，于是人们逐渐质疑可转债套利策略已死。当时有人指出，可转债套利策略在过去对某些人之所以有效是因为：① 这些人的信息数据库中所收集整理的信息比别人的更丰富和直接；② 舍得花钱买更先进的计算机可能使这些人的计算速度比别人快，别人需要计算7分钟,而这些人可能只需要计算1分钟;③ 这些人的模型可能比别人的好。可是,在Y2K(即2000年)以后,互联网已经太普遍了,每个人都可以迅速又直接地获取各种相关信息。而在Y2K以后计算机的运行速度之间的差别已经进入毫秒级,对于可转债套利策略的交易优势已经消失。所以,最后就只剩下模型一项了,然而,可转债套利策略的模型基本上是标准的。所以,当时得出的结论就是可转债套利策略应该寿终正寝了,于是投资者纷纷从该策略中赎回撤离。但是,前述宏观策略反转的情况在可转债套利策略中重演,在接下来的两年时间里,该策略持续上涨了26%左右,年化收益率超过11.5%(见图4-5),这对于相对低风险、低回报(长期年化收益率为6.6%)的可转债套利策略而言是相当可观的。

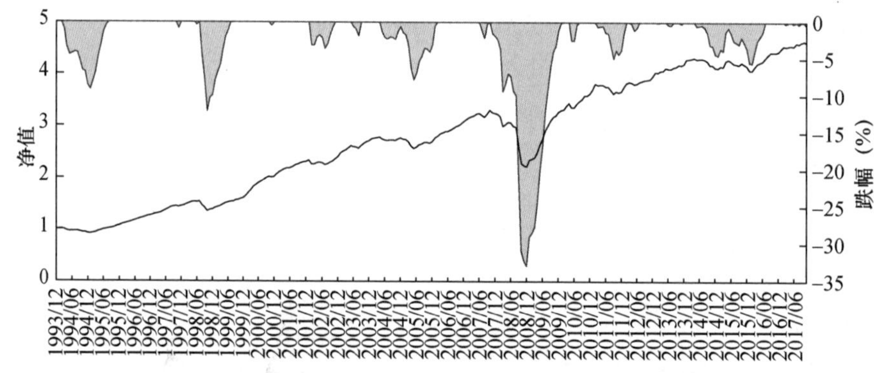

图4-5 可转债套利对冲基金策略增长曲线与痛苦指数图

资料来源:瑞信对冲基金指数。

我们始终强调投资对冲基金的投资者一定要了解自己到底投了些什么标的,以及它们的特征是什么,什么样的市场环境是顺势环境,什么样的市场环境是逆势环境,不可一味地看到哪个策略或基金跑赢了就追进去,哪个策略或基金跑输了就赎回。盲目地追涨杀跌只会使自己的投资陷入不断亏损的恶性循环中。

另一个常常遇到的例子是管理期货策略,即CTA策略,该策略通常情况下与传统投资的相关性很低,且从长期而言回报率也比较平稳,是机构投资者长期资产配置的必备选项。该策略在2008年全球金融海啸中表现优异,之后成为投资者追捧的对象,2009年进入对冲基金的新增量资金中,大部分流进了管理期货策略。表4-2是巴克莱TOP50管理期货基金(BTOP50)指数的月度业绩数据。

表 4-2　BTOP50 指数月度业绩数据(%)

	1月	2月	3月	4月	5月	6月	7月	8月	9月	10月	11月	12月	本年度
1987	11.00	−0.67	1.76	14.53	0.88	0.17	4.79	−0.13	−0.75	−0.45	9.77	6.96	57.64
1988	−3.67	1.10	−0.19	−3.93	5.59	12.93	−1.76	0.78	0.66	2.22	0.07	1.05	14.71
1989	3.37	−3.60	2.55	−1.70	7.31	−0.17	0.04	−3.92	−1.32	−3.02	1.31	3.11	3.40
1990	0.08	0.44	1.23	2.99	−3.15	0.22	3.63	4.93	2.29	2.08	0.74	−0.94	15.26
1991	−4.93	0.24	5.61	0.58	−2.38	2.87	−1.85	−0.50	4.44	−1.46	1.46	10.63	14.68
1992	−6.63	−2.32	−0.30	−3.16	0.27	5.84	7.40	5.15	−2.08	−0.47	1.29	−1.57	2.55
1993	−0.91	6.87	−0.48	3.17	1.25	1.12	3.14	−0.15	−0.89	−0.92	−0.91	1.66	13.41
1994	−3.10	−2.15	2.09	−0.83	2.12	3.48	−1.99	−2.99	1.03	0.87	1.37	−0.65	−1.01
1995	−2.68	2.93	7.15	1.29	1.48	−1.58	−1.78	2.00	−1.28	0.46	1.81	3.69	13.89
1996	2.61	−4.95	0.07	3.74	−1.70	0.34	0.02	−0.32	2.80	5.23	4.78	−1.54	11.12
1997	3.15	2.51	0.27	−1.10	−1.31	0.94	4.97	−3.03	0.63	−0.08	1.58	2.09	10.87
1998	0.83	−1.21	1.85	−3.13	2.30	0.27	0.16	5.54	4.60	1.81	−2.38	2.16	13.18
1999	−2.01	2.41	−0.66	2.52	−0.93	3.05	−1.63	0.99	−0.01	−3.71	1.55	0.28	1.63
2000	0.71	−1.90	−2.51	−2.55	0.24	−1.74	−1.31	0.40	−2.84	2.05	6.87	9.83	6.61
2001	0.64	0.13	5.16	−4.20	0.50	−0.85	−0.48	2.05	2.52	3.84	−6.96	2.05	3.85
2002	−0.50	−2.87	0.21	−1.72	2.91	7.29	3.58	2.17	3.39	−4.06	−2.57	5.76	13.67
2003	5.22	5.61	−5.80	1.61	5.53	−2.42	−1.81	1.99	−0.49	2.36	−0.43	3.84	15.52

（续表）

	1 月	2 月	3 月	4 月	5 月	6 月	7 月	8 月	9 月	10 月	11 月	12 月	本年度
2004	0.71	3.92	−0.83	−4.28	−1.37	−2.72	−1.01	−1.20	0.30	3.05	4.11	0.55	0.87
2005	−2.87	0.98	0.20	−2.18	1.45	2.00	−0.24	−0.01	1.83	0.16	2.71	−1.14	2.77
2006	1.11	−0.59	2.13	2.43	−1.74	−1.11	−1.39	−0.41	−0.29	1.23	2.13	2.08	5.59
2007	1.12	−1.63	−1.10	2.35	2.60	1.71	−1.20	−2.79	3.47	2.42	−0.11	0.70	7.58
2008	1.83	4.77	−0.24	−1.45	1.22	2.22	−2.20	−1.91	−0.04	4.91	2.36	1.63	13.58
2009	0.16	0.04	−1.95	−1.64	0.98	−1.66	−0.37	0.39	1.43	−1.69	2.09	−2.53	−4.76
2010	−1.98	0.69	1.97	0.86	−2.40	−0.38	−0.69	3.14	1.65	2.05	−1.77	3.29	6.40
2011	−1.16	0.46	−1.33	2.26	−2.60	−1.08	1.94	−0.39	0.09	−2.41	0.01	0.00	−4.25
2012	0.58	0.60	−1.72	0.37	1.80	−1.74	2.29	−1.39	−0.89	−2.40	0.31	0.46	−1.83
2013	1.42	0.27	0.23	1.52	−1.40	−1.53	−1.14	−1.20	−0.44	1.21	1.08	0.81	0.76
2014	−1.00	−0.22	−0.08	0.33	1.48	0.03	−0.73	2.64	1.86	1.26	5.20	1.08	12.34
2015	4.04	−0.60	1.46	−2.82	−0.68	−4.38	2.47	−1.90	1.73	−1.16	2.88	−1.61	−0.92
2016	2.87	2.29	−2.89	−2.14	−1.59	2.09	1.45	−2.12	−1.69	−2.16	−0.83	0.41	−4.45
2017	−1.42	0.57	−0.92	−0.57	0.10	−2.60	0.62	1.87	−2.00	3.10	−0.34		−1.71

资料来源：BarclayHedge。

然而，我们知道，管理期货策略中70%左右是趋势追踪策略，故对各种资本市场中的**趋势的自然转换**依赖性很强。但是，最近几年在金融海啸后各国央行不断地向市场“灌水”印钞救市，使得市场中的趋势自然转换常常被人为地破坏、打乱，从而导致该策略经历前所未有的下跌周期(跌幅时间长，虽然跌幅并不算很大)，不少投资者已经渐渐失去耐心而赎回撤离(见图4-6)。虽然我们无法准确预测该策略何时能走出“苦海”，但我们相信随着全球经济的逐渐复苏，在各国央行的干预逐渐减少之后，市场将恢复其自身活力机制，管理期货策略走出“苦海”的日子就会到来。

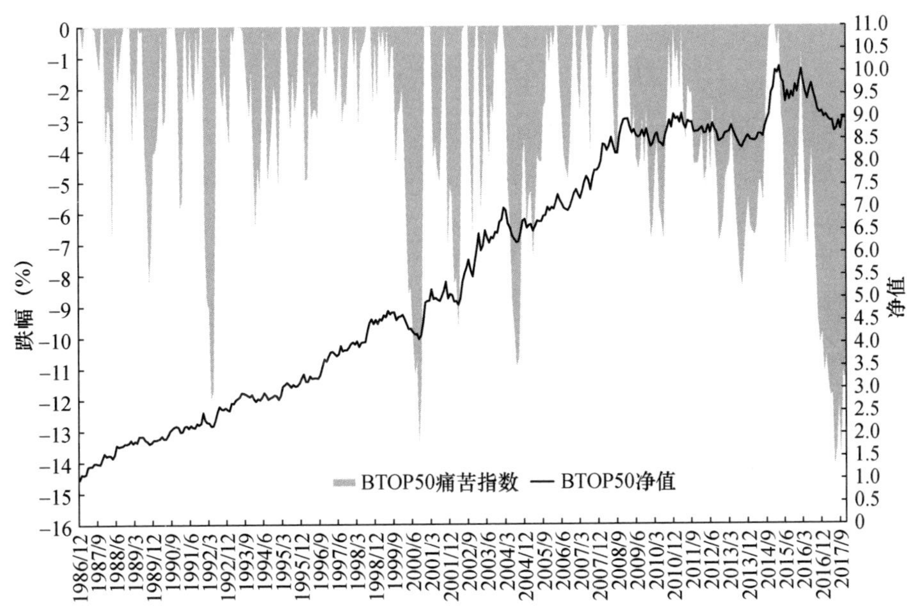

图4-6　BTOP50管理期货策略跌幅状态图

资料来源：BarclayHedge。

第五章
对冲基金策略：股市对冲基金策略

第一节　股市多/空头策略概论

股市多/空头策略是对冲基金最早的策略，也是各种对冲基金策略里最热门、管理资金最庞大的策略，在全球对冲基金中大约占 1/3 的权重。在一般大众看来，股市多/空头策略就是对冲基金的代名词，其实股市多/空头策略仅仅是众多策略之一。

该策略源于传统的股票投资策略，首先是由著名投资者、对冲基金之父阿尔弗雷德·琼斯(Alfred Jones)于 1949 年从传统的选股分析和模型评价中演绎出来的，并获得巨大成功。正是因为该策略直接脱胎于传统投资，从历史上来看，在各个国家和地区金融市场逐渐开放时，股市多/空头策略往往是试图从事对冲基金行业的基金经理们的首选。因为在传统股票投资中，投资者将注意力集中在选择“好”股票上进行投资，比如通过买进被市场低估的股票来获利。但是，如果股市持续下跌，再好的股票其价格也会随着市场一起下跌从而使投资承担损失。琼斯发现，如果在分析各种股票时也找出一些“差”的股票来做空的话，不但可以部分地规避股票市场的“系统风险”，对持有的多头头寸起到一定的保护作用，而且还能从这些空头头寸中获利。

我们都知道，做多一只股票就是买入该股票，与传统投资方法完全一样，如果股价上涨便盈利。第二章中介绍过，做空一只股票则是在没有持股的情况下向券商或其他持有者借来卖出，等股价下跌后再买回来还给借出者，所以股价下跌会使空头头寸盈利。投资者可以在同一个行业中选出其认为股价会涨的股票做多,同时选择他认为股价会下跌的股票做空,如此他便可以对冲掉在该行业中的许多特定风险。当然,投资者也可以在一个利好的行业中选取龙头股做多,而在一个利空行业中选取最差的股票做空,对冲市场的风险,股市多/空头策略就是这样构建的。

以资金规模计,在整个对冲基金策略的大家庭里,股市多/空头策略占有大约35%的份额。然而,由于该策略在对冲基金策略中的入门门槛相对较低,且与传统共同基金有渊源,在亚洲对冲基金中大约70%的资金集中于股市多/空头策略;在中国A股市场上更是有90%左右的资金集中于股市多/空头策略。我们认为,股市多/空头策略在中国A股市场上过于集中、太拥挤,其中蕴藏很大的系统风险,对冲基金行业要健康发展,这种状况亟待改善。

另外,目前在中国A股市场上采取股市多/空头策略仍然面临一些技术上的困难。虽然说目前可以利用股指期货和近千只融券标的做空,但由于融券成本太高(8%—11%),而且经常无券可融,通过融券进行对冲(尤其是比较高频的统计模型套利策略等)显然不现实。基金经理们只好通过沪深300股指期货、上证50股指期货,以及中证500股指期货来做对冲,但其中又有一个错位对冲的风险。因为股市多/空头策略中的基金经理往往是做多中、小市值股票,而上证50股指、沪深300指数中的成分股均为蓝筹股,而中证500股指中的成分股也是市值较大的,很难实现有效对冲。这在亚洲也是一个比较普遍的现象,给投资者带来了困扰。

股市多/空头策略总体是偏多策略,与股市有显著的正相关性(相关性系数通常在0.75左右),传统的牛市是其顺风环境。通常基本面投资的基金的总头寸数不超过50,最多100;但靠量化分析投资的基金总头寸数往往是几百只。

第二节　股市多/空头策略剖析

股市多/空头策略是子策略最多的一个对冲基金策略,技术和技巧丰富多彩,可谓真正的八仙过海,各显神通。

大部分股市多/空头基金是通过基本面分析建仓形成投资组合,也有的通过各种量化分析模型建仓进行投资。有的基金经理的投资组合侧重或专注于他们所精专的某些行业板块甚至子行业板块(例如,消费、医疗保健、环保节能、高科技、通信、互联网服务、汽车零部件等),也有的是跨全行业板块的而在整个市场中寻找最有吸引力的投资点;有的侧重或专注于某个区域市场(例如,大中华区、日本、韩国、泛亚,或欧洲、北美、新兴市场等),有的则是面向全球市场。通常行业越窄或者区域越小,团队越可以比较精简,反之则需要比较完善的团队进行覆盖。也有的对冲基金是自下而上通过分析每一只股票而建仓,积沙成堆形成投资组合,然后再在整个投资组合上对冲风险(但这样的错位对冲会比较严重),有的则是自上而下通过宏观分析预测大势走向,然后在利好的行业中选估值较低的股票建立多头、在利空的行业板块里选估值较高的股票建立空头等。股市多/空头策略是一种最普遍的对冲基金策略,与传统的共同基金投资策略有着深厚的渊源。

通过基本面分析建仓的基金更多地偏重于中、小市值股票,以此体现基金经理的信息及分析优势(这里的信息优势是靠投资顾问团队通过勤奋的尽职调查而来,有别于内幕消息),这在某种程度上沿袭了共同基金的做法。这种基金有个普遍的问题,就是分析师或基金经理时常会“爱上”某些仓位甚至与之“成亲”——不离不弃。当股价出现各种不利于自己的头寸时,基金经理会寻找各种理由“护短”死扛,或者挑选对自己观点有利的信息而忽略对自己观点不利的信息,其实这是不利于长期投资的,因为客观事实不会因任何人的意志而改变。有些基金经理会以“价值投资”为由并不在乎仓位的回撤,理由是巴菲特也曾经历过四次回撤超过50%的记录。但是,这里忽略了一个问题,巴菲特并不是为客户管理基金,而且他有足够深的口袋和低成本的融资渠道优势。如果他是为客户管理基金的基金经理,那他的基金可能已经被迫关闭好几次了。为客户管理资金就必须要密切监视和控制投资组合的风险,所以制定一个明确定义和强力执行的风险管理流程是克服这种情况的有效方法。

量化分析系统选股和程式化交易均属于量化投资。在这里顺便提一下,对冲基金策略中有一部分属于量化投资,但并不是量化投资基金都是对冲基金,传统的净多头基金也可能是量化投资基金。对冲基金与量化投资是不同的概念,二者有交集,但并不重合。另外,国内有人常把高频交易理解为对冲基金,其实这二者也是不同的概念,有交集,但不重合。至于常被人们提到的

“量化对冲”则是产于中国的“特产”，有人以之指代具有对冲功能的量化投资，有人则以之指代量化投资，还有人则以之泛指对冲基金各种投资，显然，这个概念的误导性比较大。

自2010年我们在深圳组织召开了“第一届中国对冲基金与量化投资国际高峰论坛”后，量化投资在国内如雨后春笋般蓬勃发展。我们很惊喜地看到，在短短几年中，量化投资已成燎原之势，并成为中国A股市场中主要的投资方式之一。由于中国A股市场过去以散户为主，存在较大的市场非有效性，兼之量化投资有非情绪化特点，在过去几年中总体业绩表现不错，给投资者带来了很可观的收益，量化投资在中国A股市场出现了不断被神化的现象。在这里我们再一次指出，量化投资只是许多投资策略中的一种，它也有其“逆风”的环境(例如2007年8月以及2017年等)，完全没有必要将其神化。当然，更不能因为在某个时间段量化投资遇到挑战便把量化投资贬得一文不值。第四章中我们谈到了各种策略都有其顺风逆风环境，有其周期。如果一种策略有其自身独特之处并经过过硬测试，那么它就会有自己的春天。

因为量化投资分析系统需要一定量的样本数据作分析基础，交易中对流动性要求较高，这样的基金往往会过滤掉市值很小、交易量较小或历史数据不够长的股票。多因子模型在量化分析选股方面是常用到的重要工具(BARRA是很常用的一个多因子量化模型，华尔街许多大行又有许多改良版)；有不少模型均源于Fama-French的多因子模型。量化分析的一个普遍问题是，数据过度挖掘在模型中按主观愿望“填充曲线”而得出一系列“靓丽”结果，然而，这些“花架子”在实战时往往都会被真实的市场击得粉碎。

在海外市场谈到量化投资，很重要的一部分实际上是指利用金融工程的衍生品进行投资及从事风险管理。期货、期权等金融衍生品是非常重要的组成部分，尤其是期权的非线性特征，使投资者能构建许多结构化产品，表达自己对市场的分析和预期。随着中国市场对期权等衍生品的陆续开放和推出，利用金融工程的量化投资必将扮演越来越重要的角色。有关期权交易的常用策略已经在第三章中作过介绍。

量化投资的非情绪化的特点使人们误认为量化投资优于基于基本面的投资。据我们多年的跟踪、观察、分析和投资，实际情况并没有看上去那么美。作者聂军作为一位“老量化”，还是不得不公允地说，量化投资与非量化投资各有千秋，确实很难说孰优孰劣。那种认为量化投资将成为中国投资策略主流的观点（无论是共同基金还是对冲基金），恐怕有失偏颇和误导，或者是天真的一厢情愿。量化投资只不过是许多投资方法和策略中的一种，作者聂军自2013年5月以来，一直在不同场合呼吁，在不要矮化量化投资的同时，千万不要神化量化投资。

股市多/空头策略注重于基金经理的长期选股能力，而不是基金经理揣测最佳交易时间即国内风行的"择时"的能力。一般而言，仅靠"择时"的策略是很难长期持续和扩展的（"择时"有如走在路上捡到掉在地上的钱，运气好的人可能碰到的时候多一些，但如果要靠每天在地上捡钱来维生，恐怕就有点离谱了）。股市多/空头策略是许多共同基金经理转行从事对冲基金的首选，做空对他们来说不仅是能力和技术的挑战，更是巨大的心理挑战。

然而做空是股市多/空头策略里面一个很重要的部分，最主要的功能是对冲市场的系统风险（负贝塔），其次是通过做空来创造阿尔法回报（正阿尔法）。但是千万不能为了做空而做空，或者随意做空。

股市多/空头策略基金可以分为"多头投资组合"和"空头投资组合"。"多头投资组合"可以通过传统的股票投资策略构建（当然必须具有独特性），而"空头投资组合"大致可以通过以下几种方式来构建：

结构性做空。最理想的情况就是能够找到一个有结构性问题的公司的股票来做空，这样既可以起到对冲市场系统性风险（贝塔风险）的作用，也可以从做空中获得阿尔法收益。

"配对"做空。前面我们也提到同行业中的"龙头股票"和"扫尾巴股票"的配对做空，配对还可以是做多顺风行业中的"龙头股票"而做空逆风行业中的"扫尾巴股票"。该方法可以从一只"龙头股票"推广为"一群"，相应地可以从一只"扫尾巴股票"推广到"一群"。这些都是比较好理解的。

备兑期权做空。如果想买的股票正好有个股期权在市场上交易，通过备兑期权的结构（即做多股票同时做空看涨期权）也是一种比较理想的做空对冲的方式，该策略可以在降低个股波动率的同时增强个股的收益，也就是说，既规避了贝塔风险，同时也创造了阿尔法回报。当然，在用哪一个合约来形成备兑期权机构的操作上有很多选择，需要根据对冲基金投研团队对该个股的目标价、时间窗口、相应的隐含波动率及期权金等因素来做决定。

看跌期权做空。还可以通过买进个股或股指的看跌期权进行下行风险的对冲。但买进看跌期权是有成本的,所以该策略能有效地降低下行风险,但会降低收益率。

相关的股指期货做空。这时的做空就只有对冲贝塔风险的效果了。但这种做空的方式可能是效率最低的,而且容易出现错位对冲。我们都知道股指一般由蓝筹股和市值较大的股票组成。对于"多头投资组合"中的股票,如果本身是在股指里的成分股,那么在做空股指期货时,相当于部分地抵消了做多股票的功效并且引进了其他风险因子;如果不是股指的成分股,那么做空股指期货就很容易出现错位对冲。

顺便重复一下,备兑期权策略实际上是一种按事先定好的时间窗口和目标价位卖出所持股票的方法,是"低买高卖"中实现"高卖"的一种非常理性的途径。与之相对应的是通过对中意的股票卖出看跌期权来实现"低买"。这是"合理预期,理性获利止盈"的一种理想方式,是"艺术+科学"投资理念的一种美妙的体现。比较成熟的股市多/空头对冲基金在操作中都会这么做,但操作中对金融工程的要求比较高。

风险收益特征

分析显示,在 1994 年 1 月至 2017 年 11 月的 23 年 11 个月里,瑞信股市多/空头策略的年化收益率为 8.7%,而 MSCI 全球股指的年化收益率为 5.21%;股市多/空头策略的年化波动率为 9.00%,而 MSCI 全球股指的年化波动率为 14.91%。在 2008 年金融海啸期间,股市多/空头策略的最大跌幅为 21.97%,而 MSCI 全球股指的同期数据为 56.23%(见图 5-1、表 5-1)。这些统计数据充分显示出,尽管股市多/空头策略与传统股市的相关性较为密切,但从长期而言该策略给投资者带来的投资绩效则远远优于传统股市的表现。

通过计算,股市多/空头策略的收益率分布的平均值、标准方差、偏度以及峰度分别为 0.73%、2.6%、0.01 以及 4.15(见图 5-2)。这表明,不但收益率分布的平均值为正,而且该分布是偏向其平均值的右侧(即盈利方向)的。这表明该策略从长期而言是能给投资者带来比较稳健的正收益的。

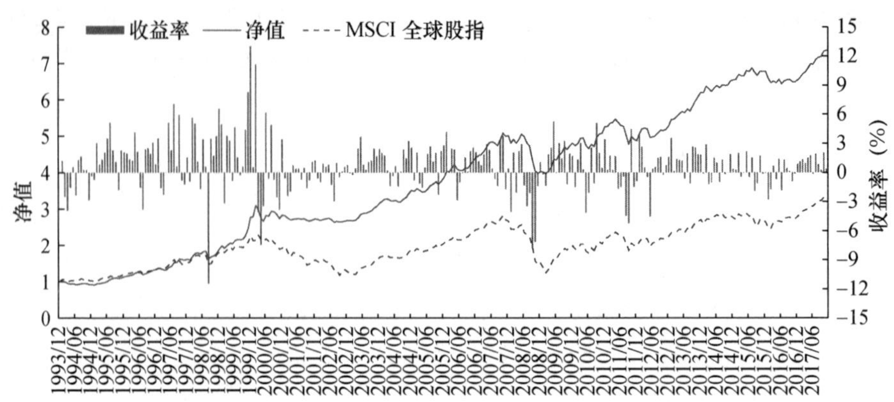

图 5-1(a)　1994 年 1 月至 2017 年 11 月股市多/空头策略的业绩比较

资料来源:瑞信对冲基金指数、彭博。

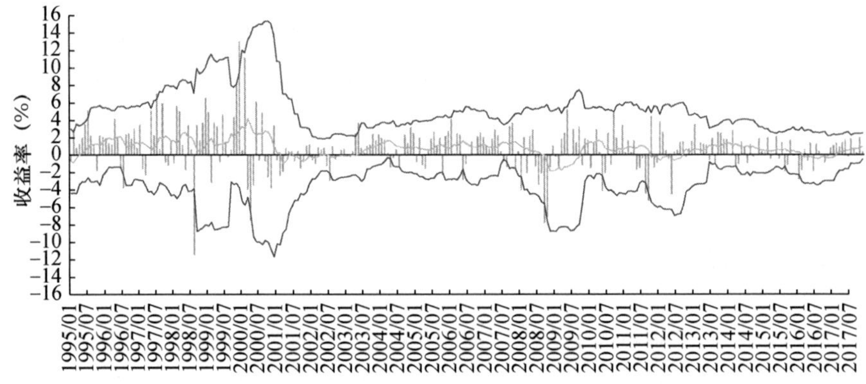

图 5-1(b)　1994 年 1 月至 2017 年 11 月股市多/空头策略的月度收益率及布林通道

资料来源:瑞信对冲基金指数、彭博。

股指温和或涨跌幅不大是其顺风环境

数据分析显示,在传统股指大跌时,股市多/空头策略通常也跟着下跌,但下跌幅度比股指小,这体现出了对冲的优势,为投资者资产保值提供了保护作用(见图 5-3)。相应地,在股指大涨时该策略也有比较好的盈利,为投资者带来资产增值的利益,不过上涨幅度也较股指小些,这是对冲必须要付出的代价。分析还显示,股指比较温和、涨跌幅不大时是股市多/空头策略体现其绝对收益投资的较好环境,这体现了基金经理的选股能力和交易技能等给投资者带来的阿尔法回报。

表 5-1　1994 年 1 月至 2017 年 11 月股市多/空头策略的业绩比较

2017.11.30	股市多/空头对冲基金指数											
	自成立			过去 12 个月			过去 3 年			过去 5 年		
	股市多/空头对冲基金指数	MSCI 全球股指	标普 500 指数	股市多/空头对冲基金指数	MSCI 全球股指	标普 500 指数	股市多/空头对冲基金指数	MSCI 全球股指	标普 500 指数	股市多/空头对冲基金指数	MSCI 全球股指	标普 500 指数
年化收益率	8.70%	5.21%	9.66%	13.44%	23.36%	22.87%	4.12%	6.20%	10.91%	7.26%	8.92%	15.74%
年化波动率	9.00%	14.91%	14.45%	2.40%	3.05%	3.90%	4.29%	10.65%	10.09%	4.57%	9.96%	9.50%
夏普比率(无风险利率为 0)	0.97	0.42	0.71	5.30	6.96	5.35	0.96	0.62	1.08	1.56	0.91	1.60
最大回撤	−21.97%	−56.23%	−50.95%	−0.19%	0.00%	0.00%	−6.41%	−14.82%	−8.36%	−6.41%	−14.82%	−8.36%
正收益月份百分比	65.16%	60.28%	66.20%	91.67%	100.00%	100.00%	61.11%	61.11%	72.22%	65.00%	65.00%	75.00%
与 MSCI 全球股指相关性	0.72			0.75			0.71			0.74		
与标普 500 指数相关性	0.67	0.94		0.20	0.50		0.68	0.93		0.73	0.92	

资料来源：瑞信对冲基金指数、彭博。

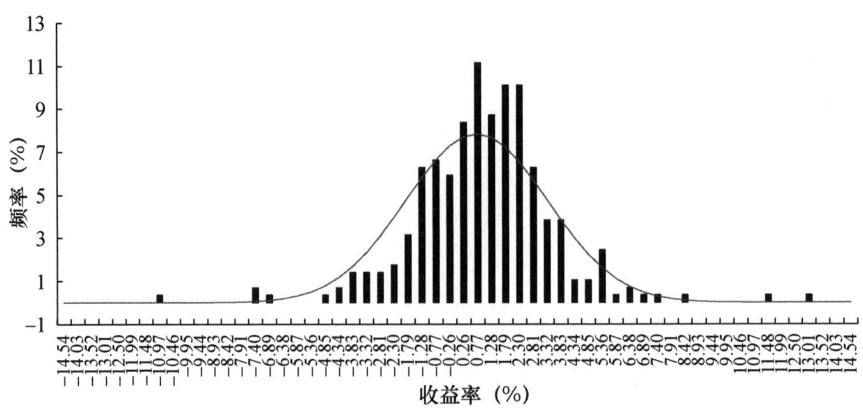

图 5-2　股市多/空头策略收益率分布

资料来源：瑞信对冲基金指数。

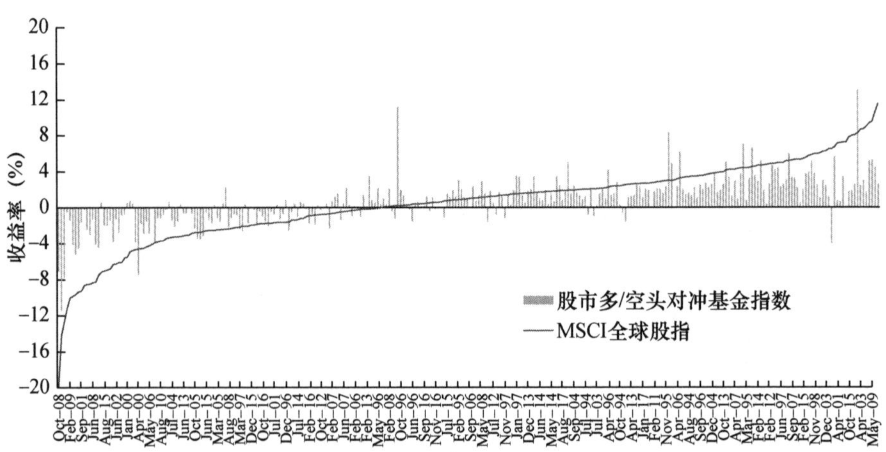

图 5-3　股市多/空头策略牛熊市分析

资料来源：瑞信对冲基金指数。

股市多/空头策略的两次挑战

股市多/空头策略在过去二十多年里经历过两次严峻的挑战：一次是 2000 年年初的互联网泡沫再加上“9·11”恐怖袭击所造成的 3 年多的回撤痛苦期，跌幅达到 15%；另一次是 2008 年全球金融海啸所造成的深度回撤痛苦期，跌幅达到 20%，跌幅期持续逾 2 年（见图 5-4）。

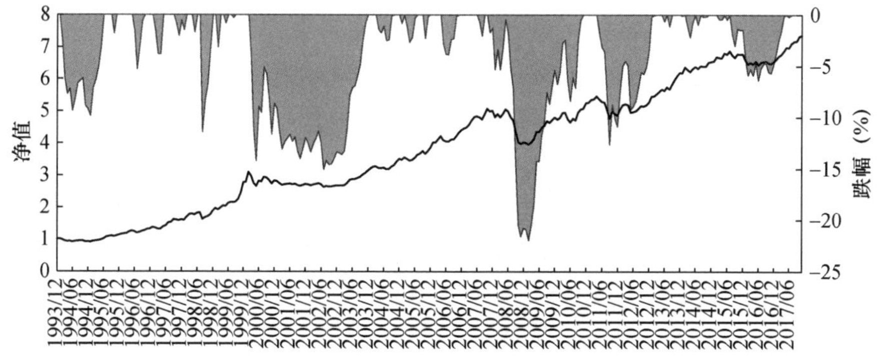

图 5-4　股市多/空头策略净值增长曲线及跌幅状况

资料来源:瑞信对冲基金指数。

此外,1994 年的墨西哥及新兴市场危机、2011 年的欧洲主权债务危机也造成了该策略 10%左右的跌幅,分别持续了一年半左右。值得注意的是,1998 年的亚洲金融风暴加上俄罗斯国债违约、货币贬值并没有给这一策略造成很大的“痛苦”,尽管也导致了 10%左右的跌幅。

由此可见,股市多/空头策略的痛苦指数通常情况下是可控的。

第三节　股市多/空头策略的回报及风险来源

从上面针对瑞信股市多/空头策略指数的分析,读者不难看出对冲基金之父阿尔弗雷德·琼斯创造的这一“古典”对冲基金策略的长期投资优势。在 1994 年 1 月至 2017 年 11 月的近 24 年里,瑞信股市多/空头策略的复合收益率为 635.9%,而 MSCI 全球股指的复合收益率为 237%,也就是说,瑞信股市多/空头策略指数的总收益是 MSCI 全球股指总收益的 2.68 倍。而其年化波动率为 9.00%,相较于 MSCI 全球股指年化波动率 14.91%,仅为后者的 60%。股市多/空头策略在 2008 年金融海啸期间的最大跌幅为 21.97%,而 MSCI 全球股指的同期数据为 56.23%(见表 5-1)。这些统计数据充分显示出,尽管股市多/空头策略与传统股市的相关性较为密切,但从长期而言,该策略给投资者带来的投资绩效则远远优于传统股市的表现。接下来我们再剖析该策略的回报来源及所承担的风险。

回报来源

贝塔回报。贝塔回报来自市场系统，因为该策略通常情况下总头寸偏多头，贝塔回报在很多情况下会占到股市多/空头对冲基金回报的大部分(业界关于具体贝塔回报占总回报的多大百分比始终未有定论，但占大部分基本上是不争的事实)。数据显示，从 1994 年 1 月至 2017 年 11 月的近 24 年里，瑞信股市多/空头策略指数相对于 MSCI 全球股指的 12 个月滚动贝塔总是正值，介于 0.11 和 1.04 之间(见图 5-5)，平均为 0.47。从图中我们也可以看到，在 2017 年，该策略的贝塔大幅持续地增加了，这解释了为什么 2017 年这个策略的表现比过去几年要优秀。

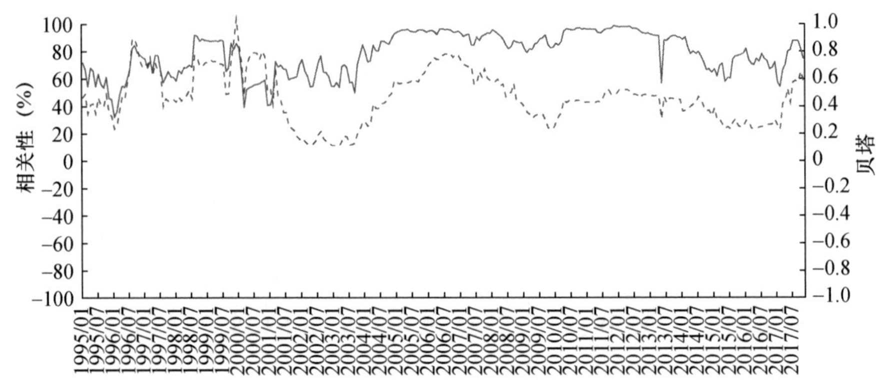

图 5-5 瑞信股市多/空头策略相对于 MSCI 全球股指的 12 个月滚动相关性系数和滚动贝塔(12 个月)

资料来源：瑞信对冲基金指数、彭博。

阿尔法回报。无论是靠基本面还是靠技术面的投资，阿尔法都是基金投资顾问独特看家本领的具体体现，包括其独特的选股能力、构建投资组合能力、风险管理能力，是投资顾问团队的“独门武功”精华所在，也是该策略中真正体现绝对收益投资的核心所在。这主要是通过投资顾问的专有投资估值模型系统、选股能力、交易技能、投资流程和风险管理系统来体现的，其中有较为简单的系统，也有非常复杂的系统。应该强调的是，投资流程在其中至关重要，无论是基本面投资还是量化投资，严格按事先制定的投资流程是成功的保障。无数的实例证明，如果没有投资流程，或者基金经理随意跳过投资流程，或许能够在短期内侥幸,但长期而言很难成功。投资顾问的公司文化实际上对此的影响也很大。

在选择一个合适的对标指数后,基金的阿尔法回报可以进一步被细分为选股阿尔法回报及配置阿尔法回报。

瑞信股市多/空头策略相对于 MSCI 全球股指的 12 个月滚动阿尔法从 1994 年 1 月至 2017 年 11 月的近 24 年中绝大多数情况下都是正的(见图 5-6),这从另一个侧面再次证实了股市多/空头策略为投资者带来了稳健的投资价值。当然,我们也看到进入 2000 年后,总体阿尔法有所下降。

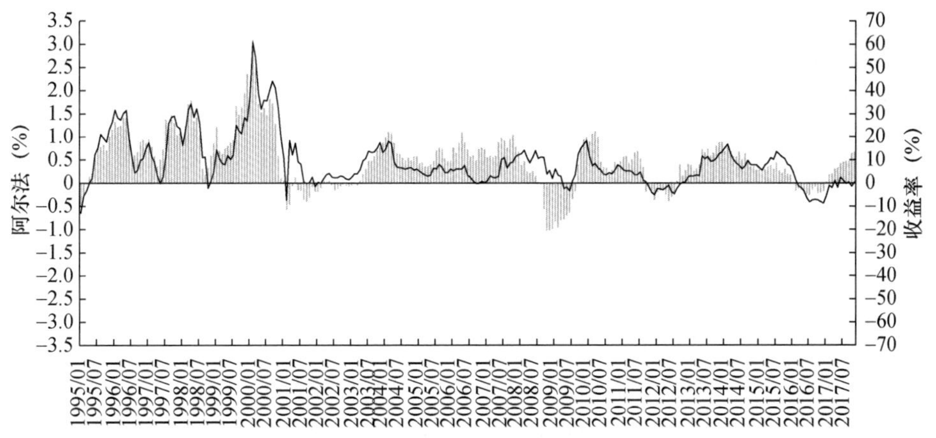

图 5-6　基金或指数的滚动阿尔法和滚动收益率(12 个月)

资料来源:瑞信对冲基金指数。

杠杆回报。杠杆是对冲基金投资的一个核心概念。

假设 LMV 表示某基金的多头市值,而 SMV 是其空头市值的绝对值,NAV 为基金净值,则我们采用杠杆水位通常的定义,其公式为:杠杆水位/毛敞口=LMV+SMV,净敞口=LMV−SMV。比如多头市值为净值的 70%,而空头市值为净值的 50%,则该基金的杠杆水位和毛敞口为 120%,而净敞口为 20%。

对冲基金可以通过保证金融资(margin financing)、期货交易、期权交易等不同金融活动来产生杠杆水位。阿尔弗雷德·琼斯首先引入保证金融资的概念,他发现这样可以增强投资组合的回报。而期货、期权本身就具有内置杠杆效应。我们必须在此指出,杠杆是把双刃剑,它可以帮助增加收益,也能迅速扩大损失。有不少基金关门歇业甚至破产就是其杠杆率太高所致。

无疑,股市多/空头策略的回报中包含杠杆回报。该策略中不用到杠杆的基金很少,这些基本上都是靠基本面分析来进行投资的基金。绝大多数基金都会用到杠杆,靠基本面投资的基金所用的杠杆通常不超过200%,而净敞口在30%到150%。量化投资的基金所用的杠杆通常会高些,但一般也不会超过400%,净敞口往往会尽量接近中性。

市场非有效性回报。市场非有效性回报中主要是非流动性回报,大部分靠基本面投资的基金都会比较注重于一些中、小市值的股票而建立多头头寸。这一特征在很大程度上沿袭于传统的共同基金投资,基金经理依赖于对他们所擅长的领域的中、小市值上市公司的深度挖掘和密切跟踪调查,寻求高质量、低估值的"黑马"股票,希望抢在这些股票受到其他大机构投资者和大众的关注之前建仓,然后期望这些股票也进入其他大机构投资者的雷达系统并最终不断受到追捧而获利。可以说,这也是利用信息的非对称性获取的额外回报,而这种信息非对称性是靠基金经理辛勤的尽职调查和严谨的专业分析而获得的。量化投资的回报中基本上不存在非流动性回报,因为流动性是必需的。

另外,许多机构投资者面临监管及伦理限制而不能投资某些领域的股票,从而使市场出现非有效性。例如,标普500指数中的成分股——万宝路的生产厂商 Altria Group Inc.(MO. NYSE)就是一例。尽管该公司是家非常不错的公司,股票分红率也很高(常年在5%左右),但那些对社会负责(socially responsible)的投资机构(如医疗卫生基金或有反烟草条款的基金等)的章程规定是不能持有烟草之类的股票的,这就会造成MO这种股票的价值洼地,而对冲基金经理往往可以利用这种市场非有效性寻求额外回报。

市场非有效性导致的做空能力回报。许多机构投资者面临监管及伦理限制而使市场出现非有效性,基金经理能否做空,需要克服心理障碍和发掘恰当的做空标的物的能力。此外,基金经理还需要了解他们所交易市场中可能有些金融机构或资产管理机构会受有关法规或它们的内部合规章程的限制,不允许涉及做空。这种情形会造成股价出现短暂的错位高估,合理迅速地捕捉到这种机会将给股市多/空头对冲基金经理带来额外回报。诚然,发掘出财务作假、将进入破产程序、重组等"结构性做空"标的股票能为做空创造良机。做空能力包括利用期权等金融衍生品达到做空目的的能力。

有的基金经理(尤其是在亚洲),无法克服做空的心理障碍,又不会用期权等金融工具,只好通过做空股指期货来达到做空对冲的目的。然而,正如我们在前面所说的,对于“多头投资组合”中的股票,如果本身是在股指里的成分股,那么在做空股指期货时,相当于部分地抵消了做多股票的功效并且引进其他风险因子;如果不是股指的成分股,那么做空股指期货就很容易出现错位对冲,对于多头部分主要是中、小市值的投资组合,这种对冲方法会在很大程度上造成“错位对冲”而使对冲失效,所以这种对冲方法并不理想。中国 A 股市场于 2014 年 11—12 月曾经历过“阿尔法之殇”,其原因正是如此。

另外,在做空股票时,基金经理可以将做空卖出股票所收的现金投入固定收益产品而获取一定的回报,这也能提高基金的回报。

风险

众所周知,世上没有免费的午餐,额外回报是通过承担额外风险所获得的。就像一枚硬币一样,每一种超额回报的另一面一定是一种风险,但风险的另一面未必就是回报。例如,投资中所面临的“政治风险”的另一面并没有“政治回报”。股市多/空头策略面临以下一些风险来源:

市场系统风险。如前所述,股市多/空头策略是一个偏多策略,尽管其净敞口会比传统投资的净敞口小,但其正的净敞口特征仍然使之面临传统投资的诸多市场风险,如系统风险、持仓所在行业板块风险、持仓所在国家的汇率甚至政治风险、各头寸的公司事件性风险。例如,泰国、印度、印度尼西亚等国政府近年都曾限制过外国投资者从这些国家转出资金。又例如,1998 年 8 月 17 日,俄罗斯政府强行将其货币卢布贬值 30%并宣布国债违约。对冲基金投资全球市场尤其是新兴市场时,这些都是必须要考虑的市场系统风险来源。

阿尔法风险。每只对冲基金都依赖于其专有的股票评估系统或量化模型系统进行选股、建仓、调仓等操作,为投资者创造阿尔法回报,这依赖于基金经理对市场环境的分析、判断和展望来组建与积极管理投资组合,是投资总监/基金经理的投资理念的具体实施过程和由此产生的结果。另外,团队的执行能力也是准确实施投资理念的保证。所有这些环节如果不能到位,将是该投资所面临的阿尔法风险。

高杠杆风险。杠杆是把双刃剑,用对了可以提高投资回报,但如果用错了则会加速投资损失。所以针对不同市场环境,基金经理应该调节投资组合的杠杆水平,不能太高,也不能太低。对冲基金中因为用抬高杠杆而爆仓关门歇业的实例比比皆是,1998 年几乎引起全球金融市场崩溃的长期资本管理公司(LTCM)的倒塌就是一个著名的例子。

值得指出的是,如果投资组合中有期权等金融衍生品的仓位,则应该准确计算出其杠杆水平,因为随着其中的行权价与正股股价的相对比率不同(从深度实值期权到平值期权再到深度虚值期权),其蕴含的杠杆水平是会不断变化的。

非流动性风险。对于靠基本面分析进行投资的对冲基金,其多头部分往往有相当比重是在中、小市值的股票上,非流动性风险是一种必须密切监控的风险。我们曾见证过不同的非流动性情形使基金经理陷入被动甚至困境。例如,有位基金经理在某公司的股票上不断积累多头仓位,以至于他不得不进入该公司董事会,然后该基金经理突然发现他面临内幕交易的状况而不能卖出该公司的哪怕一股股票,接下来正好遇到大市下跌时他便束手无策,而他先后被动地进了好几家小市值公司董事会,最后不得不将基金关闭。另一个实例是一位基金经理通过可转换债券转换成股票后账面上有较大浮盈,但该股票在市场上流动性太差,他只好每天卖出一部分,刚开始时还能以每股 28 美元卖出,但由于没多少对手接盘,到最后他不得不以每股 2 美元卖出了结。不难想象,在这个过程中,他的盈利被大大地打了折扣。我们常说这里面有个“海森堡测不准原理”在起作用。

值得指出的是,非流动性风险不仅存在于多头头寸中,空头头寸也存在这种风险。如果空头头寸交易量很薄,则时常会面临夹仓的风险;在需要平仓时也有可能触及“海森堡测不准原理”的魔咒。我们还见证过一起奇特的非流动性风险,有位对冲基金经理做空了一只股票,结果该股票确实也大跌了,而使这位基金经理有很可观的浮盈。但在这位基金经理“落袋为安”之前,没想到这只股票被停牌了。结果这位基金经理足足花了 6 个月才通过大宗交易把这个仓位平掉,其中没少花精力跟交易所交涉处理方案。如果要硬着头皮等到该股票复牌后再平仓,则有可能需要等上好几年。

羊群效应风险。投资者往往喜欢盲目“追逐回报”(chase the return),追涨杀跌。业余投资者会如此不足为怪,但基金经理和资深专业投资者也会不时落入此圈套。在与不同的基金经理交流、听取他们介绍成功案例时,我们不止一次非常惊讶地发现,虽然他们觉得其所介绍的成功案例是他们自己独立挖掘出来的,但他们所讲的案例都是一样的。

京信通信(02342. HK)就是一例(见图 5-7)。2010 年,好几位基金经理来与我们交流时都说他们如何靠自己的“独门武功”挖掘出了这匹“黑马”,赚了多少钱,而且故事内容都大同小异,并没有太多的特色。

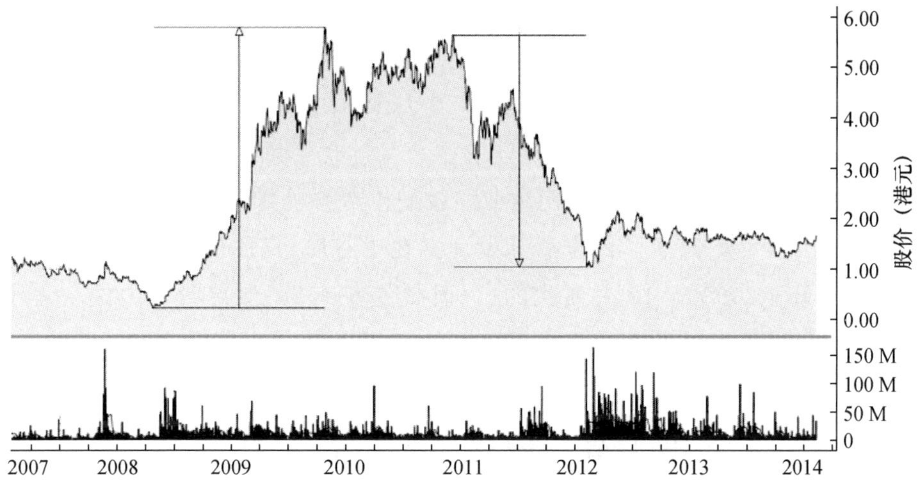

图 5-7　京信通信系统的股票的兴衰

资料来源:彭博。

又例如,大家都知道,中国人热衷于量化分析的。我们在与国内不同公司的量化团队交流他们“密室研制”的量化系统时,也发现,许多量化分析系统实际上是非常类似的,基本上是在某个海外比较成功的模型上作些“微创新”,并没有多少东西是独创出来的。这种同质化羊群效应导致的结果就是系统性风险。

这种羊群效应不止在中国人中有,在外国人中也很普遍。比如,麦道夫的庞氏骗局之所以能如此“成功”,便是“羊群效应”所致,当时,犹太富豪家庭如果不是“麦道夫俱乐部”成员都不敢声称自己是犹太富豪。这种现象也存在于华尔街的重量级专业人士中,一个典型的例子是长期资本管理公司,当时华尔街很多重量级人物(董事长、CEO 等)都争先恐后地把大部分身家倾囊而入,也是羊群效应所致。

一般来说,在金融市场里,当一件事或者一个主题对大多数人来说已经是显而易见或具有不证自明的"说服力"时,很可能这个投资主题就到头了,或许陷阱就在前面。关键的问题是,在做出投资决策时,投资者一定要做足功课,了解清楚这项投资的风险与回报是什么。

做空风险。做空的风险我们在第二章里专门有论述。在这里我们再一次强调做空的最大风险是夹仓风险,尤其是交易量较小或大股东控股比较严重的股票。夹仓除了有可能是大股东行为或市场行为,也有可能是监管行为。例如,在2008年由美国次贷危机引发全球金融海啸爆发后,应该是做空获利的大好时机,但美国监管机构于2008年9月19日发布了一份紧急命令,禁止对799家金融机构的股票做空,已建的空头头寸也必须平仓。此举导致多家股市偏空策略对冲基金最后关门歇业。我们也常常看到由于基金经理对某个"不太重要的因素"疏忽了做空后却发现空在了谷底,在股价一路上扬后不得不忍痛平仓。2008年10月发生的"保时捷逼空案例"值得股市中做空者牢记,所以,不应该为做空而做空或者随性做空,更不应该加杠杆做空。

第四节　股票市场中性策略

股票市场中性策略是在股票多/空头策略上的基础发展出来的一种试图将市场系统风险降到最低的策略,追求相关联的股价之间的相对价格错位的机会,争取做到基金回报不受大市起伏的影响。通常情况下,如果一只基金的净敞口始终能保持在正负5%的范围内,我们便将之归类为市值市场中性策略,也会把净敞口始终能保持在正负20%的范围内的基金广义地称为市场中性。类似地,还有贝塔市场中性策略、行业市场中性策略等。

先看一个简单的例子。假设通过分析,在一个市场或行业中将上市公司的股票选出一个龙头股票AAA和一个扫尾巴股票ZZZ,大家都知道,在大市涨的时候AAA涨得比ZZZ多些,而在大市下跌时AAA跌得比ZZZ少些,那么可以构建一个投资组合P=+AAA-ZZZ,即做多股票AAA,同时做空同等金额的股票ZZZ(见图5-8)。

当大市上涨时,龙头AAA上涨5%而扫尾ZZZ上涨2%,所以投资组合的

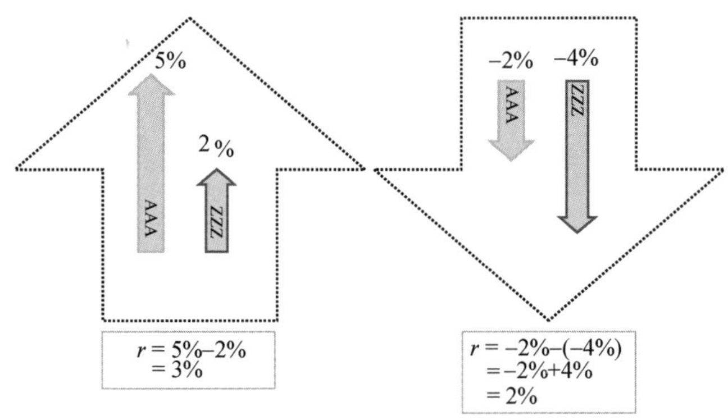

图 5-8 股票市场中性案例

资料来源:聂军。

回报是3%;当大市下跌时,龙头AAA跌了2%而扫尾ZZZ下跌4%,所以投资组合的回报是2%。所以,不管大市是涨还是跌,该投资组合都有盈利。

如何找出上面例子中的龙头股票和扫尾巴股票,就成了基金们的主要任务。我们可以逐个分析每个相关公司,来选出龙头股票和扫尾巴股票,这就是基本面分析建仓;也可以通过构建电脑模型筛选出一群龙头股票和一群扫尾巴股票,这就是量化分析系统模型建仓。

虽然也有靠基本面分析建仓的股票市场中性策略对冲基金(在伦敦就有一家专注于全球汽车零部件上市公司的股票中性策略对冲基金),但由于市场每时每刻都在变化,而基本面并不是每时每刻都在变化,所以仅靠基本面分析要始终保持市场中性是一个艰难的任务。这就是为什么股票市场中性策略中主要的还是以量化模型分析的对冲基金占多数,这些基金通过使用专有的量化模型分析各股票之间的内在相关性和对未来价格变动的预测建仓来实现市场中性。股票市场量化投资可以分为好几种,包括华尔街常指的金融工程各种策略、统计模型套利策略以及目前在国内所说的多因子模型选股的投资策略。经济学家常常希望通过找出几个宏观经济指标的组合来解释经济周期,与此相类似,量化投资常常希望通过找出几个因子来刻画解释股票的盈损规律。这是多因子模型后面的开发动机。多因子模型首先来源于尤金·法玛(Eugene Fama)和肯尼思·弗伦奇(Kenneth French)1993年所发布的三因子模型,之后被法玛的学生克利夫·阿斯尼斯(Clifford Asness)在高盛的Global

Alpha Fund 应用并发扬光大,获得巨大成功。阿斯尼斯(Asness)离开高盛后便创立了著名的 AQR Capital。之后效力于 BGI 的理查德·格林诺德(Richard Grinold)和 BARRA 的巴尔·罗森伯格(Barr Rosenberg)又进一步发展了多因子模型,使之在全球范围内得以推广。一个扎实的量化模型系统往往能将一个公司方方面面的信息进行分析筛理,产生一系列排序,使得不同公司之间可以通过这些排序进行比较。

该策略一般会用到 2—5 倍的杠杆来加强回报,通常做多数百只股票的同时做空另外几百只股票,每个头寸的仓位都比较小,所以对计算机系统和建模都有较高的要求。

股票市场中性策略中有一种策略称为统计模型套利策略,是通过统计模型来分析建仓,使投资组合不但达到市场中性,而且达到贝塔中性、国家中性、币种中性、行业中性、价值/成长风格中性、大/中/小市值中性等,以期实现在"正常市况"下将市场系统风险降到最低,从而发掘出市场中"真正的阿尔法",实现绝对收益。该策略交易往往比较频繁,由电脑根据事先设计好的程序操作。为了说明得更完整,我们略花些篇幅介绍一下贝塔值及市场相关性。

贝塔值及市场相关性

对于任何一只股票而言,我们都可以观测它在股市涨跌时相应的涨跌以及这种涨跌之间的相关性。一般认为,当股票与市场一起升降时,它们之间是正向相关的;当股市上升而股票下跌但在股市下跌股票却上扬时,它们之间是负向相关的。然而,应该说这只能是一种粗略的理解甚至是误区。例如,我们有表 5-2 所示的情形。

表 5-2　市场相关性示例

	股指	股票甲
第一天	−0.10%	5.00%
第二天	−0.40%	2.00%
第三天	−0.20%	4.00%
第四天	−0.30%	3.00%
第五天	−0.50%	1.00%

尽管股指每天都在跌而股票甲每天都在涨,但每个人都可以根据第 92 页的公式很快计算出来,股票甲与股指的相关系数是+1。

另外,一只股票的涨跌幅度也很重要。如果一只股票的涨跌幅度比股市的涨跌幅度大,我们说该股票的贝塔值大于 1,否则,其贝塔值低于 1。当然,涨跌幅度越大,其贝塔值便越高。

准确地说,假设 $r_1, r_2, \cdots, r_n$ 是股票甲在 n 天里的回报率,$s_1, s_2, \cdots, s_n$ 是股市指数在相应 n 天里的回报率。我们用 $\bar{r}$、$\bar{s}$ 分别表示在这 n 天里股票甲和股指的平均回报率,则股票甲及股指的方差、标准方差及协方差定义为:

$$\text{方差}(r) = \sigma^2(r) = \frac{1}{n}\sum_{i=1}^{n}(r_i - \bar{r})^2$$

$$\text{方差}(s) = \sigma^2(s) = \frac{1}{n}\sum_{i=1}^{n}(s_i - \bar{s})^2$$

$$\text{标准方差}(r) = \sigma(r) = \sqrt{\frac{1}{n}\sum_{i=1}^{n}(r_i - \bar{r})^2}$$

$$\text{标准方差}(s) = \sigma(s) = \sqrt{\frac{1}{n}\sum_{i=1}^{n}(s_i - \bar{s})^2}$$

$$\text{协方差}(r,\ s) = \text{cov}(r,s) = \frac{1}{n}\sum_{i=1}^{n}(r_i - \bar{r})(s_i - \bar{s})$$

股票甲相对于股指的贝塔值及相关系数定义为:

$$\text{贝塔}(r) = \beta(r) = \frac{\text{cov}(r,s)}{\sigma^2(s)}$$

$$\text{相关系数}(r,\ s) = \rho(r,s) = \frac{\text{cov}(r,s)}{\sigma(r) \times \sigma(s)}$$

所以,它们之间有以下关系:

$$\text{贝塔}(r) = \beta(r) = \frac{\rho(r,s) \times \sigma(r) \times \sigma(s)}{\sigma^2(s)} = \rho(r,s) \times \frac{\sigma(r)}{\sigma(s)}$$

从上面的公式可以看出,如果一只股票与市场的相关系数等于 1,则我们可以看到其贝塔值大于 1,等价于 $\sigma(r) > \sigma(s)$,也就是说,该股票的振荡幅度大于市场的振荡幅度。另外,如果该股票与市场的相关系数等于零,我们说该股票的起落与市场不相关,从以上公式中我们也可以看到,此时该股票的贝塔值也等于零,我们也说该股票是贝塔中性的。

回头再看看前面的例子,原来在那几天股指的平均值是−0.3%,而股票甲在那几天的平均值是+3%。这两组数据在这些天相对它们各自的平均值是“同上同下”的。这是它们的相关系数等于1的关键原因。

对一个投资组合来说,我们也可以计算与市场(股指)的相关系数和贝塔值。

假设一个投资组合由 n 只股票组成,这 n 只股票的加权分别为 $w_1, w_2, \cdots, w_n$, $\sum_{i=1}^{n} w_i = 1$。如果在某一天这 n 只股票的回报率分别为 $r_1, r_2, \cdots, r_n$,我们知道该投资组合的回报率为:

$$r = \sum_{i=1}^{n} w_i r_i$$

又假设这 n 只股票的标准方差为 $\sigma_1, \sigma_2, \cdots, \sigma_n$,而它们之间的协方差为 $\sigma_{i,j}(i, j=1, \cdots, n)$,则该投资组合的标准方差可表示为:

$$\sigma = \sqrt{\sum_{i,j=1}^{n} w_i \sigma_{i,j} w_j}$$

这样,我们可以计算出该投资组合与市场的相关系数及贝塔值为:

$$\rho = \frac{\text{cov}(r, s)}{\sigma \times \sigma_s},$$

$$\beta = \rho \times \frac{\sigma}{\sigma_s}$$

当 $\beta=0$ 时,我们说该投资组合是贝塔中性的;当 $-0.05 \leqslant \beta \leqslant 0.05$ 时,我们也会将该投资组合归为“贝塔中性”的范畴。

股票市场中性策略中,大部分基金都是通过量化分析系统建仓进行投资的,交易较为频繁,而且由于投资组合要保持市场中性的特征,所以对标的股票的流动性要求很强,要求有足够多的做空标的股票,且这些股票必须容易融券,这通常会将流动性较差的中、小市值股票排除在外。

在中国的挑战与机遇

由于亚洲各国对做空的限制较多、融资较贵,目前而言,日本市场和澳大利亚市场相对成熟一些,有一些针对日本市场的股票市场中性策略对冲基金的长期表现还不错。虽然中国国内已经有基金经理正在这片天地中崭露头角,但囿于做空对象的相对有限尤其是融券成本高居不下,再加上股票交易

$T+1$ 的规定,而市场中性策略需要多仓和空仓的建仓平仓同步,在国内要真正做到市场中性仍然是比较困难的。毫无疑问,2015 年夏天的股灾后,从该年 9 月起股指期货限仓抑制了本土股票中性策略的发挥。值得高兴的是,随着股灾的远去,股指期货的限仓在 2017 年已经有了一定程度的放松,正在向着正确的方向迈进。

一旦市场进一步开放可做空标的和衍生品,例如股指期权及个股期权的推出、大幅降低融券成本,中国人精于数理、长于量化的特点将会使更多的基金经理在这一策略中取得佳绩。如果说中国市场中不太可能出现中国版的"索罗斯",或者短期内可能性不大的话,那么在不久的将来出现中国版的"西蒙斯"等则是完全有可能的。

我们认为,中国股市要想长治久安、稳健地发展,应该全面放开个股做空,以及股指期货、股指期权和个股期权。这不但将使股市维持在合理的估值范围,使广大投资者真正从投资中受益,从而真正愿意长期参与其中并转而推动实体经济的发展,而且还能为广大投资者提供有效的风险管理工具。这正如有了雨具才敢出远门一样,有了风险管理的有效工具,投资者也就愿意做长期投资。当然,做空机制也好,金融衍生品也好,都只是工具而已,在放开这些工具的同时,应该加强对使用这些工具的人的监管,大幅加大犯错成本,避免用心不良者滥用这些工具。

值得一提的是,沪港通和深港通分别于 2014 年 11 月 17 日和 2016 年 12 月 5 日开通,使 A 股市场与香港市场实现了大幅的互联互通,不但给国内投资者和境外投资者提供了新的投资机会,给两地市场带来了新的活力,而且正在改变 A 股市场投资者的投资行为。以后还会有中国 A 股市场与其他股票市场及衍生品市场(如伦敦、纽约等)的互联互通开放,这将给股市中性策略带来巨大的发展空间。我们有理由相信,这些互联互通渠道将纳入个股做空机制以及衍生品如个股期权和各种股指期货等,因为这些发达市场中成熟的国际化做空机制可以弥补 A 股市场的不足。另外,在构建备选股票池时,可以把互联互通的非 A 股股票扩充到备选股票池中,兼之有不少中资公司跨市场上市挂牌,且多为蓝筹股,流通量充裕,可以将"跨市场套利"策略应用于 A-H 股上,融入股市市场中性策略中。

例如,2014 年 4 月 10 日时任国务院总理李克强宣布即将开通沪港通、深港通时,中国平安 H 股比中国平安 A 股贵 22%左右,这时如果同时买进中国平安 A 股且等额做空中国平安 H 股,则待到沪港通开通 H 股和 A 股价格收敛以后,基本上可以赚到 22%的差价。这个策略实际上也是“并购套利策略”和“多股份类别套利策略”的应用。这种机会在其他市场中虽然有,但并不是很多,但 A-H 股则是现成的机会。从图 5-9 中我们也可以很清楚地看到,在沪港通之前,中国平安 H 股持续比 A 股贵,这是因为中国平安的 H 股被许多海外机构投资者作为中国经济的风险指标来交易,而在国内广大投资者只把中国平安的 A 股作为一个保险公司的股票来交易。但在沪港通于 2014 年 11 月 17 日正式开通后,我们可以清晰地看到,中国平安 A 股和 H 股的股价迅速合拢并延续到另一个方向。在这种时候如果投资者把做多的中国平安 A 股和做空的中国平安 H 股同时平仓,则可以获得 22%的收益。另外,假设可以做空中国平安 A 股,则在中国平安 A 股贵于 H 股时,可以反向操作,做多中国平安 H 股而做空中国平安 A 股,待其收敛后又可以盈利。从图 5-9 中我们可以看到,沪港通开通后,中国平安 H 股和 A 股股价交替“较贵些”并具有一定的周期性而并非随机,这就像大海的波涛一样不断地为该策略带来盈利的机会。

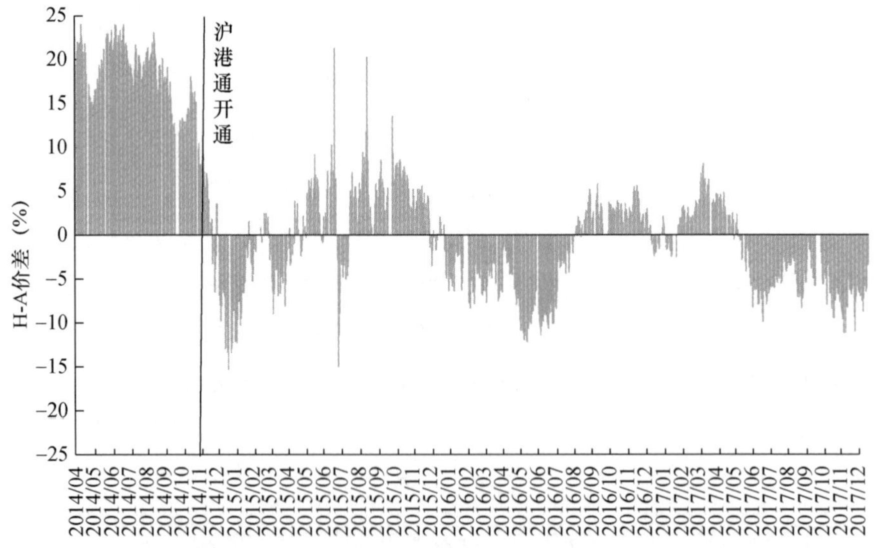

图 5-9　中国平安 H-A 股差价图(2010 年 4 月 10 日至 2017 年 12 月 29 日)

资料来源:彭博。

可以期望,股指期权、ETF期权、个股期权在国内市场的逐步推出将给市场中性策略提供越来越多的非线性工具,大幅增加对冲的发展空间,使股票市场中性向纵深延拓。在A股市场推出个股期权之前,把在港交所挂牌的个股期权纳入沪港通、深港通将是一个很有意义的尝试。

金额中性并非零风险或低风险

必须提醒的是,有不少投资者误以为投资组合的多仓和空仓等金额,投资组合就没有风险了,其实不然。一只基金即使净敞口为零(即多头头寸与空头头寸金额相等),也并不表明风险为零,除非它根本就没有仓位。我们曾见证过不少这样的情形。例如,在2008年金融海啸前的7、8月份,有位在新加坡的对冲基金经理与我们交谈时说他的基金应该很安全了,因为他已经把投资组合的仓位调低到多仓20%和空仓20%,杠杆水位仅为40%,而净敞口几乎为0,说能顶“十二级大风”。但在问了他多头和空头的内容后,我们劝他还是要小心“贝塔错位对冲”的风险,但他当时很不以为然。结果,一个多月后,该基金经理打来电话说后悔没采纳我们的忠告,说他的基金虽然是低杠杆,净敞口几乎为0,但还是承受了重大损失而不得不决定关闭基金。我们还见证过一只金额中性的对冲基金在大市没有很大动荡时,不时出现日收益率超过正负1.5%而月度收益率超过正负3%的情形。很显然,该基金虽然是金额中性,但严格意义上而言,最多只能算是广义下的市场中性策略。如果市场有极端事件发生时,像上例中那样出现爆仓的可能性并不是没有。我们有理由相信这种现象会在国内市场上重演,这种教训值得好好吸取。除了要考虑金额中性,还须考虑贝塔中性、行业中性、汇率中性等,尤其是在采取防守策略时。采取市场中性策略时一个很大的风险是投资组合的“中性度”并不像基金经理想象的那样,但基金经理却误信其中。

收益及风险特征

长期回报超越股指。尽管股票市场中性策略是个相对低风险、低回报的策略,但其回报并不输股指。为了不使我们的分析受到麦道夫基金等因素的干扰,我们在这里用HFRI股市中性策略指数,而不用瑞信股市中性策略指数。对比 HFR 股票市场中性策略指数与 MSCI 全球股指，1994 年 1 月至 2017 年 11 月，HFR 股票市场中性策略的年化收益率是 5.3%，高于 MSCI 全球股指的 5.21%；而 HFR 股票市场中性策略的年化波动率仅为 2.98%，仅为 MSCI 全球股指 14.91%的年化波动率的 1/5 左右(见图 5-10、表 5-3)。也就是说，在过去近 24 年的时间里，股市中性策略仅承担了 MSCI 全球股指波动率 20%左右的风险，却获得了更好的总收益。这种投资策略应该得到保险公司、再保险资产等大机构投资者资金的青睐。当然，从下面的痛苦指数分析中能更清楚地看到该策略的优势。

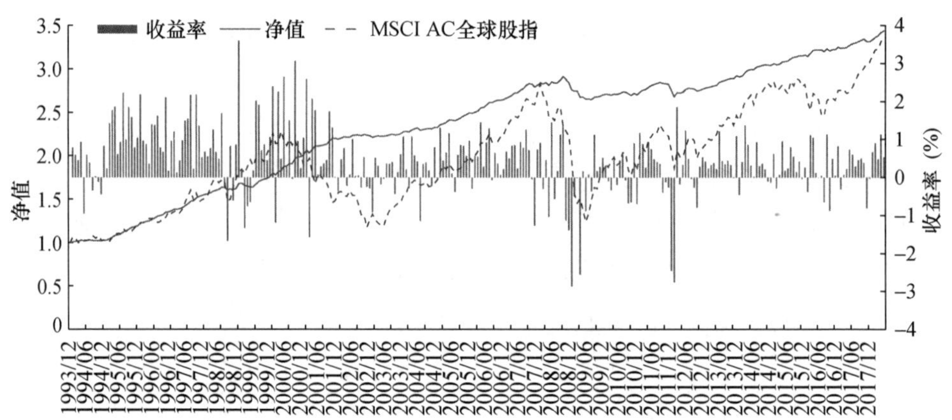

图 5-10　HFR 股票市场中性策略与 MSCI 全球股指比较图

资料来源：HFR、彭博。

熊市最大跌幅小。值得一提的是最大跌幅及痛苦指数。虽然股票市场中性策略也未能逃脱 2008 年的全球金融海啸，但当时 HFR 股票市场中性策略的最大跌幅仅为 9.15%，而 MSCI 全球股指的最大跌幅为 56.23%。而痛苦指数的比较图透露出来的信息远远比最大跌幅比较图所显示的区别要大得多。从图 5-11 中我们可以看到，除了全球金融海啸时期 HFR 股市中性策略曾遭遇近 10%的最大跌幅，其他时间的痛苦指数可以说是微不足道。但 2008 年那一次跌幅使该策略的痛苦时间足足持续了 4—5 年之久，当然，这个痛苦时间比 MSCI 全球股指持续 8 年多的痛苦时间还是要短不少。

与股指之间的低贝塔值。数据分析显示，HFR 股票市场中性策略指数与 MSCI 全球股指之间的贝塔值确实很低，绝大多数情况下均处于±20%之内

表 5-3　HFR 股票市场中性策略与 MSCI 全球股指比较

2017.11.30	HFR 股票市场中性对冲基金策略指数											
	自 1994 年 1 月			过去 12 个月			过去 3 年			过去 5 年		
	HFR 股票市场中性对冲基金策略指数	MSCI 全球股指	标普 500 指数	HFR 股票市场中性对冲基金策略指数	MSCI 全球股指	标普 500 指数	HFR 股票市场中性对冲基金策略指数	MSCI 全球股指	标普 500 指数	HFR 股票市场中性对冲基金策略指数	MSCI 全球股指	标普 500 指数
年化收益率	5 30%	5.21%	9.66%	5.13%	23.36%	22.87%	3.72%	6.20%	10.91%	4.14%	8.92%	15.74%
年化波动率	2 98%	14.91%	14.45%	1.67%	3.05%	3.90%	1.76%	10.65%	10.09%	1.71%	9.96%	9.50%
夏普比率(无风险利率为 0)	1.75	0.42	0.71	3.00	6.96	5.35	2.09	0.62	1.08	2.39	0.91	1.60
最大回撤	-9.15%	-56.23%	-50.95%	-0.84%	0.00%	0.00%	-0.88%	-14.82%	-8.36%	-0.88%	-14.82%	-8.36%
正收益月份百分比	75 26%	60.28%	66.20%	83.33%	100.00%	100.00%	77.78%	61.11%	72.22%	78.33%	65.00%	75.00%
与 MSCI 全球股指相关性	0.34			0.27			0.44			0.55		
与标普 500 指数相关性	0.31	0.94		0.15	0.50		0.49	0.93		0.60	0.92	

资料来源:HFR、彭博。

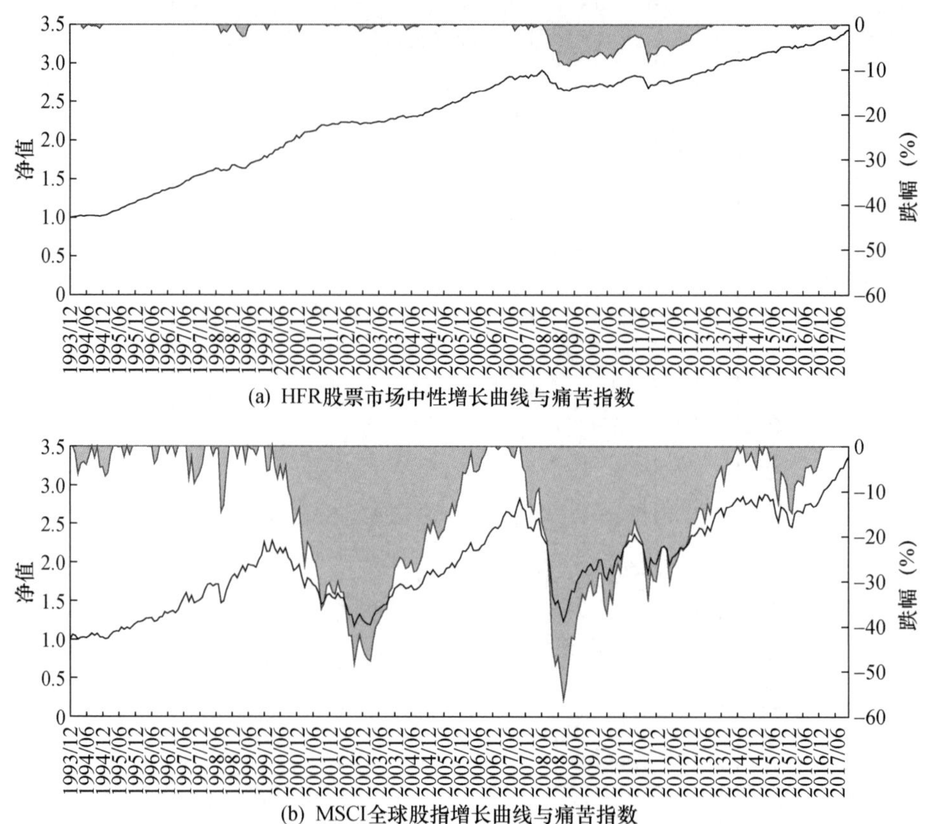

图 5-11　痛苦指数比较图

资料来源：HFR、彭博。

(见图 5-12)。但值得指出的是,HFR 股票市场中性策略指数与 MSCI 全球股指之间的低贝塔值并不代表它们之间也有低相关性,实际上,它们之间的相关性系数有时很接近 1。有的投资者对贝塔值和相关性系数的这种“背离”表示难以理解,其实,只要回到我们在本章前面部分的数学公式就不难理解了。

阿尔法呈现递减趋势。在过去近 24 年的时间里,除了全球金融海啸期间和欧债危机期间,HFR 股票市场中性策略指数的 12 个月滚动阿尔法及 12 个月滚动收益率都是正的,这说明该策略确实为投资者带来了优质阿尔法,同时指出成熟市场中股票市场中性策略连续 12 个月的回报大致所处的范围(见图 5-13)。我们看到,该指数的 12 个月滚动收益率已经较难达到 10%,所以如果该策略的基金在投资组合建仓后一个月之内收益达到 1%时就该及时获

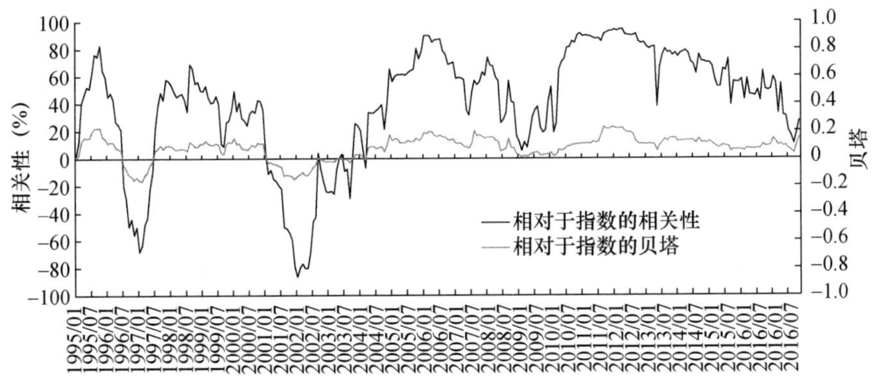

图 5-12 HFR 股票市场中性策略指数 12 个月滚动相关性及滚动贝塔状况

资料来源:HFR、彭博。

利平仓,然后再构建新的投资组合。另外,我们也看到,该策略的收益率从总的趋势而言是在递减的,部分原因应该归结于:参与市场中性策略的基金越来越多,市场中的非有效性也变得越来越小;另一部分或可归结为自动化交易尤其是形形色色的“人工智能”加入竞争,而电脑的速度越来越快,模型的速度优势也越来越小,而同质化程度越来越高。当然,这并不表明该策略正在失去生命力,这就好比马拉松比赛,虽然参与者多时很可能会把平均成绩拉下来,但并不排除第一名的成绩有可能不断打破新的世界纪录。

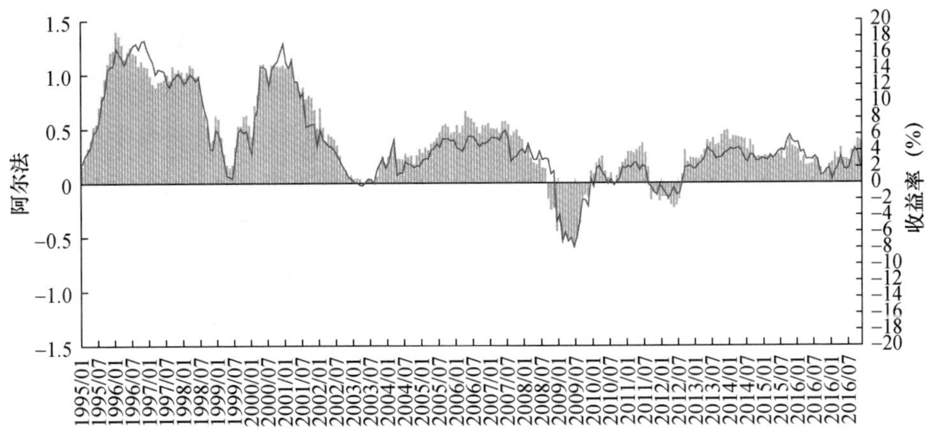

图 5-13 HFR 股票市场中性策略指数 12 个月滚动阿尔法及滚动收益率状况

资料来源:HFR、彭博。

收益稳定但牛市跑不赢大势。对 HFR 股票市场中性策略指数的牛、熊市分析后发现，除了市场出现急剧大幅下跌的情况，无论在牛市还是熊市，该策略都有比较平稳的表现(见图 5-14)。股票市场中性策略是一个相对低风险、低回报的策略。所以，如果投资者对回报的期望比较高，则该策略不应成为首选。

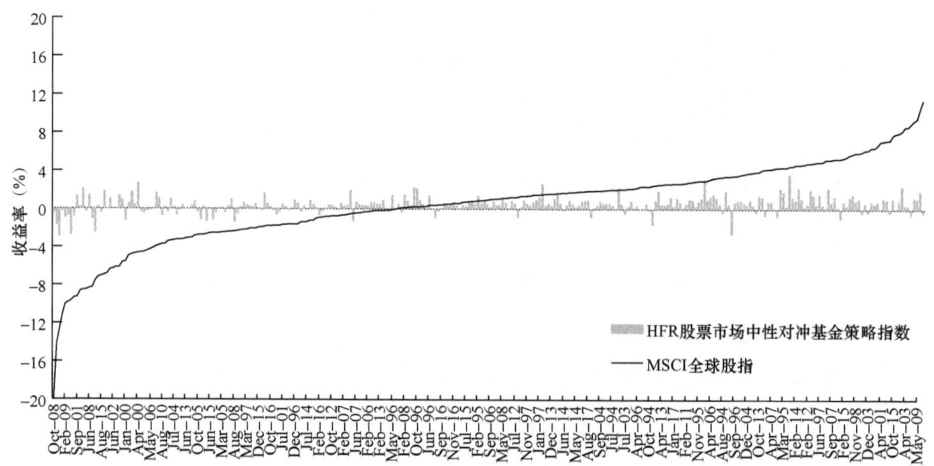

图 5-14 HFR 股票市场中性策略指数牛熊市分析

资料来源：HFR、彭博。

由于需要对冲掉方向性风险，股票市场中性策略在牛市中通常是跑不赢大市股指的，而在熊市中的表现通常会优于股指。市场情绪比较平稳时，股票市场中性策略有比较好的机会呈现其阿尔法。当恐慌指数(VIX)处于比较低位(例如低于 15%)时，HFR 股票市场中性策略在绝大多数月份都有正回报，而当 VIX 比较高(例如高于 30%)时，该指数的表现很显然是亏损的时候比盈利的时候多(见图 5-15)。这是因为股票市场中性策略注重的是股票之间精细化的差别，当市场比较“安静”时，这种差异性才能比较好地体现出来。在市场剧烈震动、泥石俱下时则很少有机会体现这种精细化的差异。如果投研团队有能力预测市场的波动性将飙升，可以考虑将股票市场中性策略投资组合平仓“避雨”。

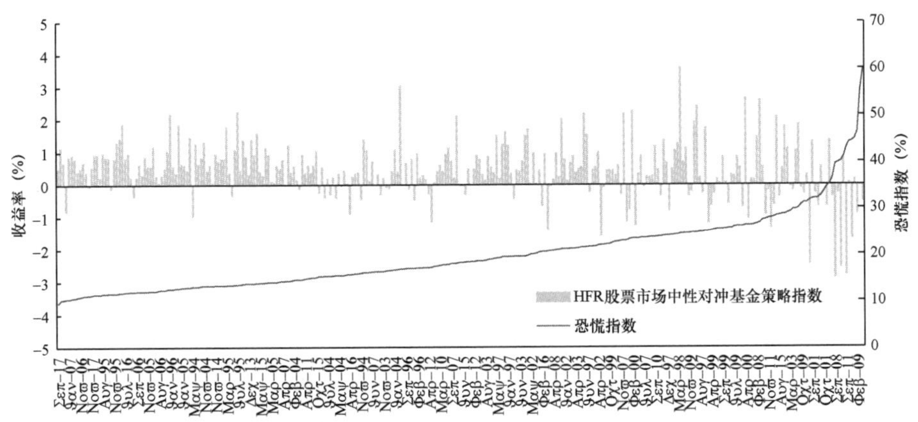

图 5-15　恐慌指数与 HFR 股票市场中性策略回报的相关性

资料来源:HFR、彭博。

两类股票中性策略:多因子模型和统计模型套利

多因子模型。股票市场中性策略往往会用到"多因子模型",将股票池中的候选股票根据一些与回报率最相关的因子进行打分排序,也就是说,这些模型试图将所关心的股票的行为"投影"到这些共同的因子中去。这些因子包括反映基本估值的价值因子、反映行业和公司成长生态的增长变化因子,以及反映投资者行为金融的各种价格惯性及中值回归指标的技术面因子。通过这种打分排序后找出比较"健康"的龙头股进行做多,而找出比较"体弱"的扫尾巴股进行做空,在实现各种"中性"的同时优化投资组合仓位,使得投资组合风险最低而预期回报最高。

多因子选股模型一般可以通过一个线性方程表示出来:

$$r = \beta_1 f_1 + \beta_2 f_2 + \cdots + \beta_i f_i + \alpha$$

其中,r 表示一只股票的预期回报,f_i 表示第 i 个因子,β_i 表示预期回报对 f_i 的敏感度贝塔值。这些因子的选择可以因人而异,基本的标准是应该与股票的回报有较大关联度。比如,有人选择规模因子(总市值、流通市值、自由流通市值、流通股本、总股本等)、估值因子(市盈率、市净率、市销率、市现率、EBITDA 等)、成长因子(企业收入增长、盈利增长、净利润增长、每股收益增长、净资产增长、股东权益增长、经营活动产生的现金流量增长等)、盈利因子

(ROE、ROA、销售毛/净利率等)、动量反转因子(最近数月/周/日涨跌幅度等)、交投波动因子(最近数月/周/日换手率、波动率、振幅范围等)、股东因子(户均持股比率及变化、股东持股分布、机构持股比率等)、分析师预测因子(如预测当年净利润增长率、预测当年主营业务收入增长率、最近数月/周/日盈利预测调高占比、上调评级占比等)、杠杆因子(负债权益比、资产负债率等)等。

在众多的多因子模型中,BGI 多因子模型曾创造过辉煌的历史绩效,故引起了众多量化投资者的纷纷仿效。最近几年国内仿效 BGI 模型者众,且同质化现象越来越严重,作者聂军曾多次警示,唯恐产生共振效应。这里有一个案例值得借鉴,1998 年长期资本管理公司在高杠杆状况下不堪俄罗斯国债违约及卢布大幅贬值而倒闭。之后,长期资本管理公司的前核心人物纷纷成立了一批对冲基金,而这些对冲基金的交易策略和交易物品都很类似,2007 年年底至 2008 年年初的几个月里,这批"长期资本系"基金中的好几家都因日本收益率曲线及掉期曲线的异常变动而遭受重创,导致这批基金后来纷纷关门歇业。这里面就有个同质化共振的现象。

我们强烈建议国内从事量化投资模型开发的同仁尽快从 BGI 等模型系统中脱胎换骨,研发出自己独特的模型系统,避免发生类似的同质共振事件。否则,这种事件发生时造成的伤害和损失将是大面积的系统性风险。实际上,中国 A 股市场有许多特色因子值得深入探讨,以便人们开发出符合中国 A 股市场特色的量化模型。例如,我们都知道在全球市场上资金流动信息是非常重要的风向标,而中国 A 股市场由于资本管制的特色,使得很大一部分进出 A 股市场的资金都要通过沪港通或深港通互联互通渠道,而沪港通、深港通的流动信息每天都有详细信息,甚至精确到每只股票上。这些资金流动信息是可以作为单独的新因子纳入多因子模型中观察改善效果的。值得特别指出的一点是,MSCI 指数从 2018 年 6 月开始纳入 A 股时,所有外资的流入都必须通过沪港通或深港通,这就使得这种新因子更有意思了,而这正是只有中国 A 股市场才具有的特殊之处。

基本面量化建模之前需要的调整。毋庸讳言,股票市场中性策略是舶来品,且在 A 股市场中从事股票市场中性策略的投资团队很多都是从海外回归,将其在海外市场所学习积累的策略应用到 A 股市场。不过,由于 A 股新兴市场的特点,以基本面为主的多因子策略在本土化等方面还需要进行调整和改善。

第一,本土化的调整。所有市场均有共性,因此,有些策略能够应用到全球绝大部分市场。比如价值投资策略,从数据观察,该策略在 A 股市场上长期有效,只不过收益率没有那么可观,约有年化 10%的超额收益率。但同时 A 股有自己的特性,有些甚至与海外经验完全相反,比如定增作为一个事件,在 A 股市场非常受追捧,定增中募集资金的目的就是收购公司,作为资产增长的手段,是受市场追捧的公司行为,这与全球很多市场是相反的。再比如,其他市场早期一些简单的策略,在 A 股市场非常有效,复杂的新策略反而无效,只因这一市场还没有进化到有效的程度。所以,海外的经验进入本土之后需要改良。

第二,财务报表质量是在中国做基本面研究的很大挑战。当然,如果市场数据普遍存在一定水分,用“相对选股＋持仓分散”的方法,即使有一些公司造假,也不会有致命的影响。在建模时,也有一些方法可用来避免人们被虚假的财报数据所迷惑而做出错误的决定。比如,公司净利润造假会在两方面做手脚:销售收入确认方法的不同可以导致收入由 5 亿元变 6 亿元;二是 COGS 折旧方法。但是现金流比较难造假,1 亿元增加到 2 亿元很难,所以,有基金经理表示,投资时会考虑现金流指标。

会计可以做很多手脚,但要么得在时间上做平(今年报多、明年报少),要么得在空间上做平(这个报多、那个报少)。因此,可以对财务报表进行还原,得出真实的财务数据。比如,从过去 10 年来看,港股和美股公司的 ROE 都呈正态分布,唯一不遵循正态分布的地方在 0 左右,ROE 比 0 大一点的公司超过正态分布,比 0 小一点的公司低于正态分布,说明 ROE 在 0 附近很敏感。中国 A 股市场过去 8 年上市公司的 ROE,0 左边就消失了,与港股市场相比,A 股公司 ROE 大都挤在 0—0.3 左右(0.5 以上还有很多公司),连盈利的公司也没有了。这就存在问题。

第三个问题,财务指标的滞后性。基本面的选股基于财务指标,财务数据是按季度披露,难免会有一些滞后,所以一般来说,在选择的因子中,除了财务指标,还会加入一些动量指标、情绪指标等。就滞后性问题,有些专业人士认为,虽然滞后可以用分析师预期来代替,但总体并不令人担心。因为投资是相对的,信息流入投资领域本身有一定特征,报表是季度披露,公众获取的信息量也就这些,并不需要刻意拿到全市场最快的信息,只要不滞后于其他人,处于前40%就及格。剩下的是判断和分析。由此可见,在A股市场中还有许多方面需要大幅改进。

据了解,在过去几年,很多采取阿尔法策略的投资经理会选择在风格因子上加大暴露而增强收益。这些调整是否符合这些策略的"初衷",是值得探究的。另外,还有不少基金经理认为,遇到关键的时间节点,把阿尔法策略投资完全交给机器是很危险的,基金经理的应变能力和干预能力非常重要。这实际上是与量化投资的设计背道而驰的,因为量化投资的一个重要初衷就是希望在非常时间节点上避免人的情绪化操作。当然,投资交给系统操作是建立在系统经过缜密的设计和构建并且在正式上线之前经过严格的各种情景测试的基础上的,量化投资系统的风险管理功能往往是内置的,遇到市场异动时风险管理应该及时启动。基金经理应该监控系统的操作并试图理解系统的操作原由,所以最好让系统在每次交易之前将一些关键参数打印出来供基金经理审查和作为基金的记录。毫无疑问,基金经理必须非常透彻地理解其阿尔法策略系统的设计原理和指导思想、适用范围、有效性及其"软肋"等。

回溯近年市场,一个关键时点是2014年12月。这是中国A股市场量化策略的暗黑时间点,被称为"阿尔法之殇",不少过往业绩非常优秀的私募投资经理都栽了跟头甚至爆仓,回撤超过20%的产品更不鲜见,这是几个标准差的事件。而这种情形正是作者聂军在此之前一年半就一直在警示的事情,2014年11月17日沪港通正式开通,这开启了改变中国A股市场投资者行为的新篇章,当时类似于中国平安A-H股价差的情形仍然很多,海外机构投资者资金终于可以通过沪港通买到更便宜的A股,而这些股票基本上都是蓝筹股。其效果是推升了蓝筹股而使中小创(中小板和创业板的简称)股票受到抛售,使得"阿尔法策略"中做多中小创股票、做空以蓝筹股为主的沪深300股指期货的做法两面受敌,使错位对冲的风险暴露无遗。这种现象在2016年12月5日正式开通深港通之后再度发生,2017年6月MSCI终于正式宣布将于2018年6月纳入A股后更加使A股蓝筹股得到机构投资者的追捧,中小创股票遭遇抛售,而使阿尔法策略在2017年几乎全年受到严峻的挑战。作者聂军在2014年4月19日在上海"两岸三地对冲基金研讨会"中曾预测过这种情形将发生。随着MSCI纳入A股的时间窗口的正式来临,我们相信A股蓝筹股将继续受到机构投资者的青睐而中小创股仍将面临一段时间的挑战。阿尔法策略应该对此新环境作出相应的调整。

2015 年 4 月 16 日上证 50 股指期货及中证 500 股指期货挂牌之后,阿尔法策略有了更多的对冲工具,使得大、中、小市值的“错位对冲”现象得以改善。然而,在 2015 年夏天所发生的股灾使得期货的交易被限仓,这几乎使得阿尔法策略处于瘫痪状态。令人感到欣慰的是,在 2017 年监管机构已经逐步地在对限仓松绑,使该策略能恢复其功效。

2016 年年初开始实行的熔断机制确实给了 A 股市场一个很大的惊吓而使人感到措手不及,对于阿尔法策略则更是雪上加霜。条例规定,其熔断基准指数是沪深 300 股指,设置 5%和 7%两档熔断,涨跌皆熔断。如果当日涨跌幅超过 5%,股票及衍生品暂停交易 15 分钟,15 分钟后恢复交易,倘若涨跌幅超过 7%,暂停交易直至收市。这种新规在推出之前显然欠缺审慎的论证和业界内听证,结果在新年实施四天内中国股市两度熔断,创下世界股市的先例。监管机构不得不在 1 月 7 日草草宣布取消该新规。

在海外,像熔断机制这种对市场影响巨大的新政策在发布之前通常会在业界反复论证和听证,使得从业者在真正实施前已有充分的理解和准备了相应的应急方案。例如,1997 年 10 月美国第一次实际发生熔断时,其熔断新规已经推出了近 10 年,各种金融机构、基金公司早已做好了准备和防范措施。最忌讳的是事发后的恐慌,如果监管机构在出现熔断后又不能及时地透明地向市场公布真实情况并安抚市场,则恐慌会以惊人的速度传播和蔓延,对整个市场是非常不利的。阿尔法策略在遇到熔断这种突发事件时,系统应该会以最快速度平仓,以零仓位比较客观的心态再来评估市场环境。

统计模型套利。虽然统计模型套利策略也是一种重要的股票市场中性策略,但其选股方式则有别于“多因子选股”策略。可以比较形象地说,统计模型套利策略是列夫·托尔斯泰之名言“幸福的家庭都是相似的”的实施贯彻者。该策略的基层假设是具有相似特征的股票通常会一起波动,其价差会形成一种均衡机制,一旦价差偏离这种平衡到一定程度,市场自身力量会使价差恢复到均衡状态。也就是说,该策略假设“物以类聚”,每个个体的行为趋于群体的动态中值,群体中个股相对错位是投资建仓套利的机会。当个股的估值相对这个群体中的估值均值高(低)出一定程度时,便可以建立空(多)头仓位,待其估值回归到接近群体中的估值均值时，便可以平仓。这一策略可以追溯到杰西·利弗莫尔(Jesse Livermore)的“姊妹股”策略，最先用于捕捉两只特性相近的股票之间的价差获利机会，而后引进统计工具来快速准确地捕捉这种错位机会，并从“姊妹股”发展到“一篮子股票”的相对定价。20 世纪 90 年代后半段，计算机速度的飞速发展使得该策略如虎添翼。

统计模型套利策略通过统计分析做空“一篮子股票”中估值相对过高的股票同时做多“一篮子股票”中估值相对过低的股票，实现“低买高卖”的同时，还对冲掉了这“一篮子股票”的“内在系统风险”。这里说的“一篮子股票”可能是按照某种主题所选的一群股票，也可能是一群股价受某些公共因子(比如，石油价格、利率、黄金、美元、人民币等)推动的股票，或者是我们传统所指的一个行业、板块、地区、国家中的股票等。

当然，市场时刻都在变化中，过去适用的“群体法则”对未来未必仍然生效，这“一篮子股票”里有可能出现不能回归群体均值的个股，尤其是那些有可能参与重大事件的个股。所以，统计模型套利基金经理通常会将有可能涉及并购、增发、回购等重大事件的股票排除在候选股票池外，并且随时考虑是否应该将某只个股从“一篮子股票”中剔除或者加进新的成员。如何保持模型的有效性是对基金经理的能力水平的考验，对基金的阿尔法回报有直接的影响。

在统计模型套利策略中，一个普遍面临的问题是如何处理相关性矩阵的稳定性。对这个问题的处理也是区别基金经理的一个关键技能。

统计模型套利策略在投资组合构建方法和量化交易方面与 CTA 策略有许多相似之处，故将统计模型套利策略与 CTA 策略组合成的多策略是一种有机的内在结合。

由于对做空的诸多限制及 $T+1$ 等规定，中国内地市场目前的条件下要实施统计模型套利策略仍面临相当大的困难。由于在亚洲(除日本外)做空的成本普遍比较高，流动性不理想，即使是中国香港市场等较为国际化的市场中要真正实施统计模型套利策略也具有一定的困难。

两种特殊的股票市场中性策略

除以上股票市场中性策略外，还有两种较特殊的股票市场中性策略：

第一，子母股票套利策略。只有当母公司与子公司同时上市时，方可采取该策略。认真监测市场的基金经理会注意到，时常有子公司的股价与母公司的股价之比会偏离子公司占母公司的权益比重，这种时候就可以在子公司股票和母公司股票上建立相应的多头和空头仓位，使得这个投资组合达到市场中性，等到子、母公司股价比回归其权益比重时套利。

第二，多股份类别套利。这是指当一个上市公司发行不同类别股票时，可以通过其中不同权益或者不同上市地而构建相应的市场中性投资组合套利。比如，同一公司可能发行具有选举权/投票权的股票和没有选举权/投票权的股票；又比如，同一公司在不同交易所上市，等等。毫无疑问，这是一种最自然的股票市场中性策略。前面提到的 A-H 股套利以及港股与在纽约上市的 ADR 之间的跨市场套利均属于此范畴。

第五节　股票市场中性策略的回报及风险来源

回报

阿尔法回报。股票市场中性策略的回报绝大部分来源于投资团队的阿尔法，而不应该是由大市起跌所造成的贝塔回报。无论基金经理采取的是股票市场中性策略的哪一种方式构建投资组合，基金经理最关心的都是使多头子组合总能跑赢空头子组合，这使基金经理从依靠投资组合中的个体仓位跑赢浩瀚的大市，转而只依靠整个投资组合中的多仓投资子组合跑赢空仓投资组合，不但使投资专注范围大大地缩小了，而且可控。这就使得基金经理选股和构建投资组合的技能显得格外重要，因为市场中性是把双刃剑，如果把多/空方向搞反了或者是错位对冲，即使是股票牛市市场，也可能带来较大的损失。

模型"复杂性"回报。股票市场中性基金经理相信该策略剔除了情绪化因素，模型系统构建投资组合时能避免一些人为因素的干扰或者偶尔发生的极度恶劣的市场环境。从长期而言，一个基于已经经过反复测试、有预测能力的模型系统所做的决定一定比需要人为参与的系统更有自律性，所以人们花费很多时间和精力去开发其模型系统，使之在对冲系统风险的同时能创造阿尔法回报。另外，股市每时每刻都在发生变化，而量化模型以及基金经理需要时间来做出反应，基金经理也需要根据市场环境的演变来不断改善其模型因子。

所以投资回报在很大程度上依赖于其模型复杂性和有效性。

利息回报。股票市场中性基金通常需要对做空所收取的现金进行有效的现金管理,其利息收入是整个基金投资收入的一部分。在相对较高利息的市场中,能否合理地利用现金产品将对股票市场中性策略的收益带来显著的影响。

弥散度回报。由于股票市场中性策略寻求多头子组合与空头子组合的差异性所带来的收益,该策略通常在标的股票池回报出现高弥散度时表现较好。弥散度高意味着股票池中的非有效性程度较高,会给股票市场中性带来盈利的良机。

风险

模型风险。前面提到,模型系统是股票市场中性策略的核心。在上线之前,要确定模型是否经历过反复的回测、面对变化的市场环境是否有自我调节改善功能等。基金经理要特别注意开发模型时对数据是否过度挖掘,回测时是否仿照实盘设计等。为避免模型产生错误预测,对模型所涉及的所有风险因素都必须进行仔细评估。另外,有些实际执行问题也必须在建模时加以考虑,比如模型显示做空股票时市场中正好不能满足监管法规所要求的"上升价规则"从而不能立即完成做空。空头仓位的滞后会使投资组合暴露于非市场中性的状况。模型系统剔除了人的情绪因素是其优势,但如果模型未经严格回测就上线,或者模型缺乏独自创新而与其他许多模型雷同,则"非情绪因素"也可能成为它的一个致命缺点。这时,模型很可能遇上"丁春秋"的"吸功大法",或者与其他系统产生"共振效应"。

系统性风险。量化投资要特别密切关注系统性风险。2007 年 8 月记录了近年来量化投资的"黑色 8 月",被学者称为"量化地震",当时利用量化投资的对冲基金普遍遭受重创,导致其中一批不错的基金公司倒闭。当时,在金融海啸初期爆发阶段,市场中结构化信用产品的损失,导致一些自营交易投资组合及多策略对冲基金进行大幅调仓(有人怀疑是几只大基金清仓),这使得大范围的波动率飙升,从而激发了许多量化投资组合自动止损。这种大面积的止损行为又加剧了波动率的进一步飙升而形成恶性循环……这无疑是一个非常沉痛的教训,值得后来者认真研究以求日后尽量避免。中国人长于数理,善于量化,然而我们也注意到A股市场量化投资的同质化也非常普遍,如果类似2007年8月的“量化地震”不幸发生,所造成的损失是可想而知的,所以,业界同仁务必谨记此类前车之鉴。

“相关性破裂”风险。市场中性策略尤其是统计模型套利策略通常依赖于股票的历史数据,通过回归计算模型参数或股票之间的相关性寻求均值回归。相关性矩阵的稳定性是该策略的核心,所以有可能参与并购、回购,或者公司出现重大负面消息等事件的股票是该策略的“天敌”,因为在事件面前,历史相关性将被完全破坏。所以,许多统计模型套利策略中设计了“筛选器”,将可能参与各种事件的股票事先剔除。

波动率风险。股票市场中性策略实际上“厌恶”高波动率,这从图5-15中可以清楚地看到。这是因为股票市场中性策略通常追求的是候选标的精细化差别带来的阿尔法回报,当泥石俱下时往往是良莠不分的,所有的精细化分析将变得微不足道。所以在市场经历高波动率时,该策略通常会面临挑战。

操作风险。股票市场中性策略中基金往往采用2—5倍杠杆水平(统计模型套利策略多采用400%左右的杠杆水平),能否确保及时融资、融券并能及时做空有比较大的操作风险。首先,在股市出现急剧下跌时,除了前面说过的有可能不能满足“上升价规则”、不能及时做空,还有可能是融券成本大幅上升而难以平衡整个投资组合使其达到市场中性。其次,许多股票市场中性基金的交易频率比较高,能否及时建立和调整仓位以保持整个投资组合实现各项“市场中性”指标,也有比较大的操作风险。最后,某些基金经理在构建投资组合达到市场中性(金额中性或贝塔中性等)时却可能导致其他一些关键因子(比如流动性等)错配而引入潜在操作风险。从降低操作风险和对手盘风险的角度考虑,股票市场中性基金选较大的大宗经纪商比选小的券商要好些。

夹仓风险。我们知道,只要有做空,就有夹仓风险。而股票市场中性策略对空头头寸的要求极其精确,且执行时间应该与多头头寸同进退,这就使得该策略对夹仓风险特别敏感。应该每天对模型进行这方面的压力测试,以防突然之变。

第六节　股市偏空策略

从传统的全做多增加空头仓位演变出了股市多/空头策略——这是阿尔弗雷德·琼斯的伟大创举，虽然其中有着千变万化的区别，但其净仓位通常是偏多的(偶尔会出现净空仓位)，一般净仓位大于20%，仍然受到大市涨跌的影响。所以人们就想到能否将多头仓位与空头仓位调到净敞口为0的市场中性策略。很自然，人们又进一步设想能否将多头仓位和空头仓位调到净敞口始终保持在偏空状态，这就是我们要讨论的股市偏空策略。特别要强调的一点是，该策略的投资组合中有多头仓位，也有空头仓位，并不是一味做空的。我们也提醒过多次，像浑水那种纯粹做空者并不是对冲基金。

股市偏空策略利用股票及其期权建立多头和空头头寸，一般空头头寸大于多头头寸。该策略主要以分析个股的基本面进行自下而上的过程建仓，在投资组合的层面用股指期货或期权进行对冲。与传统的共同基金投资策略正好处于多/空头的另一面。

在全球对冲基金中，只有为数不多的几只比较成功的股市偏空策略对冲基金。由于亚洲对做空机制的诸多限制及各国繁复不一的法律，目前几乎没有针对亚洲投资的股市偏空策略对冲基金在运作。2014年11月及2015年2月中国人民银行连续两次降息后，A股市场才开始出现融券成本降低的情形，但仍比海外市场高出许多。

据巴顿·比格斯(Barton Biggs)在《对冲基金风云录》一书中介绍，做空通常分为两类:投资性做空和揭骗性做空。投资性做空的前提是发现过高估值的公司，比如，1998年，一位研究者认为可口可乐的盈利数据值得怀疑:营业额年均增长3%，而管理层和分析师宣称的数据为15%。深入研究后，他认为可口可乐的实际盈利增长率只有5%左右，因此在80美元/股的价位上做空。2005年，可口可乐的股价在43美元徘徊。通常而言，投资性做空的目标都是名字如雷贯耳的大公司，这些公司往往经过了升幅巨大的上涨阶段，是颇受机构推崇的“白马股”。做空此类公司的最大好处是流动性不会出现问题，只要判断准确，做空利润基本可以保证。

而对于揭骗性做空的空头,除了时机上的把握,还需要提前精心布局。这是因为如果多只对冲基金识破这一骗局,哄抢而上,极有可能因为融不到券而使做空成本大增,或因为根本无法借到股票而无法完成做空操作,甚至有可能因为某一做空该股票的基金面临大额赎回而强行平仓,只能通过二级市场买入股票进而推动股价上涨,导致做空操作失败。美国有媒体称,2011 年 4 月优酷股票的上涨即属于这种情形。

一般而言,对冲基金通常会选择两类标的做空:卖空主要指数来对冲多头,在熊市时利用卖空个股作为保护基金的手段。但是,卖空个股的难度远胜于卖空指数或挑选有上涨潜力的股票。而且,在非下跌时,做空基金收益并不理想。据 Hedge Fund Research 所编制的对冲基金指数,做空基金指数自 2008 年至今仅有 2008 年一年取得正收益,为 21.98%,在危机过后大幅反弹的 2009 年和 2010 年,该指数均为负收益,分别为－20.56%和－24.05%,2011 年至今其收益率仍为负值,为－7.1%。所以在美国的资本市场,针对个股而做空的净空基金也并不多见。

股市偏空策略希望通过其投资组合中空仓头寸股价的下跌而盈利,虽然投资者也期望通过投资组合中多头头寸股价的上涨而获利,但多头头寸往往是起对冲作用的。该策略中的基金都是自下而上做基本面投资的。我们尚未见识过通过量化投资的方式来进行股市偏空策略投资的基金。

由于股市下行时通常是股市偏空策略的理想获利机会,因此该策略一般情况下能为长期机构投资者平滑其收益率曲线,降低大资产类别配置组合的风险。这种功能在金融危机时表现得尤其明显。学者 Ciara Connolly 和 Mark Hutchinson 在其学术论文中研究了自 1994 年 1 月至 2008 年 12 月的数据后表述道:“我们的研究表明,股市偏空策略提供了显著的风险分化作用,该策略为投资者带来了相当显著的阿尔法。”从瑞信股票偏空策略指数相对于 MSCI 全球股指的 12 个月滚动阿尔法及滚动收益率来看,偏空策略不但在金融危机时有较好的正收益(如 1998 年金融危机、2000 年互联网泡沫破灭、2008 年金融海啸等),而且在其他时间段(1996—1999 年、2004—2008 年等)相对于 MSCI 全球股指都有相当不错的正的滚动阿尔法(见图 5-16)。

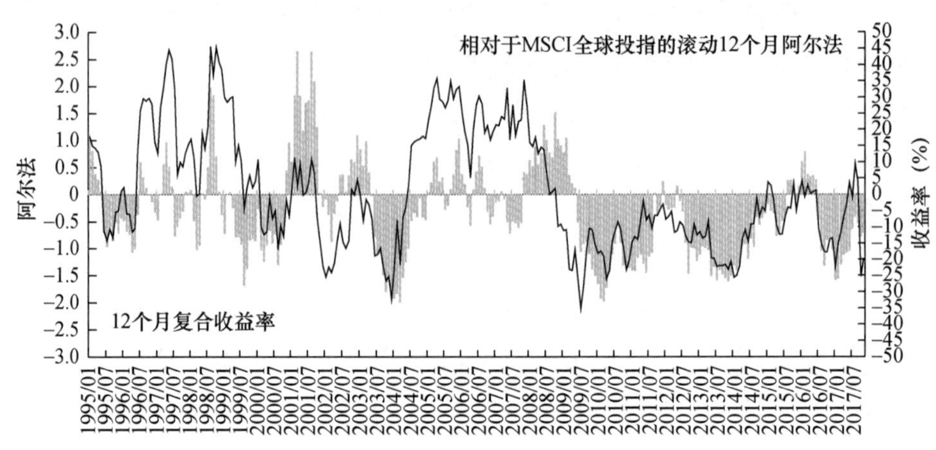

图 5-16　股票偏空策略的滚动阿尔法和滚动收益率

资料来源：瑞信对冲基金指数。

股市偏空策略其实是对冲基金中非常小众的策略，估计在整个对冲基金大家庭中占比不到 1%。作为一个群体，在股市总体持续上涨的市场里，股市偏空策略面临巨大的顶头风挑战，该策略中的对冲基金无论从长期(近 24 年)、中期(5 年)，还是短期(1 年、3 年)而言，年化收益率都是负的(见表 5-4)，当然，这并不排除其中仍然有表现比较好的偏空策略基金，甚至有的偏空基金在过去近 10 年里总的年化收益率是正的，但这种基金已经是凤毛麟角了，在亚洲更是难寻。

股市偏空策略不但面临股市长期总的上涨趋势的自然挑战，还面临监管机构的各种挑战，一个严峻的挑战是监管机构对做空的限制——不仅是持续性的“上升价规则”的市场规则，还有不时出台的更严峻的限制裸做空股票，以及限制对冲基金持有的空头仓位大小等政策。2008 年的金融海啸本是股票偏空策略很理想的盈利环境，但全球各地监管机构不断出台政策限制做空和限制对冲基金所持有空头仓位的大小，直接导致了一大批股市偏空策略对冲基金不得不强行平仓，这种人为干预最后导致了不少基金关门歇业。

由于股市偏空策略基金均为自下而上的基本面分析做空，基金经理往往在建仓后会利用各种场合和机会展示他们对公司财务或公司商业模式盈利性的质疑。正因为如此，他们常常必须面对各种官司诉讼或法律纠纷，故股市偏

表 5-4 股票偏空策略指数与 MSCI 全球股指及标普 500 指数比较

2017.11.30	偏空对冲基金指数											
	自成立			过去 12 个月			过去 3 年			过去 5 年		
	偏空对冲基金指数	MSCI 全球股指	标普 500 指数	偏空对冲基金指数	MSCI 全球股指	标普 500 指数	偏空对冲基金指数	MSCI 全球股指	标普 500 指数	偏空对冲基金指数	MSCI 全球股指	标普 500 指数
年化收益率	−6.02%	5.21%	9.66%	−11.74%	23.36%	22.87%	−8.94%	6.20%	10.91%	−12.44%	8.92%	15.74%
年化波动率	15.97%	14.91%	14.45%	4.42%	3.05%	3.90%	13.01%	10.65%	10.09%	11.74%	9.96%	9.50%
夏普比率(无风险利率为 0)	−0.31	0.42	0.71	−2.79	6.96	5.35	−0.65	0.62	1.08	−1.07	0.91	1.60
最大回撤	−81.87%	−56.23%	−50.95%	−12.05%	0.00%	0.00%	−33.23%	−14.82%	−8.36%	−48.54%	−14.82%	−8.36%
正收益月份百分比	40.42%	60.28%	66.20%	25.00%	100.00%	100.00%	30.56%	61.11%	72.22%	30.00%	65.00%	75.00%
与 MSCI 全球股指相关性	−0.74			0.06			−0.80			−0.77		
与标普 500 指数相关性	−0.76	0.94		−0.49	0.50		−0.78	0.93		−0.74	0.92	

资料来源:瑞信对冲基金指数。

空策略对冲基金经理除了要有很扎实的基本面分析和判断能力,还需要有丰富的法律知识和法庭应对能力。

我们曾多次明确表示,反对利用信息不对称来恶意做空或扰乱市场的行为。但我们同时也坚信,一个健全的做空机制对整个金融资本市场健康是有益的。比如说,新股发行制度改革在中国一直是个老大难的问题,难倒了不少监管机构官员。其中有个现象就是创业板的新股发行市盈率出奇的高,哪怕是其中有很好的投资潜力和前途(比如新能源、新技术、新材料等七大新兴产业),一般投资者要么是"望市盈率兴叹",避而远之,选择不参与;要么就是伸着脖子"硬着头皮上"而等着挨宰被套,处于两难的处境。然而,如果中国内地市场全面放开做空机制,规定新股发行者和承销商在新股发行后6—12个月不许抛售该股票,那么前面所述的问题就好解决得多,因为如果新股发行得太贵,对冲基金经理在新股发行第一天就可以直接做空,等6—12个月以后股价就不知道会跌到什么水平了。鉴于这种威慑力量,在发行新股时,发行者和承销券商就不敢再肆无忌惮地将发行价定得很离谱,如此一来,投资者便可以在比较合理的价位上买到他们所中意的股票,进行长期投资。这无疑将促进整个新股发行市场乃至整个资本市场的健康发展,而且为市场的长期稳定起到坚强信心的维稳作用。这样可以使许多长期令监管机构非常头疼的问题迎刃而解。如此,允许做空个股实际上是让"啄木鸟"能有效地把"害虫"尽早"扼杀于摇篮之中"。

当然,这种新股发行中的做空行为未必会真的付诸实施,但有这样一个机制在那里,情形就会大不一样。这是基于人的本性,有和没有惩罚性的约束是完全不一样的。

做空机制可以理解成一种监督机制,是一剂苦口的良药。如果雷曼兄弟公司2008年4月能踏踏实实地聆听大卫·艾因霍恩的质疑并认真检讨,或许这家百年老店不至于轰然倒闭而引发史上最大的金融海啸,至少不会那么快。

上市公司被做空并不罕见,但只要上市公司踏踏实实地把自己的业务做好,把财务报表做好,如实地披露生产经营的状况,增加与投资者的沟通渠道,增强透明度,就能避免许多试图利用市场信息不对称进行的恶意做空。即使出现恶意做空,也可以及时以翔实的数据和诚恳的态度从容地与投资者、监管机构沟通,不实之言自然不攻自破,投资者的信心也能得到较快的恢复。例如,2012 年 7 月新东方被恶意做空后及时与监管者、市场、投资者进行沟通,并有针对性地释疑的处理方式就比较恰当。

作为对冲基金经理,任何时候都不可为做空而做空,做空对象最好是有结构性弊病的上市公司。另外,如果对期权交易比较熟悉,一种比较好的做空方法是通过买入看跌期权达到做空目的,因为即使万一判断失误,所损失的也只是期权金,不至于因为正股的大幅震荡而触及风险管理的亏损限制导致,被迫减仓甚至平仓。

股市偏空策略基金经理必须与其大宗券商保持良好的业务关系和信息的畅通,这对该基金的融资融券、融券利率的平稳性、所融券因突发事件而被召回的可能性等都有很大影响。

从理论上来说,做空可能承担无限度的风险。所以,基金经理除了要有坚实的基本面分析的功底,还需要很强的心理承受能力面对可能出现的各种不利的市场环境。这一点是许多从共同基金转型的对冲基金经理难以逾越的障碍。

从瑞信股市偏空策略指数的月度收益率分布(见图 5-17),我们注意到,该分布的"肥尾效应"发生在分布的右侧而不是像通常情况下发生在左侧,这也充分显示了该策略在市场出现大恐慌时能为投资者提供有效保护。

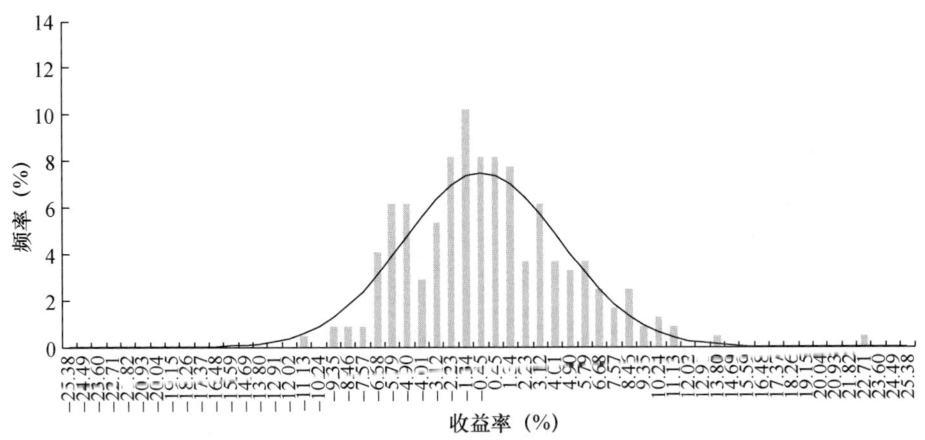

图 5-17　瑞信股市偏空策略指数的月度收益率分布

资料来源:瑞信对冲基金指数。

通过瑞信股市偏空策略指数的牛熊市分析图(见图 5-18)可以看到,在

MSCI 全球股指大跌时,该策略为投资者提供了非常好的保护。然而,在大市相对平静时,该策略的收益率与大市并不是很相关,所以在股市偏空策略中的投资者必须清楚,并不是只要大市一跌,该策略就该赚钱。

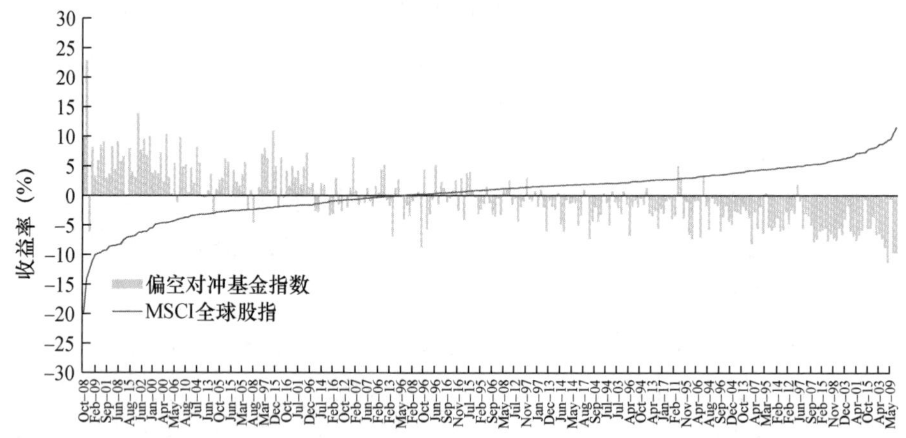

图 5-18 瑞信股市偏空策略指数的牛熊市分析图

资料来源:瑞信对冲基金指数。

第七节 股市偏空策略的回报及风险来源

回报

阿尔法回报。这是股市偏空策略回报的主要来源。首先,基金经理通过一定的投资理念和流程进行基本面分析,找出标的公司的潜在弊病和致命瑕疵来选股及组建投资组合;其次,基金经理要具备做空的技能和心理承受能力。例如,前几年做空后来被停牌的某港股就是一件非常艰难和需要很强的心理承受能力之事,在停牌之前该港股的股价曾从 1.3 港元左右被急剧拉升到 8 港元左右。

市场非有效性回报。由于许多投资者对做空的无限风险在心理上无法承受,加上卖方分析师通常因一些众所周知的原因很难对差公司给出“卖空”的评级,使一些烂股票估值过高而出现错位定价;有许多基金和机构投资者不允许做空,从而造成市场做多的空间里总比做空的空间里拥挤,这种非有效现象给做空者带来了额外的获利机会。

风险

我们在第二章中已经提到了做空涉及的风险,其中包括:

系统性风险。偏空策略实际上是方向性策略,市场敞口比较大。由于禁止裸卖空,任何做空都必须买回这些股票归还,当卖空后市场仍然上涨时,会给做空者带来损失。裸做空在任何市场风险都很大,2008 年金融海啸时本来是做空的好机会,但是美国市场和其他一些市场相继出台政策,规定不能做空某些股票,尤其是金融股,已经做空的股票必须要平掉。政策上的风险,导致偏空策略在 2008 年这一做空的大年本该获利时而没有获利。投资者希望在大跌时补偿其他仓位上的损失,用做空抵御系统性风险,基于政府政策不让做空,投资者涨的时候亏钱,做空时也未赚回,偏空策略面临越来越大的挑战,很多偏空策略的基金都已经关门了,连瑞信偏空策略指数也因为数据不够而从 2017 年年初起停止更新业绩了。

事件风险。事件风险涉及个股。如果该公司有一个盈喜或其他“正面”事件,股价出现拉升,此时做空就有很大风险。最典型的事件是回购,这是很多公司抵御做空的利器。例如,本身质地有问题的某 ADR 在面临股票将遭遇大幅抛售时,紧急进行 5 000 万美元的回购,强行支撑了其股价。又比如,某公司正在被做空时,该公司出了一个好的产品或签署了一份新的合作协议,股价通常会得到拉升。又比如,某业绩明显面临滑坡的公司为了拉升股价而采取拆股的方法吸引更多的散户进场,这也会对做空该股票的对冲基金带来“脉冲式”的事件风险。

执行风险。当基金经理想做空时有可能无法完成,比如说可能无法融券,也可能是成本很高(例如在中国香港地区借券的成本低的 1%左右,但有时会高达 50%甚至更高),这时即使是一个很好的做空机会也无法执行。这往往是与流动性风险联系在一起的。一只股票的流通性越差,融券的执行风险越大。还有一部分执行风险来自券商,海外很多对冲基金会选超过一个大宗主券商,把券源的任务分配给不同的大宗主券商。每个券商可融券的库存不同,另外收费也会有区别,不同的大宗主券商可以互补其功效。

流动性风险。一方面,当市场缺少流动性时,做空者融不到券,做空不了。

例如中国香港市场有不少仙股有很多问题,但是因为流动性差,做空的难度很大。另一方面,当某只股票上累积了许多做空者时,如果事态发生转变,每个做空者都想平仓时,可能因为买不到券来平仓而出现“做空者踩踏”的流动性风险。例如,2009 年 2 月在全球很多市场上的金融股就曾经历过这种“做空者踩踏”现象。在金融海啸之后,很多做空者认为世界很多国家的金融面临巨大挑战,所以纷纷做空各国的金融股票。但是到 2009 年 2 月已经可以看到,各国纷纷推出了很多强有力的政策来支持金融股,做空者眼看大势已去,纷纷平仓,而造成金融股大幅拉升,因为大家发现很难买回股票来平仓,结果出现“踩踏”现象。例如,有位对冲基金经理威特尼·蒂尔森(Whitney Tilson)在 2007—2008 年间大力做空雷曼兄弟公司直至倒闭,按理说他应该感到非常开心才对,因为雷曼兄弟公司的倒闭引发了全球金融海啸,蒂尔森的做空达到了收益最大值。然而,他为了避免缴纳“短期(即短于 5 年)利得税”而没有在雷曼兄弟公司宣布破产后将做空的股票买回来还给券商,致使他的 17 万美元盈利在过去近 10 年里都无法全部拿回。另外,2017 年年底当他决定关闭自己的对冲基金管理公司时,被告知因为该公司还持有雷曼的空头仓位而无法进行。

监管法规风险。做空者(尤其是高调做空者)常常使该策略必须面对各种官司诉讼或纠纷,故除了要求基金经理有很扎实的基本面分析判断能力,该策略还要求基金经理有丰富的法律知识和法庭应对能力。

召回风险。卖空的股票被借出股票者要求收回,而卖空者又找不到其他出借人借到股票,因此只好平仓回购做空的股票。在两种情形下股票会被召回:第一种,做空者找券商借股票,券商找投资者借券,这些投资者通常是长期投资者。但如果股票波动太大或涨得太多,投资者因种种原因想要卖出其名下的股票了结,券商就会从做空者那里召回股票。无论做空者是赚还是赔,都必须把股票买回来还给股票持有人。有可能该股票跌得很漂亮,但突然被召回,不得不终止该盈利机会。第二种,股票被做空之后一直涨,而做空者的损失越来越大,而券商与做空者之间通常有合同规定做空者的账户损失超过一定程度后必须补充现金,否则必须把做空的股票卖出止损。

夹仓/逼空(short squeeze)风险。如果做空的时机不对,做空某个标的之后,标的价格非但没有下跌,反而上涨,上涨幅度大大超过保证金,从而迫使空头被迫买回仓位平仓,造成损失。

最经典的逼空案例是2008年的大众汽车。

实例

保时捷于2005年9月26日正式公告吞并大众汽车,慢慢收集了大众汽车42.6%的股份。根据德国《公司法》,保时捷持有超过75%的股份才能控制公司。不过还有一部1960年专为大众汽车定制的《大众法》(Volkswagen Law)。《大众法》却规定:持有大众公司的股份在20%以下时,按实际持股比例计算投票权;当持股比例超过20%时,无论超过多少,其投票权最高也只限于20%。而大众公司20.1%的股份因第二次世界大战遗留问题在当地政府手中,实际上是归该州全体纳税人所有,政府无权出售。这意味着,保时捷无论如何也不会持有超过80%的股份,因而无法控制大众汽车。因此很多对冲基金押注做空大众汽车。保时捷却向欧洲法庭提起诉讼,指控《大众法》违反欧盟《反垄断法》,2007年欧洲法庭判决《大众法》无效。不过《德国证券并购与收购法》规定,买入上市公司股份超过30%时,后续的增持属于要约收购,需要公告。《大众法》被判决无效时,保时捷持有大众汽车31%的股份。然而,保时捷再次利用了通过衍生品增持不需要公告的规则,通过期权悄然增持,至2008年10月26日星期日突然宣布持有大众汽车74.2%的股份。当时,卖空仓位约为大众流通盘的13%、总股本的10.4%,而流通股本只有5.8%。因此,做空的对冲基金疯抢股票平仓,谁也不想成为剩下的被爆仓的4.6%。大众汽车的股价疯涨,宣布仓位后的两天狂飙5倍,从200欧元/股飙升至1 005欧元/股。

港股市场上也时常发生逼空。如2017年5月的恒大地产,又如汉能薄膜发电在东窗事发之前,通过大力回购而致使做空者夹仓,当时很多做空的对冲基金都损失惨重。

集中度过高。有时,在投资组合层面,由于可融券的标的股票非常有限,投资组合还面临集中度过高的风险。很多人会用指数来做空,这会引入很多其他风险,一个指数总是一群股票,用指数做空主要是为了防范市场的系统性风险。一般做空的集中度不会太高,基金经理对做空的集中度很敏感,一般做空仓位流动性超过一周,会让人产生警惕。

阿尔法风险。股市偏空策略与股票多头一样,在很大程度上是方向性的策略,只是二者方向相反,除了系统性风险,更为关键的是阿尔法风险,这很考验基金经理对要做空标的基本面的把控程度。阿尔法风险主要是两部分:第一是选错标的,功夫不到家,出现阿尔法误判;另一种是为做空而做空,选一个标的想要做空,往往在最低点做空。比如嘉能可(Glencore),前几年石油价格跌得很厉害,有的基金经理认为嘉能可是很典型的做空标的,但嘉能可除了石油,其业务还有好几大板块,盈利不仅仅只依赖石油。所以有不少人做空之后股价就反弹,扛不住"割肉"之后股价又开始跌。更有甚者,有基金经理很任性地一会儿做多、一会儿做空,但基本上没有一次成功,只好发誓以后再不碰这只股票了。

在投资市场无论是做多还是做空,都一定要踏踏实实地做好自己的功课,尤其是做空者更是如此。做多一只股票理论上的最大损失是100%,而做空一只股票理论上的最大损失是无穷大,股市偏空策略也是如此。

第六章
对冲基金策略:事件驱动策略

第一节　概　　论

传统投资者不太喜欢在投资过程中有“事件”发生。然而,有一类对冲基金策略就是专门针对各种事件而设计并希望从这些事件中获取超额收益的。例如,2008 年全球金融海啸使各国经济遭受了重创。金融市场各种资产证券价格急速下跌、触底,又逐步攀升,这中间发生了许多重大事件,也给投资者带来了巨大损失、恐慌、迷惑和兴奋。围绕这些跌宕起伏的重大事件,事件驱动对冲基金策略却大有作为。

最近几年,中国政府大力鼓励推进产业并购重组、混合所有制改革,尤其是产能过剩产业;中国企业正在频繁通过收购的方式“走出去”,尤其是沿着“一带一路”方向的收购;全球超大级别的并购案接踵上演。这自然给事件驱动对冲基金策略提供了理想的发展环境。另外,通过了解海外对冲基金在相关事件驱动策略中的操作,中国企业也可以学习海外并购时应该采取的对策和需要注意的风险,尤其是后者,这样可以少走些弯路、少花冤枉钱。本章中所列出的在并购套利策略中的各种风险可以供发起海外收购的企业参考。

2014 年 11 月 17 日开通的沪港通和 2016 年 12 月 5 日开通的深港通,为海外投资者提供了真正参与国内 A 股市场的机会,同时,国内投资者也第一次通过“康庄大道”投资于香港市场,由此也使得全球的许多股指(如 FTSI、MSCI、标普等)可以纳入 A 股股票,而跟踪这些股指的 ETF(交易型开放式指数基金)和指数基金必须相应配置 A 股股票,这些事件也给事件驱动对冲基金策略带来了千载难逢的盈利机会。

中国市场发展至今,运用于股市的很多对冲基金策略已有很多参与者了,我们相信中国下一个对冲基金“金矿”应该是在事件驱动策略方面。本章中我们将花比较大的篇幅详细介绍各种事件驱动对冲基金策略。尤其是中国市场正在打破刚性兑付,这使得以后的违约甚至破产的情形会频繁出现并且成为常态,在这种“危”中实际上蕴含许多“机”。我们会详细介绍一些受压资产策略及案例,使执业者能在正在发生的各种“危机”中发现盈利的机会。

事件驱动对冲基金策略大致可以分为受压资产策略、并购套利策略、特殊情形策略,将其中两种或三种策略组合起来则成为多策略事件驱动对冲基金策略。

事件驱动策略主要关注于公司异动事件所导致的价格错位,依靠对具体事件发展方向的分析预测来建仓盈利或套利。这些异动事件包括:公司进入破产法庭、公司并购、分拆、股票回购、特别分红、内部商业重组、内部资产重组、法律诉讼、发行新股、定向增发、上市公司私有化、股票被选为某股指的成分股或者被剔除出某股指等。该策略主要依靠基本面分析,强调对具体事件的深入了解和总体判断,基金经理对所涉及事件的相关法律和法规要有深入了解。投资者不但要承担价格波动的市场风险,而且要承担所涉及公司的信誉风险在事件的演变过程中往往扮演更重要的角色。

事件驱动对冲基金策略基金经理可以选择不同的交易工具来参与公司事件以寻求最佳获利机会,通常所采用的投资交易工具是股票、优先股、高级债券、次级债券、可转债券及其相结合的组合;如果市场上有相应的期权或其他衍生品交易,也会常用到期权或其他衍生品来进行风险管理以及表达基金经理对所涉及事件的预期。

人们常见的股指成分股周期性调整是事件驱动策略中特殊情形关注的投资题材之一。当一只股票将入选成为股指成分股时,跟踪股指的指数基金便不得不进行相应的建仓,如此自然会出现供少于求的局面而导致该股票价格上涨。从公布到最后股指成分调整通常需要 2—3 周时间,而这些指数基金必须等到指数调整时才能作相应的调仓,否则将可能出现“跟踪误差”。但对冲基金经理没有这种时间窗口的限制,他们可以在指数调整成分股的消息宣布以后先建仓做多,等待指数基金们来“抬轿子”。相反,如果某只股票将要被某个股指剔除出成分股时,这些指数基金便不得不抛售该股票,出现供过于求的局面而导致其股价下跌,对冲基金经理则在消息宣布之后、实际调整之前建仓做空,迎接指数基金们的抛售。

沪港通开通后,中国A股市场将迎来许多全球性和区域性的股指增添A股股票为成分股,仅MSCI指数2018年按5%的纳入因子计算,据权威估计,将给A股市场带来超过1 200亿元的外资增量资金,配置到200多只股票中,特殊情形策略将为有准备的对冲基金经理带来千载难逢的良机。

在专注于亚洲的对冲基金中,事件驱动策略基金正在逐渐增加,在过去几年里新成立的对冲基金中,事件驱动策略基金个数占据第二的位置。这与金融海啸后有一批事件驱动策略操盘手离开了以前的东家、自立门户有关。另外,这也与亚洲地区公司涉及的并购事件迅速增加的事实直接相关。除了中国政府正大力推行企业并购重组以及中国公司正大力到海外进行并购外,澳洲、日本等市场的并购活动也非常活跃,这提供了丰富的事件驱动相关策略的交易机会。中国内地市场上曾经非常火热的定增投资其实也是事件驱动策略的一种子策略。

事件驱动策略的回报来源和风险

根据不同的子策略,事件驱动策略有不同的回报来源和风险。比如,受压资产策略主要是基于公司进入破产法庭进行重组,如果能成功完成重组,不管股票还是债券都能获得很大回报,这是最主要的回报来源。盈亏同源,如果无法完成重组、参与重组的资金撤出,或者重组时业务线已经过时(out-of-date),就面临很大风险。最关键的是通过仔细深入地分析公司本身的问题及重组方案的可行性,判断标的是“坠落人间的天使”还是“坠落中的砍刀”,前者在“疗伤”之后还能“起飞”,后者可能把“接飞刀者”的手都“剁”了。并购套利则涉及相关国家的反托拉斯法案、双方的诚意及未来协力奋斗的潜力、股东的意向等因素,最大的风险是并购方案破裂,而特殊情形策略则须分析相关的交易条款。每种策略都有各自独特的回报来源和风险。

阿尔法回报。这是该策略的主要回报,由于不同的公司异动事件直接隐示公司证券的潜在新价位,如何探寻合适的候选对象并通过深入的尽职调查和扎实的分析后，作出正确的判断、选定投资对象、建立合理仓位进行投资，在很大程度上取决于基金经理的经验和技能。回报通常与传统市场的起跌相关性不大。

容量风险。如果某一事件带来的策略容量有限，而参与的投资者过多，很容易发生“踩踏”。比如一个并购事件公布后如果有太多的基金参与，做多被收购公司的股票而做空收购公司的股票，会很快把收购价差大幅压缩甚至出现负价差。

信誉风险。事件驱动策略主要针对个别证券进行交易，对公司的质量判断是重中之重，无论是股票价值还是债券价值的影响都很大。

系统性风险。事件驱动策略中有一部分策略主要是方向性的单边策略，市场大环境会影响所涉及的事件能否顺利推进以及推进的速度如何，资金的黏性越强，则系统性风险就越小。

流动性风险。事件驱动策略中有不少子策略都需要密切关注流动性风险。首先，这些子策略的投资者通常是以时间换空间，对投资标的有一定的锁定期或不能交易期。比如投资于已经进入破产重整程序的受压资产标的，将会经历较长时间的锁定，待受压资产标的走出破产法庭并正常交易时，才能卖出；再比如，在中国市场上运用得比较多的定向增发策略，投资者通常需要锁定 1 年或 3 年的时间，在此期间无法抛售，比如 2012 年是定增策略产品集体溃败的一年，不少产品都出现大幅下跌，相比于二级市场投资者，定增投资者可能失去最好的抛售时间。其次，当投资标的是中小市值股票或交易量比较小的证券时，必须考虑流动性风险，甚至在退出时需要精确计算每天的交易量。

拥挤风险。有时某一事件出现时，过多的投资者使用同一策略会造成投资标的上的拥挤而稀释获利空间。事件驱动策略中很多时候获利空间是固定的(例如并购的目标价)，这有别于通常情况下买股票或其他证券时，买的人越多就把价格抬得越高，所以参与者容易出现拥挤现象而产生拥挤风险。万一需要兑现时，也可能出现“踩踏”的风险。

事件驱动策略的风险和收益特征

分析显示，瑞信事件驱动策略指数在 1994 年 1 月至 2017 年 11 月的近 24

年里,其年化收益率为 8.05%,而 MSCI 全球股指的年化收益率为 5.21%;事件驱动策略的年化波动率为 6.00%,而 MSCI 全球股指的年化波动率为 14.91%;事件驱动策略在 2008 年金融海啸期间的最大跌幅为 19.15%,而 MSCI 全球股指的同期数据为 56.23%(见图 6-1)。如果只看事件驱动策略与 MSCI 全球股指的相关性,有时能超过 90%,总体是 70%左右,但事件驱动策略从长期而言给投资者带来更为稳健的投资收益,不但投资绩效远远优于 MSCI 全球股指的表现,而且波动率还不到 MSCI 全球股指波动率的一半,最大回撤不到 MSCI 全球股指的最大回撤的 1/3。更有意思的是,该策略的 12 个月滚动贝塔都是正的,但在 0.6 之下。

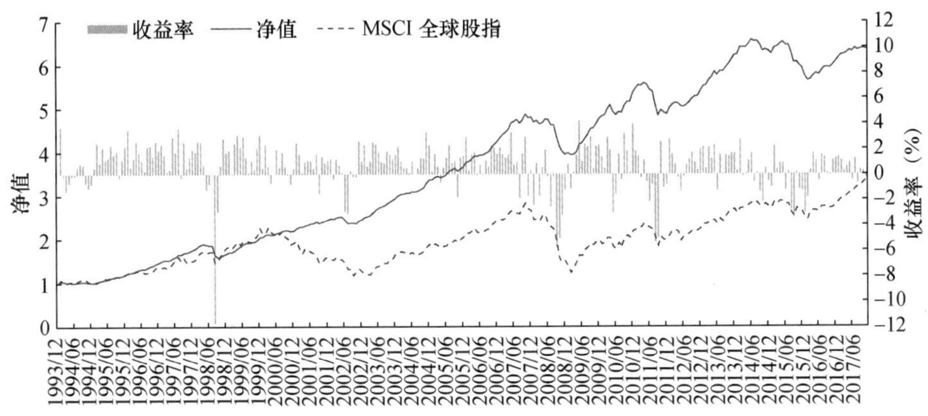

图 6-1　事件驱动策略业绩比较

资料来源:瑞信对冲基金指数、彭博。

第二节　并购套利策略

并购套利策略主要从公司公布的并购事件中通过对并购个案的分析,做多被收购方的股票及其他可交易证券,同时按并购对价比例做空收购方的股票来建仓,多头/空头仓位的比例将根据所宣布的并购条款而定,所以并购套利策略是在并购消息宣布以后才开始建仓,这与投机性押宝完全不同。由于在收购消息宣布后被收购方的股票并不会直接涨到收购目标价,而有个差价(称为“并购差价”)。如果并购顺利完成,这个差价会逐渐消失,故基金经理建仓后便等待并购完成而赚取这个差价。

虽说并购有不同的方式,但常见的策略是股票置换、现金收购加上承接债务或它们的组合,股票置换和现金收购是最基本的元素,由此可以进行不同的对冲操作。

比如A公司收购B公司,每股B公司股票可以转换成0.8股A公司股票。并购消息宣布后,一般B公司的股票不会马上跳升到0.8股A公司股票的价位。假设每股差价为0.5元。对冲基金经理可以买进1万股B公司股票,同时做空8000股A公司股票。一旦并购完成,该经理手上将不再持有任何股票,但从该对冲投资中净盈利5000元。

一个现金收购类并购套利策略案例如下:2013年5月29日双汇发展(000895)宣布以每股34美元收购美国史密斯菲尔德(Smithfield Food, SFD.NYSE)之后,SFD股价飙升了28.42%,到33.35美元/股(见图6-2)。这时的策略就是直接买入股票SFD,一旦并购完成,该经理每股将获利0.65美元,即1.95%。在这个实例中,我们看到了负并购差价曾在2013年9月短暂地出现。

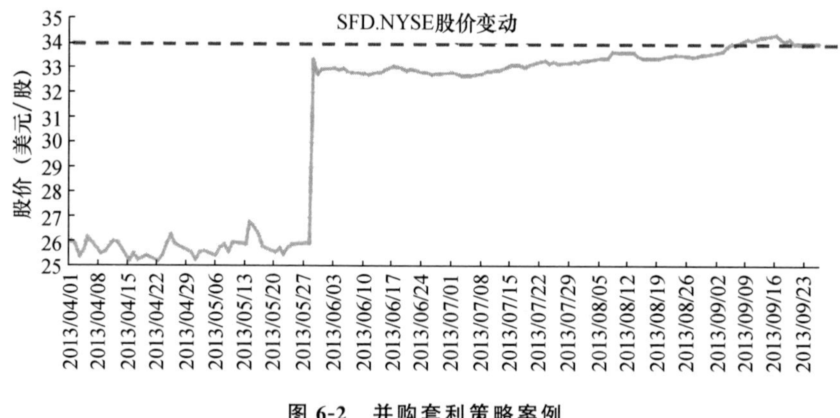

图 6-2 并购套利策略案例

资料来源:彭博。

存在并购差价,实际上反映出了该并购交易的风险,所以,在并购交易完成之前,随着收购方和被收购方各种因素的变动以及谈判的顺利与否,并购差价会随之波动,对冲基金经理还可以围绕并购差价的波动来做“卫星交易”。

并购套利策略的对冲基金经理实质上是在做空“并购差价”。当并购交易进展顺利时,该并购差价会随之缩小而逐渐消失;当并购交易出现种种障碍时,并购差价便会增大,这时并购套利仓位就会出现浮亏。如果并购交易破裂,通常情况下并购差价会飙升到比并购事件公布之前的差价更高的位置。另一方面,如果并购差价迅速收小,则说明市场对该并购交易持乐观态度。如果并购差价甚至出现负值,那通常是有“第三者”竞购或者市场期望对收购方提高收购价。这种情况会使并购套利仓位的盈利超出最初的预期,基金经理应该考虑是否及时获利了结(至少部分获利了结)再分析新的投资机会,看看“第三者”是不是仅仅只是“绯闻”等。

在全球对冲基金大家庭中,有不少专注于并购套利策略的对冲基金,比如著名的保尔森基金,便是从此策略起家的。目前针对亚洲的对冲基金中,一般只是将并购套利策略作为多策略复合型中的一种策略进行投资,只有一两只基金专门做并购套利策略,业绩相当不错。1994 年,时年 37 岁的保尔森设立了对冲基金,专门从事并购套利和事件驱动投资,一直到 2007 年次贷危机爆发才大规模做空相关衍生品,1994—2007 年,该基金的年复合收益率是 17.78%。

表面上看似乎任何一位个人投资者都可以操作并购套利策略,其实不然。要从并购套利策略中取得成功,需要投资者具备多方面的综合素质。这是因为准确地判断一个并购能否取得最后的成功是并购套利策略的重中之重。所以基金经理要对收购方和被收购方的基本面,以及并购意向书中的条款和相关法律有充分的了解。这有别于前面介绍的股市多/空头策略、市场中性策略等,在那些策略中,基金经理只要有扎实的金融功底就有可能成为一位好经理;但在并购套利策略中,基金经理不但要有金融方面的背景知识和技能,还需要很强的法律知识和应用能力,比如具有涉及司法体系中的公司法、反托拉斯法及税法等方面的知识,尤其是要能深刻透彻分析并购意向书/协议中的所有条款及所赋予的权利和义务。对冲基金经理只有在研究清楚这些方面后,才能建立相应的多头/空头仓位。

并购套利策略是一个“薄利”策略,我们常说并购套利做成一单可能只赚 5 分钱,但如果有一单“踩雷”,就要亏 1 元钱。只有把风险因子都考虑清楚时,成功率才会比较高,所以是收益率比较平稳的对冲基金策略,有些类似于市场中性策略。

收益及风险特征

我们以瑞信并购套利策略指数为例来分析这个策略的一些特点。从该指数与 MSCI 全球股指的历史表现(年化收益率、波动率、夏普比率、最大跌幅和正收益频率等指标)来看,前者均要优于后者(见表 6-1)。

从 1994 年 1 月至 2017 年 11 月,并购套利策略在这近 24 年的时间里,其年化收益率为 5.8%,而 MSCI 全球股指的年化收益率为 5.21%;另一方面,并购套利策略的年化波动率为 3.91%,MSCI 全球股指的年化波动率为 14.91%;并购套利策略在 2008 年金融海啸期间的最大跌幅为 8.18%,而 MSCI 全球股指在 2008 年金融海啸期间的最大跌幅为 56.23%。这些统计数据充分显示出,长期而言该策略远远优于传统股市的表现:波动率仅为传统股市的 1/4 左右,但总收益却超出传统股市 77%(见图 6-3)。更重要的是,在 2008 年全球经历金融海啸的过程中,该策略的最大跌幅 8.18%仅为传统股市同期最大跌幅的 1/7 左右(见图 6-4),非常有效地为投资者保护了资产。而且,与传统股市相比,瑞信并购套利策略指数的跌幅不仅深度小得多,而且跌幅出现的频率要低得多以及跌幅持久期要短得多。

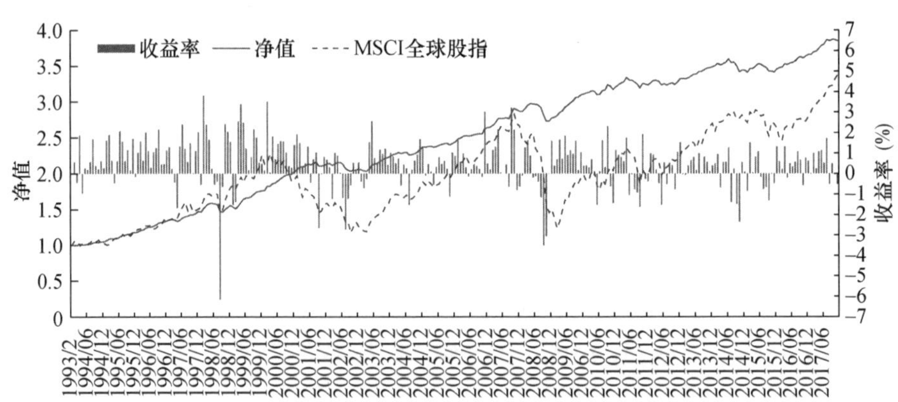

图 6-3 1994 年 1 月至 2017 年 11 月并购套利策略与股指的比较

资料来源:瑞信对冲基金指数、彭博。

从另一个方面来分析该策略的表现。瑞信并购套利策略指数 12 个月滚动收益率及相对 MSCI 全球股指的 12 个月滚动阿尔法,除了“9·11”之后的

表 6-1 1994 年 1 月至 2017 年 11 月并购套利策略与 MSCI 全球股指、标普 500 指数的业绩比较

	并购套利对冲基金指数											
	自成立			过去 12 个月			过去 3 年			过去 5 年		
2017.11.30	并购套利对冲基金指数	MSCI 全球股指	标普 500 指数	并购套利对冲基金指数	MSCI 全球股指	标普 500 指数	并购套利对冲基金指数	MSCI 全球股指	标普 500 指数	并购套利对冲基金指数	MSCI 全球股指	标普 500 指数
年化收益率	5.80%	5.21%	9.66%	5.80%	23.36%	22.87%	3.82%	6.20%	10.91%	3.28%	8.92%	15.74%
年化波动率	3.91%	14.91%	14.45%	2.34%	3.05%	3.90%	2.54%	10.65%	10.09%	2.76%	9.96%	9.50%
夏普比率(无风险利率为 0)	1.47	0.42	0.71	2.43	6.96	5.35	1.49	0.62	1.08	1.18	0.91	1.60
最大回撤	−8.18%	−56.23%	−50.95%	−0.52%	0.00%	0.00%	−3.37%	−14.82%	−8.36%	−5.17%	−14.82%	−8.36%
正收益月份百分比	73.52%	60.28%	66.20%	75.00%	100.00%	100.00%	66.67%	61.11%	72.22%	70.00%	65.00%	75.00%
与 MSCI 全球股指相关性	0.55			0.08			0.40			0.40		
与标普 500 指数相关性	0.49	0.94		0.12	0.50		0.41	0.93		0.34	0.92	

资料来源:瑞信对冲基金指数、彭博。

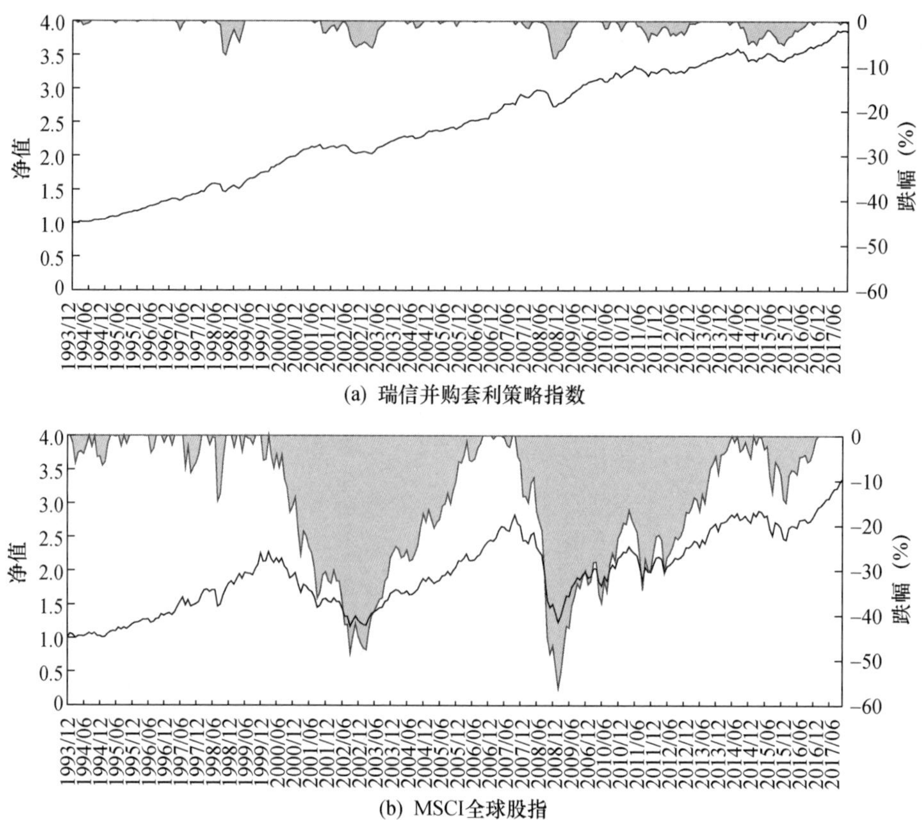

图 6-4　1994 年 1 月至 2017 年 11 月瑞信并购套利策略指数与 MSCI 全球股指痛苦指数比较

资料来源:瑞信对冲基金指数、彭博。

2002—2003 年期间、2008 年金融海啸期间及之后的欧债危机期间,该策略 12 个月的滚动收益率基本上都是正的,也就是说,在任何连续 12 个月里,投资者有正收益的概率比较大(见图 6-5)。

对一个具体的并购案例而言,影响“并购差价”最关键的因素是收购方和被收购方的基本面以及具体的并购条款,在没有重大事件的时间里,“并购差价”的升降与大市的波动往往关联并不大。但在市场出现重大事件时,“并购差价”会受到显著影响而使敏感度和相关性大幅攀升。并购套利策略指数的 12 个月滚动贝塔在 1998 年及 2008 年就曾出现过急剧的攀升现象(见图 6-6)。

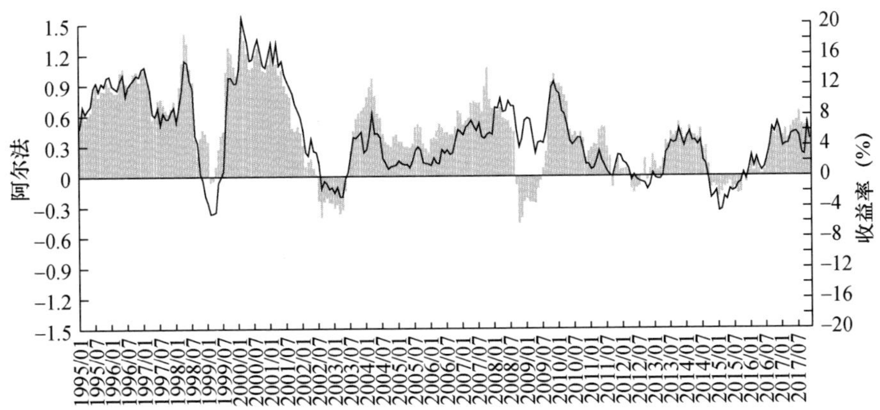

图 6-5　瑞信并购套利策略指数与 MSCI 全球股指的 12 个月滚动收益率比较

资料来源:瑞信对冲基金指数、彭博。

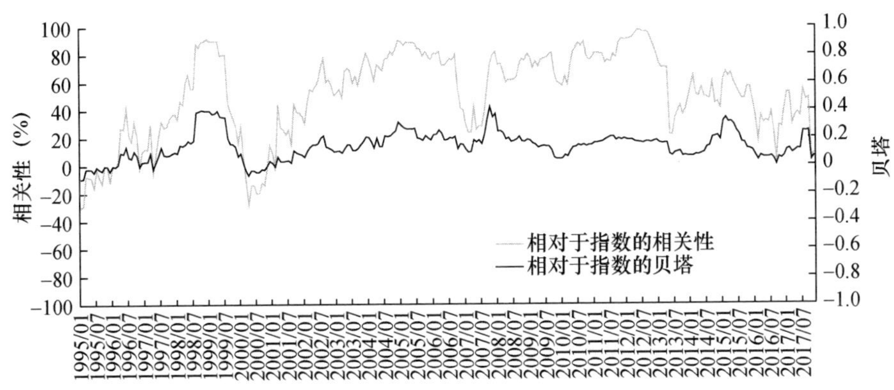

图 6-6　瑞信并购套利策略指数相对 MSCI 全球股指的 12 个月滚动相关性及滚动贝塔

资料来源:瑞信对冲基金指数、彭博。

然而,这并不表明并购套利策略与大市行情呈中性。实际上,并购套利策略的收益与经济周期密切相关。众所周知,在经济普遍不景气时,所有公司都寻求自保生存之道,一般不会发起并购行动,这样就会使得并购套利策略基金经理"无米为炊"而无法带来阿尔法。2001—2002 年以美国为龙头的全球经济在经历了 Y2K 闹剧和"9・11"恐怖袭击后步入了很不景气的状态,那段时期全球并购活动进入冬眠枯竭期,许多专注于并购套利策略的对冲基金不得不另谋他途寻求投资机会，如著名的保尔森基金就是其中之一，而有的并购套利策略基金则熬不过这一关，只好关门歇业。

过去几年，全球经济在经历 2008 年的金融海啸和 2011 年的欧洲主权债务危机而“触底疗伤”后出现了复苏的曙光，在美国的带领下开始展现活力，全球并购活动也随之活跃，近年来各种大型、超大型级别的并购事件层出不穷，给该策略的对冲基金带来了非常好的发展环境。

瑞信并购套利策略指数的月度收益率分布图(见图 6-7)显示，其月度收益率通常都在正负 4%之间，左边出现的肥尾是由于 1998 年金融危机时的损失所致，峰度值 4.64 表明该分布非常稳定。

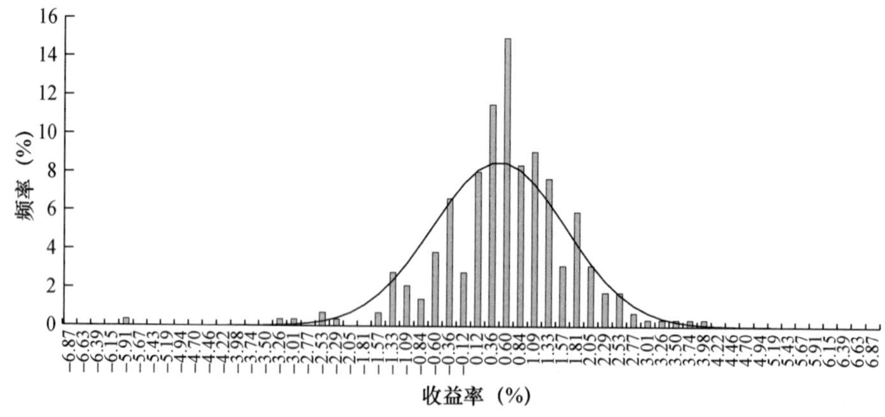

图 6-7 瑞信并购套利策略指数月度收益率分布图

资料来源：瑞信对冲基金指数、彭博。

另一方面，无论牛市还是熊市，该策略的收益率相对而言都较为稳定，尤其牛市时该策略表现很不错，而在市场极度不好或持续不好(如 2008 年金融危机期间)时，该策略也会承受一定的损失(见图 6-8)。图中也显示了在牛市时该策略的表现都是不错的。

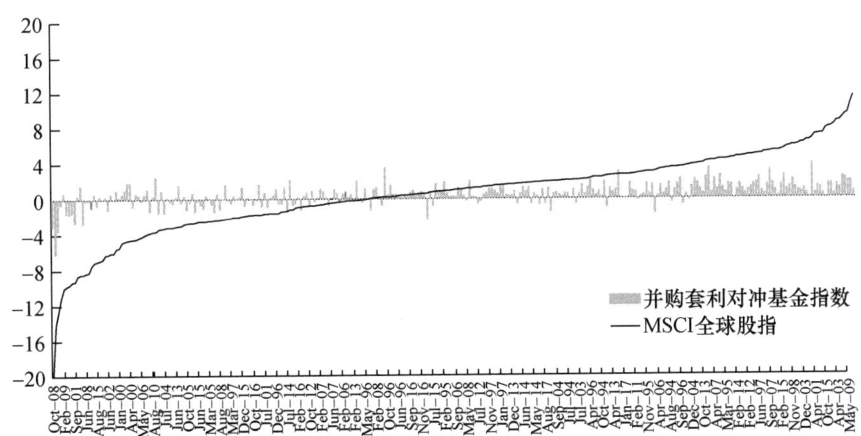

图 6-8　瑞信并购套利策略指数无论牛市熊市收益都较为稳定

资料来源：瑞信对冲基金指数、彭博。

第三节　并购套利策略的回报及风险来源

并购套利策略的操作看似简单，回报来源也很简单——“并购差价”即其回报来源。然而，在具体实施执行时有许多细节是必须要注意的，而这些细节往往是导致并购事件破裂或者使套利者的利润被侵蚀的风险因子。所以我们集中关注其中不同的风险因子。

市场风险。市场中的小波动并不太影响并购套利策略的表现，因为股票置换在并购事件中占大多数，而并购套利策略特殊的结构使之能够自然对冲掉这种较小的市场波动。然而，市场出现大的震荡时仍然会对该策略造成较大的影响。

其一，如果被收购方的贝塔明显高于收购方的贝塔时，大的市场震动或许会导致并购交易的破裂。更确切地说，如果市场急剧下跌，高贝塔的被收购方股票的跌幅势必将会大幅超出收购方的跌幅，从而导致收购方需要重新评估该并购交易是否仍然合理。

其二，急剧下跌的市场可能伴随信贷的急剧紧缩从而导致收购方的融资出现问题。当然，如果市场急剧下跌对收购方基本面造成负面影响，会直接导致并购交易破裂。

其三，如果市场飙升，被收购方的股价会随之飙升从而使“并购差价”出现负值，即被收购方股价会被推到一个远远高于其实际价值的价位，而收购方又不愿意承担，最终导致并购交易的破裂。

其四，如果收购方的贝塔高于被收购方的贝塔，市场飙升则会造成并购差价的扩大而导致并购套利仓位上的浮亏。如 2000 年 1 月 10 日宣布的 AOL 并购时代华纳(TimeWarner)即发生了 AOL 上涨幅度高于时代华纳的情形。

溢价风险。所谓“溢价”是指对一个公司的实际估值与实际获得该公司所付出价格之间的差价。在并购事件中，溢价意味着收购方所付出的额外成本，目的是表示收购的诚意，希望赢得被收购方股东的支持，同时也希望使其他竞争对手望溢价生畏而却步。由于并购套利策略是在并购实践宣布以后才开始建仓，很自然地面临溢价风险。显然，如果并购事件破裂，所付的溢价幅度越高，并购套利仓位所面临的下行风险也越大。所以，在一个具体并购套利仓位建立之前，必须对溢价情形了解清楚，判断溢价水平是否过高或太低。

监管与反垄断风险。任何并购事件的完成，除了双方股东同意，还需要相关监管部门批准方可生效。另外，在并购事件中，尤其是涉及行业龙头公司之间的并购事件，通常不得不考虑到反垄断及相关监管法律、法规，而这也往往是许多并购交易最后破裂的原因。因此，对监管及反垄断的担忧和顾虑往往会使并购差价拉大而使并购套利仓位承担浮亏。如果并购事件又牵涉一些监管比较严或者多个监管机构的行业，审批过程可能会比较冗长，势必会令人担心“夜长梦多”，一旦监管方面有什么风吹草动，并购差价便会随之波动。

在并购套利基金经理建仓之前，通常会通过研究历史案例来看看哪些并购案例曾经被批准及其中的原因，而哪些案例又被否决了及其中的原因，目前面临的个案与这些历史案例又有些什么异同点……基金经理必须建立一个丰富的历史案例数据库。

从监管者的角度看，并购事件中最重要的一个考量就是反垄断。监管者最关注的是并购完成后市场份额的重新分配。在西方，许多监管者会通过计算并购事件前、后的赫芬达尔-赫希曼指数(Herfindahl-Hirschman Index，简称 HHI 或 Herfandahl 指数)差来作为判断依据决定是否要挑战所提议的并购。某公司的 HHI 定义为该公司在其所在行业中所占市场份额的平方。比如，某公司在其所在行业中市场份额为 12%，则其 HII 为 144。总赫芬达尔-赫希曼指数(Total Herfandahl-Hirschman Index, THI)等于行业中相关各公司的HHI的总和。显然,THI越高,说明该行业中市场份额的集中度越高。在美国,如果一个行业的THI高于1 800,该行业即被认定为集中度很高。有些政府并购指南指出,如果一个并购事件造成THI上升幅度小于50,则该并购事件遭遇挑战的可能性就很小。

在较大规模的并购案例中,尤其是跨国并购案例中,可以说反垄断监管是并购事件失败的第一杀手。例如,著名的通用电气(GE)收购霍尼韦尔公司(Honeywell)一案,在获得美国监管机构批准后却出乎意料地被欧盟监管机构否决了,即使双方已经尽力了,仍然没能得到欧盟监管机构的祝福而被"棒打鸳鸯"。

2014年1月,美国电信服务商Sprint与T-Mobile之间展开了并购谈判,同年6月Sprint宣布了将以一半现金、一半股票置换总价320亿美元并购T-Mobile。然而,2014年8月6日,由于监管机构认为该并购将减少美国移动电信商的数量,减少竞争者,认为该并购为行业和顾客所带来的顾虑远超出所带来的利益,Sprint不得不宣布取消该收购方案并终止一切谈判。

在美国,并购案件在接受政府监管部门审批时还可能与总统的政治党派有关。因为监管机构的负责人由总统任命,而这些负责人对政策的制定起着至关重要的作用,过去的经验似乎佐证了民主党政府在对待并购案件审批时会更加挑剔。

意识形态风险。正当中国企业大力"走出去"时,美国总统亲自否决了数起中资企业并购美国企业的案子,最新一起是2018年新年伊始特朗普政府否决了阿里巴巴旗下的蚂蚁金服收购MoneyGram International。否决的理由中有一个关键性的因素是担心影响美国国家安全。类似案例已出现很多次,这实际上是意识形态的差异所导致的。中国企业今后在从事海外并购时不得不以此为鉴,先评估是否会触及当地政府的"政治神经"。一个可以保护自身利益的办法是在并购意向书中明确规定,如果因为类似原因而导致并购不能完成,则被收购的公司将按其年收入或利润的25%以上作为违约金赔偿给中资收购企业。这样会促使被收购公司尽全力去游说其政府批准并购方案。

法律风险。在建仓并购套利仓位之前,基金经理必须透彻了解并购协议的具体内容以便评估该并购事件的风险,这些内容包括有关并购要约,置换要约，现金、股票收购结构，是否涉及分拆，相关国家并购的法律、法规，具体公司章程和注册信息等。对于跨境并购事件，更应该将所涉及的各个司法系统的相关条文内容理解清楚。另外，非常重要的是在被收购方或收购方是否牵涉任何法律纠纷等方面要做好尽职调查。

融资风险。对于现金收购事件，收购方的融资信用度和融资能力对于并购能否最终完成无疑是至关重要的。历史经验表明，几乎所有的收购方都相信它们有能力融到资金完成并购，但客观上有许多因素会使融资增加困难，如利率上升、收购方主营业务受困、大市急剧下跌等。所以并购套利者应该检视以下问题：融资来源是为来自收购方的库存现金，或是“神秘金主”，还是来自银行？几家银行？条款是什么？款项是否足够完成并购？还有什么条款需要进一步谈判？

流动性风险。当并购事件涉及中小市值股票时，并购套利者还要特别关注参与并购双方股票的流动性，尤其是股票置换时收购方股票的融券状况。另外，要特别注意参与并购双方股票的成交量中有多少是并购套利者在交易的，避开拥挤交易也是避开风险的有效方法。

盈利风险。众所周知，并购中的收购价基于被收购方的预期盈利能力加上溢价而定。如果被收购方的基本面变坏而使盈利能力出现明显下滑，则收购方有可能提出重新谈判，修改收购价格。

当一个并购事件耗时过长时，被收购方的基本面可能受许多因素影响而恶化，此时并购套利者将面临“并购差价”增大而承受账面损失；同时，因为不能实现预期的盈利机会，收购方股东也可能否决并购案。

利率风险。很显然，一个高利率的市场环境会增加收购方的融资成本，会直接影响收购方的举债能力，增加发行债务的成本，降低公司未来赢利的现值，这几种原因综合起来可能会导致并购事件被叫停而使“并购差价”飙升。

税务风险及会计风险。由于并购套利策略是“薄利”策略，并涉及被收购方股票及相关标的的全额交易，对所牵涉的相关税法和采用的会计处理方法加以了解就显得非常重要，这也要求并购套利者必须全面理解相关内容及可能的后果，否则有可能使利润化为乌有。

无论是现金还是股份或者其他交易标的的过户，都不用承担税务责任，这是许多并购事件的假设。为保险起见，这种情形最好直接获得相关税务部门的明确批文,否则,任何这方面的变化就有可能导致并购方案流产。

另外,对于跨境并购事件,套利者一定要理解清楚相关税务及会计系统如何计入卖出股票所获现金是否作为分红的处理方法。例如,收购方公司甲通过现金收购公司A,每股20元,套利基金以每股17元购得被收购方公司A的股票。在并购顺利完成后,该套利基金将公司A的股票换回每股20元,实际获利是每股3元。然而,如果该套利基金所获取的20元被作为红利来处理的话,假设税率是30%,则该套利基金将要错误地承担每股6元的税款,从而导致每股3元的损失。

第三者风险。在并购事件中出现第三者"插足"是常见之事。第三方通常是作为针对被收购者的收购方出现的,这样便会出现"竞购"的情形而使收购价被抬高,这将有利于并购套利者,"套利差价"也会迅速收小甚至出现负值,使并购套利者提前实现其预期盈利目标。此时如果情形并非显而易见,套利者应该考虑获利了结,然后根据新的信息进行分析评估,决定是否应该平仓离场。

然而,有一种第三者"插足"则可能使情况变得复杂而使并购套利者承受巨大损失:第三者针对的收购对象是原来并购事件中的收购方。这时,原来的收购方的股票便会飙升,使套利者在空头仓位上承受损失。另一方面,考虑到反垄断、降低成本等因素,新的收购方会提出要求放弃原来的被收购方,如此势必造成并购套利者多头仓位上相应的损失,形成"腹背受敌"之困。

并购套利策略中还有其他一些风险因子,比如汇率风险、操作风险等,套利者都需要考虑。

另外,时间因素也是必须要仔细评估的,这直接关系到投资资金的有效性。不同于其他投资,并购套利策略的利润需要等到并购事件完成后才能最后实现,然而,同样是5元的利润,显然,3个月还是5个月实现,对投资资金的回报是不同的。这也需要套利者对所参与的并购事件需要多长时间才能最后收间作出正确的预估。

这里有个常用的公式可以帮助套利者计算"风险调整后收益率"(RAR):

$$\text{RAR}=\frac{p\times P+(1-p)\times L}{C}\times\frac{365}{T},$$

其中:

p=并购事件成功的概率；

P=并购预期利润；

L=并购预期损失(风险)；

C=投资总额；

T=并购预期投资时间。

并购套利历史上的一次“黑天鹅”

对于并购套利策略的对冲基金经理来说，2014年8月5—6日应该是很难忘的日子。在这两天中，由于两单超级大并购案相继宣布取消，而第三单也因需要重新评估税务处理方案，股票市值共蒸发了200亿美元，被业内人士描述为“并购行业所遭受的冲击比2008金融海啸时还要严重”。

第一单并购交易是新闻媒体公司FOX原计划以750亿—800亿美元并购时代华纳，由于业界担忧该并购将使美国好莱坞主要影视公司的大股东从六个减少为五个，而电视主要录制公司从五家减少为四家，业内并不看好该并购事件能顺利通过监管机构审查，故而FOX股价不断下跌，而FOX的东家默多克要求时代华纳董事会出面配合会商以期止住FOX股价下跌之势。但是，时代华纳董事没有配合默多克的要求，默多克一怒之下便宣布取消了该并购计划。

第二单并购交易是电信服务商Sprint试图以320亿美元并购T-Mobile成为美国第三大电信商，与行业龙头AT&T及Verizon抗衡。然而，监管机构认为该并购将减少美国移动电信商的数量，减少竞争者，为行业和顾客带来的顾虑远超出所带来的利益，Sprint不得不宣布取消该收购方案并终止一切谈判。

第三单并购交易是美国最大药品连锁店沃尔格林(Walgreens)原计划以153亿美元完全收购欧洲药品连锁店联合博姿(Alliance Boots)剩下的55%的股权(2012年6月19日，两家公司达成交易协议：沃尔格林同意以67亿美元收购联合博姿45%的股权)，从而使得沃尔格林可以将注册地转移到瑞典以享受较低的税率。然而，这种税务反转计划遭遇到了政府的严厉审查，在政府部门的压力下，沃尔格林不得不宣布重新评估其税务反转计划，而将总部仍然留在美国，设于美国第三大城市芝加哥。很显然，这一改变使现有股东感到沮丧。

毫无疑问,以上三个事件的新变动给参与其中的并购套利仓位造成了相当大的损失。

并购套利策略大有可为

当前中国政府正大力推动行业优化重组,大量的并购在进行中,由于有政府在后面撮合,破裂的可能性相对于西方市场而言要小得多,这使得并购套利策略大有用武之地,可以发挥其特长而获得低风险的优质回报,只是目前中国大部分投资者对其注意还不够。这一策略里面有很多阿尔法,不过这种阿尔法可能利比较薄,但积少成多,总体回报也不错。当然,在中国 A 股市场上,由于做空不易,这个策略的具体操作方法会有所衍化。

2013 年以来,中国内地医药、互联网、消费品及服务等行业的并购酣畅淋漓,未来很长时间内均会上演集中度提升的故事,其中会涌现非常多的赚钱机会。在蒙牛乳业(02319. HK)并购雅士利国际(01230. HK)事件中,买入被并购方的股票就能获得很好的回报。美的集团(000333)整体上市过程中也有很好的套利机会。一系列的产业并购,如百度并购网龙(00777. HK)旗下 91 手机助手、蓝色光标(300058)等公司的产业并购、广州药业(600332)换股吸收合并白云山(000522),均能给投资者带来可观回报。

私有化也属于并购套利策略的类型。2012 年伊始,由于估值偏低、财务造假嫌疑等一系列因素的发酵,美国市场上的中概股有过一次私有化大潮,尤以 2015 年为甚,奇虎 360、如家、药明康德、迈瑞等一大批优秀的中概股公司都是那一年提出私有化,后因中国监管层对中概股回归的政策收紧,这一趋势才得以停下来。

私有化套利的盈利来源主要是私有化溢价,需要特别关注的是潜藏其中的风险。私有化从启动到最后完成要经过一系列程序:董事会收到私有化要约,特别委员会批准,董事会批准,董事会与买家签署私有化协议,股东大会通过。作为第一个步骤,董事会收到的私有化要约,是一份非约束性的收购建议函,既然是非约束性,就有取消的风险,这时需要深度挖掘私有化公司的内在价值。如果公司股价未被高估,则即使私有化失败也不一定发生亏损;反之,如果公司股价被高估,而私有化最终失败,则冲着私有化溢价而去的如意算盘将落空。另外,私有化的价格有下调的风险,如奇虎三六零(QIHU. NYSE)、如家(HMIN. NYSE)、深圳迈瑞(MR. NYSE)私有化的初始价格是每股 30 美元,后降至 27 美元,又调整到 28 美元。

中国香港市场也是私有化的多发地,被大股东私有化的公司也往往是低市净率的公司。但这中间存在风险,有一些低 PB(平均市净率)或者手持现金高于市值的公司,如果公司治理存在问题,尽管股价长期低迷,也很难被私有化。在香港市场上,也曾有公司被私有化时,严重损害小股东利益的情况,如协和地产,以较净资产折让 50%的价格私有化。

沪港通、深港通开通时,并购套利策略可以直接应用于 A 股和 H 股的合拢情形,但因港股通策略也涉及指数成分股调整,我们将其归入特殊情形策略进行详细分析。

案例 6-1

保尔森的并购套利基金如何运作?[①]

在全球很多大型的并购案中,都闪现着保尔森基金的身影。保尔森在套利时机选择以及交易安排上的技巧均值得借鉴。

1994 年,时年 37 岁的保尔森设立了对冲基金,专门从事并购套利和事件驱动投资,一直到 2007 年次贷危机爆发才大规模做空相关衍生品。次贷危机接近尾声时的 2009 年年初,他又大举建仓黄金和金融股。在此之前,保尔森曾在贝尔斯登的并购部门供职,积累了丰富的并购经验。保尔森公司最早设立的保尔森伙伴基金(Paulson Partners LP,简称 PPLP)即是专门从事自己的老本行——并购套利。1994—2007 年,该基金的年复合回报率是 17.78%(见图 6-9),较标普 500 指数的平均回报率高出了 7.53%。

并购套利的回报往往强于指数基金,而且风险更低,因此是国际对冲基金的重要投资策略之一。

① 首次发表于《新财富》,2010 年 4 月。

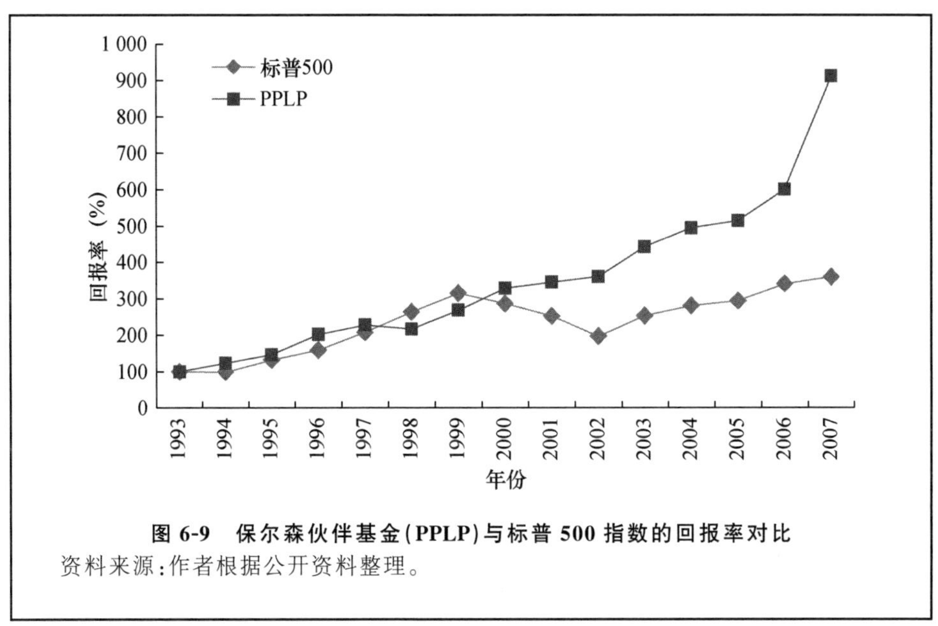

图 6-9　保尔森伙伴基金(PPLP)与标普 500 指数的回报率对比

资料来源:作者根据公开资料整理。

常规并购:寻求收购溢价

并购套利在于寻找被收购方和收购方股价之间的差价。波士顿咨询公司研究显示,1995—2001 年的 300 起大型并购中,61%的并购方对股东财富造成损害,交易达成一年之后,失败公司的平均收益率低于同行 25%。所有买家的平均收益率低于同行 4.3%,低于标准普尔 500 指数成分股公司 9.2%。在 150 组失败买家中,两年之后 4/5 的企业利润率仍为负数,2/3 的企业根本没有任何改善。而完全以股权转让进行的合并(有 65%的交易)表现糟糕,一年后,其收益率落后同行 8%。因此,如果预计并购案会成功,就要买入被收购方的股票,同时卖空收购方的股票来对冲,还要在并购的整个过程中,根据股价变化及时调整套利组合头寸。

并购套利赚取的另一种价差是收购溢价,即目标公司(被收购公司)价值和收购对价之间的价差;在收购方案出台但最终方案敲定前,买入被收购公司的股票,收购方案刺激被收购公司股价上涨,到收购完成后套利价差(收购溢价)被填平。

并购公告发布之后,越靠近收购完成日,套利差价越将逐渐收窄,因而切入时点非常关键。并购套利中最大的风险点在于并购失败，因而对并购发生的可能性及条款的准确分析，极其考验套利者的功力。

2007 年 12 月 18 日，英格索兰公司(Ingersoll Rand)宣布，空调系统制造商特灵(Trane)同意接受收购方案，收购总价 101 亿美元，以“现金＋股票＋债务”方式进行，英格索兰承担特灵 1.5 亿美元的债务，每股收购价为 36.5 美元现金加 0.23 股英格索兰股票，以前一个交易日股价计算，合每股 47.81 美元，对特灵股价溢价 29%。收购方案公告后，保尔森基金买入特灵股票。美国证监会数据显示，保尔森基金 2007 年第四季度持有特灵 881 万股，在随后的一个季度，加仓至 1 100 万股，2008 年第一季度末，特灵股价达 45.9 美元，收购溢价基本被填平。在 2008 年 6 月 5 日收购完成日到来之前，保尔森基金及时清空了特灵的仓位。

2008 年 9 月 8 日，烟草业巨头奥驰亚集团公司(MO)宣布以 117 亿美元收购口含烟制造商 UST，收购方式为“现金＋债务”，报价约合每股 69.5 美元，并由奥驰亚承担 UST 13 亿美元的债务。收购价比 UST 过去 3 个月的平均股价溢价 28.9%。保尔森基金在 2008 年第四季度末持有 UST 990 万股，每股 69.39 美元，收购溢价被填平。

2008 年 11 月，英博公司以 520 亿美元收购美国酿酒商百威(Anheuser-Busch，BUD)，对价为每股 70 美元。2008 年第三季度，保尔森基金持有百威 2 814 万股，市值 18.26 亿美元，平均股价为 64.89 美元，并购套利价差为每股 5.11 美元，套利回报率 7.88%。2008 年 7 月，以色列仿制药巨头 Teva 收购 Barr 一案中，收购溢价达 42%，保尔森基金也买入 Barr 的股票进行套利操作，截至 2008 年第三季度持有 Barr 1 000 万股，第四季度 Barr 从其投资组合中消失。

做空并购对价虚高标的

数据显示，1998—2000 年的 3 年时间里，全球并购交易总额达到 4 万亿美元，超过此前 30 年的交易额之和。保尔森基金预计并购将达到顶峰，而不少并购案中由于双方股价虚高，很有可能完不成。因此，这一期间，保尔森基金通过大举做空并购对价虚高的股份，获得很大发展。在互联网泡沫破灭前夕，保尔森基金公司的资产管理规模仅为 2 000 万美元。两年后其资产管理规模激增为原来的25倍,至5亿美元。

巧妙切入竞购案:佳藤争夺案

保尔森基金如何在竞购中得利?关键在于对被收购对象收购价值的准确判断。2004年强生公司(Johnson&Johnson, JNJ. NYSE)与波士顿科学(Boston Scientific, BSX. NYSE)竞买医疗设备生产商佳藤(Guidant)即是经典案例。

2004年12月19日,强生公告称,以239亿美元现金加股票收购佳藤。美国证监会的披露数据显示,2004年第四季度,佳藤出现在保尔森基金的投资组合中,其共持有300万股,之后的三个季度保尔森基金逐步加仓。2005年第三季度,《纽约时报》揭露佳藤的心脏去纤震器存在设计缺陷,佳藤被迫召回近十万件起搏器和电击器,导致公司接受法律调查,遭遇美国监管部门警告,强生以此要挟将离场,佳藤股价因此跌去两成。

但保尔森基金判断医疗仪器产业正处于高速增长期,佳藤所在的心脏电击器市场正以每年20%的速度增长,强生公司必定会趁低价之机与佳藤重新谈判,调整后强生的对价相对佳藤的股价被低估,可能会有竞标者出现。其后,强生果然将收购价大幅砍低15%,从原先的254亿美元降至215亿美元。而波士顿科学和强生在微创医疗器械领域是死敌(美国美敦力、佳腾、强生和波士顿科学是微创医疗器械的主要领跑者),在争夺佳藤之前,二者在药物涂层支架领域就已展开较量,强生率先推出了药物涂层支架,但其市场份额很快被波士顿科学夺去,后者在推出新的支架产品后很快占据了近70%的市场份额。基于这样的判断,保尔森基金在佳藤股价下跌的2005年第三季度,果断加仓两成。果然,2005年11月,波士顿科学加入竞买行列(见图6-10)。

由于并购套利价差扩大至年约25%,在强生公司与佳藤重新洽谈后,保尔森基金随即大举增持佳藤股票,2005年第四季度保尔森基金持有的佳藤股份数达到773万股,比2005年第三季度的520万股高出50%。第四季度,强生和波士顿科学对佳藤的争夺白热化,收购对价不断提高,保尔森基金坐收渔利。

事实上,佳藤的股价从2005年第一季度的73.91美元一路下滑到第四季度的64.68美元,也就是说,在购入佳藤后的四个季度内,保尔森基金在佳藤

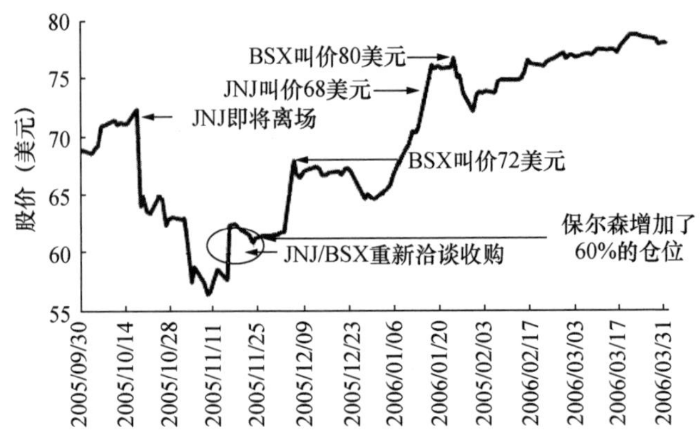

图 6-10　强生与波士顿科学激烈争夺佳藤，保尔森基金坐收渔利

资料来源：彭博、新鸿基。

上的投资是浮亏的。保尔森基金在该套利操作中的关键性胜利得益于 2005 年第四季度的大胆加仓。2006 年第一季度佳藤股价上升至 78.09 美元，比前一个季度大涨 21%。最后波士顿科学的报价提高到每股 42 美元现金＋每股 38 美元的股票置换，与佳藤签署交易协议并于 2006 年 4 月 24 日双双宣布完成并购。保尔森基金在此并购事件中由于功课做得扎实而获利颇丰，而强生公司在并购的过程中则因小失大，而使“到嘴的鸭子”都飞了。

连环并购案中及时调整套利组合头寸：菲尔普斯-道奇并购案

发生在 2006—2007 年的菲尔普斯-道奇（Phelps Dodge）并购案可谓一波三折。这种连环并购案的套利难度非常高，目标公司究竟花落谁家，很难准确判断。提前布局被收购公司，以及随着并购进展及时调整头寸非常重要。

2006 年 6 月，全球第二大铜生产商菲尔普斯-道奇宣布以 400 亿美元收购全球第二大镍生产商——加拿大矿业公司 Inco，同时 Inco 宣布收购全球第三大镍生产商鹰桥（Falconbridge）。但同年 8 月，瑞士斯特拉塔矿业（Xstrata）通过敌意并购，获得了鹰桥的实际控制权。

同时淡水河谷（CVRD）提出对 Inco 的收购对价，以每股 86 加元的现金对价完成收购，最后菲尔普斯-道奇败北，2006 年 9 月 5 日表示同意放弃收购 Inco，Inco 因此向菲尔普斯-道奇支付了 1.25 亿美元（如在 2007 年 9 月 7 日前完成了导致公司控制权出现变更的交易,则另行支付 3.5 亿美元)。保尔森基金在 2006 年第二季度先期建立 Inco 上的头寸,第四季度获利退出。美国证监会上的持仓明细显示,截至 2006 年第二季度末,保尔森基金持有鹰桥 802 万股,市值 5.27 亿美元,而到第三季度末,其持股增加到 1 036 万股,市值达到 7.9 亿美元。估算得知,2006 年 8 月之前全部抛售其持股后,保尔森基金在该项套利中的回报率至少超过 16%。

三个月后,这桩并购案再起涟漪。2006 年 12 月,美国自由港迈克墨伦铜金矿公司(Freeport-McMoRan Copper & Gold,FCX)宣布对菲尔普斯-道奇的收购计划,总价达 259 亿美元,以"现金+股票"方式进行,每股菲尔普斯-道奇股票获得 88 美元现金和 0.67 股自由港迈克墨伦铜金矿公司普通股(2007 年 3 月收购方案获股东大会通过,以 2007 年 3 月 12 日收市价计,总共为 125.53 美元)。保尔森基金及时调整股票头寸,2006 年第四季度获利退出 Inco,并在 12 月前买入菲尔普斯-道奇 378 万股。

把握医药产业并购趋势:辉瑞并购惠氏案及默克并购先灵葆雅案

2009 年全球医药企业的并购金额高达 2 000 亿美元,最大的三项并购案涉资 1 559 亿美元,包括辉瑞(Pfizer)以 680 亿美元收购惠氏(Wyeth),罗氏(Roche)以 468 亿美元收购基因泰克(Genentech),默克(Merck)以 411 亿美元收购先灵葆雅(Schering-Plough)(见表 6-2)。

表 6-2　保尔森基金参与的三桩全球最大的医药并购案

年份	收购方	被收购方	价格(亿美元)	收购方式
2009	辉瑞	惠氏	680	33 美元现金+0.985 股辉瑞股票
2009	罗氏	基因泰克	468	95 美元现金(44%股份)
2009	默克	先灵葆雅	411	10.5 美元现金+0.5767 股默克股票

资料来源:作者根据公开资料整理。

2009 年 1 月 26 日,辉瑞以 680 亿美元的总价收购惠氏,具体方案是,每股 33 美元现金+每股惠氏换取 0.985 股辉瑞股票;7 月 20 日,惠氏股东大会压倒性通过该并购案。2009 年 3 月 9 日，默克对先灵葆雅的收购对价是，10.5 美元现金加 0.5767 股默克股票，现金部分来源于默克公司自身的 98 亿美元现金和摩根大通的 85 亿美元贷款。

保尔森基金的方法仍然是赚取收购报价对被收购公司股价的溢价，切入时间仍然是成功套利的关键因素。保尔森基金在 2009 年第一季度大举购买先灵葆雅和惠氏的股票，持仓市值分别为 2.12 亿美元和 13.08 亿美元。根据收购对价来计算，此时的理论套利回报率为 7.8%和 11%。收购方案刺激收购双方股价上升，套利回报率也相应提升。随着并购完成之日的临近，被收购的惠氏和先灵葆雅股价如期攀升，直逼收购对价，收购溢价被填平。2009 年第四季度，保尔森基金全部抛售先灵葆雅和惠氏的股份，粗略估算，获利分别约为 9%和 14%。

2009 年第三季度，保尔森基金在医药产业的并购上投入 40 多亿美元，占当期总市值的 20%(见表 6-3)，是除黄金和金融股之外押注最大的并购板块。

表 6-3　2009 年各季度保尔森基金对医药股的持股明细及市值

(股数单位:万股;市值单位:亿美元)

	2009 年第一季度		2009 年第二季度		2009 年第三季度		2009 年第四季度	
	股数	市值	股数	市值	股数	市值	股数	市值
先灵葆雅	900	2.12	5 507	13.83	5 762	16.28	0	0
惠氏	3 038	13.08	4 839	21.96	5 169	25.11	0	0
辉瑞	0	0	0	0	0	0	1 560	2.84

资料来源:美国证监会。

为何保尔森基金敢押下重金？首先，最近几年是医药企业专利到期的集中阶段，20 世纪 90 年代的研发明星企业面临 20 年的专利保护到期问题，新药缺乏将导致降价压力渐增和销售收入锐减；其次，在美国药企 20 年的专利期中，高额的研发费用投入未必能产生畅销药品，以及等待药监部门漫长的检验和批复等因素，导致前 10 年基本不能产生利润；最后，在美国会计准则下，当收购发生时，被收购公司的研发投入，即未完成的研发投入是要费用化的，这在财务报表上体现为当年纯利下降，但未来年份纯利增加，因此从会计处理的角度，并购对收购方颇有吸引力。所以，大多数药企均选择以并购其他药企的方式获得专利权，提升市场集中度，缓解药品降价压力。

过去10年，药企之间的超额并购频繁发生。以辉瑞为例，过去10年间辉瑞基本延续了并购以获得专利期内拳头产品的商业模式。据报道，辉瑞的当家产品立普妥的专利权2010年3月到期。财务数据显示，立普妥为辉瑞贡献了124亿美元的收入，占辉瑞总收入的四成。2000年，辉瑞以900亿美元并购华纳-兰伯特公司，获得立普妥10年的专利权；2002年，其以600亿美元并购法玛西亚药厂，获得关节炎治疗药西乐葆(Celebrex)的全部专利权；随后又在胆固醇、疫苗领域展开并购。2000—2009年，辉瑞并购金额高达2 222亿美元。虽然辉瑞研发投入甚大，过去10年投入总额达600亿美元，但至今仍无法研发出类似立普妥这样的重磅药品，只能通过并购解决专利到期的利润大幅流失问题，以及研发产品的青黄不接问题。

根据以上分析，和信贷机会基金一样，保尔森并购套利基金对趋势的把握能力相当强——无论是辉瑞案中对医药产业趋势的把握，还是在一系列大宗商品并购案中对原材料价格趋势的把握。不像传统的对冲基金以各种对冲手段控制风险、锁定利润，保尔森基金所使用的对冲手段非常少，包括2009年第一季度大举建仓黄金股和金融股，保尔森基金仍然是单边建仓，而在令其名声大噪的做空次贷危机案例中使用的也是单边策略。

第四节　特殊情形策略

特殊情形策略的主要分类

特殊情形策略属于事件驱动型策略，主要通过买卖涉及重组、分拆、股权配置、特别分红、股指成分股周期性调整等重大事件的公司股票及相关证券来获利。这些公司重大事件包括已经公布的和尚未公布的甚至有些根本就不会公布的事件。所以，该策略往往利用对公司基本面及更深层结构的研究来判断这些正在发生的重大事件而寻求深度的内在价值。特殊情形策略也包括定向增发投资、公司回购公开股份或内部人员增持(减持)投资等子策略。目前在针对亚洲的对冲基金中，除了在中国的一批定向增发策略，绝大多数特殊情形策略通常只是作为复合型策略中的一种策略。

分拆上市

早在2007年智能手机热刚刚出现时,投资大亨卡尔·伊坎(Carl Icahn)就努力推动摩托罗拉的分拆,将手机业务与其他业务进行剥离。根据他当时的计算,摩托罗拉手机业务的价值被严重低估,而分拆后将能明显提升价值。到2011年时,由于移动行业的专利大战,伊坎进一步指出,摩托罗拉所持的专利有着巨大的未实现价值,而将摩托罗拉所有业务的价值相加,总和远远超过摩托罗拉当时的市值。许多投资者被伊坎说服,这也最终于2011年1月促成了摩托罗拉被分拆成摩托罗拉移动(Motorola Mobility)和摩托罗拉系统(Motorola Solutions,MSI. NYSE)两家公司。分拆后的两家公司确实没有令投资者失望,摩托罗拉移动被谷歌高价收购,而摩托罗拉系统的股价则一路上涨至今。

另一个很著名的例子是道琼斯30指数成分股菲利普·莫里斯(Philip Morris)于2008年3月份的拆分,分为Altria Group和Philip Morries International。两只股票均有非常好的表现。这只不过是特殊情形策略中的常见个案。

分拆在美国是很常见的资本运作,由分拆所衍生出来的投资策略,也为很多对冲基金所采用。乔尔·格林布拉特(Joel Greenblatt)在一本名为《股市天才》(*You can be Stock Market Genius*)的小册子中,专门剖析过分拆上市的投资机会。分拆是将拟分拆上市的子公司的股票分配给母公司的股东,而新分拆上市的公司股票往往会遭到抛售,这是因为:第一,新分拆出来的公司规模往往远小于母公司,即使一只养老基金或共同基金会花时间研究分拆出来的公司业务,这些新公司也往往因为规模太小,不符合机构投资者对投资组合的要求;第二,许多基金只能购买标准普尔500指数中的成分股,市值较大,所以分拆子公司一上市便遭受抛售。这反而给了对冲基金们很好的获利机会。

比如,万豪集团在20世纪80年代大肆扩张,其主要盈利来源是管理他人拥有的酒店的管理费,但遭遇1990年房地产低潮,导致大量修建的酒店资产无法出售。为了解决这一问题,万豪集团被一分为二:“有毒资产”(无法出售的酒店资产和低增长的特许经营权业务,且承担公司几乎所有负债)的万豪服务和“优质资产”(管理服务业务)的万豪国际。另外还有几个现象:其一,万豪国际向万豪服务提供6亿美元的信用额度;其二,万豪家族持有万豪国际和万豪服务25%的股份;其三,万豪服务有近20%的股份用于激励管理层和员工;其四,分拆方案的策划者成为万豪服务的CEO;其五,万豪服务拥有巨额的债务。那么,买入这样的“有毒资产”是否有利可图?综合前四点,万豪家族、分拆方案策划者、管理层、员工的利益都是一致的,而第五点相当于加上了大量的杠杆,当公司运营向好的方向发展时,杠杆增加了收益。

中国的分拆上市市场越来越活跃,也上演了越来越多的分拆上市案例(见表6-4)。比如在央企并购整合这一大趋势下,也包括央企的专业化公司分拆上市,如中国石化(600028.SH)和中国石油(601857.SH)。中国石化集团在21世纪初改革时实行“主辅分离、主业上市”,但存续在集团内的辅业资产缺乏统一规划,经营效率低下,中国石化也承袭了此弊病,多元化折价明显。为此,中国石化集团一方面以分拆上市方式激活集团内辅业资产的市场价值,先后将炼化工程、石油工程板块、机械板块先整合后上市,上市主体分别为中石化炼化工程(02386.HK,2013年5月23日登陆港交所)、石化油服(600871、01033.HK,原仪征化纤,2014年年底完成重组)和石化机械(000852.SZ,原江钻股份,2015年6月完成重组);另一方面推动旗下销售板块进行混改实验,中国石化集团的职能逐步从“运营管理”转变到“资本管控”。中国石油的专业化分拆也进行得如火如荼。2016年9月,*ST济柴(000617.SZ)注入中石油集团755亿元金融资产,*ST天利(600339.SH)以251亿元收购中石油工程业务资产,重新整合了中石油旗下的金融服务业务、石油工程业务。

表6-4　中国分拆上市类型举例

类型	分拆主体	被分拆主体	上市时间	分拆业务
境内上市公司分拆在境内上市	康恩贝(600572.SH)	佐力药业(300181)		
	中兴通讯(000063.SZ)	国民技术(300077)	2010年4月	
	中国石油	中油资本		金融资产
	中国石化(600028.SH)	石化油服(600871.SH)		石油工程
	中国石化(600028.SH)	石化机械(000852.SZ)		机械

（续表）

类型	分拆主体	被分拆主体	上市时间	分拆业务
境内上市公司分拆在A股上市	同仁堂(600085.SH)	同仁堂科技(01666.HK)	2000年10月	
	海王生物(000078.SZ)	海王英特龙(08329.HK)	2005年9月	
	比亚迪(002594.SZ)	比亚迪电子(00285.HK)	2007年	
	同方股份(600100.SH)	同方泰德(01206.HK)	2011年	
境内上市公司分拆在港股上市	创元科技(000551.SZ)	苏轴股份(430418)	2014年1月	
	云南铜业(000878.SZ)	云铜科技(430530)	2014年1月	
	大族激光(002008.SZ)	元亨光电(430382)	2014年1月	
港股上市公司分拆在A股上市	神州数码(00861.HK)	神州数码(000034.SZ)		IT分销业务
	神州数码(00861.HK)	神州信息(000555.SZ)		
	中国忠旺	中房股份	未完成	
	永达汽车	扬子新材	未完成	
	威高股份	恒基达鑫	未完成	骨科医疗器械

资料来源：作者根据公开资料整理。

回购

回购，是指上市公司用现金等方式从股票市场上购回该公司发行在外的股票，并注销该部分股票。一般而言，回购，尤其是大额回购，表明公司董事会认为公司股票未来的表现将跑赢现金的收益，在一定程度上预示着对该公司股价保持乐观，是公司股价的推动力，其基本原理是减少股本、增厚EPS(每股盈余)。

2008年金融危机令美国深受重创，其资本市场走出深渊的速度似乎更快，走出了持续数年的牛市行情。之所以会出现这种情况，部分原因是上市公司自2008年以来回购的股票总价值已经超过了4万亿美元。《纽约邮报》数据显示，2010—2012年，标普500指数的449家成分股公司将盈利的54%用于回购股票，相当于2.4万亿美元。标准普尔则在2017年5月公布，标普500指数成分股在2016年中回购了总价值5 364亿美元的股票，低于2014年的5 533亿美元和2015年的5 722亿美元。

2016年，股票回购总量最大的10家标普500指数成分股公司分别是：苹果(AAPL. NASDAQ)337 亿美元,通用电气(GE. NYSE)214.3 亿美元,微软(MSFT. NASDAQ)155 亿美元,艾尔建公司(Allegran)150.8 亿美元,美国国际集团(AIG. NYSE)114.6 亿美元,麦当劳(MCD. NYSE)111.6 亿美元,花旗集团(C. NYSE)96.1 亿美元,摩根大通(JPM. NYSE)90.8 亿美元,强生(JNJ. NYSE)89.9 亿美元,沃尔玛(WMT. NYSE)83 亿美元。

在港股市场中,做多被大额回购的股票也是比较有效的策略。一般港股的股价伴随股票回购而一路攀升,这种例子比比皆是。最典型的如中国恒大(03333. HK),修复上市公司估值是其最直接的目的,自 2016 年下半年起恒大地产与深深房的重组一直在进行,境外上市红筹企业回归 A 股时"境内外市场明显价差"是核心问题,A-H 价差的收窄有利于获得监管层的认可。中国恒大 2017 年 3 月 29 日至 4 月 25 日斥资 62.9 亿港元 9 次回购 7.23 亿股,占比 5.249%,推动股价节节高升(见图 6-11)。也有一些被做空者盯上的股票,回购都是非常有效的回击方法。比如瑞声科技(02018. HK)、敏华控股(01999. HK)等。

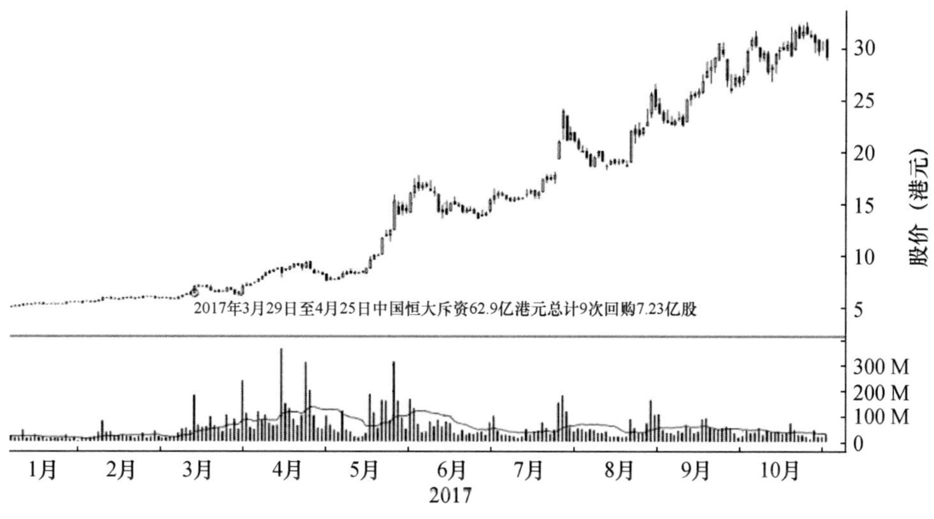

图 6-11　中国恒大股价走势

资料来源:彭博。

在中国内地市场,尤其是 B 股市场(因其历史原因,B 股市场只出不进,只有退市和回购,相对 A 股大幅折价,且有 B 股转 A 股、B 股转 H 股等催化剂),

买入大额回购的股票也是一种比较有效的策略。有几个看点:回购金额大小、完成进程和规模、基本面的脱胎换骨。满足这些条件的股票,大额回购往往都预示着股价底部。比如长安 B(200625)于 2011 年 12 月 6 日公告股份回购预案,以不高于 3.76 港元/股的价格回购金额 6.1 亿港元,预案当日的股价为 2.49 港元/股。对长安 B 的基本面分析显示,当时长安福特马自达预分拆成两块合资牌照,配合福特中国战略,释放牌照的价值。长期以来,产权归属不明晰压抑了福特在中国的进展,福特已经远远落后于通用、大众等竞争对手。基本面的脱胎换骨,加之大额回购预示的股价底部,最终这只 B 股跑出了十倍股的走势(见图 6-12)。

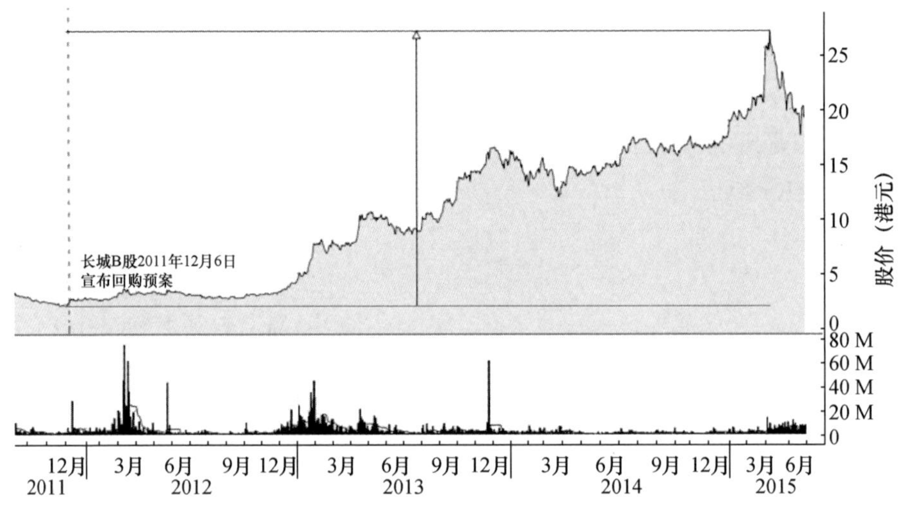

图 6-12 长安 B 股价走势图

资料来源:彭博。

即使没有惊心动魄的投资故事,回购预案中公告的最高回购股价,也在很大程度上作为股价的一把标尺。回购预案所公告的回购最高价相比公告日股价均有一定溢价,如长安 B 溢价 51%、晨鸣 B(200488)溢价 33.78%、京东方 B(200725)溢价 72.29%、东旭 B(200413)也溢价 24.65%、丽珠 B(200513)溢价 23.17%(见表 6-5)。

表 6-5　部分 B 股的回购溢价

	预案公告日	公告日股价（港元）	最高价日期	最高价（港元）	公告回购规模（亿港元）	完成规模（亿港元）	公告回购最高价（港元）	回购最高价溢价率（%）	市场最高价涨幅（%）
长安 B	20111206	2.49	20150427	28.18	6.10	6.10	3.76	51.00	1031.73
晨鸣 B	20121023	2.99	20150615	7.18	4.00	3.31	4.00	33.78	140.13
京东方 A	20160715	2.40	20170411	3.89	11.00	2.27	3.00	25.00	62.08
京东方 B	20160715	2.02	20170411	2.94	12.76	2.75	3.48	72.29	45.54
东旭 B	20140915	7.22	20150414	9.62	4.50	3.38	9.00	24.65	33.24
丽珠 B（不复权）	20080605	12.99	20130306	41.8	1.60	1.16	16.00	23.17	221.79
丽珠 B（前复权）	20080605	12.08	20130306	41.04	1.60	1.16	16.00	32.45	239.74

资料来源:作者根据公开资料整理。

成分股周期性调整

在全球各股票市场各种股指调整的时间和周期各异,这给专注于这方面的对冲基金经理提供了广阔和持续的操作空间。在 A 股市场,沪深 300、上证 50、上证 180、上证 380、深证 100 等指数,每年也都要作定期调整,该策略也有不小的操作空间。

具体而言,当一只股票将入选股指或者在股指中权重增加时,跟踪股指的 ETF 及“指数基金”便不得不进行相应的建仓或加仓,由于这些基金体量很大,其动作通常会导致该股票需求增加而使股价上涨;相反,如果某股票被剔除出股指或在股指中权重减少时,跟踪这些指数的基金便会纷纷将其抛售或减持而导致其股价下跌。通常情形下,从公布指数成分股调整到调整实施会有 2—3 周的时间窗口,而这些“指数基金”必须等到最后时刻方能调整其持仓,因为提前调整则会与指数之间出现跟踪误差。然而,对冲基金经理可以利用这一时间窗口来建立相应的多空头仓位。

MSCI 纳入 A 股和港股通成分股的定期或不定期调整也属于成分股周期性调整这一子策略下,但由于这是一个千载难逢而且影响深远的独特事件,所以我们将其单独作为一类子策略进行剖析。

沪港通、深港通

2014 年 11 月 17 日沪港通开通,2016 年 12 月 5 日深港通开通,这让海外各类投资者,尤其是包括各国主权基金在内的海外机构投资者能通过沪港通、深港通直接购买中国 A 股股票,分享中国经济高速成长的果实。从对冲基金策略方面而言,这衍生出很多种新的子策略帮助投资者获利。

第一,逐渐填平 A 股上市公司与 H 股之间的估值差价。沪港通、深港通开通时,并购套利策略可以直接应用于 A 股和 H 股的合拢情形。例如,2014 年年初,在沪港通开通之前,中国平安 H 股相对于中国平安 A 股有 32%左右的溢价。

造成这种状况的原因可能很多,但主要原因是海外投资者(多数是机构投资者)和内地投资者对中国平安这家公司的看法存在分歧,前者在不能直接买进 A 股的情形下将中国平安 H 股作为中国经济发展的一个代表性股票持仓,而内地投资者多位散户投资者仅仅将中国平安 A 股看成众多保险公司之一,对中国平安 A 股这种蓝筹股并无太多钟情。然而,如果将 H 股和 A 股打通的沪港通开通,海外的投资者可以到内地买 A 股而内地投资者也可以自由买卖港股,H 股的这种溢价就失去了存在的理由,A-H 股股价将收敛。

所以,对冲基金经理可以利用并购套利策略的原理买进中国平安 A 股同时做空中国平安 H 股,即 P=+A-H。一旦 A/H 股价合龙,无论是 A 股、H 股一同飙升,A 股、H 股一同大跌,还是 A 股涨而 H 股跌,该基金经理都可赚得 H 股对 A 股的溢价。

2014 年 11 月 17 日沪港通开闸以后的结果很快就证明了这种分析判断是完全正确的,以上第一种情形出现了,在短短两周多的时间里,中国平安 H 股与中国平安 A 股股价迅速合拢,而且合拢的惯性太大,中国平安 A 股股价还一度大幅(最大达到 15.28%)反超中国平安 H 股股价(见图 6-13)。这是并购套利策略在沪港通事件中“小试牛刀”、轻轻松松获取绝对收益的案例之一。

第二,填平进入指数的成分股的价值洼地。根据规则,沪港通的标的范围=恒生指数成分股+恒生国企指数成分股+恒生综合大型指数成分股+恒生综合中型指数成分股+香港和上海上市的 AH 股;深港通的标的范围=沪港

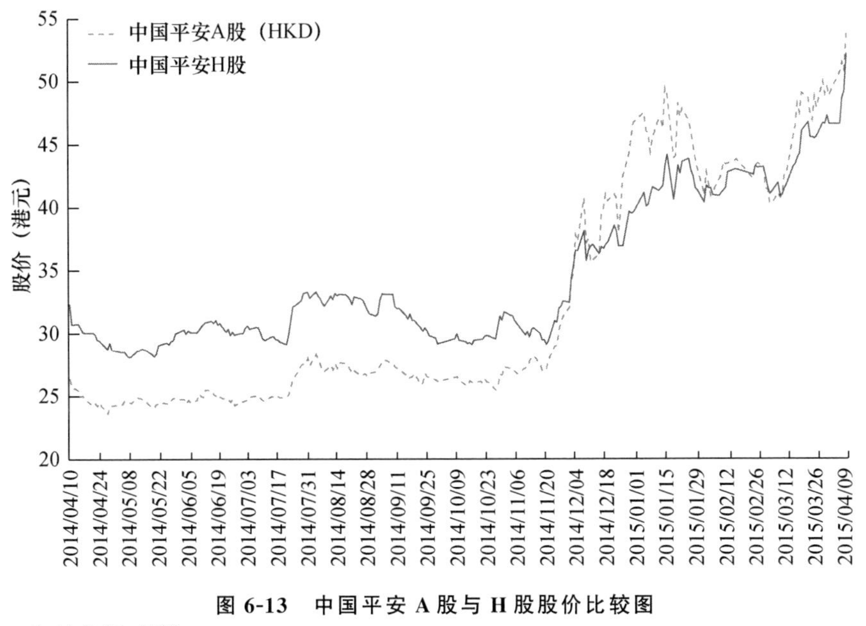

图 6-13　中国平安 A 股与 H 股股价比较图

资料来源:彭博。

通所有标的+恒生综合小型指数中过去 12 个月平均月底市值大于 50 亿港元的成分股+香港和深圳上市的 AH 股。其中恒生指数成分股、恒生国企指数成分股数量分别为 40 只和 50 只,且变动较少;香港和上海/深圳上市的 AH 股也变动极少。恒生综合指数则需要重点关注,其按成分股市值被分为大型指数、中型指数和小型指数,尤以小型指数变动最大。

在介绍具体策略之前,我们也有必要弄清楚港股通成分股变动规则。下面我们以尤其值得密切关注的恒生综合指数为例进行说明。

首先是纳入时间。恒生综合指数半年检讨一次,检讨期为当年 1 月至 12 月或者第一年 7 月至次年 6 月,检讨完约 10 个交易日后,检讨结果生效。比如,2017 年 2 月 10 日公布了至 2016 年 12 月 31 日的检讨结果,于 2017 年 3 月 6 日生效;2017 年 8 月 16 日公布了至 2017 年 6 月 30 日的检讨结果,于 2017 年 9 月 4 日生效。

所以一般是在 2 月和 8 月公布检讨结果,但是也有两个例外,这两个例外可以使新上市的证券或第一季度/三季度上市的证券快速被纳入恒生综合指数。其一是季度纳入。每年第一/三季度上市的证券,若符合加入大型股/中型股指数的选股条件，将会分别在 6 月或 12 月的定期指数调整日(一般为 6/12 月的首个周五，下一个交易日生效)被纳入指数。其二是特设纳入。若新上市证券在第一个交易日收市后之总市值排名位列恒生综合指数现有的成分股前 10% (以成分股数目计算)，该证券将会于定期检讨之间被纳入恒生综合指数及其分类指数中。此非定期成分股加入通常在新上市证券上市后的第 10 个交易日收市后运行。

其次是挑选标准。第一是市值准则。过去 12 个月(上市时间少于 12 个月的证券以上市后月份计算)的平均月底市值在总市值中排名前 95%的证券。第二是成交量准则。过去 12 个月的月成交量流通比率计算公式如下：成交量流通比率＝于特定历月每日成交股份数量之中位数/截至月底已发行的流通股份数量。成交量流通比率最低要求为 0.05%，合资格证券的成交量流通比率必须于过去 12 个月中最少有 10 个月及最近 6 个月中最少有 5 个月达到最低要求，成交量流通比率并不适用于快速纳入的情形。

在深港通之后，港股通效应越加明显，例如 IGG(00799.HK)、美图(01357.HK)、长飞光纤光缆(06869.HK)以及金瑞斯生物科技(01548.HK)，在进入四大指数或者纳入港股通成分股后，均取得较大升幅。

恒生指数成分股的变动也有很好的获利机会，比如金利丰金融(01031.HK)和吉利汽车(00175.HK)。

为什么会有如此巨大的港股通效应？一方面是估值洼地，同类股票港股估值大幅低于 A 股估值；另一方面，中国内地的投资者与香港地区的投资者对公司本身的看法以及操作手法都不尽相同，并且这种差异在未来很长的时间内都会持续。

最后，待深港通、沪港通全面开放之后，投资者可以使用期权等金融工具来构建市场中性的投资组合。虽然目前尚无法构建这种中性组合，政策尚不允许做空，但是展望未来，有理由相信做空机制将被纳入，即使 A 股不易做空或者做空成本很高，在港股上运用做空机制、期权和期货也可以完成中性组合的构建。在实践中有几种方法达到市场中性：① 有很多公司在两地上市，如中国平安、中石油等公司同时在 A 股市场和香港市场上市，可以通过做多较便宜的一个而做空较贵的另一个的跨市场套利策略达到市场中性。② 在沪港通、深港通机制下，可以用多因子模型把 A 股和 H 股都纳入，如此股票池更大,选择面更宽,用多因子模型构建市场中性组合。目前在国内构建中性组合主要是做多一堆股票,同时用股指对冲,存在错位对冲,沪港通加入个股的做空机制可以避免错位对冲。③ 用期权和期货做空或做多,形成市场中性的投资组合。

MSCI 纳入 A 股

2017 年 6 月 21 日,第四次闯关 MSCI 新兴市场指数的 A 股,终于“修成正果”。明晟公司(Morgan Stanley Capital International,MSCI)通过官网宣布,决定将中国 A 股纳入 MSCI 新兴市场指数。公告显示,从 2018 年 6 月开始 MSCI 将 A 股纳入 MSCI 新兴市场指数和 MSCI ACWI 全球指数,MSCI 计划初始纳入 222 只蓝筹 A 股(其中有 49 只是在 A 股、H 股两地挂牌的),首次基于 5%的纳入因子,这些 A 股约占 MSCI 新兴市场指数 0.73%的权重。

MSCI 计划分两步实施这个初始纳入计划,以缓冲沪股通和深股通当前尚存的每日额度限制。第一步预定在 2018 年 6 月半年度指数评审时实施,第二步预定在 2018 年 9 月季度指数评审时实施。倘若在此预定的纳入日期之前沪股通和深股通的每日额度被取消或者大幅度提高,MSCI 不排除将此纳入计划修改为一次性实施的方案。

此次纳入的成分股包括能通过沪股通或深股通交易且不因停牌而被排除在外的所有大盘 A 股。这一变化将使得初始纳入 MSCI 新兴市场指数的中国 A 股数目从先前提案中的 169 只增加到 222 只。

纳入因子从 5%逐渐增长到 100%,MSCI 指数每年调整一次,在 MSCI 新兴市场指数中的权重将从 0.73%增加到 14.6%,有可能持续 5—10 年,也就是说这是一个 5—10 年的大机会,在中国股市的历史上从来没有过,也不会再有。这里有海外其他市场的历史可以借鉴,以韩国与中国台湾地区为例。自 1996 年到 2014 年 5 月,共有四个国家和地区的指数被纳入 MSCI 新兴市场指数,分别是韩国指数、中国台湾地区指数、阿联酋指数和卡塔尔指数。其中的韩国和中国台湾地区,从开始允许境外投资者投资股市到首次被纳入 MSCI 新兴市场指数,分别耗时 11 年与 13 年;而自首次按一定纳入因子纳入 MSCI 新兴市场指数到全部比例计入,又分别耗时 6 年与 9 年。

海外机构的全球资产配置基本以 MSCI 指数的配置为基准,被纳入该指数,意味着可能被全球机构投资者买入。目前全球以MSCI全球股指为标的的资产规模超过10.5万亿美元,其中1.6万亿美元以MSCI新兴市场指数为基准。据MSCI及华尔街大行的估计,2018年的首次纳入将为A股市场引入超过1 100亿元的增量资金,而且全部将通过沪港通及深港通流入A股市场。

债券通

2017年1月29日,港交所总裁李小加在介绍2017年工作计划时表示,正探讨债券通模式,主要是机构债券市场的场外交易模式,旨在连通内地主要在岸债券市场基础设施,提供跨境现货债券交易及结算。5月16日,中国人民银行与香港金管局发布联合公告,决定同意开展香港与内地"债券通",初期先开通"北向通",未来将适时研究扩展至"南向通"。"北向通"于2017年7月3日上线试运行,境外投资者投资于内地银行间债券市场。

"债券通"首日交易活跃,共有19家报价机构、70家境外机构达成142笔、价值70.48亿元的交易,交易以买入为主,共买入128笔、价值49.04亿元,交易债券品种涵盖国债、政策性金融债、政府支持机构债券、同业存单、中期票据、短期融资券和企业债等各类债券。

2017年7月3日,中国人民银行副行长、国家外汇管理局局长潘功胜在香港出席"债券通"开通仪式后表示,中国债券市场全球第三大,债券存量达到10万亿美元,目前境外投资者持有的债券份额却不到1.5%,"所以债券市场对外开放还有很大的空间,随着中国经济的持续稳健发展,人民币国际化进程加快,境外投资者配置人民币资产的需求越来越大"。根据亚洲开发银行的数据,国际机构投资者在印度尼西亚、马来西亚、泰国、日本等亚洲国家的政府债券持有占比分别达到37.6%、32.2%、14.1%、10.3%。

香港交易所首席中国经济学家巴曙松认为,"如果没有一个开放的债券市场的支持,人民币很难成为一个真正的国际货币,国际货币的地位主要不是以股票市场支撑的,而是主要依托债券市场""人民币加入国际货币基金的货币篮子,占比10.92%。这10.92%是怎么计算的呢？有10个百分点来自人民币在贸易计价中结算做的贡献。而人民币计价的金融产品,贡献不到1个百分点。所以几乎可以做一个肯定的判断,就是下一步人民币国际化的主要动力,将主要来自人民币计价的金融产品的发展,并且成为国际投资者可以投资的对象”。

债券通目前只能参与银行间债券市场，首先是各国央行放开，这是人民币进入 SDR 后必须迈出的一步。但有理由相信这个市场将逐渐地不断开放。银行间债券市场和交易所债券市场打通后，可以应用很多固定收益类对冲基金套利策略，也有理由相信这一天将在不久的将来来临。

吸收合并

在吸收合并的案例中，有两点至关重要：第一，在吸收合并这一步通常都会有现金选择权；第二，吸收合并后的上市股份类似于新股，没有 10%或 5%的涨跌幅限制。现金选择权通常是对这一只证券价值的保底，而无涨跌幅限制打开向上的盈利空间。这方面成功套利的案例比比皆是，如招商局蛇口吸收合并招商地产及招商局 B 并整体上市(现名称“招商蛇口”，001979. SZ)、新城控股吸收合并新城 B(现名称“新城控股”，601155. SH)、申银万国吸收合并宏源证券(现名称“申万宏源”，000166. SZ)等。成功的案例兹不赘述，我们想要特别提醒的是，应重点关注吸收合并这一子策略所蕴含的风险。

有时换股价调整机制的设置会成为套利失败的伏笔，比如长城电脑(000066. SZ，现名“中国长城”)吸收合并长城信息一案。方案内容主要分四个部分：第一，上市公司长城电脑和上市公司长城信息换股合并。以首次董事会决议公告日为基准日，以基准日前 120 个交易日的股票价格均价的 90%作为换股价格，由此计算长城电脑的换股价位为 13. 04 元/股，长城信息的换股价位为 24. 04 元/股。基于换股价，长城信息与长城电脑的换股比例为 0. 5424∶1，即每股长城电脑新增发行股份换取 0. 5424 股长城信息股份。第二，重大资产置换。长城电脑以其持有的冠捷科技(00903. HK)24. 32%的股权等值置换中国电子持有的中原电子 64. 94%的股权，置出的冠捷科技属于不符合新长城定位要求且亏损的资产。这部分操作较为简单，兹不赘述。第二，向整合后的长城电脑注入中国电子的两个优质军工企业中原电子、圣非凡，以非公开发行股份方式购买中原电子剩余 35. 06%的股权、圣非凡 100%的股权，发行价格为 13. 04 元/股。本次拟整合的长城电脑、长城信息、中原电子、圣非凡四家公司均属于中国电子“二号工程”的核心企业，中原电子、圣非凡两家公司也是中国电子军工信息化系统及装备领域的核心企业。第四，募集配套资金不超过73.58亿元,包括7个军工项目和补充业务流动资金,发行价格为13.04元/股。

二级市场指数发生下跌便触发换股价调整机制,具体条款为:深证综指(399106)、计算机指(399363)或军工指数(399959)在可调价期间(董事会决议公告日至证监会并购重组委审核日),连续30个交易日中有至少20个交易日的收盘点位,较长城电脑和长城信息因本次交易停牌前一交易日(2015年6月17日)的收盘点位,跌幅超过10%。董事会有权决定是否调价,如果调价,基准日变更为董事会决议日。

对于二级市场投资者,这样的设置为吸收合并套利的失败埋下了伏笔。除了换股价可调整,更为重要的是,异议股东的现金请求权的价格也相应进行调整。触发换股合并调价机制的,则长城电脑异议股东收购请求权的价格将调整为根据换股合并调价机制调整后的长城电脑换股价格。最终二级市场股票指数触发了调价机制。截至2016年6月14日,长城电脑收盘价为10.08元/股,较换股价格和发行股份购买资产的发行价格13.04元/股下跌22.70%,发生了重大变化。同时,深证综指、计算机指、军工指数均在2016年6月14日前的连续30个交易日中有至少20个交易日收盘点数较长城电脑、长城信息因本次交易首次停牌日前一交易日(即2015年6月17日)相应收盘点数跌幅超过10%。这意味着,现金请求权的价格也将随着市况而变动,不再是一个可以套利的绝对价格了。

而且,涉及的两家公司复牌时间不一样。2016年11月长城电脑和长城信息发布合并实施公告,同时停牌,但是作为存续方的长城电脑先复牌,长城信息待履行完退市手续再换股到长城电脑,停牌之前长城信息有5%左右的折价。换股新增股份的上市流通日期为2017年1月18日,当天长城电脑跌停,这意味着长城信息5%的折价上市首日便被消灭(见图6-14)。

定向增发策略

定向增发是指上市公司向符合条件的少数特定投资者非公开发行股份的行为,发行的对象不得超过一定数量,发行价通常相对于公司股票现价有一定的折让,同时要求发行对象持有股票一定的期限,不许在公开市场上出售。显然,这是一种“以时间换升值空间”的策略,非流动性风险是一个主要的风险因

图 6-14　长城电脑 2017 年 1 月 18 日跌停

资料来源:彭博。

子。目前正值中国政府大力推进产业转型、淘汰过剩的传统产业和大力发展七大新兴产业之时,定向增发等投资主题在夕阳企业与朝阳企业转型中层出不穷,这给特殊情形策略在中国市场创造了用武之地,一批相关的基金(对冲或非对冲的)也应运而生。

过去 10 年,A 股市场中通过定向增发方式实现的融资额高达 6 万亿元,在中国已经形成了一个主流策略,有相当多的机构投资者参与其中,比如 2012 年前后名声大噪的“定增王”江苏瑞华以及 2015 年异军突起的财通基金。

I. 定向增发策略的三大特点

定向增发策略呈现出几个重要的特点。

第一,定向增发在中国资本市场是一个巨大的制度套利机制。最明显的是,以暂时牺牲流动性为代价,折价获得项目。过去 10 年间,1 年期项目的折扣率或者流动性溢价平均为 20.39%,3 年期为 32.75%(见表 6-6)。2017 年 2 月 17 日的再融资新规的时间点在于证监会的受理时间,因此 2017 年 4 月 10 日之前的数据都可以看成适用老规的项目。

表 6-6　1 年期定增与 3 年期定向增发项目的折扣率

年份	1 年期			3 年期		
	折扣率(%)	项目数量	融资总额(亿元)	折扣率(%)	项目数量	融资总额(亿元)
2006	24.06	40	364.47	34.58	9	403.99
2007	30.55	92	1 484.75	62.97	47	1 107.63
2008	22.19	45	465.86	−4.13	46	1 020.94
2009	25.07	65	1 096.01	31.34	42	1 140.49
2010	18.91	115	1 839.08	40.95	34	595.89
2011	14.65	112	1 618.82	19.90	48	1 542.2
2012	10.10	86	1 411.17	−13.67	63	1 799.6
2013	16.31	191	2 174.16	18.46	77	1 115.33
2014	20.22	325	4 832.81	33.82	144	1 766.62
2015	29.68	448	8 322.72	49.67	391	5 204.79
2016	14.56	443	9 750.02	27.49	312	7 889.25
2017	11.39	57	1 071.57	22.66	44	967.35
总体	20.39	2 019	34 431.43	32.75	1 257	24 555.07

注:折扣率=1−发行价/增发日股价;统计数据是再融资项目和财务顾问项目的汇总。
资料来源:Wind。

第二,与指数呈现出极强的相关性。1 年期项目由于锁定期较短,折扣率较为平缓,3 年期项目则随市况表现得非常明显。指数表现好的年份,定增折扣率也相应更大,如 2006—2007 年、2009—2010 年以及 2014—2015 年;反之,指数表现不好的年份,折扣率相应较小,如 2008 年和 2012 年。这在 3 年期项目中表现更为极端:2008 年的 3 年期定增项目整体上都是亏钱的,投资者非但拿不到任何折扣,还要承受股价下跌的风险;同样的情况也适用于 2012 年,投资者投资定增项目的价格,比市价高了 13.67%;而在大牛市的 2007 年和 2015 年,能够以相当于原价 37.03% 和 50.33% 的价格拿到项目(见表 6-6)。

第三,定向增发策略在极大程度上依赖于政策。2017 年 2 月 17 日,证监会公布了新修订的《上市公司非公开发行股票实施细则》,上市公司并购重组总体按《上市公司重大资产重组管理办法》等并购重组相关法规执行,但涉及配套融资部分或将按照再融资新规执行。再融资新规对延续了 10 年之久的再融资政策作出了修订。

新规在三大层面发生了变化。其一,定价机制。发行定价基准日修订为发行期首日,取消董事会决议公告日和股东大会决议公告日两个定价基准日。此举针对定增市场过大的套利空间,即发行底价和市场价格之间过大的差距。定增价不低于发行期首日前20日均价9折,投资价差空间远不如以前。Wind统计,1年期定增2016年平均折扣率为85.44%,意味着新规对1年期定增折扣率的实质影响不大;而3年期定增由于空间小而锁定期长,定增规模将大幅下降。

其二,再融资规模。拟发行的股份数量不得超过本次发行前总股本的20%。据兴证资管测算,2010—2016年非公开发行的公司中近四成发行量超过20%。目前已过股东会、未过发审委的项目中,约30%的1年期定增和25%的定增规模会受到影响。

其三,再融资频率。本次发行董事会决议公告日距离前次募集资金到位日不得少于18个月。前次募集资金包括首发、增发、配股、非公开发行股票;而发行可转债、优先股和创业板小额快速融资不受此限制,所以可转债等融资方式预计将迎来发展。据兴证资管测算,2007年以来市场增发合计约3 400次,间隔低于18个月的约占21%。目前已过股东会、未过发审委的项目中,约30%的1年期定增项目和融资规模会受到影响。

规模的下降和折价的收窄,对券商投行而言,意味着蛋糕缩小而股票更难卖了。在这种情况下,一方面,销售能力将得到体现,另一方面,挖掘公司价值等专业能力、掌握优质机构投资者的作用都将被放大,这对于过去几年一直专注于提高销售能力、研究能力的券商,更多的是发展机遇。而对于套利定向增发的投资者来说,精选项目的能力将得到更加集中的体现。即使是在2008年和2012年,也还是有不少5折以下的项目。

香港的定向增发市场,更多地被打上了负面的标签。内地的定向增发,类似于香港的“供股”,对于细价股,n股合1股之后,股价提升,股东权益受损。在香港市场,须提防有“供股”行为的“老千股”,若不小心“踩雷”,投资损失可能高达99.99%。

II. 量化定增策略

定增策略以及量化策略的流行,在中国本土市场上产生了一种叫做“量化定增”的策略,有一些规模百亿元以上的私募基金以这种策略为主打。量化定增是将定增策略和市场中性策略相结合的一种产品策略。一方面,组合定增产品的主要资金用于参与上市公司的定向增发,获取定向增发所带来的价格折扣。在选取所参与的定增股票时,通过基本面研究与量化研究方法,挑选定增项目,进一步获取股票的超额收益。另一方面,通过股指期货来对冲定增股票池的部分市场风险,从而降低产品波动率。同时,对于暂未参与定增的资金,可以使用市场中性策略来稳健增强产品收益。

这种策略是否可行,争议比较大。反对意见主要集中在两点:第一,量化策略的核心在于相关性矩阵的稳定性,而定增等事件势必会破坏其相关性矩阵的稳定。小规模运行没问题,但加大规模后的风险比较大。第二,定增事件的时间序列并没有很强大的规律可循,需要做很大的调整。第三,策略是否可扩展是一个问题,毕竟每个定增是针对特定对象发行的,存在容量的束缚,对于大机构投资者来说可能无法介入,或者介入的意义不大。第四,策略是否具有可复制性也是一个问题,每个定增项目都有其独特性,有很多因素是难以复制的。

第五节　特殊情形策略的回报风险及来源

特殊情形策略分为许多不同的子策略,然而,这些策略的主要回报均来自通过时间来实现的价差,或者说是以非流动性换取回报。

风险主要表现为:

非流动性风险。特殊情形策略的诸多子策略在某种程度上是以牺牲短期的流动性为代价,获得超额收益,如分拆上市、吸收合并、定增等。而有一些策略的容量比较小,无法以合理的价格迅速退出。

系统风险。由于“时间换空间”的特点,当认购证券之后或持有证券处于锁定期时,遭遇市场下跌时,不能抛售止损或止盈。例如 2008 年和 2012 年的定增项目,受大势影响,很大比例地发生了亏损。

特殊情形策略的收益和风险特征

由于特殊情形策略的子策略较为分散,而从事特殊情形策略的基金又往往将之归于事件驱动策略当中,所以很少有历史比较长又比较一致的特殊情形策略对冲基金指数。标准普尔对冲基金(sphinx)曾经有一个不错的特殊情形策略指数,但不幸受 Refco 倒闭的牵连而终止了。我们在这里用 HFRX 特殊情形策略指数作以下分析,该指数从 2005 年 1 月开始,是可投资指数,所以不存在通常的指数常见的“生存者偏误”(survivorship bias)因素。

提到 sphinx,顺便加一个小插曲:2002 年 9 月,标普指数公司在其众多的指数家族(最著名的就是标普 500 指数)加进了一系列对冲基金指数(sphinx),策略分类非常清晰(三大类,九个小类),并且由 Plus Fund Group 对 40 只成分基金进行实际投资,从而为投资者创造了全透明的“可投资对冲基金指数”。PlusFund Group 曾经在一年之内以这些对冲基金指数募集资金 15 亿美元,其管理资产规模曾经达到 25 亿美元。遗憾的是,PlusFund Group 2005 年不幸被 Refco Inc. 丑闻案牵连而不得不宣告破产,sphinx 也不得不随之退出历史舞台。尽管 sphinx 的历史并不长,但其全透明的操作对行业的发展产生了非常大的影响。也正因为全透明,sphinx 中的数据是非常有用和宝贵的对冲基金数据。这种实践值得国内同仁借鉴。

我们可以通过以下的一些量化分析,从更深的层次看到特殊情形策略的收益和风险特征。

收益与风险数据显示,在 2005 年 1 月至 2017 年 11 月的十余年中,该策略指数实现年化收益率 2.53%、年化波动率 7.34%、夏普比率 0.38;同期 MSCI 全球股指实现年化收益率 4.62%、年化波动率 15.37%、夏普比率 0.37(见图 6-15和表 6-7)。值得指出的是,该策略从总体而言与传统股票指数 MSCI 全球股指、标普 500 指数有很高的正相关性系数;进一步统计分析显示,这种正相关性是具有显著统计意义的。这也不难想象,股市向好时公司各种特殊情形事件发生的概率会比其他时间段大。另一方面,虽然与传统股市有着很强的正相关性,但在 2008 年金融海啸中,该策略所经历的最大跌幅是 29.06%,而传统股指都经历了超过 50%的跌幅。从图 6-15 中我们还可以看出,该策略在 2014 年夏天到 2016 年 1 月经历了比较富有挑战性的阶段。在此之后在股市向好的大背景下，该策略迎来了一波很好的表现：从 2016 年 2 月到 2017 年 11 月底，该策略收益率大约为 22%，年化收益率达到 11.43%，而年化波动率仅为 3.4%。

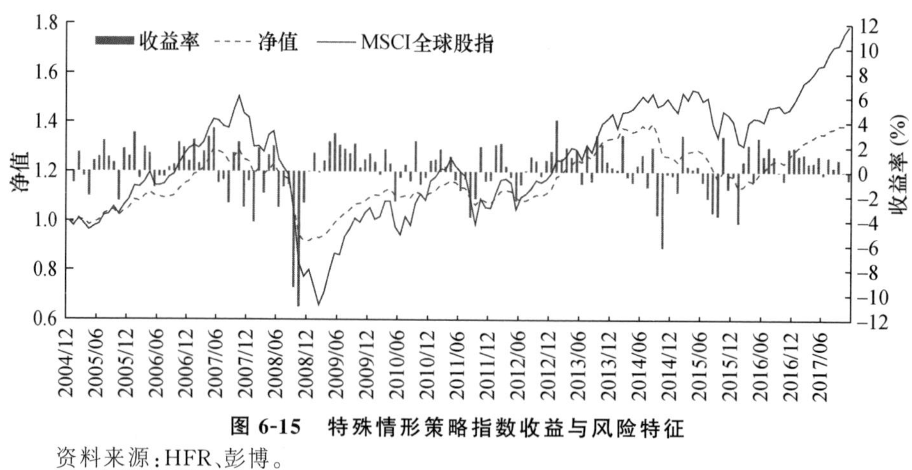

图 6-15　特殊情形策略指数收益与风险特征

资料来源：HFR、彭博。

相关性数据显示，特殊情形策略指数与 MSCI 全球股指的相关性指数常规性地处于 0.8 左右(见图 6-16)。很有趣的是，我们不难从图中看出，相对于 MSCI 全球股指，特殊情形策略指数的滚动贝塔值并不高，通常在 0.4 左右，仅在金融海啸前短时间冲上过 0.6 的水平，但在之后又跌至 0.2 左右的水平，在 2015 年年初曾很短暂地高过 0.6。一方面，这表明了这一策略中的基金所用的杠杆率很低并且对杠杆率比较敏感。另一方面，该策略在如此低的贝塔水位能给投资者带来 2.53%的年化收益率是相当不错的。

从特殊情形策略指数相对于 MSCI 全球股指的 12 个月滚动阿尔法和滚动收益率等数据，不难看出该策略的滚动阿尔法和滚动收益率具有较强的周期性。在连续 12 个月里，该策略大多数情况下能产生正回报，通常情况下可以期望年化 10%—15%的收益，但大市下跌时也可能使投资者承受大于 10%的损失(见图 6-17)。

对比特殊情形策略指数和 MSCI 全球股指的净值增长曲线和痛苦指数，读者能更好地从全局理解它们在十余年中的表现(见图 6-18)。数据显示，特殊情形策略指数不但最大跌幅远远小于 MSCI 全球股指的最大跌幅，跌幅最长持续期也远远短于 MSCI 全球股指的跌幅最长持续期，而且在其他下跌区

表 6-7　2005 年 1 月至 2017 年 11 月特殊情形策略与 MSCI 全球股指、标普 500 指数的业绩比较

	特殊情形对冲基金指数											
	自成立			过去 12 个月			过去 3 年			过去 5 年		
2017.11.30	特殊情形对冲基金指数	MSCI 全球股指	标普 500 指数	特殊情形对冲基金指数	MSCI 全球股指	标普 500 指数	特殊情形对冲基金指数	MSCI 全球股指	标普 500 指数	特殊情形对冲基金指数	MSCI 全球股指	标普 500 指数
年化收益率	2.53%	4.62%	8.49%	9.63%	23.36%	22.87%	3.00%	6.20%	10.91%	4.41%	8.92%	15.74%
年化波动率	7.34%	15.37%	13.76%	2.64%	3.05%	3.90%	5.97%	10.65%	10.09%	6.63%	9.96%	9.50%
夏普比率（无风险利率为 0）	0.38	0.37	0.66	3.52	6.96	5.35	0.52	0.62	1.08	0.69	0.91	1.60
最大回撤	−29.06%	−56.23%	−50.95%	−0.63%	0.00%	0.00%	−12.23%	−14.82%	−8.36%	−19.00%	−14.82%	−8.36%
正收益月份百分比	60.00%	59.35%	67.74%	83.33%	100.00%	100.00%	61.11%	61.11%	72.22%	63.33%	65.00%	75.00%
与 MSCI 全球股指相关性	0.76			0.32			0.77			0.70		
与标普 500 指数相关性	0.70	0.95		0.14	0.50		0.78	0.93		0.67	0.92	

资料来源：HFR、彭博。

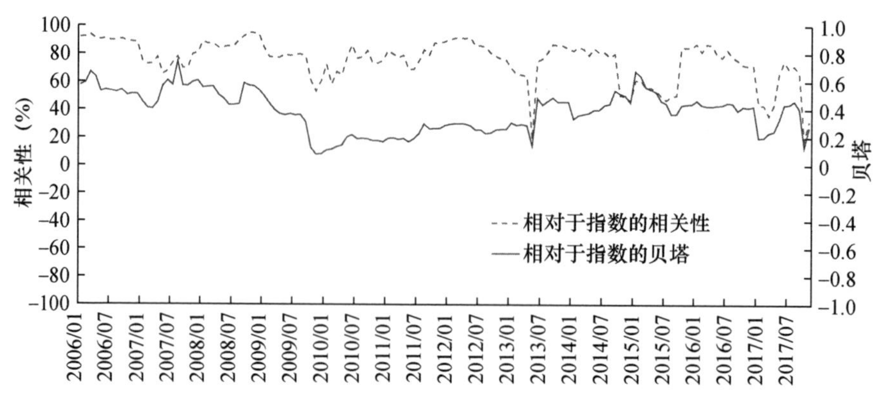

图 6-16　特殊情形策略指数 12 个月滚动相关性及滚动贝塔

资料来源：HFR、彭博。

图 6-17　特殊情形策略指数 12 个月滚动收益率及滚动阿尔法

资料来源：HFR、彭博。

间都能迅速反弹至新的高点。很显然，一位投资者投资特殊情形策略指数的痛苦要比投资 MSCI 全球股指的痛苦小得多。

再看特殊情形策略指数的月度收益率分布图，该策略的收益率分布有明显的肥尾现象，这两个数据点分别为－10.99％和－11.42％，发生在 2008 年金融海啸的风口 2008 年 10 月和 9 月（见图 6-19）。如果剔除这两个数据点，其分布具有比较理想的形状。

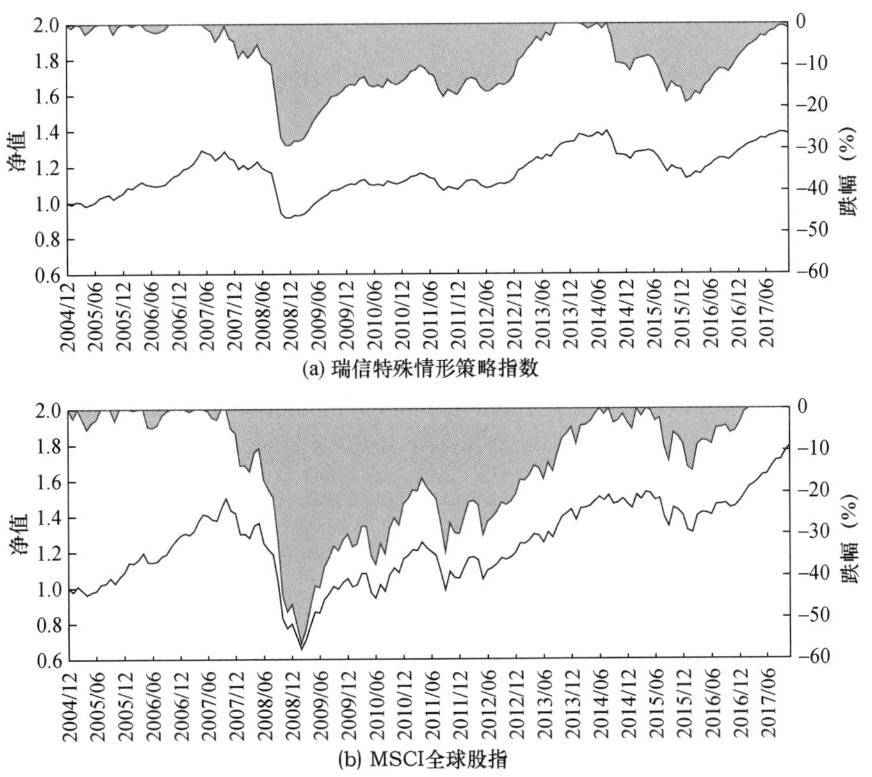

图 6-18　特殊情形策略指数和 MSCI 全球股指的增长曲线及痛苦指数比较

资料来源：HFR、彭博。

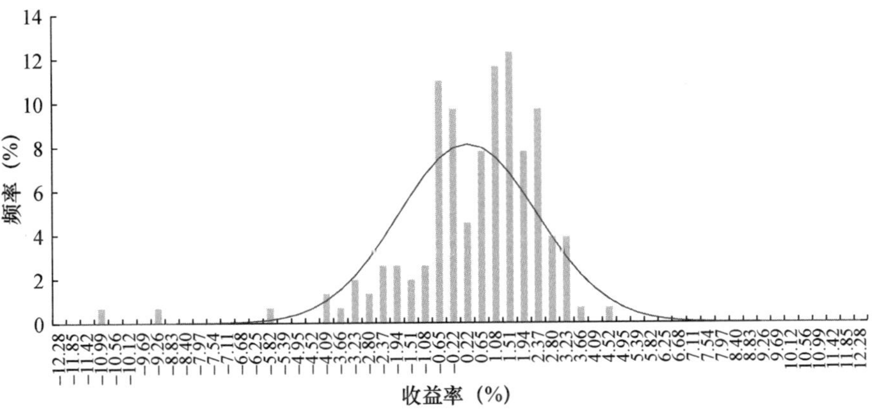

图 6-19　特殊情形策略指数月度收益率分布图

资料来源：HFR、彭博。

特殊情形策略与传统股市具有强相关性，在牛熊市分析中也能很清楚地看出来，该策略指数在牛市中上涨的概率较大，而在熊市中下跌的概率较大（见图 6-20）。

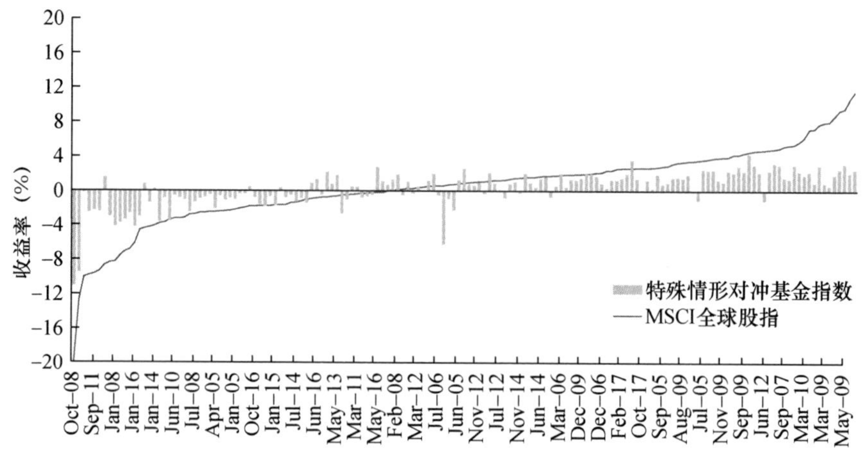

图 6-20　特殊情形策略指数牛熊市分析

资料来源：HFR、彭博。

从以上历史数据可以看出，如果只是泛泛从事特殊情形策略投资，其结果很可能并不像很多投资者期望的那么好。

第六节　受压资产策略

在成熟市场，受压资产策略主要通过对进入破产法庭保护的公司，或因财务困境即将面临进入破产法庭保护的公司的证券及所涉及的法律法规进行深入分析来进行投资，以期获利。这种公司所发行的债券在这种时候往往大幅低于其发行的面值，所以很多受压资产策略是直接在所涉及的公司债上做文章，但如果公司正好也发行了可转债或股票，也可以通过对相应的可转债或股票进行投资寻求获利。基金经理往往要介入公司管理层重组、债权谈判等公司重组设计中。

例如，当某公司进入破产法庭时，其所有证券（股票、债券以及其他可交易证券）往往都会大幅下跌，面值 100 元的债券通常只以 20 元甚至更低的价位在市场上交易。一旦公司重组成功、走出破产法庭，该债券的价位很可能急速上升到 60 元甚至更高,投资即可实现相对可观的回报。但如果该公司最后不能走出破产法庭,投资可能血本无归,直白地说,这就是一个寻找和甄别“坠落的天使”(falling angel)的过程。

导致公司进入“受压困境”的原因可能有不同情形,比如公司流动资金链断裂、债台高筑资不抵债、运营决策失误、策略决策失误、转型中遇到始料未及的艰难挑战、遭遇旷日持久的法律诉讼或监管方面的困境等。所以该策略不仅要求基金经理能从基本面上对所涉及的公司证券作深入的基本面研究,更重要的是要了解公司为什么步入受压困境,对其债务结构、重组计划的可行性和进展预期、债权人及投资者的利益范围等,对相关法律法规尤其是涉及的相关破产法要有全面深入的理解。

在该策略中,虽然大多数情况下基金经理做多受压资产,但根据仔细分析重组方案的可行性等不同情况也可以伺机做空。为了防范大市震荡给受压资产带来的系统性风险,基金经理也可以通过股指上的衍生品(例如股指的看跌期权等)进行保护。

处于受压资产池中的公司为了使重组能顺利进行,往往会将一些业务分拆出去,而这些分拆资产的估值定价往往会偏低(甩卖)。所以从事受压资产策略的基金经理也会因顺便买到一些“便宜货”而获利。

中国市场中的“披星戴帽”(即“加星 * ”、加 ST)公司就是具有中国特色的受压资产,本章所介绍的受压资产策略即可应用于这些公司的投资。另外,近年来在逐渐打破刚性兑付、推出退市机制以及《中华人民共和国企业破产法》的具体实施也使得许多公司步入受压资产的池子而使“鉴宝高手”基金经理能有更多的“淘宝”标的。有理由相信这一策略将在中国市场大有用武之地。

举几个实例,读者可以看到去除 ST(俗称“摘帽”)的过程便是“山鸡变凤凰”的过程,里面有很多投资机会。① 2008 年遭遇三聚氰胺事件的伊利股份(600887)就是个绝好标的,其从危机走出后很快便成为令人艳羡的 Tenbagger(能涨 10 倍的股票)。② 2013 年受债券兑付危机传闻拖累的 11 华锐 01(122115)也是这样的案例,其股价曾在短期内从 100 元下跌到 74 元,而后又升至 90 多元,最后以面值 100 元被回售。当然,在很多鲜活的案例中,投资者稍有不慎便接了“飞刀”(falling knife),如 * ST 吉恩(600432),这只在 2005—2007 年超级大牛市中的明星股,如今面临终止上市的窘境。巨额负债是“压垮骆驼的最后一根稻草”,2007—2014 年短期借款从 8.46 亿元增至 112.72 亿元,长期借款从 1.8 亿元变 45.94 亿元,在负债膨胀的同时,主营业务却没有相应的增长,2014 年至 2016 年连亏 5.38 亿元、28.7 亿元和 21.9 亿元,2017 年前三季度继续亏 9.46 亿元。为缓解债务压力,于 2013 年 12 月启动、2014 年 9 月发行的 60 亿元非公开发行,令三家押注公司未来业绩反转的投资机构损失惨重。2017 年 3 月吉林国投向吉林中院提出破产重整的申请,法院于 12 月 14 日裁定不予受理;也有外部重组方一度与公司相关方达成借壳方案因故退出。剧情并没有反转,2018 年 5 月 22 日上海证券交易所根据上市委员会的审核意见,决定 * ST 吉恩股票终止上市。

更多的案例我们将在本章第九节中详细介绍。

受压资产策略的收益风险特征

我们以瑞信受压资产对冲基金指数作为样本来看看该策略的收益风险特征。

如表 6-8 所示,自 1994 年 1 月至 2017 年 11 月,受压资产策略在这近 24 年的时间里,其年化收益率为 9.19%,而 MSCI 全球股指的年化收益率为 5.21%;另一方面,受压资产策略的年化波动率为 6.09%,MSCI 全球股指的年化波动率为 14.91%;受压资产策略在 2008 年金融海啸期间的最大跌幅为 22.45%,而 MSCI 全球股指在同期的最大跌幅为 56.23%。这些统计数据充分显示了,长期而言,受压资产策略远远优于传统股市的表现:风险波动率不到传统股市的风险波动率的一半,但总收益却超出传统股市 481%。更重要的是,2008 年全球金融海啸期间,该策略的最大跌幅为 22.45%,不到传统股市同期最大跌幅的 1/2,非常具有吸引力。而且,与传统股市相比,瑞信受压资产策略指数的跌幅不仅深度小得多,而且出现的频率要低得多,持续期也要短得多(见图 6-21)。

受压资产策略相对于 MSCI 全球股指的 12 个月滚动贝塔并不高,通常在 0.4 以下(见图 6-22)。这说明该策略的杠杆水平较低以及对 MSCI 全球股指的敏感度较低。

表 6-8　1994 年 1 月至 2017 年 11 月受压资产策略与 MSCI 全球股指、标普 500 指数的业绩比较

	受压力资产对冲基金指数											
	自成立			过去 12 个月			过去 3 年			过去 5 年		
2017.11.30	受压力资产对冲基金指数	MSCI 全球股指	标普 500 指数	受压力资产对冲基金指数	MSCI 全球股指	标普 500 指数	受压力资产对冲基金指数	MSCI 全球股指	标普 500 指数	受压力资产对冲基金指数	MSCI 全球股指	标普 500 指数
年化收益率	9.19%	5.21%	9.66%	7.11%	23.36%	22.87%	1.95%	6.20%	10.91%	5.25%	8.92%	15.74%
年化波动率	6.09%	14.91%	14.45%	1.81%	3.05%	3.90%	3.12%	10.65%	10.09%	3.62%	9.96%	9.50%
夏普比率(无风险利率为 0)	1.48	0.42	0.71	3.82	6.96	5.35	0.64	0.62	1.08	1.43	0.91	1.60
最大回撤	−22.45%	−56.23%	−50.95%	−0.38%	0.00%	0.00%	−8.70%	−14.82%	−8.36%	−11.02%	−14.82%	−8.36%
正收益月份百分比	73.87%	60.28%	66.20%	91.67%	100.00%	100.00%	63.89%	61.11%	72.22%	68.33%	65.00%	75.00%
与 MSCI 全球股指相关性	0.64			0.39			0.60			0.57		
与标普 500 指数相关性	0.60	0.94		0.24	0.50		0.54	0.93		0.53	0.92	

资料来源：瑞信对冲基金指数、彭博。

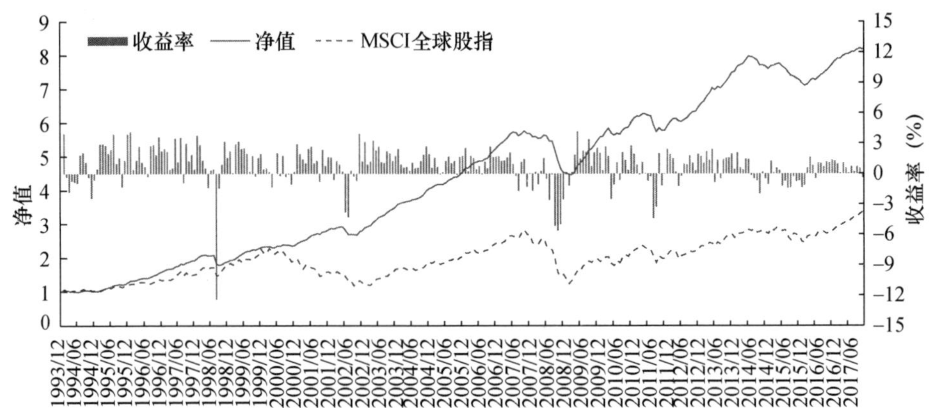

图 6-21　1994 年 1 月至 2017 年 11 月受压资产策略与 MSCI 全球股指的比较

资料来源：瑞信对冲基金指数、彭博。

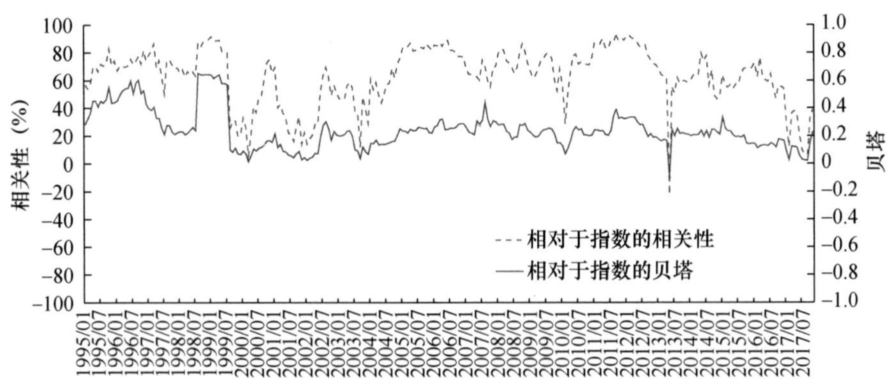

图 6-22　受压资产策略相对于 MSCI 全球股指的滚动相关性及滚动贝塔

资料来源：瑞信对冲基金指数、彭博。

瑞信受压资产对冲基金指数相对于 MSCI 全球股指的 12 个月滚动阿尔法在多数时间呈现正数，即该策略确实能给投资者带来良好的阿尔法回报。该指数 12 个月的滚动复合收益率，在大多数时候该策略在连续 12 个月有正收益，投资者可以期望 15％—20％的收益，但在大市环境遭遇 2008 年式的金融海啸时，其 12 个月的复合收益率也有可能达到－20％左右（见图 6-23）。

瑞信受压资产对冲基金指数与 MSCI 全球股指的痛苦指数，也存在显著的差异（见图 6-24）。

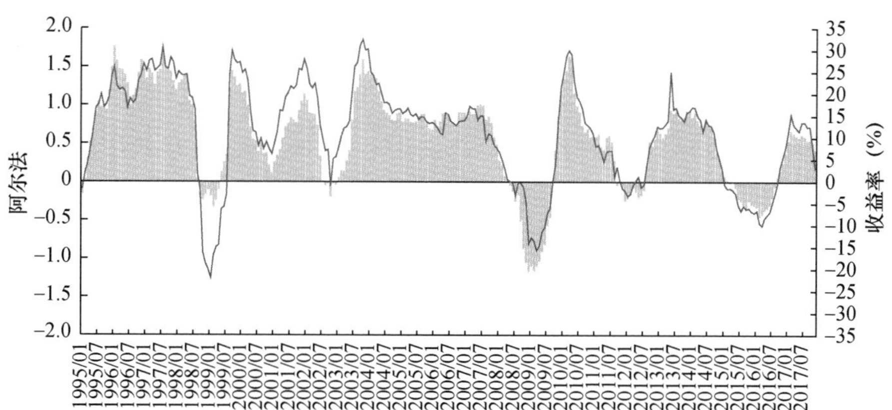

图 6-23　受压资产策略相对于 MSCI 全球股指的滚动阿尔法及复合收益率

资料来源:瑞信对冲基金指数、彭博。

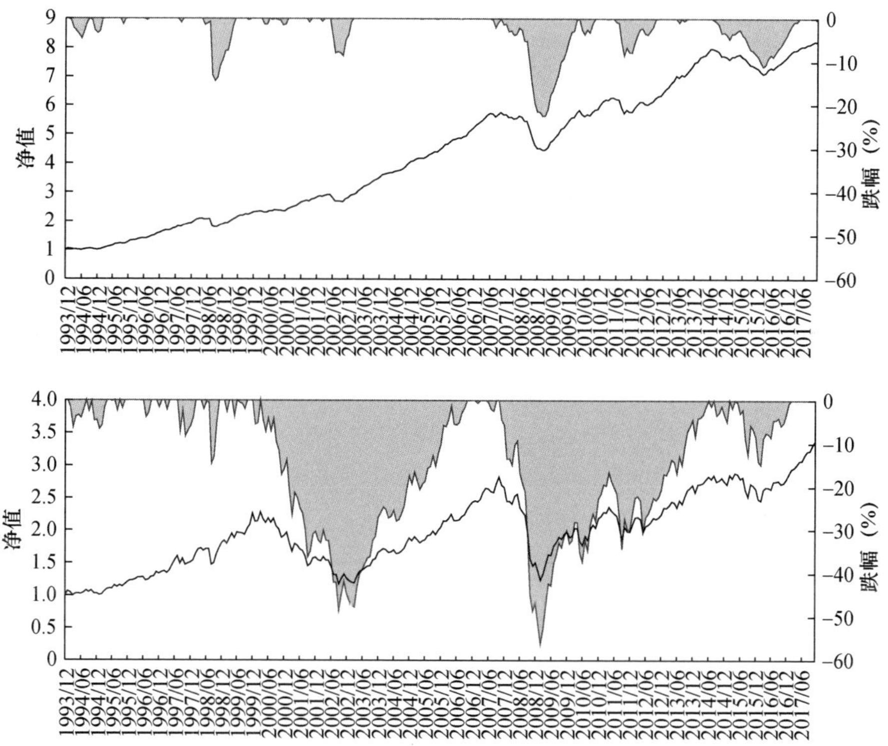

图 6-24　受压资产策略与 MSCI 全球股指痛苦指数比较

资料来源:瑞信对冲基金指数、彭博。

瑞信受压资产对冲基金指数的月度收益率分布图显示，分布有明显的左侧肥尾效应，跌幅超过4%的时间段分别是1998年8月(12.45%)、2008年10月(5.66%)、2008年9月(5.18%)、2008年11月(5%)、2011年8月(4.41%)和2002年7月(4.27%)。在这几个月中，MSCI全球股指相应的跌幅为14.15%、19.91%、12.68%、6.8%、7.53%和8.49%，可以认为该指数的肥尾是系统性风险所致(见图6-25)。

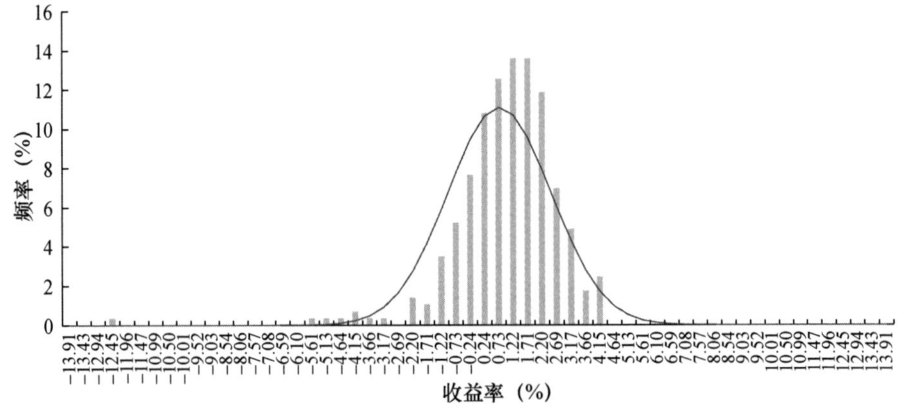

图6-25　受压资产策略月度收益率分布图

资料来源：瑞信对冲基金指数、彭博。

瑞信受压资产对冲基金指数的牛熊市分析图则显示，在大市上涨时，该策略高概率会有正的收益，在大市下跌时，该策略有时有正收益，有时也出现了较大的亏损，不过，跌幅都比MSCI全球股指的跌幅小(见图6-26)。

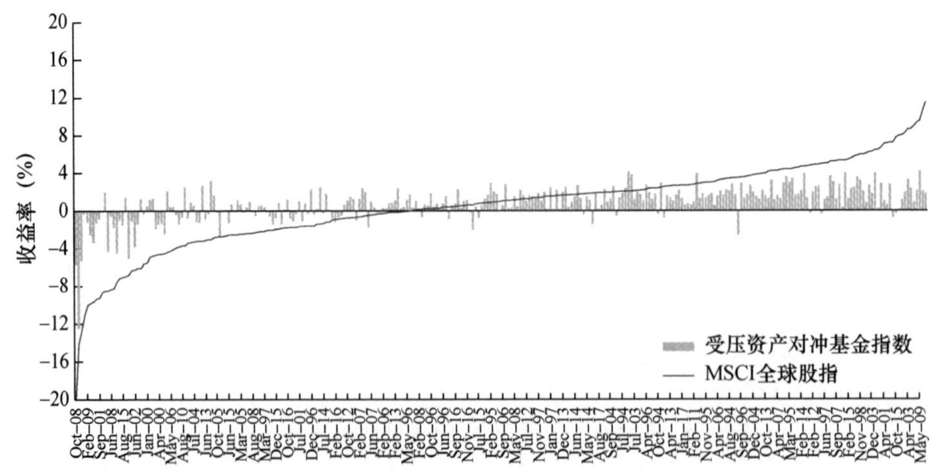

图6-26　受压资产策略牛熊市分析图

资料来源：瑞信对冲基金指数、彭博。

第七节　受压资产策略的回报来源

回报

信誉回报。当公司进入破产法庭时,所发行债券已经违约。在美国市场上,如果能够适用《破产法》第 11 章,顺利通过并购重组,无论是买入债券还是债转股,一般能获得不错的回报;如果适用《破产法》第 7 章,公司清盘,一般无参与价值。

公司特定事件回报。例如前面提到过的受压资产公司在重组过程中可能以甩卖式的估值定价分拆部分资产;或者原本旷日持久的法律诉讼或监管方面的困境出现转机、突破而迎来柳暗花明。这些事件都可能带来正的回报。

非流动性回报。对受压资产的投资很多时候是以时间换空间,受压资产的交易量通常非常小,另外,参与重组方案的投资者一般需要被锁定一段时间,获得一定折扣以补偿非流动性。另一种是原有的股东或债权人被迫参与其中,但其并不愿意继续持有,而以一定折扣转让给新进入的投资者。

阿尔法回报。受压资产策略的成功与否完全依赖于基金经理的经验和技能,关键在于如何选对标的并能确保选择的是“坠落的天使”,而非“扶不起的阿斗”甚至是急速下落的“飞刀”,需要投资者对公司法、证券法、破产法等法律有透彻的理解,对公司的股票、各种层级的债券持有人的赔偿顺序和级别了如指掌,甚至需要洞悉破产法庭对债权人的保护程度和态度的微妙变化,从而确定该参与公司所发行的那一类证券,获得阿尔法回报。

风险

信誉风险。无疑,在受压资产策略中,信誉风险是最大的风险因素。基金经理一定要能准确地从基本面分析所涉及公司以及证券的合理估值定价,避免做“冤大头”“接盘侠”,如果公司进入破产法庭未能重组成功最终被清盘,投资者将会承受损失。

事件风险。在重组过程中,可能会出现始料未及的负面事件,或者由于种种原因资金方不得不退出重组,或者管理团队爆发矛盾而使受压资产估值雪上加霜,“旧伤痕上又添新伤痕”。

非流动性风险。这是非流动性回报的相反面,比较容易理解。基金经理要特别留意的是基金投资者的资金是否有相应的锁定期,一定要避免流动性错配的风险。另外,如果重组出现始料未及的障碍,也会造成流动性风险的增加。

系统性风险。即使是看上去很合适的投资标的,碰到金融海啸时,再好的方案也没有办法很好地完成。历史数据表明,当股市出现大幅下跌时或利率上升时,受压资产策略的业绩表现与大市走向的相关性增加。因为投资者往往是通过持有债券来参与受压资产策略的。如果是持有长期债券,还面临久期风险。

法律风险(清盘、诉讼等)。进入破产法庭后,虽然对公司有一种保护,债权人不能向公司要求支付利息。在重组过程中,如果出现一些错误的话,会遭到投资者的诉讼,而这些诉讼是阻止重组的,只有把诉讼处理完之后,才能继续推动重组。

交割风险。如果基金经理参与了受压资产中的非公开交易性资产如银行债或者交易索赔等,在能够兑现该银行债之前需要交割许多烦琐复杂的法律文本或字据等,而这个过程往往是非常耗时的,有的可能需要花几个月的时间。

受压资产策略的顺风环境通常是经济处于复苏、股市上扬阶段、利率较低时,而急剧下跌的股市和衰退的经济状况则是该策略的逆风环境。

第八节　受压资产策略案例分析

橡树资本如何从受压资产中掘金?[①]

橡树资本在纽交所上市,揭开了受压资产策略基金的神秘面纱。其上市文件中的描述可为外界解读这类基金的本质——“疲弱的经济环境给我

① 《新财富》,2012 年 7 月。

们带来最好的投资机会和最好的投资表现。比如，我们的高收益债券策略在经济低谷时违约率最高，投资表现也最佳；受压债券策略和控制权投资策略从历史数据来看，也是在经济下滑时投资机会最多”。正是凭借这种投资策略，橡树资本的资产管理规模得以逆势膨胀。同样身为受压资产策略基金的阿波罗，在其上市文件中也公告了五条投资哲学：别人的砒霜，我们的蜜糖；交易结构复杂，帮助困境公司脱困；经济收缩、金融市场下滑时，别人收缩战线，我们招兵买马；别人是结伴而行，我们是独行侠；我们获得公司的控制权，并理解复杂的法律条款。

进一步分析橡树资本操盘或介入的案例，可以为中国市场提供参照样本。我们看到，有些申请破产保护的公司通过再次 IPO 得以重生，回到公众视野，如德尔福和 Aleris；有些在其资产被各种层级的债权人瓜分之后以清算告终，如 Finova；有些经历了惊心动魄的控制权之争，企业资产的控制权在股东和债权人之间不断摇摆，如 DYN。在这些公司资产“从 50 美分向 1 美元回升”的过程中，橡树资本大赚其财。

DYN 的另类破产案：J 因素压倒一切

美国第三大电力供应商 Dynegy Inc.（以下简称“DYN”）破产案，集万千瞩目于一身，号称“企业掠夺者”的亿万富翁卡尔·伊坎（Carl Icahn）、受压资产策略的对冲基金艾威（Avenue Capital）和橡树资本、私募股权投资老大黑石（BlackStone）均参与其中。除了资本巨头对其股权的争夺、股东和债权人对其资产的控制权之争，此案备受关注的原因更是包括 J 因素对受压资产投资的决定性冲击。

所谓 J 因素（J-factor），即指法官（Judge）判决对受压资产控制人（股东或债权人）的影响。除了至关重要的流动性风险，J 因素是受压资产策略独一无二的风险所在。法官将在债权人和股东利益中倾向于哪一方、法官是否会撤销某笔交易、法官是否会认可并批准债务重组及重整计划等，无不深刻影响着受压资产的投资价值和投资策略。

破产前的安排：火电资产控制权从债权人转移至股东

随着经济衰退以及天然气产量增加导致能源价格下调，DYN 陷入困境。

2009 年其收入仅为 24.68 亿美元，同比下降 25.75%，亏损 12.47 亿美元。其股价也在 2008 年 6 月之后大幅下挫。2011 年 3 月 10 日，DYN 表示，如果 2011 年无法达到其债权人的特定盈利要求，可能被迫申请破产保护。

黑石、伊坎争夺控制权

2010 年 8 月以来，陷入困境的 DYN 成了资本大鳄争夺的对象，一开始是黑石和伊坎对决。2010 年 8 月 13 日，黑石子公司与 DYN 签署收购协议，对价为 4.5 美元/股，全部以现金支付。同年第三季度，伊坎以迅雷不及掩耳之势，通过旗下 5 只基金（High River、Icahn Partners、Icahn Master、Icahn Master II、Icahn Master III），在公开市场买入 DYN 的普通股，购入价在 2.9—4.87 美元/股（见表 6-9）。

表 6-9　伊坎持有 DYN 的股数和市值变化

	2010 年第三季度	2010 年第四季度	2011 年第一季度	2011 年第二季度	2011 年第三季度	2011 年第四季度	2012 年第一季度
股数（万股）	240.00	240.00	360.84	1 804.22	1 804.22	1 804.22	1 804.22
市值（万美元）	1 168.80	1 348.80	2 053.20	11 168.10	7 433.40	4 997.70	1 010.40
均价（美元/股）	4.87	5.62	5.69	6.19	4.12	2.77	0.56

资料来源：Dynegy 向美国证监会提交的 13F-HR 文件。

2010 年 11 月 16 日，黑石不得不将收购对价提高至 5 美元/股，但其提案在 2010 年 11 月 23 日召开的 DYN 特别股东大会上，并未获得通过。双方终止了收购协议，并达成附加条款：自 2010 年 11 月 23 日起的 18 个月内，如果第三方收购 DYN 的价格超过 4.5 美元/股，DYN 将向黑石支付 1 600 万美元终止费。

黑石收购协议终止后，DYN 不断接触有收购意向的投资者，包括伊坎。2010 年 12 月 15 日，DYN 董事会通过伊坎旗下基金与 DYN 的收购协议。2010 年 12 月 22 日，伊坎向所有普通股股东发起 5.5 美元/股的收购要约，但由于当时的第二大股东 Seneca 极力反对而未果。2011 年 2 月 18 日，该收购协议期限届满自动终止。伊坎也签署了以下附加条款：自 2011 年 2 月 18 日的 18 个月内，如果第三方收购 DYN 的价格超过 5.5 美元/股，DYN 将向伊坎支付 500 万美元的终止费（见图 6-27）。在如火如荼的股权争夺战中，DYN 子公司 Dynegy 控股（以下简称"DH"）遭到降级。

图 6-27　黑石和伊坎的争夺令 DYN 股价不断攀升

资料来源：法庭监察官报告。

截至 2011 年 4 月 19 日，伊坎是 DYN 的最大单一股东，持股比例为 14.8%，第二大股东是 Seneca，持股 9.2%，Habrok 持有 5.6%，贝莱德基金（BlackRock）持有 4.7%。2011 年 4 月，在伊坎的主导下，DYN 开始着手通过破产前的重组去杠杆化、削减债务。在重组完成前，原有投资者进行了增持，也引入了新的投资人。2011 年 9 月 30 日，富兰克林坦伯顿投资（Franklin Templeton Investments）成为第二大股东，持股 10.5%；而其他股东也在增持 DYN 的普通股，如 Seneca 于 2011 年 8 月 22 日和 23 日进行增持，持股比例增至 9.9%。

债券投资人入驻 DYN

2011 年 3 月,DH 的标普信用评级降级为 CC,穆迪评级降为 Caa1 和 Caa3。这也是穆迪自 2009 年以来第四次将其降级。随着信用评级的下降,不得投资于“投资级别”以下的机构投资者只能抛售 DH 债券,其债券价格下跌无法避免,外部的债券投资人大举买入 DH 发行在外的债券。

据后来破产文件披露的数据,2011 年 9 月底,破产实体的总负债为 61.81 亿美元,其中发行在外的债券为 35.7 亿美元(见表 6-10),这些债券的所有者大部分已经转手给专门投资受压债券的投资者。

表 6-10　2011 年 9 月底 DH 共有 35.7 亿美元发行在外的债券

(单位:亿美元)

品种	发行规模
2012 年到期、票面利率为 8.75%的的无担保高级债券	0.885
2015 年到期、票面利率为 7.5%的无担保高级债券	7.850
2016 年到期、票面利率为 8.375%的无担保高级债券	10.468
2019 年到期、票面利率为 7.75%的无担保高级债券	11.000
2018 年到期、票面利率为 7.125%的高级债券	1.750
2026 年到期、票面利率为 7.625%的高级债券	1.750
2027 年到期、票面利率为 8.316%的 B 类次级证券	2.000

注:第 4 项和第 5 项由 DYN 所发行。
资料来源:Dynegy 破产保护申请文件。

据艾威基金和橡树资本等债券投资人 2011 年 9 月 21 日所出具的起诉书,艾威基金通过旗下 4 只基金,持有 2016 年、2018 年、2019 年和 2026 年到期的 DH 债券,橡树资本通过旗下高收益债券基金持有 2015 年到期的 DH 债券,通过另外 5 只基金持有 2015 年、2016 年、2018 年、2019 年和 2026 年到期的 DH 债券。

但是,DYN 股东和 DH 债权人的立场是对立的。精明如艾威基金和橡树资本,如果遇到强盗逻辑的伊坎,胜算概率也会下降。

错综复杂的资产转移

收购失败的伊坎,没有坐以待毙。在 2011 年 11 月 7 日 DH 申请破产保护之前,伊坎做了三件事:于2011年4月着手财务重组,8月将DH旗下的两家火电厂CoalCo转移给母公司DYN,这一转移过程于2011年9月1日全面完成;促使DH及其4家子公司于2011年11月7日申请破产保护(虽然破产保护是由DH自愿申请,但伊坎作为DYN的实际控制人,自然也可以控制DH申请破产保护);在破产方式上,债权人减记10%的债权,而由股东全力控制公司。

在2011年8月5日的财务重组前,火电资产部门Dynegy中西部公司为DH的下属公司(见图6-28)。伊坎随即进行了五步重组,将火电资产从DH转移到DYN。

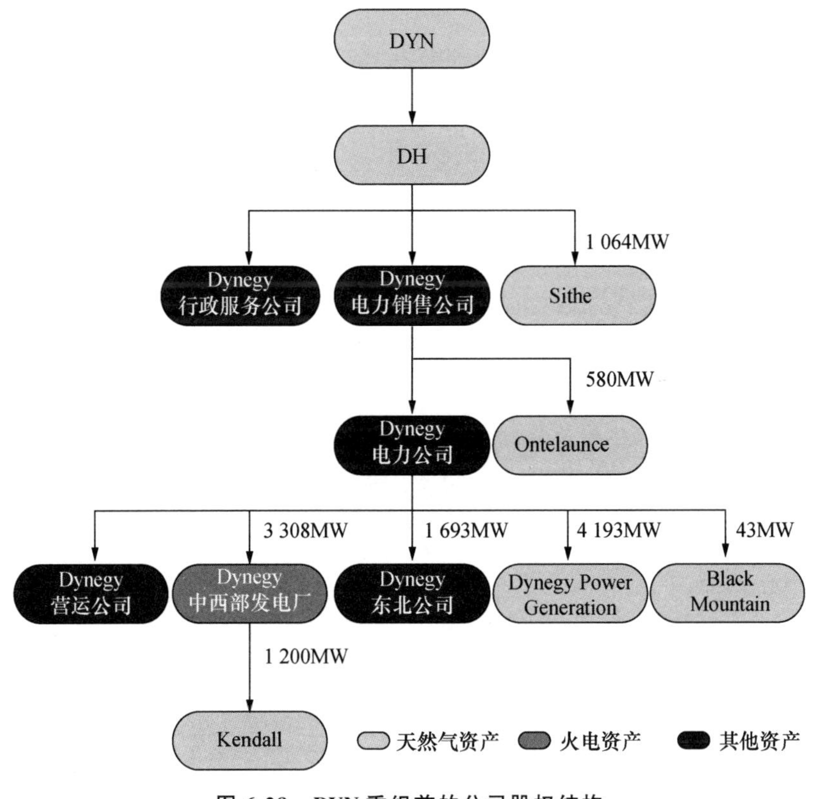

图6-28 DYN重组前的公司股权结构

资料来源:Dynegy破产案件的法院文件。

J因素偏向保护债权人利益:火电资产重回债权人手中

伊坎一手导演的资产转移大戏最终惹祸上身。2011年7月22日,DYN遭到东北公司下辖的两个电厂Roseton和Danskammer(2011年11月7日破产申请的两个破产实体)起诉;同时,艾威资本、橡树资本、富兰克林坦伯顿投资、Caspian资本等债券投资人也对DYN提起诉讼,指称资产转移过程存疑,将火电资产从破产实体中转移出来,无异于是对35.7亿美元债券持有人权益的掠夺。

争论的焦点在于:火电资产的估值水平如何?资产转移的过程是否合法?资产转移的对价是否公允?

美林证券分析师在2011年7月12日的报告中指出,天然气资产和火电资产的重组行为,以及火电资产的转移,相当于以DH债券面值71%—72%的价格进行交易。该分析师在同年9月6日再次发布报告称,DH被转移资产在交易时的价值低于公允价值。

2012年1月11日,受理法庭委任检察官调查资产转移的合法性。2012年3月9日,检察官发布公告称,DYN在DH破产保护申请前,通过欺诈转移火电资产CoalCo而伤害了债权人的利益,并敦促撤销此项交易。但2012年3月16日,DYN称,这并非法庭的最后判决,但法官及法庭对此案的观点,甚至是预判,对DYN的股东和债权人均起着决定性的影响。

对于投资者而言,需要考虑的问题包括:是购买DYN的股权,还是DYN和DH的债权?是购买DYN发行的债券,还是DH发行的债券?应该购买附加何种条款的DH债券?法官的看法对这些不同的投资品种影响巨大。这从法庭检察官出具报告前后,DYN股价令人惊心动魄的表现可见一斑:2012年3月9日和12日两个交易日连跌35.61%和34.6%。2012年3月16日,飙升42.17%。

Finova破产案:清算前火中取栗——优先债投资

在Finova陷入困境后,巴菲特旗下的伯克希尔-哈撒韦公司、Leucadia、GE资本和高盛先后接过这枚"烫手山芋"。伯克希尔-哈撒韦和Leucadia的联盟赚取安全的优先债券利息，而GE资本和高盛同盟意在接管和重整Finova的业务。利益的天平在各方不断的讨价还价中逐渐平衡。最终，由Leucadia和伯克希尔-哈撒韦组成的联合实体Berkadia胜出。橡树资本虽不是本案的核心操盘主体，但在巴菲特大举买入Finova债券之际，通过购买Finova的无担保债权而介入，搭上了“股神”的顺风车。

8年疯狂扩张埋下破产隐患

1992—1999年的8年间，主要从事放贷业务的Finova超常规扩张，总资产从26亿美元扩张至136亿美元，利润从490万美元增长至2.15亿美元(见表6-11)。Finova贷款主要投向包括飞机资产在内的交通资产。在20世纪90年代的10年时间里，Finova依靠利差大发其财。1999年，这一利差约为5%，比普通银行高出了1%—2%，其在二级市场的估值约为有形净资产的1—3倍。和其他商业银行不同，Finova并没有存款，其源源不断的放贷资金来源包括商业银行的短期商业票据、投资级别的债券、银行贷款及资本市场融资。

表6-11　1991年至2001年第一季度Finova债务情况

(银行贷款＋发行的债券＋商业票据)　　(单位：亿美元)

	1991年	1992年	1993年	1994年	1995年	1996年	1997年	1998年	1999年	2000年	2001年第一季度
总债务	17.695	18.988	20.793	45.734	56.494	58.502	67.646	83.946	114.078	109.977	109.873
股东权益	3.72	4.88	5.03	7.7	8.25	9.361	10.923	11.672	16.634	6.729	5.809
净利润	−0.525	0.49	0.37	0.74	0.976	1.185	1.379	1.603	2.152	−9.398	−0.57

资料来源：Finova 10-K文件。

Finova超常规的增长归因于其激进的收购策略和信贷政策。Finova的放贷对象主要是中小型公司，这些借款公司的信用评级游离在银行和融资公司可接受的评级之外。尽管Finova及覆盖Finova的分析师均宣称，其贷款政策较为保守。从中小额贷款金额能够分散集中贷款风险的角度，这一说法有一定道理。Finova大多数借款人的借款金额在1 200万—2 000万美元，只有100个贷款超过3 000万美元，而放贷对象中只有100家是上市公司，这的确极大地降低了放贷风险。

但实际上，Finova实施的放贷政策风险高于同行。比如，Finova要求借款公司以其资产做抵押，并以抵押资产价值的65%—90%进行放贷。这一比例高于同行，但其放贷利率却并未高于同行。表面上看，Finova 50%的贷款实行浮动利率，随着贷款利率的升高，其所获利差是在扩大的。但实际上，Finova的模式导致其无法抵御经济周期更迭的冲击。

Leucadia的第一轮方案：通过股权控制Finova

2000年11月10日，Finova公告称，Leucadia将向其投资3.25亿美元。根据协议，Leucadia将投资2.5亿美元，买入1000万股Finova资本（Finova集团的子公司）新发行的可转换优先股。这些可转换证券每年支付14%，以现金或者920万股普通股的形式支付。Leucadia有权将可转换优先股转换为1.92亿股普通股，约占Finova 45.2%的股权；如果以投票权来看，其股权控制权实际达到52.5%。另外，Leucadia还拥有“以1.25亿美元买入20%股权”的选择权。这笔交易使Leucadia拥有10个董事会席位中的6个。

但是，如果Finova的资产被清算并被债权人分配过后无盈余现金，那么Leucadia的股权投资款将完全“打水漂”。因此，其方案看起来并不明智。既然如此，为什么Leucadia还要投资股权？有分析指出，其真实目的是赌债券的升值。

因遭到贷款银行和债券持有人的反对，这一方案最终流产。据Finova披露的信息，其无法说服银行接受以较低的折扣出售债券。而Leucadia则披露其向银行施压，希望银行能以较面值低7%—10%的价格出售其贷款，但遭到银行拒绝。在银行方面看来，如果Finova的资产被清算，银行贷款的受偿率将达100%，可完全覆盖其面值。2001年1月20日，Leucadia终止协议。

第二轮方案：巴菲特联合Leucadia买入60亿美元债券

巴菲特预先埋伏：大举买入债券

随着互联网泡沫爆发，经济环境恶化，Finova遭受重创。2000年3月27日，Finova公告称，2000年第一季度的财务数据未达华尔街预期，并且计提了 8000 万美元税前损失储备金,但其并没有说明新增的损失储备金是如何造成的,市场猜测可能来自对一家计算机设备公司贷款的损失计提。2000 年 5 月 8 日,Finova 雇用瑞士信贷第一波士顿帮助其渡过难关,其措施包括出售公司。2000 年 11 月 9 日,Finova 董事会决定停止支付股利。2000 年 12 月 8 日,Finova 的股价已从 1998 年巅峰时的 60 多美元/股下探至 0.56 美元/股。2000 年,其亏损达 9.39 亿美元。

2000 年年末,巴菲特旗下的伯克希尔-哈撒韦开始买入 Finova 集团的债务。在其当时 110 亿美元的债务中,巴菲特以面值 2/3 的价格,共约 14 亿美元买下了其中的 13%,包括 3 亿美元的银行债权和 11 亿美元的公开发行债券(见表 6-9)。巴菲特认为该公司会破产,但清算后对债权人的受偿将会超过成本。2001 年年初,该公司违约隐现,伯克希尔联合 Leucadia 提交了破产预案。

从 Finova 公开发行的债券价格可以看出,这一时机把握得极好。该公司 2004 年 8 月 11 日到期、票面利率 7.25%的债券价格,在 2000 年 11 月和 12 月,下探至 56 美元左右(面值为 100 美元),随后逐步上扬,至 2001 年 6 月,其价格反弹至 92 美元左右(见图 6-29)。

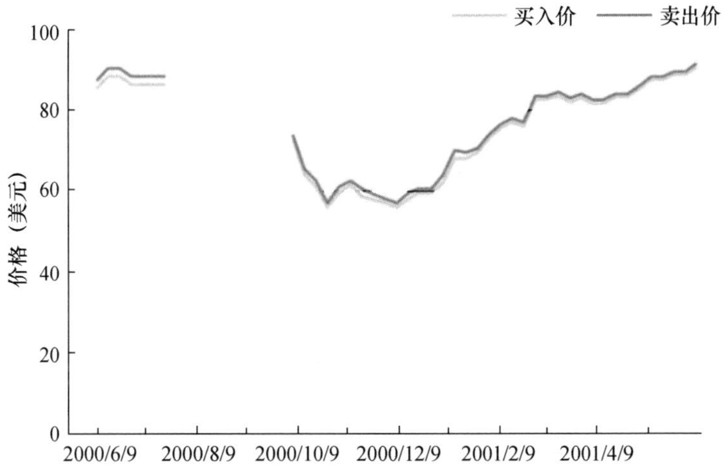

图 6-29　Finova 2004 年 8 月 11 日到期、票面利率 7.25%的债券价格表现

资料来源:CRT Capital Group,*Creating Value through Corporate Restucturing*。

5 000 万美元贷款本金无力偿还，引发 110 亿美元债务的交叉违约

2001 年 2 月 27 日，Finova 资本公告称“为了确保所有债权人在债务重组过程中获得公平对待”，延期支付银行贷款和债券本金。结果，Finova 没有按时支付 2001 年 2 月 27 日到期、票面利率 5.98%的 5 000 万美元贷款，由此引发了对约 110 亿美元的银行贷款和债券等高级债务的交叉违约（见表 6-12）。在美国，交叉违约是有利于债权人利益保护的制度设计，一旦债务人在某一笔债务上发生违约，那么其所有其他债务均可视为违约。

表 6-12　2000 年 Finova 有 109.976 亿美元的高级债务

	1999 年 12 月 31 日	2000 年 12 月 31 日
商业票据和银行贷款，利率为 5.7%—5.8%	41.269	46.909
2010 年到期的中期票据，利率为 5.7%—10.2%	23.531	21.288
2009 年到期的高级票据，利率为 5.9%—10.6%	49.192	41.721
2002 年到期的无追索的分期付款票据，利率为 10.6%	0.085	0.058
总计	114.077	109.976

资料来源：Finova 10-K 文件。

2001 年 3 月 7 日，Finova 集团、Finova 资本和 7 家子公司申请破产保护，是当时美国历史上第八大破产案。据法庭文件，Finova 破产实体总共有 124.5 亿美元资产和 113.8 亿美元债务。债务包括旗下 77 家发行主体发行的 47 亿美元银行贷款和 64 亿美元债券。据穆迪称，这是自大萧条以来美国最大的公司违约案例，债务额几乎相当于当时受压资产策略基金总规模的一半。

前 20 名债权人中还包括：威灵顿信托（Wilington Trust），持有 4 亿美元的公开发行债券；纽约银行（Bank of New York），持有 9.8 亿美元的票据。其他债权人还有：美国银行（Bank of America），2.95 亿美元；瑞士信贷第一波士顿（Credit Suisse First Boston），2.595 亿美元；第一银行（Bank One），2.175 亿美元；大通曼哈顿银行（Chase Manhattan Bank），1.925 亿美元；巴克莱银行（Barclay's Bank PLC），1.25 亿美元；德国德累斯顿银行

(Dresdner Bank AG),1.575亿美元。橡树资本虽非本案操盘主角,但也在无担保债权人名单中。

巴菲特重组方案被质疑

2001年2月26日,Finova集团及Finova资本与伯克希尔-哈撒韦、Leucadia和Berkadia签署协议:Berkadia向Finova资本提供60亿美元贷款,而Finavo的银行贷款和债券被重组,新发行50亿美元的10年期债券,以代替原有的债券,且Berkadia将持有新发行股权的绝大多数,确保其获得绝对控股权。

这一方案一开始也遭到了债权人的反对。反对的理由集中在以下几点:首先,Berkadia的60亿美元贷款,以高于市场的利率进行偿还,而原有50亿美元债券的持有人的受偿率尚是未知数;其次,Berkadia提供的新增贷款具有更高的优先级别;最后,在Finova重组之后,债权人没有分配到任何股权。

在此背景下,2001年5月24日,GE资本联合高盛发出较此方案更优越的要约:GE联合体以70亿美元收购债权,高于巴菲特联盟的60亿美元。GE资本的意图,正如其CEO丹尼·雷登(Denis Nayden)所说:"我们作为资产管理人的经验,以及我们对Finova业务线的理解,使得GE资本是最能从这些资产中受益的人。"尽管后来GE资本联合体将对价提高到72.5亿美元,但在经过全方位的考量后,Finova的债权人最终接受了Berkadia的方案。

这一计划后来被修正,巴菲特在其《2001年致股东信》中披露了这一方案的交易条款:由巴菲特向债权人支付面值70%部分的本金和利息;另外30%无法用现金支付的部分由新发行的票据按7.5%的利率分期偿还。为了能够支付70%的本金和利息,Leucadia和伯克希尔组成联合实体Berkadia,两者分别占90%、10%的权益。由Berkadia向以FleetBoston牵头的17家银行辛迪加借入56亿美元(原计划60亿美元),再转手借给Finova。按照伯克希尔和Leucadia在Berkadia中的权益比例,伯克希尔对借款金额的90%提供保证,另外10%则由Leucadia提供保证,但伯克希尔也对这10%的金额作出保证,属于第二顺位的保证人。

Berkadia的这部分债权具备两个显著特点：第一，获得了对Finova资产的优先抵押权，也就是说，当Finova的资产被清算时，伯克希尔居于受偿首位。第二，Berkadia支付利息和承担利息之间有2%的息差，这部分息差由伯克希尔和Leucadia按权益比例享有。至伯克希尔2001年年报披露时，这部分贷款余额为39亿美元。

从中可以看出，Berkadia在获得足够安全边际的同时，赚取了“无风险”利润。安全边际来自买入原有债权的折让，而2%的息差贡献了无风险利润。从2000年年底及破产申请日2001年3月7日的负债情况可知，这两个时间点Finova的负债分别为109.976亿美元和113.8亿美元，若以110亿美元计算，其中的70%便是77亿美元，而Berkadia的买入价是56亿美元，相当于面值的73%，也就是说，债权人做出了让步，以面值73%的价格出售了债权。这一结果可能来自巴菲特的影响力。从Leucadia的首轮方案可知，其说服债权人以低于面值7%—10%的价格出售债权未果；后来的GE资本方案也将收购价提高到72.5亿美元。这两个方案看上去都更有利于债权人。

另外无法用现金支付的30%部分，在2001年8月10日通过的破产计划中也有披露。伯克希尔同意折价买入Finova新发行的总额32.5亿美元、票面利率7.5%的债券中的5亿美元，交易价格为面值的70%。出于对投资安全边际的考虑，这部分要约在某些条件下可以撤回，比如纽交所闭市。由于Finova最大的业务线是交通金融，贷款主要投向飞机资产，2001年“9・11”事件之后，其飞机资产被大幅减值。又因经济恶化，该公司其他应收款也随后被减值，Berkadia便终止了这部分提案。不过，从Finova年报中可看出，Berkadia的贷款并没有受到“9・11”事件的影响，至2005年，其贷款余额尚为5.06亿美元。

Aleris破产案：投资债权、转换为股权、IPO退出

Aleris因杠杆收购陷入困境，橡树资本乘机介入，两度买入Aleris的债权：第一次是在Aleris破产之前，以一定折扣买入债券；第二次是在破产融

资中,买入大部分新发行债券,获得公司控制权。在将Aleris私有化之后,橡树和阿波罗等基金获得Aleris新发行普通股的权利,通过重新IPO获利退出。

33亿美元杠杆收购将Aleris置入险境

2004年,美国联合铝业(Commonwealth Aluminum)与最大的铝和锌再生公司(IMCO)合并成Aleris,主要从事压延产品的生产和回收,原料铝板用于航空、航海、交通、建筑等。2004年兼并完成后,Aleris便通过收购大肆扩张,最著名的案例莫过于以超过10亿美元收购英国Corus集团。尽管因并购导致公司债务急剧膨胀,但其收入和利润也因此迅速增长,2006年收入达47.49亿美元。

2006年8月8日,德州太平洋集团(TPG)宣布将以52.5美元/股的价格收购Aleris,该对价较其8月7日41.39美元/股的收盘价溢价27%。该收购采用杠杆方式,总对价33亿美元,其中,17亿美元用于收购Aleris的股权,16亿美元用于承接债务,并最终于2006年12月完成。

杠杆收购即举债收购,融资结构呈现倒金字塔形。最高层级是优先债务,约占收购金额的60%,由被收购企业以其资产抵押,由银行提供贷款;第二个层级是夹层债务,即过桥资金,约占收购资金的30%,包括次级债券、可转换债券和优先股股票;最底端才是体现所有者权益、并购方以自有资金对目标企业的投入,约占收购资金的10%。在实际操作中,并购方并不是用本企业的资产或收入作为担保,而是由被收购方提供担保。一般由并购企业先成立一家专门用于收购的“壳公司”,再由投资银行等向并购方提供一笔“过渡性贷款”用于收购目标企业股权。接着以“壳公司”的名义举债和发行债券,然后依照公司法使两者合并,将“壳公司”因并购产生的负债转移到目标公司名下,再通过经营目标公司偿债、获利。由此发行的债券由于企业负债率较高、以未来收入或资产作担保,因而信用等级不高,被称为垃圾债券或高收益债券。

具体到TPG收购Aleris一案中,33亿美元的对价中包括:12亿美元的有抵押权的优先贷款和7.5亿美元有抵押权的贷款,属于杠杆融资中最高层级的优先债务；6亿美元高级债券和4亿美元高级次级债券，属于杠杆融资中的夹层债务；另外3.5亿美元来自股本和TPG的自有资金。

因而，收购完成后，Aleris的长期债务暴增，从2005年的6.31亿美元增至2006年的25.675亿美元，增长了3倍。利息费用也水涨船高，按照当年的预估数据，利息费用为2.197亿美元，比2005年的0.403亿美元高出4倍，利息保障倍数仅1.08倍(=2.376/2.197)，略微覆盖利息支出。

如果铝价继续高涨，新增的长期负债和利息支付并不会给公司经营带来致命影响，当时的CEO也表示“这并没有达到离谱的负债水平”。不过，该公司2006年的资产负债率已高达82.44%，如果遇到铝业周期逆转，息税前利润便无法覆盖利息支出。事实上，2007年年报数据显示，公司利息支出2.093亿美元，亏损1.286亿美元，息税前利润已经无法保证利息的偿还。而至2008年第三季度，其资产负债率已经高攀至让人无法忍受的86%。

TPG投资发生亏损

对投资者自身少量现金和大量低息银行债务的善加利用，使私募股权基金(PE)通过杠杆收购发展壮大。杠杆虽然在上升市场可以放大收益，但在下跌市场中也会放大亏损。例如，以1亿美元股本收购一家公司，再以2亿美元出售，投资者获利一倍。但若收购资金中仅20%为自有资金，80%来自银行贷款或者发行债券，以同样的价格出售，投资者获利5倍。反过来，如果售价不及收购价格的80%，则投资者自有资金全部损失，还要损失利息支出。

一旦遭遇周期下行，杠杆收购也必然面临危机。《金融时报》的数据显示，2008年开始，美国杠杆收购中的银行贷款违约率迅速攀升，至2009年年初，违约率已超过2000—2002年的水平，100美元的银行贷款中有8美元出现违约。在TPG收购Aleris一案中，由于TPG对19.5亿美元的优先债务做出了担保，2008年12月，TPG不得不帮助该公司偿还银行贷款。2009年2月12日，Aleris申请破产保护，令TPG的股权投资发生重大亏损。

橡树资本两次买入债权

橡树资本两度买入 Aleris 的债权,第一次是在 Aleris 尚未申请破产保护前的 2008 年。据《金融时报》报道,2008 年第四季度,橡树资本开始大量收购 Aleris 的债务。虽然无从得知其购买 Aleris 发行在外债券的折价幅度和对银行贷款的买入折扣,但从杠杆收购贷款迅速蹿升的违约率和 TPG 的损失可以大致推断,Aleris 债券价格曾出现了大幅跳水,而银行出于流动性需要,为尽快收回贷款,在转让时也做出了一定折扣的让步。

对于收购时机,橡树资本把握得相当好。TPG 为优先债务做出的担保,使得 TPG 在 2008 年 12 月必须替 Aleris 偿还银行贷款,这令 Aleris 的债务升值,但 Aleris 债权投资的不确定性仍非常高。首先,TPG 的偿债获得了对 Aleris 的一定控制力,这会稀释橡树资本的控制力度,而破产重整的整个过程,无一不是围绕控制权而展开。其次,据橡树资本的管理层表示,当时无法预测哪些债务会重组,哪些不在重组之列,只能根据多年的经验和对公司债务的分析,判断哪些债权值得购买。

橡树资本在 Aleris 申请破产保护后再次购买其债权。作为重整计划的一部分,Aleris 需要进行破产融资,这一过程中的债务人被称为 DIP (Debtor-in-possession)。根据股权承诺协议,橡树资本、阿波罗和贝恩旗下基金组成的救济方(the Backstop Parties)承诺,当 Aleris 发行股票和债券时,三方必须购入这部分新发行的股票和债券,所涉金额约 6.9 亿美元。这三家债权人已经控制了 Aleris 在美发行的定期贷款中的 67%。这些资金用于流动资金和重整计划下的支付,包括偿还 DIP 融资、支付管理费用、分配破产保护申请前产生的债权。另外,根据重整计划,DIP 融资额约为 10.75 亿美元,包括来自橡树和阿波罗的 5 亿美元定期贷款,以及来自德意志银行和美国银行的 5.75 亿美元循环信贷。

债权投资人获得 Aleris 新发行普通股

2009 年 2 月 12 日,Aleris 申请破产保护;2009 年 3 月 18 日,达拉华州破产法庭批准其总计 10.75 亿美元的 DIP 融资;2010 年 2 月 5 日,Aleris 提交重整计划。

重整计划的主要条款是：第一，贷款持有人可选择收取现金或是股票，也有权认购 Aleris 新发行的股票和债券；第二，橡树资本、阿波罗和贝恩旗下基金组成的救济方承诺在公司重组中投资 6.9 亿美元；第三，重组后的公司将走出美国《破产法》第 11 章，成为私人公司，控制权在救济方手里；第四，全额支付所有的管理费用，包括 503b9 款的贸易应付款；第五，除银行贷款之外的无担保债权可能获得 25%—50% 的清偿率（本来被减值到 1 万美元）；第六，其他无担保债权在 400 万美元的现金池中进行分配；第七，公司将至少拥有 2.33 亿美元的流动性，这些流动性通过现金和 5 亿美元的授信额度而获得。

2010 年 5 月 13 日，法庭通过 Aleris 修正后的重整计划——通过削减成本，提升经营绩效。2010 年 6 月 1 日，Aleris 脱离破产保护，当时的资本结构如表 6-13 所示。

表 6-13　Aleris 脱离破产保护时的资本结构

以未来收入为抵押的银行贷款（ABL Facility）	5 亿美元
2020 年到期、票面利率为 6% 的次级可交换债券	4 500 万美元
可赎回优先股	500 万股
普通股	5 000 股

资料来源：Aleris 的 S-1 上市文件。

在该资本结构基础上，Aleris 向部分原有债权人新发行了 3 071.3051 万股普通股，向破产申请后新进入的债权投资人发行了 6 577.8623 万股普通股，向核心管理层发行了 8.9259 万股普通股。

同时，原有的普通股股东和优先股股东的权益全部废止。第一，原有的普通股和优先股被取消，对原有股东没有做任何分配；第二，所有原有的对外债务（约 110 亿美元）全部被取消；第三，全额支付新发行的债券和银行优先债务，以及 DIP 融资额。

由此，作为原有债权收购人和破产后的主要债权投资人的橡树资本和阿波罗成为 Aleris 的主要股东。2011 年 4 月 26 日，Aleris 向纽交所提交了 S-1 上市文件。披露信息显示，橡树资本持有 6 073 万股，在 IPO 之前占比

59.68%;阿波罗持有1 857万股,占比18.87%。至2011年6月30日,Aleris总资本12.391亿美元,债务5.49亿美元,股东权益6.847亿美元。Aleris计划出售3 130万股,出售价格为15—17美元,其中,Aleris出售940万股股票,其余2 190万股由其他股东出售,包括橡树资本和阿波罗。出售完成后,橡树资本持股比例将从59.7%降到40.4%,阿波罗的持股比例也将从18.9%降至12.7%。

案例6-3

如何从德尔福和通用汽车破产中获利?

一样的路径,不一样的回报

德尔福和通用汽车两个案例的情况非常相似,都是先进入美国《破产法》第11章的破产保护程序,于2009年6月前后先后经过债务重组成功摆脱破产命运,并再次重新上市;同时,两家公司都是以债权转股权的方式获得注资。但两者的股东回报却判若云泥,是什么原因导致了这种差异?

依据美国《破产法》理论和规定,一般而言,在进入破产程序并清算之后,受偿顺序依次为:员工工资、社保和税收;抵押债权;普通债权;优先股和普通股。在美国汽车企业破产案例中,拖累企业利润的员工工资和社保位于债权受偿顺序的第一位,所以,相较公用事业企业(因灾难导致的赔偿属于普通债权,受偿顺序排在员工工资、社保、税收和抵押债权之后),汽车企业破产清算的可能性大大提高。因而,当汽车企业开始呈现受压资产典型特征之后,对重组过程中各方利益博弈的判断更需要准确的把握和远见,同时需要非常专业的法理判断。

投资者在德尔福和通用汽车的案例中,回报率一正一负,恰恰体现了不同投资者的这种综合投资能力和财技。

第一步:进入破产保护程序

2005—2009年,美国的汽车产业面临严酷的生存环境:高油价导致高油耗车型需求放缓，高养老成本拖累公司利润，内忧外患导致汽车制造商不断陷入“资不抵债”境地，如最大汽车零部件供应商德尔福(Delphi)、柯林斯阿克曼公司(Collins Aikman)、保险杠制造商梅里殿公司(Meridian Automotive)、全球最大车体零件制造业者陶尔公司(Tower Automotive)、美国三大车厂之中的克莱斯勒和通用汽车等。

德尔福曾是美国通用汽车旗下的子公司，现在仍是美国汽车市场主要的零部件供应商。1999 年，德尔福从通用汽车分拆出来，2004 年第三季度亏损 1.19 亿美元，2005 年第二季度亏损扩大到 3.38 亿美元，2005 年第三季度亏损继续扩大至 7.88 亿美元，2005 年 9 月，德尔福取消了股息，并于 10 月申请破产。当时其资产额为 171 亿美元，低于 222 亿美元的债务额。

同样，在高油价和巨大养老负担的挫伤下，2005 年第一季度，通用汽车结束了持续 12 年的盈利记录而陷入亏损。1980—2008 年，通用汽车在美国本土市场的占有率从 45%大幅下滑至 22%，2009 年其在北美市场的占有率继续下滑至 19%。2009 年 6 月 1 日，不堪重负的通用汽车按美国《破产法》第 11 章向美国曼哈顿破产法院申请破产保护。破产申请文件显示，其总资产为 822.9 亿美元，不及 1 728 亿美元总债务的一半，陷入严重“资不抵债”的境地。

第二步：削减成本

在进入破产保护程序后，德尔福和通用汽车都采取了削减成本的举措。首先是资产处理、关闭工厂和整顿经销商。德尔福在其向纽约破产法庭递交的申请文件中表示，其美国事业体有“一大部分”将要出售、合并，或于关闭保护期间进行重整，预计将关闭美国境内的 31 家工厂。通用汽车在破产保护前在全美拥有 6 246 家经销商，最终 42%的经销商被清理，仅保留 3 605 家。

其次是裁员和降低劳动力成本。德尔福工会官员的信件显示，公司将致力于削减雇员的整体薪酬，将每小时薪酬从约 65 美元/小时降至 16—18 美元/小时，目标是将薪酬减至约 10 美元/小时，并削减生活成本补贴。同时，德尔福还实施了大规模的裁员行动和削减医疗福利措施。在破产之前，德尔福在全球范围雇用了12万名雇员,其中3万名是工会雇员,1.2万名是退休雇员。但有90%的小时工在美国之外,且1/3的员工是临时工。在破产申请后的一年中,德尔福成功裁员2.4万人。

第三步:债转股债务重组中最关键的财务安排

但是在企业展开自救的同时,庞大的养老金计划令政府很难不在其破产重组中担任重要角色,对通用汽车和德尔福公司均是如此。2009年7月和10月,通用汽车和德尔福先后走出破产重组。在政府主导下,新通用汽车于2009年7月10日成立,结束了通用汽车的破产保护程序。

2005年申请破产保护后,德尔福通过45亿美元的债务资源为其运营提供所需资金,并从其他渠道及亚洲、欧洲和美洲的证券市场进行融资。其拥有30亿美元的无担保和次级债券,JP摩根大通为首的贷款商集团和花旗集团也提供了20亿美元的长期债务人代管融资,而通用汽车也一直致力于向其提供救助,以确保零部件供应的稳定。但多方的帮助并没能使德尔福完成2007年年初摆脱破产保护的计划。而且,由于通用汽车的大股东——美国财政部对其1亿美元以上的交易有决定权,反对通用汽车进行一些看不到清晰结果的救助,并成功阻止了通用以1.5亿美元收购德尔福转向系统业务的计划。

最终,在美国政府对通用伸出援手之际,德尔福被拯救了,于2009年10月走出破产重组。在重组方案中,德尔福从通用汽车和美国联邦退休金保障公司(PBGC)手中回购公司股票后,包括银点资本(Silver Point Capital LP)和艾略特(Elliott Management)在内的债权人在2009年年末通过豁免其近35亿美元的不良贷款而收购了德尔福,并向其投资9亿美元。通用汽车也趁此大赚了一笔,在德尔福回购其剩余股份时获利16亿美元。

通用汽车也在美国财政部的帮助下,在破产申请后的一个多月内,火速确立了重组后的资本结构。根据美国《破产法》第11章第363款规定,将破产后通用汽车的品牌、海外子公司、少量负债等资产转移到一家新公司,由美国和加拿大政府、全美汽车工人联合会(United Auto Workers,UAW)和该公司多数无担保债权人共同所有,而原通用汽车则包含将要被清盘的公司业务。向法院提交的申请文件显示,美国财政部继续为其重组提供约 301 亿美元融资的条件是,通用汽车在 2009 年 7 月 10 日前获准将其最有价值的资产出售给新公司。

重组前,通用汽车债权人数超 10 万,其中前 50 个无担保债权人中,与债权持有人相关的债务约 273.8 亿美元,与工会相关的债务约 232.3 亿美元,与贸易有关的债务约 8.9 亿美元。无担保债权金额排在前两位的债权人分别为 Wlimington 信托公司和全美汽车工人联合会(见表 6-14)。

表 6-14 通用汽车重组前主要担保债务情况

	金额(亿美元)	占总债务比例(%)
债券债权人	273.80	53.10
Wilmington 信托公司(Wilington Trust Company)	227.60	
德意志银行(Deutsche Bank AG, London As Fiscal Agent)	44.44	
纽约梅隆银行(Bank of New York Mellon)	1.76	
工会债权人	232.29	45.10
全美汽车工人联合会(UAW)	205.60	
美国电子与通信业国际工会(IUE)	26.69	
贸易债权人	8.95	1.30
Starcom Mediavest	1.22	
Delphi Corp.	1.11	
其他	6.62	
总计	515.04	

资料来源:公司公告。

最终,敲定的方案出台。2009 年 7 月 10 日的重组方案中,新通用继承老通用的债务达 927 亿美元。鉴于 2008 年在接受美国政府 194 亿美元的注资之后,通用仍然无法维持足够现金流用以偿债和运营。重组后的新公司的资本结构建立在对原通用公司主要债务进行一系列债转股和债务减免操作的基础上,操作完成后美国财政部将在新公司占有 61%的绝对多数股份,其他债权人按相应比例分占剩余的 40%,并且由美国政府负责任命新通用的首批高管。同时,财政部长拉特纳利用政府背景和华尔街人脉,迫使债权人同意以270亿美元无担保债务换取10%的通用汽车股份,也迫使美国汽车工人联合会接受了17.5%的持股比例。

新通用IPO后,美国财政部的持股比例从61%降至33%,随着债券持有者将债务转换为普通股,稀释了股份,美国财政部的持股比例进一步降至27%。

重组成功后恢复盈利能力

重组后,德尔福盈利数据良好。破产重组迫使包括德尔福在内的美国汽车零件厂纷纷将生产基地移向海外,并大幅缩减员工薪酬以降低成本,这些措施帮助企业逐步恢复了盈利。德尔福对通用汽车的依赖度也从破产前的50%下降到重组后的25%。2010年,德尔福营业收入达140亿美元,2011年第一季度的经营数据健康,净销售额同比增长17%至40亿美元,净利润从上年同期的2.15亿美元增至2.91亿美元。据分析,考虑到对汽车生产商方面的预期,2011年该公司有望实现10%的增长。

通用也在重组方案中确立了新的经营战略。重组后,新通用把产品线缩减至四个主要品牌——雪佛兰、凯迪拉克、别克、GMC,处理掉的品牌包括耗油大户悍马(Hammer)、土星(Saturn)、欧宝(Opel)、萨博(Saab),大幅削减劳动力成本,将公司的盈亏平衡产量缩减到1 000万辆,同时将经销商数量精简至3 600个,并计划在未来3年内关闭14家工厂和3家配送中心。2010年,通用汽车净利润达47亿美元,为1999年以来的最高水平,也是其2004年以来首次实现盈利。2011年第一季度,其息税前利润为35亿美元,调整后的息税前利润为20亿美元,营业收入同比增加47亿美元至362亿美元。公司董事长兼首席执行官丹·艾克森(Dan Akerson)对此表示:“我们正在按计划向前推进。通用汽车已经连续五个季度实现盈利,这得益于消费者对我们具备高效燃油经济性新产品的强劲需求以及我们富有竞争力的成本结构,使我们得以充分利用全球的优秀品牌,并着力于驱动汽车业务的盈利性增长。”

2011年第二季度,通用汽车营业收入同比增加62亿美元至394亿美元。调整后的息税前利润为30亿美元,高于上年同期的20亿美元。

投资者回报迥异

尽管德尔福和通用汽车都走过了"破产申请—重组成功—恢复盈利"的一致路径,但这两家公司的投资者获得的回报有天壤之别。2010 年 11 月 18 日,通用汽车重回纽交所,发售 4.78 亿股普通股,发行价 33 美元/股。2011 年 5 月 25 日,德尔福提交重新上市的申请,并表示此次 IPO 融资规模估计最高为 1 亿美元,募集资金将用于偿还债务和购买固定设备。路透分析认为,如果不出现大的变故,按照当前利润率计算,德尔福的息税折旧前利润(EBITDA,未计利息、税项、折旧及摊销之利润)将达到 21 亿美元。而业绩稍逊的竞争对手 Visteon(VC. NYSE)市盈率为 4.6 倍,以这个保守数字估算,德尔福的市值约可达 95 亿美元。扣除债务和现金后,德尔福股权或价值 83 亿美元,比其目前所有者当初以约 30 亿美元面值债券转股权的注资多出一倍有余。

通用汽车的股东则是另一番命运。据英国《金融时报》的伯纳德·西蒙和泰利斯·蒂莫斯分析,通用汽车再度 IPO 让为其提供 495 亿美元贷款和股票的美国政府收回了 136 亿美元。通用汽车已偿还了 71 亿美元政府贷款,2010 年 12 月又赎回了 21 亿美元的优先股。美国政府将需要以 56.98 美元/股出售剩余股份,才能收回全部投资。若考虑利息,盈亏平衡价将达到 58.51 美元。而以通用汽车 2011 年 8 月 19 日收盘价 22.16 美元来看,美国政府以及曾将其纳入受压资产投资标的的机构投资者们,盈利之路尚远。

第九节　中国式受压资产策略

目前在中国市场,与受压资产策略类似的情况是 ST 股票策略,去除 ST(俗称"摘帽")的过程便是"山鸡变凤凰"的过程,里面有很多投资机会。例如,2008 年遭遇三聚氰胺事件的伊利股份(600887)就是个绝好标的,其从危机中走出,很快就成为令人艳羡的 Tenbagger(能涨 10 倍的股票)。受债券兑付危机传闻拖累的 11 华锐 01(122115)也是这样的案例,曾在短期内从 100 元下跌到 74 元,而后又升至 90 多元,最后以面值 100 元被回售;中国本土创业投资机构东方富海在华锐风电上“受让应收账款+让渡转增股份”的操作手法也颇为经典,2014 年 12 月东方富海旗下投资主体联合大连一家投资机构以 94.5%的折扣按 17.8 亿元收购原值为 18.75 亿元的应收账款,而后被让渡以资本公积金转增的 14.4 亿股股本,第二年 4 月 30 日“戴帽”的华锐风电解除退市风险警示,这笔 14.8 亿元的投资也增值数倍。

由于法律环境等各种因素的不同,目前中国尚未形成系统性的受压资产投资策略,但受压资产投资标的却已随处可见,比如安全问题频发的食品企业、环境侵权或灾难多发的矿业企业等。

ST 公司也是一类较典型的中国式受压资产。“戴帽”过程类似于美国上市公司进入破产保护程序,而“脱帽”过程则相当于破产重组程序。从受“三聚氰胺”事件影响,伊利股份被“ST”到去“ST”的整个过程,我们可以总结出中国式受压资产投资路线的大致脉络。

食品业和矿业是受压资产较集中的领域。2011 年 7 月底爆出的“汤骨门”事件,使得味千(中国)(00538.HK)股价从约 18 港元最低跌至 8.7 港元,8 月 26 日收于 11.16 港元,仍较高位时下跌了 38%。近几年食品安全问题频发,使得食品行业成为国内受压资产较集中的领域。2008 年受三聚氰胺事件影响的伊利股份(600887)和蒙牛乳业(02319.HK),受瘦肉精事件打击的双汇发展(000895)等,均是中国式的受压资产投资标的。

环保相关领域也如此。根据中国的法理和相关法律规定,和食品安全致人损害一样,环境侵权也采取举证倒置原则,由侵权公司负举证责任,也就是说,如果侵权公司无法证明自己没有侵权,将承担侵权责任。这与其他民事侵权很不一样,后者实行“谁主张谁举证”的原则,需要受害者负担举证责任。所以,一旦发生环境侵权,侵权公司难辞其咎,将承担赔偿责任。进而言之,当有环境损害发生时,这类公司很容易陷入危机,如果被索赔金额巨大,极易陷入财务危机。

如紫金矿业(601899,02899.HK)自 2010 年以来不断陷入“环保门”。2010 年 7 月,紫金矿业所属紫金山金铜矿爆出环境违法案,同年 10 月 7 日在其提交给港交所的公告中称,公司已于 9 月 30 日收到福建省环境保护厅下发的行政处罚决定书,福建调查组认定的直接经济损失为 3 187.71 万元,对紫金矿业处以罚款 956.313 万元。2010 年 9 月,紫金矿业发生溃坝事件,2010 年 12 月 31 日,其曾公告称广东省信宜法院已受理信宜市钱排镇双合村及达垌村村民就起诉信宜紫金、宝源矿业及紫金矿业人身损害赔偿纠纷一案,索赔 1 167.8 万元。紫金矿业及信宜紫金、宝源矿业表示将应诉。2011 年 2 月,公司公告称被罚款 3 000 万元,5 名相关责任人被处以三年左右的有期徒刑。2011 年 2 月 15 日,紫金矿业公告称已收到广东省信宜市人民法院相关应诉通知书,获悉“9・21”溃坝事故中受害的 852 名村民向事件中的相关公司提出 1.7 亿元索赔要求。

由于中国并没有专门针对此类受压资产的投资策略,在 2010 年 9 月 21 日事发后,紫金矿业遭遇的系列索赔,并没有引起资本市场的连锁反应,其股价反而连创新高。不过,在其后的将近一年中,投资者从未青睐过紫金矿业,紫金矿业股价最多时下挫 55%。随着今后环境保护日益受到重视,这类公司将成为受压资产投资策略的绝佳标的。

依照举证责任倒置的分析,矿难频发的煤炭企业也是潜在的受压资产,不过由于食品安全和环境侵权领域的牵涉面和受害者人数更多,可能的赔付义务更大,这两个领域的侵权者是比煤炭企业更好的受压资产。航空业同样是危机频发的行业,但逻辑与举证责任倒置不一样,航空公司受两头(高昂的航油成本和管理费用)挤压,极容易陷入“资不抵债”的境地,如东方航空(600115)也曾于 2006 年 10 月因财务状况急剧恶化而披上“ST”外衣,2010 年 5 月脱去“ST”。中国式航空受压资产还有一个不同于美国汽车业和航空业的地方是,后者往往有沉重的养老负担,当面临破产时,极有可能获得政府援助。

2011 年以来交通事故频发的高铁行业也符合受压资产的表面特征。2011 年 7 月 23 日发生的甬温线特别重大铁路交通事故,致使 35 人丧生,并使中国高铁行业蒙受阴影,中国中铁(601390)和中国铁建(601186)于 7 月 25 日跌幅均超过 5%,中国南车(601766)和中国北车(601299)于事故发生后的第一个交易日跌幅均超 8%。但由于赔偿金额由铁道部支付(最终由纳税人埋单),高铁相关上市公司并未遭受相当的财务损失,目前还不具备受压资产的核心特征,如果有相关负担赔付义务的上市公司,也构成典型的受压资产。

2007 年修订的《企业破产法》,不管是神韵还是具体条款,都非常类似于美国《破产法》，甚至比脱胎于英国的中国香港"破产法"要先进得多，从制度上具备了对破产企业投资盈利的可能性。但由于传统的路径依赖，投资人仍偏好通过股权来达到对公司的控制。在现有的制度下，外部投资人仍难以通过债权获得公司控制权。

投资者收购债权也有可能收获意外惊喜。ST 北亚在重整计划中所确定的普通债权清偿率为 19%，但因一笔股权投资拍卖款进账，最终令其普通债权持有人获 100%清偿。若以 20%的价格收购 ST 北亚普通债权，投资者的获益空间达 5 倍。此外，ST 偏转的普通债权最终也获得 100%的清偿，ST 秦岭的清偿率为 50%，ST 星美和 ST 海纳分别为 30%和 25.35%。在战略投资者赠与 7 300 万元、荆州市政府捐款 1 000 万元后，ST 天发的普通债权的清偿率约为 21%。

选择债权是门技术活，结果通常是几家欢喜几家愁。在统计的 29 家进入破产重整的 ST 公司中，有 8 家的债权清偿率即使在重整条件下也在 20%以下，最终执行的清偿率也相差无几。据湖北万信会计师事务所的评估报告，ST 天颐的资产评估价值为 2.25 亿元，负债评估值为 7.01 亿元，净资产评估值为－4.75 亿元。在重组方无偿提供资金后，普通债权人获得 10.07%的清偿率。ST 沧化、ST 朝华、ST 宝硕、ST 华龙的普通债权清偿率均在 15%以下（见表 6-15）。这时收购债权并不划算。

表 6-15　29 家破产重整 ST 公司债券清偿率情况

序号	旧名称	上市代码	现名称	清算条件下债权清偿率	重整条件下债权清偿率	最终执行的债权清偿率
1	ST 天颐	600703	三安光电		10.07%	10.07%
2	ST 天发	000670		21%	21%	
3	ST 海纳	000925	众合机电	19.84%	25.35%	
4	ST 沧化	60072	ST 金化		11.33%	
5	ST 兰化	000631	顺发恒业	22%		
6	ST 朝华	000688		10%		
7	ST 宝硕	600165		13%		
8	ST 北亚	600705		7.50%	19%	100%
9	ST 华龙	600242	中昌海运		13%	
10	ST 星美	000892		4.91%	30%	
11	ST 长岭	000561	烽火电子	0%		

（续表）

序号	旧名称	上市代码	现名称	清算条件下债权清偿率	重整条件下债权清偿率	最终执行的债权清偿率
12	ST 华源	600094		0.59%	14.42%	
13	ST 九发	600180		3.08%	20.48%	
14	ST 鑫安	000719		17.05%		
15	ST 帝贤 B	200160	ST 大路 B. 东洋 B			2%
16	ST 北生	600556				
17	ST 新太	600728		16.77%	21.77%	
18	ST 丹化	000498				
19	ST 夏新	600057	象屿股份			
20	ST 秦岭	600217		10.97%	50%	
21	ST 深泰	000034	深信泰丰	0.46%	20.33%	
22	ST 偏转	000697			100%	
23	ST 光明	000587		8.58%	18%	
24	ST 锡化	000618	ST 化工			
25	ST 得亨	600699				
26	ST 盛润(莱茵达)	000030				
27	ST 创智	000787				
28	ST 金顺	600678				
29	ST 科健	000035				

资料来源:通过公开资料整理。

不过,在 A 股市场迄今已发生的案例中,债权收购方往往是重组方或其关联方。如 ST 星美案例中,其于 2008 年 12 月 29 日和重庆城奥签署资产与负债转让协议,由重庆城奥取得公司对外债权。根据重整计划,上海鑫以实业有限公司提供现金及非流通股股东让渡的部分股票,对债权人进行清偿或补偿,债权人未获清偿的部分债权由重庆城奥负责清偿,ST 星美将现有全部资产(除被设定担保的特定财产)转让给重庆城奥作为对价。而上海鑫以负责引进关联方新世界房产,向上市公司注入具有盈利能力的优质资产,以完成重大资产重组。

比较特别的案例是 ST 华源,它提供了另外一条可行的路径。在其债权清偿方案中,担保债权以担保财产的拍卖款项获得全额清偿。职工债权、税款债权均以华源股份资产处置所得全额清偿。而普通债权的受偿方案则包括两部分:一是以华源股份出资人让渡的股票按债权比例进行分配,以华源股份停牌前一日的收盘价 4.37 元/股作为测算依据,每 100 元债权受偿 3.3 股华源股份,即普通债权清偿比例为 14.42%;二是华源股份可处置资产的变现资金,按照《企业破产法》的规定先支付重整费用、职工债权、税款债权后,仍有剩余的,剩余资金向普通债权人按比例分配。

ST 秦岭的重组计划也同样存在债转股的安排。根据《偿债能力分析报告》,假定公司全部资产可按照评估值变现,普通债权可获得的清偿率约为 10.97%。为了维护普通债权人的利益,重组方又对该组债权作了调整:债权额的 20%以现金清偿;为提高普通债权的清偿比例,每 100 元普通债权受偿 5.2 股出资人让渡的 ST 秦岭股份。按 ST 秦岭的停牌价 5.78 元计算,这两项调整使得普通债权的清偿率提高至 30%。合并计算,ST 秦岭普通债权的清偿率最终达到了 50%。

ST 股票策略:以伊利为例

"ST"公司是较易复制受压策略的标的。虽然 2007 年 6 月 1 日执行的《企业破产法》第八章规定了债务人的重整,如第 70 条规定,"债务人或者债权人可以依照本法规定,直接向人民法院申请对债务人进行重整。债权人申请对债务人进行破产清算的,在人民法院受理破产申请后,宣告债务人破产前,债务人或者出资额占债务人注册资本十分之一以上的出资人,可以向人民法院申请重整。"但鲜有陷入亏损的上市公司经由破产法庭中各方力量的博弈和重整而重新进入盈利周期。

中国资本市场中,有一种类型的股票非常类似于美国成熟的受压资产。根据交易所股票上市规则的相关规定,当上市公司连续两个会计年度的净利润为负值时,该上市公司被冠以"ST"之名。这一"戴帽"过程类似于美国上市公司进入破产保护程序,而"脱帽"过程则相当于美国上市公司的"破产重组"程序。在三聚氰胺污染事件侵袭之下的伊利股份即是一例,从其被"ST"至去"ST"的整个过程,我们可以总结出中国式"受压资产"投资路线的脉络。

2008 年 9 月 11 日,石家庄三鹿集团公司发出声明,经自检发现部分批次三鹿婴幼儿奶粉受三聚氰胺污染,公司决定立即对 2008 年 8 月 6 日以前生产的婴幼儿奶粉全部召回。由此爆发出中国乳业的三聚氰胺事件。除污染最严重的三鹿,蒙牛乳业、伊利股份等知名乳制品企业也深陷其中,伊利股份 2008

年由此巨亏 16.87 亿元。三聚氰胺事件发生之后,伊利股份于 2008 年第三季度和第四季度分别进行资产减值 1.26 亿元和 1.43 亿元。

财报显示,伊利股份 2007 年亏损 2 100 万元,但 2008 年"三聚氰胺"事件导致归属上市公司股东的净利润为负 16.87 亿元。根据《上海证券交易所股票上市规则》有关规定,2007 年、2008 年连续两年亏损的伊利股份,于 2009 年 5 月 4 日被上交所实行退市风险警告,公司股票简称由"伊利股份" 改为"＊ST 伊利"。

2008 年 9 月 10 日至 10 月 28 日,伊利股份股价由 14.54 元跌至 6.45 元,跌幅为 55.64%。蒙牛乳业股价仅 2008 年 9 月 23 日一个交易日,就大幅下挫 60.25%。

危机公关、削减成本,重新盈利去掉"ST"。公告资料显示,2008 年第三季度,伊利股份开始受"三聚氰胺"事件影响,由于进行了资产减值,净利润变为负值,为－2.32 亿元;2008 年第四季度,其营业收入开始大受影响,仅为 25.49 亿元,环比降低 66%,净利润亏损扩大为 16.44 亿元。

事发后,伊利股份立即启动危机公关——道歉回收、采取国家顶级机构检验,并大打广告,声称"未检出三聚氰胺"来自证清白。2008 年第三季度至 2009 年第一季度的三个季度中,伊利股份因食品安全事件而陷入财务危机,并借机进行了"瘦身运动"。2008 年第四季度,伊利迅速压缩管理费用,该季度管理费用仅为 2 500 万元,而 2008 年前三个季度的管理费用分别为 2.6 亿元、2.85 亿元和 3.13 亿元。

在逐渐走出危机后,自 2009 年第一季度开始,伊利股份从三聚氰胺事件中恢复,实现盈利。

2010 年 6 月 7 日,伊利股份公告称,2009 年实现归属于上市公司股东的净利润达 6.48 亿元,扣除非经常性损益后的净利润为 5.34 亿元。经上海证券交易所批准,从 2010 年 6 月 9 日起撤销其退市风险警示及特别处理,公司股票简称由"＊ST 伊利"改回"伊利股份"。随后,伊利股份股价迅速收复失地,2009 年 10 月至 2010 年 11 月从 6.45 元涨至 46.1 元,升幅为 614%。

第七章
对冲基金策略:相对价值套利策略

第一节 概　　论

相对价值策略主要靠模型分析出不同金融产品之间的内在相关性以及市场的错位定价,比如同一公司的股票和债券对该公司的利好/利空消息反应速度不一样,会导致错位定价。通过买进相对“便宜”的产品同时做空相对较“贵”的产品,假以时日,市场上会逐步将错位定价归位,从而从中套利。

其中所涉及的金融产品可以是同一公司的股票与债券、同一公司发行的不同层次的债券、同一行业不同公司的股票、不同公司的债券、国债与公司债券、不同期限的国债或者不同国家的国债,等等。该策略的关键在于所建模型能准确迅速地找出错位定价并以最低成本建立合理的仓位。

广义而言,可归为相对价值套利策略的有可转债套利策略、并购套利策略、股票市场中性策略、股票统计模型套利策略、配对交易策略(比如美的集团和格力电器、海康威视和大华股份)、固定收益套利策略、资本结构套利策略等。股票市场中性策略和股票统计模型套利策略已在第五章中介绍过了,而并购套利策略在前一章中已经做过介绍,本章不再赘述。

在针对亚洲的对冲基金中,目前有为数不多的全球相对价值套利策略对冲基金的亚洲基金做得不错,亚洲本土也有几只这方面的对冲基金,主要针对日本市场,有的已经在金融海啸中“丧身”。由于该策略涵盖范围可以非常广泛,投资往往需要跨市场或跨大类资产类别,对基金经理素质要求很高,是亚洲对冲基金行业中需要大力发展的一个策略，还有很大的发展空间。

随着中国债券市场的逐步开放，尤其是以人民币加入 SDR 作为催化剂而推动国内债券市场的迅速发展，相对价值套利对冲基金策略在国内也将大有用武之地。

资本结构套利策略主要通过分析市场定价错位来套利。比如，由于投资者群体和需求不同，同一个公司的股票、优先债券、次级债券、可转债券等的交易定价的合理性往往不一致、会产生一定背离，因为不同的投资者群体对这一公司的利好利差消息的反应速度不一样。基金经理可以通过对这些不合理性的分析来对同一公司的不同证券建立相应的多头及空头仓位，等待这些证券的定价趋于其合理价位来获利。基本策略是做空相对贵的证券而做多相对便宜的证券。

这种策略的关键是通过建立“合理性定价”分析模型，来准确地分析不同证券定价的不合理性程度以建立相应的仓位。另外，由于这种策略往往涉及在不同种类证券市场建仓，要求基金经理有能力和资源在不同证券市场同时建仓或平仓，否则，利润可能会被“时间差”吃掉。

但由于资本结构套利策略本身在对冲基金家族中是一个小众策略，加上国内公司债券市场还很不活跃，做空更是有待大力开放，即使是个股做空也有种种障碍，因此该策略要在国内市场具体实施还有相当长的路要走。为了节省篇幅，本章只对该策略作简单介绍。

收益风险特征

我们以 HFR 相对价值对冲基金指数为代表来分析该策略的收益风险特征。

从表 7-1 我们可以看出，HFR 相对价值对冲基金指数在 1994 年 1 月至 2017 年 11 月的近 24 年中年化收益率为 7.67%，而 MSCI 全球股指的年化收益率为 5.21%；另一方面，相对价值套利策略的年化波动率为 4.03%，是 MSCI 全球股指的年化波动率 14.91% 的 1/4 略强；相对价值套利策略在 2008 年金融海啸期间的最大跌幅为 18.04%，而 MSCI 全球股指在同期的最大跌幅为 56.23%。这些统计数据充分显示了，长期而言该策略远远优于传统股市的表现：风险波动率仅为传统股市的不到 1/3，但总收益却超出传统股市 248.95％(见图 7-1)。更重要的是，在 2008 年全球经历金融海啸的过程中，该策略的最大跌幅 18.04％仅为传统股市同期最大跌幅的不到 1/3(见图 7-2)，非常有效地为投资者保护了资产。而且，与传统股市相比，相对价值套利策略指数的跌幅不仅深度小得多，而且跌幅出现的频率要低得多，持久期也要短得多。

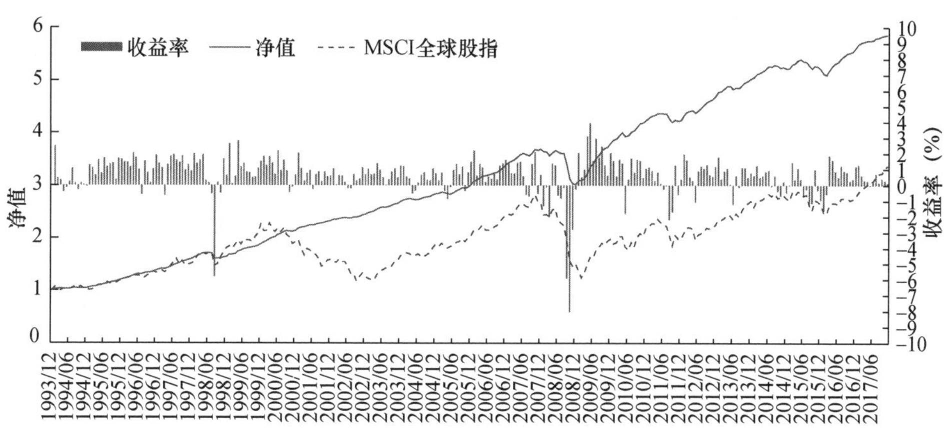

图 7-1　1994 年 1 月至 2017 年 11 月相对价值套利策略的业绩比较

资料来源：HFR、彭博。

从图 7-3 中可以看到，HFR 相对价值对冲基金指数与 MSCI 全球股指的 12 个月滚动相关性系数虽然在 2006 年以后有所提升，到了 0.8 以上，但该指数相对于 MSCI 全球股指的 12 个月滚动贝塔却始终处于很低的状况，最高时不超过 0.4，通常情况下处于 0.2 左右，这说明该策略接近于贝塔中性，对 MSCI 全球股指敏感度很低，投资收益主要是阿尔法回报。

图 7-4 证实了以上关于阿尔法回报的分析，我们可以看到在近 24 年的时间里，HFR 相对价值对冲基金相对于 MSCI 全球股指的 12 个月滚动阿尔法基本上为正，12 个月滚动复合收益率在大多数时候也呈现正值，说明在大多数情况下，投资以后 12 个月获得正收益的概率比较大，而且期望一个 8％—10％的年化收益率并不是奢望。

图 7-5 显示出，HFR 相对价值对冲基金指数的肥尾效应明显，肥尾效应分别发生在：2008 年 10 月，收益率为－8.03％，而当月 MSCI 全球股指的收益率为－19.91％；1998 年 8 月，收益率为 －5.8％，当月 MSCI 全球股指的收益率

表 7-1　1994 年 1 月至 2017 年 11 月相对价值套利策略的业绩比较

HFR 相对价值对冲基金指数												
	自成立			过去 12 个月			过去 3 年			过去 5 年		
2017.11.30	HFR 相对价值对冲基金指数	MSCI 全球股指	标普 500 指数	HFR 相对价值对冲基金指数	MSCI 全球股指	标普 500 指数	HFR 相对价值对冲基金指数	MSCI 全球股指	标普 500 指数	HFR 相对价值对冲基金指数	MSCI 全球股指	标普 500 指数
年化收益率	7.67%	5.21%	9.66%	5.69%	23.36%	22.87%	3.73%	6.20%	10.91%	4.79%	8.92%	15.74%
年化波动率	4.03%	14.91%	14.45%	1.43%	3.05%	3.90%	2.82%	10.65%	10.09%	2.63%	9.96%	9.50%
夏普比率(无风险利率为 0)	1.86	0.42	0.71	3.89	6.96	5.35	1.31	0.62	1.08	1.80	0.91	1.60
最大回撤	−18.04%	−56.23%	−50.95%	−0.01%	0.00%	0.00%	−5.58%	−14.82%	−8.36%	−5.58%	−14.82%	−8.36%
正收益月份百分比	80.84%	60.28%	66.20%	91.67%	100.00%	100.00%	72.22%	61.11%	72.22%	75.00%	65.00%	75.00%
与 MSCI 全球股指相关性	0.65			0.43			0.81			0.79		
与标普 500 指数相关性	0.58	0.94		0.28	0.50		0.72	0.93		0.68	0.92	

资料来源:HFR、彭博。

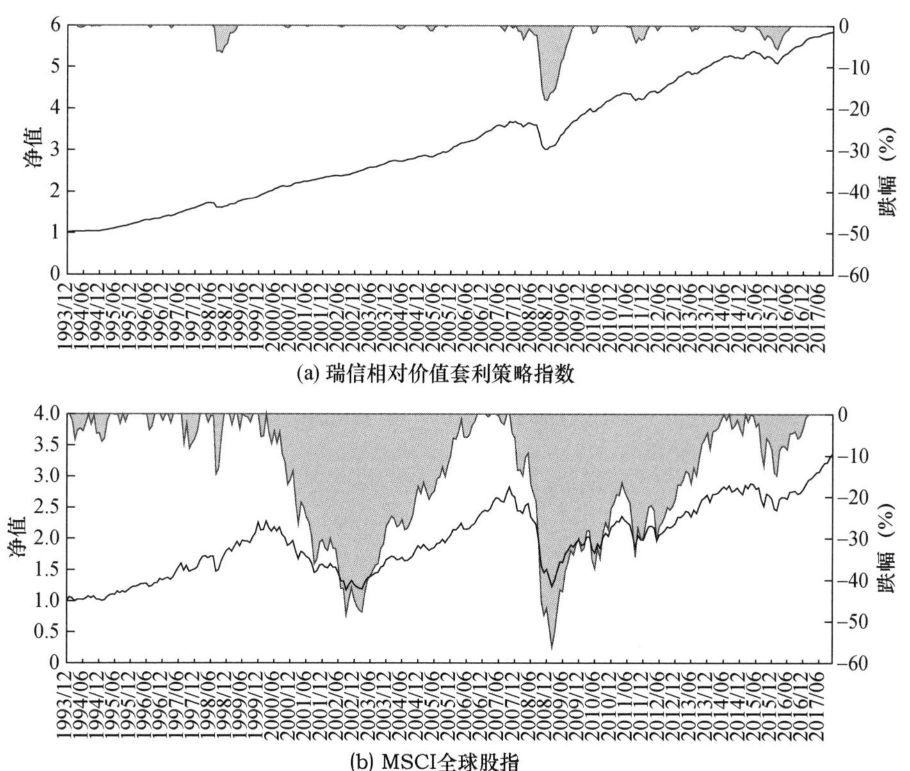

(a) 瑞信相对价值套利策略指数

(b) MSCI全球股指

图 7-2　1994 年 1 月至 2017 年 11 月相对价值套利策略的痛苦指数比较

资料来源：HFR、彭博。

为－14.15%；2008 年 9 月，收益率为－5.9%，当月 MSCI 全球股指的收益率为－12.68%。不难看出，该指数的肥尾效应是大市所造成的，说明在泥石俱下的狂风大浪中，该策略也难以独善其身。

从图 7-6 中我们很容易看到，HFR 相对价值套利策略指数在 MSCI 全球股指上涨时除了少数例外时期都在上涨，涨幅较 MSCI 全球股指的涨幅小；而在 MSCI 全球股指下跌的大部分时候，HFR 相对价值套利策略指数仍有正收益，明显地展现了阿尔法回报，但在 MSCI 全球股指大幅下跌时，HFR 相对价值套利策略指数也会出现亏损，跌幅会比大市的跌幅小很多。

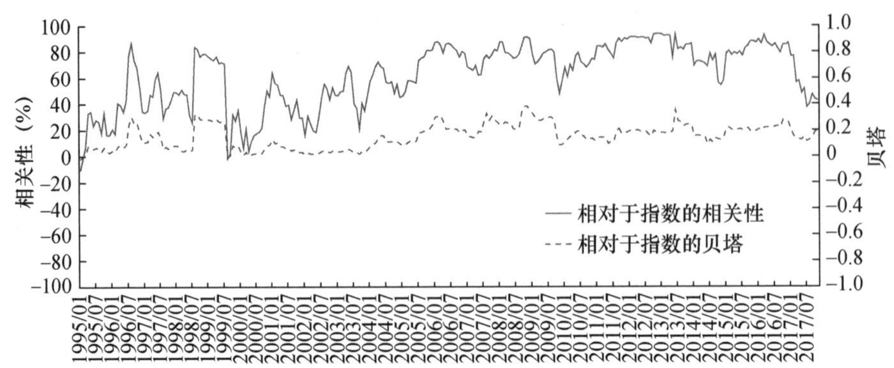

图 7-3 相对价值套利策略相对于 MSCI 全球股指的滚动相关性系数及滚动贝塔(12 个月)

资料来源：HFR、彭博。

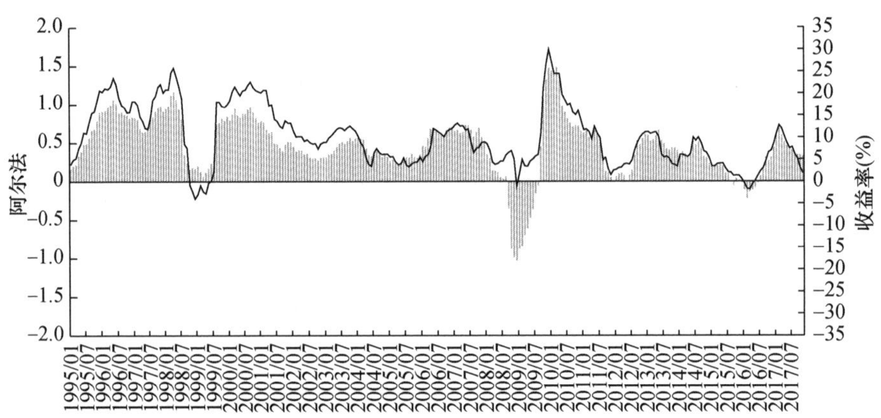

图 7-4 相对价值套利策略相对于 MSCI 全球股指的滚动阿尔法及复合收益率(12 个月)

资料来源：HFR、彭博。

相对价值套利策略的回报来源

从前面关于 HFR 相对价值套利策略指数的分析我们看到，相对价值套利策略以阿尔法回报为主要回报。由于这一类策略可以通过不同的子策略实现，具体的回报来源我们将在以下的章节中分别介绍。其中最关键的因素是所涉及的证券之间的“关系”，并假设在正常市场环境中这种“关系”是稳定的。捕捉这种“关系”的临时错位是其回报的根源。

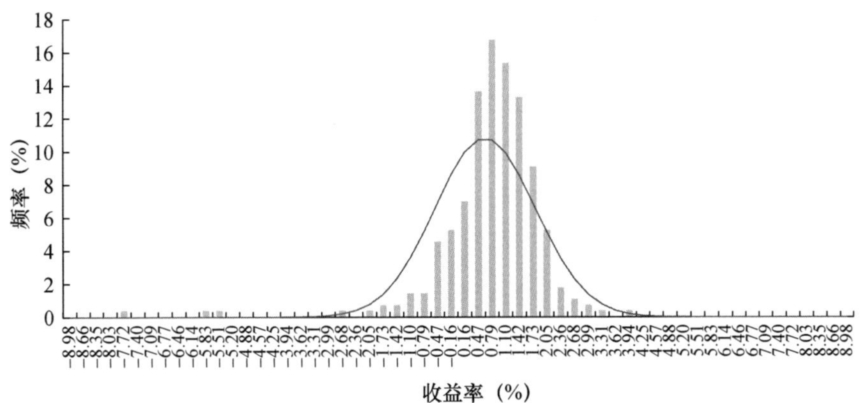

图 7-5　相对价值套利策略月度收益率分布图

资料来源：HFR、彭博。

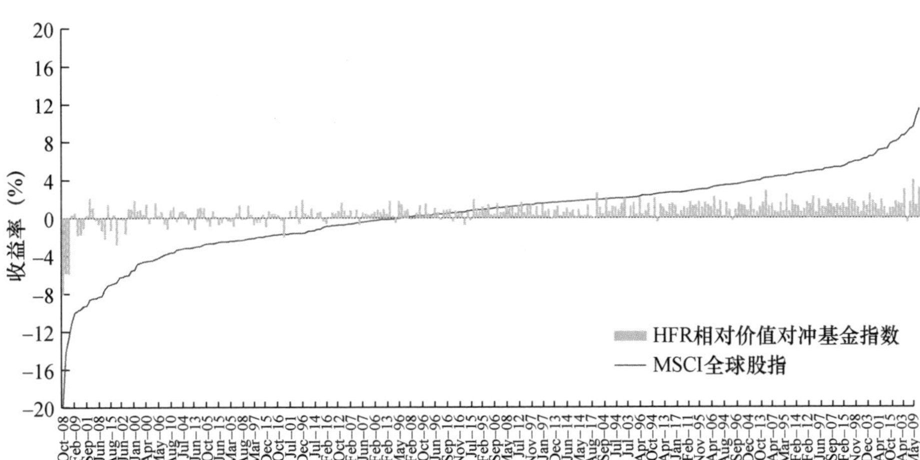

图 7-6　1994 年 1 月至 2017 年 11 月相对价值套利策略牛熊市分析

资料来源：HFR、彭博。

相对价值套利策略的风险来源

模型风险和执行风险。相对价值策略多是借助于模型来识别错位定价的，尤其像固定收益套利策略，用于套利的投资工具之间的定价异常极其微小，也多依靠杠杆加强回报，必须借助复杂的数学模型来筛选定价失效现象，寻找套利机会。模型风险和执行风险是很明显的。

肥尾风险("关系"破裂风险)。毫无疑问,相对价值套利策略依靠两种或两种以上的证券的价格之间存在某种内在关系,这种内在关系出现暂时性的错位定价进行建仓并期望这种错位定价能在很短的时间内消失而获利。但如果这种内在关系不复存在或至少在短期内失效,或者当不寻常事件的出现导致极端行情发生而造成市场行情的大幅震荡时,则往往会导致肥尾现象的发生,从而打破两种资产/证券之间的关系,导致套利的来源存在很大的风险。2007年秋至2008年春日本国债收益率曲线上的内在关系破裂而导致"长期资本系"众多对冲基金损失惨重就是一例。

对于各种子策略所涉及的杠杆风险、信用风险、流动性风险等,我们将在接下来的章节中分别介绍。

第二节 可转债套利策略

可转债是一种公司发行的债券,发行时约定债券在一定的条件下可以按一定的比例转换成公司股票,是一种集股票和债券于一体的复合金融产品,是一种进可攻、退可守的品种,其中有一个内嵌看涨期权。

可转债的价值根据公司股票价格所处的阶段不同而有所差异。当股票价格下跌时,股票价格低于可转债的转股价格(行权价),可转债内嵌的期权为虚值(out-of-the-money)看涨期权,所以价值较小,可转债持有者可以定期享受债券的固定息票,此时体现了可转债的债性;而当股票价格大幅上升,股票价格高于可转债的行权价时,内嵌的期权为实值(in-the-money)看涨期权,其价值增大,可转债持有者可以享受股票的高回报,此时体现了可转债的股性(见图7-7)。而当公司面临破产时,股票的价值几乎归零,人们对发行人违约的担忧上升,信用利差急剧加大,可转债定价由公司信用水平来驱动而比股票更急速地下降,此时可转债成为一种受压资产(distressed asset),可参考第六章中介绍的受压资产策略进行估值和投资。我们可以将可转债分解为"类股票段""高伽马段""类债券段"和"高信用危机段"(见图7-7)。每一段的特征不同,投资策略也相应不同。而可转债将这些特征集于一身,正是其吸引力所在。

可转债在2008年金融海啸中市场缺少流通性时被极端错误定价,给可转债套利策略在2008年第四季度造成史无前例的损失,当然也给2009年春的

新入市者带来了前所未有的获利机会。

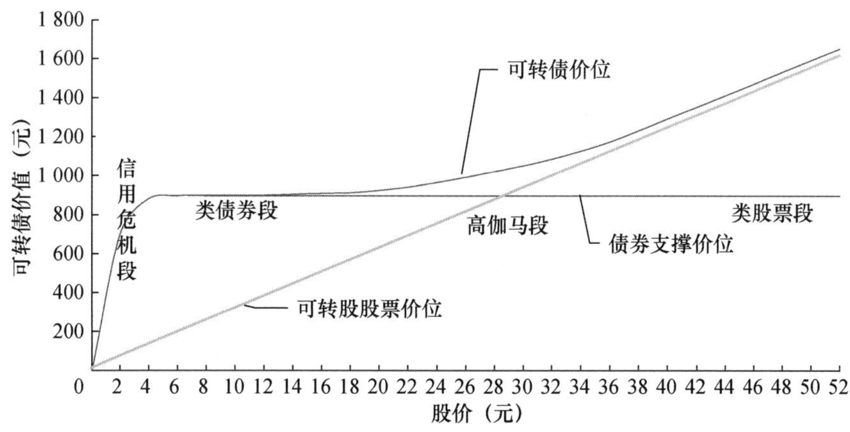

图 7-7　可转债价值图

资料来源:聂军。

可转债套利的操作很简单,基本上是沿用期权策略中的“德尔塔中性策略”,通常情况下买进可转债,再按内嵌看涨期权相应的德尔塔做空标的股票。在第三章中我们介绍过,德尔塔实际上是看涨期权在当前股价对应的期权价格曲线上相对应的那一点上切线的斜率,或者说是期权价格对股价的一阶偏导数。考虑到国内可转债市场正迅速活跃起来,我们略费些篇幅以一个具体的案例来详细说明如下。

案例 7-1

某公司发行一只息票率为 5%、到期期限为一年、面值为 1 000 元的可转债券,该债券可转换为 100 股该公司的股票,而股票在市场上的交易价为每股 10 元,可转债券的市场交易价为 1 104.5 元。如果一年利率为 3.5%,则该可转债券的债券支撑价为 1 014.49 元。

投资者甲在市场上以 1 104.5 元买进一只该可转债券,同时做空 50 股该公司股票(可转债券此时的德尔塔等于 0.5,即一只可转债券等价于 50 股股票),借股票成本为 0.3%。为简单起见,假设在到期之前不再调仓(实际操作中会考虑到股价的变动而根据“德尔塔中性”的原则调整做空的股数，从而实现“低买高卖”，收益会更高），以下是一年后几种市场情况下投资者甲的回报情况分析。

如果股价无变动：

债券息票收入=50元，

做空股票利息=500×3.5%=17.5元，

借股票费用=−500×0.3%=−1.5元，

总收入=66元。回报率为5.98%，远远高于一年3.5%的利率，同时也高于该债券5%的票息。

如果股价上涨了20%，可转债券价格随之上升到1 227.5元：

债券息票收入=50元，

可转债券增值=123元，

做空股票利息=500×3.5%=17.5元，

股票对冲头寸亏损=−500×20%=−100元，

借股票费用=−500×0.3%=−1.5元，

总收入=89元。回报率为8.06%。

如果股价下跌了20%，可转债券价格随之降到1 035元：

债券息票收入=50元，

可转债券亏损=−69.5元，

做空股票利息=500×3.5%=17.5元，

股票对冲头寸增值=500×20%=100元，

借股票费用=−500×0.3%=−1.5元，

总收入=96.5元。回报率为8.74%。

从以上例子，我们可以看出，在可转债券市场中，合理地建立对冲头寸，不但可以降低风险，还可以提高较稳定的投资回报率。无论股票是跌还是涨，该套利策略的回报都远高于无风险回报率和同等债券的回报率。

在上面的例子中，如果投资者甲做空的股票数不是50股而是35股，则属于“不足对冲”，此时投资者期望该公司股票上扬；相反，如果做空75股，则属于“过量对冲”，投资者预期该公司股票将下跌。

通过买进可转债券并且做空股票，是可转债券套利最常见的策略。除此之外，如果借股票来做空有问题的话，也可以通过买进可转债券但做空相关的股票指数(期货或期权)来实现其套利。另外，如果市场上有发行可转债券公司股票的期权，投资者也可以通过操作股票期权来达到做空股票的同等目的。当然，在目前国内尚很难做空个股，尤其是在融券成本高企不下的情况下，该策略在全面操作上仍有难度。

在全球对冲基金家族中，可转债套利策略对冲基金占 3%—5%，而在亚洲对冲基金中，该策略仅占 1%—2%，且有几家可转债套利策略基金因抗不住金融海啸而关门歇业。该策略在亚洲仍有很大的发展空间。目前还鲜有针对中国内地市场的可转债套利策略(原因在上面已经陈述)。亚洲可转债市场在全球可转债市场中占的比重越来越大，中国可转债市场也在迅速扩大。

过去几年，在 A 股市场，可转债作为一种融资方式，被非公开发行等主流融资方式挤压，逐步边缘化，2016 年仅有 8 单可转债发行。2017 年 2 月 17 日出台的再融资新规，理论上有利于可转债等融资方式的发展。2017 年 9 月 8 日，证监会发布修订后的《证券发行与承销管理办法》，解决可转债和可交债发行过程中产生的资金冻结问题，将现行的资金申购改为信用申购。国务院法制办 2017 年 10 月 10 日发布了修订后的《证券发行与承销管理办法》，进一步提升了这一规定的法律地位，重申了可转债申购方式的变更，打开了可转债这种融资方式的发展空间。具体为：网上投资者在申购可转换公司债券时无须缴付申购资金；而对于网下投资者，承销商今后不再按申购金额的比例收取保证金，基于管理承销风险的考虑，可向网下单一申购账户收取不超过 50 万元的申购保证金。截至 2017 年 9 月 28 日，目前证监会发行监管部的再融资申请企业中，拟采取可转债方式进行再融资的公司共有 68 家。有理由相信，可转债市场将迎来一轮新的投资“蓝海”，可转债套利策略在国内将有巨大发展空间。

第三节 可转债套利策略的收益及风险特征

我们以瑞信可转债套利策略对冲基金指数为代表，来分析该策略的收益风险特征，时间窗口仍然从 1994 年 1 月 1 日至 2017 年 11 月 30 日。

从表 7-2 中我们可以看出，瑞信可转债套利策略对冲基金指数在 1994 年 1 月至 2017 年 11 月的近 24 年中年化收益率为 6.59%，而 MSCI 全球股指的年化收益率为 5.21%；另一方面，可转债套利策略的年化波动率为 6.27%，不到 MSCI 全球股指的年化波动率 14.91%的 1/2；可转债套利策略在 2008 年金融海啸期间虽然曾遭遇史无前例的重创，其最大跌幅为 32.86%，然而仍然不到 MSCI 全球股指在同期的最大跌幅 56.23%的 60%。这些统计数据充分显示出，长期而言该策略远远优于传统股市的表现：风险波动率不到传统股市的风险波动率 1/2，但总收益却超出传统股市 123.2%（见图 7-8）。

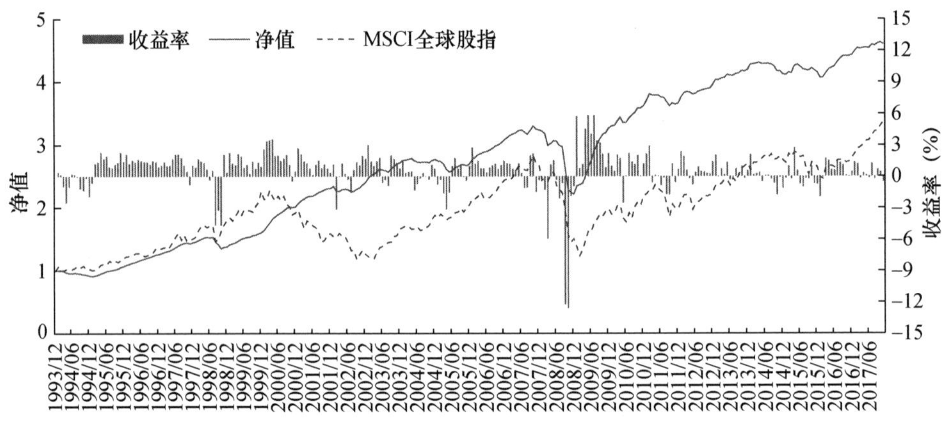

图 7-8 1994 年 1 月至 2017 年 11 月可转债套利策略的业绩比较

资料来源：瑞信对冲基金指数、彭博。

图 7-9 显示了瑞信可转债套利策略对冲基金指数在 2008 年金融海啸期间遭遇史无前例的重创，跌幅达到－32.86%，这种深度在该指数的历史上是极其罕见的，在此之前只有 1998 年时该指数的跌幅在很短的时间里超过 10%。2008 年该指数收益率为－31.58%，虽然说瑞信可转债套利策略对冲基金指数从 2009 年 1 月开始急速拉升，2009 年收益率为 47.35%，两年复合

表 7-2　1994 年 1 月至 2017 年 11 月可转债套利策略的业绩比较

	可转债对冲基金指数											
	自成立			过去 12 个月			过去 3 年			过去 5 年		
2017.11.30	可转债套利对冲基金指数	MSCI 全球股指	标普 500 指数	可转债套利对冲基金指数	MSCI 全球股指	标普 500 指数	可转债套利对冲基金指数	MSCI 全球股指	标普 500 指数	可转债套利对冲基金指数	MSCI 全球股指	标普 500 指数
年化收益率	6.59%	5.21%	9.66%	4.38%	23.36%	22.87%	3.37%	6.20%	10.91%	3.38%	8.92%	15.74%
年化波动率	6.27%	14.91%	14.45%	2.14%	3.05%	3.90%	3.27%	10.65%	10.09%	3.12%	9.96%	9.50%
夏普比率(无风险利率为 0)	1.05	0.42	0.71	2.01	6.96	5.35	1.03	0.62	1.08	1.08	0.91	1.60
最大回撤	−32.86%	−56.23%	−50.95%	−0.53%	0.00%	0.00%	−4.83%	−14.82%	−8.36%	−5.56%	−14.82%	−8.36%
正收益月份百分比	71.43%	60.28%	66.20%	66.67%	100.00%	100.00%	55.56%	61.11%	72.22%	58.33%	65.00%	75.00%
与 MSCI 全球股指相关性	0.44			0.51			0.65			0.45		
与标普 500 指数相关性	0.37	0.94		0.48	0.50		0.53	0.93		0.33	0.92	

资料来源：瑞信对冲基金指数、彭博。

收益0.81%。该指数一直等到2010年2月才“收复失地”重创新高。著名对冲基金——城堡基金就是这一策略的代表。

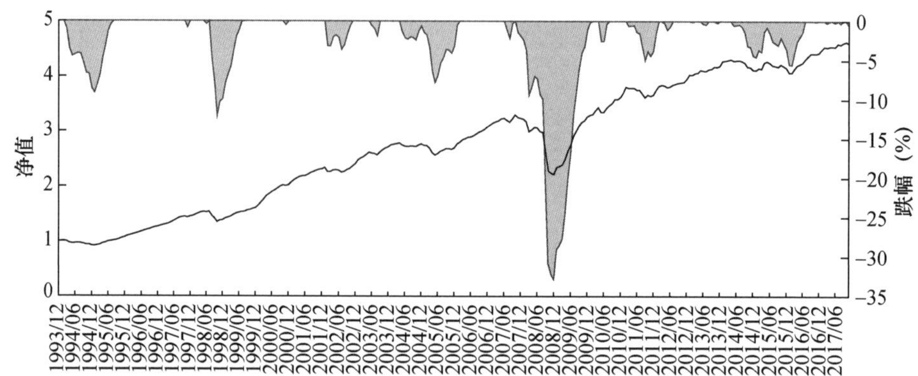

图 7-9　1994 年 1 月至 2017 年 11 月可转债套利策略的痛苦指数

资料来源：瑞信对冲基金指数、彭博。

图7-10展示了瑞信可转债套利策略对冲基金指数与MSCI全球股指的12个月滚动相关性系数及12个月滚动贝塔。我们可以看到该策略与大市的贝塔并不高，绝大多数时间的滚动贝塔均低于0.4，类似于前面介绍过的相对价值套利策略，多数时候是贝塔中性的。然而，该策略与MSCI全球的滚动性关系系数在大多数情况下却是正相关的。

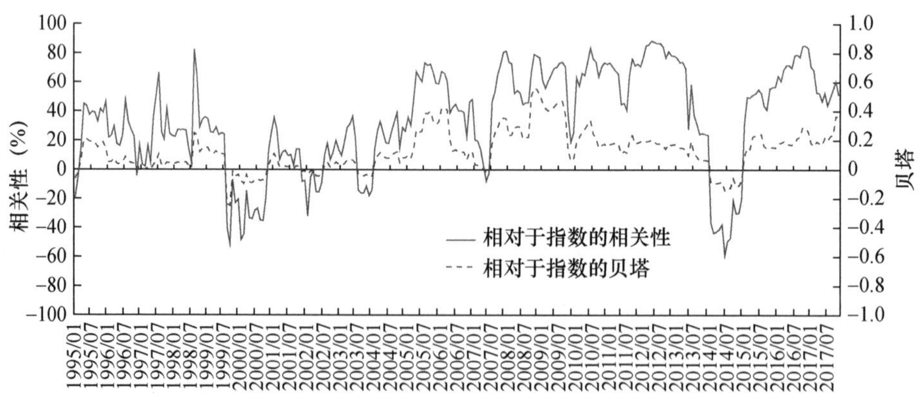

图 7-10　可转债套利策略相对于 MSCI 全球股指滚动相关性系数及滚动贝塔（12 个月）

资料来源：瑞信对冲基金指数、彭博。

我们可以从瑞信可转债套利策略对冲基金指数相对于MSCI全球股指的滚动阿尔法和连续12个月的复合收益率来看该策略的特征。图7-11显示了瑞信可转债套利策略对冲基金指数的 12 个月滚动阿尔法在绝大多数时间里是正的,但在 1995 年、1998 年、2005 年和 2008 年曾出现过较显著的负的滚动阿尔法,2017 年期间虽然该策略也有 4.38%的 12 个月滚动收益率,但与 MSCI 全球股指强劲的 23.36%滚动 12 个月收益相比较,可转债套利策略的 12 个月滚动阿尔法再次降为负值。从图 7-11 中还可以看到 8%左右的年化收益率是可以期望的。

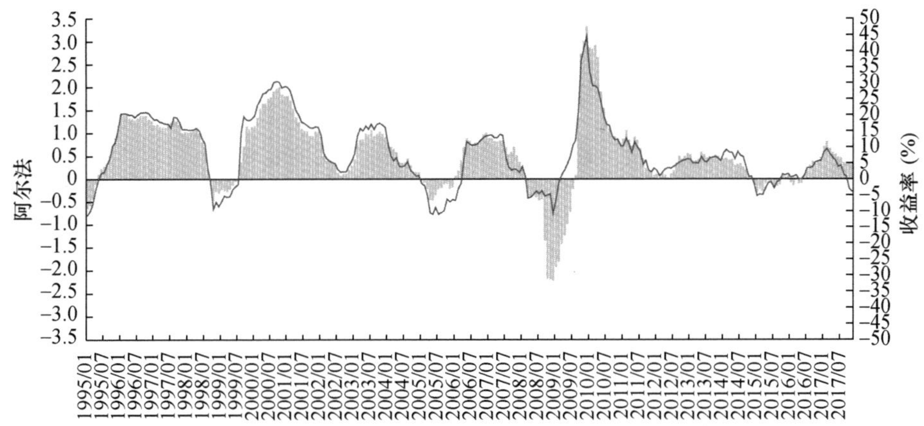

图 7-11　可转债套利策略相对于 MSCI 全球股指的滚动阿尔法及复合收益率(12 个月)

资料来源:瑞信对冲基金指数、彭博。

图 7-12 呈现的是瑞信可转债套利策略对冲基金指数在近 24 年里的月度收益率的分布图,从中我们可以清楚地看到该分布图中的左侧肥尾现象,这发生在 2008 年 9 月和 10 月金融海啸期间,前面我们已经多次提到可转债套利策略这个前所未有的黑暗时间段,2008 年 9 月和 10 月该指数分别下跌了 12.26%和 12.59%,均大于该策略平时一年的跌幅,而 MSCI 全球股指在这两个月分别下跌了 12.68%和 19.91%。

图 7-13 展现了可转债套利策略在 MSCI 全球股指牛市熊市的表现,从图中可以看出在股市处于牛市时,该策略也普遍上涨,唯一的一次例外发生在 1998 年 10 月,当月 MSCI 全球股指上涨 8.98%,而可转债套利策略下跌 −4.68%,属于 1998 年金融风暴的"余震"。在股市处于熊市时,可转债套利策略在绝大多数时候均有正收益,2008 年秋的金融海啸是例外,上面已经有叙述。

从上面不同角度的分析我们可以看到,可转债套利策略是很有吸引力的

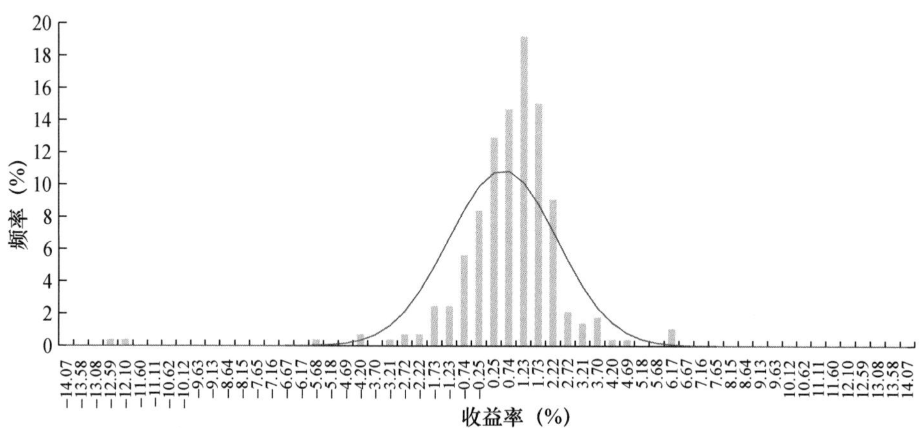

图 7-12　可转债套利策略月度收益率分布图

资料来源：瑞信对冲基金指数、彭博。

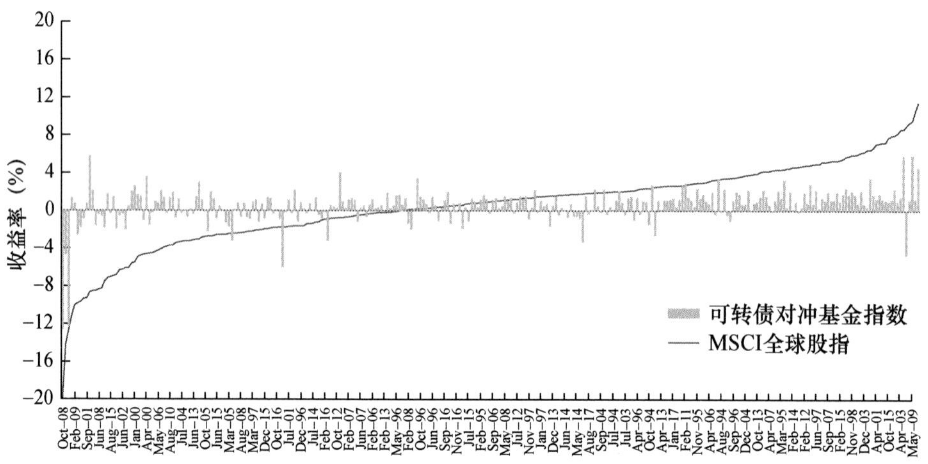

图 7-13　可转债套利策略牛熊市分析

资料来源：瑞信对冲基金指数、彭博。

一种投资，与传统的全球股指相比，瑞信可转债策略对冲基金指数的波动率、最大回撤、回撤发生的频率、回撤的深度都要小得多，但长期的回报要高得多。可转债还有一个特点是投资的时间窗口是可以根据债券的到期日而确定的，不像股市中的相对收益策略中的时间窗口是不确定的。2008 年的金融海啸实际上使该策略经历了一次“高信用危机段”，然后在 2009 年涅槃重生，再次恢复常态。从 2009 年 1 月到 2017 年 11 月，该指数已经上涨超过 107%，年化收益率超过8.5%,而年化波动率仅5.1%左右。

第四节　可转债套利策略的回报及风险来源

回报来源

阿尔法回报。前面我们已经看到,可转债套利策略的收益主要是阿尔法回报。

波动率回报。如前所述,可转债中有一个内嵌的看涨期权,而可转债套利策略是买进可转债的同时按德尔塔做空标的正股,使组合的德尔塔为零,即德尔塔中性。如果能动态地维持德尔塔中性,则在股价上升时德尔塔相应增大,必须做空更多正股(高卖);而在股价下降时德尔塔相应减小,就必须买回正股(低买)以维持德尔塔中性。如此由于波动率所获得的回报就是波动率回报。

信用回报。当公司接近破产时,该公司所发行的可转债和股票一样,价格迅速下跌,在公司运营恢复如常的过程中,可转债的价格也迅速收复失地,在接近破产时买入、在恢复正常时卖出能够获得不错的回报。而且,值得指出的是,当公司走出破产法庭时,如图7-7所示,在最左端的信用危机阶段,可转债比股票升幅大得多,此时与受压资产策略类似。在转股价格低于股票价格时,可转债投资者持有转债获得票息也是基于信用回报。

非流动性回报。相比于股票多/空头、宏观对冲等主流策略,可转债套利策略作为相对价值策略的一个分支,结构较为复杂,参与的投资者不多,容易造成错误定价,在恢复正常定价的过程中,可获得不错的回报。

股/债非有效性回报。同一家公司的股票和债券的投资者群体肯定不一致,股票的投资者群体不一定参与债券,所以对同一消息的反应不一,这有时会造成一定的错误定价。国内有30多只可转债,可转债发行规则修改后,可转债对个人投资者开放,相比于"打新股",可转债"打新"技能赚取微利,且存在破发风险。但实际上,可转债打新毕竟不同于股票打新,可转债的投资者还有票息收益,但需要时间。破发后怎么办?关键是事先是否做好功课,如果通过模型计算,持有可转债比持有股票有更高的正向收益(一般买进可转债、做空股票有正向收益,如果可转债涨得比较多,则反向操作,买进股票、做空可转债,也有正向收益,在西方叫 Chinese deal),可以继续持有,而如果发行时股价就处于高位,破发则会让投资者痛苦一段时间。

久期回报。可转债具有股票与债券相结合的属性,投资者可以持有到期,获得利息收入。

风险来源

VEGA 风险。从第三章我们知道期权定价依赖于六个变量,其中股价和波动率是其中最活跃的两个变量。可转债策略在做多可转债的同时需要准确地计算出可转债价格曲线上对应当前股价的切线的斜率,即德尔塔,以便做空相应的股票数量。这个组合实际上是德尔塔中性的,也就是说,对于股价小幅度的变化的风险已经被对冲了。这就使得可转债价格对于另一个活跃变量——波动率——的一阶导数 VEGA 的风险变得突出了。如果可转债套利策略需要始终保持德尔塔中性,则需要动态地准确地计算出可转债的价格,VEGA 风险就显得更加明显。

GAMMA 风险。虽然可转债套利策略对冲了可转债价格对股价的一阶导数,但该套利策略仍然面临可转债价格对股价的二阶导数所带来的风险,即 GAMMA 风险。图 7-7 中显示了在"高伽马段"和"信用危机段"时尤其如此。

信用风险。图 7-7 中的"信用危机段"可转债定价图非常清晰地呈现了该策略所面临的信用风险。

非流动性风险。涉及可转债投资,要特别注意债转股以后股票的流动性。流动性是可转债套利策略最大的风险因素之一。由于可转换债券属于较复杂的投资工具,自然投资者数量有限,其流动性远远低于等值的普通债券。单只可转换债券的流动性取决于发行人的市值、可转换债券的发行规模以及发行人评级等各种因素。可转换债券的买卖价差在危机期间也会明显扩大。空头对冲方面,空头头寸也面临提前平仓的风险。信用衍生对冲工具(例如信用违约互换)的流动性在一定程度上还取决于可转债套利基金经理在平仓时找到交易对手方的能力。

我们经历过这样一个实例,一位基金经理通过可转债券转换成股票后账面上有较大浮盈,但该股票在市场上流动性太差,他只好每天卖出一部分,刚开始时还能以每股 28 美元卖出,但由于没多少对手接盘,到最后他不得不以每股 2 美元卖出了结。不难想象,在这个过程中,他的盈利大打折扣。

利率风险。利率风险来自做多的债券敞口,其中可转债的价值将随着利率上升而贬值。有时,利率上升导致债券价格下跌,但如果同时也导致股票价格下跌,那么,在套利组合中,股票的空头头寸可以起到一定的避险功能。可转债套利基金经理可以使用利率期货和利率互换来对冲这种风险。

模型风险。由模型带来的系统性风险在 2008 年的美国市场上发生过。2005 年上半年构建可转债套利策略的模型雷同,各自的信息无优势,基金经理纷纷离场;从 2005 年下半年策略机会回来,一直到 2008 年,可转债市场表现平稳;雷曼危机发生以后,不少专门从事可转债套利的基金在 2008 年 9—12 月遭受重创,有的损失达到 50%。

汇率风险。汇率风险可能来自以非基础货币计价的可转债敞口,这是因为空头头寸是按德尔塔值做空的,这使得多头仓位和空头仓位金额不同而存在外汇风险敞口。中国市场开放之后,该策略的基金经理将要面临这一风险。

做空风险。由于可转债套利策略中很重要的“一条腿”是做空特定的标的股票,该策略面临所有做空的风险。

第五节　固定收益套利策略

在对冲基金界,固定收益套利策略常被形容成“压路机前捡硬币”。该策略通过建立复杂的模型来分析各种收益率曲线、信用曲线、波动率曲线来捕捉各种债券(同一国家的不同国债、各种公司债券、房贷按揭各种结构性产品、不同国家的各种国债、公司债券等)之间的价差,而进行套利。比如,就同一个国家的国债收益率曲线来说,由于市场对 3 年期、5 年期及 10 年期国债的不同需求,可能会在短期内造成 3 年、5 年及 10 年的利率起伏而出现异常现象而呈现套利机会。由于这种价差通常都较为狭窄,基金经理需要加上杠杆以增强回报。

图 7-14 和图 7-15 给出了两个这方面的实例。图 7-14 是美国国债收益率曲线,从中我们可以看到 1 年期国债受到某种原因的追捧而导致其收益率下降,可以看到这个收益率并没有偏离“主轨道”太远,有理由期待该收益率将在不长的时间里回归正常,所以可以做空 1 年期国债而买入 6 个月国债及 2 年

期国债进行套利。当然,我们也看到这种套利的空间并不是很“丰厚”,故而需要用到杠杆操作使得套利所获利润有实质性意义。

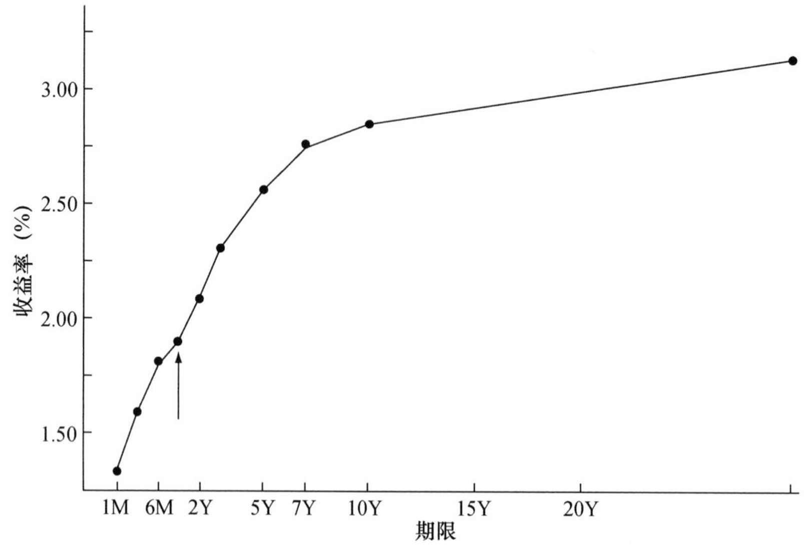

图 7-14 美国国债收益率曲线

资料来源:彭博。

然而图 7-15 中英国国债收益率曲线上的两个点偏离主轨道的幅度就较大,如果对之相应建仓套利,则很可能需要较长的时间才能使之回归正常,但显然这个套利的获利空间远比图 7-14 中的空间大得多,不需要太多的杠杆。

概括而言,固定收益套利策略可以认为是:① 通过做多流动性较差的债券而以流动性较好的债券对冲利率风险和久期风险;② 通过做多信用评级较低的债券而以信用较高的债券对冲利率风险和久期风险。这实际上是为债券市场的动荡提供了一个“看跌期权”,向债券市场卖出了一份稳定的“保单”。所以该策略不希望看到市场的大波动,尤其是“痛恨”不同层次债券市场的“撕裂”,是真正的“爱好和平者”。该策略追求的是建仓后债券价格的收敛而厌恶发散(“喜聚厌散”),可以理解为是做空市场波动率的,喜欢“太平盛世”的市场环境。从接下来的策略业绩的具体表现,我们可以很清晰地看到这种类似“卖保险”的特征。

具体来说,在成熟市场,固定收益套利策略有以下几种常见的套利方式:

对于债券而言,信用评级的不同使其在市场上的交易价格有显著的不同,

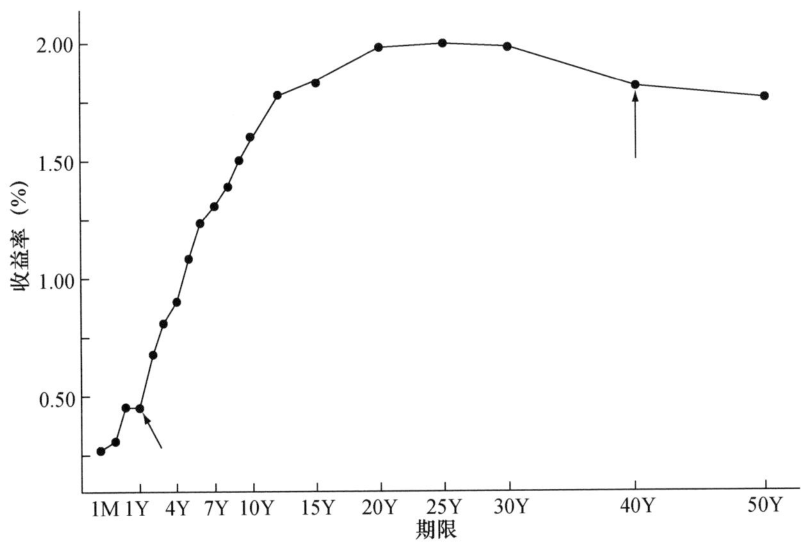

图 7-15　英国国债收益率曲线

资料来源:彭博。

最典型的固定收益套利策略正是基于此而获利。比如有一组债券,分别是:5年期国债、AAA 公司发行的 5 年期债券、一家更小的 CCC 公司发行的 5 年期债券,评级从高到低排列。这中间有两种固定收益套利:一种是 AAA 公司债券对国债的套利。买入 AAA 公司债券,做空国债以对冲利率风险,只要 5 年内 AAA 公司不破产、该债券不违约,二者的差价就会收敛,收益就是建仓时的价差。另一种是 AAA 公司对更小的 CCC 公司的套利。买入 CCC 公司的债券,做空 AAA 公司的债券,对冲利率风险和市场上的系统性风险,只要 5 年内 CCC 公司不破产、该债券不违约,二者的差价就会收敛,收益也是建仓时的价差。这两个例子的策略实际上可以推广到不同国家国债信用评级不同而带来的套利机会,当然也可以推广到跨国的不同公司债券甚至类债券的挂牌证券的套利机会。例如,目前国内很火的 ABS(资产支持证券)就可以被理解为上面“更小的 CCC 公司发行的债券”,将抵押品打包做成债券,以每个月或季度的房贷作为现金流,其信用评级比 AAA 公司债券低;以此类推,新兴市场发行的国债的评级比美国或者德国的国债低,可以买入新兴市场债券、做空美国或德国债券进行套利。

另外,在新发国债和已发国债间进行套利交易是最典型的固定收益套利策略,这也叫作发行驱动套利。美国财政部定期拍卖长期国库券、中期国库券及短期无息国库券。最近发行的定期国债称为“新券”(on-the-run),具有更好的流动性,而其他债券则为“老券”。尽管只是期限和流动性不同,但这两种债券仍然会存在微小的“价差”,美国30年国债的“新券”与“老券”的价差仅在12个基点左右。通过跟踪“价差”的变化和预测潜在的流动性变化(例如拍卖一种新国债来取代当前的“新发”债券),投资者有可能利用“价差”的变化来获利。

还有一种套利对象是泰德价差(TED)。泰德价差指相同期限的美国国库券期货与欧洲美元利率期货之间的价差,它反映了投资者对美国财政部及国际顶级银行相关信贷质量的预期。泰德价差在金融危机时期通常会扩大,这种现象通常被称为“安全投资转移”,如2008年金融危机时,泰德价差曾超过3%。相反,随着市场环境的改善和流动性的增加,泰德价差会逐渐缩小。1993年成立的芝加哥对冲基金管理公司Springfield(后更名为Deerfield),最初就以此作为主要策略。

前面提到过收益率曲线(yield curve)套利也是常见策略,即在收益率曲线的某些点上做多,而在另一些点上做空。比如,投资者做多5年期国债,而同时做空2年期国债与10年期国债。这种交易通常会买入那些收益率极高区域、处于收益率曲线上的扭结点(kink)上的便宜债券,而做空其他区域的到期债券。

债券使用收益率(yield)来定价,除了利用不同收益率的价差、收益率曲线上不同时点获利,也可以利用收益率曲线的形态(即趋于陡峭或平缓)来获利。如基于特定经济假设,可能导致货币政策或通胀预期的改变,收益曲线预计会变陡或变平缓,此时,应购买因这种变化受益最多(或受损最少)的债券,同时,做空受益最少(或受损最多)的债券。在当前市场环境下,由于主要发达国家采取量化宽松政策,很多投资者预计通胀会在某个时点回归,因此,最近收益曲线趋陡交易较为常见。也就是说,当通胀上升时,长期债券受损最多,短期债券受损较少,受通胀保护的债券受益最多,相应的策略便是做多短期债券和做空长期债券。

虽然固定收益套利策略在成熟市场中已经是对冲基金家族中很重要的独立策略,但在亚洲对冲基金中,很少有专门只做固定收益套利策略的对冲基金,一般是作为多策略复合型基金里的一个分支策略。

初级发展中的中国市场

国内的公司债券市场目前还刚起步不久,尚未形成一定的规模,要开展针对国内的固定收益套利策略的对冲基金业务仍有很长的路要走。但随着国内债券市场的不断成长和成熟,大力发展公司债券市场将能大力为实体经济服务。另外,在人民币进入SDR(特别提款权)后,全球各国央行可以买人民币作为储备货币,对于以人民币计价的资产尤其是中国国债等固定收益产品的需求会持续高涨,这也会大大促进和丰富中国国债的健全,也将使收益率曲线的各种套利策略成为可能。目前在国内市场还只是能在国债期货上面采取一些CTA的策略进行“固定收益套利”,但假以时日,可以预见固定收益套利策略将会有巨大的发展空间。

第六节　固定收益套利策略的收益及风险特征

我们选择瑞信固定收益套利策略对冲基金指数来仔细分析该策略的收益及风险特征,时间窗口则仍然选择1994年1月至2017年11月。而作为参照的传统投资指数则选为巴克莱全球债券指数。

从表7-3中我们可以看出,瑞信固定收益套利策略对冲基金指数在1994年1月至2017年11月的近24年中年化收益率为6.59%,而巴克莱全球债券指数的年化收益率为4.96%;另一方面,固定收益套利策略的年化波动率为5.11%,巴克莱全球债券指数的年化波动率为5.41%;固定收益套利策略在2008年金融海啸期间曾遭遇前所未有的重创,其最大跌幅为29.03%,大幅高于巴克莱全球债券指数在同期的最大跌幅10.08%。

图7-16展现了瑞信固定套利收益策略指数的月度收益率以及该指数与巴克莱全球债券指数的走势,从中我们可以看到在亚洲金融危机及全球金融海啸期间,瑞信固定套利收益策略指数曾遭遇很大的回撤,大幅高于巴克莱全球债券指数的回撤,主要原因除了做多的债券价格下跌造成的亏损,还有投资者寻求“避险天堂”的因素。因为固定收益套利策略中有许多子策略是做空美国国债以对冲利率风险的,但在市场急剧恐慌时投资者形成了抛售其他资产而买入美国国债的行为习惯,人们一直以来相信美国国债是世界上最安全的

表 7-3　1994 年 1 月至 2017 年 11 月固定收益套利策略的业绩比较

	固定收益套利对冲基金指数											
	自成立			过去 12 个月			过去 3 年			过去 5 年		
2017.11.30	固定收益套利对冲基金指数	MSCI 全球股指	标普 500 指数	固定收益套利对冲基金指数	MSCI 全球股指	标普 500 指数	固定收益套利对冲基金指数	MSCI 全球股指	标普 500 指数	固定收益套利对冲基金指数	MSCI 全球股指	标普 500 指数
年化收益率	5.16%	5.21%	9.66%	6.52%	23.36%	22.87%	3.43%	6.20%	10.91%	3.85%	8.92%	15.74%
年化波动率	5.11%	14.91%	14.45%	2.01%	3.05%	3.90%	2.15%	10.65%	10.09%	1.89%	9.96%	9.50%
夏普比率(无风险利率为 0)	1.01	0.42	0.71	3.16	6.96	5.35	1.58	0.62	1.08	2.01	0.91	1.60
最大回撤	−29.03%	−56.23%	−50.95%	−1.19%	0.00%	0.00%	−2.25%	−14.82%	−8.36%	−2.25%	−14.82%	−8.36%
正收益月份百分比	79.09%	60.28%	66.20%	91.67%	100.00%	100.00%	69.44%	61.11%	72.22%	78.33%	65.00%	75.00%
与 MSCI 全球股指相关性	0.39			0.73			0.51			0.47		
与标普 500 指数相关性	0.33	0.94		0.04	0.50		0.38	0.93		0.35	0.92	

资料来源:瑞信对冲基金指数、彭博。

"避险天堂",所以即使美国是2008年全球金融海啸的发源地,投资者还是不问青红皂白地买入美国国债以寻求安全保护,这无疑造成了对固定收益套利策略的双重打击。再加上该策略的杠杆普遍较高,这把"双刃剑"使得该策略雪上加霜。1998年著名的长期资本的对冲基金就是因此而关门歇业,而且还差点引爆一场全球范围的金融大灾难,稍后我们会详细介绍。

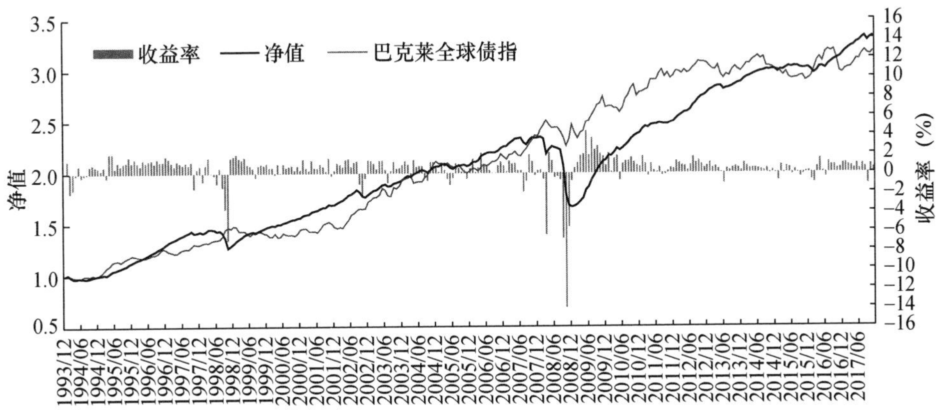

图7-16　1994年1月至2017年11月固定收益套利策略的业绩比较

资料来源:瑞信对冲基金指数、彭博。

从图7-17中我们可以看到,固定收益套利策略的痛苦指数通常都很小,除了上面提到的1998年和2008年,其他时间的痛苦指数都不超过-5%,而且指数常常是很平稳地创新高,可以说是"阳光普照的日子常有"。但是,当如2008年全球金融海啸之类的"大风暴"发生时,该策略也面临"滔天大浪"。

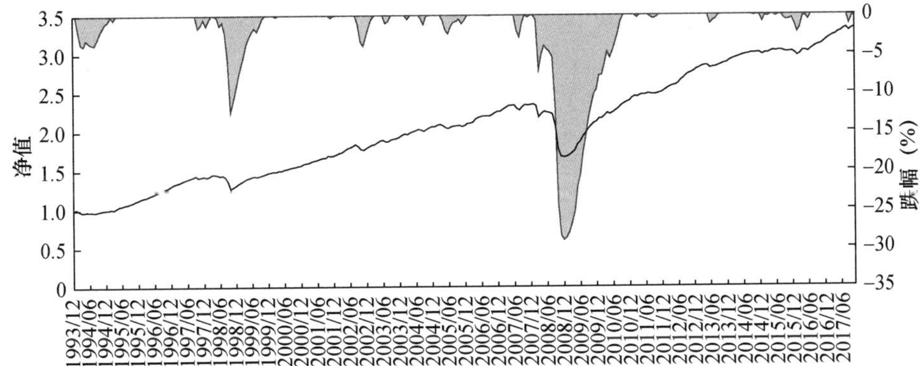

图7-17　1994年1月至2017年11月固定收益套利策略的痛苦指数

资料来源:瑞信对冲基金指数、彭博。

图 7-18 是瑞信固定收益套利策略指数相对于巴克莱全球债券指数的滚动 12 个月相关性系数及贝塔。我们可以看出这两个指数间并没有太多的相关性,相关性系数变动范围从－0.8 到 0.8;类似地,瑞信固定收益套利策略指数相对于巴克莱全球债券指数的贝塔没有很显著的特征,滚动 12 个月的贝塔的变动范围从超过－1 到超过＋1 不等。

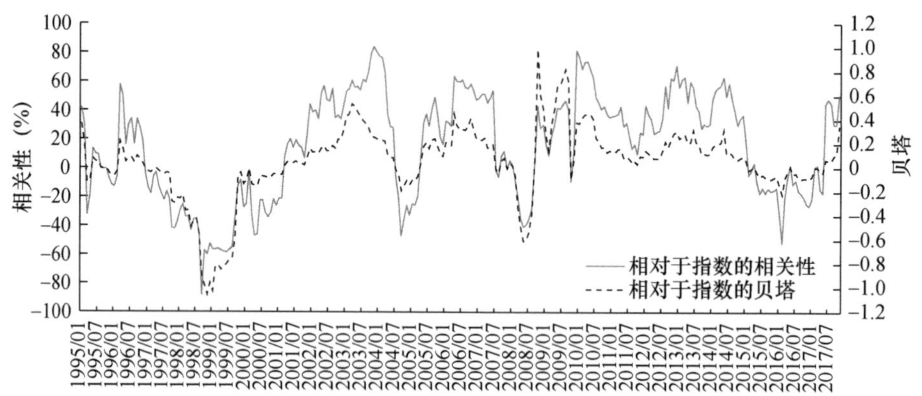

图 7-18　固定收益套利策略相对于巴克莱全球债券指数的滚动相关性系数及贝塔

资料来源:瑞信对冲基金指数、彭博。

从图 7-19 中可以很清楚地看出,瑞信固定收益套利策略指数连续 12 个月的复合收益率仅在 1998 年金融危机和 2008 年全球金融海啸时出现过负值,也就是说,在正常市场环境下,投资者有理由期望该策略每年有较大概率有正收益,期望每年收益率 6%左右应该有比较大的概率能实现。另外,相对于巴克莱全球债券指数,瑞信固定收益套利策略指数的 12 个月滚动阿尔法在大多数时间里是正值。

图 7-20 呈现了瑞信固定收益套利策略指数从 1994 年 1 月到 2017 年 11 月的月度收益率分布,从中读者可以看到该分布有明显的左端肥尾效应,所发生的时间点分别为 2008 年 10 月(－14.04%)、1998 年 10 月(－6.96%)、2008 年 9 月(－6.8%)、2008 年 3 月－(6.43%)、2008 年 11 月(5.6%)和 1998 年 9 月(－3.74%)。可以看出,除了 2008 年 3 月,其他时间都是全球金融海啸期间以及 1998 年金融危机期间由于大市的动荡造成的肥尾,是固定收益套利策略卖出的“市场动荡看跌期权”被“行权”所至。而 2008 年 3 月是“长期资本系”共振集体爆仓导致该策略的大幅亏损,有市场环境的原因,但更多

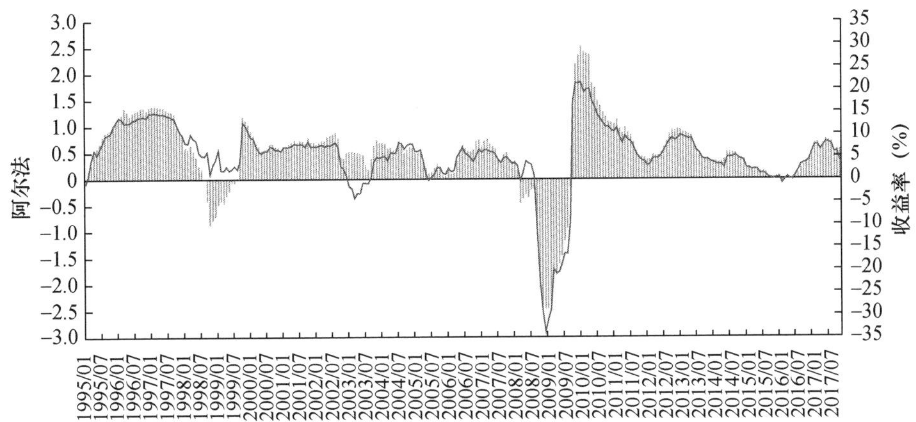

图 7-19　固定收益套利策略相对于巴克莱全球债券指数的滚动阿尔法及复合收益率

资料来源:瑞信对冲基金指数、彭博。

的是策略本身及相应的操盘手的问题。

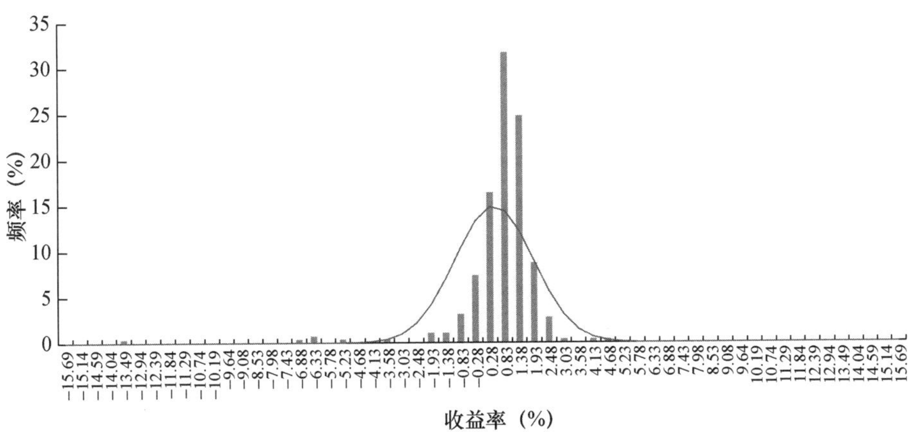

图 7-20　固定收益套利策略月度收益率分布图

资料来源:瑞信对冲基金指数、彭博。

图 7-21 显示了瑞信固定收益套利策略指数从 1994 年 1 月到 2017 年 11 月近 24 年间在全球债券市场牛熊市的表现,从中我们可以看到,无论牛市还是熊市,该策略在大部分时间里都有正收益,但在遭遇前面已反复提及的宏观金融大动荡时,该策略便会出现深度亏损。这正是因为固定收益套利策略实质上是卖出了一份市场动荡的看跌期权。在这近 24 年的历史业绩表现中,读者可以看到这种“看跌期权”被“行权”后所付出的代价。

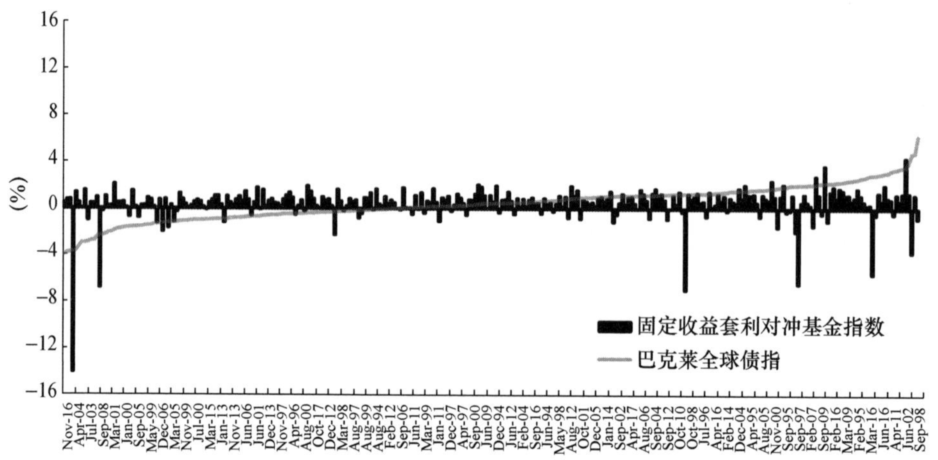

图 7-21　固定收益套利策略月度收益率牛熊市分析

资料来源:瑞信对冲基金指数、彭博。

第七节　固定收益套利策略的回报及风险来源

回报来源

前面我们剖析了固定收益套利策略的收益和风险特征,下面再看看其回报和风险的来源。总体而言,虽然说有林林总总可能的因素会造成债券之间相对定价的非有效性以及形成套利的机会,或许是市场突然的震荡所致,或许是某些大型投资者对于特定的时间窗口或时间长度的债券有特定需求所致,或许是因为特定债券信用被降级而某类投资者不能再继续持有(例如养老金基金不允许持有一定信用评级之下的债券)必须平仓而出现贱卖现象,或许是因为某些债券被发行者召回而出现较高价收购(可转债中就常有类似情形出现),或者是因为某些投资者在期货等衍生品交易中被迫接受实物交割后必须抛售所获得的债券,等等。但回报的主要来源是非流动性风险所带来的非流动性回报和信用风险所带来的信用回报。另外,由于该策略通常需要用杠杆,杠杆回报也是其收益来源之一。由于该策略往往是金额中性的,账户中通常会持有相当大比率的现金,现金管理也是其回报的一个来源。

信用回报。对于债券而言,信用评级的不同使其在市场上的交易价格有显著不同,最典型的固定收益套利策略正是基于此而获利。其操作是做多信用评级较低的债券而以做空到期日相近但信用级别较高的债券来对冲利率风险。由于信用评级较低的债券比信用级别较高的债券便宜,如果在债券到期之前信用级别较低的债券的发行者没有违约、没有倒闭,而做多、做空的两个债券的面值是一样的,则到期时投资者所获得的回报就是在建仓时这两个债券之间的差价。

非流动性回报。债券市场的投资者多为机构投资者,而且对所持有债券的久期有很明确的意向或要求,这使得各种债券的流动性呈现出不同的特点。固定收益套利者通过做多流动性较差的债券(即从对手盘买入流动性较差的债券),同时做空流动性较好的债券对冲利率风险和久期风险。如前所述,针对收益率曲线套利的策略就属于这种情况,某大机构因业务需求购买大批 1 年期国债,致使 1 年期国债的收益率下降,偏离正常轨道,此时流动性导致了错位定价,但一般这种状况不能持续很久,最终会回归到新的正常轨道。这时的策略是做空 1 年期债券,或做多收益率以赚取差价,但在持有期,收益率曲线可能会滑动,为了对冲滑动风险,可以采取做多 1 年期债券的收益率、做空 6 个月期和 2 年期债券的收益率,或者做多 1 年期债券的收益率、做空 6 个月期和 2 年期债券的收益率。待收益率曲线回复到新的平衡状态时可以平仓获利。

另一方面,固定收益套利策略做多的债券往往相对冷门甚至遭遇抛售(例如某债券被下调评级后),因此在这种时候建仓还有可能买到便宜货而带来非流动性回报。

杠杆回报与现金管理回报。固定收益套利策略每笔交易的获利往往需要利用杠杆来放大其收益,当然,风险也被相应加大。因为该策略在很多时候的操作是近乎市场中性的,账户中往往持有很多现金,这使得合理的现金管理能给基金的总收益带来较为显著的区别。

模型回报。要在浩瀚的债券市场中从瞬息万变的动态中捕捉到套利的机会并进行全面的分析,固定收益套利者需要迅速确定各种债券的价格并作出判断——是否“有利可套”。若有,该如何建仓套利,什么规模。所有这些都通过建立复杂的模型来分析各种收益率曲线、信用曲线、波动率曲线来捕捉各种债券之间的价差而进行套利。毫无疑问,精良的模型能给投资带来好的回报。

阿尔法回报。我们从对历史数据的分解可以看到,固定收益套利策略赚取的主要回报都是阿尔法回报,无论是新券老券间的价差、泰德价差、收益率曲线上的价差,都需要借助于模型找出高估和低估的证券,再做多被低估的证券,同时做空被高估的证券。需要有一个团队做好功课,精心做好投研,精准运作和执行。

风险来源

如前所述,固定收益套利策略的主要风险是信用风险和非流通性风险。而杠杆风险使得很多名噪一时的许多大对冲基金成为历史。远的不说,光是长期资本系的名字就够长的了。

信用风险。前面章节已经多次指出,信用风险实际上是固定收益套利策略设计中有意向承担的主要风险之一。如果在特定的时间窗口中信用事件不爆发,则所建仓位中隐含的信用风险就是信用回报的来源;如果信用事件爆发,则隐含的信用风险就兑现为真实风险。这在 1998 年的金融危机中和 2008 年的全球金融海啸中表现得很清楚。但在其他时间段甚至 2011 年左右的欧洲主权债务危机阶段,这种隐含的信用风险都转化为了信用回报。

必须指出的是,所做多债券被降级所引发的信用风险并不是该策略设计中所预期的“信用回报”来源。

非流动性风险。流动性风险也是固定收益套利策略设计中有意向性承担的主要风险之一,尤其是以收益率曲线为基础的各种固定收益套利策略基本上都可以归纳为在非流动性的时间换取回报的空间。但在实际操作中,非流动性风险的范围可能会超出原设计范围,例如,建仓完成后遭遇市场动荡或因评级被降级,所做多债券承受损失时被大宗券商要求追加保证金时,即使想通过卖出一部分仓位进行筹资自救,也很可能市场上根本就没有流动性。当非流动性风险与事件性信用风险复合起来时,非流动性风险有可能失控;当非流动性风险与杠杆风险复合起来时,风险会以惊人的速度传递到整个投资组合,成为“燎原之火”。

避险天堂(fly-to-quality)风险。这个风险是固定收益套利策略中最令人感到哭笑不得却又必须面对的事情,其中有许多行为金融学的问题。当金融市场存在不明朗因素时,投资者的风险厌恶情绪上升,会迅速将资金转移到他们认为安全的资产(这些资产在过去证明曾经安全过)，容易蜂拥而至相对低风险的国债，尤其是美国国债。大量的资金涌入会使国债收益率急速下降，相应地，国债价格急速上升。但是在固定收益套利中，一般是做空评级较高的债券比如美国国债。更为令人感到尴尬的是，在这种“飞向安全天堂”之前或过程中，投资者大众会将手中持有的其他债券折价抛售，这会导致固定收益套利者所做多的债券价格在市场上大幅降低，从而导致做多的债券无理性地大幅下跌，而做空的债券又无理性地大幅飙升。这还会导致大宗主券商发出追加保证金的“雪上加霜”的局面。这时如果套利者有很高的杠杆而投资组合中债券的流动性又很差的话，其结果便可想而知的。可以说，避险天堂风险是该策略的无情杀手。

模型风险。前面提到模型在瞬息万变的市场中捕捉到套利的机会并进行全面分析的重要性，当然，如果模型存在瑕疵或失效，则策略将面临巨大风险。不同于进行方向性投资、以期获取丰厚利润的全球宏观策略，固定收益套利策略是利用相似投资证券之间微小的定价异常获利，其价格变动通常以基点来表示(1 个基点等于 0.01%)。而为了识别微小的价格变动，必须借助复杂的数学模型来筛选错位定价现象，寻找套利机会。

高杠杆风险。我们知道，由于标的价格变动微小，固定收益套利策略每单成功后盈利的绝对值比较小，该策略通常会运用高杠杆来提高收益率，以满足对冲基金的绝对回报要求。在这里，杠杆如果太低，则所获得的回报不足以使基金支撑强大的模型、系统、团队的运行，但如果杠杆过高，则我们见证过很多的爆仓事件，著名的长期资本管理公司的爆仓就是一个典型的例子。

1998 年长期资本管理公司的倒闭，使固定收益套利的高杠杆特征也受到前所未有的关注。长期资本管理公司成立于 1994 年，其团队阵容堪称豪华：公司创始人约翰·梅里韦瑟(John Meriwether)曾在 20 世纪 80 年代华尔街最具权势的固定收益产品公司——所罗门兄弟公司(Salomon Brothers)担任副董事长兼债券交易部主管，两位合伙人麦伦·休斯(Myron Scholes)和罗伯特·默顿(Robert Merton)1997 年因其在金融市场风险管理方面的杰出贡献而获颁诺贝尔经济学奖。其他主要成员还包括原所罗门兄弟公司数位著名的债券交易员。

长期资本管理公司最初专注于固定收益套利，利用复杂的数学模型在美国、日本及欧洲主要国家的政府债券中寻求套利机会。其成功吸引了越来越多的资金，由此带来的对外投资压力日益增加，然而，有利可图的债券套利交易机会却慢慢耗尽。这导致其铤而走险，转向更为进取的交易策略，运用几乎与债券套利相同的高杠杆转战股票及衍生工具市场。

长期资本管理公司失败的一大导火索是高杠杆。在持有期内如果债券不违约，只要债券之间的价差最终收敛就可以获利，因为杠杆率太高，实际杠杆率达 30 多倍，当债券之间的价差不收敛而是发散，震动 3%整个仓位就爆仓了。当时，价差发散的小概率事件确实发生了，长期资本管理公司所做多的俄罗斯国债违约，卢布贬值 30%。1998 年 9 月，成立仅 4 年的长期资本管理公司原有股本缩水 90%至 4 亿美元，却有超过 1 000 亿美元的债务，实际杠杆率超过 250 倍，衍生金融工具头寸的名义价值更高达 1.25 万亿美元左右。即使拥有豪华的明星阵容，最终也没能逃脱倒闭的噩运。最终在美联储施以援手，同时长期资本的主要债权人出资 36 亿美元之后，才得以进行有序的资产清算，避免了大规模金融危机的蔓延。长期资本管理公司倒闭后，为了适应不断变化的市场环境，不少固定收益套利基金开始结合宏观交易，并减少杠杆的使用。

在 1998 年折戟之后，长期资本管理公司的不少人离开公司后纷纷成立了一群对冲基金——长期资本系，这些对冲基金在金融海啸正式爆发之前的 2007 年秋到 2008 年春，因在日本国债收益率曲线及掉期曲线上，使用雷同的策略做套利而产生了“共振”，不仅使得之前 20 年行之有效的套利策略失灵，还把长期资本系一众对冲基金深套于其中，最后只得纷纷关门歇业。

收益率曲线风险。对于以收益率曲线上的策略为主的固定收益套利者，必须要对收益率曲线的形状、弯曲程度，尤其是未来变化趋势等有明确的判断，这直接影响套利者应该如何建仓及所面临的收益率曲线的风险。

操作风险。由于固定收益套利策略通常都有“两条腿”甚至“多条腿”，能否精准地按策略设计，尽量同时建仓所有的多头和空头仓位和及时平仓，是一个主要的操作风险。当有套利机会发生时，套利者都希望能够同时执行做多和做空，但现实中同时执行的可能性比较小，当时间拉长时，实际的套利机会将跟模型计算的结果不一样,时间差和滑点有可能“吃掉”策略的不少盈利。此外,在该策略的交易操作中,尤其要注意各种债券有可能面值是不同的,执行时容易出错。另外,“肥手指”事件虽然不是经常发生,但这种事件对固定收益套利策略的冲击会很大。

第八章
对冲基金策略:管理期货策略

第一节　概　　论

在对冲基金家族中,管理期货(CTA)策略的历史仅次于股市多/空头策略的历史,已经发展得非常成熟。可以毫不夸张地说,金融市场中所用到的绝大多数技术分析的技术指标都发源于 CTA。

说到 CTA,顺便提一下 CTA 进入中国内地市场的一段有趣经历。2011 年 9 月初证监会下达机构投资者可以进入大宗商品市场进行专户管理的通知时,作者聂军正好跟东证期货的一位高管纪武在一起。得知该通知内容后,作者聂军认为 CTA 策略在国内开展的机会正在成熟,于是和纪武很快达成共识,认为有必要在国内召开一个 CTA 策略的研讨会,将海外成熟的 CTA 策略引入国内。在时任东证期货总经理党剑领导的筹备组的不懈努力下,2012 年 2 月,中国绝对收益投资管理协会、东证期货、中国金融期货交易所、东方证券、中国工商银行在上海联合举办了"第一届国际 CTA 研讨会",正式将 CTA 策略引入国内。论坛邀请了许多海内外 CTA 专家来做演讲,而且时任上海金融办主任的方星海和时任中金所所长的朱雨辰均在论坛上作了长达 30 分钟的重要讲话,描述了他们对中国市场的规划蓝图。在主题演讲中,作者聂军也曾大胆预言:结合中国人善于数理、长于量化的特点,该策略在未来 5—10 年将得到迅速发展。结果,在接下来的三四年里,CTA 策略在神州大地上得到了如火如荼的发展,已发展成为中国投资界的一个主要投资策略,令人感到欣慰。2016 年 CTA 更是成为中国市场上一道亮丽的风景线,甚至出现了基金经理“策略不够,CTA 来凑”而投资者生怕找不到 CTA 作配置的现象。在 2016 年年底的几次演讲中,作者聂军曾警示听众不要神化 CTA,因为它和其他对冲基金策略一样,也是有其局限性和周期性的,尤其值得特别关注其容量问题。2017 年的情况不幸被言中,CTA 经历了“冰火两重天”,使投资者们不得不三思 CTA,有的投资者则是“闻 CTA 而却步”。实际上,这都是对 CTA 策略不了解的表现。我们希望在本章中对 CTA 做个全面的介绍,使读者能正确认识 CTA 策略并使之根据需要为自己带来实际的收益和对冲风险。

人们常常将管理期货与 CTA 等同起来,尽管其中有些微差别。管理期货基金是期货行业中的一种基金管理方式。CTA 可以直接代理客户在商品期货市场进行交易,或者提供商品期货、期权及相关衍生品种的操作建议及研究报告,其收益来自各种商品、金融衍生品标的资产的价格波动。由于投资期货等衍生品具有保证金交易、多空易于双向操作等特性,使 CTA 具备了收益相对稳定的特点,加上其业绩表现与传统的股市、债券市场的非相关性,受到了高净值客户及机构投资者的欢迎。商品交易顾问需要向行业的自律性组织——全国期货协会登记。1971 年,管理期货行业协会(managed futures association)的建立,标志着 CTA 正式成为业界所接受的一种投资策略。

CTA 策略通过不同期货、期权及掉期合约多/空头头寸进行投资,它起始于商品期货市场,后发展到了股指期货、外汇期货及调期、债券期货市场,期权是该策略常用到的工具,而较少用于不能使用杠杆或杠杆倍数过低的股票现货市场。有时它被划归为全球宏观对冲策略的子分类,但更多的是作为一种独立的策略而存在。除了基本面分析,大多数基金经理依赖于对价格的技术分析来预测价格的未来走势。该策略中大多数基金经理是从自己的实战经验中建立了各种技术分析系统来进行交易的,这些系统有针对长期、中期及短期投资目标的,很多交易是通过计算机按系统设计的交易信号自动完成的。每个交易系统在投入使用前都会对历史数据进行全方位的仿真操作和压力测试。随着过去一二十年来计算机速度的大幅提升及参与 CTA 策略的人员越来越多,竞争压力在加大,系统化的 CTA 的占比已经提升到了 80%左右。

总体而言,CTA 策略具有以下特点:非单向市场策略,熊牛市都有盈利机会;与传统投资(股市或债券市场)具有低相关性,与其他对冲基金策略之间也具有低相关性;所交易标的具有高流动性和高透明度,使得CTA策略也具有高流动性和高透明度;交易期货的保证金制度使得CTA不用像传统股票或债券投资在建立多头仓位时就必须支付购买资金,这使得CTA策略可以使现金更有效地发挥作用,在不举债的情况下使用杠杆并作调整,另外也无须“融券做空”而直接做空。实际上,现金管理是CTA策略中很重要的一部分。另外,CTA行业因总体具有不错的业绩稳定性而获得了投资者的青睐,已经成为西方投资者一个新的投资类别。

CTA的历史至少可以追溯到20世纪50—60年代,著名经济学家、诺贝尔经济学奖得主保罗·萨缪尔森(Paul Samuelson)教授于1969年与他的一位博士海默·威玛(Helmut Weymar)及其他同仁创立Commodities Corporation时,主要投资和资产配置的对象就是CTA。从那时候起,Commodities Corporation培养了一代又一代的世界著名CTA。从图8-1中我们可以清楚地看到,CTA策略作为一个独立的行业兴起还是在20世纪80年代才开始,并在2000年前后开始迅速发展的。在过去的四十余年中CTA的迅速发展壮大得益于两个主要因素:① 计算机速度的大幅提升;② 全球期货市场的大力开放。中国市场正在经历海外国际市场曾经的开放过程,期货产品及期货期权等新产品正逐渐上市。这无疑给中国版的CTA策略带来了空前的发展机会。

与股票、债券等传统市场及其他对冲策略的低相关性

CTA策略在对冲基金策略大家庭中有一个比较特殊的位置,其通常被用来作为投资组合的风险分散因子,因为CTA策略不但与传统股票、债券、外汇等投资的相关性非常低,而且与其他对冲基金策略也是统计意义下非相关的(全球宏观策略例外,它们之间有部分重叠),是投资组合中分散风险的理想资产配置对象。表8-1显示了CTA策略与可转化套利策略、新兴市场策略、事件策动策略、受压资产策略、并购套利策略、固定收益套利策略,以及股市多/空头策略均为负相关,而与股市偏空策略、全球宏观策略的相关性也很低。表8-1还显示了股市偏空策略和CTA策略一样,与其他绝大多数对冲基金策略的相关性为负值。我们的实战经验显示,在一个对冲基金的组合中,股市偏空策略的对冲效果是线性的,而CTA策略的对冲效果是非线性的,更加理想。

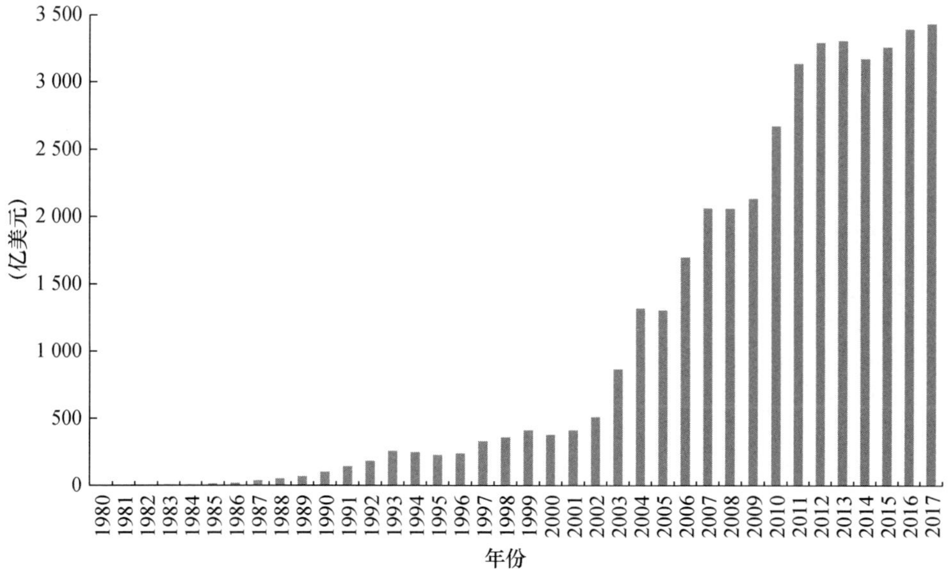

图 8-1　CTA 管理资金

资料来源:BarclayHedge。

这是因为 CTA 策略在熊市、牛市中都有盈利的机会。

实际上,CTA 策略与各种资产类别或投资策略的非相关性并不是像货币基金或现金那样简单的静态非相关性,CTA 策略的相关性有一个特点:在股市熊市时与大市是负相关的,而在牛市时与大市是正相关的(见图 8-2)。部分原因是大约 70%的 CTA 策略是趋势跟踪者,市场只要有趋势,无论上升还是下跌,CTA 策略都有盈利的机会。另外,系统交易型的 CTA 策略通常都有内置的风险管理功能避免情绪化操作,一旦出现不利状况,能严格按照事先的设定平仓。从图 8-2 中可以清楚地看出,1998 年亚洲金融危机、2000 年千禧虫危机和 2008 年金融海啸前后都有这种特征。

国内也观察到了类似情形,2013　2015 年股市波动较大时、商品期货市场趋势性的环境有利于 CTA 策略的发挥,他们在获得较高收益的同时,很好地控制了下行风险和回撤,风险调整后收益(特别是索提诺比率)明显优于市场和其他策略的基金。

CTA 的策略总体可以分为趋势跟踪、平均值回归和逆趋势三种,其中趋势跟踪大约占 70%,而均值回归大约占 25%,剩下约 5%为逆趋势等策略。

表 8-1　1994 年 1 月至 2017 年 11 月 CTA 策略与其他对冲基金策略的相关系数矩阵

	可转债对冲基金指数	偏空对冲基金指数	新兴市场对冲基金指数	市场中性对冲基金指数	事件策动对冲基金指数	受压资产对冲基金指数	并购套利对冲基金指数	固定收益套利对冲基金指数	全球宏观对冲基金指数	股市多/空头对冲基金指数	管理期货对冲基金指数	多策略对冲基金指数	MSCI全球股指
可转债对冲基金指数	1.00	(0.29)	0.45	0.38	0.65	0.60	0.47	0.76	0.33	0.45	(0.09)	0.69	0.44
偏空对冲基金指数	(0.29)	1.00	(0.54)	(0.30)	(0.59)	(0.56)	(0.46)	(0.21)	(0.12)	(0.68)	0.09	(0.26)	(0.74)
新兴市场对冲基金指数	0.45	(0.54)	1.00	0.32	0.67	0.63	0.49	0.41	0.45	0.66	(0.01)	0.31	0.63
市场中性对冲基金指数	0.38	(0.30)	0.32	1.00	0.46	0.42	0.43	0.26	0.24	0.47	0.11	0.42	0.46
事件策动对冲基金指数	0.65	(0.59)	0.67	0.46	1.00	0.93	0.67	0.52	0.40	0.74	(0.03)	0.57	0.69
受压资产对冲基金指数	0.60	(0.56)	0.63	0.42	0.93	1.00	0.59	0.50	0.35	0.67	(0.05)	0.51	0.64
并购套利对冲基金指数	0.47	(0.46)	0.49	0.43	0.67	0.59	1.00	0.30	0.23	0.58	(0.05)	0.35	0.55
固定收益套利对冲基金指数	0.76	(0.21)	0.41	0.26	0.52	0.50	0.30	1.00	0.39	0.38	(0.06)	0.62	0.39
全球宏观对冲基金指数	0.33	(0.12)	0.45	0.24	0.40	0.35	0.23	0.39	1.00	0.45	0.31	0.27	0.24
股市多/空头对冲基金指数	0.45	(0.68)	0.66	0.47	0.74	0.67	0.58	0.38	0.45	1.00	0.08	0.48	0.72
管理期货对冲基金指数	(0.09)	0.09	(0.01)	0.11	(0.03)	(0.05)	(0.05)	(0.06)	0.31	0.08	1.00	0.08	(0.02)
多策略对冲基金指数	0.69	(0.26)	0.31	0.42	0.57	0.51	0.35	0.62	0.27	0.48	0.08	1.00	0.48
MSCI 全球股指	0.44	(0.74)	0.63	0.46	0.69	0.64	0.55	0.39	0.24	0.72	(0.02)	0.48	1.00

资料来源：瑞信对冲基金指数、HFR、彭博。

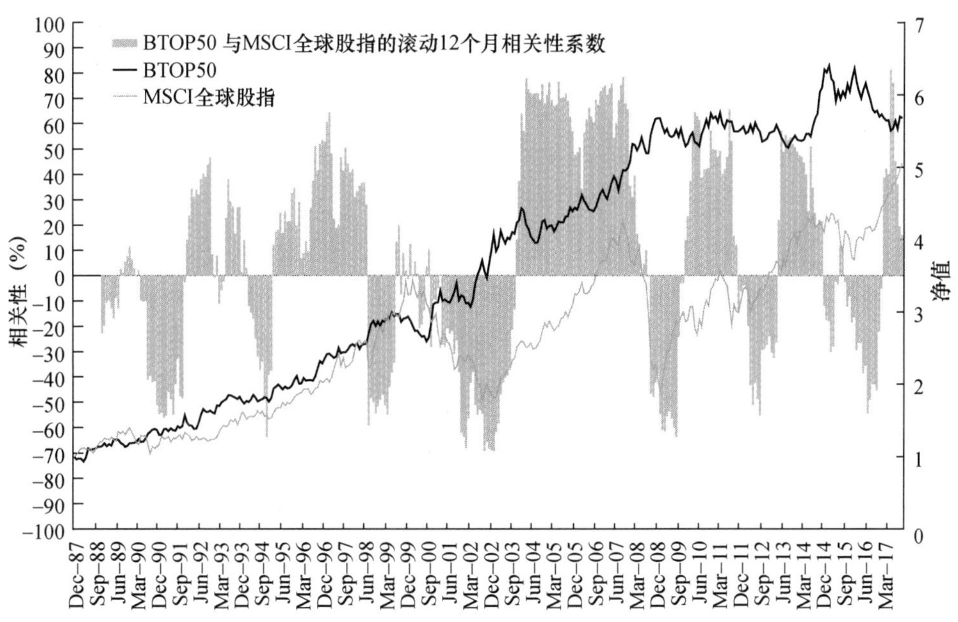

图 8-2　CTA 策略与股市的相关系数

资料来源:BarclayHedge、彭博。

这也是为什么人们通常认为一个有明显趋势的市场环境对 CTA 策略较为有利。其实,在没有明显趋势的震荡市场中也有表现不错的 CTA。另外,这些策略中也分长期、中期和短期时间窗口,而且每家机构所定义的长期、中期、短期又有不同,有的对冲基金公司定义的长期为半年甚至更长,但有的对冲基金公司定义的长期可能只是几分钟。例如,有两个趋势跟踪策略基金所交易的标的都是相同的 XA,一个是以周为交易时间窗口,而另一个是以秒为交易时间窗口。某日,标的 XA 的分时图是一个 V 形或 W 形,则对于第一只基金而言,该日的价格变动只不过是噪声,但对于第二只基金则已经经历了明显的"趋势",应该已经有了几次获利的机会。

区分趋势跟踪策略和其他策略的关键是其交易原则而不是时间窗口。例如,在下面这张美元指数的图中(见图 8-3),箱型的上界是一个技术关键位。如果是趋势跟踪策略,会在价格突破箱型的上界时多头建仓或加仓;而如果是平均值回归策略,则会在价格接近箱型的上界时开始减仓和平仓多头仓位,或者建立新的空头仓位,而接近箱型的下界时则会减仓和平仓空头仓位,并且同时开始建立新的多头仓位。由此可见,趋势跟踪策略和平均值回归策略是两种完全不同却又互补的交易策略,趋势跟踪策略怕震荡行情,而平均值回归策略在震荡行情中能很好地发挥作用;一个明显的趋势无论是上升还是下降都是趋势跟踪策略的最爱,但却是平均值回归策略的杀手。当然,如果把时间窗口缩短,则可以看到在震荡行情中有小一些的趋势行情,而在趋势行情中也有震荡行情(图 8-3 的美元指数图,在长达两年多的震荡行情中出现了几波数月长的趋势行情)。该用什么策略,是每位 CTA 应该根据自己团队的个性特征仔细评估后作出选择的。最坏的情形是有的 CTA 梦想通吃,既有趋势跟踪交易系统,又开发了平均值回归交易系统,但该用趋势跟踪系统时用了平均值回归系统,而该用平均值回归系统时却用了趋势跟踪系统。我们曾遇到过新加坡的一位 CTA 就是这么操作的,其结果可想而知。

图 8-3 美元指数(DXY)

资料来源:彭博。

CTA 策略的投资理念可分为基于基本面分析而进行交易的,也有依赖于对价格变动的技术分析来预测价格的未来走向而进行交易的。由于基本面变化的频率比较低,基于基本面分析交易的持仓时间通常会较长,手工操作的多些。而技术分析则注重于价格的各种变化构成各种技术指标,并以此为参考进行交易,技术分析中往往会涉及金融市场中投资者的群体行为表象,更多的是计算机系统交易。例如,某证券在某段时间的“开盘价”“最高价”“最低价”

“收盘价”等以及这些价在更长的时间窗口中的移动均值和标准方差便是许多技术指标最基本的元素。时间窗口的各种长度也就自然成了技术指标的参数,而且同一个技术指标对于不同资产类别有时还必须用不同的参数才能最有效。当然,再结合该证券的交易量等因素时往往会使技术指标更加有效,比如著名的布林通道等。我们可以很容易列举出至少几十个不同的技术指标,但如果参考太多的技术指标,可能有不少技术指标的信号是互相矛盾的而使人莫衷一是。我们认为每位 CTA 最好是根据自己的投资策略和交易特点选择三个到五个技术指标作为核心技术指标,而且要注意这些技术指标源数据的相互独立性,避免用同源数据所形成的技术指标进行“再确认”(reconfirmation)——循环论证不但浪费时间还自欺欺人。

有很多技术指标可以是非常简单的,例如,用 m 天均线与 n 天均线的交叉给出“金叉/牛叉”或者“死叉/熊叉”等都可以作为技术指标(m 和 n 往往取值为神奇的 5、10、13、20、22、26、30、50、100、180 或 200 等),用 5 天收益率标准方差与 22 天收益率标准方差相比较也可以作为一个技术指标,等等。当然,也可以把技术指标做得很复杂。关键是所设计构建的技术指标要针对所交易的标的市场有效。

系统性 CTA 交易策略中的“海龟法则”

提到系统性 CTA 交易策略,就不能不介绍一下在海外 CTA 中影响很大的“海龟法则”。这个法则源于当年两位交易大师理查德·丹尼斯(Richard Dennis)和威廉·埃克哈德(William Eckhardt)20 世纪 80 年代早期的一场辩论,前者认为猴子也能被训练成杰出的交易员,但它们必须遵循一系列法则,而后者认为只有具有天赋之才方可成长为杰出交易员。也就是说,如果丹尼斯是对的,则计算机就可以按一定的法则自行交易并可获得不错的盈利。于是,两人登报广而告之邀请有兴趣者参加,并从 1 000 位报名者中选了 80 位面试,最后选了 10 位参与试验。“海龟阵营”便从此产生了,也奠定了系统性 CTA 交易策略的基础。

我们通过“海龟法则”来介绍系统性CTA交易策略最核心的几个要素：

(1) 买卖什么。首先是确定可以交易什么市场和什么标的，这些标的必须有足够的流动性可以加仓和不妨碍“出逃”，而且标的覆盖的面还要有足够的宽度以便找到趋势的“风口”能被吹起来。

(2) 买卖多少。头寸大小主要的决定因素是标的的波动范围，同时还要顾及投资组合的覆盖面和分散性。用“风险预算”是一种很有效的办法。“海龟法则”要求如果账户每出现10%的亏损，则降低仓位到原来的80%。

(3) 何时下手。“海龟”有两个系统，一个系统看过去20天新高价或新低价的突破建立相应多头或空头仓位，另一个系统看过去55天新高价或新低价的突破。初次建仓规模通常代表投资组合1%的风险，在初次建仓后如果价格继续突破一定程度，则会继续分步加仓，直到加到事先设定的单仓位上限。

(4) 如何止损。进场之前，先找准退出的路。下单之前，先确定好亏损达到多少时该撤离。“海龟”的止损原则是不允许单笔交易给投资组合所造成的损失超过2%，在此基础上确定止损价位。止损单永远用限价单，千万不要下市价单。哪怕是再小的市价单都有可能遇到陷阱，使成交价大幅偏离合理价位，导致某些技术指标价位被击穿而引起雪崩，尤其是在市场处于疯狂之时。很多CTA在下单建仓时会一同将止损单一起下，即使不是同时下单，也会确定好止损价位，之后再下单。CTA策略中如果没有止损，基本上是没法长期生存的。

(5) 如何离场。趋势跟踪者都喜欢“让盈利飞一会儿”，“海龟”也不例外，而且他们认为过早获利了结可能会使盈利部分不足以填补投资组合中其他仓位的损失。但如果判断趋势已经转变，就当果断离场。“海龟”使用以突破为基础的离场策略，第一个系统以过去10日新低价为多头仓位离场价位，而以过去10日新高价为空头仓位离场价位。前面章节我们介绍过，用痛苦指数来止盈也是另一种方法。

(6) 交易信号。“海龟法则”不允许质疑系统所产生的交易信号，强调铁的纪律和始终一致的交易行为。当然有人并没有严格按系统的交易信号执行,但后来人们发现,这些“自作主张”的交易员的业绩远没有那些严格按交易信号执行的交易员的业绩好。

以上六条是构建系统性CTA交易策略的从业者要谨记的。一个系统在没有经过严格的回测之前千万不要上线(CTA“老司机”常常能测出来市场上有新手入场送钱),但系统一旦上线,就不要轻易质疑系统是否会经常失灵。

不难看出,“海龟法则”是一个趋势跟踪系统,人们后来还在“海龟法则”的基础上做了改进,而出现“海龟法则Ⅱ”“海龟法则Ⅲ”等。在全球,“海龟阵营”和作者聂军的前东家Commodities Corporation是CTA两个最主要的发源地,现在活跃在全球杰出的CTA都与这两个发源地有着千丝万缕的关联。

CTA策略中最常用的子策略有同产品套期策略、同品种跨市场套利策略、不同品种替代品套利策略。根据市场来分,CTA策略又可分为农产品期货市场策略、外汇期货等产品市场策略、金融及金属期货市场策略、多市场混合策略。

在CTA策略中线、长线系统性量化模型中,大多数是基于惯性分析的趋势追逐系统,技术指标通常也就是各种移动均值。而短期系统性量化模型中会用到比较复杂的统计模型分析来判断具有统计意义的短期市场非有效性。这些方法包括模式识别、短期惯性、逆趋势分析、价格突破技术指标等。

CTA策略又根据投资策略是否由计算机生成交易指令以及下单而分为自裁式管理期货子策略以及系统性管理期货子策略。顾名思义,自裁式管理期货子策略中的交易下单过程主要是靠手工完成的。系统性管理期货子策略通过建造各种复杂的数学模型来产生买和卖的指令,所有交易均通过计算机系统来操作,通常也被称为“黑匣子”。由于其高频交易的特点,该策略青睐于交易流动性良好且交易成本较低的市场和金融品。该策略中的模型通常来自基金经理对技术因子及技术指标的量化分析,并经过大量的历史数据回溯测试(一般为10年)。

在CTA领域中,首屈一指的当属英国的元盛资本管理(Winton Capital

Management)。该公司于 1997 年 10 月成立时，作者聂军的前东家 Commodities Corporation 即是投资者。目前元盛管理的资产规模超过 340 亿美元，截至 2017 年 10 月的年化收益率高达 12.41%，远超同期 MSCI 全球股指的 3.81%。其旗舰产品 Winton Diversified Trading Program 是一只分散化、趋势跟踪的期货投资基金，运用高度量化的方法分析历史价格行为并预测期货价格的趋势，投资标的包括超过 120 个期货市场中的股指、利率、外汇和商品。元盛进入中国市场后其相应产品也创造了优秀的业绩，为投资者带来了喜人的收益。

熊市的逆行者，牛市中的跟随者

CTA 策略基金最大的优势是熊市中的本金保护能力，在全球股市、全球债市和大宗商品市场表现最差的几个年份，CTA 绝大部分均取得不俗回报。如 MSCI 全球股指表现最差的 2008 年、2002 年、1990 年、2001 年和 2000 年，亏损幅度在 15%—45%，但巴克莱 CTA 指数均为正回报。大宗商品领域也是一样，2008 年，标普高盛商品指数下滑 46.49%，而巴克莱 CTA BTOP50 指数上升了 13.58%(见图 8-4、图 8-5、图 8-6)。

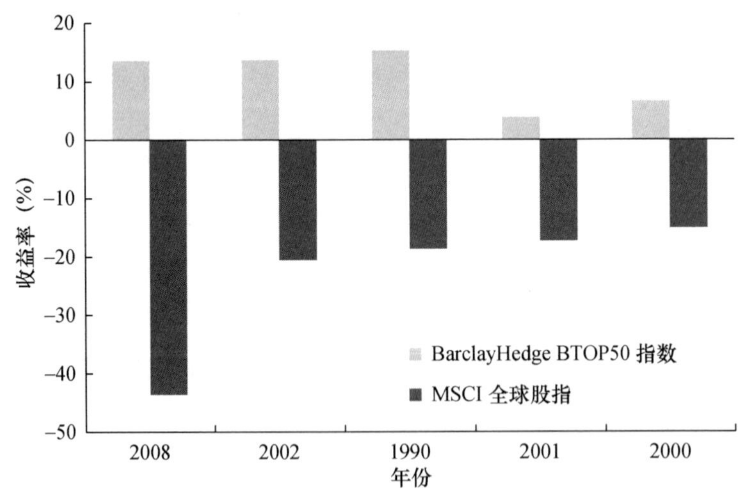

图 8-4　全球股票市场表现最差的五个年份(1988—2016)

资料来源：彭博。

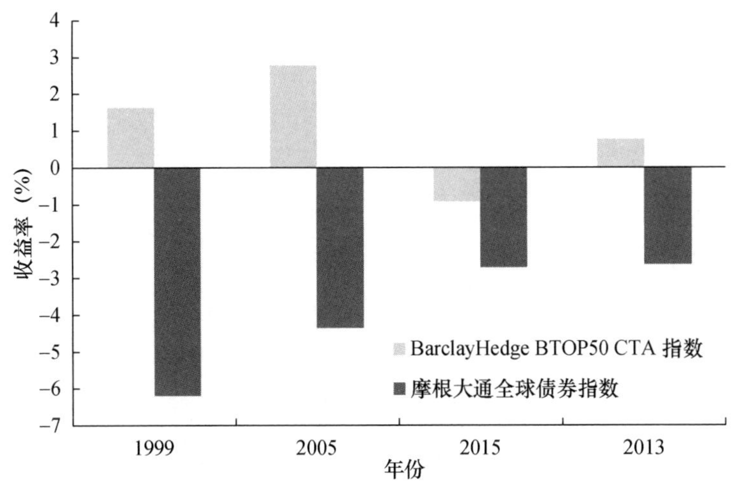

图 8-5 全球债券市场表现最差的四个年份(1988—2016)

资料来源:彭博。

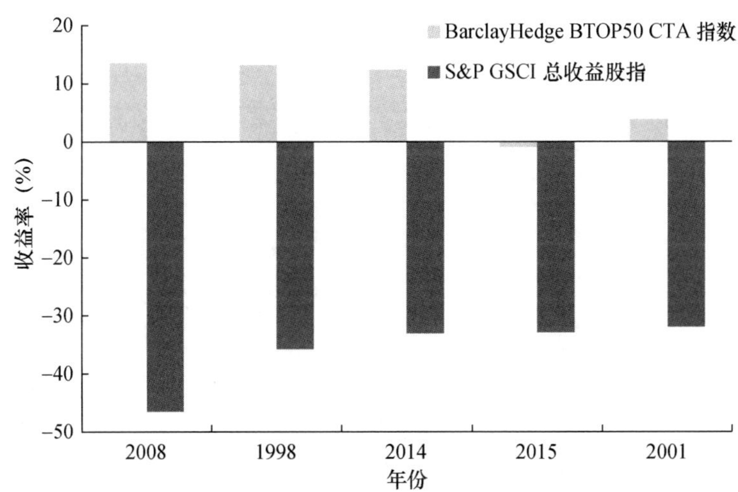

图 8-6 大宗商品表现最差的五个年份(1988—2016)

资料来源:彭博。

具体到 CTA 基金,也呈现出这一特点。在 Managed Futures 统计的资产管理规模(AUM)较大的五只基金中,Winton、Man-AHL、BlueCrest、Transtrend 和 Aspect 在 2008 年均提交了靓丽的年度回报,高者如 BlueCrest,回报率为 43.33%,低者如 Winton,回报率为 20.25%。最大的 CTA 基金公司是 Winton,从历史数据看,回报最好的三个年份是 1998 年、2003 年和 2008 年,回报率分别为 53.26%、25.52%和 20.25%,表现出与其他策略的差异性。

CTA 基金不仅在熊市中逆行而上,在牛市中的表现也体现出跟随特点(见图 8-7、图 8-8、图 8-9)。但是,其在牛市中的表现要逊于 MSCI 全球股指。

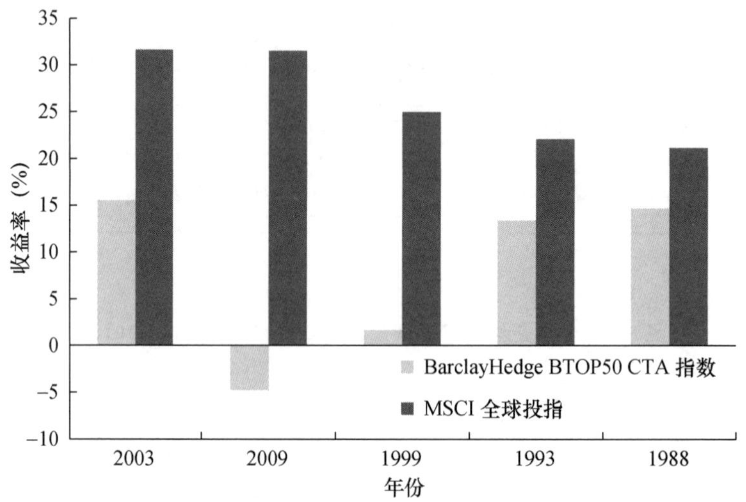

图 8-7 全球股票市场表现最好的五个年份(1988—2016)

资料来源:彭博。

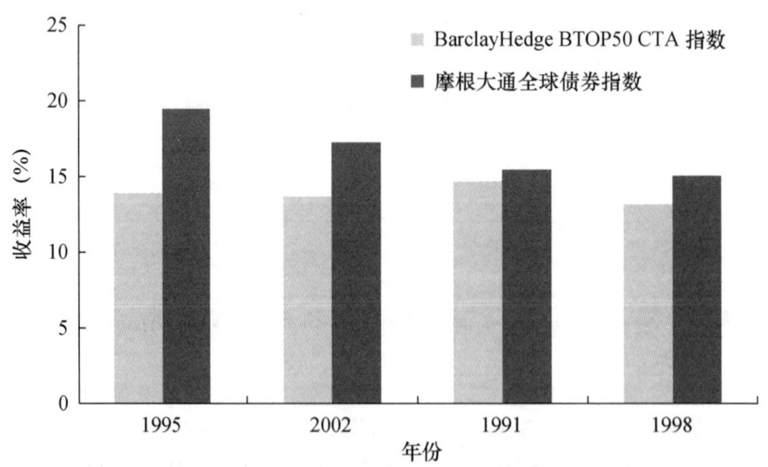

图 8-8 全球债券市场表现最好的四个年份(1988—2016)

资料来源:彭博。

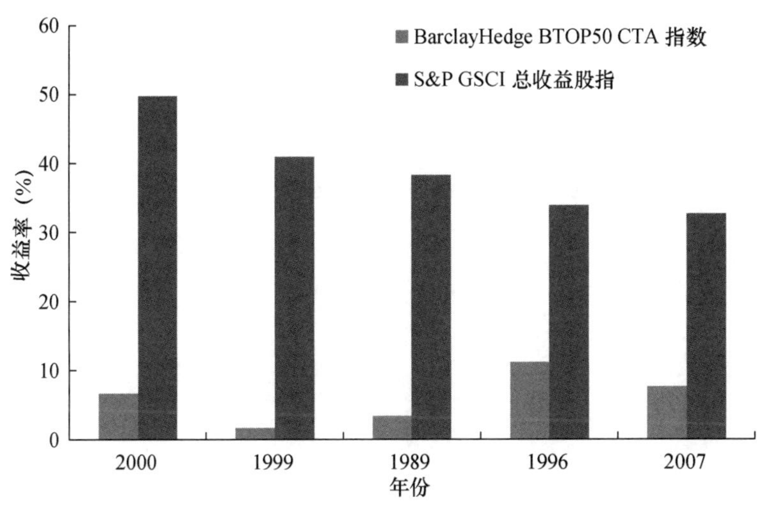

图 8-9　大宗商品表现最好的五个年份(1988—2016)

资料来源:彭博。

不少人认为 CTA 策略基金在震荡市盈利不易,这实际上是一种误解或者被 CTA 本身 70%左右是趋势跟踪者的结构所迷惑。前面我们介绍过,有大约 25%左右的 CTA 策略是均值回归的,震荡市正是这些策略发挥其优势的时候,只不过由于这个子策略追求的年化收益率(10%左右)并不是特别吸引眼球,加上该子策略本身在 CTA 策略中占比较小,所以人们不太容易关注到它们的表现。作者聂军就曾投资过这种策略的 CTA 策略基金,效果符合预期。对于投资者而言,在选择投资 CTA 时,一定要深入了解所投资的属于什么子策略。

另外,对于趋势跟踪策略 CTA,震荡市场也不是都不利的,关键要看具体的策略跟踪趋势的时间窗口是多长。例如前面提到过的日内 V 形或 W 形走势,对于时间窗口是以“日”或更长的趋势跟踪者,这种走势只不过是噪声,但如果是以“分钟”或“秒钟”为时间窗口的趋势跟踪者,这种走势就可以是很好的获利机会。例如,2017 年 11 月 9 日的日经 225 指数的大逆转就是这种情形(见图 8-10)。之前,日本首相安倍晋三宣布提前举行大选,使日经 225 指数在短短一个月里涨了 10%以上,使趋势跟踪的 CTA 不断加仓,但在 11 月 9 日之前两三天加得很猛,在 11 月 9 日上午休市前达到自 1992 年 1 月 8 日以来的最高点 23 382 后,导致程序化交易盘获利了结,而日经指数的逆转又导致多仓止损盘加入抛售行列,使日经指数从上涨 1.9%在一小时左右逆转到 -1.7%,这波抛售在下午收市前 30 分钟时遇到长仓大买单才止住了急速下跌,开始反弹,最终日经指数仅跌了 0.20%。

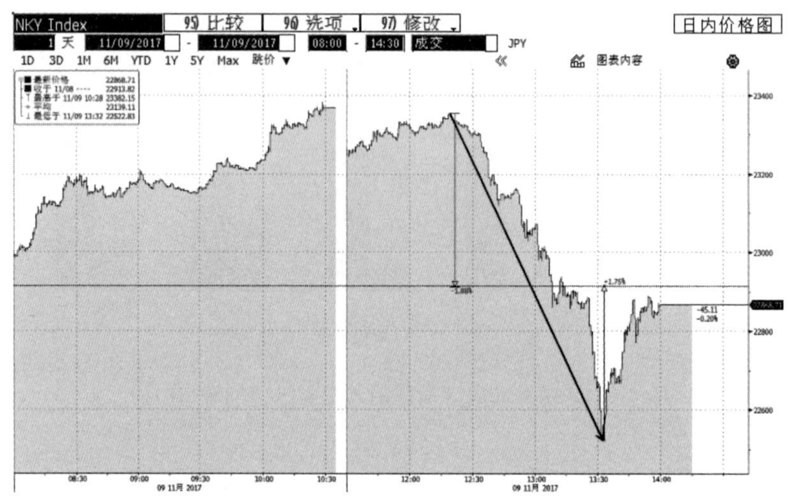

图 8-10 2017 年 11 月 9 日日经 225 指数上下振幅超过 850 点

资料来源:彭博。

第二节 管理期货策略的收益及风险特征

我们选择具有权威信息的 BarclayHedge BTOP 50 指数来分析 CTA 策略的收益和风险特征。该指数选取可供投资者投资的以管理资产规模计算最大的 50 家管理期货基金,其目的是以之作为整个管理期货行业的标杆。

为了与其他对冲基金策略的分析具有可比性,我们选择进行分析的时间段是从 1994 年 1 月至 2017 年 11 月(写作本书时 2017 年 12 月份的数据还没有)。在这近 24 年的时间里,CTA 策略的年化收益率为 4.87%,而 MSCI 全球股指的年化收益率为 5.21%;另一方面,CTA 策略的年化波动率为 8.22%,而 MSCI 全球股指的年化波动率为 14.91%;CTA 策略在 2008 年金融海啸期间的最大跌幅为 -4.11%,2008 年的全年回报率为 +13.58%,而 MSCI 全球股指在 2008 年金融海啸的最大跌幅为 45.43%,2008 年的全年回报率为 -43.54%。这些统计数据充分显示了,长期而言该策略与传统股市的表现差不多(见表 8-2、图 8-11)。更重要的是，在 2008 年全球经历金融海啸的过程中，该策略的最大跌幅 4.11%仅为传统股市同期最大跌幅 43.54%的 9%左右(见图 8-12)，且有显著的正收益，非常有效地为投资者保护了资产。而且，与传统股指相比，BarclayHedge BTOP 50 指数的痛苦指数不仅深度小很多，持续期也要短得多(见图 8-12)。但是，从图 8-11 和图 8-12 中我们都可以看到，自 2009 年年初开始，该指数的“模式”被改变了，一改其逐渐上升势态，横盘达数年之久，然后冲高回落，在 2017 年第四季度该指数的痛苦指数更是超过 2000 年秋的深度——13.31%，达到了新的深度，表明该策略正经历新的痛苦。

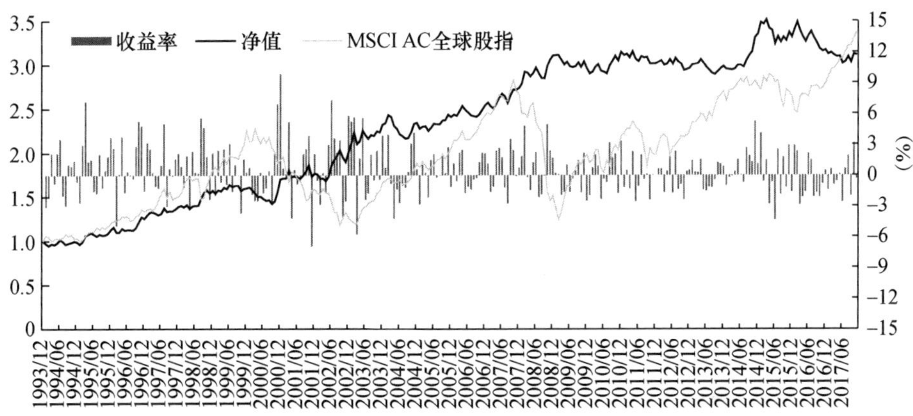

图 8-11　BarclayHedge BTOP 50 指数与 MSCI AC 全球股指业绩比较

资料来源：BarclayHedge、彭博。

从图 8-13 我们可以清楚地看到 BarclayHedge BTOP 50 指数的月度收益率分布图明显地呈现右端肥尾效应，这表明 CTA 本身内嵌的风险管理功能在不利环境下发挥了有效止损作用，不至于使投资的累积损失过大。

图 8-14 展示了月度频率下 BarclayHedge BTOP 50 指数的表现。从中可以看到，在大市指数 MSCI AC 全球指数下跌超过－3%的市场环境中，BarclayHedge BTOP 50 指数在多数时间都是正收益，即使下跌也是小幅下跌；而在大市上涨的环境中，该指数也有很多时候有正收益。这再次表明了为什么 CTA 策略通常被投资者选为投资组合的对冲工具。

表 8-2　1994 年 1 月至 2017 年 11 月 CTA 策略与传统股指的比较

2017.11.30	BarclayHedge BTOP 50 CTA 指数											
	自成立			过去 12 个月			过去 3 年			过去 5 年		
	BarclayHedge BTOP 50 CTA 指数	MSCI 全球股指	标普 500 指数	BarclayHedge BTOP 50 CTA 指数	MSCI 全球股指	标普 500 指数	BarclayHedge BTOP 50 CTA 指数	MSCI 全球股指	标普 500 指数	BarclayHedge BTOP 50 CTA 指数	MSCI 全球股指	标普 500 指数
年化收益率	4.87%	5.21%	9.66%	−1.31%	23.36%	22.87%	−2.02%	6.20%	10.91%	1.13%	8.92%	15.74%
年化波动率	8.22%	14.91%	14.45%	5.52%	3.05%	3.90%	7.12%	10.65%	10.09%	6.47%	9.96%	9.50%
夏普比率(无风险利率为 0)	0.62	0.42	0.71	(0.21)	6.96	5.35	(0.25)	0.62	1.08	0.21	0.91	1.60
最大回撤	−14.08%	−56.23%	−50.95%	−4.77%	0.00%	0.00%	−14.08%	−14.82%	−8.36%	−14.08%	−14.82%	−8.36%
正收益月份百分比	56.10%	60.28%	66.20%	50.00%	100.00%	100.00%	44.44%	61.11%	72.22%	51.67%	65.00%	75.00%
与 MSCI 全球股指相关性	(0.08)			0.70			(0.16)			(0.03)		
与标普 500 指数相关性	(0.12)	0.94		0.21	0.50		(0.15)	0.93		0.02	0.92	

资料来源：BarclayHedge、彭博。

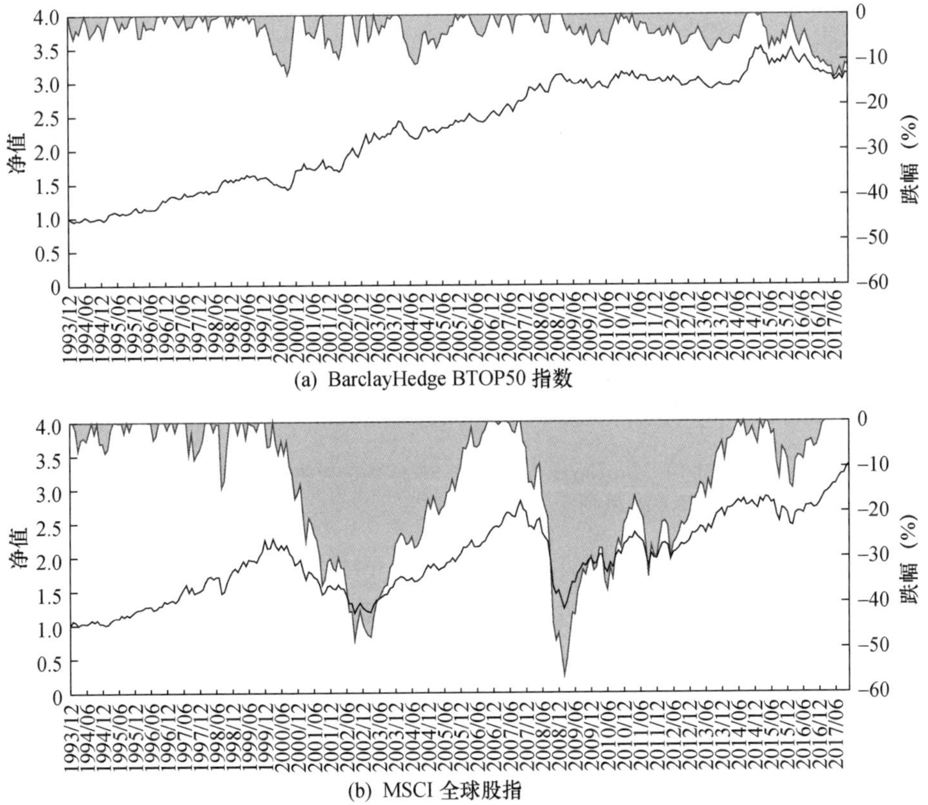

(a) BarclayHedge BTOP50 指数

(b) MSCI 全球股指

图 8-12　BarclayHedge BTOP 50 指数与 MSCI 全球股指痛苦指数比较

资料来源：BarclayHedge、彭博。

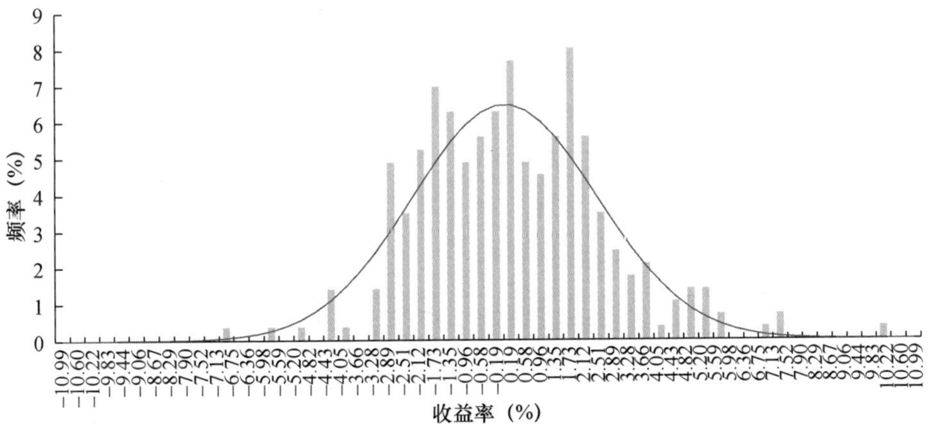

图 8-13　BarclayHedge BTOP 50 指数月度收益率分布图

资料来源：BarclayHedge、彭博。

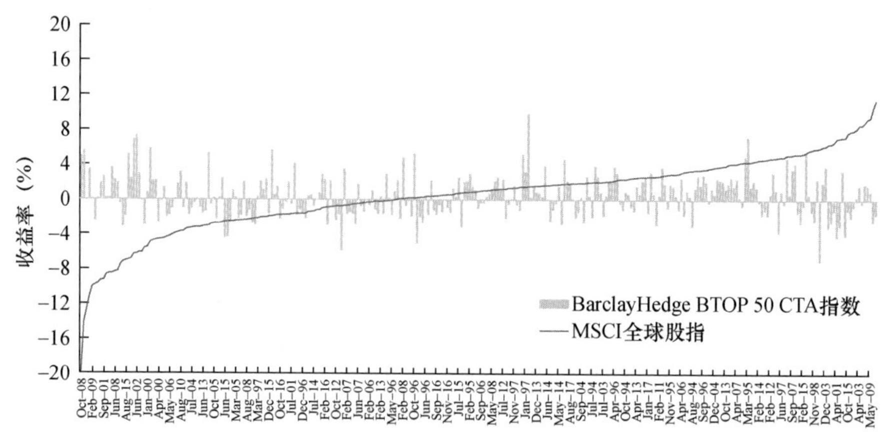

图 8-14　BarclayHedge BTOP 50 指数在熊牛市的表现

资料来源：BarclayHedge、彭博。

图 8-15 展现的是 BarclayHedge BTOP 50 指数相对于 MSCI AC 全球指数的滚动相关性系数和贝塔。我们可以看到，该指数与 MSCI AC 的贝塔在通常情况下并不高，大多数情况下介于－0.2 和 0.5 之间，2017 年第四季度首次突破 1，这或许表明在业绩下滑的情况下 CTA 在拉高杠杆。滚动相关性系数则介于 －0.8 和 0.8 之间。从图中也可以看到，相关性系数急剧从负数拉到正数或从正数坠落到负数的情况并不罕见，这与货币基金等与市场的"静态"非相关性有本质的不同。

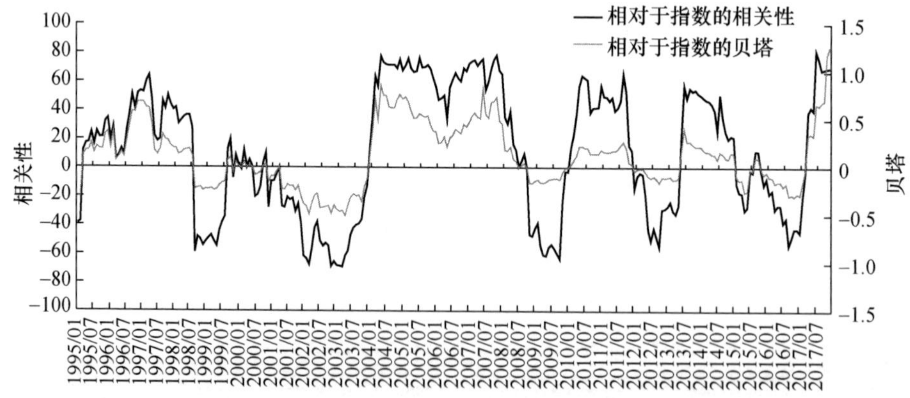

图 8-15　BarclayHedge BTOP 50 指数相对于 MSCI 全球股指的滚动相关性系数和贝塔

资料来源：BarclayHedge、彭博。

从图 8-16 中我们可以看到 BarclayHedge BTOP 50 指数在 2008 年创下佳绩后,自 2009 年年初开始,滚动阿尔法以及滚动复合收益率出现了明显的"衰弱"。这实际上是与全球金融海啸后各国央行尤其是美联储毫无节操地向市场"灌水"(降息+轮番量化宽松,见图 8-17)紧密相关的。一方面,央行的"灌水"使流动性泛滥,收益的含金量——阿尔法回报被稀释;另一方面,每次"灌水"都是个事件而任何技术指标在事件面前都是苍白无力的,所有的技术支撑位和阻力位都将失效,甚至价格所处的"模块"也都会被改变,趋势也很可能被改变,所以这些"灌水"事件吞噬了大部分依靠各种技术指标成长和成熟过程而获得的 CTA 策略阿尔法回报。另外,由于交易期货的保证金制度使 CTA 持有大量的现金,现金管理在 CTA 策略的收益中往往占有显著的比重,在各国央行将利率降到 0 时现金管理的收益完全消失了,这也降低了 CTA 策略的收益和阿尔法回报。

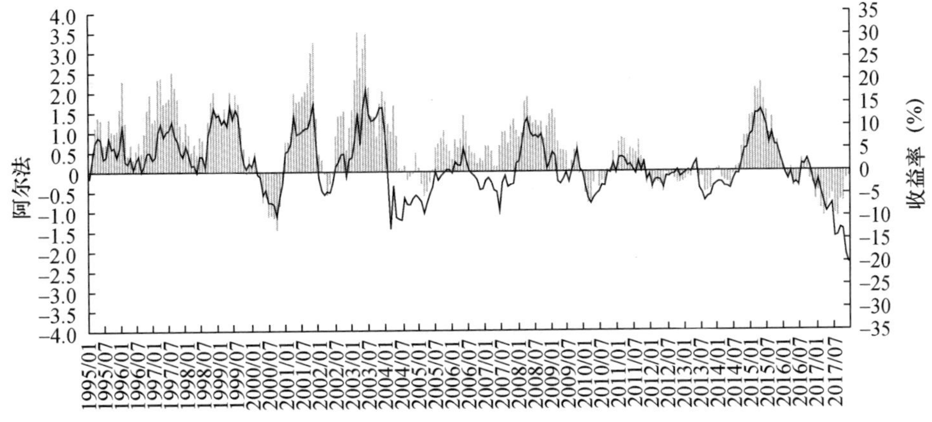

图 8-16　BarclayHedge BTOP 50 指数相对于 MSCI 全球股指的滚动阿尔法和滚动 12 个月收益

资料来源:BarclayHedge、彭博。

在仔细分析了 BarclayHedge BTOP 50 指数的收益及风险特征后,我们再来看看按照 BarclayHedge 分类的其他 CTA 子策略指数的业绩及风险特征的概况。我们会看到,从 1980 年到现在的三十多年的时间里,各种 CTA 策略的业绩表现令人非常满意(见表 8-3、图 8-18 至图 8-23)。

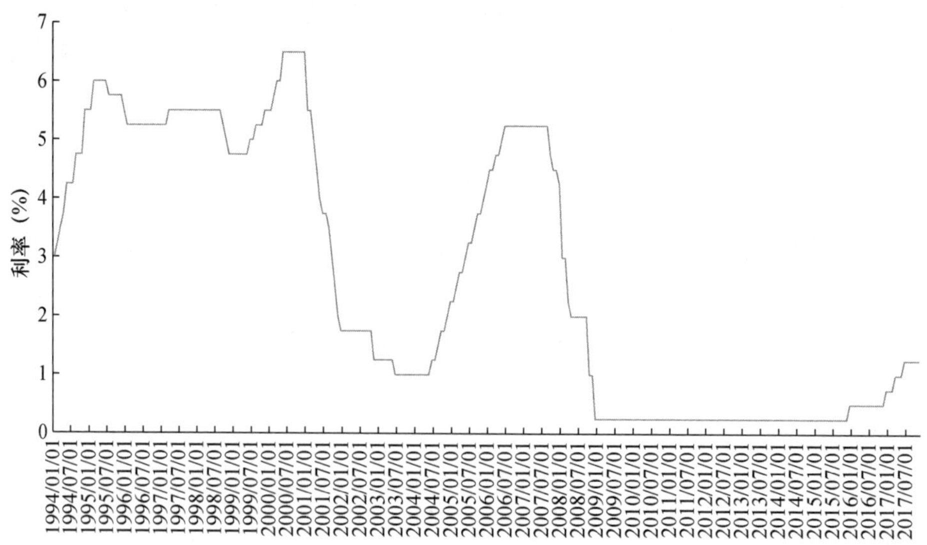

图 8-17　美联储基金目标利率——上限

表 8-3　各种 CTA 子策略业绩统计一览表

	农业 CTA	外汇 CTA	自裁式 CTA	多元策略 CTA	金融/金属 CTA	系统性 CTA
复合年化收益率	6.34%	6.35%	7.24%	7.64%	8.16%	7.19%
夏普比率	0.31	0.32	0.55	0.33	0.59	0.32
最大回撤	19.94%	15.26%	10.67%	17.49%	11.14%	22.07%
与标普 500 指数	0.09	−0.02	0	−0.05	−0.14	−0.04
与美国债券指数	0.12	0.13	0.2	0.1	0.21	0.11
与全球债券指数	0.07	−0.02	0	−0.04	−0.11	−0.04

资料来源：BarclayHedge。

值得特别指出的是，从以上这些长期的权威指数历史数据中不难看到，它们的夏普比率并不高，能到 0.6 就很不错了。对于单个 CTA 策略而言，夏普比率能达到 0.8 的就可以判断是很不错的 CTA 策略了。

图 8-18　Barclay 农业 CTA 指数历史表现

资料来源:BarclayHedge。

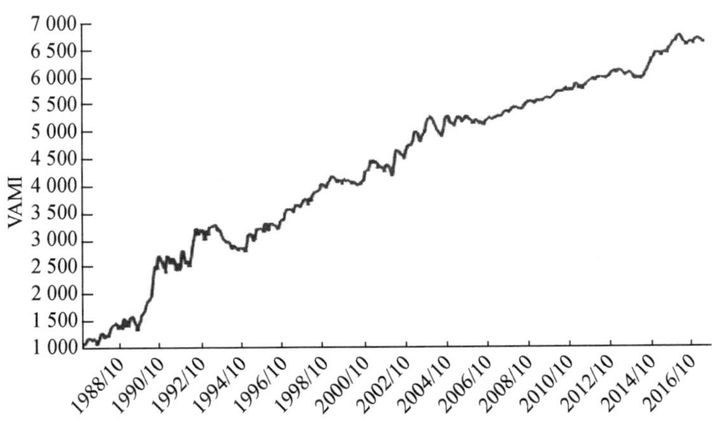

图 8-19　Barclay 外汇 CTA 指数历史表现

资料来源:BarclayHedge。

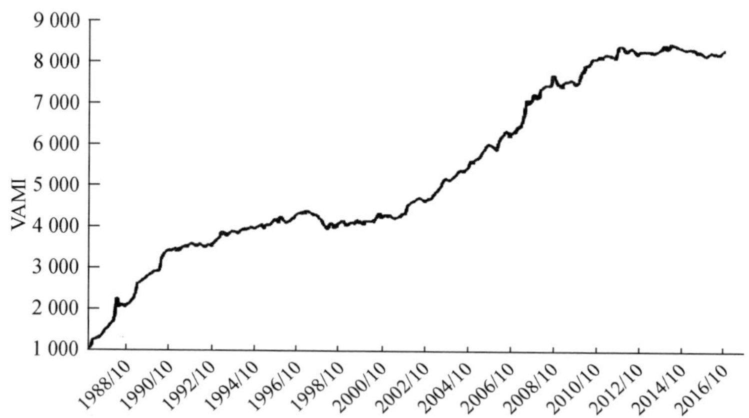

图 8-20　Barclay 自裁式 CTA 指数历史表现及统计数据

资料来源：BarclayHedge。

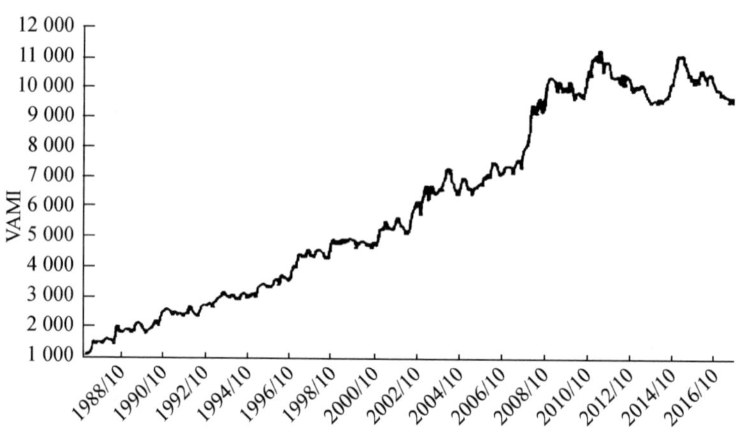

图 8-21　Barclay 多元策略 CTA 指数历史表现及统计数据

资料来源：BarclayHedge。

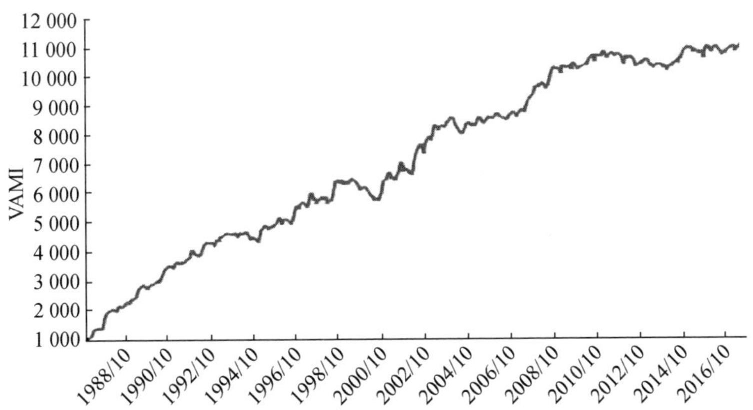

图 8-22 Barclay Fin/ Met. CTA 指数历史表现及统计数据

资料来源:BarclayHedge。

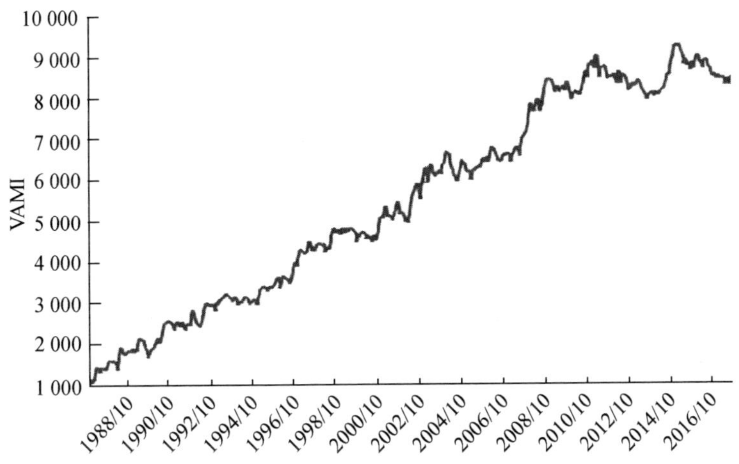

图 8-23 Barclay 系统式 CTA 指数历史表现及统计数据

资料来源:BarclayHedge。

第三节　管理期货策略的回报及风险来源

回报来源

阿尔法回报。期货市场是一个很宽泛的领域,针对具体的大宗商品的供求、库存以及国际贸易信息等的深度分析,然后建立相应的仓位,要求基金经理及研发团队的深入研究能力和相关经验。自裁式 CTA 策略无疑深度依靠其对各种大宗商品的深入研究及经验和特殊技巧赚取阿尔法回报。系统化交易的 CTA 虽然是靠模型和系统赚取阿尔法回报的,但如果不对具体的大宗商品的供求、库存以及国际贸易信息进行分析,在这些数据发布时技术指标的突然转向会使策略完全失效。前面在介绍“海龟法则”时提到的六点关键因素的具体执行的差异将直接造成阿尔法回报的差异。

无论期货还是期权,其原始功能都是风险管理的工具。CTA 有许多不同的策略,然而可以说很多 CTA 是依赖于仔细分析持续的资金流动来获利的。CTA 的阿尔法回报可以理解为独立于其持有的底仓而获取的主动管理收益。人们常说期货交易是个零和游戏,但管理期货作为一个群体却又明显的有正收益,这是因为期货市场的原始目的是为实体经济提供商业风险对冲的“保险”。CTA 策略的很大一部分回报可以追溯到为实体经济提供保险性质的对冲工具所获取的风险溢价。还有一部分回报来源于 CTA 精良的模型或经验和技能预测相关期货未来的走势,以及迅速捕获市场错位定价和市场的非有效性带来的机会。长线的 CTA 策略,尤其是自裁式 CTA 策略与全球宏观策略有许多类似之处,以至于人们有时很难区分全球宏观策略和长线 CTA 策略。

另外,针对特定的大宗商品或外汇交易标的找准其特有属性建立对症下药的交易系统。例如,20 世纪 30 年代一批做外汇交易的交易员使用常见的技术分析(如斐波拉契黄金分割序列法等)交易日元对美元汇率时,发现他们所设的阻力位和支撑位与汇率的实际走势总是有一些偏差,他们花了很多时间才找出了答案,原来日本人通过云图能够更好地刻画出日元/美元的阻力位和支撑位,于是以此技术图指导交易,便收到了远远好得多的效果,而获取了特定的阿尔法回报。

即使同样是趋势跟踪策略，在前面描述过的日经225指数于2017年11月9日的大逆转实例中，我们也可以看到当日日经225指数－0.20%但日内波动率超过3.8%，那天对于以“日度”或更长时间为时间单位的趋势跟踪策略就没有什么阿尔法回报，但对于以“分钟”等为时间单位的趋势跟踪策略就可以看到明显的阿尔法回报。

模型回报（预测未来价格模式及走势）。大部分的CTA子策略属于量化CTA（有少部分的主观CTA），通过分析建立数量化的交易策略模型，由模型产生的买卖信号进行投资决策。量化CTA中用的比较多的策略是趋势交易策略，对模型的依赖性很高，模型的好坏对CTA策略回报的影响非常大。无论牛市还是熊市，趋势策略均能获利，只要出现上涨或下跌的行情便有获利的机会；当趋势不明显或震荡时，趋势策略可能因为频繁的止损而出现回撤。一般来说，胜率越高、交易盈亏比越高，该模型越好，对收益的贡献也越大。

现金管理回报。正如前面提到的，由于交易期货的保证金制度使CTA策略基金在建仓时并不需要像买股票或买债券时一样必须全额支付方能建立多头仓位，这使得CTA策略基金持有大量的现金，合理地选择货币基金等现金管理所带来的收益在CTA策略的收益中往往占有显著的比重。所以，在设立CTA策略基金时物色好安全的、收益理想而流动性又充裕的现金管理工具是很重要的。

风险

风险管理在CTA策略中可以说是重中之重，因为期货交易中自然的高杠杆常常会诱惑CTA过度使用杠杆而导致最后的爆仓。

结构风险。期货市场是一个很宽泛的领域，每种大宗商品、外汇汇率、股指期货、国债期货等都有其各自的特色和容量。当有的CTA策略在某一个或某几个特定标的上非常有效时，人们会希望将该策略推广移植到其他标的或市场上去，但却常常发现这些标的或市场的结构和特性有很大的区别而使策略失效。例如，同为能源行业，原油市场和电力市场就有巨大的区别，在原油市场行之有效的策略则未必能应用到电力市场去，反之亦然。

模型风险。除了基本面分析,大多数基金经理依赖于对价格的技术分析来预测价格的未来走向,所以该策略中大多数基金经理都从自己的实战经验中建立了各种技术分析系统来进行交易,这些系统有针对长期、中期及短期投资目标的,很多交易是通过计算机按系统设计的交易信号自动完成的。但市场环境每时每刻都在发生变化,当模型失效或研发速度跟不上市场变化时,其中蕴含的风险不言而喻。

执行风险。CTA 策略中的交易通常都不只是单仓位交易,尤其是套利策略必须要能同时在“两条腿”或“多条腿”上建仓,如果不能同时执行,在时间上所产生的价差有可能“吃掉”策略的盈利预期。对于较高频交易的 CTA 策略,执行交易的时间差所造成的滑点也常常会使策略的预期收益大打折扣。CTA 策略基金本身的设施、券商的设施以及二者之间的信息传递畅通与否都会造成执行风险。

宏观风险。毫无疑问,期货市场本身就是一个宏观概念,CTA 策略受到许多全球性的和各个国家的宏观因素影响,对宏观事件判断失误是经常有的事,但体现在投资上就是必须要承担由此造成的业绩亏损。很多宏观事件尤其是政治宏观事件往往能改变整个市场的结构,因为这些事件能改变政府的经济政策,进一步改变投资者的信心指数。例如英国 2016 年脱欧公投事件、美国 2016 年戏剧性的总统大选事件,等等。前面提到,自从 2008 年金融海啸后,各国央行轮番向市场“灌水”等宏观事件是导致 CTA 策略自 2009 年年初以来表现不佳的一个主要原因,业界应该仔细研究今后该如何防范类似的宏观风险。

第四节　中国市场可期

随着中国大宗商品期货市场的迅速发展以及期货市场对机构投资者的逐渐开放,中国国内 CTA 策略有了越来越大的发展空间。2016 年四大期货交易所成交量 41.38 亿手,比 2011 年增长了 3 倍,除了中国金融期货交易所受收缩,另外三大交易所的交易品种及成交额都得到了长足的发展(见表 8-4)。中国期货市场不断丰富的产品也使得同时交易国内市场和国际市场的 CTA 基金经理有很好的套利机会。该策略是一种全球性的投资策略,很少有专门只投资亚洲的 CTA 策略。

表 8-4　2011 年和 2016 年中国四大期货交易所交易量和成交额数据

交易所	2011 年成交量（亿手）	占比（%）	2016 年成交量（亿手）	占比（%）	2011 年成交额（万亿元）	占比（%）	2016 年成交额（万亿元）	占比（%）
中国金融期货交易所	0.50	4.78	0.18	0.44	43.77	31.83	18.22	9.31
上海期货交易所	3.08	29.24	16.81	40.62	43.45	31.60	84.98	43.44
郑州商品交易所	4.06	38.55	9.01	21.78	33.42	24.30	31.03	15.86
大连商品交易所	2.89	27.42	15.37	37.16	16.88	12.27	61.41	31.39
总计	10.54	100.00	41.38	100.00	137.51	100.00	195.63	100.00

资料来源：中国期货业协会。

中国人善于数量、长于量化，CTA 策略的发展为国内的量化人才提供了用武之地。2014 年 12 月中国证监会开放期货资管公司“一对多”的业务，实际上给真正的 CTA 策略在中国内地市场开了绿灯，事实上在之后的一两年里，CTA 策略在中国内地市场中得到了蓬勃发展。

在中国市场，2011 年 9 月，证监会允许机构投资者进入商品期货市场；2012 年 5 月 7 日，上海期货交易所、郑州商品交易所和大连商品交易所颁布相关规定，打通国内基金专户参与商品期货的通道，自此，CTA 作为一种策略，可以在国内全面展开，国投瑞银鸿瑞 4 号期货套利资产管理计划成为国内首个商品期货基金专户产品。但发展至今，国内 CTA 基金的总体规模还处于初级阶段，以期货为主要投资标的的产品不过 1 000 只左右。

国内主要的四种 CTA 子策略

根据不同的标准，CTA 的子策略有不同的分类。根据交易方法，其可以分为主观交易和系统化交易。在海外，系统化交易占 CTA 策略的比例已超过 80%，所以，CTA 策略通常跟量化投资密切相关。根据分析方法，则可以分为基本面分析和技术面分析。根据交易策略，CTA 基本上能够分为三大类，其中包括：趋势跟踪约占 70%，均值回归占 25%左右，逆趋势或趋势反转占 5%

左右。其中最大类的趋势跟踪，根据时间窗口，又可以分为高频交易、中短线的趋势跟踪、长线趋势跟踪。

国内虽然期货市场交易量已经很大，但CTA策略明显还是受到容量的瓶颈限制，还有待突破。

高频交易。高频交易的策略模式主要有做市商策略和投机策略，包括在主力合约上做市、在跨期上做市、在主力合约上投机。据了解，目前高频交易最赚钱的领域是股指，商品领域的高频交易则竞争激烈。高频跟抢单率有关（策略强则不需要拼速度，策略弱则硬件和执行层的强度都要强）。高频交易虽然成本极高，但收益率也极高，能覆盖手续费，比如200万元的资金，一天交的手续费可以到80万元，而创造的利润可能超过100万元。虽然高频交易对手续费很敏感，但由人工来操作，也有弹性的处理办法。由于程序化高频太容易失效，常常也会辅以人工手动高频。但是，高频交易受政策的影响也很大，其获取利润需要覆盖滑点和手续费，如果手续费提高了，滑点变大了，冲击力变差了，就没法赚钱了，只能缩小频率、放大周期。

中短线的趋势跟踪。一般而言，在这一策略中，1—5天为短周期，5天为中周期，5天以上为长周期，时间可能有10—30天。短中线的机会主要在股指期货。CTA其实是做多波动率的策略，在股指期货受限之前，其巨大的波动率使得这一策略有可观的盈利。有些2014年7—8月发行的产品，到2015年7月收益率就到100%了。一些股指期货的短线策略，持仓时间甚至短至几分钟到1小时，一般都是日内平仓，很少持仓过夜。

而商品期货是很成熟的市场，2012年和2013年的商品期货短线还比较好做，随着竞争对手的进入，中短线已很难做了。2015年以来，有些CTA基金放弃了商品期货偏短线的策略，基本偏中长线。商品期货的短线策略日内较隔夜仓少，因为商品出了夜盘之后定价变得非常成熟，原来的短线策略出了夜盘之后就失效了。

中短线策略的最大缺陷是容量有限，所以随着管理规模的增大，CTA会倾向于中长线策略。

长线趋势跟踪。相比股指期货，商品期货市场的容量大，但风险收益比（风险用最大回撤度量，calmar ratio）低，股指期货能做到3或4，商品只能做到2。所有的量化策略中，高风险收益比的策略往往容量小，低风险收益比的策略往往容量大;越长线容量越大,越短线容量越小。短线还需要考虑冲击成本,市场短期内的盘口没有那么大量,长线就算冲击成本高,但持仓以周为单位。

但也有基金经理指出,在中国,长线策略的容量不会特别大,因为策略的相关性比较高,中国虽然有接近 100 个期货品种,但只分属 3—4 大类,比如黑色系商品的螺纹钢、焦炭、焦煤,要涨都是一起涨,化工基本跟随原油、有色金属基本跟随外盘或美元涨跌。

目前,英国的元盛资产和英仕曼集团(MAN Group)是全世界最大的做择时交易的机构,其管理资产规模在 300 亿美元左右,元盛在中国管理的资产约为几十亿元。为什么元盛做得好?因为其在全球几十个国家做期货,还有外汇期货,可以分散风险,而在中国所有的交易证券都是以人民币定价的,缺少了汇率方面的分散度。另外,由于监管条例方面的种种限制,在中国市场 CTA 策略的瓶颈比在海外相应策略的瓶颈更明显。

套利策略。套利的原理有两个:统计套利和逻辑套利,相当于基本面分析和技术分析。统计套利就是两个跨期合约价差处于一个稳定区间,到上线就做空,到下线就做多,这里主要介绍主观套利。

商品领域,有些品种强、有些品种弱,由此会衍生出很多种策略。第一,最简单的是做行业内上下游的套利对冲,比如供给侧改革会提升企业利润(产成品可能价格高),但原材料行业没那么好,那么策略就可以是做多产成品+做空原材料。比如,2014 年整体钢铁行业产能过剩,原材料暴跌导致下游企业利润丰厚,策略就是做空原材料市场+做多下游企业利润,2014 年下半年头寸上的安排是做空铁矿石+做多钢铁板块股票。

第二,往行业外扩延,跨板块/行业/品种的对冲,比如生猪行情下的策略安排可能是这样:做多猪价+做空养猪相关的产品线(比如玉米、豆粕);把板块铺开,也可能是卖出豆粕厂商的股票(如卖玉米的北大荒)+买生猪厂商的股票。

主观套利也依赖于对商品的深度调研,比如元盛就采取在玉米地里埋温度计等方法,调研玉米市场。人力、物力配备没那么齐全的基金,至少需要建立与现货企业的合作关系,建立自己的数据库并清理好数据,准确地把握相关商品供需关系的各种信息。

现在的市场中,主观套利有很强的生命力,这与期货市场的结构和发展大有关系。据业内专业人士分析观察,中国期货市场的发展呈现出几个阶段:20世纪90年代都是庄家博弈,对大户头寸的了解是参与市场的核心;之后慢慢进入一个政策市;2010—2011年后,市场发生巨大的变化,现货企业投资者开始参与,并占越来越大的份额,比如,化工品上有95%的现货企业都参与期货投资了,这代表产业的资本力量。这几年,商品上的投资逻辑跟产业的联动非常紧密,很多期现结合的策略中,对于商品的基本面分析发挥了很大作用。长期在市场赚钱,更多依赖的是对市场背后的投资逻辑的理解。应返璞归真,回归到期货的"初衷",更好地发挥出衍生品市场对实体经济的服务性作用。

CTA 策略的研发方向

整个CTA策略的思路是朝精细化的方向发展。首先,一部分中短线的策略会往长线策略发展,因为长线策略一直很稳定,多年来也没有衰退过。其次,另一部分基金会往高频交易的方向走,低频交易虽然很稳定,但问题是靠天吃饭,市场波动率高都赚钱,波动率低都处于低迷状态;在信息急剧膨胀的时代,计算机速度也越来越快的环境下,行情的时间窗口在缩短,而高频交易显得更为灵活,有机会经历更多的获利周期,但能经历获利机会与能捕捉到这些获利机会是两回事,仍然需要坚实的基本功来作为后盾。有些私募基金,要求所有研究员做高频策略,对市场的微观结构、对数据的处理能力提升后,再回头看中低频策略,会有不少启发。据称,用高频的维度去对低频策略做回测,收益能提升5%—10%。高频交易获利好比捡芝麻,且容量总是有限,低频交易获利好比捡西瓜,最好是能将二者有机地结合起来,相辅相成,相得益彰。

还有些基金将CTA策略和方法应用到股票现货市场上。此外,趋势策略也逐步扩充到做价差,在趋势不明显时,去抓取某些品种之间的相关性的收益。

莫刻意追求夏普比率

我们在前面反复指出了,在海外成熟的CTA市场中CTA策略的夏普比率并不高，都没有超过 0.8。这种情形与中国内地目前许多 CTA 投资顾问所提供的数据很不一样，因为这些投资顾问的业绩历史不够长而且投资规模不够大，往往只是设计些他们自己感觉很“天才”的策略然后测试，时间很短，结果他们的夏普比率能达到惊人的 1.5 甚至 3。但必须指出，这种情况并不是 CTA 策略的真实情况。

在国内，刻意追求 CTA 策略高夏普比率走入了误区。一般在国内现在 CTA 基金经理路演介绍其投资业绩时，觉得夏普比率在 1.5 以下都不好意思拿出来介绍，信心不足。实际上在过去二十年里，作者聂军经手投资过的 CTA 策略很多，但很少有 CTA 策略的夏普比率超过 0.8 的。某些 CTA 策略可能在某一段时间能实现较高的夏普比率，但往往都不能持续很长时间。泰斗级的 CTA 策略如元盛的夏普比率一般也只是在 0.7 左右。

第九章
对冲基金策略:全球宏观策略

第一节　全球宏观策略

全球宏观策略以对各国及全球经济数据变化的分析预测为基础进行投资,交易的市场非常广泛,大致分为股票指数及其衍生品(期货、期权)、国债(国债期货、期货期权、利率期货、远期、互换)、外汇(现汇、期货、远期、互换)和各种不同商品(期货、远期、期权)。该策略主要通过分析判断在特定的宏观经济周期(复苏、繁荣、衰退、萧条、复苏)环境下,预测相关金融市场的大趋势和周期来建仓获利,是一种自上而下的投资策略。宏观对冲基金策略主要依赖于宏观经济数据(如GDP、失业率、CPI、PPI等)及宏观市场环境(包括各国及地区的经济发展政策、货币政策、政治、军事、文化等)作出前瞻性的分析、判断,预测相关市场的走势(例如,一个国家的经济走势、货币政策走势等)来建立仓位,以期在将来市场的演变符合自己判断的过程中获利。例如,如果对某个国家的经济预期很乐观时,可以用这个国家的股指期货或者股指上的期权来做多;相反,如果预期某个国家经济将步入萧条时,则可以通过股指期货等来做空。又比如,在预计国家A的货币相对于国家B的货币将大幅走弱时,可以通过两种货币的汇率的现货、期货、远期、互换或者期权等方式做空货币A而做多货币B。由于全球宏观对冲基金策略往往是针对大事件进行投资,其特点是如果市场的演变符合基金经理的预期,其获利会很丰厚,但是如果基金经理的判断与市场的演变不符,则损失也会很大。

宏观对冲基金策略既可以是在全球跨地区市场、跨国家、跨资产类别的投资，也可以只集中于某个地区市场、某个国家或者某个资产类别中的投资。宏观对冲基金策略可以说是最宽泛的一种对冲基金策略，基金经理可以选择任何他愿意选择的交易产品，以他愿意的方式来做交易，灵活性很强。全球宏观对冲基金通常喜欢选择指数产品甚至ETF，但一般不碰个股以规避各公司的事件风险，除非是大市的表征标的个股。所以在这个策略里的对冲基金差异度非常大，彼此之间的相关性也往往很低。

不同于传统投资策略的是，全球宏观对冲基金策略的仓位可以是多头，也可以是空头，只要特定的市场有明显的方向性趋势就有获利机会。基金经理根据自己团队的预期建仓，通常会有助于杠杆的作用，投资组合也会相对比较集中。有的基金经理通过系统模型建仓，有的则通过基本面分析自由式建仓。该策略有较强的市场方向性，持仓周期相对较长——经济发展方向不是短期内可以改变的，波动性也比较大。

我们知道，经济周期从根本上决定了各种证券的价格变动趋势，准确地抓住这些趋势并顺势而为，将使投资者收到事半功倍之效。而利用“独门武功”判断出趋势的转变从而预先埋伏则又可以以很便宜的价格建仓而收到丰厚的投资回报，甚至能以四两拨千斤，将比自己强大很多的对手击垮而创造极为分厚的盈利。乔治·索罗斯就是这类投资者的代表人物，1992年，索罗斯通过准确判断当时德国、英国、欧盟的雏形经济体的宏观经济状态，以一己之力成功将在世界金融市场占据重要地位200多年的英镑击垮，使之退出欧洲货币组织(见本书第285页案例“索罗斯击败英镑”)，从中获利20亿美元；1997—1998年，索罗斯再次通过准确分析判断以马来西亚、印度尼西亚、泰国(“MIT”)为代表的东南亚宏观经济缺陷而一举将东南亚经济击垮(见本书第289页案例“索罗斯击垮MIT”)，再次获取暴利，并在亚洲赢得“金融大鳄”的名声。但是，全球宏观对冲基金策略如果误判对手的筹码和决心，损失也会是让人非常痛心的。1998年8月，索罗斯误判中国政府强力支持和捍卫香港金融市场稳定的决心，在冲击香港市场时遭到预想不到的狙击，最后不得不铩羽而归，损失20亿美元之多。作者聂军有位前同事当时就参与其中，虽然作者聂军的“劝降”使他避免了不少损失，但也是血的教训(见本书第291页案例“索罗斯沉船香江”)。

又例如,20世纪90年代由于“千年虫”的恐慌使全球各行业在IT系统更新方面,超前开销导致IT泡沫,在千禧年到来后“千年虫”被证伪,以NASDAQ为标志的“互联网泡沫”在2000年3月底开始破裂,从而迫使美国经济步入“衰退—萧条”阶段。按照历史发展的节奏,美国经济在2001年夏秋之际应该开始复苏,但不巧美国遭遇“9·11”恐怖袭击,使复苏的信心受挫。为了重振信心,美联储被迫在“9·11”后大幅降息而使美国房贷利率大幅降低,许多房主在银行积极的引导下进行了多次以更低的房贷利率借新贷还旧贷的“再贷款”(refinancing)活动,无疑,银行从中获利颇丰。然而,当美联储将Fed Fund(联邦基金)利率在2002—2003年降到1%附近时,房主们对“再贷款”所带来的房贷利息差已经不再感兴趣,银行为了吸引更多房贷,只好一而再、再而三地放松对房贷的要求,最终出现了许多让人匪夷所思的“次级房贷”——有的次贷者连当月利息都还不起,银行只好把所欠的利息计入本金中去,使得本金像个不断膨胀的气球,而其中就有不少是5年的“可调利率房贷”(adjustable-rate mortgage, ARM)。试想:在当时利率处于最低点时都还不清房贷利息的放贷者如何在5年之后利率升高后能还得清房贷利息?从2002—2003年往后推5年,这批房贷爆仓就成为必然的事。对冲基金经理约翰·保尔森(John Paulson)通过分析判断美国这种次级贷现象而提前潜伏做空美国房地产信用证券并坚持到次贷危机于2007—2008年最后爆发而赚取了数十亿美元盈利。必须提到的一点是,当时不仅是保尔森看到了这种机会,但有的基金经理当时“用力过猛”,没能坚持到曙光从地平线上升起的时刻就倒下了,保尔森的头寸在2005—2006年间也曾出现过一定程度的亏损。

找准趋势的拐点并有能力坚持到拐点实质性地发生,是全球宏观对冲基金策略的关键所在,索罗斯所擅长的也正在此。该策略在海外是一种广为人知的对冲基金策略,其代表人物除了乔治·索罗斯,还有保罗·都铎·琼斯(Paul Tudor Jones)、布鲁斯·科夫纳(Bruce Kovner)、路易斯·培根(Louis Bacon)、约翰·保尔森、阿伦·霍华德(Alan Howard)、周忠全(Joe Zhou)、杨明章(Danny Yong)等众多享誉全球的对冲基金风云人物。

2011年8月之前瑞士法郎兑欧元一直持续升值好几年(当然中间也有不少波动)。人们始终在问:瑞士法郎兑欧元的合理价位到底在什么水平?周忠全所创立的泓策基金用自有的模型对欧洲和瑞士的各种宏观数据进行了详细分析和判断,并不断预测如果瑞士法郎继续升值对各个相关经济体尤其是对瑞士经济的影响,泓策基金在 2011 年 8 月之前持续 2—3 年的时间做多瑞士法郎而做空欧元。但在 2011 年夏天,泓策基金分析发现,如果瑞士法郎兑欧元继续升值,将会导致瑞士发生很严重的通缩风险。在这种背景下,泓策基金果断地获利平仓并反手做多欧元做空瑞士法郎。结果没多久,瑞士法郎兑欧元果然一改之前数年的走势而逆转了(见图 9-1)。在此之后,瑞士央行不得不宣布以 1 欧元兑 1.2 瑞士法郎的单边挂钩政策并坚持了好几年,而泓策基金也彻底平仓了瑞士法郎兑欧元的头寸。这样,在瑞士央行于 2015 年 1 月突然宣布放开 1∶1.2 的单边挂钩时,泓策基金毫发无损。在 2011 年之前,泓策基金可是瑞士法郎欧元上的“大户”。顺便提一下,瑞士央行在实施 1∶1.2 单边挂钩政策之前,曾找到周忠全咨询过泓策基金的模型对瑞士法郎兑欧元的合理价位。

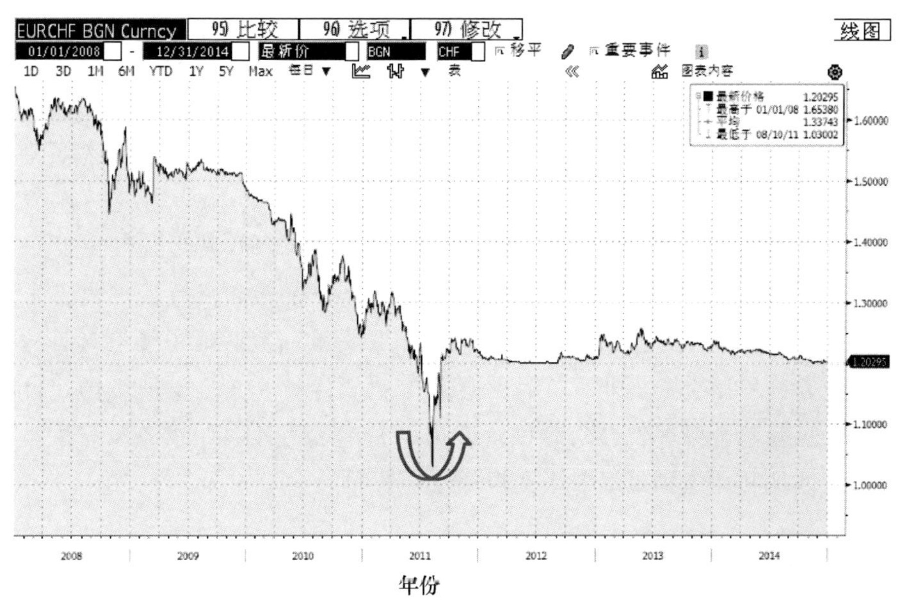

图 9-1　瑞士法郎兑欧元汇率曲线

资料来源:彭博。

1992 年索罗斯一举成名而使全球宏观对冲基金名声大噪。在这个时期,全球宏观对冲基金呈现羊群效应,其管理资产几乎占对冲基金行业总资产的一半。这种“追逐历史回报”的现象在对冲基金行业屡见不鲜,但其结果往往是令人失望的。该策略于 1994 年在美联储超预期急剧拉升利率防通胀后普遍遭遇挑战,其中有的基金损失惨重,让一些“追逐历史回报”的投资者受到惨痛教训而纷纷离场。

尽管在接下来的时间里宏观对冲基金策略总体上有较好表现,但人们对该策略的质疑并未随之停止。不少业界和学术界人士认为,由于宏观对冲基金主要依靠于宏观经济指数来作分析判断,而宏观经济指数发布的频率比较低,一般一个月甚至一个季度才发布一次相关的经济数据(如 GDP 等),而且发布的数据都是在过去已经发生了的时间段的。所以在 1998 年左右有很多业界和学术界人士质疑宏观对冲基金策略实际上是看着后视镜开车,是没有什么实际意义的;前面如果出现弯道,还有可能是很危险的一种方式。所以当时有很多人宣布,宏观对冲基金策略已死。

然而,令很多人感到惊奇的是,自从 1998 年到现在,在所有对冲基金策略里面,宏观对冲基金策略的业绩名列前茅(见图 9-2)。显然这个策略不但没有死,而且生机勃勃。

我们常常强调,每一种对冲基金策略都有它的周期,都有它的顺风环境和逆风环境,宏观对冲基金策略就是一个很好的佐证。

全球宏观基金通常都严格遵循自上而下的投资流程,基金经理主要根据宏观经济分析、政府政策的变化以及国家经常账户余额和资金流等信息来形成自上而下的投资思路。有的基金经理还会跟踪和研究其他市场参与者的行为,以便充分利用投资者非理性行为导致的错误定价。一旦发现市场定价明显失衡,这些基金经理就会从各种资产类别和金融工具中寻找最佳的执行方式,来有效地利用这种市场非平衡现象建仓获利。

国内宏观对冲策略尚少人驾驭

在国外,宏观对冲策略是规模最大的对冲基金策略。国内的宏观策略比较稀缺,能驾驭它们的基金经理比较少,原因是这一策略对基金经理的要求比较高:要对大类资产类别的配置有深刻理解,对大类资产的轮动和对冲配置有深入应用,对资产背后的投资逻辑有深入的体会或洞察力,经历过数次牛熊周期后能特别观察熊市中的特点。

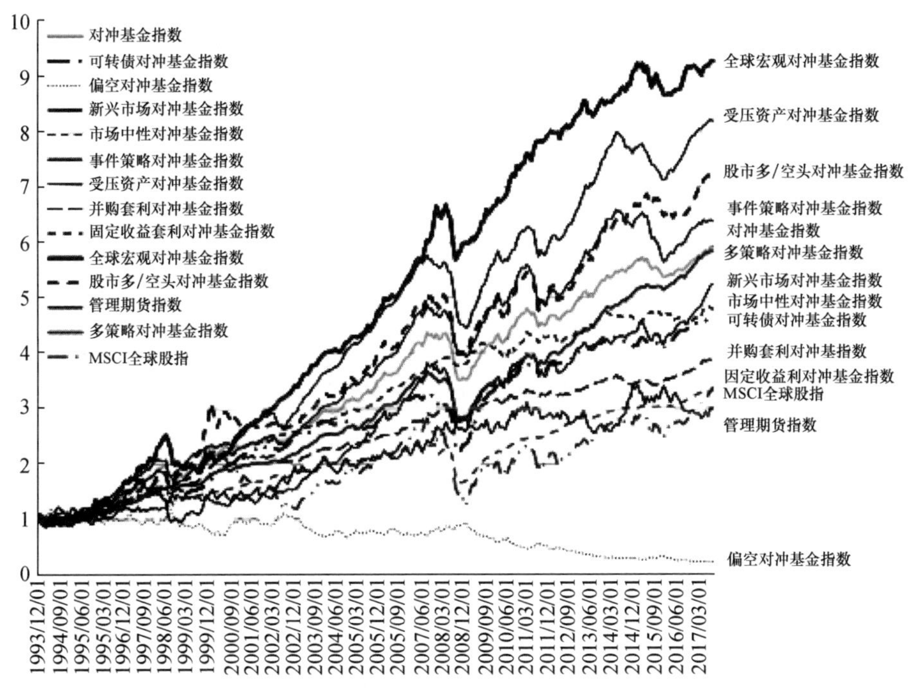

图 9-2　宏观策略在对冲基金策略中的业绩名列前茅

资料来源：瑞信对冲基金指数、HFR、彭博。

海外宏观策略的两个特点是：第一，熊市中的避险功能，在下行周期提供差异性收益率；第二，对净值的控制。在中国，宏观对冲也是未来发展极为广阔的一类策略，有好几类其他策略可能转变为宏观对冲策略。第一类是固收基金转型，第二类是商品领域衍生出的宏观对冲策略，第三类是股票投资领域衍生出来的宏观对冲策略。比如，一种从商品领域衍生出的宏观对冲策略是做多新兴经济＋做空传统经济，这一策略在 2013 年取得了较好的收益。在具体头寸上的表现是，做多沪深 300＋做空以房地产为代表的商品上的黑色板块，因为沪深 300 是综合经济的代表，煤炭、焦炭、钢铁是以房地产为代表的大宗商品领域。2013 年两种资产都下跌，但是期货的幅度和节奏更为流畅，对冲下来利润还是比较丰厚的。

产业链上下游的套利配对，也是宏观对冲策略的投资方式。比如，大宗商品豆粕是猪饲料的重要成分，2015 年 A 股股灾期间，猪价在 7 月有一波明显上涨。要捕捉豆粕的上涨行情，有很多种方式：单边做多豆粕，简单地买入持有策略；做多豆粕＋做空豆油；近月和远月的跨期套利。稳健型产品可能选择套利，激进型产品可能选择单边；在不同净值区间选择不同的策略。

该策略是一个全球性策略，亚洲的经济很难与世界其他地区的经济分割开来，亚洲通常也是全球宏观投资策略的一个主题，但除了日本，亚洲其他国家和地区都被归为新兴市场。最近这些年也有基金经理在考虑开发专门针对亚洲市场的宏观投资策略，但由于各个亚洲市场容量相对较浅以及存在十几个不同的法规系统（如有的实行外汇管制），要在亚洲做好该策略所面临的挑战不小。

随着国债期货和越来越多的大宗商品期货产品的推出，加上三个股指期货以及期权等产品，全球宏观对冲基金策略在中国 A 股市场可以施展的空间正在变得越来越大。然而，目前国内可供选择的宏观交易工具还是太有限，加上各种监管方面的限仓，要大规模地扩展该策略仍然还面临许多挑战，目前该策略还仅仅处于起步阶段。

第二节　全球宏观策略的回报来源与风险

回报来源

阿尔法回报。宏观对冲基金策略由于其投资空间和可选标的非常广泛，很难以一个标准或角度来刻画其阿尔法回报。对于单个基金而言，其回报的主要来源是基金经理对标的未来走势的正确分析、判断和预测的能力。在千变万化的各种市场中，基金经理应该根据自己的特长选准一个合适的市场，选择一个合适的主题进行深入研究，作出自己的独立预测，然后再根据预测建立相应的头寸以求从中获取额外收益。这与基金管理团队的背景及技能密切相关。该策略所建头寸往往有较长的持仓期，忌讳人云亦云。另外，当市场的走向与自己的预测不一致时，基金经理需要及时根据最新信息作出判断，看是否需要作出必要调整。这也是阿尔法回报的一部分。

从整个全球宏观对冲基金策略而言，图 9-3 展现了该策略绩效相对于 MSCI 全球股指的阿尔法回报情形。从图中可以很清楚地看出，该策略在从 1994 年 1 月到 2017 年 11 月的近 24 年里的绝大多数时间呈现正阿尔法。同时,我们也看到 2012 年后的阿尔法回报已经较之前的要低。欧洲主权债务危机恶化了全球宏观投资环境,随之而出现的各国央行无节操的大放水则使全球宏观对冲基金策略的有效性大大减弱,尤其是外汇市场方面的策略更是如此,不少全球宏观策略对冲基金不得不关门歇业。

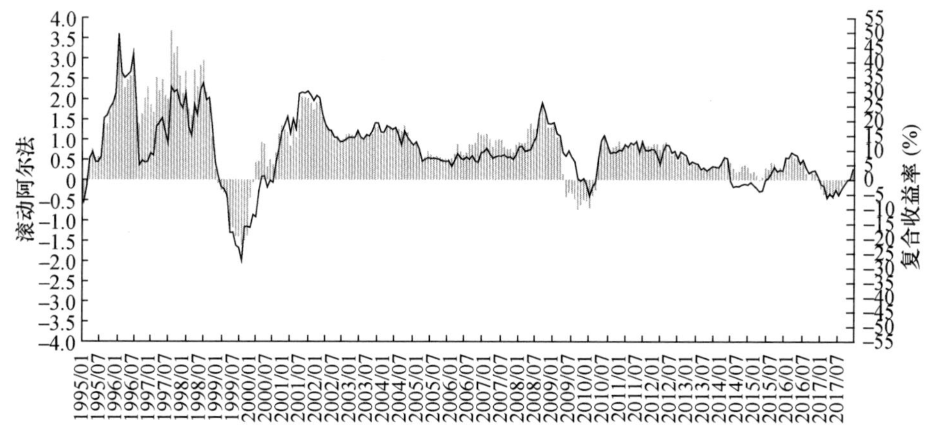

图 9-3 宏观对冲基金策略与 MSCI 全球股指的 12 个月滚动阿尔法及复合收益率

资料来源:瑞信对冲基金指数、彭博。

目前全球信用市场已经得到了很大的改善,各国经济也呈现不同程度的"康复",随着各国央行的货币政策逐渐回归正道及逐渐抽走多余的流动性,该策略有望重振雄风,恢复往日的辉煌。

贝塔回报。全球宏观对冲基金策略从单个基金尤其是单个投资主题而言,其方向性很强且杠杆水平较高,当市场的走向与基金经理的预测相符时,其业绩会显示比较高的贝塔值(正的或负的)。然而,作为整个策略而言,其贝塔值并不高。

从图 9-4 中可以看到,除了在 1997—1998 年亚洲金融风暴前后的一段时间,全球宏观对冲基金策略指数与 MSCI 全球股指间的贝塔值并不高,这体现了该策略的精美之处——方向性、高杠杆策略但贝塔值仍然较低,表明其阿尔法技能较强。

从图 9-4 中还可以看到,虽然贝塔值通常并不高,但相关性系数却有明显的倾向性,这表明了该策略总体对市场走向的预测是否与实际相符。

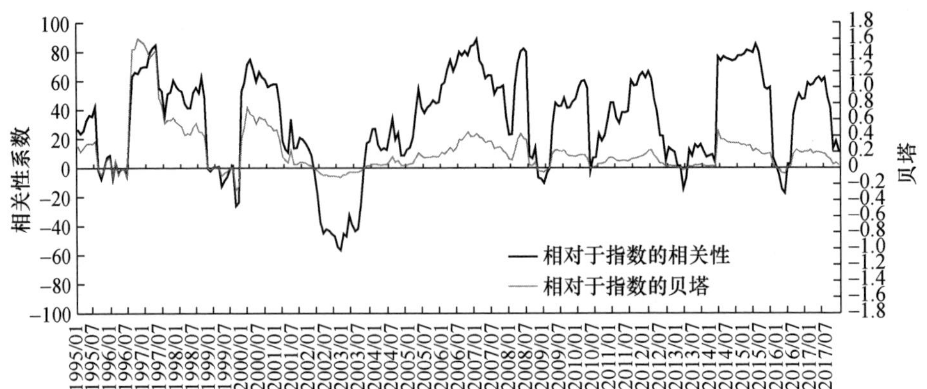

图 9-4　宏观对冲基金策略与 MSCI 全球股指的 12 个月滚动相关性系数及滚动贝塔

资料来源:瑞信对冲基金指数、彭博。

风险来源

由于该策略可投资的范围非常广泛而且每个基金经理具体操作的对象差异可能很大,具体执行实施的方式和途径各异,所涉及的风险也包罗对冲基金所面临的各种风险。

肥尾风险。首先,全球宏观对冲基金策略是一个方向性很强的策略,如果预测的方向与市场实际发生的情形完全相反,无疑基金将会遭重创。所以,该策略的肥尾风险较大,表明该策略不时会发生"大起大落"现象(见图 9-5)。

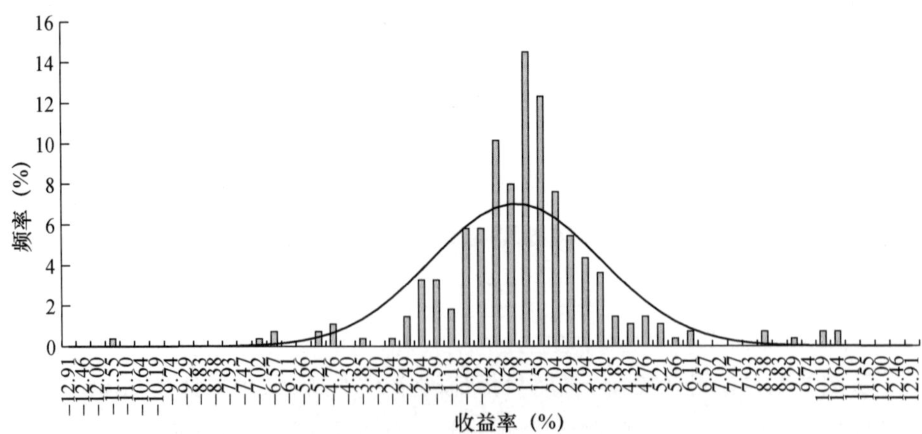

图 9-5　宏观对冲基金策略指数月度收益率分布图

资料来源:瑞信对冲基金指数、彭博。

另外,该策略可能还存在以下风险:

市场系统风险。曾经有一位外汇对冲基金经理对各种主要汇率走势的预测逻辑很强,准确性也较高,但是,他们的基金启动相应的头寸却总是早了几个月,以至于基金在建仓后总要承担损失而等到其“曙光乍现”“春天来临”时,其头寸已经积累了比较大的回撤,有时不得不斩仓。这种现象并不鲜见,但很多基金经理并不是在一开始就把头寸加满,而是不断加头寸的,只要能坚持到真正的拐点发生时还“活着”,接下来往往会有不错的收获。

信用风险。全球宏观对冲基金策略中,有些主题涉及新兴市场的各种国债,自然就必须考虑到所面临的国家信用风险以及这些具体债券的信用风险。例如,1998 年许多全球宏观对冲基金当时持有俄罗斯国债,而当年 8 月 17 日俄罗斯宣布国内发行的国债违约,暂停向外国债权人支付还款,并将卢布贬值 30%左右,这一事件无疑使这些基金遭受了重大损失。又比如,2010—2011 年间所发生的欧元区五国(希腊、意大利、爱尔兰、葡萄牙、西班牙)主权债务危机又使不少全球宏观对冲基金因为信用风险而蒙受重创。当然,在这些危机发生时,也有不少全球宏观对冲基金和相对价值对冲基金因为在当地规避了信用风险甚至直接做多国债 CDS 而获利丰厚。

汇率风险。毫无疑问,对于全球宏观对冲基金策略而言,汇率风险是与生俱来的风险源。这些汇率风险通常来自新兴市场的汇率,当危机来临时,与汇率风险并行的往往还有其他风险,如债券违约风险等。前面提到的 1998 年 8 月 17 日俄罗斯政府将卢布贬值 30%左右,同时宣布国债违约。类似的事件还发生过很多次,如墨西哥危机、阿根廷危机、巴西危机等。

法规风险。全球宏观对冲基金策略中会有许多跨境的投资,从而涉及不同的法规体系而面临许多不同的法规要求。例如,相关国家法规体系对“利得税”的界定以及处理方法可能会各不相同甚至差异很大,这会直接影响到基金的投资收益。基金管理团队需要随时密切跟踪这些法规方面的变化以便及时规避法规风险。

事件风险。虽然全球宏观对冲基金为了规避单个公司的事件风险而避免在个股或个券上建仓,但像前面提到的 1998 年 8 月俄罗斯政府的国债违约、货币贬值等事件还是很难规避掉的。如果这种事件风险并不是基金有意向承担的风险,则基金经理应该设法对冲这些风险。

模型风险。全球宏观对冲基金策略因为所涉及的投资空间广泛，而涉及的资产类别可以跳跃，基金管理公司通常拥有自有的分析、判断及预测的模型。这就不可避免地会牵涉模型本身的风险。

杠杆风险。全球宏观基金策略依靠正确地预测市场大趋势来谋求高回报，因此，一旦发现机会，通常会在相对集中的投资组合中采用较高的杠杆率。一般而言，他们会使用3倍或以上的杠杆，将所有资产全部投入一笔交易的情况也并不鲜见(比如索罗斯在几场著名战役中所采取的策略)。其头寸规模经常会依不同资产类别的波动性进行调整，例如，货币市场的波动往往比股票要小，因此，货币头寸的杠杆率更有可能达到净资产值的10倍甚至更多。全球宏观对冲基金策略中因杠杆过高导致爆仓甚至基金倒闭的事情每过一段时间就会发生。该策略中的基金经理通常“赌性”较大，在市场走向不利于自己的预测时通常试图通过加仓而降低单位成本，如此则会拉升杠杆率。而往往在这种时候，券商或交易所会提高资本保证金要求以求降低杠杆率。这种“碰撞”的结果一定是基金被迫平仓而遭受重大损失。所以，全球宏观对冲基金策略中一定要严格控制好杠杆风险。

第三节　全球宏观策略的风险收益特征

风险及收益特征

为了用具体数字说明全球宏观对冲基金策略的风险及收益特征，在本节中我们采用瑞信对冲基金(Credit Suisse Hedge Fund)全球宏观对冲基金策略指数从1994年1月到2017年1月的数据作为分析基础。这一指数在全球享有很高的可信度和代表性。

用来做比较的对标指数是MSCI全球股指及标普500指数，这两个股指在海外被认为是很进取的投资标的。从表9-1和图9-6可以清晰地看到，自1994年1月到2017年11月，全球宏观对冲基金策略指数年化收益率为9.76%，而年化波动率为8.76%，最大回撤－26.78%，超过70%的月份有正收益，所有这些指标均优于MSCI全球股指及标普500指数的相应指标。

图9-7从另一个角度提供了该策略的收益及风险特征，很显然，在1998

表 9-1　1994 年 1 月至 2017 年 11 月全球宏观对冲基金策略的业绩比较

2017.11.30	全球宏观对冲基金指数											
	自成立			过去 12 个月			过去 3 年			过去 5 年		
	全球宏观对冲基金指数	MSCI 全球股指	标普 500 指数	全球宏观对冲基金指数	MSCI 全球股指	标普 500 指数	全球宏观对冲基金指数	MSCI 全球股指	标普 500 指数	全球宏观对冲基金指数	MSCI 全球股指	标普 500 指数
年化收益率	9.76%	5.21%	9.66%	2.23%	23.36%	22.87%	1.53%	6.20%	10.91%	2.71%	8.92%	15.74%
年化波动率	8.76%	14.91%	14.45%	2.25%	3.05%	3.90%	3.97%	10.65%	10.09%	3.73%	9.96%	9.50%
夏普比率(无风险利率为 0)	1.11	0.42	0.71	0.99	6.96	5.35	0.40	0.62	1.08	0.73	0.91	1.60
最大回撤	−26.73%	−56.23%	−50.95%	−1.77%	0.00%	0.00%	−6.26%	−14.82%	−8.36%	−6.26%	−14.82%	−8.36%
正收益月份百分比	71.08%	60.28%	66.20%	66.67%	100.00%	100.00%	61.11%	61.11%	72.22%	65.00%	65.00%	75.00%
与 MSCI 全球股指相关性	0.24			0.51			0.36			0.46		
与标普 500 指数相关性	0.21	0.94		0.32	0.50		0.36	0.93		0.45	0.92	

资料来源:瑞信对冲基金指数、彭博。

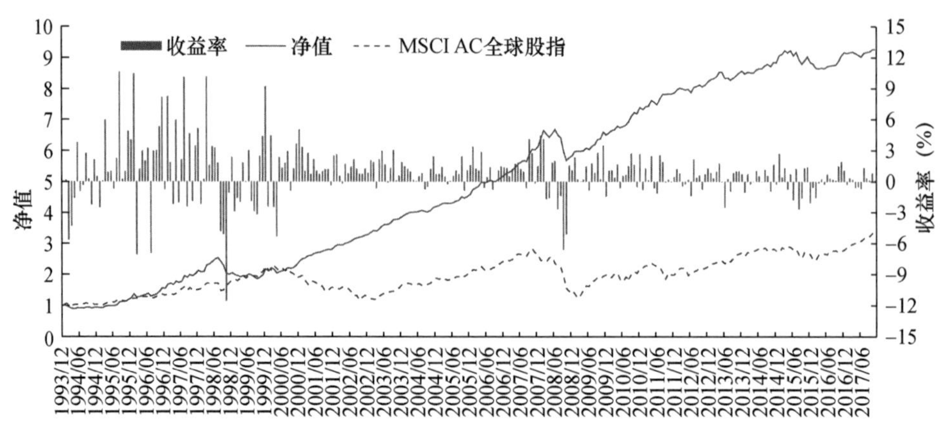

图 9-6　1994 年 1 月至 2017 年 11 月全球宏观对冲基金策略与股指的业绩比较
资料来源：瑞信对冲基金指数、彭博。

年之前该策略的收益及风险特征与 1998 年之后有很大不同。1998 年俄罗斯债券违约及卢布贬值事件迫使高杠杆的对冲基金长期资本管理公司轰然倒塌，当时有许多全球宏观对冲基金策略中的基金有是与长期资本同方向持仓的，不难想象，当长期资本倒下时，这些对冲基金也受到了很大冲击。在那之后，这些基金吸取了 1998 年前的教训，使得该策略的稳定性得到很大的改善。

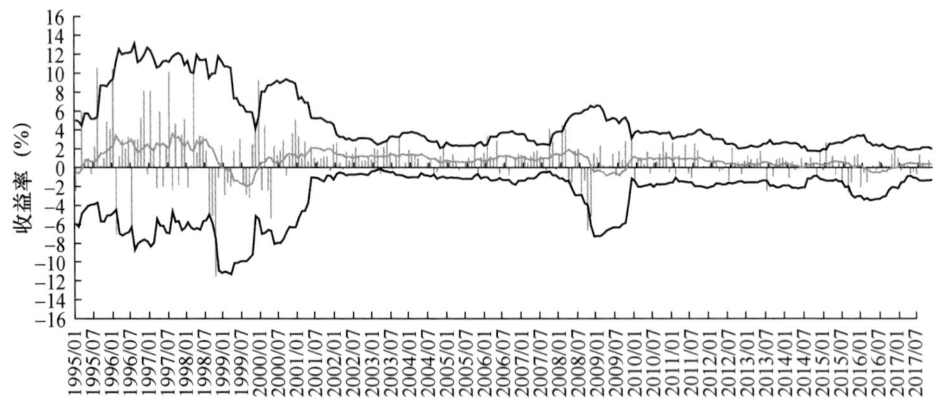

图 9-7　1994 年 1 月至 2017 年 11 月全球宏观对冲基金策略收益率及布林通道
资料来源：瑞信对冲基金指数、彭博。

再看看该策略的痛苦指数（见图 9-8）。1998 年亚洲金融风暴加上俄罗斯国债违约、卢布贬值使该策略承受了其最大回撤 26.78%，花了一年多时间便净值曲线再创新高。直到 2008 年全球金融海啸才又进入一段较大的痛苦期,跌幅曾达到 14.94%,又花了一年多时间于 2010 年年初净值曲线再创新高。再往后的一次较大的痛苦就是最近的跌幅了,自 2015 年 4 月进入痛苦状况,跌幅曾达到过 6.26%而持续时间达两年半。由此可以看出,该策略每次跌幅中的最大跌幅在缩小,表明基金经理控制跌幅的技能在加强。

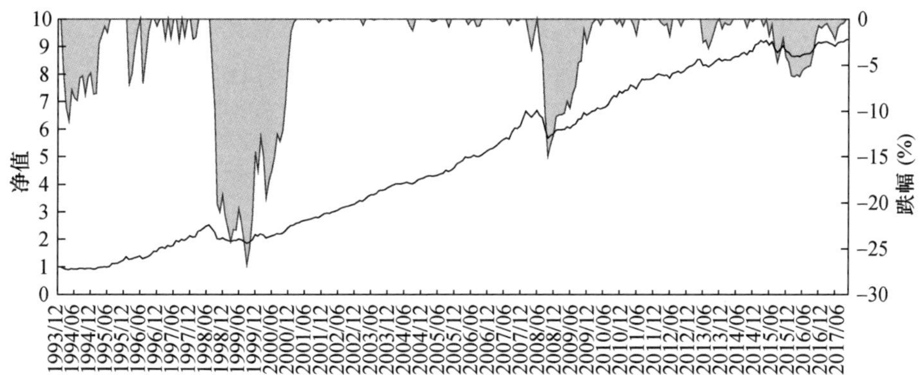

图 9-8　1994 年 1 月至 2017 年 11 月全球宏观对冲基金策略痛苦指数

资料来源:瑞信对冲基金指数、彭博。

第四节　案例分析

案例 9-1

索罗斯击败英镑

英镑近两百年来一直是世界的主要货币。英国原来采取金本位制,英镑与黄金挂钩时,英镑在世界金融市场占据了极为重要的地位。只是第一次世界大战以及 1929 年的股市大崩溃,才迫使英国政府放弃了金本位制而采取浮动制,英镑在世界市场的地位不断下降。

而作为保障市场稳定的重要机构——英格兰银行,是英国金融体制的强大支柱,具有极为丰富的市场经验和强大的实力。从未有人胆敢对抗这一国家的金融体制，甚至想都未敢想过。索罗斯却决定做一件前人所未做过的事，摇撼一下大不列颠这棵号称坚挺的“大树”，试一试它到底有多么强大的力量。

随着1989年11月柏林墙的轰然倒下，许多人认为一个新的、统一的德国将会迅速崛起和繁荣。但索罗斯经过冷静的分析，却认为新德国由于重建民主德国，必将经历一段经济拮据时期。德国将会更加关注自己的经济问题，而无暇帮助其他欧洲国家渡过经济难关，这将对其他欧洲国家的经济及货币带来深远的影响。

1990年，英国决定加入西欧国家创立的新货币体系——欧洲汇率体系(简称ERM)。索罗斯认为英国犯了一个决定性的错误。因为欧洲汇率体系将使西欧各国的货币不再钉住黄金或美元，而是相互钉住；每一种货币只允许在一定的汇率范围内浮动，一旦超出了规定的汇率浮动范围，各成员国的中央银行就有责任通过买卖本国货币进行市场干预，使该国货币汇率稳定到规定的范围之内；在规定的汇率浮动范围内，成员国的货币可以相对于其他成员国的货币进行浮动，而以德国马克为核心。早在英国加入欧洲汇率体系之前，英镑与德国马克的汇率已稳定在1英镑兑换2.95马克的水平。但英国当时经济衰退，以维持如此高的汇率作为条件加入欧洲汇率体系，对英国来说，其代价是极其高昂的。一方面，将导致英国对德国产生依赖，不能为解决自己的经济问题而大胆行事，比如何时提高或降低利率、为保护本国经济利益而促使本国货币贬值；另一方面，英国中央银行是否有足够的能力维持其高汇率也值得怀疑。

特别是在1992年2月7日，欧盟12个成员国签订了《马斯特里赫特条约》。这一条约使一些欧洲货币如英镑、意大利里拉等显然被高估了，这些国家的中央银行将面临巨大的降息或贬值压力，它们能和经济实力雄厚的德国在有关经济政策方面保持协调一致吗？一旦这些国家市场发生动荡，它们无力抵御时，作为核心国的德国会牺牲自己的国家利益来帮助这些国家吗？

索罗斯早在《马斯特里赫特条约》签订之时就已预见到欧洲汇率体系将

会由于各国的经济实力以及各自的国家利益而很难保持协调一致。一旦构成欧洲汇率体系的一些“链条”出现松动,像他这样的投机者便会乘虚而入,对这些松动的“链条”发起进攻,而其他的潮流追随者也会闻风而动,使汇率更加摇摆不定,最终,对追风机制的依靠比市场接纳它们的容量大得多,直到整个体制被摧毁。

果然,在《马斯特里赫特条约》签订不到一年的时间里,一些欧洲国家便很难协调各自的经济政策。当英国经济长期不景气,正陷于重重困难的情况下,英国不可能维持高利率的政策,要想刺激本国经济发展,唯一可行的方法就是降低利率。但假如德国的利率不下调,英国单方面下调利率,将会削弱英镑的地位,迫使英国退出欧洲汇率体系。

此时此刻,索罗斯及其他一些投机者在过去几个月里却在不断扩大头寸的规模,为狙击英镑做准备。

随着时间的推移,英国政府维持高利率的经济政策受到越来越大的压力,它请求德国联邦银行降低利率,但德国联邦银行却担心降息会导致国内的通货膨胀并有可能引发经济崩溃,拒绝了英国降息的请求。

英国经济日益衰退,英国政府需要让英镑贬值,刺激出口,但英国政府却受到欧洲汇率体系的限制,必须勉力维持英镑对马克的汇价。英国政府的高利率政策受到许多金融专家的质疑,国内的商界领袖也强烈要求降低利率。在1992年夏季,英国首相梅杰和财政大臣虽然在各种公开场合一再重申坚持现有政策不变,英国有能力将英镑留在欧洲汇率体系内,但索罗斯却深信英国不能保住它在欧洲汇率体系中的地位,英国政府只是虚张声势罢了。

英镑对马克的比价在不断地下跌,从2.95跌至2.85,又从2.85跌至2.7964。英国政府为了防止投机者使英镑对马克的比价低于欧洲汇率体系中所规定的下限2.778,已下令英格兰银行购入33亿英镑来干预市场。但政府的干预并未产生好的预期,这使得索罗斯更加坚信自己以前的判断,他决定在危机凸显时出击。

1992年9月,投机者开始进攻欧洲汇率体系中那些疲软的货币,其中包括英镑、意大利里拉等。索罗斯及一些长期进行套汇经营的共同基金和跨国公司在市场上抛售疲软的欧洲货币,使得这些国家的中央银行不得不斥巨资来支持各自的货币价值。

英国政府计划从国际银行组织借入资金用来阻止英镑继续贬值,但这犹如杯水车薪。仅索罗斯一人在这场与英国政府的较量中就动用了100亿美元。索罗斯在这场豪赌中抛售了70亿美元的英镑,购入60亿美元坚挺的马克,同时,索罗斯考虑到一个国家货币的贬值(升值)通常会导致该国股市的上涨(下跌),又购入价值5亿美元的英国股票,并卖出德国股票。如果只是索罗斯一个人与英国较量,英国政府也许还有一丝希望,但世界许多投机者的参与使这场较量的双方力量悬殊,注定了英国政府的失败。

索罗斯是这场“赌局”最大的赌徒。下完赌注,索罗斯开始等待。1992年9月中旬,危机终于爆发。市场上到处流传着意大利里拉即将贬值的谣言,里拉的抛盘大量涌出。9月13日,意大利里拉贬值7%,虽然仍在欧洲汇率体系限定的浮动范围内,但情况看起来却很悲观。这使索罗斯有充足的理由相信欧洲汇率体系的一些成员国最终将不会允许欧洲汇率体系来决定本国货币的价值,这些国家将退出欧洲汇率体系。

1992年9月15日,索罗斯决定大量放空英镑。英镑对马克的比价一路下跌至2.8,虽有消息说英格兰银行购入30亿英镑,但仍未能挡住英镑的跌势。到傍晚收市时,英镑对马克的比价差不多已跌至欧洲汇率体系规定的下限。英镑已处于退出欧洲汇率体系的边缘。

英国财政大臣采取了各种措施来应付这场危机。首先,他再一次请求德国降低利率,但德国再一次拒绝了;无奈,他请求首相将本国利率上调2%—12%,希望通过高利率来吸引货币的回流。一天之中,英格兰银行两次提高利率,利率已高达15%,但仍收效甚微,英镑的汇率还是未能站在2.778的最低限上。在这场捍卫英镑的行动中,英国政府动用了价值269亿美元的外汇储备,但最终还是遭受惨败,被迫退出欧洲汇率体系。英国人把1992年9月15日——退出欧洲汇率体系的日子称作“黑色星期三”。

索罗斯却是这场袭击英镑行动中最大的赢家，曾被《经济学家》杂志称为“打垮了英格兰银行的人”。索罗斯从英镑空头交易中获利已接近10亿美元，在英国、法国和德国的利率期货上的多头交易和在意大利里拉上的空头交易使他的总利润高达20亿美元。

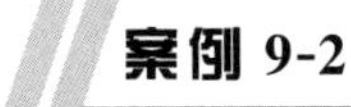

案例 9-2

索罗斯击垮 MIT

1997年，泰国经济疲弱，其他许多东南亚国家如马来西亚、韩国等也长期依赖中短期外资贷款维持国际收支平衡，汇率偏高并大多维持与美元或一篮子货币的固定或联系汇率，这给国际投机资金提供了一个很好的捕猎机会。由索罗斯主导的量子基金乘势进军泰国，从大量卖空泰铢开始，迫使泰国放弃维持已久的与美元挂钩的固定汇率而实行自由浮动，从而引发了一场泰国金融市场前所未有的危机。之后这场危机很快波及东南亚所有实行货币自由兑换的国家和地区。

1997年7月2日，泰国宣布放弃固定汇率制，实行浮动汇率制，引发了一场遍及东南亚的金融风暴。当天，泰铢兑换美元的汇率下降了17%，外汇及其他金融市场一片混乱。在泰铢波动的影响下，菲律宾比索、印尼盾、马来西亚林吉特相继成为国际炒家的攻击对象。8月，马来西亚放弃保卫林吉特的努力。一向坚挺的新加坡元也受到冲击。印度尼西亚虽是受“传染”最晚的国家，但受到的冲击最为严重。10月下旬，国际炒家移师国际金融中心中国香港地区，矛头直指香港联系汇率制度。中国台湾地区突然弃守新台币汇率，新台币一天贬值3.46%，加大了对港币和香港股市的压力。10月23日，香港恒生指数大跌1 211.47点；28日，下跌1 621.80点，跌破9 000点大关。面对国际金融炒家的猛烈进攻，香港特区政府重申不会改变现行汇率制度，恒生指数上扬，再上万点大关。接着，11月中旬，东亚的韩国也爆发金融风暴,17日,韩元对美元的汇率跌至创纪录的1 008∶1。21日,韩国政府不得不向国际货币基金组织求援,暂时控制了危机。但到了12月13日,韩元对美元的汇率又降至1 737.6∶1。韩元危机也冲击了在韩国有大量投资的日本金融业。1997年下半年日本的一系列银行和证券公司相继破产。于是,东南亚金融风暴演变为亚洲金融危机。

1998年年初,印度尼西亚金融风暴再起,面对有史以来最严重的经济衰退,国际货币基金组织为印度尼西亚开出的药方未能取得预期效果。2月11日,印度尼西亚政府宣布将实行印尼盾与美元保持固定汇率的联系汇率制,以稳定印尼盾。此举遭到国际货币基金组织及美国、西欧的一致反对。国际货币基金组织扬言将撤回对印度尼西亚的援助。印度尼西亚陷入政治经济大危机。2月16日,印尼盾对美元的汇率跌破10 000∶1。受其影响,东南亚汇市再起波澜,新元、林吉特、泰铢、菲律宾比索等纷纷贬值。直到4月8日印度尼西亚同国际货币基金组织就一份新的经济改革方案达成协议,东南亚汇市才暂告平静。1997年爆发的东南亚金融危机使得与之关系密切的日本经济陷入困境。日元汇率从1997年6月底的115日元兑1美元跌至1998年4月初的133日元兑1美元;5、6月间,日元汇率一路下跌,一度接近150日元兑1美元的关口。随着日元的大幅贬值,国际金融形势更加不明朗,亚洲金融危机继续深化。

1998年8月初,乘美国股市动荡、日元汇率持续下跌之际,国际炒家对中国香港市场发动新一轮进攻。恒生指数一直跌至6 600多点。香港特区政府予以回击,金融管理局动用外汇基金进入股市和期货市场,吸纳国际炒家抛售的港币,将汇市稳定在7.75港元兑1美元的水平上。经过近一个月的苦斗,国际炒家损失惨重,无法再次实现把香港作为"超级提款机"的企图。国际炒家在香港失利的同时,在俄罗斯更遭惨败。俄罗斯中央银行8月17日宣布年内将卢布兑美元汇率的浮动幅度扩大到6∶1至9.5∶1,并推迟偿还外债及暂停国债券交易。9月2日,卢布贬值70%。这些都使俄罗斯股市、汇市急剧下跌,引发了金融危机乃至经济、政治危机。俄罗斯政策的突变,使得在俄罗斯股市投下巨额资金的国际炒家大伤元气,并带动了美欧国家股市和汇市的全面剧烈波动。如果说在此之前亚洲金融危机还是区域性的，那么，俄罗斯金融危机的爆发，则说明亚洲金融危机已经超出了区域性范围，具有了全球性的意义。到1998年年底，俄罗斯经济仍没有摆脱困境。

案例 9-3

索罗斯沉船香江

1997年10月，当索罗斯的量子基金利用资金横扫东南亚后，以量子基金和老虎基金为首的国际炒家将目光投向了中国香港地区。当时中国对香港恢复行使主权才3个月，面对汹涌而来的这群志在必得的“老司机”，香港好似在狂风大浪中漂泊的一叶小舟。虽然当时香港的基本面没有泰国那么糟糕，但是房地产和股市也有不少泡沫成分，负利率环境不断推高房地产价格，1984—1997年，主要房地产价格上涨12倍。由于房地产和银行股在香港股市中市值占比最大，一旦房地产价格掉头向下，股市崩盘随时都可能发生。同时，香港的通货膨胀压力渐增，港元可能存在贬值风险。众所周知，港币自1983年10月以来一直实行与美元挂钩的联系汇率，浮动区间为7.75—7.85。索罗斯认为维持住联系汇率制度的成本高昂，认定尚处于“新生儿”阶段的香港特区政府必定难以挺住，是一个千载难逢的理想攻击对象，于是选定香港作为第二波冲击的主战场，开始积极研究并迅速制定了交易策略，决定发动立体攻势：在外汇市场、外汇期货市场、港股市场、股指期货四大战场联动作战，首先从银行借出大量港币到市场上抛售港币兑换成美元，同时做空港币期货，制造港币被疯狂抛售的恐慌，然后再在股市抛售几大蓝筹股现货，同时大举抛空期指合约，试图先对港元进行攻击。而在汇市上大肆抛售港元的行为，无论是否能打破固定汇率制，都会拉高利率，从而引发股市和期市的暴跌。索罗斯希望这种立体出击能使几个市场上的恐慌情绪相互叠加而从中获取复合利润。

1997年11月，以量子基金和老虎基金为首的全球宏观策略对冲基金成为港股主要做空势力，对港币近一年的多次进攻都未能摧毁它，香港政府仍然尽全力维护了港币与美元的联系汇率机制。1998年8月5日，在美国股市大跌、日元汇率重挫的配合下，量子基金和老虎基金发起了总攻，试图在8月份期货交割日28日一举成功。至1998年8月13日低点，恒生指数再跌11%左右，从1997年8月7日至1998年8月13日，恒生指数市值缩水58.5%，市场中的恐慌情绪可想而知，港币虽依然未倒，但所承担的压力也是不难想象的。在这个关键的时候，香港特区政府决定入市干预了。当时，离8月份恒生指数期货合约结算日8月28日之间仅10个交易日。在中国政府的支持下，香港特区政府自8月14日起通过中银等三家券商大量买入恒生指数成分股(蓝筹股)，不问价格地吸纳大蓝筹和期货，恒生指数在8月14日一天升幅达8.47%，从8月13日至8月28日，恒生指数升幅超过18%，拉动8月及9月恒生指数期货合约价格大幅上升，使得不仅8月份合约要亏损而且转仓9月合约亏得更多。与此同时，香港特区政府指导了现货市场上的夹仓。香港金管局数据显示，在8月14—28日的两周内，政府共投入约1 200亿港元吸纳股票，相当于当时整个市场7%的市值，更成为部分公司的大股东。此项全新策略成功地稳定了港币汇率以及恒生指数。其后成立外汇基金投资公司管理，及于1999年11月香港特区政府将购买的港股以盈富基金上市，分批售回市场。

在香港特区政府的强力狙击下，踌躇满志的量子基金和老虎基金只能铩羽而归。

顺便提一下，香港特区政府这种实践遭到了时任美联储主席格林斯潘的强烈反对。然而没过多久，9月起，俄罗斯金融危机严重冲击美国的投资基金，美国财经界顿时改变了态度。2000年时，美国总统克林顿呼吁格林斯潘来香港出席国际论坛时，顺道向香港特区政府考察外储投资的成功例子。

事过十多年后，当索罗斯回忆当年的情形时，仍高度赞赏香港特区政府当时击败他的量子基金及其他国际炒家的举措。他很坦诚地承认他败了，但他也并不后悔曾经发起过的攻击。

1998年在“索罗斯们”做空香港时，作者聂军在高盛有一位对冲基金经理同事也参与其中。当时，作者聂军警示他那个交易成功的机会很小而风险很大，因为他们面对的是一个具有五千年历史和文化底蕴的主权国家，中国央行可以调动在中国任何地方的每一个美元或外汇来支持刚回归的香港。同事开始不以为意，坚持相信索罗斯、朱利安·罗伯逊一众高手肯定错不了，做空香港获利应该如探囊取物。后来这位同事每天有时间就来跟作者聂军交谈了解中国的政治、文化背景情况，当然主要还是分析对手的实力和决心。在作者聂军向他反复介绍了中国政府可以调动全国每一美元来跟对手盘对决，并且告诉他保证香港市场不被击垮对中国政府是如何重要之后，他发现自己确实误判了一些关键因素，就赶紧平仓了。他是在其他“索罗斯们”平仓之前平仓的，所以他最后的损失比索罗斯、罗伯逊等的损失要小得多。多年后在一次对冲基金国际会议上再邂逅这位基金经理时，他赶紧跑过来跟作者聂军(Jeff)寒暄，并把当年的故事向与会的朋友们介绍，感谢那些讨论使他避免了很多损失，并说：“Jeff is a genius!”

案例 9-4

2012年做空日元交易

2012年宏观基金经理关注到日本银行(Bank of Japan)内部的政策变动：2012年9月，日本银行宣布大力扩展货币宽松政策，将资产收购规模从70万亿日元增至80万亿日元，并取消了其回购债券的0.1%收益率保底。同年11月，日本民主党宣布解散议会，主要反对党领袖安倍晋三公开承诺，如当选将大力推行货币宽松政策。因此，日元贬值预期更加强烈，宏观基金经理重仓做空日元的现象不断增加。据媒体报道，卡克斯顿基金(Caxton Associates)还利用日元货币期权来表达它们看跌日元的预期。有些公司则通过在股票市场购买日经股指期货和期权来参与交易。事实证明，这种做法相当有利可图，因为自2012年11月到2013年1月，日元贬值了13%，日经指数跃升了25%。据称，索罗斯也通过做空日元大赚10亿美元。由于日元迅速贬值，某些宏观基金经理在2012年12月和2013年1月已经开始获利回吐，以锁定收益、防止行情逆转。

这是宏观交易的一个经典范例，体现了基金经理力图及早把握强有力的市场趋势，以期获得丰厚回报。基金经理必须做好短期内无收益的心理准备，持仓只是为了防止损失。以日元交易为例，自2011年以来，有些宏观基金经理一直在寻找做空机会，但在真正的趋势形成前，他们不得不应对短期的波动，保尔森在2007年做空次贷一战成功前也面临极大的心理压力。宏观基金经理通过动态管理头寸规模来应对这种情况，通常是先少量建仓，趋势明朗时再满仓。除了自上而下的宏观经济分析和密切关注重大政策变化，宏观基金经理还利用技术分析来完善和管理其交易流程。

第十章
对冲基金策略:新兴市场策略

第一节 概 论

新兴市场策略的对冲基金投资于亚洲(除日本之外)、拉丁美洲、中亚、东欧、俄罗斯、中东、非洲等新兴市场的股票、债券、货币等。Eurekahedge 数据显示,2 097 只专注于新兴市场策略的对冲基金多在英国(24.60%)、中国香港地区(24.50%)、美国(12.40%)、新加坡(11.10%)和巴西(10.80%)等五地注册(见表 10-1)。对新兴市场的投资最早源于 20 世纪 80 年代中期世界银行的国际投资公司(IFC),协同几家保险公司和养老公司,一起募集的 5 000 万美元的种子基金。它们的投资覆盖了 32 个国家、大约 670 亿美元的市值,占据了全球市场的 2.5%。自此之后,对于新兴市场的投资被越来越多地关注,这主要也是源于这些国家的快速发展,不断健全的货币、财政政策和日益雄厚的经济基础。

表 10-1 新兴市场策略对冲基金的主要注册地

所在地	比例(%)
英国	24.60
中国香港地区	24.50

（续表）

所在地	比例(%)
美国	12.40
新加坡	11.10
巴西	10.80
南非	5.80
瑞士	4.30
印度	2.20
沙特阿拉伯	2.20
卢森堡	2.10

资料来源：Eurekahedge。

新兴市场是一个范围很广泛的市场，其中有各种不同的体制、体系，各种金融监管条例、市场法律法规、税务法等都不一样，开放的程度也都不一样，所以在新兴市场里面能做的事情因各个国家的情况而定，例如，有很多市场是不能够做空的。但是即使只能做多，有的国家是资源出口国（如澳大利亚），而有的国家是资源进口国（如中国），资源价格的上涨或下跌对它们的影响是完全不同的。投资者同时做多这两个国家的债券也好、股票也好，实际上已经有一种内在的对冲机制在投资组合中。所以，对于新兴市场，如果只看每一个单独市场可能比欧美等发达市场中的问题和不方便之处要多得多，但是如果把新兴市场作为一个整体来运作，就会发现其中很多美妙之处。更重要的是，新兴市场本身比发达市场要大很多。

对新兴市场的投资逻辑最著名的莫过于“金砖四国”（巴西、俄罗斯、印度、中国，2010 年南非加入，统称 BRICS），这一概念 2001 年由高盛首席经济学家吉姆·奥尼尔（Jim O'Neill）首次提出。一方面，新兴市场意味着经济增长潜力巨大、走向工业化，拥有庞大的市场规模和人口基数；另一方面，也意味着政治不稳定、政策多变、币值不稳定等。因而，涨跌同源，新兴市场指数波动较大。最负盛名的新兴市场指数是明晟公司编制的 MSCI 新兴市场指数，覆盖 25 个新兴市场（含 24 个国家和中国台湾地区）。前面章节已经提到，2017 年 6 月

21日明晟公司公告,从2018年6月开始将中国A股纳入MSCI新兴市场指数和MSCI ACWI全球指数。MSCI计划初始纳入222只大盘A股,基于5%的纳入因子,这些A股约占MSCI新兴市场指数0.73%的权重。MSCI新兴市场指数2001年10月至2007年10月,涨幅高达432.01%,但2007年11月至2009年2月,跌幅也高达62.67%。

新兴市场策略虽然被归类于对冲基金策略,但这种策略事实上以持有多头仓位为主。因为在新兴市场国家制度不甚完善、卖空受到各种不同的限制,加上诸多市场非有效性,导致错位定价的机会比较多,能给各个对冲基金带来很好的回报。新兴市场策略与全球宏观对冲基金策略存在很多重叠之处。

第二节 新兴市场策略的收益及风险特征

我们选择瑞信新兴市场策略对冲基金指数自1994年1月至2017年11月的表现来剖析该策略的收益及风险特征,对标的传统投资指数为上面提到的MSCI新兴市场指数。

从表10-2我们可以看出,瑞信新兴市场策略对冲基金指数在1994年1月至2017年11月的近24年中年化收益率为7.17%,而MSCI新兴市场指数的年化收益率为3.11%;另一方面,新兴市场策略对冲基金指数的年化波动率为13.29%,MSCI新兴市场指数的年化波动率为22.57%;新兴市场策略对冲基金指数在1998—1999年间曾遭遇重创,其最大跌幅为45.15%,而MSCI新兴市场指数在同期的最大跌幅58.37%。在2008年全球金融海啸期间,新兴市场策略对冲基金指数的最大跌幅达到32.34%(这个最大回撤居然小于1998—1999年时的最大回撤),而MSCI新兴市场指数在同期的最大回撤为历史最大回撤62.67%。

表 10-2　1994 年 1 月至 2017 年 11 月新兴市场策略的业绩比较

	新兴市场对冲基金指数											
	自成立			过去 12 个月			过去 3 年			过去 5 年		
2017.11.30	新兴市场对冲基金指数	MSCI 新兴市场指数	MSCI 全球股指	新兴市场对冲基金指数	MSCI 新兴市场指数	MSCI 全球股指	新兴市场对冲基金指数	MSCI 新兴市场指数	MSCI 全球股指	新兴市场对冲基金指数	MSCI 新兴市场指数	MSCI 全球股指
年化收益率	7.17%	3.11%	5.21%	15.43%	29.90%	23.36%	6.48%	3.71%	6.20%	6.39%	2.16%	8.92%
年化波动率	13.29%	22.57%	14.91%	2.42%	6.89%	3.05%	5.32%	15.76%	10.65%	5.16%	14.44%	9.96%
夏普比率(无风险利率为 0)	0.59	0.25	0.42	5.97	3.87	6.96	1.21	0.31	0.62	1.23	0.22	0.91
最大回撤	−45.15%	−62.67%	−56.23%	−0.17%	−0.55%	0.00%	−9.20%	−29.34%	−14.82%	−9.20%	−31.95%	−14.82%
正收益月份百分比	63.76%	57.84%	60.28%	91.67%	83.33%	100.00%	69.44%	58.33%	61.11%	68.33%	58.33%	65.00%
与 MSCI 新兴市场股指相关性	0.79	0.69	0.86	0.76								
与 MSCI 全球股指相关性	0.63	0.84		0.29	0.71		0.75	0.81		0.73	0.79	

资料来源:瑞信对冲基金指数、彭博。

图 10-1 展现了瑞信新兴市场策略指数的月度收益率以及该指数与 MSCI 新兴市场指数的走势。从中我们可以看到,瑞信新兴市场策略指数始终跑赢 MSCI 新兴市场指数。在近 24 年的时间里,在年化波动率仅为 MSCI 新兴市场指数年化波动率的六成不到的情况下,瑞信新兴市场策略指数的总收益为 424%,而 MSCI 新兴市场指数同期总收益为 107%,由此可见该策略有很明显的优势。

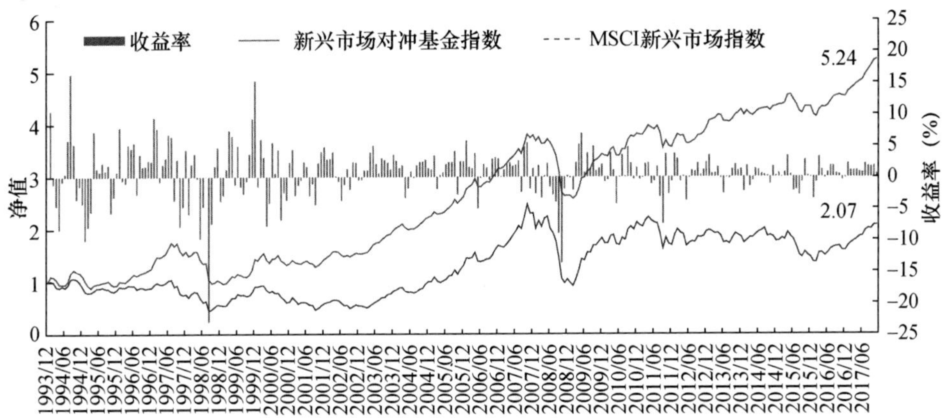

图 10-1　1994 年 1 月至 2017 年 11 月新兴市场策略的业绩比较

资料来源:瑞信对冲基金指数、彭博。

如果再仔细比较这两个指数在这段时间的痛苦指数,则这种优势就更加明显。从图 10-2 中的第一个子图可以看到瑞信新兴市场策略指数在这段时间里净值时常创出新高,1995 年、1998 年及 2008 年该策略指数经历了一段“痛苦时期”,这三个期间的最大回撤分别为 24.84%、45.15%和 32.34%。尤其是 1998 年在亚洲金融风暴的伤口上更添俄罗斯国债违约及卢布贬值 30%的重创,使得著名的长期资本等一系列对冲基金不得不关门歇业。该指数经历了最长的痛苦期,直到 2002 年才创出新高。即使 2008 年的全球金融海啸发生时该策略也经历了 32.34%的回撤,比较图 10-2 中的第二个子图可以看到,其深度和痛苦的时间远较 MSCI 新兴市场指数同期的回撤深度 62.67%浅很多,痛苦的时间短很多。瑞信新兴市场策略指数在 2010 年年底就从全球金融海啸的痛苦中解脱而创出历史新高,而 MSCI 新兴市场指数直到 2017 年 11 月我们计算的最后时间仍处在 2008 年全球金融海啸所造成的痛苦之中,从历史高点回撤仍然是 16.2%。

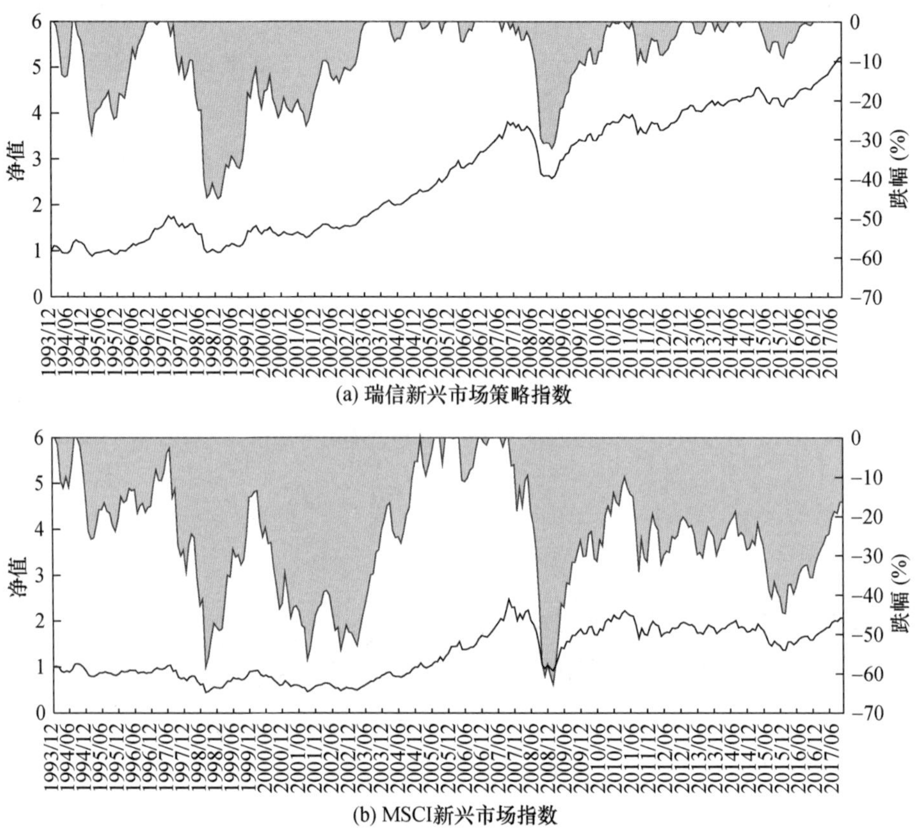

(a) 瑞信新兴市场策略指数

(b) MSCI新兴市场指数

图 10-2　瑞信新兴市场策略指数与 MSCI 新兴市场指数痛苦指数比较

资料来源：瑞信对冲基金指数、彭博。

从图 10-3 中读者可以清晰地看到：一方面，1999 年后瑞信新兴市场策略指数相对于 MSCI 新兴市场指数的 12 个月滚动贝塔明显地下降了，从之前的 1 左右降到 0.4 左右，并基本上稳定在此水平。这说明 1998—1999 年的金融风暴导致长期资本等高杠杆对冲基金倒闭的教训使幸存者大幅降低了杠杆，投资组合对 MSCI 新兴市场指数的敏感度大幅降低了。另一方面，两个指数的 12 个月滚动相关性系数在大多数时间里仍处于接近 1 的水平。

图 10-4 呈现的是瑞信新兴市场策略指数相对于 MSCI 新兴市场指数的 12 个月滚动阿尔法及 12 个月复合收益率。我们可以再次看到该策略在 1999 年之后滚动阿尔法的改善，在绝大多数时间里滚动阿尔法为正值而大多数时

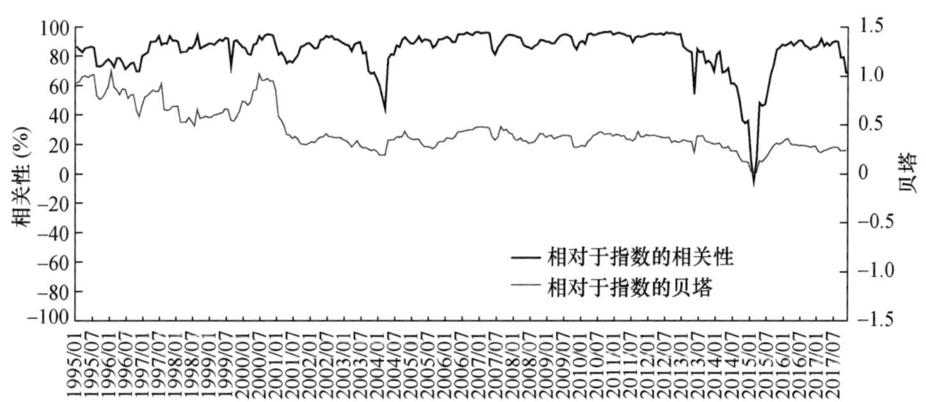

图 10-3 瑞信新兴市场策略指数相对于 MSCI 新兴市场指数的滚动相关性系数及滚动贝塔(12 个月)

资料来源:瑞信对冲基金指数、彭博。

间里连续 12 个月的时间段有正的收益。

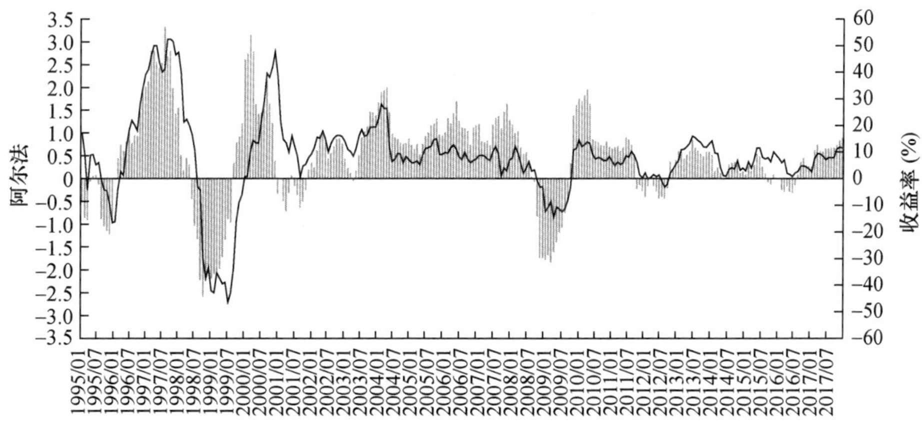

图 10-4 瑞信新兴市场策略指数相对于 MSCI 新兴市场指数的滚动阿尔法及复合收益率(12 个月)

资料来源:瑞信对冲基金指数、彭博。

图 10-5 是瑞信新兴市场策略指数月度收益率及布林通道,从中我们不难看到该策略从 20 世纪 90 年代到现在波动率在逐渐减小,这表明该策略在控制杠杆率后走向成熟,同时也可能表明新兴市场中的非有效性在逐步减弱。

图 10-6 显示了瑞信新兴市场策略指数月度收益率的分布存在明显的左

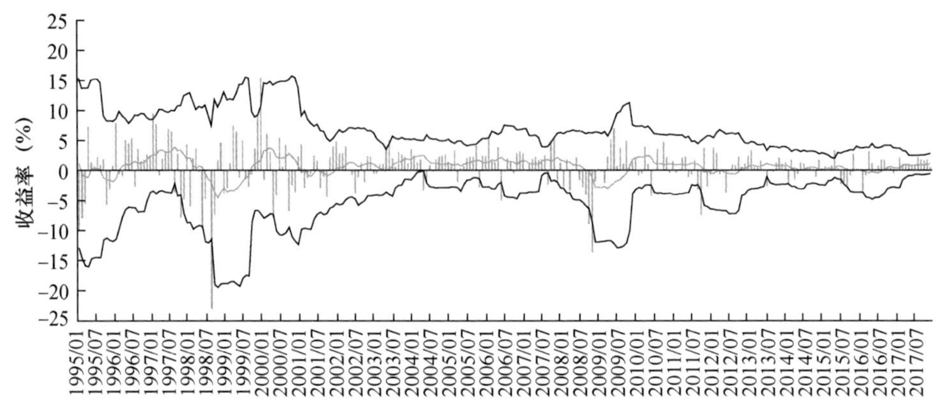

图 10-5　瑞信新兴市场策略指数月度收益率及布林通道

资料来源：瑞信对冲基金指数、彭博。

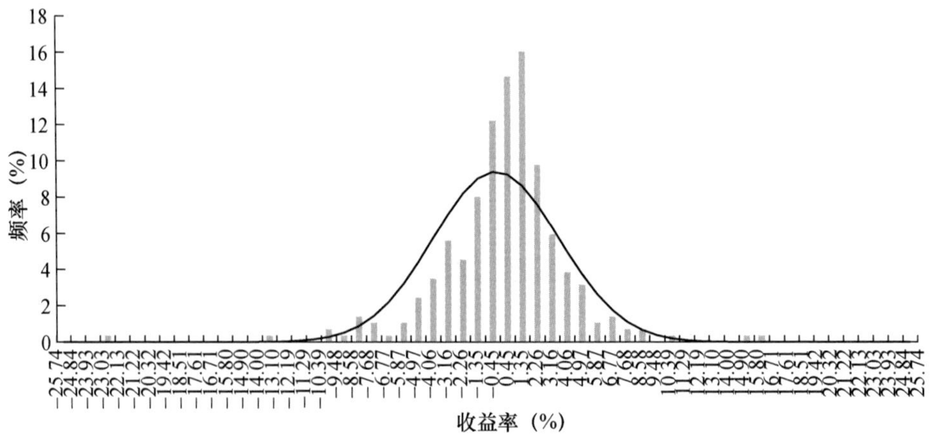

图 10-6　瑞信新兴市场策略指数月度收益率分布图

资料来源：瑞信对冲基金指数、彭博。

侧肥尾现象，详细数据表明左侧肥尾发生在 1998 年 8 月俄罗斯国债违约及卢布贬值 30%之时，当月瑞信新兴市场策略指数亏损 23.03%，MSCI 新兴市场指数当月亏损 29.29%；另一个月份为 2008 年 10 月瑞信新兴市场策略指数亏损 13.63%，而 MSCI 新兴市场指数当月盈利 27.5%。由此我们可以认为该策略的左侧肥尾现象是大市所为。覆巢之下，焉有完卵？更何况是在危机发生时常常首当其冲的新兴市场呢？

图 10-7 则展示了在 MSCI 新兴市场指数从大跌到大涨的过程中瑞信新兴

市场策略指数的表现。我们可以看到,在大市上涨时,瑞信新兴市场策略指数基本上能跟涨,1998 年 9 月是一个例外,当时股指上涨 6.06%而瑞信新兴市场策略指数下跌 7.4%;在股指 MSCI 新兴市场指数下跌时,该策略也基本上跟着一起下跌,只不过其跌幅没有 MSCI 新兴市场指数的跌幅深。

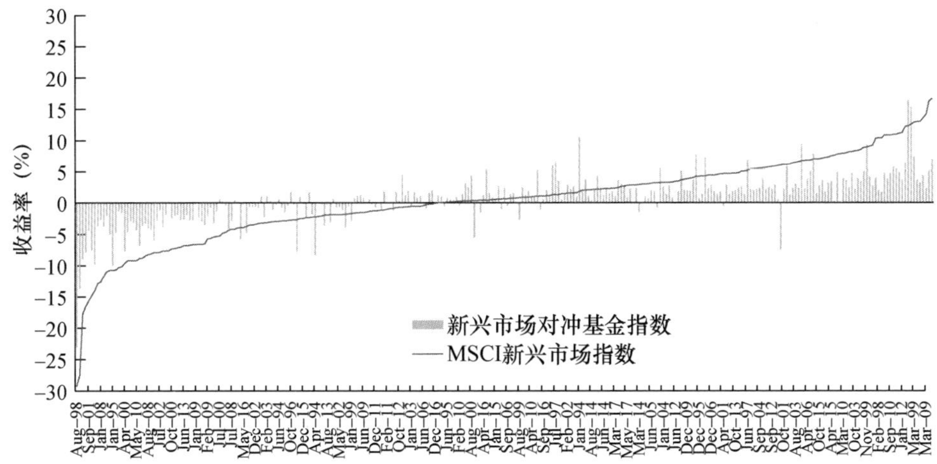

图 10-7　瑞信新兴市场策略指数月度收益率牛熊市分析

资料来源:瑞信对冲基金指数、彭博。

第三节　新兴市场策略的回报及风险来源

回报来源

市场非有效性回报。与成熟发达市场相比,新兴市场的一个显著特征是市场的非有效性。这种市场非有效性可能造成证券价格在一定的时间内持续错位定价,但因某些力量的推动最终会回归到合理价位。搜寻这种错位定价证券并促使其价格回归合理是新兴市场基金经理收益的一个重要来源。

信用回报。如果有两家同等性质的公司发行公司债券,一家公司来自新兴市场而另一家公司来自美国或德国等发达市场,则人们很容易发现前一个公司债券会比后一个公司债券便宜很多,这是因为不仅前一家公司的信用评级会远低于后一家公司的评级,而且前一家公司的公司债券还需要承担它所在国家的国家信用评级所带来的折价。新兴市场对冲基金策略往往会做多前一家公司债券而用其他发达国家债券来对冲利率和久期风险，从而获取两重信用回报。这里提到的国家信用评级也是做多新兴市场其他证券带来的回报来源之一。

非流动性回报。与发达市场相比较，新兴市场证券的投资者群体要小很多，即使是发达市场中的机构投资者投资新兴市场时，仓位也有一个上限(比如总的权重不超过投资组合的10%等)，这使得新兴市场中的证券存在比较普遍的非流动性所带来的折价。主动做多新兴市场证券尤其是债券便可以捕获这些非流动性回报。

宏观分析回报。新兴市场策略与全球宏观对冲基金策略有许多重叠和类似之处，但新兴市场是比发达市场更为宽泛的概念。如果说发达市场之间有更多的共性和联动性，则各个新兴市场具有更多的个性和独特性。例如，美国的政策可能对美国和欧洲市场会有类似的影响，但中国的政策却不太可能影响到相邻的印度，反之亦然。在过去几十年中，有不少西方经济学家和投资者将在西方发达市场行之有效的理论和方法论用于分析中国市场，从而得出“中国崩溃论”，唱衰中国市场，但深入了解和理解中国市场的投资者就能享受到中国市场过去几十年持续的高成长，而获得丰硕的回报。

阿尔法回报。新兴市场对冲基金策略严重依赖于基金经理的个人经验、技能和判断。无疑，新兴市场中“雷区”和生机并存，如何有效地避开“雷区”而捕获其中的生机，需要基金经理及投资团队通过脚踏实地的深入投资研究、分析、判断，密切关注所投资市场各方面的动态，及时采取恰当行动捕获投资回报。

风险来源

政策风险。在新兴市场开展投资的最大风险应该是政策风险。由于各国政治、经济、金融等环境的变迁，国家宏观政策、监管规章有可能发生大幅变化甚至管制性强行变化。另外，做多新兴市场证券还面临发达国家尤其是美国的政策变化的风险。举个简单的例子，最近几年美联储每次关于其缩表和升息的言论都会触及新兴市场股市、债市和汇率市场的“神经”而引起动荡。2013年5月时任美联储主席伯南克谈及美联储有可能开始处理其在2008年全球金融海啸后通过几轮量化宽松向市场灌水的 4.5 万亿美元资产,在市场环境成熟时开始缩表和升息,新兴市场在没有自身问题的情况下应声下跌,MSCI 新兴市场指数在一个多月的时间里下跌 16.7%,巴克莱新兴市场债券指数也大跌 9.15%,外汇市场仅墨西哥比索就比同期贬值 10.4%。而美联储真正的升息是在两年半以后,缩表更是四年多以后才开始的。

宏观风险。新兴市场的一个特点是较大程度依赖于引进外部资金和技术发展经济,另外,市场容量较小,对外部资金的流进和流出很敏感,对全球宏观因素变化很敏感,受地缘政治的影响也很明显。如果说上面提到的美联储缩表升息的事情还是可以有所预期的话,那么美国 2016 年的总统选举行情转换便能轻易地影响墨西哥比索上下浮动超过 10%之类的宏观风险则是很难预测的。试想如果交易墨西哥比索而不严格控制杠杆的话,则随时可能发生爆仓。另外,有很多新兴市场靠出口资源来支持和发展本国经济但资源的话语权往往掌握在发达经济体国家手中,例如石油、铁矿石、铜等。当原油价格从 147 美元下跌到 26 美元时,产油国的经济不但失去了强劲增长的预期,能否生存都成为问题。在这种宏观环境下,新兴市场的证券价格必然会被大打折扣,做多这些证券必然会面临巨大风险。

汇率风险。无论持有新兴市场的股票、债券还是其他证券,都存在汇率敞口。另外,新兴市场对冲基金策略中很重要的一部分是汇率交易。汇率常常被国际政治所左右,被用作政治武器,与基本面可能完全无关。这是在新兴市场运作对冲基金策略必须面临的实际风险,且难以对冲。控制仓位分散风险的传统实践或为比较行之有效的方法。

非流动性风险。前面提到,新兴市场对冲基金策略基金经理主动做多其擅长的新兴市场的非流动性风险,获取相应的收益。但即使是在这些市场中的"老司机",也必须特别地留意其投资组合的非流动性风险,这是客观存在的风险。例如,在 2008 年全球金融海啸期间,即使是世界几大货币之一的澳大利亚元也曾出现流动性枯竭的时刻,而使相关的新兴市场策略无法按模型设计进行操作。

信用风险和避险天堂风险。新兴市场对冲基金策略往往做多新兴市场证券,这自然承担了信用风险。由于在很多新兴市场做空受限,只好用发达市场的国债或其他证券做空,这种对冲结构在"风和日丽"的环境下通常没有问题,但一旦市场出现恐慌,投资者往往“慌不择路”地抛售新兴市场资产而奔向“避险天堂”——尽管发达市场也未必是避险的天堂。前面章节仔细分析过的长期资本所遭遇过的多、空双重“屠杀”便是很典型的案例。

另外,基金经理必须密切关注新兴市场所牵涉的地缘政治,因为做多新兴市场还隐含承担了所在国家的国家信用评级。无庸讳言,国家信用评级常常被用作国际政治斗争的一种工具。

第二部分

对冲基金组合基金

Fund of Hedge Funds

第十一章 如何构建对冲基金组合基金(FOHF)[①]

对冲基金组合基金(fund of hedge funds,FOHF),就如对冲基金投资这顶"皇冠"上的"夜明珠",它能针对投资者的预期和风险偏好,量身定制各种风险水位及收益区间的投资组合,在全市场、全资产类别中有效分散风险。

但FOHF并不是将一堆对冲基金拼凑在一起。FOHT经理身兼双重身份:一方面作为基金经理,必须精通如何根据客户的需求构建恰当的投资组合;另一方面作为机构投资者,必须以严格的投资流程及基金遴选机制,系统性地对每个标的子基金做好透彻的尽职调查并密切跟踪,督促它们的管理人按计划运作,避开"逆风"策略,布局好"顺风"策略,从而实现"债市的风险+股市的收益"的终极目标。

第一节 FOHF的前世今生

如果市场中只有五只股票,投资者大概不需要去买基金。同理,如果市场上只有五只对冲基金,投资者也大概不需要对冲基金组合基金(FOHF)。

FOHF是一种通过投资一组不同的对冲基金,以寻求长期稳健回报的投资策略。也就是说,它是一组对冲基金的组合投资,有时也被称为母基金。

如果说对冲基金投资可以摘取金融投资和资产管理界的"皇冠",那么,

---

① 本章为作者聂军发表于《新财富》2016年9月号上的文章。获《新财富》杂志社许可,将之收入本书。文章发表后,众多同仁在给予好评的同时,纷纷表示文章意犹未尽。我们会在本书以后的章节中剖析各个环节,以飨读者。

FOHF 投资就是“皇冠”上的“夜明珠”。从事这项业务的要求很高,并不适合每一个人或每一个机构。

对冲基金发源于 20 世纪 40 年代末,而 FOHF 起源于 60 年代末,后者真正火爆于 90 年代,达到鼎盛期是在 2008 年年中,当时全球有 3 700 多家 FOHF,管理资产达 8 262 亿美元。

与整个金融业一样,2008 年由美国次贷危机引爆的全球金融海啸,也使对冲基金及 FOHF 行业遭受重创,不得不经历许许多多的重组并购以抱团取暖,并受到其他一些因素的不良影响:在金融海啸期间不得不关闭赎回以及赎回周期过长;客户认为持仓透明度不够;往日的咨询公司客户“鹊占鸠巢”,直接从事 FOHF 业务;往日对新投资者关闭的许多对冲基金,在金融海啸血洗之后不得不向新投资者开放,筹集管理资金,如此,原来需要通过 FOHF 才能进入其中的投资者,便可以直接进入。

此外,史上最大的庞氏骗局——麦道夫丑闻更使这一行业雪上加霜,令不少 FOHF 关门歇业。最典型的就是曾经很有影响力且管理过上百亿美元资产的 Tremont Group 在损失 33 亿美元后,不得不关门并应付各种官司,最终支付了巨额赔偿。由于 Tremont Credit Suisse Hedge Fund Indices 曾经长期被广泛用作对冲基金行业的标杆指数,Tremont Group 的倒塌产生了巨大的负面影响。

目前,这一行业仍处于疗伤恢复期,全球尚有大约 3 000 家 FOHF,管理约 5 000 亿美元资产。不过相信作为一个最灵活以及能最大化体现投资者预期的投资品,FOHF 一定能再放异彩。

亚洲的对冲基金行业起步比美国要晚很长时间,始于 20 世纪 80 年代后期;FOHF 行业则始于 2000 年前后,以 SAIL Advisors 和源富(Vision)投资管理公司等为代表的一批 FOHF 公司纷纷在此期间成立。遗憾的是,2008 年金融海啸给还在“成长期”的亚洲 FOHF 行业造成重创,不少组合基金不得不关门歇业或卖出公司股份。这一行业因此没能像美欧一样真正经历起步—发展—成熟—繁荣的全过程,也没能真正成为一支独立的机构投资者力量来系统地护持亚洲对冲基金的全面发展。可以说,亚洲对冲基金目前的良莠不齐与此不无关系。

第二节 中国市场 FOHF 迎来发展良机

美国 FOHF 之所以发展壮大,首先得益于其策略非常多元化。就全球总体而言,对冲基金策略粗分有十几种(见表 11-1),细分则有上千种,美国可以使用其中的绝大多数策略。

表 11-1 对冲基金策略的粗略划分

- 股市多/空头策略
- 股市中性策略(包括股市统计模型套利策略)
- 股市偏空策略
- 并购套利策略
- 特殊情形策略
- 受压资产策略
- 事件驱动混合策略
- 资本结构套利策略
- 相对价值套利策略
- 固定收益套利策略
- 可转债套利策略
- 信用套利策略
- 管理期货策略(包括系统性和非系统性策略)
- 全球宏观策略
- 新兴市场策略

各种策略的风险/收益各具特色(见图 11-1),且相关性低,可分散风险。这些策略可以是全球市场的,也可以只是区域市场的。其中,套利型的策略收益和风险都比较低;而方向性策略(股市多/空头、股市偏空、全球宏观、新兴市场等)的收益率和风险都相对高些;管理期货策略与传统投资的相关性很低,能很好地分散传统投资的风险;事件驱动策略与经济周期的相关性较大。

参考各种对冲基金策略之间的相关性矩阵(见表 11-2),FOHF 基金经理能够根据客户的特殊需要,构建各种风险水位及收益区间的投资组合,充分在全市场、全资产类别中有效分散风险。可以说,在所有的投资品中,FOHF 应该是最能针对投资者的风险、收益、敞口等需求来灵活构建相应组合者。

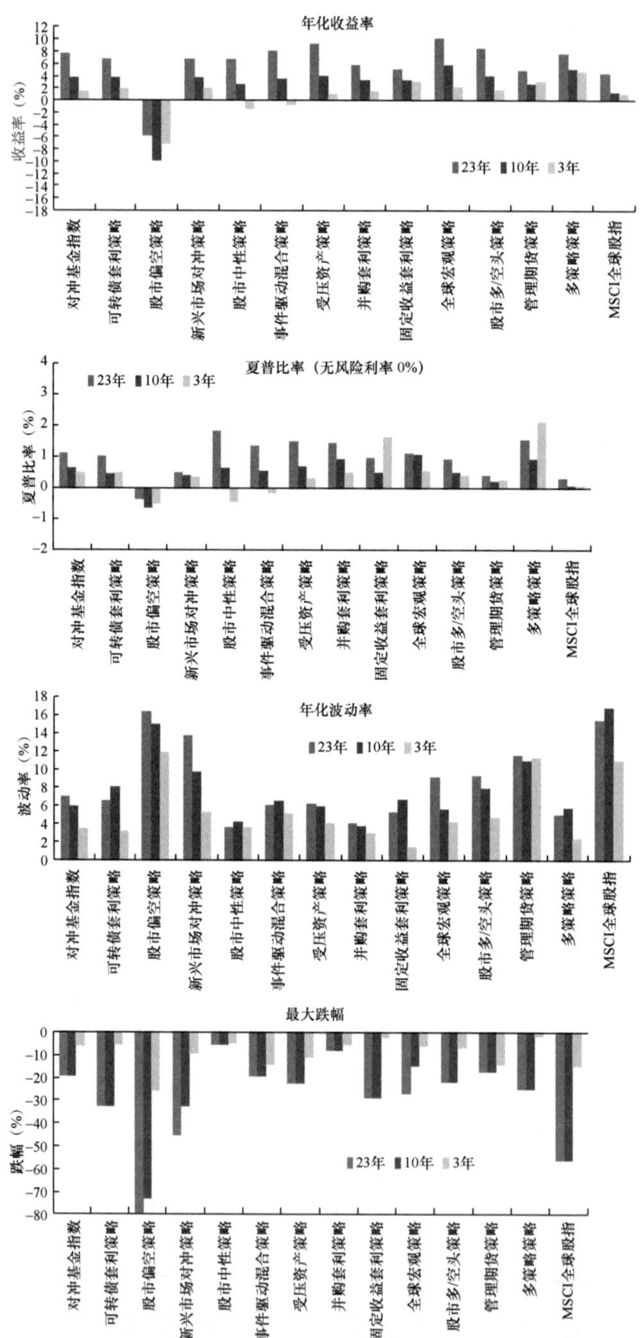

图 11-1　各种对冲基金策略之收益率、波动率、夏普比率及最大跌幅的特征

表 11-2　各种对冲基金策略的内在相关性矩阵

	策略 1	策略 2	策略 3	策略 4	策略 5	策略 6	策略 7	策略 8	策略 9	策略 10	策略 11	策略 12
策略 1	1.00											
策略 2	(0.27)	1.00										
策略 3	0.44	(0.54)	1.00									
策略 4	0.41	(0.36)	0.35	1.00								
策略 5	0.65	(0.59)	0.69	0.51	1.00							
策略 6	0.60	(0.58)	0.63	0.45	0.94	1.00						
策略 7	0.47	(0.47)	0.50	0.47	0.68	0.59	1.00					
策略 8	0.77	(0.21)	0.41	0.27	0.52	0.50	0.30	1.00				
策略 9	0.34	(0.11)	0.45	0.27	0.39	0.34	0.24	0.40	1.00			
策略 10	0.45	(0.70)	0.67	0.49	0.74	0.67	0.59	0.37	0.45	1.00		
策略 11	(0.08)	0.07	(0.01)	0.15	(0.01)	(0.04)	(0.04)	(0.05)	0.31	0.08	1.00	
策略 12	0.70	(0.26)	0.31	0.45	0.57	0.50	0.36	0.62	0.27	0.48	0.07	1.00

显然，把不同策略的基金组合在一起，将构成不同风格的FOHF：或是跨所有对冲基金策略的全球性或区域性的FOHF；或是注重于某些对冲基金策略（如股市多/空策略、事件驱动策略、并购套利策略、相对价值策略等）的全球性或区域性FOHF；或是注重某些行业（如汽车、互联网、医疗保健、通信、科技等）的全球性或区域性FOHF；或是集中于某些投资主题（如社会责任、环保等）的全策略性FOHF。一般说来，一个FOHF的主题越集中，要构建出一个高质量的FOHF的难度就越大。

如今，美国市场的策略多元化现象正在中国重演。这为中国FOHF的大发展提供了历史性机遇。

相比美国，中国内地的对冲基金行业起步颇晚，但发展迅速。自2014年2月7日起，中国对冲基金公司才可以通过在基金业协会备案的方式正式成立，发行自己的对冲基金产品（信托发行的私募产品对使用衍生品有限制）。自此之后的短短两年内，估计已有近千只对冲基金在中国大地上注册成立，使亚洲的对冲基金公司数量成倍增长。

数量的暴增之外，随着中国市场不断开放，对冲基金的策略也逐渐多样化，从过去传统的在股票市场做多策略，发展到有股市多空策略、市场中性策略、事件驱动策略、期货市场上的各种策略、债券市场的一些策略等。琳琅满目的选择，难免使一些投资者面对这一新兴的陌生领域就像进入宝山一样不知所措。这种情况下，专业的FOHF投资机构的价值就凸显出来了。

2016年5月25日，中国基金业协会宣布将致力于推动中国私募FOF的发展，希望培养出本土100家私募FOF。这无疑给FOF行业送来了重大利好。然而，FOF作为资产管理行业最时髦的词汇，热度日增，也导致了一窝蜂扎堆儿现象的出现，带来了鱼目混珠、良莠不齐的隐忧。据估计，国内现在大约有上千家FOF，多数属于公募和一批小型私募旗下，不过，严格意义下的FOHF（如果有的话）还是凤毛麟角。

可以预见，中国FOHF行业未来将蓬勃发展，但其目前还处在婴儿阶段。因此，作者聂军希望通过介绍一些FOHF的相关知识，使有志从业的人士能衡量一下，自己的能力是否适合于此。

作者聂军有幸于20世纪90年代从全球FOHF先驱者Commodities Corporation（商品公司）入行。该公司1969年由保罗·萨缪尔森（Paul

Samuelson)教授与他的一位博士海默·威玛(Helmut Weymar)及其他同仁创立,后被高盛收购,原管理团队一直保留到2001年秋。基于此背景,作者聂军见证了西方FOHF行业从起飞走向成熟、在2008年上半年达到巅峰,以及经历2008年金融海啸残酷洗礼后的凤凰涅槃。

希望作者聂军的努力有助于中国FOHF行业少走弯路,健康壮大,并完成其整个周期的发展过程,真正成为一支重要和独立的机构投资者力量。

第三节　如何构建FOHF

FOHF≠拼凑一堆好的对冲基金

新兴的中国FOF行业中,有两个值得注意的现象,即“基金的堆砌现象”和“追星现象”,FOHF行业也不例外。需要特别强调的是,将一堆对冲基金拼凑在一起并不能称为FOHF。这种投资组合离真正的FOHF相去何止十万八千里!

FOHF经理,一方面是基金经理,必须精通如何根据客户的风险偏好及收益期望来构建恰当的投资组合,了解其中所承担的风险因子,主动管理好基金及服务好投资者;另一方面又是机构投资者,必须有严格的投资流程及基金遴选机制,系统性地对每个投资标的子基金做好透彻的尽职调查并密切地跟踪,督促它们的管理人按计划运作,了解最新动态。这种双重身份,使得FOHF行业的成熟和发展直接影响着对冲基金行业的生态。

在西方,FOHF行业也是逐渐走向成熟的。过去20年左右的时间里,FOHF形成了自上而下的宏观分析主导、自下而上的遴选对冲基金策略及具体基金来执行宏观分析的投资哲学和流程;同时,也形成了一套完整的尽职调查的理念、流程和规范。

这种机构化、规范化的发展,使得各种机构投资者都在实际投资中从FOHF收获良多。因此,FOHF行业在金融海啸之前吸引了越来越多的机构投资者,包括哈佛、斯坦福、耶鲁等大学的教育基金也大举投资其中。过去,教育捐赠基金投资对冲基金的资金比例在5%—10%,而最近一些投资期限较长的教育捐赠基金,投资对冲基金的比例最高提升至40%,而这些投资绝大多数是通过 FOHF 完成的。

构建组合前的准备：清晰分析客户的收益及风险特征

在西方发达市场中，FOHF 的客户主要是主权基金、退休基金、养老基金、大学捐赠基金、保险基金和再保险基金、银行财富管理项目、家族办公室、基金会、银行等机构投资者以及高净值个体投资者。各类投资者的风险偏好和投资收益预期不尽相同，因此，FOHF 一般必须根据客户不同的风险偏好和回报期望来量身定制其投资策略。正是由于具有既有宽度(全资产类别全策略)又具有深度、容量大、风险分散、全天候稳健收益，而且可以根据客户的特定预期灵活地量身定制投资组合等优势，FOHF 大受机构投资者青睐。

在正式开始构建一个 FOHF 之前，基金经理一定要与客户充分交流，了解清楚客户对基金产品各方面的期望是什么，限制是什么，特征是什么，然后根据这些参数指标，量身定制设立"FOHF 投资指南"，从"顺风"策略中挑选出合适的策略进行初始基金搭建。

基于低相关性建立的组合，能实现债市的风险+股市的收益

不同的市场条件，对不同的对冲基金策略意味着完全不同的盈利机会。比如说，当股市或其他金融市场处于"阴风惨雨"的狂跌时，在该市场的空头策略正好可以大展身手；疲软的股市可能正是市场中性策略，特别是统计模型套利策略有良好表现的时候；公司宣布破产则可能给受压资产策略带来良机；动荡的外汇市场有利于好的外汇套利策略；甚至天气因素也会给农产品期货策略带来丰厚的利润(风调雨顺使农产品价格走低，久旱无雨或其他恶劣气候，比如 2015—2016 年的厄尔尼诺现象使农产品价格升高)；经济复兴或进入萧条，又会给宏观策略创造获利的良机；强劲的股市不但会使广大投资者欢天喜地，聪明的可转债套利者还可从中享受"免费午餐"；轰轰烈烈的并购热潮(比如前段时间的中概股私有化)，会给并购套利策略提供丰厚的利润空间；各种股指成分股的定期调整则给特殊情形策略带来源源不断的"浪起浪落"而可以享受"坐轿子"的机会(MSCI 最近纳入中概股时表现很明显，相信 MSCI 即将纳入 A 股时也会出现很好的获利机会)，如此等等。全策略 FOHF 正好可以

根据不同的市场条件,配置相应的对冲基金策略,使投资者在各种市场条件下均有盈利的机会。

每个投资策略或基金都有其宽度和深度,而单只对冲基金的宽度往往很窄,但深度很深。FOHF 正是根据基金经理对市场环境的判断,主动将一群将会处于"顺风"环境下的具有深度的对冲基金组合在一起,形成这种既有宽度又有深度的动态特色,使得 FOHF 具有其他投资品无法相比的优势,例如,承担债市的风险,同时达到股市的收益率。

FOHF 经理好比足球教练,在把资金投出去之前应该先问清楚自己:"这位选手我是靠他担任前锋、中场,还是后卫或门将?"你不希望,也不应该让他满场跑。

基于低相关性的原则,构建 FOHF 策略时要特别注意避免子基金策略的同质化,那样会使得 FOHF 的优势减弱或者丧失。所以,一个全策略 FOHF 中的"策略数"需要有个下限(比如不少于 6 个)。另外,为了防止资金过度集中,通常也会规定组合中的基金不能少于 15 只,而每只基金在组合中的权重不能超过一定百分比,同时还会规定组合基金的投资金额在所投子基金中占的权重不能超过一定百分比。

当然,投资对冲基金的运营成本较高,所以也要注意避免组合基金投资于过多的子基金。我们曾做过研究,如果一个 FOHF 所投资的子基金数量超过 25 只,则新增加的基金对整个组合基金分散风险所贡献的边际效应就不太明显了。所以,从运营成本的角度,一个 FOHF 不宜投资于太多的子基金,通常 15—25 只子基金比较理想。

应该指出的是,对于一位 FOHF 经理而言,投资给十位子基金经理的总体风险未必一定比只投给一位低,因为这十位子基金经理可能所投的标的雷同,再加上其各自有运营风险。还有,如果 FOHF 所投资的各个子策略趋于高度正相关时,其风险分散功能会大幅减弱,比如 2008 年 9 月金融海啸爆发时,各种对冲基金策略的相关性系数都趋于 1。

此外,虽然许多对冲基金会用到杠杆,但 FOHF 极少用杠杆。当然,通常我们也会跟券商安排好 10%左右的短期临时借贷的"过桥"资金,以应对在不同子基金之间调仓时资金的时间差(例如,在 5 月底要从子基金 A 调仓到子基金 B,资金在 5 月底前必须拨款给子基金 B 的托管账户,但从子基金 A 赎回的资金须等到 6 月初或中旬方可收到)。

构建组合两大关键步骤:“自上而下”的宏观分析+“自下而上”的基金经理遴选

如何把各种对冲基金策略组合起来,并正确地分析各种市场的走向,然后根据这些分析将资产合理地配置于能具体实施这些宏观分析的对冲基金上,是 FOHF 投资的主要挑战。而这些步骤正是构建 FOHF 的核心所在(见图 11-2),其中每一个步骤都很关键。

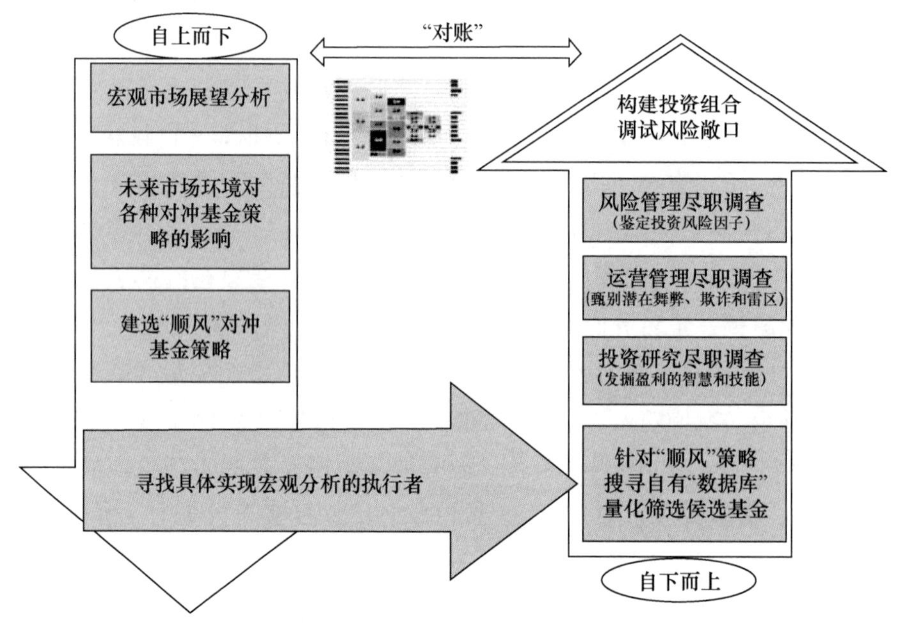

图 11-2 对冲基金组合基金“自上而下”分析与“自下而上”遴选

第一步,“自上而下”的宏观分析。先分析判断清楚在未来的一段时间(比如 6—9 个月)内市场环境的可能变化以及对每种对冲基金策略的“顺风”“逆风”状况,将资金布置于“顺风”策略中,而从“逆风”策略中撤走。

由于全球各种金融市场和各种资产类别的动态都有联动性,在做宏观性的市场展望时,必须全面考量全球各种主要风险因子的状态及其演变。这需要投资团队成员从各自的专业角度作独立的分析判断,团队聚焦辩论,然后综合各方观点,汇总成为团队对市场的宏观分析判断。由于投资对冲基金的周期往往比较长,这种分析判断展望的时间窗口通常会是未来的6—9个月而不仅是眼前,这无疑对投资团队的挑战不小,并不是人人都能很容易做到的。

宏观风险因子通常包括经济发展趋势、宏观政策、建设与消费、市场波动率趋势、利率及利率曲线变化趋势、影响大宗商品价格趋势变化因素的演变、信用变化趋势、主要汇率趋势等。在对各种宏观风险因子进行判断后,接下来就需要分析哪些对冲基金策略将迎来“顺风”,哪些对冲基金策略将面临“逆风”环境。这种分析往往将与对未来的基本面分析、对历史数据的量化分析结合起来作为参考,有时也可以用这些因子的“一阶导数”甚至“波动率”作为风险因子来帮助分析观察者做出判断。将每种对冲基金策略逐一“嵌入”每一个宏观风险因子,我们便可以归纳出每个策略将面临的“风向”和“风力”,汇总起来,就不难得出“顺风”“逆风”的策略。

第二步,“自下而上”地遴选“操盘手”。在确定好资金在“顺风”策略中的配置后,再“自下而上”地筛选合适的对冲基金经理,来具体执行前面的宏观分析。在经过“三驾马车”的遴选过程,选定基金经理之后,我们应该已经很了解“操盘手”的特点及掌握了“操盘手”的风险因子分解信息,这将使我们能根据不同的资产配置而汇总整个投资组合在各风险因子上的敞口,通过“穿透”的方法分析清楚所构建的投资组合的风险因子是否符合早先的宏观分析,最后通过适当的优化完善投资组合的构建。构建完之后,仍需要随时进行监控,根据市场环境的变化调整组合。一个好的FOHF的各种风险因子与自上而下的宏观分析应该相吻合,扬长避短地承担愿意承担的风险而规避掉不愿意承担的风险。正因为如此,作者聂军常说:“对于FOHF而言,没有不好的市场环境,只有不好的投资组合。”

由此可见,FOHF投资是一项对总体宏观分析判断以及对所选策略和基金的了解程度等方面的知识、技巧要求非常严格的专业化工作,其目标是为投资者实际提供投资的阿尔法收益。这与随意地或通过排行榜“追星”式地将一堆基金拼凑在一起有着本质的区别,基金拼凑或堆砌并不贡献实际的阿尔法回报,往日的“明星”也不能保证未来能长期带来阿尔法回报。

一个好的FOHF的各种风险因子与自上而下的宏观分析应该相吻合,扬长避短地承担愿意承担的风险而规避掉不愿意承担的风险。在从“候选基金池”中选“操盘手”时,我们应该已经很了解其特点并掌握其风险因子分解信息，这将使我们能根据不同的资产配置而汇总整个投资组合在各风险因子上的敞口，然后与最开始的宏观分析进行“对账”，看看偏离的程度，再对资产配置做调整，直至得出理想的结果。

从以上描述的过程，读者可以看到，构建 FOHF 投资组合时完全是进行主动的遴选和配置。如果随着市场的变动出现了我们所不愿承担的风险因子，我们还可以在母基金层面上利用各种衍生品进行适当对冲。所以我们常说，对于好的 FOHF 经理而言，在做好以上每一个步骤的功课后，一个优秀的投资组合是不难构建的。这与目前国内许多 FOF 被动地堆砌一堆基金而不了解风险因子敞口的情况大相径庭。

第四节　尽职调查的“三驾马车”

上述工作中，颇为重要的一步是从“数据库”中遴选“操盘手”，即具体的对冲基金经理来具体实施宏观分析的投资理念。对于比较成熟的 FOHF 公司而言，这些“操盘手”基金往往已经通过各种尽职调查而进入“候选基金池”了。但对新的基金公司而言，在遴选“操盘手”的过程中，尽职调查的“三驾马车”将是挑战性很强的环节，因为时间会很紧，而要调查的事项太多，且有很多时候进程并不是我们自己可以控制的。

构成尽职调查的“三驾马车”，分别是“投资研究尽职调查”“运营管理尽职调查”“（市场）风险管理尽职调查”。尽职调查的面谈对象分别是候选基金的投资团队、运营团队及第三方服务商、市场风险管理团队。

第一驾马车：投资研究尽职调查。我们试图发掘候选对冲基金经理盈利的智慧和技能时，需要考察其投资理念、技能及特长、顺风/逆风市场环境、对市场环境未来的展望；还要考察其整体投资流程、投资团队，将之与同行进行多角度比较等。这项尽职调查听起来似乎很简单，但在实施中会面对许多压力。

首先，对冲基金不像公募基金一样必须定期披露信息，故其所有的信息只能靠 FOHF 团队通过适当的问题以适当的方式获得。

其次，对冲基金经理通常是一批很成功的资深职业投资人士，他们用来回答问题的时间、精力都很有限，如果问不到关键点上，他们很可能没有兴趣回答，令 FOHF 尽调人员无法得到一些关键信息。所以，尽调的人对被调查基金的投资策略要有足够深的了解,方能获得比较实质性的信息。

而我们知道,一个 FOHF 中通常需要有数种甚至“全光谱”对冲基金策略。就这一点而言,FOHF 投资的团队里需要有一支能覆盖各种对冲基金策略的专家团队,而且要相对稳定。这种团队的结构通常有两种模式:通才型和专才型,并各有优势和缺陷。

第二驾马车:运营管理尽职调查。在整个 FOHF 投资过程中,风险管理始终扮演举足轻重的角色。对一个基金的风险管理尽职调查应该开始于投资前的基金遴选调研过程,以熟悉基金的风险特征,直到终止投资后最后一笔资金的赎回后方可停止。全面的风险管理分为运营风险和市场风险两部分(见图 11-3),因此,运营管理尽职调查和(市场)风险管理尽职调查往往被统称为“风险管理尽职调查”。

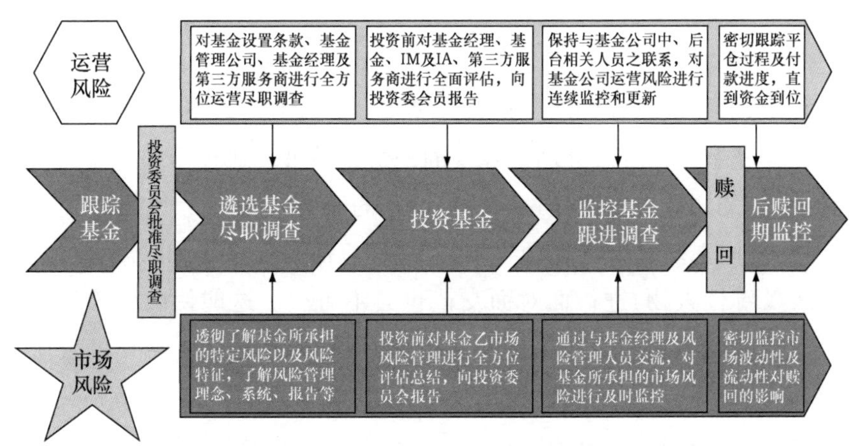

图 11-3　风险管理尽职调查的步骤

运营管理尽职调查是 FOHF 投资特有而且是极其重要的一环,其主要目的是确认候选基金是真实运作的基金,并核实其运作安全可靠,以保障投资者利益;同时要熟悉候选基金的运营流程,及时发现其弱点,尽最大努力甄别潜在的舞弊、欺诈和各种可能的雷区。作者聂军常告诫团队成员:基金经理在投资方面的失误可能会使我们损失所投资金的 5%、10%或更多,但所投基金运营方面的欺诈,则可能导致我们的损失超过 100%,因为这里面还会搭上我们自己名誉的损失。在业界曾经很有影响力且管理过上百亿美元资产的 Tremont Group,就因为投资属于庞氏骗局的麦道夫基金,不得不关门歇业不说，还卷入无穷无尽的官司难以脱身。

由于对冲基金没有义务定期披露公司及基金的信息，有关信息只能靠FOHF的运营管理尽职调查团队从各种途径去挖掘获得，以尽早发现问题，降低投资对冲基金的“人性风险”。这些信息至少包括公司的背景及结构（股权结构、团队结构、投资者结构等）、创始人及关键人员的教育和工作背景（通常需要创始人及关键人员提供一份“授权信”去核查其背景，特别是其是否有不良记录）、激励机制、公司基础设施、投资流程、内部监控及合规守则与流程、估值及定价，甚至第三方服务商的行业地位、在基金运作中所起到的作用和功能等。由于投资对冲基金的周期较长，而且对新投入资金往往还有锁定期，所以，一定要在投资之前有足够时间开展透彻的运营管理尽职调查，才能避免一些不必要的错误决定。

虽然公司及基金运营方面的文件通常冗长乏味，充满艰涩的法律专业术语，但审阅这类文件正是运营管理尽职调查中非常重要且必不可少的一环。这一过程中，需要非常仔细地反复核实投资者的权益能否得到足够的保护，因为这通常是基金与投资者之间最重要的一份合同书。通过仔细审阅这种枯燥的文件，我们的团队曾经避免过一些很严重的爆仓。

此外，到候选基金公司现场与相关人员（包括运营总监、财务总监、风险管理总监等关键性人物）进行面对面交谈也必不可少。这能使我们确认基金公司是否有合适的设施和人员在合理地运作，且其分工足以支持该基金所从事的策略，在估值等方面是否有清晰的流程。在现场，我们通常会请相关人员演示其会计系统、风险管理系统以及查看公司的过失记录，确认这些系统合理地运行；还会浏览与第三方服务商所签的各种相关合同的原件，核实其真实性。尤其重要的一点是，我们会考察公司的“业务不中断方案”（BCP，也称“灾难应急方案”），以确保投资者信息的安全和准确。

前面提到，关键人员的背景调查极为重要，除了需要找到当事人曾经受教育和工作过的机构核实，还需要找相关监管机构核实其是否有不良记录。此外，互联网及各种专业性社交群体也是我们获取背景调查资料的来源，当然，必须针对个案详细分析。

运营管理尽职调查的具体操作内容还有很多，限于篇幅，不能一一赘述。这部分尽职调查应该产生一个评估系统，供日后不断跟踪/监控使用。

第三驾马车:(市场)风险管理尽职调查。为了清晰地区别于广义的风险管理尽职调查,我们在这里特意加上了“市场”二字。

我们知道,金融市场每分每秒都在变化,因此掌握投资组合中的各种市场风险就显得非常重要。在不能随时看到 FOHF 中每个交易品的情况下,透彻地了解所投资的对冲基金的风险就显得非常重要。(市场)风险管理尽职调查正可以使我们理解和熟悉候选基金将给我们带来的各种风险因子及其特征,同时了解候选基金公司的风险管理哲学、理念和流程。

举两个简单的例子:某基金经理曾以 10 元/股买过的一只股票,现在跌到 8 元/股了,这时是应该加仓(因为更便宜了)还是减仓或平仓(因为已经损失 20%)?如果仓位突破风险红线,风控官有没有权利减仓或平仓?

当然,在对冲基金复杂的投资过程中,风险管理并不是这么简单。首先,对风险如何理解也是有不同观点的,行业内普遍用波动率表示风险,但也有同仁用 VAR(value at risk,风险价值)表示风险,还有同仁以实际实现的损失表示风险而不太在意波动率,也有人以相对于某标杆指数的贝塔值表示风险,还有人以杠杆率来表示风险。

其次,针对一个对冲基金的投资组合,计算风险的方法也有不同的模型和方法论。作为 FOHF 经理,我们没有必要,也不可能让每一只对冲基金都采用或接受我们对风险的理解和理念,但我们必须熟悉候选基金的风险管理哲学、理念、流程及其所用的风险管理系统,尤其要搞清楚其风险管理报告中的风险指标是如何计算出来的。我们会与候选基金的风险管理团队成员交流,了解他们的操作以及该基金运行中的一些特殊风险事件,了解过往较大的回撤发生的原因以及团队所得到的经验教训和改进方法;当然,更重要的是,我们会讨论他们对基金未来的风险包括回撤等的期望区间。

只有真正熟悉各只候选基金的风险因子和特征,在构建 FOHF 时才能通过“穿透”的方式汇总出 FOHF 所承担的风险及各种风险的程度。

我们通常会将“三驾马车”尽职调查报告中的关键信息做交叉核查,检验这些从不同团队成员处获得的信息是否有不一致之处。如果出现严重的不一致,则表明可能有潜在风险藏于其中。

三条行之有效的尽调准则

从以上的简单描述,我们可以看到,尽职调查的"三驾马车"都需要非常专业的人士方能胜任,他们所需要掌握的知识、技能和经验未必比被尽调的相关人员差。而这三部分尽调结果仅仅只是遴选基金和开展投资的前期工作,其结果都应该汇存于相应的中央系统,并在团队中展开辩论消除"盲点",供最后决策以及投后"复审"和对照之用。在构建 FOHF 产品时,这些信息都应该被录入产品的"投资指南"中。投资以后更应该定期及时地密切跟踪监控和更新各只基金的种种信息,以便应对调仓之需。

所有尽职调查的目的都是对候选基金的特性有充分了解和熟悉,掌握候选基金的"水性",使我们在投资之后不会对基金经理的行为感到措手不及。从长期的尽职调查实践中,笔者聂军总结出了以下几条行之有效的准则。

第一,对自己和团队达到"3D"要求:discipline(守纪),diligent(勤奋),discovery(善于发现)。

第二,对子基金低高惧(LHS)结合:L(low,低姿态)——我们不可能比基金经理更懂他们的策略,因此要虚心学习,努力使自己能与基金经理"同频";H(High,高标准)——在原则性问题上坚持高标准不妥协;S(scared,竦惧)——远离傲慢的基金经理,不管他的业绩有多好,那可能与我们根本无关。

第三,定性分析与定量分析相结合,相辅相成并相互交叉核实。

第十二章
尽职调查——透彻了解对冲基金的特色

从事 FOHF 业务时,只有对所要投资的底层基金(underlying fund)了如指掌,方能运用自如取得佳绩。其中最关键的步骤就是尽职调查。尽职调查好比体检,不但检查基金是否健康,还能清楚地记录基金的各项关键指标尤其是风险因子。

每只对冲基金以及每种对冲基金策略都有其“顺风”和“逆风”的市场环境。每种市场环境既是某些对冲基金策略的“顺风”环境,同时又是另一些对冲基金策略的“逆风”环境。只有透彻地深入了解每只候选基金的风险因子特色,才能在各种不同的市场环境下选派合适的对冲基金“选手”上场发挥其专长为 FOHF 获取稳健的收益。这就是为什么对于 FOHF 而言,没有不好的市场环境,只有不好的组合。

“透彻地了解”足够多的候选基金并建立自己的“基金池”数据库,是构建 FOHF 必须要做好的基本功课——尽职调查。由于在尽职调查的过程中涉及如何鉴定人性风险等重要方面,这个过程没有捷径可以走,也不是任何“机器人”可以取代的。这也更显示出了踏踏实实的尽职调查的重要性。

第一节　尽职调查的目的和挑选对冲基金的四个关键词

构建FOHF时，遴选合适的底层基金是最基本的工作，而通过尽职调查收集各方面的第一手资料和信息又是最核心的环节，这无异于为修建大厦寻找优良“砖块”的环节。尽职调查的内容及实践是能很好地区别各种FOHF的水平的一个衡量标准。也可以说，全面的尽职调查是对候选基金的特色进行全面了解的过程，是一个对候选基金做的“体能测试”和“全面体检”，使对冲基金组合基金管理团队能与候选基金团队及第三方服务商建立具有实感的联络。

尽职调查既扮演伯乐的角色，是一个挖掘和发现潜在优秀基金的过程，需要深入了解候选基金如何创造价值的特定技能；也扮演医生的角色，为候选基金作全方位“体检”，诊断候选基金是否健康，甚至是否有“不治之症”。其中很重要的一点是要清楚地了解候选基金是否有意愿、有能力保护投资者利益及如何保护的。

常常有同仁问如何挑选好的对冲基金。其实，挑选对冲基金有很多不同的指标。从我们多年的经验总结而言，如果用一个词来描述选对冲基金经理最重要的指标，那就是**诚信**(integrity)；如果限于再用三个词来描述选对冲基金最重要的指标，那就是投资策略的：① **透明度**(transparency)；② **持续性**(sustainability)；③ **可扩展性**(scalability)。至于收益率是否为冠、亚军或者得过什么奖项之类的指标，则远远在这四个指标之后。

显然，是否要投一只对冲基金，首先是要有信任，资产管理实际上是一份信任与嘱托。FOHF的特殊性在于它既承受着客户的信任与嘱托，同时也必须物色合适的对冲基金经理来接受自己的信任与嘱托。这就使得深入的尽职调查非常重要。从长期而言，投资的最深层是投资经理的人性表现，如果基金经理不能以十二万分的诚信来兢兢业业地对待这份信任，其他所有指标都免谈。

虽然对于很多人而言对冲基金似乎很神秘，其实不然。所有对冲基金策略的收益来源和风险因子都是可以分解出来拿出来晒的。也正因为如此，FOHF开展透彻的尽职调查才成为可能。FOHF作为专业性很强的机构投资者，有能力清楚地了解候选基金的投资策略，候选基金经理有必要透明地展现自己的投资策略。

如果一个候选基金的投资策略不能持续，则对于FOHF并没有什么投资价值。过去再靓丽的业绩也可能与未来的表现无关，坚实的投资理念、策略、流程和运营支持才是持续性的基本保障。

如果一只候选基金的投资空间和策略没有可扩展性，则对于FOHF也是没有什么投资价值的。由于FOHF所投资的额度往往比较大，对于好的基金还会有后续的不断加大投资，再加上其他机构投资者很可能会同时进行投资，因此底层基金必须有足够大的可扩展的投资空间和策略方值得考虑。

第二节　靠排行榜挑选基金不靠谱

人们常常问，应该选什么样的基金经理及基金。当然，一个很“简捷偷懒”的途径是在熟悉的基金经理朋友里选；或者找到“××排名榜”（通常是按收益率排名的）选排在前面的基金经理然后等额配置。但无数的事实证明这样做的效果并不理想。以下这种情形并不罕见：有的基金长期无人问津，某一年投资收益排到某排行榜的前面后突然门庭若市，惊讶地被告知跃升进入许多机构的“白名单”。

然而，我们有很多的实例显示，这种简单的堆砌式的“对冲基金组合”往往会使投资者付出沉重的代价。这种方法并不是理性操作FOHF的方法，对投资者也是不负责任的。在众多的排行榜中，我们时常看到在某一年收益率排在榜单前20名的基金，在接下来一年里却落入收益率排行最后20名；而之前排在最后20名的基金在下一年却又跃升至前20名榜单中。这种现象几乎每年在每个市场、每个大策略中都有发生。在此我们仅以HSBC的对冲基金数据库为例便可略见一斑（见表12-1）。

表 12-1 HSBC 数据库中收益最高、最低的 20 名

2013

最高

Investment Funds	Return	Date
SFP VALUE REALIZATION FUND	82.12	31 Dec 13
SENVEST PARTNERS, LTD - CLASS A	79.44	31 Dec 13
MARLIN FUND LP	77.47	31 Dec 13
PAULSON RECOVERY FUND LTD	65.12	31 Dec 13
PEGASUS FUND LIMITED SHARES A-1	63.74	31 Dec 13
SR GLOBAL FUND H - JAPAN (Real Perf)	62.51	31 Dec 13
QUAM CHINA FOCUS SEGREGATED PORTFOLIO	61.80	31 Dec 13
CCI MICRO HEALTHCARE PARTNERS LTD	59.69	31 Dec 13
BCM WESTON LP (BILLINGS CAPITAL MANAGEMENT)	50.32	31 Dec 13
OWL CREEK OVERSEAS FUND, LTD	48.63	31 Dec 13
ALCENTRA STRUCTURED CREDIT OPPORTUNITIES FUND II	48.08	31 Dec 13
JABCAP GLOBAL BALANCED FUND LTD CLASS D/1 NI	47.80	31 Dec 13
PASSPORT SPECIAL OPPORTUNITIES FUND LTD CLASS AA	45.50	31 Dec 13
PERCEPTIVE LIFE SCIENCES OFFSH FUND, LTD	43.88	31 Dec 13
JABCAP MULTI STRATEGY FUND LTD CLASS D/1 NI	43.03	31 Dec 13
GLENVIEW CAPITAL PARTNERS (CAYMAN), LTD.	42.90	31 Dec 13
PALOMINO FUND LTD CLASS B ORIGINAL SERIES	42.36	31 Dec 13
ANDALUSIAN CORPORATE OPPORTUNITIES FUND LP	41.15	31 Dec 13
TRIAN PARTNERS LTD	40.06	31 Dec 13
KINETICS FUND, INC - A/A	39.73	31 Dec 13

最低

Investment Funds	Return	Date
CANTAB CAPITAL PARTNERS QUANTITATIVE FUND (THE) - USD ARISTARCHUS	-27.65	31 Dec 13
WATERSTONE MARKET NEUTRAL OFFSHORE FUND, LTD	-19.27	31 Dec 13
ORTUS FUND (CAYMAN) LTD	-17.32	31 Dec 13
EAGLE GLOBAL	-15.88	31 Dec 13
BLUETREND FUND, LTD -USD- CLASS A	-11.50	31 Dec 13
AHL CURRENCY FUND	-11.24	31 Dec 13
ISAM SYSTEMATIC FUND CLASS A	-10.66	31 Dec 13
DISCUS FEEDER LTD CL. B USD STANDARD LEVERAGE	-10.32	31 Dec 13
EAGLE QUANTITATIVE MACRO	-10.32	31 Dec 13
HARMONIC ALPHA PLUS MACRO FUND - USD CLASS	-9.25	31 Dec 13
HSBC TRADING ADVANTEDGE FUND	-8.75	31 Dec 13
ARMAJARO STS COMMODITIES FUND CLASS -Z-	-7.80	31 Dec 13
ALPHA4X CAPITAL GROWTH FUND	-7.33	31 Dec 13
MARKHAM RAE I SUB FUND	-6.81	31 Dec 13
SABA CAPITAL OFFSHORE FUND LTD	-6.76	31 Dec 13
CONQUEST MACRO FUND, LTD (COMP)	-6.62	31 Dec 13
KROM RIVER COMMODITY FUND	-6.47	31 Dec 13
LIONSCREST TAILPRO -US EQUITY FUND	-6.33	31 Dec 13
PIMCO MULTI-ASSET VOLATILITY FUND LTD	-6.17	31 Dec 13
SMN DIVERSIFIED FUTURES FUND	-5.95	31 Dec 13

2014

最高

Investment Funds	Return	Date
ISAM SYSTEMATIC FUND CLASS A	62.39	31 Dec 14
MERCHANT COMMODITY FUND (THE) - COMPOSITE	59.33	31 Dec 14
AHL CURRENCY FUND	58.05	31 Dec 14
SMN DIVERSIFIED FUTURES FUND	57.26	31 Dec 14
LYNX BERMUDA 1.5 LTD	42.18	31 Dec 14
CANTAB CAPITAL PARTNERS QUANTITATIVE FUND (THE) - USD ARISTARCHUS	39.31	31 Dec 14
ANDURAND COMMODITIES FUND	38.31	31 Dec 14
PERSHING SQUARE INTL LTD	37.24	31 Dec 14
TULIP TREND FUND, LTD - A	36.15	31 Dec 14
SEGANTII ASIA-PACIFIC EQUITY MULTI-STRATEGY FUND	34.88	31 Dec 14
WELTON GLOBAL DIRECTIONAL PORTFOLIO	33.88	31 Dec 14
ASPECT DIVERSIFIED FUND - CLASS A	32.05	31 Dec 14
AHL DIVERSIFIED	31.96	31 Dec 14
CARLYLE TREND FOLLOWING FUND	31.49	31 Dec 14
OKUMUS OPPORTUNISTIC VALUE FUND, LTD CLASS C	31.21	31 Dec 14
GOLDEN CHINA FUND NR CLASS	30.00	31 Dec 14
SELIGMAN TECH SPECTRUM FUND CLASS -A1-S/2-2002	30.00	31 Dec 14
PINE RIVER CHINA FUND	29.87	31 Dec 14
GRAHAM GLOBAL INVESTMENT FUND II - K4D-15V - COMPOSITE	27.43	31 Dec 14
LYNX (BERMUDA) LTD	27.03	31 Dec 14

最低

Investment Funds	Return	Date
RUSSIAN PROSPERITY FUND - A	-43.99	31 Dec 14
KALTCHUGA FUND - RUSSIA EQ. SUB-FUND -$-	-42.00	31 Dec 14
FIREBIRD NEW RUSSIA FUND, LTD - CLASS A	-34.59	31 Dec 14
DORSET ENERGY FUND, LTD - CLASS A	-27.20	31 Dec 14
PAULSON ADVANTAGE PLUS LTD	-24.28	31 Dec 14
PAULSON RECOVERY FUND LTD	-19.37	31 Dec 14
PAULSON ADVANTAGE LTD -A-	-18.53	31 Dec 14
PEGASUS FUND LIMITED SHARES A-1	-15.72	31 Dec 14
HIQ INVEST MARKET NEUTRAL FUND	-15.43	31 Dec 14
GROWTH MANAGEMENT LTD	-13.86	31 Dec 14
ARMAJARO COMMODITIES FUND CLASS -A-	-13.81	31 Dec 14
PHALANX JAPAN AUSTRALASIA MULTI-STRATEGY FUND LTD	-12.87	31 Dec 14
LANSDOWNE GLOBAL FINANCIALS FUND LTD. -N-USD	-12.32	31 Dec 14
ABACO FINANCIALS FUND	-11.47	31 Dec 14
SABA CAPITAL OFFSHORE FUND LTD	-10.80	31 Dec 14
MONTLAKE SKYLINE UCITS FUND INSTITUTIONAL SHARE CLASS	-10.63	31 Dec 14
LNG EUROPA CREDIT FUND	-10.36	31 Dec 14
WATERSTONE MARKET NEUTRAL OFFSHORE FUND, LTD	-10.30	31 Dec 14
CC ASIA ABSOLUTE RETURN FUND	-10.12	31 Dec 14
ADELPHI EMERGING EUROPE. FUND USD SHARES	-8.53	31 Dec 14

2015

最高

Investment Funds	Return	Date
HIGHER MOMENT CAPITAL OPPORTUNITIES, LP	32.27	30 Nov 15
PERCEPTIVE LIFE SCIENCES OFFSH FUND, LTD	27.87	11 Dec 15
SEGANTII ASIA-PACIFIC EQUITY MULTI-STRATEGY FUND	27.60	11 Dec 15
TT LONG/SHORT FOCUS FUND	25.39	30 Nov 15
MILLBURN COMMODITY PROGRAM	25.26	15 Dec 15
LANSDOWNE EUROPEAN EQUITY FD, LTD - A (EUR)	24.71	11 Dec 15
ALCENTRA GLOBAL SPECIAL SITUATIONS FUND	24.33	30 Nov 15
AMAZON MARKET NEUTRAL FUND CLASS A USD	23.62	04 Dec 15
ELEMENT CAPITAL FUND	20.96	31 Oct 15
FJ CAPITAL FINANCIAL OPPORTUNITY FUND LTD	20.12	30 Nov 15
PENSATO EUROPA FUND LTD EURO CLASS	19.84	30 Nov 15
TRIAS L/S FUND	19.84	15 Dec 15
HORSEMAN GLOBAL FUND USD	19.52	16 Dec 15
ABRAX MERGER ARBITRAGE S.G. FUND	19.06	31 Oct 15
GOLDEN CHINA FUND NR CLASS	18.99	11 Dec 15
GSA TREND RISK PREMIA FUND	18.76	11 Dec 15
CAPEVIEW AZRI 2X FUND	18.46	11 Dec 15
PORTLAND HILL OVERSEAS FUND LTD	18.10	04 Dec 15
MARSHALL WACE - MW MARKET NEUTRAL TOPS A USD	17.88	15 Dec 15
OKUMUS OPPORTUNISTIC VALUE FUND, LTD CLASS A	17.13	30 Nov 15

最低

Investment Funds	Return	Date
DORSET ENERGY FUND, LTD - CLASS A	-35.36	04 Dec 15
ALTAI CAPITAL PARTNERS OFFSHORE, LTD	-32.47	31 Oct 15
ELM RIDGE CAPITAL PARTNERS L.P.	-23.62	30 Nov 15
THE CAMBRIDGE STRATEGY - APOLLO (EM MACRO) ABSOLUTE RETURN	-23.27	11 Dec 15
MUDRICK DISTRESSED OPPORTUNITY FUND LTD	-22.51	11 Dec 15
GREENLIGHT CAPITAL OFFSHORE, LTD - A/1	-20.38	30 Nov 15
ANDALUSIAN CORPORATE OPPORTUNITIES FUND LP	-19.86	30 Nov 15
TRISHIELD SPECIAL SITUATIONS FUND LLC	-19.81	30 Nov 15
PERSHING SQUARE INTL LTD	-19.36	08 Dec 15
FORTRESS MACRO FUND LTD. CLASS A	-17.48	30 Sep 15
GLENVIEW CAPITAL PARTNERS (CAYMAN), LTD.	-17.00	30 Nov 15
SKYLINE UCITS FUND INSTITUTIONAL SHARE CLASS (MontLake)	-16.13	11 Dec 15
ODEY EUROPEAN, INC (EUR)	-15.93	30 Nov 15
POLAR CAPITAL EUROP CONVICTION FUND LIMITED	-14.74	04 Dec 15
EAGLE DIRECTIONAL MACRO	-14.45	11 Dec 15
CANDLEWOOD SPECIAL SITUATIONS FUND LTD	-14.17	30 Nov 15
GREYWOLF CAPITAL OVERSEAS FUND	-14.16	30 Nov 15
EAGLE GLOBAL	-12.53	11 Dec 15
SENVEST PARTNERS, LTD - CLASS A	-12.40	30 Nov 15
OMEGA OVERSEAS PARTNERS, LTD CLASS A	-12.02	30 Sep 15

（续表）

2016

最高

Investment Funds	Return	Date
DORSET ENERGY FUND, LTD - CLASS A	65.50	31 Dec 16
RUSSIAN PROSPERITY FUND - A	58.66	30 Dec 16
WESTFIELD FUND (CAYMAN) LTD	50.78	31 Dec 16
THE ARGO FUND	49.74	30 Nov 16
FIREBIRD FUND, LP	41.90	31 Dec 16
FIREBIRD NEW RUSSIA FUND, LTD - CLASS A	40.28	31 Dec 16
MUDRICK DISTRESSED OPPORTUNITY FUND LTD	38.90	31 Dec 16
WEXFORD OFFSHORE CREDIT OPPORTUNITIES FUND	36.58	31 Dec 16
TRISTAN PARTNERS LP	33.99	31 Dec 16
BCM WESTON LP (BILLINGS CAPITAL MANAGEMENT)	33.66	31 Dec 16
WEXFORD OFFSHORE CATALYST FUND LTD	33.62	31 Dec 16
VARDEN PACIFIC OPPORTUNITY OFFSHORE FUND I LTD	32.61	30 Nov 16
CQS DIRECTIONAL OPP. FEEDER FUND. LTD – A NI USD	30.40	30 Dec 16
ECF VALUE FUND INTERNATIONAL LTD	30.37	31 Dec 16
L1 CAPITAL LONG SHORT FUND	29.63	31 Dec 16
SAGIL LATIN AMERICAN OPPORTUNITIES FUND CLASS A	28.87	31 Dec 16
CORRE OPPORTUNITIES QUALIFIED MASTER FUND LP	28.44	30 Nov 16
QUANTEDGE GLOBAL FUND	26.78	31 Dec 16
HALCYON SOLUTIONS FUND LTD	26.08	31 Dec 16
CONTRARIAN CAPITAL FUND I OFFSHORE LTD	25.41	31 Dec 16

最低

Investment Funds	Return	Date
ODEY EUROPEAN, INC (EUR)	-49.52	30 Dec 16
AMAZON MARKET NEUTRAL FUND CLASS A USD	-29.98	31 Dec 16
HORSEMAN GLOBAL FUND USD	-24.06	31 Dec 16
PASSPORT SPECIAL OPPORTUNITIES FUND LTD CLASS AA	-21.55	30 Nov 16
PARUS FUND PLC USD CLASS	-18.58	31 Dec 16
ZWEIG-DIMENNA INTL LIMITED - CLASS A	-18.09	30 Nov 16
PASSPORT GLOBAL STRATEGY FUND	-17.58	31 Dec 16
SOLAISE SYSTEMATIC FUND LTD (S Class)	-17.29	31 Dec 16
ALTIS GLOBAL TREND PORTFOLIO	-17.28	31 Dec 16
OCEANIC HEDGE FUND - CLASS A	-17.10	31 Dec 16
CAPEVIEW AZRI 2X FUND	-15.83	31 Dec 16
GAM TALENTUM ENHANCED EUROPE LONG/SHORT - A -	-15.80	30 Nov 16
LANSDOWNE DEVELOPED MARKET FUND, LTD (GBP) NNI	-15.22	31 Dec 16
LANSDOWNE DEVELOPED MARKET FUND, LTD (USD)	-14.87	31 Dec 16
ANTARES EUROPEAN FUND, LTD - USD	-14.79	31 Dec 16
LUCERNE CAPITAL FUND L.P.	-14.61	30 Nov 16
JENOP GLOBAL HEALTHCARE FUND LTD SERIES A	-13.88	31 Dec 16
DB PLATINUM IV MW HELIUM	-13.15	29 Dec 16
GRAHAM GLOBAL INVESTMENT FUND II - K4D-15V - COMPOSITE	-13.15	31 Dec 16
ADELPHI EUR. FUND $ (A)	-12.93	31 Dec 16

从表 12-1 中不难看到有不少基金游走于前 20 名和后 20 名之间，如果因为某一时间点收益排名在前面就贸然追入，在这之后经历损失的情形可想而知。这也从一个侧面解释了为什么“明星常有而寿星难求”的状况，更不用说其他处于“中间地带”的众多基金了。所以，在遴选基金时，清楚地了解其特色显得非常重要。

实际上，每只对冲基金、每种策略都会有其“顺风”环境，也有其“逆风”环境，并没有什么“常胜将军”。遴选出靠谱的优秀基金和基金经理绝不是拿几个指标来排排序就可以完成的，也不是在电脑里做些“历史数据回归分析”就能实现的。这就跟遴选优秀航天员一样，不能仅凭测测心跳、血压，量量身高、体重就能入选，必须经过全方位的体检和体能测试、心理测试，查阅过往病史甚至家族病史等，才能彻底了解候选人的各项特征，从而挑选出合格的航天员。

第三节　投资最终是人性的体现，兼论风格漂移

我们的经验是，要选具有自身核心优势特色的基金和基金经理，因为各种投资策略到了最深层都是人格特性的反映和具体体现，人格特性的不同决定了交易风格的不同。任何投资交易策略的有效性都建立在符合交易者本身的人格特性上，需要符合其交易风格。如果一个交易者的交易策略和自己的人

格特性相悖，那么这个交易者将很难成功。对于每一个交易者而言，只有适合自己人格特性的投资策略才是最好的，而对别人最好的却不一定是适合自己的。尊重交易者本身差异性的存在，即是尊重交易本身的规律。优秀的基金经理必须找到与自己性格特征匹配的资产类别、投资市场、恰当的投资策略来实现其投资理念，只有这样，他们在遇到“逆风”环境时才能坚持自己的策略——而这无疑是非常艰难的。从长期的结果看，只有这种对冲基金经理才能够成为“千里马”，因为“疾风知劲草”。而FOHF唯有通过透彻的尽职调查，方能清楚地了解基金经理的这些特色。也只有如此，FOHF才能将这些优秀基金经理用在最恰当的市场环境下，使他们最好地发挥他们的优势而给投资者带来稳健的收益。

有一点无论如何强调都不为过：优秀基金经理的一个特质是潜心创立自己独立的投资理念、投资策略并能坚持精益求精，做到任何情况下都能应对自如。这对于健康地发展一个对冲基金投资的生态环境尤其重要。如果只是喜欢走捷径、跟风随大流，则其中不但有潜在合规风险和市场系统性风险（同步效应），更重要的是其结果很可能将导致基金经理白白地给别人奉献资金而自己损失惨重（并且很可能还不知道是如何损失的）。这就好比武林高手必须依赖于自己的独门绝技立足江湖一样，他没有必要十八般武艺样样精通，但他必须至少精于其中之一并且能达到人与所用之兵器“合一”的境界（比如人剑合一、人枪合一等），以便使他在任何情况下都能坚持靠自己的独门绝技生存和取胜。而那些每样武艺都懂些皮毛的“大路货”，虽然也能像“万金油”似的忽悠一阵子，但一旦遇到真正的高手就会马上败下阵来，甚至性命不保。

我们认为，不应该有两只对冲基金在做完全同样的事情，每个基金都应该有自身的特色，以避免出现高度同质化而形成系统性风险。同理，每个FOHF都应该有自身的特色，不应该雷同。FOHF的投资理念、团队成员专长及投资流程应该体现出其自身的特色。

需要特别提到的一点是基金的风格漂移。这可能对于国内众多的“混合型”基金很正常，有不少基金也在自己的策略面临挑战时或策略之外的市场出现诱惑性“机会”（例如股票型或债券型基金面对大宗商品市场的诱惑等）时不能坚持，而产生风格漂移。然而，这是做FOHF的专业人士最头疼和最忌讳的。我们的经验是，一旦发现基金出现风格漂移，便及时赎回。这是因为，出现风格漂移本身说明了基金经理的策略不成熟或者基金经理自己不成熟。作为对冲基金经理或资产管理专业人士,必须敬畏市场、敬畏客户的信任。往轻处说,风格漂移是一种任性;往重处说,风格漂移是对市场的怠慢和对客户的不尊重。因为机构投资者对标的基金作配置时是有其整体(比如说风险因子)考虑的,如果标的基金发生风格漂移,则投资者的整体布局会被打乱。

例如,有一次我们投资了一只擅长从基本面做空的股票型基金作为整个投资组合中的一个风险对冲。该基金在很长时间里始终按照之前许诺的从基本面做空的策略投资,直到有一天我们发现其投资组合中出现了债券 ETF,这使我们开始警觉,与基金经理交流后了解到因为第二次海湾战争即将爆发,基金经理的判断是美国股市将飙升而国债市场应该下跌,在规定他们不能做多股票的情况下,他们只好做空债券 ETF 来对冲战争所带来的风险。结果第二次海湾战争爆发前后美国股市确实涨了而债券市场跌了,开战后三四天市场开始出现反转并持续震动。然而,该基金经理并无计划将债券 ETF 平仓。经仔细研究后,我们决定从该基金赎回。因为我们配置这只基金的风险因子已经被扭曲,该基金给我们带来了额外的利率风险。

当然,我们也必须指出,强调避免风格漂移并不等同于要求基金的策略一成不变。实际上,优秀的基金经理和基金公司总是围绕着自己的投资哲学和原则在不断地学习与改进自己的策略,使之往越来越有效的方向演变。但在这个过程中需要做大量的研究工作和各种回测、压力测试,并在新策略正式上线之前与投资者进行充分的沟通和交流。如果新策略与原来的策略之间存在很大差别,基金应该在新策略上线之前允许现有投资者赎回。全球许多优秀对冲基金(如 Winton 等)都总是在作大量的策略改进研究。关键是要围绕自己的核心策略不断改进,当然,这需要优秀的人才并使他们充分发挥作用。

有哲人说,人生莫过于做好三件事:一是选择一条适合自己走的路,别左顾右盼,臭贪多求快,不要“误入乱花迷了眼”;二是懂得坚持,忌一味跟风,只有坚守好这一刻(尤其是处于逆境时),才能看到下一刻的风景;三是懂得如何放弃,属于你的终究有限,放弃繁星,你才能收获黎明。做好基金更是如此。

正如各种武艺之间无孰高孰低之分,只要能靠之生存及在武林中占据一席之地的武艺就可以称为好武艺,对冲基金的策略之间也没有孰优孰劣之分。关键问题是对冲基金经理应该根据自身特点找好与之相匹配的资产类别、投资市场及投资策略并潜心聚焦于此。我们长期投资和观察各种对冲基金的经验表明,每种策略中都有优秀的基金经理,也有糟糕的基金经理。

做投资到了最后做的都是人性。目前在机器人在国际象棋、围棋等等方面不断战胜人类高手时,有不少投资界同仁提出是否可以由机器人或智能投资顾问担任 FOHF 基金经理单独操作。我们认为,虽然这种设想逻辑上很自然,而且无疑智能投资顾问可以在某些分析方面大幅提高效益,但全面操作实际上很难行得通,主要是因为机器人/智能投资顾问很难判断人性风险(尤其是在运营方面的人性风险)。所以,我们并不认为机器人/智能投资顾问有能力操作好 FOHF。

第四节　尽职调查“三驾马车”相辅相成,缺一不可

我们通过尽职调查的“三驾马车”来实现对于基金的透彻了解:① 投资策略尽职调查——第一驾马车;② 运营尽职调查——第二驾马车;③ 风险管理尽职调查——第三驾马车。这“三驾马车”分别用于发掘盈利的智慧和技能;熟悉运营操作、甄别潜在欺诈、识别“雷区”;鉴定投资风险因子。三部分相辅相成、缺一不可,而且在这三部分尽职调查中不同团队从不同角度切入,与候选对冲基金的不同团队成员开展尽职调查,每一部分都必须产生详细的尽职调查报告备案存档,这样不同团队所获得的信息还可以用来进行交叉验证,如果出现严重的不一致,则表明很可能有潜在风险藏于其中。这样我们可以从不同角度透视候选基金,综合考察其优势和弱势所在。在接下来的章节里,我们将针对这“三驾马车”的方方面面进行详细介绍。由于很多投资者对于第二驾马车的运营尽职调查不是很熟悉,而这部分又极其重要,所以我们会花比较多的篇幅来介绍这部分。如果在投资方面不幸“踩雷”,可能会遭遇 30%甚至 80%的亏损,但可以确定亏损不会超过本金。然而,如果在底层对冲基金的运营上“踩雷”,则所造成的损失往往会超过本金甚至导致公司倒闭,一个比较有代表性的案例是 Tremont 集团在麦道夫基金的 33 亿美元投资所造成的巨大损失。详细情形请参考相关章节。

第十三章
投资尽职调查——发掘盈利的智慧和技能

投资尽职调查通常分为两个阶段，第一阶段是初始性的粗选，第二阶段则是有针对性的精选。这两个阶段需要了解的信息有很多重复之处，只是深度不同。在这里我们将其中的关键问题综合起来，并不区分这两个阶段的具体差别，从业者在实际操作中可以在两个阶段根据情况灵活掌握其中的度。

在进行任何投资时，投资者都期望所投标的有超出银行存款的正收益并能持续。同理，FOHF总是希望遴选到一批自己感到高信任度的优秀底层对冲基金随时备用。投资尽职调查是为了透彻了解基金经理的“投资特色”或“独门武功”：从投资哲学、理念到具体实施；从投资原始主意的产生，到跟踪、研究、分享与辩论、制作投资可行性报告、投资决策委员会决定、建仓、监控管理、定期跟进研究，看如何依赖其独特的看家本领挖掘和获得盈利，是所谓“知其所以然”的过程。当然，作为机构投资者，FOHF还需要了解底层基金的策略是否在容量上可扩展、策略能否保持可持续性和长期稳健、是否有充分的透明度以便在正式展开投资时不至于出现与预期不一致的结果。

第一节　投资研究团队

投资哲学和投资理念

考察一个投资研究团队，关键是要详细了解投资总监的投资哲学和投资理念，因为这是该团队投资的灵魂所在。投资哲学和投资理念是一种关于市场及投资者群体的连贯性思维和认识以及应该采取的对策(有所为、有所不为)，包括一系列指导投资决策的原则性的投资指引，也可以认为是投资总监的投资信条和系统性的投资行为准则，由此而衍生出其独特的投资策略，以求有效避免在极度市场环境下的情绪化决策。一个很好的例子是美国克里夫·阿斯尼斯(Cliff Asness)信奉"通过价值挖掘和跟随趋势可以持续跑赢市场并取得长期利润"的投资理念，在此基础上，他主导开发的量化投资模型不但为他的前东家高盛集团创造了丰厚的投资利润，还"独步江湖"，创立了在全球名列前茅的对冲基金 AQR，他也因此成为一代量化投资宗师。

投资的核心实际上就是从所投标的证券的价格波动中获取正的差价，这就是收益。只要使这种正的差价的投资逻辑能长期持续并能复制和扩大规模，就可能成为一个投资哲学和投资理念，关键是要能经得住各种市场环境的实际考验。

投资理念有很多种，也应该有很多种。人们常常提到的是以本杰明·格雷厄姆 (Benjamin Graham)为鼻祖、以沃伦·巴菲特(Warren Buffett)为标杆的价值投资，其投资理念以寻找有安全边际的便宜股票和证券而著称，只要是认准的股票和证券，买进后会持有很长时间，并且不惧怕下跌，越跌越买，由此造就了一代股神。在全球有很多投资人将"价值投资"等同于买了就永远不动、长期持有，而忽略了巴菲特实际上在建仓之前所做的功课并且找好的安全边际。而且只要稍微熟悉巴菲特的投资的人都知道，巴菲特并不是买了就根本不卖，只是持仓周期比较长而已。另外，巴菲特没有止损措施，在历史上经历过至少 4 次回撤超过 50%的时期，这通常也并不是 FOHF 所能接受的。

还有很多基金经理(尤其是 CTAs)依赖于某些技术指标的分析来指导其投资决策。常见的技术分析指标有上百个，但每个人只要能同时把五六个指标用精基本上就够了，也不一定要多复杂，但是一定要找到适合自己交易的市场以及自己的个性的参数。例如，全球最大的 CTA 元盛(Winton)就用到不少基本的“均线技术”，这可以说是最简单的技术分析，但他们针对相应的市场和证券，经过潜心研究后找到了合适的参数。

前面提到过，对冲基金投资探究到最深层是人格特性的具体反映和实施。各种投资哲学和理念没有孰优孰劣之分，但必须经得起不同市场环境的考验。如果一个基金的投资总监连自己的投资哲学和投资理念都尚未形成，那么 FOHF 尽职调查基本上可以就此打住，没有必要去“碰运气”。因为没有一个核心的信念，最可能发生的情形便是追逐大流，时常出现风格漂移，而这种情形在亚洲并不鲜见，在中国市场也不会例外。风格漂移对于 FOHF 来说是大忌。

投资总监对未来的分析和展望

深入了解投资总监对其相关市场全方位的分析判断以及对未来短期(1—3 个月)、中期(6 个月左右)、长期(9—12 个月)的展望是尽职调查的一个主要环节。这是投资理念和投资哲学在具体环境中的实施，由此既可以观察投资总监和团队是怎样将抽象的投资灵魂和信念落到实处，也可以同时了解其市场观点以及如何从中获取投资收益或规避市场风险。这个了解过程非常重要，除了需要了解团队的思维角度和逻辑，也可以把对市场环境和投资机会的判断记录下来供跟踪研究验证。例如，如果候选基金的主要策略是偏多头的而投资总监对其市场的展望总是比较悲观的，很难想象该基金将如何创造稳健的超额收益。

候选基金投资策略无论是专注于什么资产类别中的什么策略，基金经理对所投资市场对其策略具有重大影响的市场因素都应该有一个全方位的前瞻展望。比如一只做固定收益套利策略的对冲基金，基金经理应该对于未来短期、中期和长期的利率变化、收益率曲线陡峭度的变化、各种信用评级信用差价的变化、各相关地区房屋市场总需求变化以及其他宏观因素等有一个独到的分析判断和前瞻展望。比如对于一个集中于农产品的 CTA 基金，基金经理需要对全球的气候变化(如 El Nino、La Nino)情况及对各个农作物、饲料、牲口存栏行情的影响等情况有其专有的分析判断和展望。虽然说有很大一部分

CTA 是系统性交易，但这些系统仍然不能脱离对大行情的分析判断，避免与趋势作对。又比如对于一个专注于做外汇市场的对冲基金经理，对于各相关国家央行在未来 6—12 个月乃至更长的时间窗口的政策变化都会有自己的研究和展望，并设计出相应的动态投资策略。

众所周知，巴菲特先生长期成功的一个重要因素就是他在投资前会认认真真地研究美国宏观经济的走势，形成前瞻展望，作为其投资指南。他也在 2017 年投资者大会上坦言，要预测利率路径是件很不容易的事情。

在 FOHF 构建投资组合时，通常都会根据自己对市场的分析判断寻找与中期、长期前瞻展望相匹配的候选基金入池实施其投资方案。能否持续地给出对市场切合自身实际的中长期前瞻展望，不但对候选基金本身的业务具有很重要的指导作用，对于候选基金获得 FOHF 的实际投资也是很重要的因素。

另一方面，对于 FOHF 而言，需要判断候选基金的展望是否与自己对相应市场的展望相吻合。如果有出入，一方面，可以参考候选基金的展望是否更准确以便修正或调整自己的展望，另一方面，可以将候选基金经理的展望与同类基金的观点作比较，看看哪些观点更合理，分析候选基金在哪些方面可能疏忽了。这样可以再与候选基金经理进行交流，指出他们的可能考虑不周之处，供候选基金经理参考。由于这样的交流和沟通是有深度且有针对性的，对候选基金的投资有直接的影响，往往会受到候选基金经理的欢迎，他们也就更愿意与 FOHF 的团队进行深度交流，双方逐渐建立起相互的信任感。

基金经理的做空哲学、能力及执行

做空，对于对冲基金而言是家常便饭。基金经理是否具有做空的能力以及做空的哲学，以及如何具体执行，是投资尽职调查很重要的一部分。优秀的对冲基金投资之所以比传统投资更为稳健，是因为它可以做空以求对冲掉全部或部分市场风险。但做空的哲学以及如何去实施则是千差万别的。举个最简单的例子，一个股票型对冲基金经理可能是因为公司 Z 的基本面预期很差而做空该公司股票，也可能是因为公司 A 比公司 Z 强而做多 A 公司股票、做空公司 Z 股票；也可能是因为量化模型生成而需要做多一篮子股票而做空另外的一篮子股票，而股票 Z 正好在这个做空篮子里；也可能是因为买进了公司

Z的看涨期权而需要做空相应股票Z来实现“德尔塔中性”;等等,不一而足。应该说,以上这些都是技术含量很高的做空策略。一般而言,对于习惯于做净多头的共同基金经理转型的对冲基金经理,他们做空的心理压力会比较大。这批基金经理未必有能力或者有勇气实施做空,他们通常会用股指期货来做对冲,但这种做空不但会隐性地减弱多头仓位的功效,还很容易出现“错位对冲”。比如一个基金经理持有港股汇丰银行股票,但在做空恒生指数时,实际上就部分地抵消了汇丰银行的多头仓位,因为汇丰银行在恒生指数中占有非常显著的权重,一度达到25%,目前权重也还有10%左右。如果投资组合持有5%的汇丰银行而做空30%的恒生指数,则不难看到在汇丰银行上的仓位实际上只有2%左右,对资金也是一种浪费。又比如,许多做香港市场或大中华市场的对冲基金经理喜欢用标普500指数期货或日经225指数期货来对冲他们的多头仓位,许多中国A股基金经理喜欢用CSI 300股指期货对冲他们的中小盘多头持仓。这显然出现了错位对冲。已经有很多例子(例如2014年11—12月发生在中国A股市场的“阿尔法之殇”,2017年夏发生在中国A股市场的大、中、小盘股的分离等)已经证明了这种错位对冲误区麻痹了许多对冲基金经理,其中不少基金还因无法承担这种错位对冲所带来的损失而关门大吉。做空需要很高的技术含量,而且不能为了做空而做空。

有的对冲基金的空头仓位除了起到对多头仓位对冲风险的作用,还是“盈利中心”。如果候选基金的基金经理声称他们的做空是盈利的,则有必要让该基金提供空头仓位每个月的盈亏数据作分析,验证其盈利的情况是否属实,并鉴定在什么市场环境下是亏损的及亏损幅度。

另外,对冲基金做空通常是通过向大宗主券商融券来执行的。FOHF在尽职调查时应该了解候选基金与大宗主券商的融券合同及大宗主券商的券源情况、执行效率和能力。

有针对性地展开尽职调查

我们在本书前面的章节中已经详细介绍过各种对冲基金的不同策略,有的策略较为直观简洁,有的策略则需要比较复杂的模型支持,可谓“条条大路通罗马”。但策略之间没有优劣之分,其实具体到每一个对冲基金管理公司及每一只对冲基金,具体的策略还要精细得多。FOHF尽职调查必须弄清楚以下问题:候选对冲基金所投资的资产类别(例如股市、债券、大宗商品、外汇、信用等)是什么?投资市场是全球性的还是区域性的?如果是区域性的,是北美、亚洲、欧洲或是其他区域,或者侧重于以某个经济体(例如大中华地区)为核心?是各行业光谱全覆盖还是侧重于某些行业?投资方式是侧重基本面分析还是技术面分析?投资组合是方向性的还是套利型的?等等。这样,才能有针对性地展开尽职调查,这也是将候选基金在自有数据库中恰当地归入正确的分类中的第一步。

"有针对性地展开尽职调查"是指需要派与候选基金投资策略具备相关知识和经验的团队成员去做尽职调查,这样才能与基金经理进行有深度的专业性交流并真正掌握基金的特点。对冲基金创始人或投资总监往往都是业内的精英,时间和精力都非常宝贵,如果开展尽职调查时所问的问题过于肤浅甚至与他们基金的策略风马牛不相及,会让他们感到是浪费时间。出于礼貌或其他原因,他们也许会答应面谈,但在回答尽调问题时就会敷衍了事。即使退一万步讲,他们认真描述了自己的策略,但不明其中奥秘的"门外汉"最后也可能是一头雾水。比如,做统计模型套利策略的对冲基金对相关性矩阵的稳定性问题的处理是一个很关键而微妙的技术,如果尽职调查者不明白其中的奥妙,必然难以掌握该基金的特色。

投研团队核心成员的背景及协作

尽职调查的一个关键问题是了解候选基金的投资团队如何将投资总监的投资哲学及投资理念具体实施到基金的投资中去。除了投资总监的背景及经验,还有必要了解核心成员的背景及从业经验、技能特长,以及团队的分工协作及互补性。需要考察团队是专才型结构还是通才型结构,成员是否具有独立研究的能力,成员之间是否有团队合作及信息共享意愿。尤其重要的一点是团队成员之间能否就投资决策进行专业性的辩论以便考虑到投资主题的各种潜在风险。通常而言,通才型团队的劣势是,由于成员需要对各种策略都面面俱到地懂一些,其研究深度远远不及专才型团队,且容易使成员之间形成筒仓心态(silo mentality),相互封闭信息而不是分享信息、相互竞争而不是协同作战,以便保护自身的利益和位置;其优势是在某个团队成员离开后他的功能能够迅速得到填补。而专才型团队的优势是其研究的深度和精度能给团队带来高质量的投资分析，但劣势则是团队成员之间的分工和协助、相互讨论、辩论。每个成员对自己的领域很精，但并不能排除有可能忽略了某些风险，同时，在其他领域的同事提出有精度的报告时则可能无法有效沟通和辩论。还有就是如果某个成员离开后，其功能将不易找到替代。我们见证过有的对冲基金会在某个投研人员离职后被迫大幅调整投资组合。

投研团队是否具备独立的调研团队

由于可以做多和做空，对冲基金投资是一项非常精细的工作，如果判断失误导致反方向的操作，造成的损失将会是加倍的。所以投资研究团队是否具有独立的调研能力至关重要。我们通常说对冲基金是在自己的“一亩三分地”里面精耕细作的基金。这就不得不要求对冲基金投研团队具有独立的、独特的投研分析。例如一个靠基本面分析投资股票的对冲基金不能仅仅依靠于卖方的分析研究报告，更不能人云亦云，投研报告必须基于自己团队实地考察上市公司，与公司管理团队访谈了解实际运作、考察产品的销售情况，而且还需要从公司的上下游行业了解供需现况及发展趋势等，然后通过自己的估值模型计算出相应公司股票的合理估值。

又比如一个靠宏观分析做投资的基金，其投资研究必须根据自己团队所收集的全球实际宏观数据并将这些数据通过自己的模型进行不同维度的分解剖析，透过现象排除噪声，结合市场的各种可能的发展尤其是各种突然事件爆发的可能性(比如，各国经济的不同变迁、地缘政治/宗教/军事潜在冲突等)对所投资市场的发展趋势做出自己的合理展望，以便遴选出独到的投资策略。

又比如靠数理模型分析做投资的基金，其模型必须是自己开发的，需要知道模型的逻辑是什么，难易程度怎么样，执行效益如何，与市场中其他模型的差异体现在什么方面，模型更新频率周期多长(通常来说模型的独特性越强，则需要更新的周期也越长)。数理模型容易出现同质化，而同一市场中大量的同质化模型则会导致共振效应，不但在收益方面出现“僧多粥少”的稀释现象，更重要的是会导致市场的系统风险。

增强“研究能力”的投入

我们常说“磨刀不误砍柴工”,市场在变化,行情也在变化,投资策略也可能会随之发生变化。对冲基金要保持自己的优势和特色,就需要在坚持投资理念的前提下不断地反思过去有效的策略、信息、系统是否会变得过时,需要做些什么改进和更新。FOHF在做尽职调查时需要考察候选对冲基金投研团队平均每年大约花多长时间去增强其“研究能力”,去“磨刀”。因为这是基金长期的生存之道和生命线,也是保证基金长期稳健收益的基础。定期反思并不断改进和完善自己的投资策略是海外对冲基金成功的一个秘诀。

例如,如果一种对冲基金的策略涉及股票的基本面,尽职调查时应该了解该基金的投研团队平均每年会与多少公司管理层去会谈,参加多少业绩报告会并主动提出各种问题,会花多少时间去实际观察/体验公司的产品?比如,对于一个经营主题公园的公司,投研团队分析员有没有到主题公园里去体验并发现其特色及不足甚至令人很不满意的地方?对于一个大众消费品公司,投研团队分析员是否会到繁华的购物中心及比较偏远的商店考察其销售状况?等等。

有个有趣的实例:某年中国澳门地区遭受重大台风袭击,致使各大赌场进水、停电,被迫中断运营,这对于澳门的赌业股票无疑是一个重创。香港地区某对冲基金公司分析员为了获取第一手信息资料,在台风后亲自跑到港澳码头去收集仍坚持乘船前往澳门的游客数,并观察游客的表情,判断哪些乘船者大概是事先订好了酒店而不得不去者,以此为基础来分析对澳门赌业营收所带来的冲击程度,将这些第一手数据输入其估值模型进行分析,作出判断……当然,其接下来对澳门赌业股票所采取的行动也就很好想象了。

又比如,对于一个量化投资对冲基金,尽职调查时应该考察投研团队每年花多长时间潜心研究,不断改善和改进甚至升级其模型、系统,花多少时间与业内同行进行切磋、交流等。

投资决策委员会的作用

投资决策委员会在对冲基金的投资过程中起着非常重要的作用,它既要负责投资决策，又要负责基金的各项运作。FOHF 作尽职调查时有必要详细了解投资决策委员会的作用及其结构、核心成员及他们的背景和业界经验，了解投资决策委员会的操作程序和流程，包括：如何批准候选标的进入投资池？怎样决定仓位？如何构建投资组合？如何应对市场突发事件？基金如何调仓？等等。

FOHF 在完成第一阶段的投研尽职调查后，应该对候选基金的投资哲学和投资理念、策略特色、投资研究团队的优势、劣势作出尽量综合性的分析归纳，以便自己的团队进行讨论，供投资决策委员会评判决定是否批准正式开展运营尽职调查（第二驾马车）和市场风险管理尽职调查（第三驾马车）。如果批准，则投资尽职调查也同时进入第二个阶段，开始更精细的跟踪调查。在完成第二阶段的投资尽职调查后，尽调人员应该写出详细的投资尽职调查报告，供自己所在的投资团队深入讨论和辩论，再送交投资决策委员会审批。与此同时，运营尽职调查团队和市场风险管理尽职调查团队也应该写出详细报告送交投资决策委员会审批。只有在三个尽职调查报告均获投资决策委员会批准后，候选基金方可进入 FOHF 的投资基金池，备选在合适的时候进行投资。

第二节　投资理念

投资区域及市场

由于对冲基金追求深而精的研究和投资，其投资的市场通常限于某个特定的投资区域（如北美、欧洲、欧元区、亚洲、泛亚等区域）、国家（如美国、日本、英国、中国等）或者行业（如高科技、半导体、消费、医疗保健、互联网、汽车、新能源等）。很显然，即使是在同一时间节点，每个国家所处的经济周期阶段不同，每个行业所处的行业周期状态也不同。候选基金必须在这些区域及市场拥有独特的专才优势，对当地的政治、军事、经济、财政、金融、文化、相关产业等方方面面都了解得非常清楚，并能从中寻找到恰当的投资机会。通常而言，覆盖面越宽，在每个市场的微观信息就越少。所以深刻理解其团队的特长、候选基金的操作的投资区域及市场很重要，同时也应该了解候选基金根本不会涉足哪些区域和市场（便于判断风格漂移）。对冲基金的通俗解读就是“扬长避短”,也就是说,一定要专注于基金所长所精之处大力发挥(可以加杠杆)而规避自己不熟悉之处,对冲非意向性的风险因子。

投资资产类别

我们通常将大资产类别分为股票市场、固定收益市场、外汇市场、大宗商品市场以及信用类市场,每个资产类别市场中的投资者/参与者的交集并不多。在每个大类资产中有许许多多对冲基金策略,而有的对冲基金策略则是跨资产类别的(全球宏观、CTA 等策略在指数层面上跨资产类别,而在底层跨资产类别者通常是资产类别之间的套利策略)。

股票市场中占比最大的是股市多/空头策略,该策略发源于传统的多头策略,与传统股市的相关性系数在 0.7 左右,所以在股票市场大跌时往往也是下跌的。然而,即使在股票市场中的对冲基金策略中也还有许多策略,除了从股市多/空头策略衍生出来的市场中性策略(包括以基本面分析出发的市场中性、统计模型套利、阿尔法策略、期权套利等)、股市偏空策略,还有各种事件驱动策略,如并购套利策略、特殊情形策略(包括定增、特殊分红、分拆、股票指数成分股调整等)、受压资产策略等。事件驱动型策略中最简单的当属股票指数成分股调整,只需密切跟踪所投资的区域和市场中相关的股指中权重增加(或纳入)的股份和权重调降(或剔除)的股份而相应地做多和做空。其他事件驱动型策略则除了需要考虑资本市场中的各种因素,还需要精通相关的法律细节。

固定收益市场在全球实际上是一个比股市更大、更丰富的市场,该市场中除了各种银行存款、各种期限的国债、地方政府债券等具有政府背景的债券,还有各种公司债券及各种类债券的资产证券化的金融产品作为交易对象。有别于在同一个交易市场同一个公司通常只有一只股票挂牌的状况,同一家公司往往有不同到期日的债券在同一个交易市场挂牌,并且可能还有针对每只债券的违约保护金融产品(如 credit default swaps)挂牌,这给固定收益市场中的对冲基金策略提供了新的维度。当然,这些新维度也是在这个大类资产中的参与者所面临的挑战。其中利率曲线和信用曲线是必须仔细研究与密切关注的两个主要因素,而影响这两条曲线的因子又都是无限的。除了传统的多头策略,固定收益套利策略、相对价值策略、受压资产策略、资本结构套利策略、信用套利策略等是常用的对冲基金策略。其中受压资产策略、资本结构套利策略也可以是跨股票市场和固定收益市场的策略，另一个跨股票市场和固定收益市场的策略是可转债套利策略。

外汇市场是以各种外汇的汇率为投资对象。既然是汇率，就必然涉及“两条腿，两种货币”并且受到许多宏观因素的影响。所以，外汇市场不光是一个“比好”的市场，还是一个“比差”的市场，也就是说，一个国家的经济很好时，其货币未必会升值，关键是要看特定汇率的“另一条腿”所代表的主权经济发展状况是相对更好还是不及，是一个“比好”的过程。反之，在经济较差时就是“比差”的过程，来判断货币会基本升值还是贬值。国际贸易是驱动汇率变动的最基本因素，但影响汇率变化的宏观因素还有很多，例如利率的相对变动往往对汇率有很大影响，故利差套利是外汇市场中很常见的对冲基金策略。各国央行的各种政策无疑会对汇率造成诸多影响，也是外汇交易中的重大风险因子。自 2008 年全球金融海啸后，各国央行无节操地实行量化宽松政策向市场“灌水”(日本央行和 ECB 甚至推出前所未有的负利率政策)，使得各种汇率的变化大幅脱离经济基本面，也导致了在这种环境中许多对冲基金策略表现失效。另外，汇率实际上是各主权国政府及市场参与者的政治博弈工具，其中也不时看到对冲基金经理的身影参与其中博弈，甚至成为一方的主力。比如 1992 年著名的英镑之战、1997—1998 年亚洲金融风暴中东南亚货币及港币之战、近些年(2015—2016 年)对人民币多空之战等，对冲基金经理在这些博弈中容易被政府夹仓而损失惨重。最典型的可能要数索罗斯在亚洲金融风暴中横扫东南亚“MIT”后直扑刚回归中国的香港特别行政区，然而他最后也不得不在政府的夹仓过程中败下阵铩羽而归(详见第九章案例)。所以，对冲基金经理在外汇市场中要理性地衡量自己的“胳膊”是否拧得过相应政府的“大腿”。另外，有时央行突然的政策转变也会使其中的参与者瞬间爆仓，例如瑞士央行在 2015 年 1 月 15 日突然宣布放弃坚持了数年之久、耗费巨大的与欧元兑换的“天花板政策”而在 5 秒内迅速升值 40%。可以想象，市场中众多坚信“天花板政策”的持仓者被打得“体无完肤”(见图 13-1)。

这种情形在外汇市场并不鲜见，最近的例子是捷克央行于 2017 年 4 月 6 日宣布放弃坚持了三年左右的挂钩欧元的政策而引起市场大幅震动(见图 13-2)。

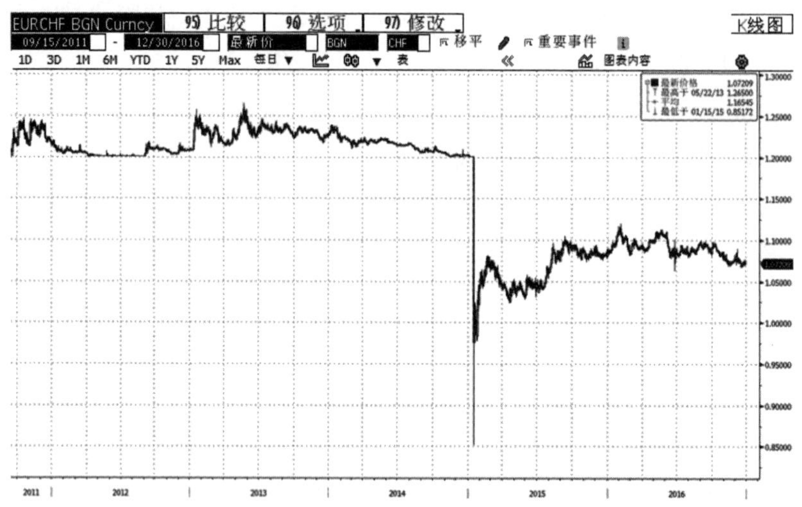

图 13-1　瑞士法郎"闪崩"

资料来源:彭博。

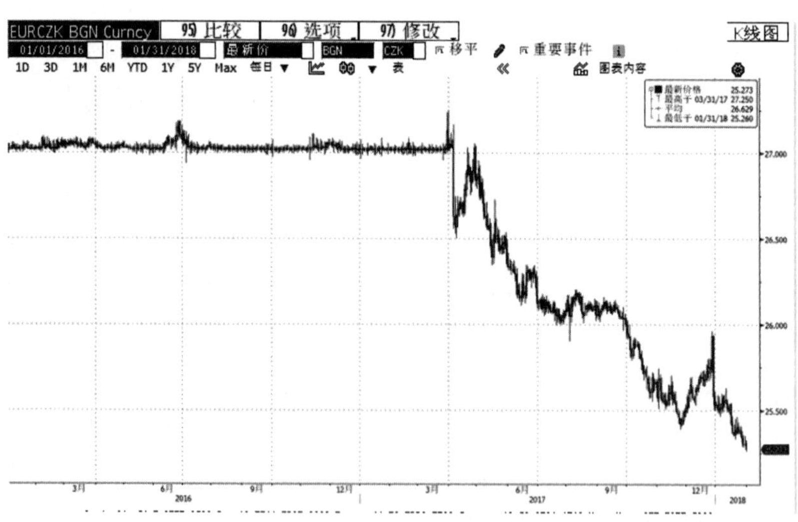

图 13-2　捷克克朗"闪崩"

资料来源:彭博。

另外,例如美国总统唐纳德・特朗普(Donald Trump)在2016年竞选期间大肆扬言要推强美元,结果在确认其当选后美元指数曾在短期内经历过8.28%的振幅。2017年4月12日,他又180°大转弯,希望美元走弱,从而确定了美元指数下跌的走势。

外汇市场中通常分为以G7集团国家货币为基础的“核心圈”,流动性非常好,是外汇市场中参与者最多、交易量最大的外汇市场。其次是以G10、G30、G40等国货币为基础的外汇交易圈。虽然外汇市场的流动性通常不是问题,但在2008年金融海啸时像澳元这种高流动性的货币也曾出现过流动性枯竭的现象。

外汇市场中任何两个“外币”都有个有趣的“三角关系”。比如,如果本币是人民币,任何两个外币(比如瑞士法郎和新加坡元)除了人民币兑瑞士法郎和人民币兑新加坡元的汇率,还存在由这两个汇率形成的瑞士法郎兑新加坡元之间的汇率。这一特征使得外汇市场很难被操纵,哪怕是小币种,同时也创造了各种汇率之间的套利机会。

外汇市场广泛利用各种衍生品进行交易,最常用的是远期(forward)合约、期货合约、香草期权(vanilla options)和各种奇异期权(exotic options)合约。各种非线性金融产品给其中的基金经理带来了丰富的操作空间,来表达各种不同的投资理念和对市场的观点。

外汇市场中的对冲基金策略有全球宏观对冲基金策略及CTA策略。以做外汇为主的对冲基金的杠杆通常在10倍以上。有个很有趣的例子,当今全球最大的CTA非元盛莫属了,在2016年6月英国脱欧时,元盛的创始人戴维・哈丁(David Harding)是极力反对脱欧的,为了使英国在公投中留在欧盟,他个人掏腰包捐了350万英镑给留欧阵营进行宣传。然而,为了防止公投出现意想不到的结果,元盛在外汇市场上做空了英镑和欧元。当英国脱欧“黑天鹅”的结果尘埃落定时,元盛发现他们从中赚得了8.28亿英镑。

另一个有趣的例子是一个在芝加哥的对冲基金专注于美元指数的套利策略,这或许能对以后会出现的“人民币指数套利”策略提供参考和借鉴。美元指数产生于布雷顿森林体系解体后的1973年3月,初值设定为100,曾于1985年2月25日达到164.72的峰值,于2008年3月16日跌到70.698的低位。在欧元于1999年1月1日上市之前,美元指数由10个成分货币构成:德国马克20.8%,日元13.6%,法国法郎13.1%,意大利里拉9.0%,荷兰盾8.3%,比利时法郎6.4%,英镑11.9%,加元9.1%,瑞典克朗4.2%,瑞士法郎3.6%。目前的成分是欧元57.6%,日元13.6%,英镑11.9%,加元9.1%,瑞典克朗4.2%,瑞士法郎3.6%。显然,在用美元作为本币的情况下,美元指数是个篮子货币,它不但可以直接交易,还在纽约和都柏林两地期货市场挂牌有期货合约上市交易,另外还有以期货为底层资产的各种期权合约可以交易。前面提到,每两种货币之间便有个"三角关系"可以寻找套利机会,而美元指数中的多种底层货币可以捉对寻找其中的套利机会。此外,作为一篮子货币的美元指数可以采取类似于"ETF套利"的策略寻找套利机会,还可以在相应的期货层面(美元指数期货、底层货币的期货之间以及美元指数期货跨市场、期货和现货之间)寻找套利的机会,再加上各种期权的套利机会等。所以,这样一个美元指数中存在层出不穷的盈利机会。这只位于芝加哥的对冲基金就是把其中的层层关系吃透,把系统做精准了,每年的收益率基本上稳定在20%左右,而且基金经理为每位投资者管理的资金规模进行严格控制,只要是超出了设定的资金规模就会要求投资者将多余的资金取走,非常令人敬佩。

由于国内基金界业者对外汇市场的操作还不是太多,我们在这里多花了些篇幅介绍外汇市场。

另一个大类资产市场是大宗商品市场,部分大宗商品市场对于国内的业者来说应该并不陌生,据报道,截至2016年年底,中国大宗商品市场交易量已经连续5年保持全球第一。传统的大宗商品分为三大类:能源、金属、农产品。能源主要以原油为代表,主要关注布伦特原油和WTI原油,两者之间的跨市场价差是许多对冲基金经理尤其是CTA和宏观对冲基金非常关注的套利机会。能源中的天然气、汽油、燃料油、煤炭的交易也广受对冲基金经理的关注,但电的交易就只有很少的对冲基金交流有能力做了,主要是电的储存与运输是个很复杂的问题，这是一个非常特殊的市场，我们曾有底层基金投资过电力，结果发现电力的日内波动率能达到 3 500％。当然，众所周知，在金属大宗商品中又分为贵重金属大宗商品（以黄金和白银为代表）和工业金属大宗商品（包括各种工业原材料）。顺便提一下，黄金被误认为可以防通货膨胀和保值，其实不然，有很多历史数据表明，黄金既不能抵抗通货膨胀，也无法在极度需要保值的时候（例如饥荒时）保值。农产品大宗商品市场通常又分为粮食、软农产品以及牲畜。

大宗商品除了现货交易，在全球市场中衍生品非常活跃，而且常常是主要的交易方式，其中以期货、远期（forward）、互换（swap）、期权作为主要工具来交易，这样可以更好地实现价格发现和规避价格风险。由于大宗商品有不少涉及工业基础、关乎国计民生，处于最上游，大宗商品市场毫无疑问涉及许多宏观环境及各国的相关政策，因此反映其供需状况的期货及现货价格变动会直接影响到整个经济体系。例如，铜价上涨将提高电子、建筑和电力行业的生产成本，石油价格上涨则会导致化工产品价格上涨并带动其他能源如煤炭和替代能源的价格与供给提升。投资者尤其是相关行业的投资者应当密切关注大宗商品的供求和价格变动。

随着全球金融市场的发展，大宗商品市场在传统的三大类的基础上又纳入了各种金融衍生品，如股指期货、期权，国债期货、期权，外汇期货、远期、互换、期权等。

顾名思义，对冲基金策略中的 CTA（commodity trading advisors）策略发源于大宗商品市场。另外，全球宏观策略也是大宗商品市场中主要的对冲基金策略。

CTA 策略在海外已经发展很长时间，是非常成熟的对冲基金策略。可以毫不夸张地说，现在金融市场中各种广泛应用的技术指标基本上都来自 CTA。由于 CTA 策略中有许多理念与统计模型套利策略非常相近，属于“近亲”，有不少 CTA 同时也在股市中开展统计模型套利策略交易。图 13-3 和表 13-1 是全球最具权威的 Barclay CTA 指数的表现及其特征。

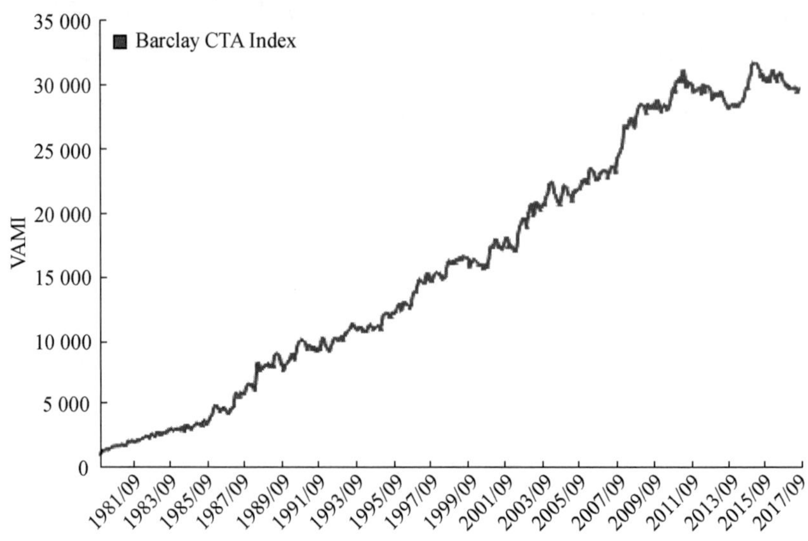

图 13-3 Barclay CTA 指数净值曲线图

资料来源：BarclayHedge。

表 13-1 Barclay CTA 指数自 1980 年以来的年度收益率 （单位：%）

年份	收益率	年份	收益率	年份	收益率
1980	63.69	1993	10.37	2006	3.54
1981	23.90	1994	−0.65	2007	7.64
1982	16.68	1995	13.64	2008	−14.09
1983	23.75	1996	9.12	2009	−0.10
1984	8.74	1997	10.89	2010	7.05
1985	25.50	1998	7.01	2011	−3.09
1986	3.82	1999	−1.19	2012	−1.70
1987	57.27	2000	7.86	2013	−1.42
1988	21.76	2001	0.84	2014	7.61
1989	1.80	2002	12.36	2015	−1.50
1990	21.02	2003	8.69	2016	−1.23
1991	3.73	2004	3.30	2017	−0.57
1992	−0.91	2005	1.71		

资料来源：BarclayHedge。

自1980年以来Barclay CTA指数的年化收益率为9.38%，与传统市场相关性系数不具有统计显著意义，然而夏普比率只有0.36(见表13-2)。

表13-2　Barclay CTA指数统计

复合年化收益率	9.38%
夏普比率	0.36
最大回撤	15.66%
与标普500指数相关性系数	0.01
与美国债券指数相关性系数	0.014
与全球债券指数相关性系数	0.00

资料来源：BarclayHedge。

Barclay CTA指数中的CTA个数是反映CTA这个行业成长过程的重要指标，也呈现快速增长之势(见图13-4)。

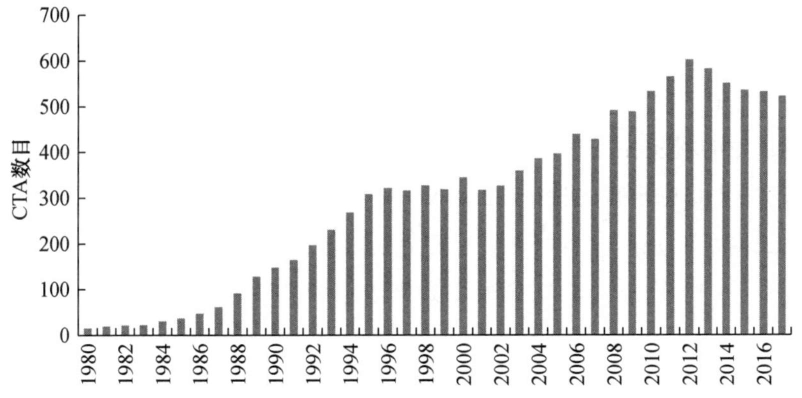

图13-4　Barclay CTA指数中CTA的数目

资料来源：BarclayHedge。

在开展尽职调查时，应该了解清楚候选基金的优势是在什么资产类别，同时也应该了解清楚哪些资产类别是候选基金不会涉足的。古人云，“闻道有先后，术业有专攻”，对于要求独到精深投资研究的对冲基金经理而言更是如此，搞清楚每一位基金经理所擅长的“一亩三分地”在什么地方以及“有所为，有所不为”的界限至关重要。如果发现该基金一旦在那些原本声称不会涉足的资产类别中有交易行为,则可以判断为风格漂移而迅速赎回。比如,2016 年在 A 股市场中有的股票型基金眼看股市面临各种挑战而部分大宗商品市场却风风火火,于是经不住"诱惑"而进行大宗商品交易时就出现了明显的风格漂移。

基金策略及在各种策略中的配置

如果候选对冲基金的策略不限于一种,则需要事先了解清楚每种具体的策略以及彼此的动态配置范围。很重要的一点是要特别留意候选基金所采用的各种策略之间的相互兼容性如何。比如,统计模型套利策略与事件驱动策略属于不兼容策略,这是因为相关性矩阵的稳定性通常是统计模型套利策略中的核心元素,但如果投资组合中有公司涉及事件驱动,则该公司的股票与其他股票之间的相关性就被破坏了,这样整个投资组合的相关性矩阵的稳定性也就肯定被破坏了。统计模型套利策略的选股流程中通常会有过滤器将可能涉及事件驱动的标的股筛选掉,如果将这两个策略放在一起形成多策略基金就会产生冲突。

值得注意的是,一只多策略对冲基金应该在每种策略上都有拳头团队专心研究相应的投资主题和实施方案,每一个都是"盈利中心"并且相互兼容。另外,还需要避免出现子策略 A 做多某证券而子策略 B 同时做空同样证券的情形。国内最近几年流行"混合型基金",很多这类基金恐怕只是为风格漂移寻求一个保护伞而已。FOHF 很少会挑选这种基金纳入投资组合。

投资主题

由于对冲基金追求通过独特、精深的研究进行投资从而期望给投资者带来稳健的超额收益,其投资主题就显得格外重要,不能"只顾埋头拉车而不抬头看路"。另外,由于对冲基金既可以做多也可以做空,如果投资主题不明确甚至与市场环境背道而驰,则其面临的损失可能是加倍的。投资主题应该与投资理念密切相关,同时必须是基于对所投资的市场环境的宏观分析判断而确定的。同一个基金可以有不同的投资主题,投资主题也可以有大有小,但是每个主题要明确,内在逻辑清晰,而且能充分发挥基金团队知识和技能的优势。比如,人口老龄化、环保节能、新能源电池、大消费、互联网零部件、物联网安全、社会责任、央行货币政策、政府财政政策、气候变化等都可以是投资主题。FOHF 在开展尽职调查的过程中有必要了解清楚候选基金在未来一段时间的投资主题及相应投资收益、风险等方面的预期。

对收益率、波动率及回撤的期望

作为机构投资者,FOHF 需要高质量的稳健收益,这就有必要掌握候选基金的收益率、波动率及回撤的预期。为了给自己的组合基金配置恰当的底层基金,在合适的市场环境下承担合理的风险和带来合理的收益,FOHF 在进行尽职调查时必须了解清楚候选基金经理对不同市场环境下的收益率预期及波动率预期,这通常是一个范围。当然,这些预期必须是与该基金所采纳的对冲基金投资策略密切相关的。我们知道,在对冲基金的各种不同策略中,其收益率及波动率均有不同范围,如果说一只基金强调其策略是套利型的,但所给出的收益率预期却是方向型策略的范围(例如年化收益率 15%—20%或更高),那么这里面显然就有问题了(可以偶尔为之,但不应该是常态)。曾经有个"市场中性策略"的基金的基金经理报告说他们的年化收益率达到 50%以上,而且基金具有一定的规模(数亿元人民币),有三年以上的历史。于是,我们只好反过来质疑该基金的策略是否真的是市场中性。结果,在一次市场剧烈震荡中该基金被打爆了,因为它持有太多的方向性敞口,正好被那波剧烈震荡打了个正着。真正理解自己的投资策略并有信心的基金经理往往会给出不是很有诱惑力的收益率、波动率、回撤深度的预期,因为他们不需要太多的粉饰以吸引投资者,他们也真真实实地知道自己的优势和劣势,明白所面临的机遇与挑战。曾有人声称"闭着眼也能做到年化收益率 18%",但仔细翻看他的实际投资业绩时发现居然是亏损累累的。作者聂军的职业生涯中遇到过许许多多杰出和非杰出的对冲基金,一般而言,如果一个基金经理预期他能长期实现30%以上的年化收益率,则尽职调查时就要特别警醒自己。

表 13-3 是根据海外市场的历史经验对各对冲基金策略预期的中间值。

表 13-3 对冲基金策略预期(L=LIBOR)

	全球宏观策略	股市多/空头策略	可转债套利策略	市场中性策略	事件策动策略	受压资产策略	并购套利策略	固定收益套利策略	管理期货策略
年化收益率	L+11%	L+9%	L+5%	L+6%	L+8%	L+9%	L+5%	L+2.5%	L+6%
年化波动率	10.50%	10.00%	5.00%	3.00%	6.00%	6.50%	4.00%	4.00%	25.00%
最大回撤	−25%	−15.0%	−12.0%	−4.0%	−15.0%	−15.0%	7.5%	−8.0%	−18.0%

资料来源:聂军。

我们通常会用 3 个月美元 LIBOR 作为一个收益的基准,水涨船高。

我们曾多次提到过,在对冲基金整个行业中,没有哪种策略是常胜将军,每种策略都有其"顺风"环境和"逆风"环境。也正因为如此,在做尽职调查时有必要了解候选基金在不同市场环境中的合理预期。候选基金经理所提供的收益率、波动率及回撤预期会被用来验证其基金过去和未来的表现,看是否符合自己的预期。

第三节 投资技能及特长

尽职调查最核心的功能是,挖掘候选基金的特长和优势以及深度分析其底层的基本风险因子,尽量做到了如指掌。就像一位足球教练选队员,要了解该球员的特点、能否帮到自己的球队打赢比赛。

在明确投资哲学及理念的情况下,尽职调查者需要深入了解候选基金在其相关市场中的投资主题,投资主题应该是投资团队优势的具体体现。对冲基金不同于传统的公募基金,是个小而精的业务,对冲基金经理依靠自己的"独门绝技"在"一亩三分地"里精耕细作,为客户创造优良回报。

作者聂军曾参与遴选和投资了许多全球范围的对冲基金,在很多时候,当某些大事件发生时,我们能在脑海中估计相关基金所受到的影响,以及对我们的投资组合的影响程度。如果估计影响并不很大时,就不用在基金经理需要集中精力应对该大事件时与他们联系,使他们分散精力,事后再与他们回顾事件时,发现我们的估计与实际情况相差不超过 0.5%。无疑,要做到这一点并不容易,需要事前下工夫、做很多功课深入了解我们所遴选和投资的基金。FOHF 是专业机构投资者,不能市场上一有风吹草动便拿起电话问长问短,使基金经理无法及时处理投资方面的有关问题，而坐失良机。

这部分内容应该在尽职调查报告中占据核心地位。

交易的市场及标的物

前面多次谈到过，由于对冲基金基于自身独特、精、深的分析研究进行投资，投资市场和标的范围不可能太广泛。尽调人员必须搞清楚候选基金所交易的市场和标的范围，并且要了解清楚哪些市场和标的物是候选基金设法避免的。对冲基金是靠“精”和“专”为客户创造收益，应该避免“通吃”而贪多嚼不烂，很多“大佬级”基金经理强调的“能力圈”也是同样的意思。

比如就股票市场而言就有很多细分，有的专攻成长股，有的精于价值股，有的擅长于社会责任股，有的能把握周期股，还有的擅长有事件驱动的股票。而同样是市场中性策略，路径也是有差异的，有的考虑“动量因子”多些，有的非常擅长处理“价值因子”，等等，不一而足。尽职调查者一定要甄别出基金经理的特长所在。

投资策略的回报来源

无论是在金融市场已经非常发达的西方，还是在发展中的东方，对冲基金在很多人眼里始终戴着一层神秘的面纱。其实不然，只要进行深入研究，对冲基金并不神秘，它的各种策略、操作都是透明的，可以拿出来晒。只要充分理解基金的投资逻辑和具体策略，其收益来源和所承担的额外风险因子都是可以拆分开来的。

天下没有免费的午餐。一般而言，每一种额外收益来源的反面是一个风险因子。投资研究尽职调查最重要的一个任务便是准确地理解候选基金的收益来源及生成这些额外收益的风险因子，以使 FOHF 经理根据投资组合需要在合适的时候配置恰当的底层基金。依据排行榜来选对冲基金的方法不靠谱的根源即在于：前一年好业绩的驱动因素在第二年可能变成了风险。如果没弄清楚候选基金的回报来源和所承担的风险因子就进行投资，无异于瞎子走夜路，面临许多未知的风险。

投资策略的可持续性

投资策略的持续性对于追求长期投资的机构投资者尤为重要,这也是衡量一只基金优劣的三大关键性指标之一。在投资界常用的一句话是"过去的业绩并不代表未来的业绩表现",可以说,在做尽职调查之前或者在进行实际投资之前的任何靓丽业绩都只是历史,与实际收益并无太大关系。然而,通过尽职调查中的面谈和历史数据量化分析,我们可以对基金的持续性有更清晰的认识和判断。

业绩只是表象,尽职调查帮助我们了解真相。不但要深入了解靓丽的业绩是如何产生的,知其然并知其所以然,而且需要理解候选基金在未来的投资中能否持续,需要了解保证这些靓丽业绩后面的投资理念,调研活动,数据库及资料管理,投资分析模型及系统,投资流程,决策流程,投资前、中、后台的运营等方面是否有足够的支持以保证投资的"生产线"能够稳健地和源源不断地"出货"。

在极端的市场环境发生时,如何采取措施进行保护对于维持持续性至关重要。所以,在尽职调查的过程中应该尽量多了解该基金在过去的一些极端市场环境中的具体实践。当然,这要求进行尽职调查者对候选基金所在的策略有一定深度的专业知识和技能,方能判断什么市场环境是极端环境,基金经理所采取的方式和途径是否合理。例如,2007 年 8 月整个市场表面上并无什么特别大的动荡,但全球量化投资经历了近几十年来最痛苦的"量化黑色八月";2005 年上半年对于可转债套利策略是一个非常痛苦的时期。2014 年 12 月是中国量化基金的"阿尔法之殇";2015 年 6—7 月,不仅对于泥沙俱下的中国市场上的股票多头策略是灾难,其非市场化的大面积停牌对于股票多空/头策略和股票中性策略也是前所未有的挑战——没有特别好的办法做对冲。

有人常问:选一个基金是应该选基金经理还是选基金团队?我们的经验是,在选择基金特色时主要以选择基金经理为主,但在追求持续性等方面时团队的权重则显著增加。此外,坚实的投资理念、流程及坚强的运营也是保障业绩持续性的必要条件。

深入了解候选基金的持续性有助于理解其风险特征,便于对冲基金组合基金经理在构建投资组合时作合适的选择。

一个核心问题是,如何判断候选基金的持续性。这是一个“艺术+科学”的问题,答案也必须从“艺术”和“科学”两个方面着手并将两方面的分析判断结合起来。从基金经理的投资理念、投资流程、投资主题以及运营的持续性来判断其“艺术”;而“科学”可通过各种量化分析工具进行分析,痛苦指数和布林通道是非常有用的量化分析工具。痛苦指数,只要高点回撤就开始计算,一直到恢复到前期的高点,痛苦指数才归零。高点投入,只要有回撤,就会让人感到痛苦,回撤越深越痛苦,回撤持续时间越长越痛苦。

图 13-5 至图 13-8 显示了业绩表现的持续性(如果排除受全球宏观环境的影响,这些图的数学模式基本上没什么变化)。

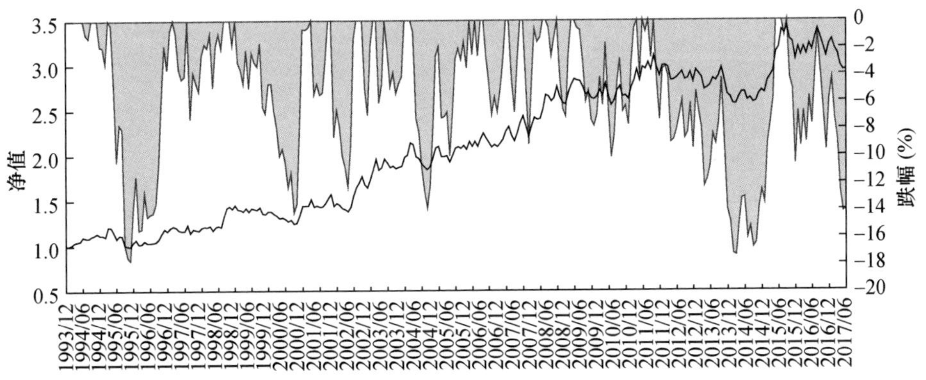

图 13-5 用痛苦指数观察持续性

资料来源:瑞信对冲基金指数。

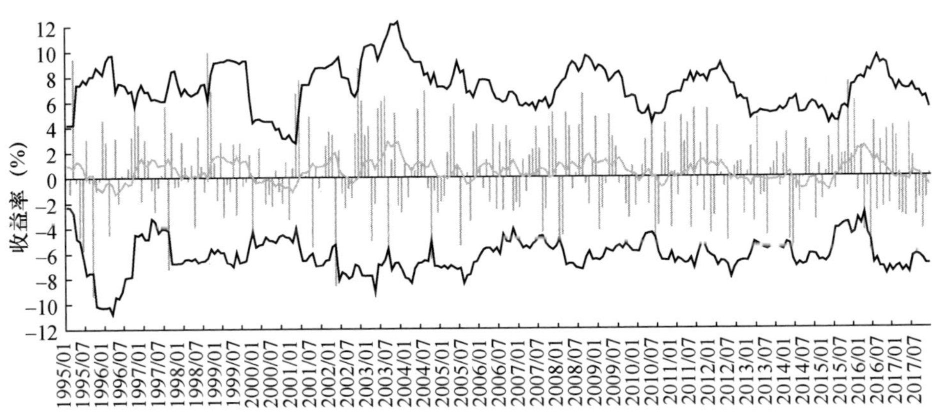

图 13-6 用布林通道观察持续性

资料来源:瑞信对冲基金指数。

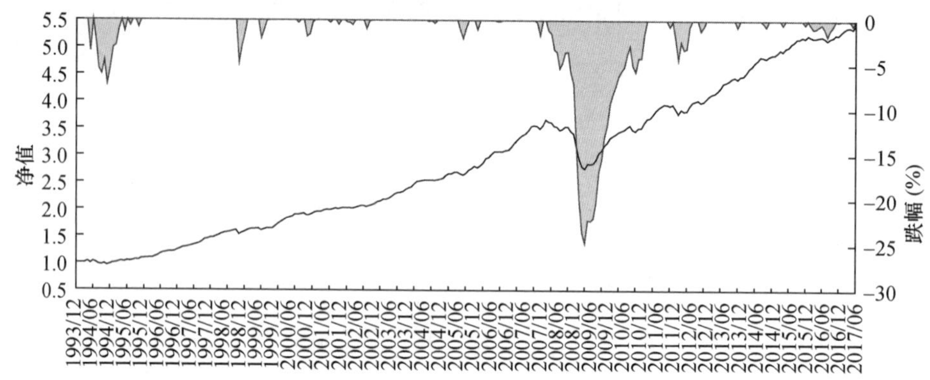

图 13-7 用痛苦指数观察持续性

资料来源:瑞信对冲基金指数。

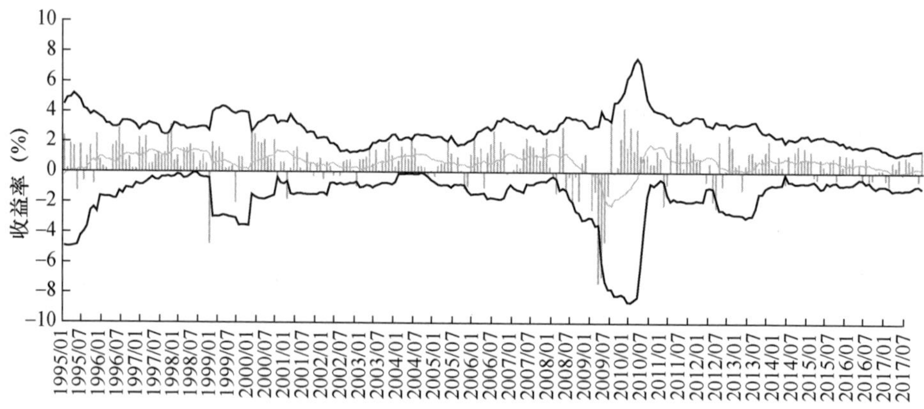

图 13-8 用布林通道观察持续性

资料来源:瑞信对冲基金指数。

图 13-9 和图 13-10 则显示了所分析的基金的业绩表现的非持续性(2008 年以后的数学模式完全改变了)。遇到这种情况时必须了解清楚其中的深层原因,或许该基金的黄金时期已经过去了,但基金经理还在用往事讲故事。

人们常常会问,在考察一个基金的历史数据时,多长时间算足够长。理想的答案是该基金的历史数据包含其所属投资策略的一个“熊牛市”周期,这样可以看出该基金在“顺风”环境和“逆风”环境中的不同表现。比较实际的做法是基金有两年半的业绩数据,因为对冲基金通常只提供月度数据,而两年半正好是 30 个月,数学上有个大数定律,只有样本点达到 30 或 30 以上时,所做的

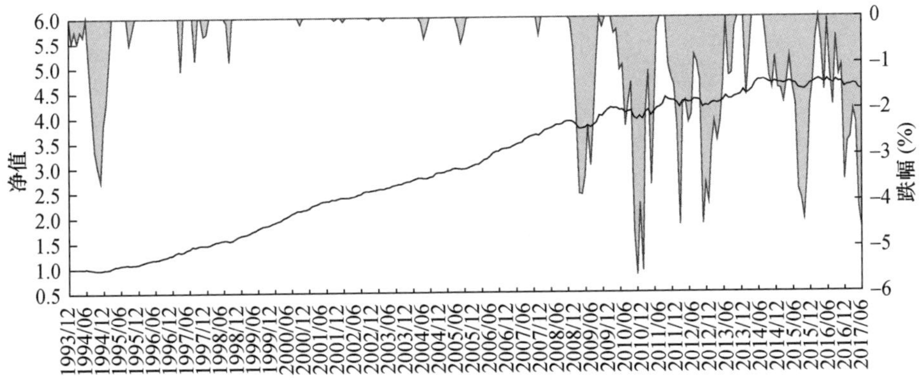

图 13-9　用痛苦指数观察持续性

资料来源：聂军。

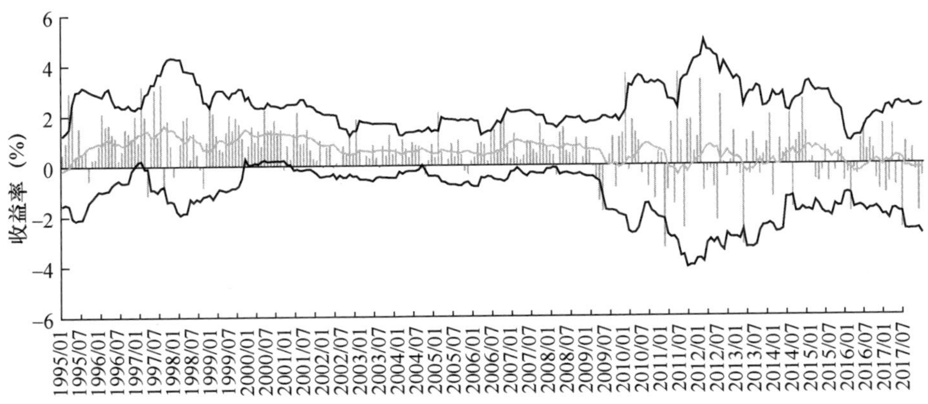

图 13-10　用布林通道观察持续性

资料来源：聂军。

量化分析才具有统计意义。但是，在实践中，尤其是中国市场中对冲基金仍然处于起步阶段，有两年半历史数据的基金并不是特别多。所幸国内很多基金有周净值历史记录，所以通过分析 30＋周净值数据也能获取不少信息，但 30 周（也就是 7 个月）的周数据应该是可以产生具有统计意义分析结果的最短时间跨度了。

针对 A 股市场，我们希望特别提醒：有的投资者寄希望于基金经理的“择时能力”或者“行业轮动能力”来维持基金业绩的持续性。我们对这种观点并不认可。在海外长期的实践经验已经反复证明，长期而言，靠“择时能力”作为基金的超额收益的主要来源是无效的。“择时”就好比走路时在地上捡到钱，或许有些人幸运一些，捡到的概率高一些或金额大一些，但如果要靠这种在地上捡钱的收入来维生恐怕就很不靠谱了。靠“择时能力”来做基金投资能否保证正收益尚且难说，更遑论持续的稳定收益。令人感到担忧和困惑的是，近些年在国内有不少基金经理号称他们的收益是靠“择时能力”带来的，这种情况要么是基金经理没完全弄清楚自己的收益来源，要么就是根本不想将他们的收益来源告诉投资者而用“择时能力”来搪塞。我们曾遇到一位常鼓吹自己是“择时高手”的基金经理，但当我们把他管理的基金的净值曲线与沪深300指数相比较时，发现他确实在择时上是“高手”，只可惜他完全做反了。在他买进持有仓位时，沪深300指数在下跌；而当他亏得忍不住甩卖仓位后，沪深300指数却又掉头向上了；在他感觉踏空的压力越来越大再次建仓时，沪深300指数又掉头下跌……如此循环几次，他管理的只能做多的基金的净值很快接近了“清盘线”。可以不客气地说，这位“择时高手”的操作是很典型的散户行为，既不懂市场，也根本没有什么独特的投资策略。

当然，我们想指出，利用各种技术指标来判断证券价格的走势与“择时”并不是一回事。作者聂军曾见证过许多靠各种技术指标进行交易而获得成功的对冲基金经理(尤其是很多CTA们)，但技术指标判断的是一种概率，而非必然，没有任何技术指标能保证投资者做多后就一定上涨或卖出后就一定下跌。“超买”之后可能还会进一步“超买”，“超卖”之后或许还会进一步“超卖”，但在“超卖”的情况下买入接下来盈利的概率要比在没有“超卖”的情况下买入盈利的概率大，然而没有任何人能保证在“超卖”的情况下买入就一定会有正收益。另外，必须指出的是，在事件(event)尤其是宏观事件面前，所有的技术指标都会变得苍白无力。

投资策略的可扩展性

同样，候选基金投资策略的可扩展性对于投资资金规模比较大的机构投资者尤为重要，对于FOHF也不例外。如果一只基金只能小敲小打，在资金量较小时有不错的表现而不能管理大额资金，那么对于一个管理资产很大的FOHF而言就没什么意义，很难选这只基金入池参与投资组合构建。FOHF的产品投资指南中通常会规定所投资金额在底层基金中及该投顾公司总的管理资产的百分比上限,通常会设在 20%—25%。与此同时,FOHF 也会规定其投资组合中的每一个仓位(底层基金)的上限和下限(前面提到过,一个 FOHF 的优化持有底层基金个数是 15—25 个)。所以,FOHF 每投出一笔资金都有一定的规模(比如,如果一个 10 亿元的 FOHF 投资 25 只底层基金,平均权重为 4%,则每只基金的投资金额就是 4 000 万元,如果规定其投资金额不能超过底层基金管理资金的 20%,则底层基金的管理资金规模在投后就必须要有 2 亿元,并且投资策略的操作必须远远超过 2 亿元,因为还会有其他投资者可能会投资)。

基金的可扩展性取决于其所采用的策略的容量大小,通常一种策略的交易市场越宽,标的物的流动性越强,其可扩展的可能性和幅度也就越大。以我们长期投资的观察,单一策略对冲基金管理规模的"甜点区间"为 1 亿美元到 5 亿美元,除了个别策略如全球宏观策略,其他策略中的单一策略对冲基金的管理规模如果超过 5 亿美元,则其规模的成长会成为"收益率的敌人"。

有时,持仓周期也影响着投资策略的容量。比如,同样是 CTA 策略,高频交易和中短线的趋势跟踪的基金容量就远远小于长期趋势跟踪的基金容量。

投资策略的杠杆

通俗而言,融资购买东西即产生杠杆。杠杆并不是对冲基金的专利,人们在很多时候会用到杠杆,比如房贷等。然而,对冲基金常常用到杠杆以求获得更好的收益,因为可以说对冲基金的投资操作是个"扬长避短"的投资过程,"扬长"不但体现为专注于其专业知识和技能之所长,还体现为在其"高信心度"的投资主题上可以加杠杆增强收益。

对冲基金获取杠杆的方式主要有三类:第一是通过保证金账户(margin account)融资购买证券,第二是通过主券商(prime broker)提供的信用额融资购买证券,第三是利用各种金融衍生品内嵌的杠杆功能进行交易。对冲基金在使用衍生品方面有较大的自由度,而衍生品又能按基金经理的观点设计出各种相应的非线性策略;另外,衍生品还具有风险和收益非对称的特点,其最大亏损常常会远远小于潜在的收益。对冲基金经理可能是用金融衍生品最大的群体,二者相得益彰。

在对候选基金进行尽职调查时需要把基金的杠杆意愿、杠杆范围以及杠杆资源了解清楚,尤其是通过主券商提供的信用额度、主券商能够单方面调整的空间和条件,以避免在市场环境不利的情况下被迫降杠杆而承担不必要的损失。2008 年金融海啸时主券商的这种降杠杆动作就迫使一批对冲基金不得不清仓关门。如果候选基金用到很多金融衍生品,则在其杠杆水平的计算中,通常需要将衍生品所带来的杠杆效应考虑进去,最常用的方法是“德尔塔等价”方法;如果期权在投资组合中占到显著的仓位时,则会用到更为复杂的“德尔塔-伽马等价”方法。

值得特别强调的是,杠杆是把“双刃剑”,人们在用杠杆时是期望“杠杆在正确的时候、正确的投资主题上”增强投资的收益。但如果对投资判断错误,则杠杆会以更强的力度增强亏损,因为还需要考虑其中的融资成本。例如,一个两倍杠杆的投资,即使投资是完全成功的,扣除融资成本其投资收益一定少于无杠杆投资的两倍,但波动率却是翻倍了;而如果投资判断错误,其损失将是无杠杆投资收益的两倍加上融资成本。

在整个资产管理行业中,对冲基金使用杠杆最多,这在各种对冲基金策略的操作中起着非常重要的作用,尤其是对于固定收益套利策略、CTA 策略以及全球宏观策略等。对冲基金的杠杆水平因策略不同而异,有的策略(例如受压资产策略、部分依赖于基本面分析的股市多空头策略等)根本不需要杠杆,有的策略(例如外汇策略、固定收益套利策略等)则需要较高的杠杆水平,有的策略则视具体环境需要而采用适当的杠杆水平。除了监管机构和各交易所对杠杆水平有上限规定,主券商也会根据投资策略和投资组合的情况而设定杠杆范围。

在《对冲基金杠杆》一文中,学者洪崇理(Avarew Ang)等的研究表明,对冲基金的杠杆水位与金融机构的杠杆水平往往呈现逆周期的现象。比如,在2008 年全球金融海啸来临之前的 2007 年,对冲基金整体的杠杆周期就已经在降低,而 2009 年年初当投资银行的杠杆水平处于最高位时,对冲基金整体的杠杆水平则处于最低位。他们还指出,融资成本下降、市场市值增加,或者对冲基金本身的波动率下降,都会刺激对冲基金提升杠杆水平。另外,他们还发现,当市场恐慌指数 VIX 增加时,对冲基金总体的杠杆水平则会降低;当某只对冲基金的波动率明显攀升时,该基金的杠杆水平也会降低。而当整个行业的管理资金规模增长时,对冲基金的杠杆水平也会随之上升。这反映了对冲基金经理主动管理投资的特征和行业的竞争特色。

一个对冲基金投资组合中通常持有多头仓位和空头仓位，以 L 表示所有多头仓位的金额总和与该对冲基金的净值之比（$L>0$），以 S 表示所有空头仓位的金额总和与该对冲基金的净值之比（$S<0$），定义 $N=L+S, G=L-S$。我们称 G 为毛敞口，是我们常说的投资组合杠杆水平，即投资组合多头仓位加上空头仓位的绝对值综合仓位；我们称 N 为净敞口，有时人们也会把 N 视为投资组合的真正杠杆水平。如果 N 的值接近于 0（$-5\%<N<5\%$），则该投资组合被称为“金额市场中性”。有很多基金的优势在于做多头，但基金经理也会通过一些空头仓位进行对冲。这时人们也会把 L 看作其投资组合的杠杆水平。

对于只做多头不做空头仓位的基金而言，$S=0$，所以我们有 $L=G=N$。所以对于传统的公募基金而言，以上三种杠杆的定义完全一样。

对于一只对冲基金，时常有人会误解为当 N 非常接近于 0 时，投资组合应该对大市的起落“免疫”。其实不然，投资组合中只要有仓位，无论是多头还是空头，也就是说只要 $G>0$，就不能保证投资组合不受大市起伏的影响。记得在 2008 年 8 月，在金融海啸发生之前，作者聂军接到一位对冲基金经理的电话，说他们的投资组合已经很安全了，已经将多头仓位降到了 20%，而空头仓位也降到了 20%，这样他们的 $L=20\%, S=-20\%, G=40\%, N=0\%$。在得知其多仓中基本上是小市值股票而空仓则是股指期货后，作者聂军提醒该基金经理他们的组合存在错位对冲的风险，而且即使是金额市场中性，但应该不是贝塔中性。当时该基金经理对此并不以为然。但一个月后，该基金经理又打来电话，说非常后悔上次没听作者聂军的提醒，因为他们的投资组合在金融海啸中没能“免疫”而损失惨重，不得不清仓投资组合，最后这家基金公司由于投资者的赎回只好关门歇业了。这无疑是一个令人痛心的教训。

一只基金的杠杆范围通常与其所在的策略的波动性有关，不同对冲基金策略的杠杆水平范围有很大的区别，通常无杠杆波动性越低，则可能采取的杠杆水平也相应地越高。从 G 的角度而言，各种对冲基金策略的毛敞口范围可以从 100%以下到 3 000%，总体平均水平大致在 200%—230%。一般情况下，CTA 策略、相对收益套利策略的杠杆水平要高一些，而受压资产策略、基本面股市多空头策略等的杠杆水平处于最低端，通常 G 处于 200%以下甚至更低。统计模型套利策略等则略高于平均，通常在 300%—400%（多、空头各 150%—200%）。从 N 的角度而言，整个对冲基金行业的平均水平大致在 60%，可见整个对冲基金行业仍然是偏多头的。从 L 的角度而言，整个对冲基金行业的平均水平在 130%—150%。

杠杆水平是尽职调查的一个重要内容。每只对冲基金按其杠杆定义都有一定的杠杆范围，机构投资者做尽职调查时必须掌握清楚候选基金的杠杆范围是在什么水平以及其最新的杠杆水平，并密切跟踪观察。在对冲基金发展的历史上出现过许多次因杠杆过高无法承受市场的不利环境而倒闭关门的事件，最著名的是 1998 年长期资本管理公司倒闭事件。长期资本 1994—1997 年通过全球宏观的相对价值套利策略为投资者带来了丰厚回报——费后 47%的年化收益率。两位合伙人 1997 年年底还因为在投资领域风险管理方面的杰出贡献而荣获诺贝尔经济学奖。这引来了无数的投资者倾其所有而投资到长期资本的基金中。我们当时也做了长期资本的尽职调查，但没想到他们连续三次拒绝了我们需要他们提供风险报告的要求，这使得长期资本无法通过我们的投资委员会的审查，于是我们一分钱都没有投给长期资本。1998 年 9 月长期资本的基金不幸爆仓，当时的杠杆是三十几倍，险些引发全球金融风暴。

投资策略的流动性

因为对冲基金的赎回开放频率通常是每个月、每个季度，有的甚至是每半年或者每一年，所以充分了解候选基金的流动性尤为重要。这是所说的流动性包含两个层面：一方面是候选基金的赎回开放频率及每次可以赎回的比例等，这部分在后面的运营尽职调查部分再详细阐述；另一方面是候选对冲基金本身的投资组合的流动性。

投资组合的流动性是指将投资组合中的持仓（包括多头仓位和空头仓位）在不影响市场价格的情况下清盘所需要的天数。通常而言，投资组合中的仓位越简单，其流动性越好，如果涉及金融衍生品，尤其是结构性的金融衍生品，其流动性则会比较差。当然，仓位的流动性往往也由投资策略而决定，有的策略需要较长的时间窗口方能实现其投资主题的回报，例如事件驱动各种策略中就需要特定的时间窗口等待相关事件的发生，方能实现投资的预期效果。

另外,像受压资产策略中投资标的物的成交量往往很少甚至为零,流动性通常就很差。在各种对冲基金策略中,其他策略大致有50%的对冲基金提供月度流动性,唯独只有事件驱动策略的对冲基金只有30%左右提供月度流动性,而50%左右提供季度流动性。流动性最好的对冲基金策略是CTA策略,有相当百分比的CTA基金提供每日或每周流动性。

对于对冲基金而言,多头仓位的流动性和空头仓位的流动性一定要分别计算,而作为整个投资组合的投资策略不应该受到多/空头流动性的不平衡而变形。比如,一种股市中性策略,如果多头仓位的流动性与空头仓位的流动性出现严重不匹配,则可能在减仓的过程中造成投资组合不再是市场中性;又比如,一种涉及衍生品的德尔塔中性策略如果遇到减仓或清仓,则可能由于流动性的不匹配而无法保证投资组合的德尔塔中性情形,从而使投资组合出现策略外的敞口。

对冲基金空头仓位的流动性不仅要考虑到市场上交易量的流动性,还需要考虑到融券的流动性。有的证券可能会在某些事件的带动下被券商召回而使流动性风险陡增。这种时候往往会伴随该证券的夹仓行为。被夹仓是空头仓位最大的风险,为了防止被夹仓的情形出现,基金经理总是特别留意保持空头仓位的灵活性。

有许多不同的方法定义流动性,做尽职调查时应该了解清楚候选基金经理如何定义流动性。最常用到的定义是:第一步,计算单一证券的交易流通量=过去20天或30天的平均日交易量;第二步,计算该证券的持仓规模/该证券的交易流通量的百分比;第三步,计算该证券清仓所需要的天数,考虑到清仓时不影响该证券的交易价格,清仓天数=第二步计算出的百分比/25%或30%;第四步,将清仓天数低于1天、5天(1周)、10天(2周)、22天(1个月)、45天(2个月)等的证券持仓的权重汇总形成整个投资组合的流动性状态。

机构投资者在做尽职调查时应该掌握候选基金的最新流动性状态。为了防止被夹仓,投资组合中空头仓位的头寸通常比多头仓位的头寸小,并且要求的流动性更高。

投资策略的集中度

人们时常看到这种现象:某只基金重仓某一个或几个投资标的,而正好所做多的投资标的价格飙升或所做空的价格急跌，使该基金跃居一些排行榜榜首，从而吸引不少投资者的注意力。如之前一再强调的，纯粹根据排行榜挑选基金是很不靠谱的。作为机构投资者，FOHF从事尽职调查人员必须了解，候选基金的业绩中有多少比例来自高集中度。在投资前和进行投资的过程中，也必须密切关注候选基金及所投资基金的持仓集中度，防止基金赌博似地集中重仓某几个证券，显然，这种投资组合的任何一个仓位如果经历投资判断失误，造成的损失会很大。

顺便提一下，人们津津乐道的索罗斯对高信心度、对证券高集中度并加最大杠杆重仓的策略显然集中度风险太大，并不适合成为FOHF的底层基金。当然，对于索罗斯而言，他的投资还有其政治抱负和目的，这就更是与一般的基金经理不同了。

FOHF在尽职调查过程中应该了解候选基金是否有投资指南对投资策略的集中度进行限制，包括仓位头寸百分比限制、策略配置敞口百分比限制、信用级别敞口百分比限制、行业配置敞口百分比限制、单一市场/国家敞口百分比限制。若有，应该让候选基金提供并收集到自己的数据库中以备投资后监控之用。当然，还应该获得候选基金最新的持仓集中度分布数据。

在计算各种敞口百分比时，最好能同时计算出各种“等价敞口”(equivalent exposure)，这会对了解基金的集中度有帮助。我们曾经对一只债券对冲基金做过尽职调查，当把各种债券敞口跟美国国债的各种久期作等价敞口计算时，发现其净敞口竟然有94%集中在美国10年期国债的等价敞口上。这样，其风险因子就非常清楚了，是否应该投资该基金则需要看FOHF的宏观分析中对美国10年期国债的判断。

投资策略的持仓周期

FOHF在做尽职调查时很有必要了解基金的持仓周期，这有助于了解其流动性。另外，了解持仓周期也有助于了解团队在研究与交易之间的比率。对于非自动化交易的情况，如果投资组合交易频率比较高，则团队花在投资研究方面的时间相对就会比较少。对于非高频策略，从交易的频率也可以观察基金经理的信心和耐性。成熟的基金经理比较能坚持自己的策略，相信自己团队的分析，有效地排除市场的噪声，交易频率比较低，而持仓时间比较长。

我们接触过的基金中持仓周期长的有几年的,短的则有几秒钟的。也有不少基金会采取长、中、短期不同的持仓周期结合,或者采取“核心持仓”与“卫星持仓”的结合。对这些情况,有必要了解各种持仓方式在基金中所占的百分比。另外,了解基金是否从事日内交易以及日内交易所占的百分比也很重要,这是因为日内交易的仓位信息通常不会包含在以收盘记录为基础的持仓记录和风险指标中。

通常多头仓位的持仓周期较空头仓位的持仓周期长。为了防止被夹仓,基金经理总是保持空头仓位的灵活性更强。

投资策略的交易风格

建仓(平仓)时是一次性建仓(平仓)还是逐步建仓(平仓)?

基金规模足够大或者标的物流动性较差时,一次性建仓或者平仓容易出现“海森堡测不准原理”——自己跟自己竞价;一次性建仓的一个缺陷是一旦“投资故事”被证伪,对净值曲线的影响就比较大。但从另一个方面看,一次性建仓或者平仓的优点是效率高,比较适合套利性的对冲基金策略。对于方向性的对冲基金策略,可以借鉴 CTA 的先建立较小仓位测试“投资故事”是否成立,在“投资故事”获得证实的情况下逐步增加仓位;如果“投资故事”被证伪,所造成的损失并不会太大。

有一个问题是从事 FOHF 的尽职调查人员必须了解清楚的:候选基金经理在面临投资者赎回时是怎样平仓以筹集现金的?有的基金经理是通过投资组合中所有仓位(包括多头头寸和空头头寸)按比率降低仓位来兑现赎回,有的则是选择已有盈利的仓位平仓来兑现赎回。

这两种方式各有优劣,当然,从公平性而言,第一种方式较好,这样可以避免留存投资承担额外非流动性风险。但有些对冲基金策略(例如受压资产策略、并购套利策略等事件驱动策略、固定收益套利策略等)中的各种投资主题需要固定的时间和空间方可实现其预期收益,在特定时间之前平仓所获得的收益会与预期有很大差异。这种时候采取“齐头切”的方式则可能出现预期外的损失。第二种方式实际上是一种“奖懒罚勤”的非合理性操作,会使基金的留存投资者承担剩余仓位的非流动性。

如果构建投资组合时考虑到赎回因素,可以优先平仓为应对赎回目的而建的仓位。如果投资组合是采取“核心仓位-卫星仓位”而组建的,则可以通过优先平仓卫星仓位来兑现赎回。

投资策略的“顺风”/“逆风”市场环境

投资世界里没有常胜将军,每种投资策略都有其“顺风”/“逆风”环境。我们不可能比基金经理及其团队更了解他们投资策略的“顺风”/“逆风”环境。对此从事尽职调查的专业人士必须认真了解清楚,这是挑选基金过程中最关键的内容之一,对于 FOHF 经理基于候选基金的特色构建组合也是至关重要的。

要了解候选基金的“顺风”/“逆风”环境,可以将该基金放在其所属对冲基金策略中,考虑该策略的“顺风”/“逆风”环境,然后再找出候选基金特有的“顺风”/“逆风”环境。比如,一个做汽车零部件行业的股市多空头策略的对冲基金,可以先将之置于股市多空头策略的“顺风”/“逆风”环境中考虑,再结合汽车零部件及其上下游行业的特性、基金本身策略的侧重点而考虑其特有的“顺风”/“逆风”环境。比如,2017 年 A 股的市场环境,非常适合主要持仓行业龙头的股票多头策略,却不太适合事件驱动策略。

投资策略的重大调整

对冲基金往往追求独特的、自有的投资策略,但并不是一成不变的,需要不断完善和改进。但有时有的策略会随着市场环境的演变而渐渐失效,需要开发全新策略,这可能就是需要作出重大调整的时候,这种调整通常会带来显著的改进。当然,基金投研团队出现重大变故时也会伴随策略出现重大调整,这种调整有可能使策略变得更好,但也有可能新策略不如旧策略。我们在做尽职调查时发现有一位非常优秀的市场中性基金经理,其所管理的某只产品在 2014 年 12 月那次“阿尔法之殇”中回撤 20%以上。除去市场环境的影响,主要原因是大小盘风格切换之时投研团队核心成员出现变动。FOHF 尽职调查人员需要了解候选基金的投资策略是否经历过重大调整以及其中的原因是什么,改进的效果是什么。

基金策略的重大调整往往会从基金的“痛苦指数”中反映出来。所以,如果在检测“痛苦指数”时发现某个时间区间的形状出现与之前不同的“模块”时，除非是整个市场环境发生大事件，则有理由质疑基金策略在那个时间段发生过重大调整。正是这个“秘密武器”使我们多次成功“侦察”出来某些基金在其历史上曾经发生过的策略重大调整并获得一些额外的尽职调查信息，更好地了解了基金的背景。

第四节　投资流程

搞清楚底层基金的投资流程是 FOHF 尽职调查中最为关键的环节之一。因为只有健全的投资流程才是保证其透明性、持续性和可扩展性的基础。

发掘、跟踪投资对象

全球经济是一个整体，受各种宏观环境的影响，无论是投资于全球还是某个区域市场，无论是投资于哪个大类资产，都有必要具备全局观。好的投资主意通常来自对全球宏观环境和宏观政策的深入观察、分析、解读和思考，来自对市场、对行业、对投资标的及其上下游的长期跟踪、观察、了解，来自点点滴滴所做功课的积累，而不是来自道听途说、人云亦云，或者是一拍脑门一跺脚的“即时策略”，更不应该来自内幕消息或各种违规违法的渠道。每只对冲基金都有依靠其团队成员背景及专业技能产生原始投资主意的模式。FOHF 做尽职调查时需要了解清楚候选基金投资的最原始的主意是怎样产生的，又是如何展开跟踪调查的，以及最后是如何形成投资候选标的的。

基于长年与基金经理的交谈，我们观察到一个有趣的现象：如果一个投资的主意和原因已经广为人知，那时再“稳扎稳打”地投资的投资者很可能会跳进一个“坑”里，为其他投资者“垫背”接盘。另外，现今是互联网时代，信息已经非常发达有效，任何以前被认为“不为人留意的信息”很可能早已是世人皆知的公众信息了。所以最好不要假设“不为人留意的信息”还具有什么独特性。相反，在自媒体泛滥时代实际上很多信息是过剩了，需要滤除各种市场噪声，去伪存真，提炼真正有效的信息。

我们想顺便警示准备从事对冲基金行业的基金经理们：投资的原始主意一定要从一开始就是靠自己做功课而获得的，如果是靠道听途说甚至是靠内幕交易信息获利的,且不说靠这种途径真正获利的概率有多小,即使在早期能侥幸“成功”获利,在 FOHF 作为机构投资者进行尽职调查时也一定会追索基金的历史业绩表现,尤其会刨根问底地考察基金历史上某段特别优秀的业绩表现而之后不能持续的原因。一旦发现是通过违规违法的方式而获得的,尽职调查就会立即终止,并永久性地将该基金列入禁止投资名单,因为这涉及尽职调查中最重要的“诚信”问题。而其他同行机构投资者在了解到这种信息后,也不会再对这只基金做尽职调查或者进行投资。机构投资者在对某只对冲基金开展尽职调查时会进行背景调查,通常会向同行咨询一些对该基金的观点,这时只要说一句“我们对该基金开展过尽职调查,但不会将之纳入我们的基金池,其他不便评论”就足够了。所以,千万不要因恶小而为之,其结果是要付出惨痛的代价的。中国有句俗话说得好:“一个鸡蛋吃不饱,一个名声背到老。”在对冲基金和资产管理行业更是如此,诚信比什么都重要。

专有的调研

在初步确定投资候选标的后,对冲基金需要对候选标的展开专有的调研,收集各种数据,经过公司专有的模型分析,计算出投资的收益预期及所面临的各种风险,从而得出是否值得投资的结论。无论是做多还是做空,对冲基金经理通常都会寻找收益概率显著大于风险概率的投资机会纳入投资备选池。而在作专有分析时通常会要求到实地考察该投资机会所涉及的各种重要因素。例如,对于从事股票方面基本面投资的基金经理而言,彼得·林奇(Peter Lynch)独到的专有调研方式就是一个很好的典范。

再举一个对冲基金专有研究的例子:绿光资本创始人大卫·艾因霍恩曾经在 2007 年开始密切关注曾排华尔街投行第四的雷曼兄弟公司,在仔细分析其财报后怀疑其中有很多蹊跷。在观察到雷曼兄弟公司当时在次级房贷(subprime mortgage)中的敞口及整个次级房贷上的衍生品 CDO(担保债务凭证)正在迅速恶化后,艾因霍恩于 2007 年 7 月开始做空雷曼兄弟公司的股票。2008 年 3 月贝尔斯登倒闭后,艾因霍恩更进一步仔细研究了雷曼兄弟公司的财报,并公开指出雷曼兄弟公司需要募集 40 亿美元的资金来支持公司的运营,而且公开邀请雷曼兄弟公司财务部门澄清他所做的分析中可能的错误,然而,雷曼兄弟公司首席财务官在与艾因霍恩通电话时并无诚意回答艾因霍恩所提出的质疑。这使得艾因霍恩更加确信自己独到的分析结果,于是加大了做空雷曼兄弟公司股票的仓位。约3个月之后,雷曼兄弟公司不得不公开承认他们需要募集68亿美元支持公司运营。雷曼兄弟公司从此像泰坦尼克号一样“再也没有见到太阳”而沉沦,于2008年9月不得不宣布破产,并引发了举世瞩目的全球金融海啸,艾因霍恩也一举成名,不但从做空雷曼兄弟公司的仓位中获得巨大收益,还因此而获得了很多荣誉。

又比如,有位专注于农产品方面的管理期货基金经理,为了获得农作物长势的第一手资料,每年都会花大量时间行走于世界各地的农场田间并到各国农业部门进行调研,再与各种媒体报道的数据进行比对,从而判断各种农产品的供求状况。在此基础上通过自己专有的模型计算,遴选投资标的产品和寻找合适的投资切入机会。

正因为对冲基金的特点是“专”,每只对冲基金都必须有自己独特的优势投资领域和独到的投资研究模式。这种“独门绝技”是不可能靠阅读卖方的研究报告而得来的,更不可能是靠打听各种消息而得来。FOHF尽职调查人员不仅需要与候选基金投研团队深入交流,了解其调研思路和流程,还需要索取其历史调研投资报告样本,详细阅读其中的内容来核实候选基金所讲的各种投资故事是否一致。

投研是否采用第三方研究报告

基金投研团队可以采用第三方研究报告,但第三方研究报告只应用于起辅助作用、产生泛意“投资故事”或核实自有研究之用。第三方研究报告往往会受其潜在的利益影响,而且如果基金经理不直接掌握其投资标的的第一手资料,只会有“隔靴搔痒”的感觉而缺乏信心。如果候选基金100%依靠第三方研究报告尤其是卖方研究报告,而没有自己独到的研究报告来指导投资,那么这种基金是不值得浪费时间的——因为这种基金缺失投资过程中最关键的投资“源头”。

从FOHF的角度而言,如果一只对冲基金的投资有超过10%是完全基于第三方研究报告执行的,则这种基金通过尽职调查获选入池的可能性很小。这是因为基金的透明性、持续性和可扩展性都有问题,而且整个投资流程也存在许多隐患。另外,很多第三方券商的报告可能收费并不高甚至不收费但质量不高，而有深度的第三方对冲基金研究报告的价格不低，加上如果第三方研究机构同时也将报告卖给其他对冲基金，则会带来投资的其他风险。为了生存，第三方研究机构很难只把研究报告卖给一家对冲基金。

团队辩论

团队成员在对投资候选标的进行专有的调研后，通常会提交给投研团队展示调研结果，提出建议供团队进行讨论，并回答团队成员的问题和质疑。每个人看问题的角度都会有其局限性，团队成员之间的质疑和辩论常常会帮助负责投研的团队成员从不同的角度评估其所建议的投资标的的盈利面和风险面，即使是面红耳赤的辩论也是健康的，这会帮助基金从最底层规避犯错的机会，并扩展对标的监测的角度。

一个投研团队能否有深度并有效地辩论，与该团队的结构及专业水平深度密切相关。如果团队成员彼此覆盖的研究领域没什么交集，则很难有比较深入的辩论。当然，这与投资总监所主张的辩论文化及激励机制也是密不可分的，比如，团队辩论时能否使各种不同的观点皆能顺畅表达并得到有效的反馈？参加辩论的成员在投资标的投资成功时有没有合适的业绩记录和奖励？毕竟对冲基金都是比较小的机构，一个成功的投资故事的归因是很容易被看到的，如果没有恰当的激励机制配套，则投研团队的主观能动性及积极性会被打压甚至造成人才流失。

团队辩论后候选标的能否入备选投资池，应该由投资决策委员会讨论决定后并报投资总监审批。有的基金公司的决定是由投资委员会（投资总监往往是投资决策委员会主席）直接作出投资决定，有的则是由投资总监决定。

如何决定仓位的介入点及头寸权重，有多少成员有权开仓

投资标的在获选入备选投资池以后，接下来的问题就是以什么样的价位和仓位介入，有的基金会在第一时间建仓，但很多基金通常会要先跟踪观察一段时间寻找合适的时机介入，例如在建仓（无论是多头还是空头）之前检测各种技术指标等。建仓的步骤可以是一次性建仓，也可以是台阶式建仓。通常情况下基金经理是唯一有权开仓者，但有的基金管理团队会允许团队不同成

员对某些证券开仓，以期用实盘业绩验证分析师所推荐的标的的业绩表现。在对 FOHF 做尽职调查时应当了解清楚具体情况，因为这些不同情形所形成的投资组合的风险分布不同。

在头寸权重上，有的基金可能会根据其对标的证券的信心水平，比较简单地设置仓位限制例如 3%、5%、10%等，这种方法比较简单、易于操作，但往往忽略了新证券本身的风险特征以及与其他现有仓位之间的风险互动特征。很多基金往往会将新标的证券纳入现有投资组合，给予不同的权重配置，分析对整个投资组合在收益及风险方面的影响，最后选择比较优化的权重配置。更为精细的方法是在标的层面上根据信心水平设置不同大小的风险预算(risk budget)，在投资组合层面上进行优化来确定头寸权重。而这个优化过程往往需要基金管理公司内部的量化分析团队与基金经理及其他投研团队成员反复切磋调整，方能最后确定。

风险配置

前面我们多次提到过，对冲基金投资中最核心的一点是“扬长避短”，即在自己具有优势特长的市场/行业/投资主题上可以加重投资头寸，而在自己不擅长的方面尽量规避不必要的风险。所以在构建投资组合时有必要从风险配置的角度来考虑，使得投资组合能真正做到：承担有意向的风险(intended risks)而获取超额收益，尽最大努力对冲掉无意向的风险(unintended risks)。

有很多比较精细的对冲基金在构建投资组合时会在各种层面上(例如行业、信用评级、汇率、地理区域、国家等)按照产品的投资指南反复调试仓位的权重，使得各种风险指标得到严格执行并有目的地承担有意向的风险。

我们知道每种投资证券的风险特征都不一样，所以在一个投资组合里，即使是同权重的配置，它们的风险贡献度也是不一样的。我们应该强调每个仓位的风险配置，而不仅是用权重配置来体现基金的特色、管理投资组合的风险，确保各种风险指标符合产品的投资指南。

风险监控

每个基金产品在发行前都应该有其投资指南，而基金管理公司是否有持续而严格的风险监控是保证基金产品“不忘初衷”的重要保障,也是对投资者利益的保护,因为投资者是根据投资指南中的风险指标而做出投资决定的。当然,在投资尽职调查阶段(第一驾马车)对风险监控还只需作初步了解和判断,其主要作用是淘汰不合格的候选基金(例如基金并没有恰当的风控人员及合适的风险监控流程等)。如果候选基金能进入市场风险管理尽职调查阶段(第三驾马车),则对候选基金的风险控制将有深入的尽职调查。当然,在投资尽职调查阶段了解到的风险监控方面的信息也可以用来与市场风险管理尽职调查阶段(第三驾马车)所获取的信息作交叉检验(因为信息的提供者并不一定相同)。这也有助于发现基金信息不一致的地方从而甄别潜在风险。

在与候选基金管理公司签订保密协议的基础上,FOHF 的尽职调查人员可以向候选基金经理索取常用的风险监控报告,以及了解最新风险指标水平。这些风险报告可以请风险管理部门的同事看看是否有什么可疑之处。

调整投资组合

在基金产品的最初投资组合根据投资指南建仓完毕之后,最重要的后续过程就是持续的风险监控及适时的调仓,也就是交易活动。FOHF 尽职调查人员须了解候选基金调仓的指导思想、频率及流程是什么,由谁来主导,依据是什么,是否有文字记录。

除非是高频或系统交易,通常的情况是投资组合的调整应该由投资决策委员会根据市场动态按照投资指南进行调整,在调整的过程中基金经理应该与量化分析团队密切合作,以保证各项风险因子均满足投资指南要求,而且确定新的投资组合除了承担有意向的风险因子,是否同时引进新的无意向的风险因子(若有,该如何对冲规避)。

投资组合调整的过程应该有文字记录,这一方面是为了满足合规要求,另一方面有助于厘清调仓的逻辑和思路,更有助于日后对调仓的总结、反省以及验证最初的投资主意。由于对冲基金在其投资空间内既可做多也可做空,在调仓时出现误判的情形是比较常见的,但关键是投资一段时间以后如果错了应该能反思是为什么错的,如果对了又是如何对的。这既是对市场的敬畏和对投资者负责的表现,也是从实战中培养和训练团队的途径。

在对 FOHF 开展尽职调查时要特别留意候选对冲基金的调仓是否是按照

投资指南进行的。如果在某只证券上反复进进出出而且是高买低卖，则其调仓就有问题了。

第五节　其　　他

同策略初步比较

FOHF管理公司都应该拥有自己汇总各种渠道而成的数据库，而且其中的基金数据是被"清洗"处理过的。这里的同策略初步比较是针对自有数据库中的基金进行的比较，其主要作用是淘汰不合格的候选基金。如果候选基金能进入市场风险管理尽职调查阶段(第三驾马车)，则对候选基金的这些方面的比较还会有更加深入精细的量化分析。

这些比较包括过往业绩分析，例如最近1个月、最近3个月、最近6个月、最近9个月、最近1年、最近数年的收益率比较；波动率比较；夏普比率比较；最大回撤比较；等等。通过最近1个月、3个月、6个月、12个月等不同周期的收益率，我们可以看出一些连贯信息，了解该基金在过去一段时间里的业绩表现的稳定性和可持续性，是否出现恶化。如果出现恶化，原因是什么。这些都能产生与基金经理深度交流的话题。

表13-4是一个股市多/空头策略基金比较的例子(时间点选了2008年年底)。

其中，我们可以看到，除了比较同策略的基金，我们还将相关的对冲基金策略指数以及各种传统市场指数放在一起作比较，这样有助于理解在某个时间段影响该基金和策略盈亏的大环境，以及便于验证基金经理的一些投资故事。在这里我们用到了代表美国蓝筹股的标普500总收益指数(SPTR，包含标普500指数的分红再投资)，代表美国中小盘股票的罗素2000指数，代表高科技的NASDAQ 100指数，代表英国股市的富时100指数，代表日本股市的日经225指数、TOPIX指数，代表中国市场的MSCI中国指数，还有各种地区性的股指如MSCI亚太指数，MSCI新兴市场指数，MSCI欧洲指数，以及代表美国成长股的标普500成长指数，代表美国价值股的标普500价值指数，衡量标普500价值指数与标普500成长指数差异的成长指数-价值指数，衡量标

表 13-4 股市多/空头策略比较

	本年 RoR	12 个月 RoR	12 个月 Vol	12 个月 MDD	12 个月 MAR	12 个月 SR	9 个月 RoR	6 个月 ROR	3 个月 ROR	MDD	2007 RoR	2006 RoR
基金 1	−4.56%	−4.56%	8.46%	−10.39%	0.44	(0.51)	−8.00%	−9.19%	−9.41%	−11.31%	9.01%	16.53%
基金 2	−25.23%	−25.23%	11.35%	−25.47%	0.99	(2.48)	−25.47%	−24.79%	−17.44%	−32.86%	4.23%	13.12%
基金 3	−17.63%	−17.63%	17.98%	−20.42%	0.86	(0.99)	−16.39%	−19.80%	−11.62%	−25.61%	35.28%	21.68%
⋮												
基金 n												
同类策略	−37.61%	−37.61%	15.62%	−37.61%	1.00	(2.89)	−32.17%	−32.22%	−23.10%	−38.74%	5.80%	10.65%
对冲基金指数 1	−19.03%	−19.03%	9.70%	−19.15%	0.99	(2.11)	−16.14%	−17.91%	−9.19%	−20.50%	9.96%	12.89%
对冲基金指数 2	−26.31%	−26.31%	13.71%	−26.42%	1.00	(2.13)	−24.57%	−25.62%	−15.00%	−26.96%	7.42%	9.65%
标普 500 总收益指数	−37.00%	−37.00%	21.02%	−37.66%	0.98	(2.05)	−30.43%	−28.48%	−21.94%	−40.68%	5.49%	15.79%
罗素 2000 指数	−34.80%	−34.80%	28.45%	−38.24%	0.91	(1.34)	−27.40%	−27.58%	−26.51%	−44.15%	−2.75%	17.00%
NASDAQ 100 指数	−41.89%	−41.89%	29.01%	−43.13%	0.97	(1.69)	−32.00%	−34.05%	−24.02%	−47.04%	18.67%	6.79%
富时 100 指数	−31.33%	−31.33%	21.30%	−33.59%	0.93	(1.64)	−22.24%	−21.18%	−9.55%	−36.21%	3.80%	10.71%
日经 225 指数	−42.12%	−42.12%	31.96%	−44.39%	0.95	(1.51)	−29.27%	−34.28%	−21.32%	−53.07%	−11.13%	6.92%
TOPIX 指数	−41.77%	−41.77%	29.07%	−43.43%	0.96	(1.68)	−29.16%	−34.91%	−20.98%	−52.96%	−12.22%	1.90%
MSCI 亚太指数	−43.23%	−43.23%	28.84%	−47.61%	0.91	(1.78)	−35.71%	−34.50%	−16.30%	−51.74%	12.28%	14.51%
MSCI 中国指数	−52.23%	−52.23%	47.00%	−58.55%	0.89	(1.30)	−37.27%	−34.28%	−11.14%	−65.58%	63.54%	78.68%
MSCI 新兴市场指数	−54.48%	−54.48%	37.38%	−57.69%	0.94	(1.85)	−48.66%	−47.84%	−27.94%	−60.60%	36.48%	29.18%
MSCI 欧洲指数	−45.52%	−45.52%	20.34%	−45.52%	1.00	(2.81)	−34.98%	−31.39%	−22.42%	−49.73%	0.07%	16.49%
标普 500 成长指数	−35.88%	−35.88%	21.68%	−36.53%	0.98	(1.91)	−28.59%	−29.80%	−20.64%	−38.83%	7.68%	9.39%
标普 500 价值指数	−41.24%	−41.24%	21.74%	−41.55%	0.99	(2.29)	−34.99%	−28.98%	−24.66%	−46.38%	−0.43%	18.02%
成长指数-价值指数	5.36%	5.36%	−0.06%	5.02%			6.40%	−0.83%	4.02%	7.55%	8.11%	−8.63%
蓝筹-中小市值	−2.20%	−2.20%	−7.44%	0.57%			−3.02%	−0.90%	4.56%	3.47%	8.24%	−1.21%

（续表）

	2005 RoR	2004 RoR	2008 年 12 月	2008 年 11 月	2008 年 10 月	2008 年 9 月	2008 年 8 月	2008 年 7 月	2008 年 6 月	2008 年 5 月	2008 年 4 月	2008 年 3 月	2008 年 2 月	2008 年 1 月
基金 1	1.28%	7.65%	−0.54%	−1.85%	−7.20%	−1.08%	0.68%	0.65%	0.21%	0.36%	0.74%	1.34%	−0.28%	2.65%
基金 2	14.01%	23.18%	−8.35%	−6.54%	−3.61%	−7.45%	−1.34%	−0.24%	−0.53%	0.35%	−0.72%	0.34%	−0.15%	0.13%
基金 3	9.85%	20.56%	−4.53%	0.21%	−7.62%	−4.76%	−2.03%	−2.75%	11.34%	0.53%	−6.86%	−4.82%	3.24%	0.26%
⋮														
基金 n														
同类策略	−0.97%	1.98%	−2.78%	−7.91%	−14.11%	−9.37%	−0.50%	−2.26%	−1.55%	0.11%	1.55%	−3.53%	−1.40%	−3.31%
对冲基金指数 1	9.30%	9.03%	0.15%	−2.67%	−6.84%	−6.13%	−1.44%	−2.29%	−1.33%	1.87%	1.63%	−2.24%	1.50%	−2.69%
对冲基金指数 2	3.60%	5.31%	−0.03%	−4.09%	−11.35%	−8.70%	−1.63%	−2.57%	−1.08%	1.89%	0.62%	−2.39%	1.07%	−0.97%
标普 500 总收益指数	4.91%	10.88%	1.06%	−7.18%	−16.79%	−8.91%	1.45%	−0.84%	−8.43%	1.30%	4.87%	−0.43%	−3.25%	−6.00%
罗素 2000 指数	3.32%	17.00%	5.56%	−11.98%	−20.90%	−8.10%	3.50%	3.60%	−7.83%	4.48%	4.10%	0.26%	−3.80%	−6.88%
NASDAQ 100 指数	1.49%	10.44%	2.18%	−11.17%	−16.30%	−14.84%	1.26%	0.66%	−9.62%	5.99%	7.62%	2.10%	−5.22%	−11.68%
富时 100 指数	16.71%	7.54%	3.41%	−2.04%	−10.71%	−13.02%	4.15%	−3.80%	−7.06%	−0.56%	6.76%	−3.10%	0.08%	−8.94%
日经 225 指数	40.24%	7.61%	4.08%	−0.75%	−23.83%	−13.87%	−2.27%	−0.78%	−5.98%	3.53%	10.57%	−7.92%	0.08%	−11.21%
TOPIX 指数	43.50%	10.15%	2.93%	−3.72%	−20.26%	−13.33%	−3.75%	−1.25%	−6.25%	3.64%	12.01%	−8.41%	−1.64%	−8.77%
MSCI 亚太指数	21.04%	16.30%	8.36%	−3.79%	−19.71%	−14.59%	−5.33%	−3.22%	−8.82%	−0.01%	7.66%	−5.56%	2.81%	−9.04%
MSCI 中国指数	15.65%	−0.71%	10.49%	4.32%	−22.90%	−21.31%	−8.16%	2.33%	−12.66%	−5.42%	15.54%	−12.15%	10.54%	−21.57%
MSCI 新兴市场指数	30.31%	22.45%	7.60%	−7.63%	−27.50%	−17.71%	−8.22%	−4.16%	−10.16%	1.55%	7.87%	−5.40%	7.25%	−12.59%
MSCI 欧洲指数	22.77%	9.36%	−3.98%	−7.29%	−12.84%	−11.11%	1.52%	−2.02%	−10.10%	−0.30%	5.74%	−4.16%	−1.07%	−11.62%
标普 500 成长指数	2.49%	4.71%	1.02%	−5.81%	−16.59%	−10.23%	1.36%	−2.78%	−6.00%	2.20%	5.88%	−0.48%	−1.47%	−8.43%
标普 500 价值指数	3.52%	13.34%	0.52%	−9.34%	−17.33%	−7.76%	1.06%	1.12%	−11.47%	−0.16%	3.56%	−0.72%	−5.49%	−3.68%
成长指数-价值指数	−1.03%	−8.63%	0.50%	3.53%	0.73%	−2.48%	0.30%	−3.91%	5.47%	2.36%	2.32%	0.24%	4.02%	−4.75%
蓝筹-中小市值	1.59%	−6.12%	−4.50%	4.80%	4.11%	−0.81%	−2.05%	−4.45%	−0.60%	−3.19%	0.77%	−0.69%	0.55%	0.89%

普 500 总收益指数与罗素 2000 指数的蓝筹-中小市值等。

当然,根据不同的投资策略,我们可以选用不同的指数来作为参考指数帮助了解相应的市场变动。例如,对于 CTA 策略的基金,我们应该选择各种期货尤其是黄金、原油、工业品、农产品期货数据作为参考;对于固定收益套利策略的基金,我们需要选择各种利率数据、收益率曲线数据、信用(credit)甚至 CDS 数据作为参考……总之,在 FOHF 管理公司具备强有力的数据库的支持下,我们有自由度做出许多的选择。因为其中的数据为自有数据,信息可靠,简单的比较也能提供许多很有用的信息,帮助筛掉一批不理想的基金。

另外,如果在某个时间段里所有同策略的基金都在亏损,而只有我们关注的候选基金在盈利,这自然会使我们质疑数据的真实性及后面的故事(如果数据是真实的,是什么原因造成如此差异表现),这将成为接下来的尽职调查中有深度和有针对性的问题,获得其答案的过程中将能详细了解基金策略的细节。

顺便提一下,从以上的初级比较,我们可以看到 FOHF 管理公司拥有一个自有的策略归类清晰而数据被“清洗”干净的数据库是多么重要。在这些高质量数据的基础上我们很容易计算候选基金与投资组合中其他基金、数据库中同策略基金以及各种指数之间在不同时间窗口的相关性矩阵、贝塔、阿尔法等,从而发掘出各种有深度的尽职调查问题与基金经理交流,以便更好地理解候选基金的特点。

投资条款浏览

对冲基金“私募认购备忘录”(PPM)是基金与投资者之间最重要的协议及法律合同,其中的条款名目繁多,需要专业人士花工夫仔细阅读和理解。在尽职调查第一驾马车阶段只需要对投资条款进行简单的浏览,主要是淘汰基本条款不能接受的候选基金。如果候选基金能进入运营尽职调查阶段(第二驾马车),则对候选基金的条款的评估还会有更加深入的分析汇总。

需要浏览的主要条款包括基金的收费及开销、基金透明度(包括风险管理报告及重仓信息等),申购及赎回开放周期,投资锁定期,赎回闸阀,投资者报告的频率、内容和质量,投资者大致的结构及是否有投资者享受优先条款(例如费率、优先赎回等)。如果发现有的条款无法满足 FOHF 的要求且无妥协余地，则对该候选基金的尽职调查可以就此停止。比如，某对冲基金的锁定期是两年，而 FOHF 的大部分资金是不能承受超过 6 个月的锁定期的，如果候选基金管理公司不愿意缩短锁定期，则对该基金的尽职调查就没有意义了。

对于不满意的条款，如果可以通过与候选基金管理公司谈判达成共识，常用的实施方法是双方先草拟一份补充协议(side letter)。当然，最后是否签这份补充协议及协议的最后内容还要看该候选基金的尽职调查能否进入第二驾马车的流程以及能否通过相应的尽职调查。一般是由负责进行运营尽职调查(第二驾马车)的专业人员来签署补充协议，他们通常具有一定法律背景。这是一份具有法律效力的协议。

投研团队成员(包括投资决策委员会成员)简历

在做尽职调查的过程中，FOHF 管理公司通常会与候选基金管理公司签订一份保密协议(non-disclosure agreement)，基于此保密协议，可以向候选基金管理公司索取投研团队主要成员及投资决策委员会成员的简历，其中必须包括所受教育的院校及时间、所工作过的机构和部门等信息。当尽职调查进入运营尽职调查阶段时，相应的尽职调查人员会再要求投研团队主要成员、投资决策委员会成员、运营主要成员、风险管理主要成员签署一份授权书，以便对他们分别核实简历上的信息，开展全面的背景调查。如果候选基金管理公司或某些主要成员不愿意签署保密协议或授权书，则尽职调查可以就此终止。

第一驾马车总结

综合以上尽职调查内容，FOHF 从事投资尽职调查的投研人员需要亲自撰写报告，总结归纳出候选基金及管理公司在投资策略方面的独特之处及有别于其同类竞争者的优势，有什么明显的弱点和劣势。报告需要向投资决策委员会提交，接受投委会及团队的质疑和挑战，并进行答辩，直到投委会和团队的所有问题都得到满意的答复。

投委会在全面审查完投资尽职调查报告后，应该给出确定的评估，最简单的可以分为“推进”“观察”和“否决”三级。如果是初始阶段投资尽职调查报告获

“推进”,则意味着可以正式启动第二驾、第三驾马车尽职调查的过程;如果是第二阶段的投资尽职调查报告获“推进”,则表明该基金可以入“可投资基金”池子。如此,可以对展开了投资尽职调查的基金分别贴上“初-推”“初-观”“初-否”“投-推”“投-观”以及“投-否”的标签录入数据库。

第十四章
运营尽职调查——甄别潜在欺诈、识别雷区

在整个 FOHF 的投资过程中，风险管理始终扮演举足轻重的角色。对一只基金的风险管理尽职调查应该开始于投资前的基金遴选调研过程，以熟悉基金的风险特征；直到终止投资后最后一笔资金的赎回完成后，风险管理尽职调查方可停止。

运营及投资风险管理原则上都属于风险管理的范畴，有的 FOHF 将这两部分的尽职调查放在一起，但我们认为这两方面关注的侧重点很不一样(见图 14-1)，一个是相对静态的，而另一个是动态的，而且功能不同，在对冲基金运作中一般是由不同的人员负责，有必要将它们分为运营管理尽职调查和(市场)风险管理尽职调查，以便更好地把握候选基金的特点。尤其是需要通过运营尽职调查当面甄别各种人性风险及潜在舞弊、欺诈风险以期识别雷区，所以很有必要单独分出来。

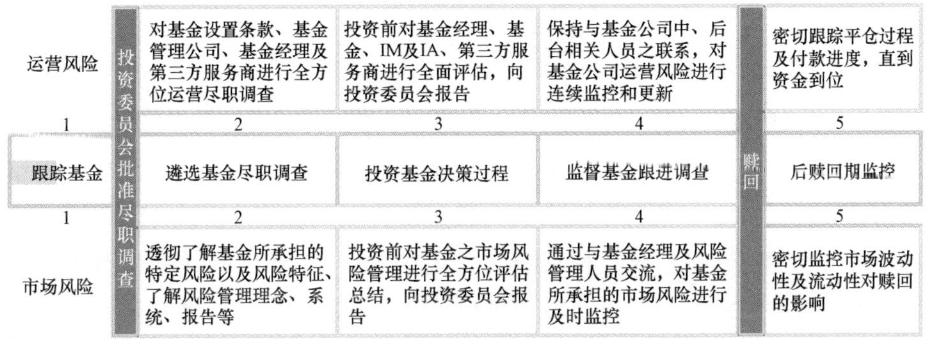

图 14-1　风险管理尽职调查的步骤

运营管理尽职调查是FOHF投资特有而且是极其重要的一环,其主要目的是确认候选基金是真实运作的,并核实其运作流程安全可靠,以保障投资者利益。运营尽职调查也可以说是对冲基金尽职调查里面最困难的一项,因为它涉及很多非披露性的信息,甚至会涉及候选基金里很多比较敏感的信息,还需要基于这些信息的分析,处理好在运营尽职调查中遇到的敏感问题,需要有很好的人际技巧。在这一过程中,需要熟悉候选基金的运营流程,及时发现其弱点,尽最大努力甄别潜在的舞弊、欺诈和各种可能的雷区。作者聂军常告诫团队成员:基金经理在投资方面的失误可能会使我们损失所投资金的5%、10%或更多,但如果我们所投基金在运营方面有欺诈等恶意行为,则可能导致我们的损失超过100%,因为这里面还会搭上我们自己名誉的损失。在业界曾经很有影响力且管理过上百亿美元资产的Tremont集团,就因为将其管理资产的30%左右投资于庞氏骗局的麦道夫基金,不得不关门歇业不说,还卷入无穷无尽的官司,在近十年后仍难以脱身。

可以毫不夸张地说,投资对冲基金最大的风险就是人性风险。而运营管理尽职调查的一个核心目的就是设法找出潜在的人性风险并规避之。运营尽职调查和风险管理尽职调查往往容易被忽略,但回想当年作者聂军所在团队之所以能成功避开长期资本、曼哈顿基金、麦道夫基金等大陷阱,除了团队在投资尽职调查方面的努力挖掘,主要还是通过在运营尽职调查和风险管理尽职调查方面的严格审查才最后做出否决的决定的。我们已经多次提到,有的FOHF由于在麦道夫基金的投资而导致整个公司倒闭不说,近十年后仍然背负着很多法律诉讼,运营尽职调查和风险管理尽职调查的重要性由此可见一斑。

由于对冲基金没有义务定期披露公司及基金的信息,有关信息只能靠FOHF的运营管理尽职调查团队从各种途径去挖掘获得,以尽早发现问题,降低投资对冲基金的人性风险。这些信息至少包括公司的背景及结构(股权结构、团队结构、投资者结构等)、创始人及关键人员的教育和工作背景(通常需要创始人及关键人员授权一份“授权信”去核查背景,特别是其是否有不良记录)、激励机制、公司基础设施、投资流程、风险管理流程、内部监控及合规守则与流程、估值及定价,甚至第三方服务商的行业地位、在基金运作中所起到的作用和功能等。由于投资对冲基金的周期较长,而且对新投入资金往往还有锁定期，因此，一定要在投资之前有足够时间来开展透彻的运营管理尽职调查，这样才能避免一些不必要的错误决定。

运营尽职调查通常是从阅读和分析候选基金的私募认购书及基金管理公司的各种运营规范及手册开始的，虽然公司及基金运营方面的文件通常冗长乏味，而且充满艰涩的法律专业术语，但审阅这类文件正是运营管理尽职调查中非常重要且必不可少的一环。这一过程中，需要非常仔细地反复核实投资者的权益能够得到足够的保护，因为这通常是基金与投资者之间最重要的一份合同书。通过仔细审阅这种枯燥的文件，我们的团队曾经避免过一些很严重的爆仓。

此外，到候选基金公司现场与相关人员（包括运营总监、财务总监、风险管理总监等关键性人物）进行面对面交谈并检视运营流程的实际运作，也是必不可少的。这能使我们确认基金公司是否真实存在，是否有合适的设施和有能力的人员在合理运作，且其分工足以支持该基金所从事的策略，在估值等方面是否有清晰的流程。在现场，我们通常会请相关人员演示其会计系统、风险管理系统以及查看公司的过失记录，确认这些系统合理地运行；还会浏览与第三方服务商所签的各种相关合同的原件，核实其真实性。尤其重要的一点是，我们会考察公司的“业务不中断方案”（BCP，也称“灾难应急方案”），以确保投资者信息的安全和准确。

前面章节提到过，关键人员的背景调查极为重要，除了需要找到当事人曾经受教育和工作过的机构核实，还需要找相关监管机构核实其是否有不良记录。此外，互联网及各种专业性社交群体也是我们获取背景调查资料的来源，当然，必须针对个案详细分析。对特别重要的核心成员的背景调查如果通过常规渠道无法获得足够信息（例如，某些人物会付费删掉许多在互联网上的负面信息和报道等），在必要的情况下，我们会考虑请第三方独立机构进行背景调查。这足以显示我们对背景调查的重视，绝不是走过场。

运营管理尽职调查的具体操作内容很多，我们试图在本章中尽量作详细的介绍。运营尽职调查最好能将定性的观察判断通过一个评估系统，用比较简单的定量指标来刻画候选基金，这不仅可以在是否批准候选基金时提供明确的依据，如果候选基金能进入备选基金池，还可以向相应基金管理公司提供反馈或要求，指出有哪些弱项需要改进。当然，这个评估系统还可以供不断跟踪和更新,以起到有效监控之用。

有很多同仁可能认为运营尽职调查很简单,可以不放在心上,尤其是从做公募基金转做 FOHF 的同仁大概更是如此认为。其实不然,实际上运营尽职调查的重要性绝对不亚于投资尽职调查。这里面主要牵涉基金经理的人性风险,也正是基于此,认为可以用智能机器人来做 FOHF 业务的期望是不现实的。

第一节　基金管理公司背景

基金管理公司股东结构

毫无疑问,基金管理公司的稳定性是基金能够正常运作最基本的保证,更是基金优良业绩能持续的基础。股东的合理结构则是这种稳定性的保障。我们见证过有不少基金管理公司在最初阶段由于种种原因实际上是拼凑起来的,并没有合理的股东结构,股东之间的利益也未必一致。但随着时间的推移和业务的发展,股东之间的利益冲突会变得越来越激烈。像这种公司通常是走不远、不能长期持续的。作为机构投资者,在进行投资之前应该了解清楚其中的结构,没有必要去趟股东利益冲突的浑水。

另外,基金管理公司的执行团队应该在股份中占有充分的比重,使其责任与利益对齐,增加团队的黏性和稳定性。在海外,对冲基金管理公司的核心成员通常是公司的股东,而基金经理往往会把自己的流动资产中的大部分投入他管理的对冲基金中,员工也会通过一个优惠投资渠道 E-class 对基金进行投资。一个基本原则是基金经理及员工应该相信自己付出了这么多努力,没有理由怀疑自己的基金不能成为最好的投资产品。

进行尽职调查时应该了解清楚公司执行团队及员工的占股比例以及在候选基金中的投资金额。

基金管理公司组织构架图

基金运作需要靠一个有专业知识和技能的团队来操作,不但每个重要的岗位上要有具备相应专业背景的人员把守,还需要整个团队的分工协作。通常的结构是:投资总监下有一支专业的基金经理和投研团队;风险管理总监领导一支风控团队(通常兼具量化分析功能);运营总监则领导一支后台运营团队(交易、会计、基金行政、IT 等)。此外,还有营销和客服团队。通过与基金管理公司签署的保密协议,从事尽职调查的人员可以要求提供各个团队负责人和关键人的简历并获得授权对其进行背景调查。

表 14-1 可以帮助了解团队的组成及变化情况。

表 14-1　公司过去一年人员变动状况

团队	姓名/职能	原因
基金经理		
投研		
交易		
营销与客服		
风险管理		
会计		
基金行政		
IT		
其他		

一般对冲基金管理公司都有组织架构图,尽职调查人员务必索取最新的公司架构图,检视其公司内部各个组成部分及相关人员配置。

基金管理公司成员持牌状况及污点记录

投资对冲基金最大的风险是人性风险,尽职调查时应该了解基金管理公司及员工持牌状况,了解基金管理公司何时接受过监管机构的现场审计考察,基金管理公司及核心成员是否有曾被监管机构因违规而惩罚或记过的污点记录,如果是,因何原因。一方面,从事尽职调查的人员应该直接从基金管理公司获得第一手资料;另一方面,与基金管理公司签署的保密协议应该允许从事尽职调查的人员查询相关教育机构、供职机构及监管机构网页,以直接向相关监管机构咨询验证基金管理公司所提供的信息。一旦发现涉及诚信和人品方面的问题,应该立即终止尽职调查,以免后患。比如,在国内市场上,业界都了解基金经理被监管机构请去“喝咖啡”意味着什么。对于有这种记录的基金经理,最好敬而远之。

另外,尽职调查人员应该向基金管理公司索取一份保荐人名单及联系方式作为背景调查之用,对于每一位需要做背景调查者最好有 2—3 名保荐人,这些保荐人可以是被调查者过去的同学、同事、投资者或其他相关人员,但须对被调查者的人品比较了解。当然,还可以在同行业者中非正式地了解被调查者的口碑。

每个 FOHF 管理公司都应该收集制作一个“对冲基金丑闻/欺诈名人堂”,将各种涉及丑闻、欺诈、违规违法等的相关公司和个人纳入其中,最好将相关新闻也收集存档。这样,在日后做背景调查时就能很方便地查阅是否“有雷”,十分顺手。这种“对冲基金丑闻/欺诈名人堂”有时能带来“意外的惊喜”。比如,有一次我们在考察一只对冲基金时,从我们的“对冲基金丑闻/欺诈名人堂”发现这个基金产品的董事成员里面有一位由开曼群岛“董事专业户”公司提供的董事,曾经在麦道夫的一个链接基金中担任过董事。也就是说,当时对于麦道夫那种很明显的作假行为,这位董事在签署麦道夫链接基金的各种审计等文件时居然没有察觉出来并提出质疑,这是明显的失职。当我们把这个情况对被考察的那支对冲基金团队说了后,对方被吓出了一身冷汗,然后迅速做出决定,把这位董事替换掉了。我们的“名人堂”不仅帮助该对冲基金避免了很多潜在风险,而且为我们即将要投出的资金提供了更安全的看护。

正如我们在前面章节中所强调过的,投资对冲基金是一种非常重要的信任和嘱托,如果候选基金经理或基金管理公司在诚信方面有污点或缺陷,其他方面都免谈。为了保证将客户的资金投资到值得信赖的对冲基金经理人手上,对候选对冲基金管理人及其第三方服务商的背景调查是 FOHF 所从事的一项非常重要和艰苦的工作。该项工作在认购基金以后更应该持续进行,一旦发现问题,团队应该及时分析讨论以便采取对策。

员工激励机制

稳健的对冲基金管理公司通常有一套比较合理的激励机制以便激发员工的积极性,吸引和留住优秀人才。很多对冲基金管理公司会在基金的收益中拿出一定比例的盈利在年终让所有员工分享。尽职调查时不一定需要了解候选基金管理公司激励机制的具体金额,但应该了解激励的方式和一定的百分比范围,以便判断其团队的稳定性和吸引力。

作为对冲基金管理公司,在制定“员工激励机制”方面可以参考“高盛 14 条军规”中的“我们慷慨地与员工分享股权,使员工与股东的利益一致”。这是百年老店的经验所证明的行之有效的方法,也是被机构投资者认可的机制,在运营尽职调查的过程中有加分的作用。

基础设施

对冲基金管理公司的基础设施是基金正常和顺利运作的硬件保障。根据投资策略及交易活动的不同,对基础设施的配备和要求也不同。比如一个做量化投资或者是高频交易的对冲基金,对计算机系统的要求就很高;而做受压资产策略的对冲基金对法律方面的背景信息要求很高;从事并购套利策略的对冲基金除了对股市方面的信息要求,对相关市场的税务及公司法律方面的要求也很高;等等。基金管理公司除了需要配备相应的团队成员,还应该有相应配套的基础设施。在做尽职调查时就应该对这些基础设施进行考察和核查。

第二节　公司治理及内部监控

“高盛 14 条军规”中的第一、二条分别是:

> 1. 我们客户的利益总是第一位的。过去的经验说明如果我们为客户提供了满意的服务,我们自己就会取得成功。
>
> 2. 我们的资产是我们拥有的人员、资本和声誉。如果我们失去了这些资产,声誉是最难挽回的。我们致力于完全遵守有关适用法律、规定和职业道德的字面含义和内在精神。要想取得持续的成功必须依靠坚持不懈地遵循这条标准。

作者聂军完全认同老东家高盛的这些“军规”,也从中受益匪浅。正如上面所说,在“人员”“资本”“声誉”这几项“资产”中,如果失去了,最难挽回的是“声誉”这项“资产”——因为其中饱含信任和托付。对于对冲基金管理公司和资产管理公司而言,不但要敬畏市场,更要敬畏赋予自己信任的投资者。不言而喻,“声誉”是极其重要的。而要保证不失去“声誉”这个无价资产,完善的公司治理及严格的内部监控就是必需的。

前、中、后台职责分离

在海外,监管机构通常要求对冲基金管理公司的前台、中台、后台有明确的分工并且有职权上的分离,防止前台、中台、后台业务均由一个人说了算,以求最大限度地杜绝作假舞弊的可能。这对于刚起步的基金管理公司其实是个比较高的要求,这些公司往往希望能尽量减少开支,人员精简当然属于人之常情。但如果不在一开始就把健全的团队建立起来,势必造成团队主要创始人在前台、中台、后台都事必躬亲、全面负责和全面决策的局面,成“三脚猫”之势。劳累、忙碌且不说,监管机构和机构投资者必然会担心基金管理公司被操作而易于作假。这些基金管理公司往往期望在公司成长以后或者管理资金规模显著增加以后再把团队建大建全,但我们知道,要给“三脚猫”接肢装上“第四条腿”是件很痛苦的事情,而且即使装上去了也会与原来的“三条腿”产生许多冲突和排斥,所以还不如在一开始就让它有“四条腿”更轻松、更美观。

FOHF从事尽职调查的人员应该向候选基金管理公司索取其职责流程图及相应关键位置上的人员名单、背景资料。

客户资产保护措施

对于一个基金管理公司来说,没有什么比安全、妥善地管理好客户的资产和信息更重要的事情,所以一定要有一套完善的保护措施。这些措施包括客户的资金能够妥善地存放在安全的托管账户,有效地跟基金管理公司的资金隔离。基金管理公司的电脑系统有安全的保障,客户的资料有准确的记录并有妥善的备份(备份资料应该放置在办公室以外的场所),办公场所有妥善的安全设施预防意外事故发生,等等。

FOHF在进行投资之前,务必在候选基金现场核实他们的具体保护措施。

纪检合规,公司职员私人交易证券账户规定

在海外,监管机构通常对包括对冲基金在内的资产管理公司都有一系列

的监管法律法规及行业指引等，对冲基金管理公司应该针对这些监管要求制定出有系统的内部合规章程，如《职工手册》《合规手册》《内部监控手册》等。对于一个基金管理公司而言，反洗钱、公司职员私人交易证券账户活动的管理等都非常重要。

风险管理及业务连续性计划

这里的风险管理是指公司运营的风险管理，包括健全各种规章制度和完善运营系统，切实保护投资者的利益和妥善保存好投资者的各种信息及更新，尤其是投资者资产信息和交易信息的记录，制订全面的业务连续性计划并严格执行。

我们会要求考察公司的“业务不中断方案”(BCP，也称“灾难应急方案”)，以确保投资者信息的安全和准确。

对于各种出乎意料及不可控事件(如地震、火灾、恐怖袭击等)造成的业务中断，对冲基金管理公司和资产管理公司必须建立一套迅速应对且有条不紊地执行的“业务不中断方案”，以免公司发生重大财务或人员损失，或者客户的投资数据及个人信息发生遗失。这些方案不仅应该有明确的书面手册，还应该在平时对员工进行系统性的定期教育和演习，让他们熟悉各种紧急流程，避免事件发生时手足无措。基金的各种交易数据及客户的各种最新数据应该有连续性的备份及在办公场所以外的妥善储存。设计“业务不中断方案”时的一个场景参考是“9·11”中的世贸中心“双子塔”，假设基金公司当时处于“双子塔”内，公司的财产和客户信息的损失如何可以降到最低？

实例

高盛、摩根士丹利、美林等华尔街大公司每年都会根据“业务不中断方案”来开展一些训练和演习，练兵千日但求能用在一时。在这里顺便给读者介绍两个真实的故事。一个是在高盛，我们普林斯顿的办公楼是从一个农舍扩建的，一共三层，有很多进出口，周围很空旷的土地都属于公司。“业务不中断方案”里有一部分是防火演习，在那栋楼里要疏散是件很容易的事，并没什么紧迫感，但是公司还是坚持每年要开展这个演习以保证整个“业务不中断方案”的完整执行。每次演习，为了使员工们引起重视，公司都在一楼食堂的室外餐厅给大家准备很丰盛的啤酒和烧烤，使得每次演习变成了一次小聚会，大家容易记住并积极参与。

另一个是在美林证券，这个故事是作者聂军亲自经历的。该公司每年开展的“业务不中断方案”的训练在2003年再次真正派上了用场。2003年8月14日下午4点，纽约市场刚收市就突然出现了大面积停电，随后我们很快了解到美国8个州以及加拿大安大略省的电力同时中断（据后来报道，这是北美历史上最大范围的停电，估计在加拿大有1 000万人（1/3的人口）受到影响，在美国有4 000万人受到影响）。当时离“9·11”两周年不到一个月，而在那段时间纽约及美国其他城市时常会拉响恐怖袭击报警，很多人都处于一种神经很敏感和紧张的状况。这场大停电很自然地使大家都怀疑是恐怖袭击。虽然美林证券的办公室位于百老汇222号27楼，楼层很高，但由于平时的演习，同事们按照“业务不中断方案”把最重要的东西迅速作简洁整理后就都跑到紧急楼梯，靠着里面的应急照明，秩序井然地一直往下到达街面，中间没有发生任何踩踏事件。到达街面时交通灯也没有电了，办公楼附近的街道上早已成为“人的河流”，场面已经很混乱，但我们的团队成员先后按“业务不中断方案”指定的汇集地点集结（当时手机等都没信号了）。在确认每个团队成员都安全疏散后，负责“业务不中断方案”的同事才通知解散、各自尽最快速度回家。这种有条不紊和高效的处理使我们在黑夜降临之前能够成功地离开曼哈顿，回到安全的地方。如果没有平时“业务不中断方案”的演习，在这种突发事件发生时还不知会造成多少伤害和损失。撇除可能的恐怖袭击不说，就算是类似于1977年7月的那种大停电，留在黑暗中的曼哈顿也很可能是有人身危险的。

这两个实际例子表明了海外金融机构对“业务不中断方案”的重视程度以及“业务不中断方案”在突发事件发生时的重要性，并不是为了做摆设的。

在做运营尽职调查的过程中，FOHF尽调人员有必要了解清楚候选基金管理公司的“业务不中断方案”的各种关键细节。比如有一次我们在对一个候选对冲基金做尽职调查时，基金管理公司告诉我们说他们有很完善的“业务不中断方案”，交易数据每天都会在下班时拷贝到一个磁盘上，由投资总监将磁盘带回家再上传到他家的电脑上。但是，我们不得不说这种“业务不中断方案”是很不合格的，因为很有可能在大的灾难事件发生之前，这位投资总监在回家的路上发生意外，那样的话，这些数据就可能会被泄露或者遗失。另外，将公司的数据保存在私人电脑上是非常不恰当的，且有可能被黑客入侵盗走或修改其中的数据。

支票签字权

由于资产管理公司本身是为客户管理资金的，财务运作的透明性和财务严格的流程尤其重要。为了避免“老鼠会”之类的丑闻发生以及避免财务操作上的疏忽，基金公司财务上签字通常都有两套人马形成 A、B 名单，每次转移资金都必须要有 A 名单上的人和 B 名单上的人同时签字才有效。

从事 FOHF 运营尽职调查的专业人员应该了解清楚有多少人获得授权签发支票及其他现金转移，是否有 A、B 名单(若有，应该让候选基金提供)，是否有“双人签字”的机制。

软件系统

从事 FOHF 运营尽职调查的专业人员应该了解清楚候选基金管理公司所采用的交易系统、风险管理系统及会计系统分别是什么，是自己开发的还是从市场上买的。在现场，候选基金相关人员应该演示这些系统并生成相应数据和报告以验明正身，保护投资者利益。

第三节　基金运营团队

对于一个基金管理公司来说，基金运营团队是基金正常运作最基本的保障，而这部分往往被很多人忽略，被认为可有可无。其实这里面的学问不小，要求的技术含量并不低，要求具备的知识也比较宽。例如，证券的估值是所有投资活动中最不可忽略的细节，需要懂得投资组合中各种不同证券的估值方法及特性，包括如果证券出现当天无交易或者是停牌这类情况时应该怎么处理，等等。

运营团队核心成员素质、技能及过往操守记录

运营团队通常由运营总监（COO）来负责，有些基金也有由财务总监（CFO）来负责的。运营团队通常包括中台及后台，中台通常指与会计部门和交易部门有关的职位，而后台则包括支持中台的职位，涉及估值定价、现金管理及质押品和保证金管理、仓位交割及结算等。在进行 FOHF 运营尽职调查时必须对运营团队核心成员的素质及技能进行评估，通过背景调查和现场面谈掌握其背景信息。尤其需要了解其过往操守记录，因为这是舞弊和欺诈最容易发生的环节。

运营团队职能分工协作

虽然对冲基金通常都有基金行政人对基金投资组合的每个仓位进行估值，但在对冲基金管理公司仍需要有团队进行验证和核算。无论是中台还是后台的工作往往都涉及大量的核算，非一人之力可以支撑一个相当规模的对冲基金，故需要团队的有效协作。在进行运营尽职调查时需要了解运营团队成员的背景及其协同合作的状况。

是否有什么功能外包给第三方

目前，越来越多的对冲基金将一些非核心的业务外包给第三方服务商，一方面是为了节省开支，另一方面也是为了让专业的人来做专业的事情。当然，外包服务有利有弊，比如弊端包括不能保证交易信息的私密性和安全性、对团队成员新要求回馈的有效性和及时性等。对于基金策略中涉及的比较复杂的交易，外包服务往往很难达到“量身定制”的要求，往往会影响基金本身的交易而得不偿失。在进行运营尽职调查时需要了解其中的百分比，并要求基金提供与服务商的合作协议。

运营团队对相关法律法规条例的熟悉及应用

对冲基金的私募性质使它既受相应的法律、法规、指引条例的监管，但又

不像公募基金那么强制性地被监管，其中有很多灵活性和自律性的东西可以在操作中机动掌握，尤其是在运营的各种具体实施中(例如与第三方服务商的合同协议、与客户的各种补充协议等)。应在不违反相关法律、法规、指引条例的前提下，为投资者及基金带来最大的方便。另外，针对各种客户不同的要求很可能需要制定各种合同或补充协议。这就需要运营团队成员不但清晰了解相关的法律、法规、指引条例，更能熟练地应用于投资者需求而使投资者的权益得到充分的保护。做运营尽职调查时有必要了解运营团队在这方面的知识和技能。

运营团队对相关税法的准确理解及应用

投资对冲基金是为了获取长期稳健的收益，投研团队是创造收益的地方，而运营团队的优劣则可能使投资者最后获得的收益大不相同。其中有个很大的因素是税收(每个投资者都必须按规定合理纳税)，所以运营团队在设立基金、选择服务商、承担基金各种开销等时，能否从基金产品和投资者的税务需求考虑很重要。当然，要做到这些，运营团队首先要清楚地了解在各地针对不同投资者群体的各种税收政策、区别及如何合理地降低税率。做运营尽职调查时有必要了解运营团队在这方面的知识和技能。

估值定价

对冲基金的估值定价工作主要由基金行政人来做，但对冲基金管理公司的运营团队仍需有专职人员进行复核。这部分工作很琐碎也很枯燥，但是非常重要，因为其结果将直接决定投资者的投资收益。FOHF 尽职调查人员应该在现场与候选基金管理公司的后台人员交谈，了解估值定价中常常出现的问题和可能的错误，以及更正的方法(是否有出错记录)，对基金行政人的满意度，检查候选基金与基金行政人之间的合同并获取影印本查阅细节。此外还要与第三方服务商合作核实定价信息来源并完成定价，核查头寸及报价，确定估值原则及估值流程，了解清算过程及程序。

第四节　基　　金

基金资产规模

作为机构调整者，清楚地了解基金及同策略基金的资产管理规模很重要。一方面，这些信息能帮助机构投资者了解可以投资该基金的规模，因为机构投资者尤其是FOHF的基金投资指南都会规定所投资的金额占被投资的基金以及基金公司的资产管理规模的比率不能超过一定的数值（例如20%及30%）。另一方面，这方面的信息有助于分析基金面临的非流动性风险。比如，一个10亿元规模的股票基金持有一只价值超过5000万元的股票，该股票的日均交易量为2亿元。从表面上看，该基金如果需要卖出这只股票应该没有任何问题。但是，如果该基金公司还有其他同策略基金同样持有这只股票，总价值超过2亿元，则问题就来了，因为在我们所关注的基金需要卖出该只股票的同时，该公司管理的其他同策略基金也需要卖出这只股票，这样就会出现非流动性风险。

了解过去一年基金的相应资产管理规模的变化也很重要。如果资产管理规模在过去一年中有显著的缩水，肯定是一种令人担心的事情，这说明要么基金在过去一年里表现不理想导致资产管理规模缩水，要么投资者对基金的某些方面（如业绩表现、运营等）不满意而赎回了资金。资产管理规模的缩水往往会给基金经理及基金公司管理层造成压力，情况严重的则会导致基金投资策略风格漂移，尤其是相对比较小的基金公司更是如此。从运营管理尽职调查的角度，也可以考察基金的历史资产管理规模急剧下降时基金的投资策略是否出现过风格漂移。我们依此不止一次地侦测到投资策略风格漂移的案例。当然，也遇到过例外：有一个规模不是很大的亚洲基金，由于创始人的亡故致使其家人撤资以及部分投资者赎回而导致基金资产管理规模急剧下降，当时公司管理层决定延续基金操作并坚持保持基金的投资策略，经历几年的艰苦努力后，该基金的资产管理规模终于恢复到前期水平。该基金投资总监后来很谦虚地说他们之所以没有出现风格漂移是因为“反正除了这个我们也不懂得做其他的，再说，当时的困境并不是投资策略本身出了什么问题造成的”。另一方面，当资产管理规模在过去一年里出现大幅增长时，或许是件令人感到非常兴奋的事情，但对我们而言这可能是一个红灯。我们首先需要了解的是该基金的投资策略是否会出现容量饱和问题；其次，需要了解该基金的前台、中台及后台是否有足够的人员及设施等支持这种扩展；最后，还需要了解新增投资人的分类以期对其黏性有个大致的估计。

从事尽职调查的人员有必要了解基金及基金管理公司对未来募集资金以增大资金管理规模的计划：1 年、3 年、5 年后期望达到什么样的规模？最终目标是什么规模？在此过程中是否计划对新投资者关闭？

尽职调查时还应该了解该基金公司管理的资金规模，这对于公司能否稳定运行能提供很有用的信息。但这种信息相对而言并不是很重要，对较大的基金公司来说更是如此。

基金规模容量

很多对冲基金策略都在一定程度上有市场容量的瓶颈，对于一只具体的基金当然也不例外。机构投资者在做尽职调查时了解清楚基金的容量非常重要，因为这会直接影响到以后能否投资于该基金和加仓的上限。

通常而言，套利策略的容量规模会相对较小，另外，有很多套利策略容易出现同质化，形成“僧多粥少”的挤踏现象，从 FOHF 角度比较容易发现这一点也比较容易避免。这种现象我们曾遇到过不止一次，有不同的基金经理给我们描述他们的“秘密武器”秒杀策略(比如一些量化套利策略)，结果发现这些相互“隔绝”的基金经理实际上都在做同一件事情，但他们并没有意识到。

2016 年 CTA 策略在中国市场上风生水起，着实大大地火了一把，以至于许多基金公司在推新产品时出现了“策略不够，CTA 来凑”的现象。2016 年 12 月我们曾提醒业界同仁千万不要神化 CTA 策略，因为该策略有很大的容量限制。后来 2017 年在很多同仁一窝蜂地搞 CTA 时，果然发现了 CTA 策略的瓶颈而大失所望。

基金结构及条款

投资对冲基金，在进入之前最好清晰地了解将来退出的途径和速度，这或许是投资者所面临的最大的流动性风险。所以 FOHF 在对候选对冲基金做尽职调查时,一定要搞清楚该基金的结构和条款,尤其是相关的赎回开放频率及窗口、提前告知时间(notice period)、高水位条款(high watermark)、锁定期(lockup)、赎回闸阀(gate)、惩戒条款、侧袋条款(side pocket)/特殊目的(SPV)投资,以及侧袋条款/特殊目的投资所允许的范围及目前状况、百分比及实际金额等,这些对于投资者而言极其重要,因为这直接影响到投资者将来如何调度所投资的资金。下面我们分别作介绍。

对冲基金的认购开放频率通常是每个月,然而赎回开放频率有可能是每个月、每个季度,有的甚至是每半年或者每年。而在赎回窗口开启之前投资者还需要提前一段时间提出正式赎回要求,即提前告知时间。根据不同的对冲基金策略,该告知时间窗口可以是 1 天到 45 天。在做尽职调查时一定要搞清楚这一点,否则很可能会造成资金调配上的紊乱。

高水位条款是针对对冲基金业绩费而言的,是指基金净值达到峰值 A 后出现回撤至净值 B 的情况下,在基金恢复到净值 A 之前,基金不能收取基金绩效费,因为在净值增长到前峰值 A 的过程中已经收取了绩效费,不应该再重复收取。这里应该注意一个容易引起误解的技术性细节:如果基金绩效费是按每年收取的,则计算峰值 A 时应该按照年底净值计算得出,而不是按照半年度、季度、月度、周度或日度净值计算得出。如果基金绩效费是按每季度收取的,则计算峰值 A 时应该按照每季末净值计算得出,而不是按照月度、周度或日度净值计算得出。比如,某基金的表现如图 14-2 所示。

从图 14-2 中可以看出,同一只基金,如果是按照日净值收取绩效费,则其峰值为 3.427,净值于 2015 年 6 月 8 日达到峰值时可以按 3.427 的净值收取绩效费,但是,在日净值回复到 3.427 前不能再收取绩效费;如果是按照季净值收取绩效费,则其峰值为 2.851,净值于 2015 年 6 月 30 日达到峰值时可以按 2.851 的净值收取绩效费,但在季净值回复到 2.851 之前不能收取绩效费。以此类推。这虽然是技术性的细节,但如果基金经理和投资者没有弄清楚这一点并达成一致认识,很容易引起纠纷。

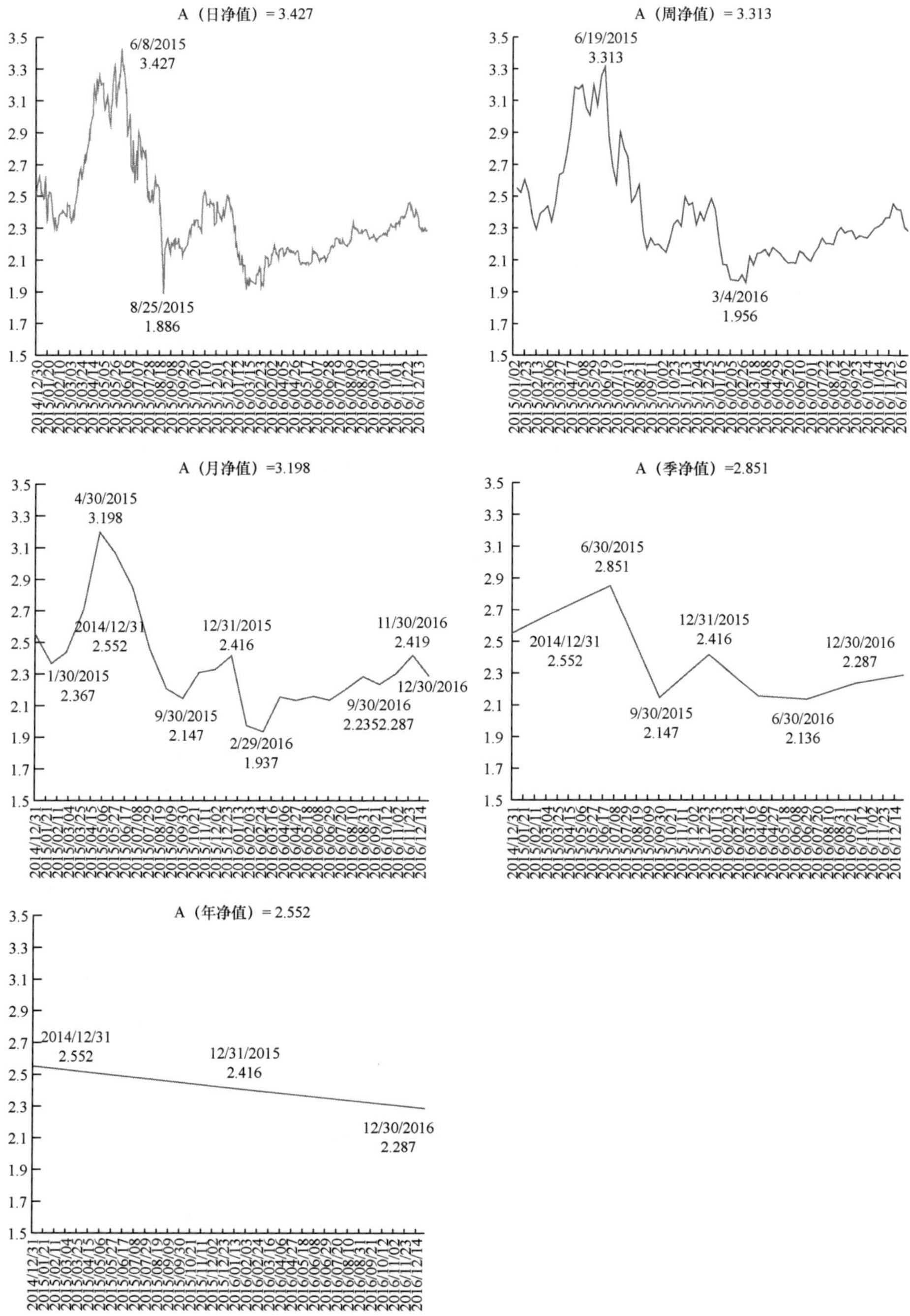

图 14-2　基金不同估值频率的峰值

锁定期是指投资者投入资金后多长时间内不能赎回，或者如果赎回将面临什么样的处罚。通常情况下，对冲基金都会有6个月的“硬性锁定期”和6个月之后到周年的“软性锁定期”。硬性锁定期内投资者不能赎回其投资金额，哪怕只是一部分；而在“软性锁定期”内投资者可以赎回其投资，但需要支付2%左右的赎回费，这笔赎回费将归基金所有。制定锁定期的条款，是为了能让基金经理有足够的时间按照其策略布局投资，而这往往是比较长期的投资。当然，硬性锁定期和软性锁定期也有更长的，如果基金的投资策略流动性较好，也可以选择更短的锁定期。对冲基金在锁定期之后往往是没有赎回费的，投资者在锁定期到期后可以在赎回窗口申请赎回投资而不必交付赎回费。必须要留意的是每笔资金的锁定期是从申购资金申购成功开始计算的，所以在存量客户追加投资时，其追加资金的锁定期与原有投资资金的锁定期是不一样的。FOHF必须把这些日期在自己的数据库中记录清楚，以便计算投资组合的流动性比率。锁定期的设立避免了基金被某些投资者作为炒进炒出的对象。

赎回闸阀(gate)是投资者必须保持非常敏感的另一个条款，该条款规定投资者在每个赎回窗口可以赎回资金的百分比，有的基金规定的是整个基金管理资产规模的百分比(如25%)，有的则规定的是每个投资者在基金份额中的百分比，通常情况下是前者。该条款是为了防止投资者挤兑而影响基金的正常运作而设立，是对基金和留存投资者合理的保护。正常市场环境下，基金管理公司可以选择豁免赎回闸阀，但赎回闸阀也有被滥用的现象。有的基金设定赎回闸阀为12%，有的甚至是台阶式的缩小，首次赎回的闸阀是9%，接下来是7%，再下来是5%，等等。有的基金将单个投资者的赎回闸阀设置为每次是剩余资金的25%，如此就会造成投资者永远无法全部赎回投资资金了。不过，通常在投资金额少于一定数量时，基金会要求投资者一次性全部赎回。对于这种条款，投资者在进入之前就必须仔细考虑清楚是否值得投资。在2008年全球金融海啸期间，有很多投资者希望调用资金时就被许多对冲基金的赎回闸阀给卡死了。这些投资者中就有很多FOHF，从而导致了许多FOHF不得不也启动了赎回闸阀和“暂停赎回”的条款。不少投资者在后来能赎回时赶紧从FOHF赎回了所有资金并且再也不回头了。这也给整个FOHF行业造成了重创。

赎回闸阀也是“双刃剑”。曾经有一只新兴市场股票型市场中性策略基金表现非常突出，2008 年全年收益率超过 14%，但该基金没有设立赎回闸阀。其投资者在几乎所有其他投资都遭遇大幅损失的情况下不愿“割肉”，只好将这只基金当成“取款机”赎回资金，指望稍后资金稍微宽松时再投回这只基金。但没想到的是，在几乎所有投资者都这么做时，这只基金的资产管理规模突然间下降到了难以维持运营的水位，不得已只好关门歇业。这无疑是一件令人感到非常遗憾的事。

有些对冲基金的《私募认购备忘录》(private placement memorandum)会存在比较苛刻的赎回惩戒条款，值得从事尽职调查者特别留意，因为这会直接影响投资者调配其资金时受赎回惩戒条款的约束而无法赎回。

由于不同的原因，有的对冲基金允许有侧袋(side pocket)或特殊目的(SPV)投资，其中的资产往往是流动性极差的“有毒资产”，或者需要较长时间的特定投资，无法实现即时价值，这无疑会影响到投资者赎回时的流动性。在做尽职调查时，必须了解清楚候选基金的侧袋条款或特殊目的投资所允许的范围及最新状况、在基金中的百分比及实际金额、退出机制等。

值得注意的是，侧袋或特殊目的投资与赎回闸阀是不同的概念，但在实践中，侧袋与赎回闸阀却是密切相关的。一方面，如果基金允许侧袋或特殊目的投资，则基金必定要严控赎回闸阀；另一方面，如果基金有严格的赎回闸阀条款，基金经理便会有一定的自由度使用侧袋或特殊目的的投资。总之，二者都会使投资者在危急中需要赎回资金时感到束手无策。

投资者结构百分比

作为拥有较大资金规模的机构投资者，FOHF 在投资一只候选基金之前应该了解清楚该基金现有投资者的类别结构和相应投资占基金资产的百分比，尤其需要了解清楚是否有外部单个投资者占据基金资产管理规模的绝大部分，还需要知道基金经理及员工投资的百分比，是否有任何投资者享有优惠费率及赎回条款。这样可以判断基金的投资者对该基金的黏性及赎回时“冲向门口”的踩踏程度。投资者类别通常包括主权基金、养老金基金/退休基金、大学捐赠基金、保险/再保险机构、FOHF、银行/私人银行、基金会、信托、家族办公室、高净值个人投资者。

做 FOHF 尽职调查时通常希望看到对冲基金经理自用资产的显著百分比投入了基金，这显示了基金经理对该产品的专注程度。

投资组合信息

在海外,FOHF通常不会要求底层基金提供实时的持仓信息,但往往会在事先与底层基金签署的保密协议(non-disclosure agreement)的保护下要求底层基金提供月底风险因子数据、十大多/空仓详情及滞后若干天(例如30天)的持仓记录。为防止空仓信息不慎泄露的风险,十大空仓信息可以隐去实际证券的名字而只提供其特征描述。持仓记录滞后的天数当视底层基金的投资策略而定。对于换手率较低的,滞后的天数可以相对多些。FOHF收集这些信息的目的是分析和理解底层基金的风险特征并核实是否符合投资之前基金经理的承诺。当然,FOHF还可以通过汇总这些信息分析是否在底层基金中出现仓位或策略的羊群效应而潜伏共振踩踏风险,这些信息不但FOHF可以自己用,还可以用来提醒相关底层基金经理,使他们避免踩踏。比如,在2010年不少在香港市场从事股市多/空头策略的基金经理都喜欢把京信通信(02342.HK)放在他们的基金材料里面(见图14-3)。

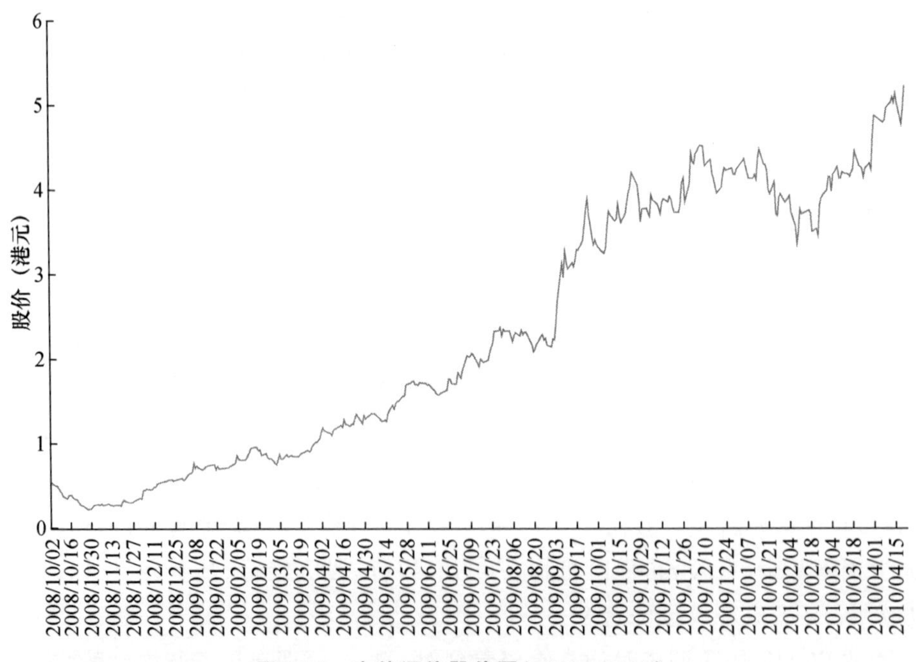

图14-3 京信通信股价图(2008—2010)

资料来源:彭博。

毫无疑问,当时基金经理们都是想要证明他们选股如何正确,股票价格在短短的一年半里翻了十倍以上。但当我们看到很多基金经理都有类似持仓时,提醒了相关的基金经理这个交易应该已经非常拥挤,必须谨防踩踏。所幸被提醒的基金经理在意识到这一现象后实行了逐渐减仓,否则后面的结局会比较惨烈,后来股价几乎被打回了原形(见图 14-4)。

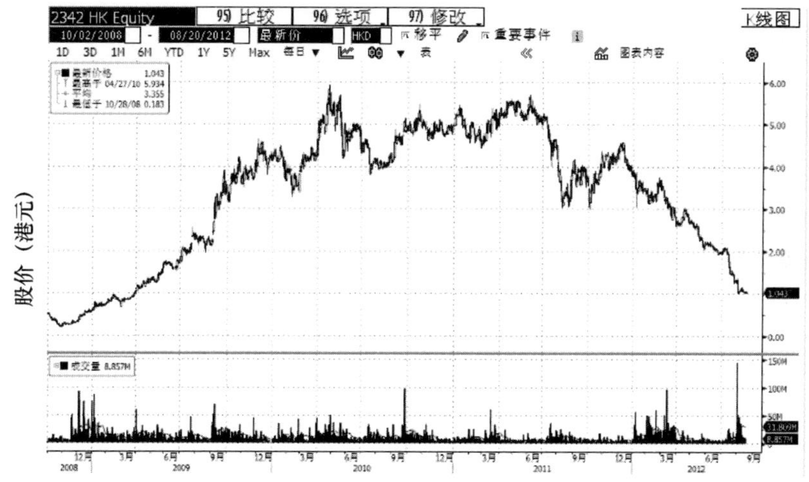

图 14-4　京信通信股价“兴衰”图(2008—2012)

资料来源:彭博。

这可以说是 FOHF 与底层对冲基金之间的一次良性互动的典型案例。在持仓层面上如此,在投资策略层面上也有过不少类似良性互动。显然,这对市场及整个行业的健康发展是有益的。

投资者报告

各种投资者报告是基金经理、基金管理公司与投资者之间正式的和持续的交流渠道,报告中的数据和内容往往具有法律效力,基金经理和基金管理公司务必重视投资者报告中的数据与内容的准确性。

有很多著名的对冲基金经理会利用定期的投资报告介绍他们对于市场的看法、对行业的看法、对投资的信条和哲学。把这些投资报告和备忘录集结在一起就能形成一本本活的教科书。这方面很有名的对冲基金经理是橡树资本的霍华德 · 马克斯(Howard Marks),投资者们不但能从他的备忘录中看到他的投资实践，还能理解其后面的深层逻辑和思考、判断，甚至引申到许许多多的人生哲学，受益匪浅。

2008 年全球金融海啸后，美国总统金融市场工作组资产管理人委员会于 2009 年 1 月推出了《对冲基金最佳实践指引》，其中就特别强调了对冲基金投资报告的重要性。

投资者通讯报告

投资者通讯报告通常是月度性的，其中包括静态的基金简介、申购/赎回简要信息及条款、收费概览、服务商信息，以及动态的相关市场状态观察、分析和展望及对基金投资策略的影响、基金所采取的对策和调整、基金的表现。另外，投资者通讯报告还应该包括基金管理团队及公司的人员变动、系统更新等信息。很多对冲基金每个月还另外提供风险报告，但有些对冲基金需要每个月电话交谈时才提供相关风险管理信息。从事 FOHF 投研尽职调查人员应该与候选基金管理公司进行初步沟通，强调风险管理报告每个月都是必须提供的，如果候选基金坚持表明无法提供所需的风险管理报告，则尽职调查过程就应该尽早停止。

我们曾对一只风靡一时的对冲基金进行尽职调查，在我们三次坚持要求提供风险管理报告均被拒绝后，我们停止了对该基金的尽职调查，当然也就一分钱都没有投资。在我们停止后没多久，该基金因风险管理失控而爆仓，甚至险些引发全球性金融风暴，而这个爆仓对我们却未伤及毫发。

报告内容的质量评估

并不是所有投资基金管理公司都会重视其投资报告的内容和质量，有很多投资者报告里面的内容长期没有更新而使其中有些数据不准确。投资者通讯报告中的很多内容实际上可以通过简单的公式计算来核实判断信息是否错误。如果基金管理公司不能很认真地对待投资者报告的话，这本身就表明了对投资者的不尊重和自身的不尽职，对这种基金管理公司的尽职调查就值得花工夫，多问几个为什么。

通过细读投资者报告，我们曾经侦测出不同的“地雷”并及时避开了。以下是其中两个实例，当时我们果断否决了对该基金的投资，在最后爆仓时对我们没有丝毫影响，为我们的投资者避免了不必要的损失。

实例

曾经有一个叫 Qinhan Capital Management（秦汉资本管理）的对冲基金管理公司，是中国人在海外设立的，在中国股市 2005—2008 年大牛市到来之前就已发行了他们的"中国多策略基金"，在不同的时间曾经有不同的同仁向作者聂军推荐过，我们发现当时秦汉基金还在某数据库里面拿到了"新兴经理人"的一个奖项。然而，在我们审阅其投资者报告时发现其中的夏普比率居然高达八点几，而且与我们根据他们月度数据所计算的夏普比率相差很远。于是我们就要求他们的基金经理、创始人 JL 来解释这是为什么。没想到该创始人在这么简单的一个概念上居然胡搅蛮缠，先是吓唬说"这个夏普比率的数学公式很复杂，你们就不用看其中的细节了"，但在了解到作者聂军就是学微分几何的情况下他知道无法敷衍了，只好改口，强调全世界都把夏普比率这么简单的概念搞错了，而只有他的计算方法是对的。当时尽职调查进行到这个阶段，这位 JL 的问题就从纯粹的技术问题转化为人品问题了，已经无基本的信任可言，所以作者聂军要求团队永远不能投资于这个秦汉基金。作者聂军的一票否决权是 2007 年夏天行使的，没曾想到秦汉基金在 2008 年 3 月就开始爆仓，到 2008 年 8 月就已经亏损 80％左右，然后基金经理及创始人 JL 就失踪了，直到今天都没有人知道他的行踪。据说还有不少投资者在全球搜寻他。

另一个关于投资者报告的例子是我们从投资者报告出发，否决了麦道夫基金联接基金的一个投资。麦道夫基金有很多联接基金，由不同的公司冠上它们自己的名字进行销售。当时麦道夫的一个联接基金来找到我们作路演，基金的业绩指标很靓丽。我们结合路演的材料和投资者报告所披露的信息，找出了他们投资策略基本的方法及对象（标普 100 成分股），并不是很复杂。然后我们将其投资策略应用到标普 100 成分股的历史数据作了各种分析，发现在有的月份无论怎么做，该基金都是必须要有亏损的。但是在投资者报告里那些月份却是在赚钱的。接下来我们就需要找基金经理解释其中的缘故,但是基金经理一直躲着不见我们。根据我们的原则,在做出投资决定之前,候选基金经理必须针对我们团队成员的每一个问题做出令人满意的答复。所以作者聂军对该基金行使了一票否决权。后来我们才了解到,这是麦道夫基金的一只联接基金。麦道夫基金或其联接基金曾经来找作者聂军团队三次路演寻求投资,但三次都被我们的团队拒绝了。麦道夫基金最后爆仓时我们并没有受到任何直接影响。

顺便说一下,在麦道夫庞氏骗局曝光后有人说,一看麦道夫基金的净值曲线那么直就知道是假的,投资到这种基金肯定会要被骗。这话似乎有些道理,毕竟投资过程中的波动是难免的。但是,我们确实遇到过净值曲线比麦道夫基金的净值曲线还漂亮的基金 AAPP,在进行了非常严格的尽职调查后,我们能非常确定 AAPP 是一只真实而正常运行的基金且投资业绩是真实的,该基金通过了我们的尽职调查,而且给我们带来了相当丰厚的投资收益。

投资组合的透明度

FOHF 通常不会要求候选基金经理提供每天的所有持仓数据(除非是管理专户),但一般会要求及时提供月底风险因子数据以及多(空)头的前 10 大仓位信息及其他统计数据。当然,为了避免被夹仓,很多基金在提供空头仓位数据时会选择隐去具体仓位的名字。基金月底的所有持仓数据可以视具体策略的流动性而滞后一个月到几个月再提供。

风险管理报告

正如前面所说,从事 FOHF 投研尽职调查的专业人员应该与候选基金管理公司进行初步沟通,强调风险管理报告每个月都是必须提供的,如果候选基金坚持表明无法提供所需的风险管理报告,则尽职调查过程就应该尽早停止。如果候选基金表示没问题,完全可以满足所提要求,则运营管理尽职调查人员应当与风险管理尽职调查人员合作,制定一个风险管理报告的格式及所需数据(这些数据不会涉及基金的底层持仓),并且与候选基金达成共识,如果有必要还应和候选基金签署一份补充协议,并应该在运营管理尽职调查阶段签署这个协议。由于风险管理报告并不会要求底层基金经理透露持仓信息,所以风险管理报告可以要求的频率越高越好,最好是每日的。如果不是每日的,争取是每周的。无论如何,至少是每月的,并需要明确月末后多少工作日后能提供正式的风险管理报告。

前面谈到过,在我们操作 FOHF 的过程中,风险因子是贯穿始终的最重要的 DNA,最终获选入池的基金都必须能按照我们的风险管理报告的格式提供定期报告。这样便于清晰了解候选基金所承担的风险因子,如果考虑将其加入 FOHF 投资组合,基金经理能及时了解可能的风险因子权重变化及风险贡献度的变化。

报告的及时性

由于对冲基金并没有定时披露持仓等信息的义务,加上对冲基金通常赎回周期都较长,这使对冲基金与投资者及时的信息沟通显得尤其重要,投资者不但需要及时了解其投资收益情况,更需要了解其所承担的风险。所以 FOHF 从事尽职调查的专业人员需要了解清楚候选基金的各种报告的发送频率和滞后时间。很多个人投资者可能并不太在乎或者没有时间和精力来关注投资报告的及时性和其中的内容,但是 FOHF 作为机构投资者,必须要掌握投资者报告的及时性以及其中的内容、质量。

经审计的年度财务报表

对于投资者而言,每个自然年度结束后能及时了解投资收益情形是非常重要的,因为这涉及投资者向其所在税务系统合理报税,履行法定义务。FOHF 在做运营尽职调查时有必要了解清楚自然年结束后多少个工作日投资者能收到投资收益预估及经审计的年度财务报表。这里往往涉及许多比较敏感的税务方面的时间表,一定要避免因财务报表的延误而使投资者承受税务罚款。比如,在美国每年个人报税的正常截止日期是 4 月 15 日或者 4 月 15 日之后的第一个工作日(如果 4 月 15 日是周末或节日),在填交税务表 4868 后可以后延 6 个月,但仍然必须在 4 月 15 日左右的纳税截止日缴清所有税款,否则将面临金额不菲的罚款。如果后延6个月后仍然不能提供税表,亦会面临金额不菲的罚款。对冲基金的正式审计报告一般是3月底才提供,而FOHF的审计师需要在所有子基金所提供的年度审计报告的基础上再计算出FOHF的年终净值。在这种情况下,FOHF的投资者通常都需要先填交税务表4868后延报税6个月。其他税务系统也有类似情形。由此可见,尽早获得底层子基金的经审计后的财务报表对于FOHF投资者来说是非常重要的。

第五节　第三方服务商

第三方服务商的信息

第三方服务商的详细信息如下(每一项都包括公司名称、地址、联系人电话及电子邮件地址):

- 基金行政人。
- 基金PB。
- 基金审计。
- 基金托管。
- 基金法律顾问。

运营管理尽职调查的一个重要工作是调查清楚第三方服务商是否有与基金公司关联的。有的基金公司在业务量大幅增加后,有成立或收购第三方服务商建立“一站式服务”的冲动,以便“肥水不流外人田”,以及更好地保护交易信息的私密性,但这种举动会使FOHF和大机构投资者有潜在串通作假的担忧。在做尽职调查时必须了解清楚其中的关联。一站式服务实际上在机构投资者的评估系统中应该扣分而不是加分。对于无义务像公募基金一样需要披露很多信息的对冲基金而言,这种一站式服务给客户带来的边际利益远远小于可能因为造假或舞弊给客户带来的损失。这方面的例子很多,最著名的当数麦道夫的650亿美元庞氏骗局。麦道夫于20世纪60年代设立麦道夫投资证券公司后,在其下设立了很神秘的资产管理机构发行麦道夫基金,而该基金的托管机构也是被他控股的,这样为麦道夫作假提供了保护伞。虽然作者聂军所在团队曾三次成功规避了麦道夫基金及其联接基金，但不难看到在麦道夫的“受害者名单”中不乏机构投资者甚至 FOHF。应该说，这种错误或者“疏忽”是不可饶恕的，该情形不但给投资者带来了巨大的金钱损失，实际上还给整个 FOHF 行业带来了无法挽回的名誉损失。

进行现场尽职调查前最好能获得候选基金公司与第三方服务商合同的复印件并仔细阅读其中内容，不甚清楚的地方应该在现场尽职调查时当面询问清楚。另外，在现场尽职调查时应该检查合同原件的签名盖章等，以核实其真实性。

PB 的执行、融资融券能力

基金大宗主券商 PB 除了其券商的功能，通常还担负证券托管的功能，但它最核心的功能则是融资融券以及引资（capital introduction），也就是说，在对冲基金需要融资加杠杆时，PB 必须有资金按 PB 服务合同借给基金进行交易；在对冲基金需要融券做空某证券时，PB 需要提供券源；在一些定期的投资活动中为对冲基金引荐投资者进行洽谈、探讨投资的可能性。

在海外，一个对冲基金可以有几家不同的 PB，这样基金经理除了可以在不同的 PB 之间比较同一项服务的性价比，还可以在融券等服务方面将业务需求分散到不同的 PB 以便使效益最大化，尤其是对于券源比较紧张的证券更是如此。

2008 年，在雷曼兄弟轰然倒下以后，用雷曼兄弟公司做 PB 的对冲基金的资产便被锁在里面出不来，直到过了四五年才最后拿回来绝大部分资产。当时，华尔街很多券商也都呈现了不同程度的倒闭风险，那段时间我们常常需要帮助我们的子基金管理公司在其他券商重新设立第二个甚至第三个备用的 PB，避免类似雷曼的事件重演。

FOHF 在做尽职调查时应该了解清楚候选基金目前在用多少个 PB；占投资组合的百分比分别是多少；各自的主要业务范围和职责是什么；在基金的历史上是否更换过 PB；如果更换过，具体日期和原因是什么。

在这里顺便提一下，在海外成立对冲基金一般是到最后阶段比较各家券商的服务内容、质量、性价比等方方面面后才确定 PB 的。而现在在国内的情形则大不相同，成立一只基金的第一件事是必须选好 PB，其他事项才能开始，然后 PB 基本上主导了设立基金的全过程。很多重要文件包括基金投资者协议等都由 PB 来起草,这样造成了基金对 PB 的依赖,同时 PB 对基金的控制使得基金根本不可能有任何空间选另外一家券商来做第二个 PB,这样导致了基金完全被 PB 捆绑。一旦 PB 出现什么状况,基金的运作可能就会在很大程度上处于瘫痪状态。这种现象显然需要从根本上进行改革。

另外,现在国内尚没有基金行政人这个职业,行业基本上是片空白,所以 PB 还额外担任了部分基金行政人的角色,使得 PB 在国内基金的运作中存在比较大的关联性风险。所以,从行业健康发展的角度而言,当务之急是要抓紧发展基金行政人这个职业,使得 PB 业务更加精准于起核心业务,把一些附加上去的功能尽早剥离出来。

服务商估值定价原则

在绝大多数时候对冲基金的估值是依赖于基金行政人的,所以有必要了解基金行政人及相关的服务商在做估值定价时的一些信息,包括基金行政人的第三方/独立定价信息来源、估值原则及估值流程(见表 14-2)。

表 14-2　定价信息来源及估值原则

定价信息来源	占投资组合的百分比
交易所价格(收市价、bid/ask/mid、最后交易价,等等)	
券商定价	
第三方价格模型	
模型定价	
投资团队估算	

另外,有必要了解月末后多少个工作日能提供净值报告以掌握基金净值的及时性。

基金与第三方服务商历史

从事 FOHF 尽职调查的人员应该了解候选基金与各个第三方服务商(尤其是审计师)的业务历史,是否曾经更换,原因是什么;对现有第三方服务商是否满意,是否准备更换,原因是什么。如果一只对冲基金更换第三方服务商,可能是因为该服务商的服务质量达不到要求。但是如果一只对冲基金经常性地更换第三方服务商尤其是审计师，那可能就不是第三方服务商的问题而是这个基金管理公司有问题，存在潜在运营风险。所以有必要了解基金管理公司与服务商的历史。

评估系统

在开展运营尽职调查的过程中，尽职调查人员应该把最关心的一些指标提出来，专门做成一个评估系统并数量化基金在各项指标的得分。一方面可以在行业中做比较，另外也可以在跟对冲基金经理交流时指出他们的不足之处。最重要的是在投资该对冲基金以后，会连续不断地用这个系统来跟踪基金，看它们的运营是改善了还是变差了。表 14-3 和表 14-4 是评估系统的一个例子(为了使有问题的指标显眼，各项指标以 3 为最差，0 为最好，最后总体得分以 100 减去各项指标之和)。

第二驾马车总结

综合以上尽职调查内容，从事 FOHF 运营尽职调查的专业人员需要亲自撰写报告，总结归纳出候选基金管理公司在运营操作和公司治理方面有什么明显的优点和劣势，对背景调查的情况是否满意，是否侦测到什么潜在欺诈风险，是否有什么潜在“雷区”，基金产品的各项条款是否可以接受，是否与候选公司签订了保密协议及其他附加协议，条款是什么，对第三方服务商的尽职调查情况是否满意。报告需要向投资决策委员会提交，接受投委会及团队的质疑和挑战并进行答辩，直到投委会和团队的所有问题都得到满意的答复。

如果在运营尽职调查中发现候选基金有任何污点记录及欺诈风险，务必要强调并直陈投委会，运营尽职调查在尽职调查“三驾马车”中通常拥有一票否决权。

表 14-3　评估系统

策略		基金 1	基金 2	基金 3	基金 4	基金 5	基金 6	基金 7	基金 8
运营尽职调查评估系统									
		CTA	固定收益套利	市场中性	股市多/空	宏观	信用套利	股市多/空	事件驱动
1. 基金经理	背景调查	0	0	0	0	0	0	0	0
2. 基金产品	投资者权益保护	0	0	0	0	0	0	0	0
3. 基金产品	基金产品条款	0	0	0	0	0	2	0	0
4. 基金产品	投研关键人物风险	0	0	▶3	0	0	0	2	▶3
5. 基金产品	侧袋投资	0	0	0	0	0	0	0	1
6. 基金产品	投资组合中包含难以估值的证券	0	0	0	0	0	0	0	1
7. 基金产品	低透明度	0	0	0	0	0	1	0	▶3
8. 基金产品	估值流程欠完善	0	0	0	0	0	0	0	0
9. 基金产品	投资者不断赎回	0	0	0	0	0	0	0	0
10. 基金产品	基金资产规模太小或太大，增长太慢或太快	0	2	0	0	0	0	2	0
11. 基金产品	运营开销大	0	0	0	0	0	0	0	0
12. 基金产品	管理团队跟投低	0	0	▶3	0	0	0	0	0
13. 管理公司	运营关键人风险、团队人手短缺、缺乏经验	0	0	0	0	0	0	0	▶3
14. 管理公司	公司所有权混乱	0	0	0	0	0	0	0	0
15. 基金产品	团队缺乏责任隔离、团队成员中存在特殊关系	0	0	0	0	0	0	0	▶3
16. 管理公司	创业基金经理/基金	1	2	0	0	1	0	2	2
17. 管理公司	自营基金行政人或控股基金行政人	0	0	0	0	0	0	0	0
18. 管理公司	基金业绩是否具备审计报告或可供核实的报告	0	0	0	0	0	0	0	0

（续表）

运营尽职调查评估系统									
策略		基金 1	基金 2	基金 3	基金 4	基金 5	基金 6	基金 7	基金 8
		CTA	固定收益套利	市场中性	股市多/空	宏观	信用套利	股市多/空	事件驱动
19. 管理公司	公司及团队成员是否持牌	0	0	0	0	0	0	0	0
20. 管理公司	公司是否有违法违规记录	0	0	0	0	0	0	0	0
21. 管理公司	公司是否有涉嫌违规违法控告	0	0	0	0	0	0	0	0
22. 管理公司	第三方资金挪动是否只需一人签字	0	0	0	0	0	0	0	0
23. 管理公司	是否对基金收益频繁出错	0	0	0	0	0	0	0	0
24. 管理公司	业务不中断计划是否完善	0	0	0	0	0	0	0	⚑3
25. 管理公司	是否错过发送年度审计报告	0	0	0	0	0	0	0	0
26. 管理公司	过去 6 个月团队是否变动很大	0	0	0	0	0	0	0	0
27. 管理公司	与第三方服务商是否关联	0	0	0	0	0	0	0	0
28. 管理公司	公司是否缺乏合规及内控	0	0	0	0	0	0	0	⚑3
29. 管理公司	过去 12 个月是否更换第三方服务商	0	0	0	0	0	0	0	0
30. 第三方服务商	基金的基金行政人是否有污点记录	0	0	0	0	0	0	0	0
31. 第三方服务商	基金的 PB 是否有污点记录	0	0	0	0	0	0	0	0
32. 第三方服务商	基金的托管(现金、证券)是否有污点记录	0	0	0	0	0	0	0	0
33. 第三方服务商	基金的审计师是否有污点记录	0	0	0	0	0	0	0	0
总分		**99**	**96**	**94**	**100**	**99**	**97**	**94**	**78**

注：⚑代表风险警示。

表 14-4　基于历史数据的各种对冲基金策略评估系统得分范围

对冲基金策略	得分范围
股市多/空头策略	80—99
股市净多头策略	86—99
事件驱动策略	87—98
套利策略	77—92
新兴市场策略	84—87
固定收益套利策略	73—98
管理期货策略	89—96
特殊情形策略	82—97
宏观策略	86—96
信用策略	83—92
受压资产策略	81—90
可转债套利策略	78—93
股市中性策略	80—95

投委会在全面审查完运营尽职调查报告后,应该给出确定的评估,最简单的可以分为“批准”“补充”和“否决”三级。如此,可以对展开了运营尽职调查的基金分别贴上“运-准”“运-补”“运-否”的标签,录入数据库。其中“补充”为有条件批准,但仍需补充或更新某些关键信息。如果一个候选基金运营尽职调查被批准了,但由于市场环境等原因暂时不能被纳入投资组合进行实际投资,等待时间如果超过一段较长时间(比如 6 个月),则该基金的标签将自动从“运-准”降到“运-补”,因为在这段时间里该基金的运营方面有可能发生较大变化,需要获取最新更新看是否仍然让人满意。

第十五章
风险管理尽职调查——鉴定投资市场风险因子

第一节 概 论

对冲基金风险管理尽职调查的主要内容是候选基金管理公司的风险管理理念、机制、团队、系统和流程。只有风险管理的理念清晰了，机制才会走向完善，团队才会健全，剩下的就是如何制定监控内容及处理流程。

对冲基金靠承担有意向的风险(intended risks)来获取额外收益而避免无意向风险(unintended risks)。可以说，每一种额外收益来源的背面都是一种风险，要做好对冲基金的风险管理，就必须了解清楚其额外收益来源是什么。但反过来，并不是每种风险的背面都是一种额外收益。风险管理尽职调查就是要了解和找出候选对冲基金所承担的有意向风险因子以及风险管理的过程。

然而，风险是一个古老而深刻的话题，有必要对风险是什么做一个实质性的描述。我们知道，有投资就会有风险，橡树资本创始人霍华德·马克斯就在其备忘录 *Risk Revisited* 中指出，人们普遍认为低收益、低风险而高收益、高风险，实际上存在误区。他给出了一个收益率与波动率为参考坐标的图来解释(见图 15-1)。

图 15-1 中横轴为风险，纵轴为收益率，表明对于风险较低的投资策略，其收益率分布在一个比较小的区间，随着风险的增大，收益率的分布区间也随之增大，有可能带来很高的收益，但也有可能出现负的收益率，即亏损。也就是说，追求高收益固然需要高风险，但高风险带来的是高度的不确定性，却未必

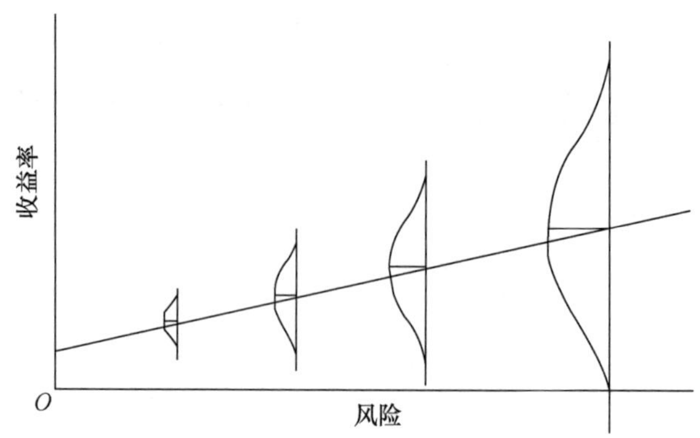

图 15-1　投资风险的解读

资料来源:橡树资本。

能带来高收益。其中的“不确定性”是对“风险”的最好刻画。而风险管理正是通过恰当的策略和流程来控制这种不确定性、避免重犯过去所犯错误的艺术。

不确定性意味着风险,许多风险是我们无法事先预知的,也没法消除,只能通过恰当的对冲方法将之降低或转移。而对冲基金正是通过主动承担有意向的风险,同时规避无意向的风险来获取超额收益的。

风险的不同维度

那么问题来了,如何找出和界定“不确定性”中最主要的成分?怎么去度量和计算?又怎么去应用来降低风险?或者说如何找出导致“不确定性”的各种根源并设法进行“分类管理”?所以从顶层而言,一个对冲基金管理公司关于“不确定性”是什么及其主要相关的内容是什么,决定了该公司在风险管理上的哲学、逻辑和理念;如何度量和计算则决定了其方法论以及采取什么样的风险管理模型和系统、如何汇总各种风险数据及风险管理报告中的内容和含义。在此基础上再决定构建什么样的风险管理团队以及赋予其何种程度的权力。

虽然在怎样定义风险的问题上,对冲基金行业内有不同的理解和观点,行业内普遍用业绩的波动率表示风险,但也有同仁用实际实现的损失表示风险而不太在意波动率,或者用 VAR 表示风险,或者用相对于某标杆指数的贝塔值表示风险,或者用杠杆率来表示风险,等等,不一而足。我们认为投资对冲基金的市场风险应该从多个维度，而不应该仅从某一个指标来看，而且许多风险指标不能只看一个横截面数据，而应该看其历史的演化状况才能准确地判断某个风险指标值是高还是低。比如，投资业绩的痛苦指数或者回撤状态就包含许多风险方面的信息。另外，如果投资出现了亏损固然是风险，但如果投资出现了令人惊喜的盈利却又不能持续，同样也是风险。所以我们需要检测分析奇异的下行及奇异的盈利。如果在某一段时间里，同等策略的其他对冲基金都在亏钱，而某只基金却在赚钱，那么这只基金就有可能存在某种风险，应该深入了解为什么这只基金在赚钱，有没有可能是在作假。当然，投资组合的杠杆水平过高或者集中度过高固然是投资的风险，但不同对冲基金策略的杠杆范围、集中度都不同，就像不应该拿桃子和苹果来比，也不能简单硬性地比较不同策略的杠杆水平及其集中度。虽然作者聂军曾参与开发和建立全球最早的 VAR 系统之一——KVAR＋，但在衡量对冲基金的风险时，我们很少用 VAR 来作为一个风险指标。相对于其他风险指标，我们认为投资经理策略的风格漂移是更大的风险，这可以通过分析基金业绩的可持续性来判断（在前面介绍可持续性时有详细描述）。

我们最喜欢的一个风险衡量指标是痛苦指数（见图 15-2）。在相关章节中我们已经介绍过，这个指数远远不止是一个二维图，其中包含许多历史“痕迹”及各种数学模块，能细读这个图的使用者总会获得各种细节信息作为回赠。

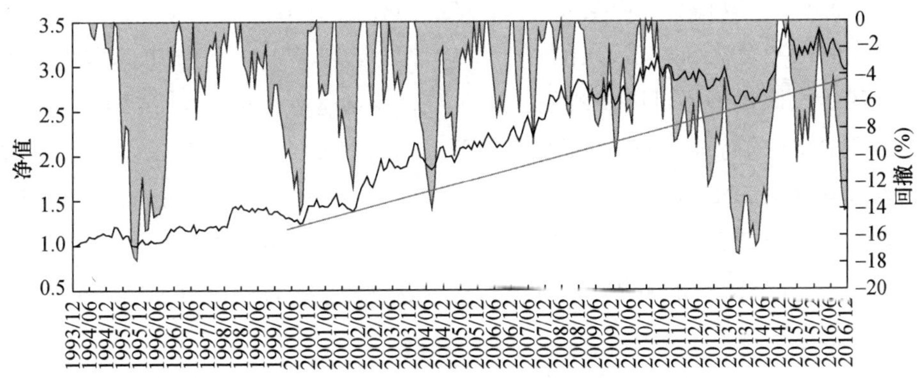

图 15-2　净值曲线与痛苦指数

资料来源：瑞信对冲基金指数。

对于 FOHF，如果我们所挑选的底层子基金的痛苦指数是“互补”的（即在每个时间节点上有正经历痛苦的,也有正经历欢乐的),则无疑该组合基金将获得比较理想的风险分散。这种风险分散的效果应该比低相关性矩阵的风险分散效果好。

当然,针对不同对冲基金策略的投资组合,鉴定和计算风险的方式有不同的模型和方法论。底层子基金的经理必须考虑清楚该如何鉴定投资组合所承担的风险和如何对之进行度量计算,以及如何解读和理解计算出来的风险。正确地搞清这些问题能帮助基金经理思考和寻求恰当的方法来降低及规避风险。然而,作为 FOHF 经理,我们没有必要,也不可能让每一只对冲基金都采用或接受我们对风险的理解和理念,但我们必须熟悉候选基金的风险管理哲学、理念、流程及其所用的风险管理系统,尤其要搞清楚其风险管理报告中的风险指标是如何计算出来的。在尽职调查过程中,我们会与候选基金的风险管理团队成员交流,了解他们的操作以及该基金运行中的一些特殊风险事件,了解过往较大的回撤发生的原因以及他们所得到的经验教训和改进方法。更重要的是,我们会与他们讨论对基金未来的各种风险包括回撤的预判及可能采取的措施。

另一方面,金融市场每分每秒都在变化,基金经理需要及时排除噪声,有效地捕捉投资组合中的各种市场风险及其变化。FOHF 在不能随时看到投资组合中每个仓位的情况下,透彻地了解所投资的对冲基金的风险因子及风险特征就显得至关重要,同时也是非常具有挑战性的工作。

我们已经多次强调过,风险因子是构建和管理 FOHF 过程中的 DNA,风险管理尽职调查不但可以使我们了解和熟悉候选基金将给我们带来的各种风险因子 DNA 的特征,同时也使我们熟悉这些 DNA“生产”的流程以及建立起及时传导这些 DNA 信息的渠道,使我们能定期获得所需要的信息,避免风险信息“突发跳跃”之类的事件发生。只有真正熟悉各个候选基金的风险因子和特征,在构建及运营 FOHF 时才能通过“穿透”的方式解析出其所承担的风险及各种风险的程度。

在《对冲基金最佳实践指引》中,委员会的专家建议对冲基金管理公司最好每个月(至少每个季度)向投资者披露其相关的基本风险信息。FOHF 可以以此为参照定期从底层对冲基金获取风险信息,输入自己的风险管理模型中生成对 FOHF 的风险信息,提供给自己的投资者。

获取底层仓位数据的利和弊

很多人都认为了解一个底层子基金的风险因子和特征的最好方法是让底层子基金提供底仓头寸数据。然而,无论对什么策略的对冲基金来说,除了专户基金,要持续发送底仓头寸数据是非常敏感的一个话题,一方面是基金经理担心现有仓位透露后会被夹仓(尤其是空头仓位部分),另一方面基金经理也会担心他们的策略被复制(而事实上确实有类似事件发生过),所以基金经理通常不愿意提供底仓头寸数据。从另一个角度而言,对于一个全方位全策略的 FOHF,即使持有底仓数据,如果没有包括针对所有对冲基金策略的风险管理系统,要掌握其中的风险特征也是很困难的,弄不好最后是一头雾水,不知风险在何方。举个例子,即使是一个限于股市单一大类资产的 FOHF,假设投资组合里有股市多空头策略基金、并购套利策略基金,由于股市多空头策略的风险管理模型和系统跟并购套利策略的风险管理模型和系统通常是不一样的,同一只股票在股市多空头策略中的风险贡献方式和程度与它在并购套利策略中的风险贡献方式和程度往往是天差地别的。所以,即使 FOHF 掌握了各个底层子基金的具体仓位,如果没有用恰当的风险管理模型和系统对相应子基金投资组合进行分析,也未必能真正计算出整个投资组合所面临的风险。

只有在 FOHF 本身的风险管理系统具有足够复杂的各种模型,能够清晰地计算和分析各底层子基金的风险并能有效地汇总时,持续持有底层子基金的持仓才有意义。否则,即使风险管理系统能覆盖 90%的底层子基金的策略的风险计算,整个风险管理仍然存在很大的隐患,风险很可能就正好隐藏在没能覆盖到的那 10%的“角落”里。

作者聂军效力于高盛 FOHF 团队时,由于其历史原因(优势),有大约 80%的底层子基金是专户基金,我们每天都能看到成千上万个底层的仓位。这迫使我们必须要有包罗各种对冲基金策略风险分析模型的风险管理系统。有一次我们更新风险管理系统时就花了好几年时间,我们的风险管理顶层设计早在 20 世纪 60—70 年代就已经成熟,除了金融工程师,光是专门写程序的同事就有十几位。由此可见此工程规模之大。

当然,投资者需要了解底层子基金投资的风险特征,一个很好的解决方法就是让基金经理提供风险因子数据(例如在一系列风险因子上的风险敞口)。

具体的风险因子可以是行业分类、地区/国家分类、币种分类、债券久期信用评级分类、大宗商品品种分类等,由 FOHF 管理公司自己定。在这种层面上的风险因子信息就不会涉及投资组合中的具体持仓信息。这样,FOHF 掌握了底层子基金的信息,而同时对冲基金经理也不必有前面提到的那些担心和顾虑了。

顺便说一下,如果 FOHF 拿到了底层子基金的具体持仓信息,而持仓中有的公司有做假或欺诈行为但 FOHF 没有侦测出来的话,FOHF 的投资者如果要起诉,其起诉的对象是 FOHF;但如果 FOHF 没有拿到具体持仓信息,投资者要起诉的对象是子基金经理。所以,并不是能拿到越多信息越好,其中是有法律责任的。

第二节　风险管理哲学和系统

风险管理顶层哲学和逻辑

对冲基金风险管理的理念和哲学与其投资策略是密切相关的,对冲基金经理必须根据自己的投资策略来制定相应的风险管理哲学和逻辑。这是 FOHF 做尽职调查时必须要特别考察的。

针对套利性低风险投资策略,在盈损率上容许出错的空间较小,其风险管理理念相应地会很谨慎,各种风险指标限制会比较严格,风险管理团队会密切监控,控制风险指标处于限制范围内,非常精细。而对于方向性投资策略,其风险管理理念就会比较灵活,活动空间比较大,相对而言比较粗线条。比如,在股市多/空头策略或宏观策略中,有的基金经理在建仓后信心满满一直持有(通常是多头头寸,但有时也可能是空头头寸),即使是持仓出现大幅亏损也会坚持不动,有的基金经理甚至会选择加仓;而有的基金经理就会适时地调整仓位控制风险,使回撤控制在一定的范围内。显然,选择加仓是因为基金经理感到标的更为便宜了。当然,这种行为是风险管理经理所不愿看到的,因为持仓头寸已经出现很大损失,应该止损,这时加仓则有可能使损失以更高的速度增加。这种加仓行为在巴菲特的信徒中比较普遍,巴菲特自己的业绩中也至少有 4 次回撤超过 50%,但因为他的“口袋”够深而熬过来了。如果他的“口袋”

不够深而导致清仓，则不难想象有很大的可能引发全球市场恐慌。而那些适时调整仓位控制风险的基金经理则能为投资者带来比较稳健的收益，是机构投资者比较青睐的。诚然，遇到市场急速按有利于其原有策略的方向逆转时，他们则很可能无法挽回他们之前的损失。比如，在 2007 年 8 月初全球量化投资策略遭遇过极具挑战的两周，导致很多量化基金遭遇重创，有不少量化基金触动内控风险管理限制，触动清仓整个投资组合。但市场在第 3—4 周出现了 V 形反转，当然，那些已经被清仓了的基金就已经与这个反转无关而无法参与反弹了。另外，对于高杠杆的投资策略的风险管理会比较精细，而对于不怎么用到杠杆的投资策略的风险管理则会比较粗线条；对于跨度比较大的投资策略的风险管理会比较精细；如果投资策略涉及衍生品，则风险管理会比较精细。

每个基金经理的风险管理理念都不尽相同，这与基金经理对风险的理解直接相关，有的基金经理认为只有实现了的损失才是风险，大多数基金经理会将账面损失或可能的损失看作风险，而账面盈损的计算则视投资组合中仓位的复杂程度又大不一样。比如，对于一个有很多衍生品仓位的投资组合，或者一个有很多非流动性的仓位的投资组合，要计算其账面盈损难度就比较复杂。

风险管理理念及方法

每只对冲基金对待风险管理的态度和重视程度都有很大不同，有的对冲基金把风险管理作为至关重要的部门，不但有很严格的风险管理机制和流程，还会花很多成本去配置复杂的风险管理系统。风险管理总监在投资决策方面有一票否决权。然而有的对冲基金，只是把风险管理作为一种参考，甚至有的基金只是把风险管理作为一种装饰。

有的对冲基金管理公司将风险管理作为投资的整个流程中的一个重要环节，与投资过程中的其他环节相结合，这种理念能有效地将投前、投中、投后风险管理与投资有效地结合起来，但许多观点可能会被投研团队观点所主导。而有的对冲基金公司，就是把风险管理和投资作为不同的环节分割开来，风险管理所起到的是独立的监督作用，缺点是对投资组合中所持仓位的内在逻辑缺乏认知而完全依赖于风险计算数据。

在做 FOHF 尽职调查时务必了解清楚候选基金的风险管理哲学及实施指

南，是否设有“风险管理委员会”等机制。

风险管理系统及模型

可以毫不夸张地说，这个世界上最复杂的风险管理系统是对冲基金构建的，但同时也有很多对冲基金在用着最基础的风险管理系统。因为对冲基金不像公募基金或者银行那样需要定期披露许多风险信息，它没有义务和责任披露其风险信息，所以对冲基金所用的风险管理系统差别非常大。作者聂军有幸对各种对冲基金策略的风险管理模型和系统进行过详细的尽职调查，其中确实有不少风险管理系统设计得精美(由于签过保密协议，不便透露这些对冲基金管理公司的名字)，给人留下了非常深刻的印象。

正如前面所指出的，投资策略越复杂，要求的风险管理模型和系统就越精细。一方面，虽然说市场上有各种不同的风险管理系统，但是对于精细的投资策略来说，市场上的风险管理系统不一定能正好满足对冲基金的要求。另一方面，如果自己建这个风险管理系统，需要一个比较大的团队来设计、执行和维护。所以在对冲基金服务行业也出现了很多外包风险管理业务的公司，但这种外包业务并不能真正满足对冲基金严格的风险管理需求，因为每种对冲基金策略都有它的特色和独特性，很少有风险管理系统能包罗万象地、精准地计算所有对冲基金的风险。

风险管理模型最简单的对冲基金策略应该算是股市多/空头策略，对于这种策略，风险管理模型可以集中于投资组合在各个相关国家/市场的敞口(多、空、毛、净)、在每个行业的敞口(多、空、毛、净)、杠杆水位、非流动性、集中度、敏感度等方面的风险信息。如果一个投资组合里有衍生品，尤其是期权等非线性仓位，则风险管理模型必须包含各种希腊字母的信息。如果对冲基金策略中涉及收益率曲线或信用曲线等方面的数据，风险管理的数学模型就会要复杂和精细得多，其中可谓千变万化，有很多的切入点和度量风险的途径和方法。

一般情况下，FOHF尽职调查人员不会告诉候选基金管理公司该用什么风险管理模型和系统，但是，充分了解清楚候选基金所用的是什么风险管理模型和系统以及理解其风险报告内容是至关重要的。另外，由于一般风险数据(如波动率、风险值等)是非线性的，通常情况下没有“可加性”(additive)，但风险敞口数据是可以叠加的,为了能计算整个 FOHF 在重要风险因子上的敞口,尽职调查人员应该向每个候选基金定期地(如每月)持续收集其对冲基金在这些重要风险因子上的敞口数据。在双方签署的保密协议的保护下,这种数据收集在保护双方权益的基础上是彼此受益的,不应该存在什么问题。

针对对冲基金“专”的特点,我们认为,在有能力的情况下对冲基金最好还是开发自己风险管理系统会更有效一些,从长期而言也更经济一些。国内在过去 15 年左右培养了很多金融工程方面的杰出人才,凭国人的聪明才智,根据各种对冲基金策略的具体需求开发出相应风险管理系统并不是很大的挑战。

在做 FOHF 尽职调查时务必了解清楚候选基金所采用的风险管理系统,以及各种重要参数的范畴。最好是在对冲基金管理公司现场由风险管理部门的专职成员实际演示生成风险管理报告。这个环节虽然小,但在防止候选基金作假的过程中是非常重要的。

风险管理数据源

众所周知,再好的模型,如果输入的数据是一堆不能保证质量的垃圾,那么输出的结果也会是一堆垃圾,质量也无从谈起。风险管理分析更是如此。像很多金融机构一样,对冲基金往往需要通过订购一些商业数据库来获得所交易的证券的各种历史和最新的数据,但有些很微小的事件例如股票的分红或分拆、债券付息等时常会被疏忽,这会导致所生成的风险管理报告面目全非。金融数据的处理和清洗是个非常乏味和复杂的过程,除非身处其位,否则是难以理解其中的敏感性的。所以在做 FOHF 尽职调查时需要了解清楚候选基金风险管理数据的来源及如何处理这些数据以保证风险管理分析。人们常说,“魔鬼藏在细节里”,在这种情况下更是如此。

另外,FOHF 尽职调查人员应该了解在计算风险数据时,对于某些证券没有交易时的处理方法。例如一个投资组合中有在中国内地市场和香港地区市场交易的证券,两地的节假日不同会使得有些日期缺数据;有的证券因为种种原因停牌也会出现缺数据的情形;有的证券(如期权的某个具体合约)可能在某些交易日根本没有交易也会导致出现缺数据;等等。在这些情形下如何计算相关性矩阵及各种风险数据？在内地以人民币计价而在香港以港币计价，在计算投资组合的风险数据时是否将汇率因素考虑进去？再者，美国市场与中国市场有时差，在计算投资组合的相关性矩阵和风险数据时是否又将这些因素考虑进去了？

如果投资组合涉及金融衍生品，例如期权，在计算投资组合的相关性矩阵和风险数据时是如何处理的？对于同一个期货产品的不同合约，在计算投资组合的相关性矩阵和风险数据时是如何处理的？了解清楚以上这些情形将能帮助 FOHF 更好地理解候选基金的风险报告。

第三节　风险管理实践流程

【情形 1】 某基金经理曾以 10 元/股买的一只股票，现在跌到了 8 元/股，这时是应该加仓(因为更便宜了)还是减仓或平仓(因为已经损失 20%)？如果仓位突破风险红线，风控官有没有权力减仓或平仓？

【情形 2】 某基金经理的某个证券多头仓位已经盈利 300%并且使仓位头寸突破了投资组合的头寸上限。风控官提醒过基金经理，但基金经理不忍“割爱”，风控官有没有权力减仓或平仓？

风险管理团队成员背景技能

在前面章节提到风险管理哲学和风险管理系统，但好的哲学和好的系统仍然需要胜任的风险管理成员来具体执行，产生有意义的风险管理报告，密切监控各种风险指标，并能将各种观察到的风险向风险管理总监(CRO)汇报，风险管理总监再与投资研究团队进行沟通，诠释风险所在及其特征。FOHF 尽职调查人员在这里需要了解风险管理总监及关键风险管理团队成员的过往经历、背景及技能，看他们是否在候选基金主要策略方面有足够的经验和实践。

众所周知，金融衍生品尤其是期权的第一功能是风险管理，而且由于期权的非线性特性，可以用比较小的成本来“保护”较大的头寸，有效地进行风险管理。所以，理想的风险管理经理应该具备金融工程背景。尽职调查人员应该了解风险管理团队是否有足够的金融工程背景，是否对衍生品有足够多的了解和掌握，如果候选基金涉及衍生品交易则更应如此。

在过去 15 年左右正好中国内地培养了一大批金融工程人才，为对冲基金行业尤其是风险管理方面做了充分的人才准备。在对冲基金蓬勃发展的今天，这批人才，特别是掌握利用期权在风险管理中的各种策略的人才，将会大有用武之地。

另外，应该了解风险管理团队成员是否有权力和能力对投资组合进行对冲交易。如果答案是肯定的，进行对冲交易的指南是什么？

各种风险限制

对冲基金管理公司每次发行对冲基金产品时，都会在其《私募认购备忘录》中有一个基金投资策略的描述及各种投资限制及风险限制（risk limits），另外，在针对该基金产品所制定的投资指南中会有更为详细的风险限制，这些风险限制通常包括特定的风险仓口范围限制、流动性范围限制等。另外，对冲基金管理公司还会有对公司所有基金产品通用的风险限制（比如，非流动性限制、集中度限制或者整个基金管理公司所有基金产品在某一证券发行者上的总头寸不能超过一定百分比等）。将这些特定风险限制与基金管理公司总的风险管理指引相结合便形成了对特定基金的风险监控指南。FOHF 尽职调查人员在进行风险管理尽职调查时，应该向基金管理公司索取相关基金产品的风险限制及公司所有基金产品通用的风险限制。

一般情况下，风险限制可以分为“硬性风险限制”及“软性风险限制”。硬性风险限制一旦被突破，必须对相应仓位甚至整个投资组合采取风控行动，例如，如果一只股票型基金在个股上的持仓超过该公司总股份的 5%，就必须向相应的监管机构披露，或者，如果一只基金的回撤超过投资指南中所规定的最大允许回撤，就必须平仓清盘，等等。而软性风险限制被突破时问题就没有那么严重，但会提示团队应该准备采取行动，例如非流动性指标高于某个限定水平，或者投资组合中的某个持仓的盈损超过了 n 个标准方差等。

举个简单的例子，曾有某基金管理公司投资总监收到公司风控部门示警，其基金所持某只股票的仓位已占该上市公司 5%以上的股份，有义务向监管机构披露。然而，该投资总监认为他们无意在该股票的股东记录中成为超过 5%的股东，于是指示立即将仓位降低到 5%以下，他认为这样就没有必要向监管机构披露5%的事项了。结果美国证券交易委员会(SEC)发现该基金管理公司居然有两次穿越5%的持股线“窜上窜下”而没有披露,显然不是因为疏忽所致。在审慎检阅交易记录后,SEC起诉了该投资总监,给他造成了很大的不便。制定“硬性风险限制”并严格进行风险监控的重要性由此可以略见一斑。

风险管理监控及示警

风险管理团队根据风险管理系统所生成的风险管理报告对多维度核心风险指标进行监控。FOHF尽职调查人员最好在实地进行尽职调查时让候选基金的风控管理人员当面演示整个监控过程,应该了解:该基金的风险管理团队以什么频率、生成哪些风险管理报告?对哪些风险指标进行监控?如果发现风险限制被突破,示警信号是如何传递的?最后采取了什么行动?是否有记录(应该有)?可以要求现场查看当时的记录。

风控团队平仓权限

对于本节开始所提到的【情形1】,仓位一旦被平掉,所有的损失就已经实现而成为永久性的风险了。无论是在股票市场、固定收益市场,还是大宗商品市场、外汇市场,也无论是基于基本面的投资策略还是基于量化策略的投资,都有过很多在跌幅出现20%的情况下平仓后逆转的实例,但也有过更多的实例是基金经理在经历20%跌幅的情况下加仓后跌幅继续增大并且加速。作为机构投资者,FOHF对候选对冲基金的要求是严格按照基金产品的投资指南执行的,以避免引入新的不确定性。有很多实例表明,基金经理在经历较大跌幅时容易被情绪所左右,进入一种赌徒心态,这时所做出的决定往往是欠缺理智的。所以,我们希望风控团队在某些“投资主题/故事”的头寸(如果是套利策略,应该看整个套利机构的头寸)出现显著回撤时有独立的平仓权力。当然,在平仓之前应该与投资团队进行深入沟通并获得风险管理委员会的批准,如果在与投资团队沟通的过程中投资团队不同意平仓,则需要投资团队相关成员针对该“投资主题/故事”进行全面回顾并分析造成回撤的主要原因;这些原因中哪些将有显著改善;如果这些原因没有如预期的改善,将采取哪些应对措施。

对于本节开始所提到的【情形2】,如果产品投资指南中对“自然成长”的头寸规模有硬性限制,则必须减仓到头寸限制以下。这也是一种很好的获利了结方式,我们常说,树每天都在生长,但在浩瀚的历史长河中还从来没有一棵树一直生长到月球上去的。在合理的预期中理性获利是从事绝对收益投资的重要指引。如果产品投资指南中对“自然成长”的头寸规模没有硬性限制,则可以参考控制回撤(痛苦指数)的方法进行止盈。

从对以上两个案例的分析可以看出,作为机构投资者,FOHF对底层基金的纪律性看得很重。

FOHF尽职调查人员一定要了解清楚:如果投资头寸突破风险限制,风险管理团队是否有权平仓?如果是,团队中谁有权平仓?或者是否必须先通过风险管理委员会或投资决策委员会商议决定是否平仓?由谁对交易员下指令?

另外,还需要了解风险管理团队与基金经理平时是如何互动的,尤其是出现风险管理方面的问题时是如何有效地解决问题的。

许多大对冲基金管理公司通常设立有风险管理委员会,如果某个仓位触及风险限制,风险管理委员会会讨论决定是否平仓。也有的对冲基金管理公司是由投资决策委员会来开会决定是否应该平仓。另外,有一些对冲基金管理公司在仓位触及风险限制时,由风险管理团队通知投资总监,由投资总监决定是否应该平仓,不过,这种情形下投资总监往往很难严格地执行平仓。

风险平仓流程

FOHF尽职调查人员应该了解清楚,候选基金的平仓流程是一次性平仓还是跟进风险指标的逐步恶化而逐渐减仓。这两种方式各有利弊,一次性斩仓的优点是在市场因子逐渐发酵,变得越来越不利于投资判断时,能一次出清而不是承受“温水煮青蛙”式的煎熬,但缺点是如果市场出现反转就没有仓位参与了。当然,如果是突破“硬性风险限制”的仓位,必须一次性操作到位。

跌幅管理及控制跌幅流程

风险管理一个最重要的作用是在市场对基金的投资头寸出现不利时能及

时根据事先定好的原则和条款止损,在处理上则有千差万别,有很多方法有效性并不强。在实践中我们见证了一个很有效的指标是痛苦指数,对跌幅(回撤)的严格控制能使基金有效止损。

对冲基金管理公司的基金产品投资指南包括控制跌幅的清仓原则,对单个头寸或单个“投资主题/故事”层面,或对整个基金层面,当跌幅达到百分之多少(如5%)时开始示警,当跌幅进一步达到百分之多少(如7%)时开始降低头寸规模(如降低到50%的仓位),当跌幅再进一步达到百分之多少(如9%)时开始清仓。这样,尽量将跌幅控制在10%以内。

控制跌幅,表面上可以看成一种止损的技巧,但实际上这也同时是一种止盈的手段。比如,我们假设投资指南中直接规定跌幅达到10%为清仓水准,如果一个头寸从建仓以后就慢慢地连续亏损,当跌幅达到10%时清仓,那么这个投资的总损失是10%,这时就是止损。但是如果这个投资建仓后开始赚钱,比如说涨了70%然后开始回落,在跌幅达到10%时清仓,实际上这项投资还有53%的收益而避免了进一步将盈利“还回市场”。从这个角度而言,控制跌幅也是一种止盈的手段。基金经理都没有“水晶球”,在投资出现逆转时能按事先所定好的操作流程获利了结是很不容易做到的,而这种方法却可以做到。

我们一个比较成功的经验就是在对候选基金进行尽职调查时,先了解清楚基金公司的跌幅预期和跌幅控制范围,然后跟基金公司签订一个辅助协议,明确规定如果基金超过这个跌幅的话,我们将无条件赎回。我们发现,通过这些讨论,一方面,对冲基金管理公司也从中学到了有效控制风险的一些办法,是FOHF推动对冲基金行业健康发展的一个环节。另一方面,在大家都有共识的情况下发生突破事先约定的赎回时双方都不会有什么问题,使投资顺利得多。如果某候选基金不愿意签这个辅助协议,那基本上可以判断该基金经理对自己的策略并不太有信心,是否要进一步开展尽职调查或者值得投资则是值得质疑的。

FOHF尽职调查人员需要了解清楚具体的清仓原则、清仓过程以及由谁来具体执行,是否需要风险管理委员会或投资决策委员会开会决定等。另外,还应该了解这种情形在该基金的历史上是否发生过,是什么原因造成的,整个经过是怎样的,当时的投资者是什么反应,从中学到的经验教训是什么。

第四节　历史风险范畴

基金历史风险特征

虽然说基金的过往业绩表现并不能保证未来的结果，但我们认为了解和分析基金过往历史的风险数据肯定是非常有帮助的，尤其是基金历史上表现很好和很差的时期的归因、基金经理当时的反应和所采取的措施能透露许多有预示性的信息。

在这部分尽职调查中，我们希望通过掌握了解候选基金的各种风险的历史运行范围，更好地了解基金的特长及可能出现的例外情形。这包括各种风险指标的历史范围，最好能以风险报告的数据作为支持。

在开展市场风险管理尽职调查之前，从事 FOHF 尽职调查的人员应该了解候选基金的投资策略，是套利型的、方向型的还是事件驱动型的，是什么资产类别的，什么区域、什么市场，在相应的对冲基金策略中风险的特征是些什么范围。我们知道，不同对冲基金策略的风险特征不一样，同一种策略在不同市场的风险特征也不一样。比如，同样是固定收益套利策略，杠杆范围会有很大差别，信用评级的配置范围也会有很多差异，在美国市场、欧洲市场、亚洲市场的风险范围也会不一样，等等。有了这些初步了解后，在开展尽职调查时，才能有针对性地了解和把握该候选基金的风险特征。

基金风险限制被突破的情况

如果候选基金的各种风险指标从未被突破过，则可能表明这些风险指标的指导意义不强。在实践中，时常会出现基金的各种风险限制被突破的情况，有时是因为操作上的疏忽，有时是因为市场环境的突变，有时则可能是基金经理有意为之。FOHF 尽职调查人员应该了解哪些风险限制曾经被突破过，是什么原因导致这些风险限制被突破，突破的频率又是怎样的情况；哪些是实质性的，而哪些是非实质性的；风险管理团队和基金经理采取了什么样的处理方法。

比如,在投资指南中通常都会有基金产品年化波动率的预期和上限,在基金运作中有很多原因会导致基金投资组合的波动率超过该上限(或许很短暂)。又比如,投资组合中可能有某个仓位的头寸规模超过了投资指南所限制的上限,等等。

在这里主要要了解候选基金是否认真对待其设立的各种风险限制,在风险限制被突破后是否有相应书面记录记载分析和所采取的行动。这些分析和书面记录能帮助候选基金不断反思及成长,避免犯低级错误和重复犯同样的错误,怀着敬畏之心对待市场、对待客户的资产。

基金历史跌幅特征及跌幅归因

都说历史是最好的教科书,由于每只对冲基金策略有独特性,有针对性地回顾候选基金最痛苦时段历史的归因,无疑将是该对冲基金投资中最生动的教科书。FOHF 尽职调查人员应该详细地了解候选基金历史上最大的五个回撤事件及其原因,是大环境(如全球金融海啸、欧债危机、亚洲金融风暴等)造成的,还是局部环境(如中国 A 股市场 2015 年的股灾、2016 年 1 月的“熔断事件”等)造成的,抑或基金自身原因所造成的。如果是基金自身的原因,具体发生了什么事情?从中获得什么样的经验教训,是否有针对性地进行了提升和改进?对未来类似情形的预期是什么情况?今后如何改善?我们的经验是这几个问题往往能“挖”出候选基金很多的历史故事,无疑能更好地理解该基金从哪里来,有什么样的特色。

通过分析过往历史上最大的五个回撤事件能比较好地理解基金的风格,有助于帮助合理地预期基金未来的回撤并与基金管理公司签订一份《辅助协议》,使双方同意在基金业绩回撤超过一定幅度时可以无条件赎回。比如,在表 15-1 的例子中,如果基金突然出现超过 4.5%的回撤,我们可以迅速地判断一定有什么东西不对头了,应该及时地与基金经理联系看看到底是怎么回事。如果发现所发生的事情不可控,应当及时赎回资金以避免进一步损失。

表 15-1 最大的五个回撤实例

回撤	回撤深度(%)	回撤时间(月)	恢复时间(月)	峰值时间	谷底时间
1	3.92	2	6	2000 年 3 月	2000 年 5 月
2	3.52	3	2	2007 年 5 月	2007 年 8 月
3	3.00	5	4	2004 年 3 月	2004 年 8 月
4	2.78	4	4	2004 年 12 月	2005 年 4 月
5	2.57	1	1	1999 年 1 月	1999 年 2 月

另外,利用“痛苦指数”+净值曲线,我们往往还能侦测到候选基金的一些风险时段。比如,有某段时间基金的净值曲线急剧上升,但过了那段时间以后就不再有那种情形。如果 FOHF 尽职调查人员能抓住这些时间点要求基金管理公司给出合理解释,往往会有出乎意料的收获。比如,基金历史上曾有过违规违法的操作而“获利颇丰”,在这种分析下就很容易被挖出来。还有,通过针对“痛苦指数”在不同时间段的数学模块的仔细观察,对那些致使数学模块发生显著变化的时间段,我们也会特别好奇,想了解清楚是什么原因所致。作者聂军曾经凭这一招挖出了不少对冲基金的潜在风险而成功规避了那些陷阱,保护了投资者的利益。

基金历史上最进取、最保守投资组合的风险特征

虽然我们并不要求底层子基金持续提供其持仓细节,但是在做尽职调查时,我们会要求候选基金提供其历史上最进取时、最保守时和风险处于正常范围内的三个投资组合细节以及相应的风险管理报告。这样,一方面可以了解基金的风险特征和风险范围,另一方面也能深入细致地了解基金风险报告的细节和解读。我们始终相信,只有基金经理和团队对他们的基金的了解是最好的、最清晰的、最深入的。我们总是怀着虚心的态度去学习,而不是假装会比基金经理和团队更了解他们的策略和投资,也不去猜测基金风险报告中的内容和含义。这样的实践使我们对基金所愿意承担的风险范围心中有数,了解其风险的“光谱”处于什么样的位置,边界在哪里。如此一来,我们在实际投资以后面临市场动荡的环境时就能判断什么样的风险水平是符合基金的特性

的,什么情况下基金经理的风险过界了。市场动荡时基金经理和团队通常需要更加专注于市场并做出最好的分析判断,以便对投资组合采取适当的行动,而不是频繁地回答投资者恐慌性的问题。但是如果基金出现异常的风险,我们又要及时地甄别出来,这是 FOHF 作为机构投资者与其他机构投资者以及散户的最大区别。

常用风险分析

同策略比较分析

正如我们在第十三章中指出的一样,FOHF 管理公司都有自己汇总各种渠道而成的数据库,而且其中的基金数据是被清洗处理过的,这样就可以把苹果跟苹果而不是橘子比较。在本阶段我们会对候选基金进行深入精细的量化分析。

这些比较包括过往业绩分析,例如最近 1 个月、最近 3 个月、最近 6 个月、最近 9 个月、最近 1 年、最近数年的收益率比较,波动率比较,夏普比率比较,最大回撤比较等。通过比较最近 1 个月、3 个月、6 个月、12 个月等不同周期的复合收益率和月度波动率,我们可以看出其是否具有连贯性和惯性,了解该基金在过去一段时间里的业绩表现的稳定性和一致性,波动率是否有跳跃,总体情况是否出现恶化,如果出现恶化是什么原因。这些都能产生与基金管理公司风险管理部门深度交流的话题,从而及时发现问题的症结所在。

我们仍然用表 13-4 的股市多/空头策略基金比较的例子(时间点选了 2008 年年底,见表 15-2)。

在这里我们可以深入地分析其中的各种细节,比如表 15-3 的情形。

表 15-2　股市多/空头策略比较

	本年 RoR	12 个月 RoR	12 个月 Vol	12 个月 MDD	12 个月 MAR	12 个月 SR	9 个月 RoR	6 个月 ROR	3 个月 ROR	MDD	2007 RoR	2006 RoR
基金 1	−4.56%	−4.56%	8.46%	−10.39%	0.44	(0.51)	−8.00%	−9.19%	−9.41%	−11.31%	9.01%	16.53%
基金 2	−25.23%	−25.23%	11.35%	−25.47%	0.99	(2.48)	−25.47%	−24.79%	−17.44%	−32.86%	4.23%	13.12%
基金 3	−17.63%	−17.63%	17.98%	−20.42%	0.86	(0.99)	−16.39%	−19.80%	−11.62%	−25.61%	35.28%	21.68%
⋮												
基金 *n*												
同类策略	−37.61%	−37.61%	15.62%	−37.61%	1.00	(2.89)	−32.17%	−32.22%	−23.10%	−38.74%	5.80%	10.65%
对冲基金指数 1	−19.03%	−19.03%	9.70%	−19.15%	0.99	(2.11)	−16.14%	−17.91%	−9.19%	−20.50%	9.96%	12.89%
对冲基金指数 2	−26.31%	−26.31%	13.71%	−26.42%	1.00	(2.13)	−24.57%	−25.62%	−15.00%	−26.96%	7.42%	9.65%
标普 500 总收益指数	−37.00%	−37.00%	21.02%	−37.66%	0.98	(2.05)	−30.43%	−28.48%	−21.94%	−40.68%	5.49%	15.79%
罗素 2000 指数	−34.80%	−34.80%	28.45%	−38.24%	0.91	(1.34)	−27.40%	−27.58%	−26.51%	−44.15%	−2.75%	17.00%
NASDAQ 100 指数	−41.89%	−41.89%	29.01%	−43.13%	0.97	(1.69)	−32.00%	−34.05%	−24.02%	−47.04%	18.67%	6.79%
富时 100 指数	−31.33%	−31.33%	21.30%	−33.59%	0.93	(1.64)	−22.24%	−21.18%	−9.55%	−36.21%	3.80%	10.71%
日经 225 指数	−42.12%	−42.12%	31.96%	−44.39%	0.95	(1.51)	−29.27%	−34.28%	−21.32%	−53.07%	−11.13%	6.92%
TOPIX 指数	−41.77%	−41.77%	29.07%	−43.43%	0.96	(1.68)	−29.16%	−34.91%	−20.98%	−52.96%	−12.22%	1.90%
MSCI 亚太指数	−43.23%	−43.23%	28.84%	−47.61%	0.91	(1.78)	−35.71%	−34.50%	−16.30%	−51.74%	12.28%	14.51%
MSCI 中国指数	−52.23%	−52.23%	47.00%	−58.55%	0.89	(1.30)	−37.27%	−34.28%	−11.14%	−65.58%	63.54%	78.68%
MSCI 新兴市场指数	−54.48%	−54.48%	37.38%	−57.69%	0.94	(1.85)	−48.66%	−47.84%	−27.94%	−60.60%	36.48%	29.18%
MSCI 欧洲指数	−45.52%	−45.52%	20.34%	−45.52%	1.00	(2.81)	−34.98%	−31.39%	−22.42%	−49.73%	0.07%	16.49%
标普 500 成长指数	−35.88%	−35.88%	21.68%	−36.53%	0.98	(1.91)	−28.59%	−29.80%	−20.64%	−38.83%	7.68%	9.39%
标普 500 价值指数	−41.24%	−41.24%	21.74%	−41.55%	0.99	(2.29)	−34.99%	−28.98%	−24.66%	−46.38%	−0.43%	18.02%
成长指数-价值指数	5.36%	5.36%	−0.06%	5.02%			6.40%	−0.83%	4.02%	7.55%	8.11%	−8.63%
蓝筹-中小市值	−2.20%	−2.20%	−7.44%	0.57%			−3.02%	−0.90%	4.56%	3.47%	8.24%	−1.21%

（续表）

	2005 RoR	2004 RoR	2008 年 12 月	2008 年 11 月	2008 年 10 月	2008 年 9 月	2008 年 8 月	2008 年 7 月	2008 年 6 月	2008 年 5 月	2008 年 4 月	2008 年 3 月	2008 年 2 月	2008 年 1 月
基金 1	1.28%	7.65%	−0.54%	−1.85%	−7.20%	−1.08%	0.68%	0.65%	0.21%	0.36%	0.74%	1.34%	−0.28%	2.65%
基金 2	14.01%	23.18%	−8.35%	−6.54%	−3.61%	−7.45%	−1.34%	−0.24%	−0.53%	0.35%	−0.72%	0.34%	−0.15%	0.13%
基金 3	9.85%	20.56%	−4.53%	0.21%	−7.62%	−4.76%	−2.03%	−2.75%	11.34%	0.53%	−6.86%	−4.82%	3.24%	0.26%
⋮														
基金 n														
同类策略	−0.97%	1.98%	−2.78%	−7.91%	−14.11%	−9.37%	−0.50%	−2.26%	−1.55%	0.11%	1.55%	−3.53%	−1.40%	−3.31%
对冲基金指数 1	9.30%	9.03%	0.15%	−2.67%	−6.84%	−6.13%	−1.44%	−2.29%	−1.33%	1.87%	1.63%	−2.24%	1.50%	−2.69%
对冲基金指数 2	3.60%	5.31%	−0.03%	−4.09%	−11.35%	−8.70%	−1.63%	−2.57%	−1.08%	1.89%	0.62%	−2.39%	1.07%	−0.97%
标普 500 总收益指数	4.91%	10.88%	1.06%	−7.18%	−16.79%	−8.91%	1.45%	−0.84%	−8.43%	1.30%	4.87%	−0.43%	−3.25%	−6.00%
罗素 2000 指数	3.32%	17.00%	5.56%	−11.98%	−20.90%	−8.10%	3.50%	3.60%	−7.83%	4.48%	4.10%	0.26%	−3.80%	−6.88%
NASDAQ 100 指数	1.49%	10.44%	2.18%	−11.17%	−16.30%	−14.84%	1.26%	0.66%	−9.62%	5.99%	7.62%	2.10%	−5.22%	−11.68%
富时 100 指数	16.71%	7.54%	3.41%	−2.04%	−10.71%	−13.02%	4.15%	−3.80%	−7.06%	−0.56%	6.76%	−3.10%	0.08%	−8.94%
日经 225 指数	40.24%	7.61%	4.08%	−0.75%	−23.83%	−13.87%	−2.27%	−0.78%	−5.98%	3.53%	10.57%	−7.92%	0.08%	−11.21%
TOPIX 指数	43.50%	10.15%	2.93%	−3.72%	−20.26%	−13.33%	−3.75%	−1.25%	−6.25%	3.64%	12.01%	−8.41%	−1.64%	−8.77%
MSCI 亚太指数	21.04%	16.30%	8.36%	−3.79%	−19.71%	−14.59%	−5.33%	−3.22%	−8.82%	−0.01%	7.66%	−5.56%	2.81%	−9.04%
MSCI 中国指数	15.65%	−0.71%	10.49%	4.32%	−22.90%	−21.31%	−8.16%	2.33%	−12.66%	−5.42%	15.54%	−12.15%	10.54%	−21.57%
MSCI 新兴市场指数	30.31%	22.45%	7.60%	−7.63%	−27.50%	−17.71%	−8.22%	−4.16%	−10.16%	1.55%	7.87%	−5.40%	7.25%	−12.59%
MSCI 欧洲指数	22.77%	9.36%	−3.98%	−7.29%	−12.84%	−11.11%	1.52%	−2.02%	−10.10%	−0.30%	5.74%	−4.16%	−1.07%	−11.62%
标普 500 成长指数	2.49%	4.71%	1.02%	−5.81%	−16.59%	−10.23%	1.36%	−2.78%	−6.00%	2.20%	5.88%	−0.48%	−1.47%	−8.43%
标普 500 价值指数	3.52%	13.34%	0.52%	−9.34%	−17.33%	−7.76%	1.06%	1.12%	−11.47%	−0.16%	3.56%	−0.72%	−5.49%	−3.68%
成长指数-价值指数	−1.03%	−8.63%	0.50%	3.53%	0.73%	−2.48%	0.30%	−3.91%	5.47%	2.36%	2.32%	0.24%	4.02%	−4.75%
蓝筹-中小市值	1.59%	−6.12%	−4.50%	4.80%	4.11%	−0.81%	−2.05%	−4.45%	−0.60%	−3.19%	0.77%	−0.69%	0.55%	0.89%

表 15-3　候选基金的收益率比较　　(单位:%)

	2008 年 12 月	2008 年 11 月	2008 年 10 月	2008 年 9 月	2008 年 8 月	2008 年 7 月	2008 年 6 月
基金 1	−0.54	−1.85	−7.20	−1.08	0.68	0.65	0.21
基金 2	−8.35	−6.54	−3.61	−7.45	−1.34	−0.24	−0.53
基金 3	−4.53	0.21	−7.62	−4.76	−2.03	−2.75	11.34

同类策略基金在 2008 年 6 月全球金融海啸爆发之前曾经历过一次幅度不小的下跌,然而基金 3 却鹤立鸡群,收益率不但没有下跌,还大涨 11.34%。这可能说明基金 3 的策略确实有独到之处,一个比较理性的推测是该基金可能是大幅偏空策略。然而,在 2008 年 9 月、10 月全球市场大跌时,该基金也经历了很大的损失,这与前面的“偏空策略”的初步猜测并不相符,此时就有必要质疑其 6 月份的收益来源及其策略的特殊性,有必要与基金管理公司风险管理团队仔细了解其中的原因。

另外,我们也看到在 2008 年 7、8 月基金 2、基金 3 均出现亏损时,基金 1 是获利的,这也会导致 FOHF 团队直接与基金 1 的管理团队了解其中的细节。

这种比较直观简单,往往能侦测出在业绩表现上做手脚的对冲基金。当然,这种直观简单是建立在 FOHF 管理公司已经建立起有效的数据库及仔细对其中的基金作了清晰分类的基础上的。否则,如果只依赖于粗糙的数据和分类作比较,则有可能将苹果跟橘子比或者因为数据的不准确而导致错误的结论。

回报分布统计分析

每家 FOHF 管理公司有不同的样板,表 15 4 是一个例子。

当然,这些统计分析数据还可以根据不同需求进一步细化,比如,把时间窗口定义为过去 1 年、3 年、5 年、2008 年全球金融海啸至今、2008 年全球金融海啸中,等等。

表 15-4　回报分布统计分析

××基金（　　年　月　日一　　年　月　日）			
年化收益率	%	本年收益率(YTD)	%
年化波动率	%	去年(日历年)收益率	%
夏普比率		月正收益占比	%
最大回撤	%	与指数 1 贝塔	
当今回撤	%	与指数 2 贝塔	
下行波动率	%	与指数 1 年化阿尔法	
索提诺比率		与指数 2 年化阿尔法	
最好月度收益率	%	与指数 1 相关性系数	
最差月度收益率	%	与指数 2 相关性系数	
最近 3 个月收益率	%	……	

As of Dec/2016

	1 月	2 月	3 月	4 月	5 月	6 月	7 月	8 月	9 月	10 月	11 月	12 月	YTD	波动率	最大回撤	正收益占比
2016	−1.36%	−1.16%	0.57%	1.62%	0.80%	−0.48%	1.07%	0.99%	0.67%	1.13%	1.07%	1.34%	6.39%	3.39%	−2.50%	75%
2015	−1.05%	1.23%	0.09%	0.57%	0.31%	−1.22%	−0.74%	−1.44%	−1.37%	−0.30%	−0.75%	−0.71%	−5.29%	2.91%	−6.36%	33.33%
2014	0.40%	2.04%	0.60%	0.37%	1.45%	1.41%	−0.19%	−0.48%	−0.70%	−1.96%	0.14%	−0.49%	2.55%	3.80%	−3.64%	58.33%
2013	1.69%	1.04%	2.18%	1.34%	2.38%	−0.86%	1.31%	−0.48%	1.38%	1.53%	1.55%	1.94%	16.02%	3.38%	−0.86%	83.33%
2012	2.40%	1.89%	1.48%	0.14%	−1.24%	−0.23%	0.95%	0.88%	1.78%	1.03%	0.26%	1.91%	11.78%	3.65%	−1.47%	83.33%
2011	1.90%	0.86%	−0.10%	1.14%	0.01%	−0.70%	−0.26%	−4.41%	−3.28%	1.99%	−1.20%	−0.05%	−4.22%	6.64%	−8.43%	41.67%

痛苦指数分析

我们已经很多次提到非常有用的“痛苦指数(跌幅状态)”图(见图 15-3)，这不仅是一幅二维图，其中还隐含许多细节和数学模块信息。认真研究分析，能从中发现各种特征及侦察到可能的异动历史。作者聂军曾从分析各种对冲基金的痛苦指数中挖掘出许多有趣的历史信息。在进行尽职调查过程中，当我们直接询问某些时间点上基金到底发生过什么事时，对方瞪大双眼不敢相信那些信息居然被挖出来了，因为他们并没有在任何材料中披露过。结果发现有的是系统在那个时间点进行过更新，有的则是投资团队发生了很大的变故。当然，有的也会让对方支支吾吾回答不出来，如果是痛苦指数的数学模块变“差”了，则有理由相信该基金在那段时间有些需要花时间深究的秘密，对于这种基金是否要向投委会推荐批准纳入基金池就要特别小心了。如果候选基金不能对我们所提的问题提供满意的回答和打消我们所有的顾虑，我们通常不会推荐。作者聂军常常跟团队说的一句话是：“如果我们不放心把我们自己的资金投资到一个基金的话，永远不要把客户的资金投资到该基金。”如果我们仍有顾虑，那就是表明我们不放心。

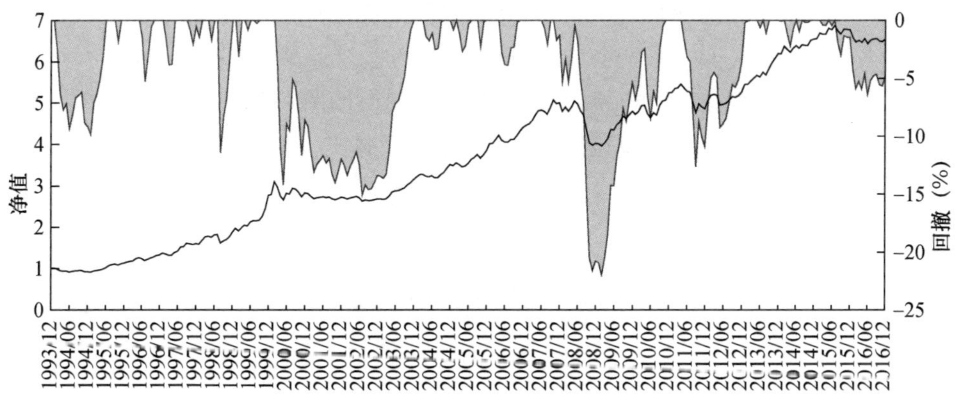

图 15-3　痛苦指数

杠杆水位

杠杆的几种定义我们在第十三章中已经讨论过了。如果说跨策略比较各种对冲基金的杠杆水平未必能获得多少有用信息的话，那么纵向收集分析同一基金的杠杆水平则能提供很有用的信息。FOHF 应该了解候选基金杠杆的性质和范围，是通过衍生品（期货、期权等）获得的，还是通过证券仓位而获得的？如果是跨市场的，则各个市场的杠杆水平是什么范围？如果是跨行业的，在各个行业中的杠杆水平是什么范围？

杠杆水平的分解信息如下：股票市场的杠杆，可以拆解出在大、中、小盘或者在各个行业中的多/空头的敞口；债券市场的杠杆，可以拆解为在不同久期或不同信用级别（投资级别、非投资级别以及无信用级别）上的杠杆；外汇市场的杠杆，可以拆解为在 G7、G15、G30 货币以及在其他新兴市场货币上的杠杆；大宗商品上的杠杆可以拆解为在农产品期货、工业用品期货、股指期货、债券期货及利率期货上的杠杆等。

流动性分析

几乎在每一场金融危机或困局后面都可以找到“非流动性风险”的身影，并且它起了至关重要的作用。清楚地理解和了解候选对冲基金或底层对冲基金的非流动性风险非常重要。

因为不同对冲基金的策略各异，每个对冲基金经理对流动性的关注点也不一样，各对冲基金的流动性报告可能有很大差异。表 15-5 的“投资组合流动性总览”报告虽然很简单，但却可以对基金当前的流动性状况一目了然。这显然是一只偏多头策略的对冲基金，空头仓位的流动性非常好，所有空头仓位、绝大部分多头仓位能在一天之内清仓，所有多头仓位都可以在两个月之内清仓完毕。

表 15-5　投资组合流动性分析

投资组合流动性总览

×年×月×日

××基金								
	<1 天	<1 周	<1 月	<2 月	<3 月	<6 月	<1 年	整个投资组合
多头仓位	80.99%	92.57%	93.87%	94.06%	94.06%	94.06%	94.06%	94.06%
空头仓位	16.78%	16.78%	16.78%	16.78%	16.78%	16.78%	16.78%	16.78%

（续表）

非流动性超过 1 周的仓位								
仓位名称	头寸	仓位全称	头寸权重	过去 20 天历史波动率	过去 20 天平均交易量	清仓所需天数	仓位占该证券发行量比率(%)	仓位占该证券流通量比率(%)
证券代码 1	52 000 000	证券名称 1	0.19%	25.30%	8 400 000	24.76	0.05%	0.62%
证券代码 2	28 732 000	证券名称 2	1.30%	34.83%	12 968 601	8.86	0.33%	0.97%

在分析一只对冲基金的流动性时，还应该关联地看这个对冲基金管理公司其他类似策略的基金的流动性。因为是关联策略中的关联持仓，所以经常会同进同出。这种情况下如果只看一只单独基金的非流动性风险，就会低估非流动性风险甚至很可能被误导。

回报回归分析

有人说，业绩归因是把投资组合的收益归结到一系列风险因子上，只有找准了风险暴露点并确定其暴露程度，才能在对投资规划进行调整时做到有的放矢，根据投资组合在各共同因子的风险属性，调节风险，以符合投资策略。

针对基金的收益率与各种相关市场指数进行各种统计回归分析，剖析各种敏感度及相关的阿尔法回报，找出基金的特点及归因。回归分析可以是针对单个参考指数的，也可以是针对多个参考指数的多元分析；可以是针对某个特定的时间段(例如从基金成立至今)来分析，也可以是针对固定时间长度来作滚动式分析。我们发现滚动式分析能产生相应的时间序列，可以用来做纵向比较，也能看到大市场环境对基金的各种影响的情况，使我们可以获得更多有用的信息。

从图 15-4 和图 15-5 中我们不难看到所分析的瑞信股票市场中性策略指数与 MSCI 全球股指之间 12 个月的滚动相关性、滚动贝塔、滚动阿尔法等随时间推移变动的情况，可以观察到趋势——什么时候变好了，什么时候变差了。图 15-5 中显示出，2008 年之前瑞信股票市场中性策略指数连续 12 个月的收益情况远远优于 2008 年之后的情况。另外，从这些连续 12 个月的收益情况我们也可以推断出这样一个时间序列大致的年化收益率状况，所以如果一个基金经理信誓旦旦地说他的年化收益率有多高时，图 15-5 就能可以帮助我们判断他所说的是否可靠。

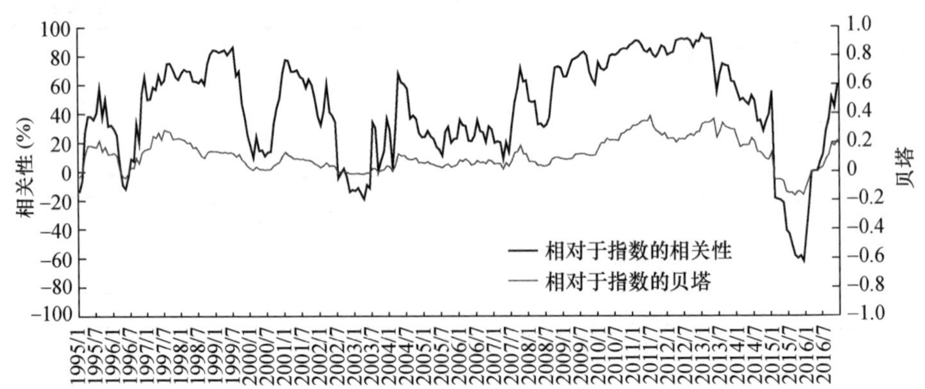

图 15-4　滚动相关性与滚动贝塔

资料来源:瑞信对冲基金指数、彭博。

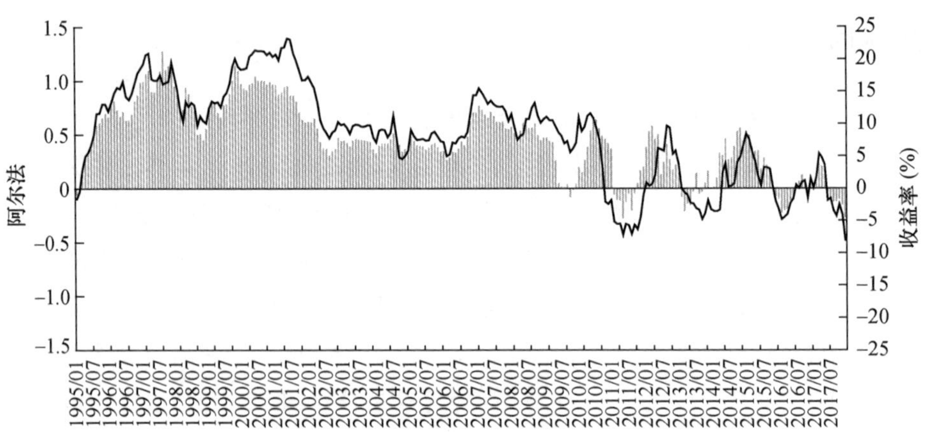

图 15-5　滚动阿尔法与滚动收益率

资料来源:瑞信对冲基金指数、彭博。

类似的滚动分析可以推广到其他回归指标分析,也可以推广到多元回归指标分析。当然,以上我们只是用 MSCI 全球股指作为一个参考指数,作为例子来说明,读者还可以根据自己的需要选用其他各种指数作为参考指数进行类似的回归分析计算。

相关性分析

我们知道,之所以要分析投资组合成员的相关性,主要是看从多元化投资所能带来的内嵌分散风险的受益程度。对于一个 FOHF 而言，很重要的一点是要避免所有的投资策略或子基金都高度正相关。当所有市场或者所有策略都高度正相关时，例如 2008 年金融海啸时的情形，FOHF 的风险将明显增加，所以研究相关性矩阵就显得很重要。

这里有两种相关性我们需要分析：一种是候选基金与相关传统市场在不同市场环境下的相关性；另一种则是该候选基金与投资组合里现有的基金之间的相关性以及与 FOHF 本身的相关性。

举例而言，假设某基金投资组合中现有 10 只基金欲纳入一只候选基金，该候选基金与投资组合中 10 只基金以及组合基金的不同时间段的相关性矩阵如表 15-6 所示。我们可以从中看到该候选基金在通常情况下与其他基金呈现负相关性，而在危机时段与其他基金的这种负相关性明显增大；与组合基金的相关性在平常时段呈正相关性，而在危机时段则呈现负相关性，这表明该组合基金的投资组合中值得纳入这只候选基金来有效地分散风险。

表 15-6　相关性分析

两年	基金 1	基金 2	基金 3	基金 4	基金 5	基金 6	基金 7	基金 8	基金 9	基金 10	组合基金	候选基金
基金 1	1.00											
基金 2	0.77	1.00										
基金 3	0.29	0.50	1.00									
基金 4	0.80	0.63	0.22	1.00								
基金 5	0.73	0.55	0.17	0.92	1.00							
基金 6	0.22	0.10	0.33	0.21	0.06	1.00						
基金 7	0.51	0.50	0.34	0.70	0.69	0.07	1.00					
基金 8	0.20	0.18	(0.22)	0.38	0.42	(0.27)	0.31	1.00				
基金 9	0.47	0.64	0.51	0.68	0.57	0.30	0.61	0.15	1.00			
基金 10	0.44	0.49	0.40	0.64	0.56	0.23	0.71	0.11	0.79	1.00		
组合基金	0.62	0.66	0.26	0.80	0.70	0.12	0.73	0.53	0.84	0.76	1.00	
候选基金	(0.31)	(0.23)	(0.32)	(0.41)	(0.51)	(0.15)	(0.23)	0.10	(0.11)	(0.12)	0.08	1.00

（续表）

五年	基金 1	基金 2	基金 3	基金 4	基金 5	基金 6	基金 7	基金 8	基金 9	基金 10	组合基金	候选基金
基金 1	1.00											
基金 2	0.56	1.00										
基金 3	0.10	0.23	1.00									
基金 4	0.60	0.59	0.17	1.00								
基金 5	0.58	0.55	0.18	0.92	1.00							
基金 6	0.43	0.33	0.15	0.58	0.54	1.00						
基金 7	0.50	0.44	0.20	0.62	0.60	0.28	1.00					
基金 8	0.10	0.49	(0.06)	0.51	0.43	0.11	0.27	1.00				
基金 9	0.31	0.59	0.46	0.74	0.61	0.40	0.48	0.48	1.00			
基金 10	0.31	0.55	0.35	0.65	0.57	0.32	0.56	0.55	0.79	1.00		
组合基金	0.37	0.70	0.23	0.83	0.72	0.40	0.57	0.78	0.86	0.84	1.00	
候选基金	(0.33)	0.14	(0.07)	(0.08)	(0.13)	(0.15)	(0.08)	0.50	0.20	0.32	0.41	1.00
全程	基金 1	基金 2	基金 3	基金 4	基金 5	基金 6	基金 7	基金 8	基金 9	基金 10	组合基金	候选基金
基金 1	1.00											
基金 2	0.45	1.00										
基金 3	0.37	0.32	1.00									
基金 4	0.65	0.67	0.46	1.00								
基金 5	0.60	0.63	0.42	0.93	1.00							
基金 6	0.47	0.49	0.43	0.67	0.59	1.00						
基金 7	0.76	0.41	0.26	0.52	0.50	0.30	1.00					
基金 8	0.33	0.45	0.24	0.40	0.35	0.23	0.39	1.00				
基金 9	0.45	0.66	0.47	0.74	0.67	0.58	0.38	0.45	1.00			
基金 10	0.68	0.31	0.42	0.57	0.51	0.35	0.62	0.27	0.48	1.00		
组合基金	0.55	0.71	0.42	0.75	0.69	0.50	0.54	0.81	0.83	0.52	1.00	
候选基金	(0.09)	(0.01)	0.11	(0.03)	(0.05)	(0.05)	(0.06)	0.31	0.08	0.08	0.20	1.00

(续表)

危机时段	基金 1	基金 2	基金 3	基金 4	基金 5	基金 6	基金 7	基金 8	基金 9	基金 10	组合基金	候选基金
基金 1	1.00											
基金 2	0.91	1.00										
基金 3	0.84	0.87	1.00									
基金 4	0.93	0.79	0.77	1.00								
基金 5	0.83	0.67	0.62	0.95	1.00							
基金 6	0.86	0.92	0.77	0.75	0.58	1.00						
基金 7	0.86	0.89	0.70	0.82	0.85	0.76	1.00					
基金 8	0.89	0.87	0.84	0.82	0.62	0.88	0.66	1.00				
基金 9	0.90	0.93	0.82	0.85	0.67	0.96	0.76	0.94	1.00			
基金 10	0.94	0.79	0.79	0.96	0.92	0.75	0.84	0.80	0.81	1.00		
组合基金	0.92	0.85	0.82	0.96	0.90	0.84	0.86	0.84	0.89	0.96	1.00	
候选基金	(0.25)	(0.21)	(0.05)	(0.17)	(0.34)	(0.03)	(0.50)	0.19	0.00	(0.22)	(0.14)	1.00

顺便指出,在以上几个相关性矩阵中还可以看到,在危机时段,基金 1 到基金 10 的正相关性大幅地增强了,超过 62%的成对相关性系数高于 0.8,有 40%的相关性系数达到 0.85。这表明我们以前用常数 0.8 作为相关性系数来做风险管理系统压力测试的假设并不过分。

宏观风险因子分析

我们在前面提到过多次,风险因子是运营 FOHF 时贯穿始终的 DNA,是一个很关键的问题,有必要将之梳理清楚。我们需要分析和展望组合基金的业绩表现可能受宏观因子影响的敏感度。

对于不同的 FOHF 产品,由于产品的预期各异,设计的投资范围不同,宏观风险因子也是不同的,每家 FOHF 管理公司必须自己设计出一套宏观风险因子名单。另外,因为每只对冲基金所专注的大类资产和市场、策略都不一样,它们的关注点也不一样,所承担的宏观风险因子实际上也相差很大。但是在 FOHF 层面上我们又必须统一了解每只对冲基金在各个宏观风险因子上承担的风险敞口,以便汇总归纳出组合基金在各个宏观风险因子上总的风险敞口。这就需要通过一个统一的格式、统一的风险因子名单来了解各对冲基金在这些风险因子上的敞口。

通常的宏观风险因子来自五大类资产类别,因子的数据应该是可以通过在市场上测到的各种价格变动而产生的,且频率越高越好,最好是每日的。像CPI、PPI、GDP、失业率、房屋销售量等这些数据固然重要,但是频率太低,所以虽然会被密切关注,但一般不会用来作为宏观风险因子。比如,一个以美国市场为主要投资市场的FOHF所关注的宏观风险因子可能有:① 股票市场:无风险收益率、标普500指数、标普400中市值指数、标普600小市值指数、纳斯达克100指数、罗素2000指数、罗素2000价值指数、罗素2000成长指数、标普各个行业指数、恐慌指数VIX、欧洲几个主要股指、亚洲几个主要股指;② 固定收益市场:2年期、5年期、10年期、30年期美国国债,美国国债指数,美国市政债券指数,2年期、5年期、10年期、30年期美国利率与国债之间的息差,美林MOVE指数;③ 大宗商品市场:黄金、石油、高盛大宗商品指数、Baltic干散货运输指数;④ 外汇市场:美元指数、欧元、英镑、日元、人民币;⑤ 信用市场:美国房贷指数、美国高息债指数(BB,B,C)等、美国信用投资评级指数、美国信用投机评级指数,等等。

在实践中,我们还会从这些风险因子中推导出一些与对冲基金策略更直接相关的风险因子来做分析。例如,除了用"价值""成长"作为股票市场的因子,我们还可以将"成长与价值的差"作为风险因子;在固定收益市场除了看收益率曲线的"短期收益率""中期收益率"及"长期收益率",我们还可以将"收益率变扁平或陡峭"的斜率甚至斜率的变化率作为风险因子;除了把恐慌指数VIX作为风险因子,我们还可以将VIX与前期VIX的变化率作为风险因子;在大宗商品市场尤其是能源市场,除了将WTI原油和布伦特原油作为风险因子,将这两个原油期货的差价作为风险因子也是行业中非常常见的,类似方法可以很自然地推广到其他大宗商品市场甚至跨市场其他类型的产品中去,等等。

在这里,FOHF管理公司可以根据自身产品的风格及特点,针对它们关注的最主要的风险因子,定期收集每只基金在统一的宏观风险因子上的敞口,来汇聚FOHF的风险因子敞口数据。

另外,针对主要风险因子,我们还可以做很多"风险因子VS对冲基金策略”的量化分析，这种分析以历史为参照，为各种对冲基金策略在未来市场环境中的表现提供一定的参考作用(见图 15-6)。

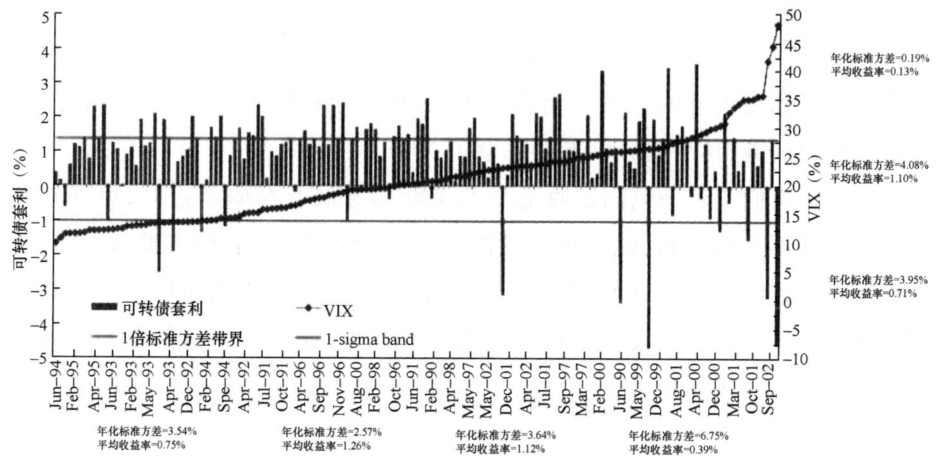

图 15-6 风险因子 VS 对冲基金策略案例

从图 15-6 中可以清晰地看到，在 VIX 超过 25％时，该策略(可转债套利策略)的历史表现比较差，总体收益率不高且波动率很大。如果把 VIX 从最低水位到最高水位发生的时间段分为相等的四段，则可以看出该策略在第二段和第三段的表现是很不错的，而在第四段的表现最差，在第一段居中，也就是说该策略不喜欢波动很大的市场，但太平静的市场对其来说也并不是最好的，VIX 在 15％—25％对该策略比较友好。如此等等。

集中度分析

作为机构投资者，FOHF 的投资追求透明性、可持续性和可扩展性。而一个集中度太高的投资除了个体风险很高，还是可持续性和可扩展性的天敌。虽然 FOHF 并不需要底层子基金持续提供整个投资组合的底仓头寸信息，但需要掌握基金投资组合的集中度分布，尤其是自下而上依靠基本面分析策略的底层子基金，比如多头仓位前十名、空头仓位前十名占投资组合的权重各是多少，前 50％仓位中有多少只证券。对冲基金通常不太愿意披露空头仓位的具体名字以免被夹仓，但可以披露从最第一到第十名仓位各有多大头寸以及各自属于什么行业或评级等风险信息(可以依靠保密协议来保护信息的私密性)。另外,当 FOHF 收集汇总底层子基金的重仓头寸时,我们也能看到整个行业的一些集中度,而反馈相关信息给子基金们以降低潜在的踩踏风险(例如前面提到过的京信通信系统的实例)。

如果投资组合涉及衍生品,在底层子基金提供集中度时应该将各衍生品头寸"等价"到底层标的证券一起看。比如,期权仓位应该将其"德尔塔等价"到底层标的证券,然后看该证券的总仓位头寸。

有一次我们在对一只固定收益套利策略基金展开尽职调查时,单独看其持仓头寸并不是很显眼,但当我们将仓位头寸等价到各相对应久期的国债时,发现整个投资组合居然在 10 年期美国国债上的等价头寸占 94%,这种集中度显然太高了。该基金没能通过我们的尽职调查,在后来的运行中果然因集中度太高而承受了大幅亏损。著名对冲基金管理公司 Amaranth Advisors 之旗舰基金曾经把 55%左右的投资组合头寸集中于天然气/能源的仓位上,致使损失 66 亿美元而导致该基金崩溃,最后更导致整个基金管理公司不得不为此而关门歇业。因集中度过高而引起爆仓的实例可以说比比皆是,其中充满血的教训。

风险敞口分析

FOHF 针对自身最关注的风险因子向各底层基金及候选基金收集在这些风险因子上的头寸敞口,数据的频率越高越好,但至少是月度数据。由于这些风险因子数据并不直接涉及对冲基金的底层持仓信息,通过保密协议,一般对冲基金都愿意提供给 FOHF。风险敞口分析报告如表 15-7 所示。

收集到的对冲基金风险敞口数据应该汇总在 FOHF 管理公司加密过的自有数据库中,这样便于有效查巡以及作各种分析,尤其是做针对每一只基金本身的时间序列分析。我们知道对冲基金都有其独特性,可能把任何两只对冲基金的风险因子作比较都有"用苹果比橘子"的问题,但是收集到一定时间的历史数据后,对时间序列作纵向分析就不存在这些问题了。实际上,这样的分析会更有意义,其中的各种信息就能透露出一只基金的"行为规律",对于分析可持续性及可扩展性都非常有用。

表 15-7 风险敞口分析报告

××××年××月××日	权重	策略	风险敞口分析																								
			股票市场						固定收益市场					大宗商品市场					外汇市场					信用市场			
			因子1	因子2	因子3	因子4	因子5	因子6	因子7	因子8	因子9	因子10	因子11	因子12	因子13	因子14	因子15	因子16	因子17	因子18	因子19	因子20	因子21	因子22	因子23	因子24	因子25
基金1	%	可转债套利	%	%	%	%	%	%	%	%	%	%	%	%	%	%	%	%	%	%	%	%	%	%	%	%	%
基金2	%	可转债套利	%	%	%	%	%	%	%	%	%	%	%	%	%	%	%	%	%	%	%	%	%	%	%	%	%
基金3	%	可转债套利	%	%	%	%	%	%	%	%	%	%	%	%	%	%	%	%	%	%	%	%	%	%	%	%	%
基金4	%	CTA	%	%	%	%	%	%	%	%	%	%	%	%	%	%	%	%	%	%	%	%	%	%	%	%	%
基金5	%	CTA	%	%	%	%	%	%	%	%	%	%	%	%	%	%	%	%	%	%	%	%	%	%	%	%	%
基金6	%	CTA	%	%	%	%	%	%	%	%	%	%	%	%	%	%	%	%	%	%	%	%	%	%	%	%	%
基金7	%	新兴市场	%	%	%	%	%	%	%	%	%	%	%	%	%	%	%	%	%	%	%	%	%	%	%	%	%
基金8	%	股市多/空头	%	%	%	%	%	%	%	%	%	%	%	%	%	%	%	%	%	%	%	%	%	%	%	%	%
基金9	%	股市多/空头	%	%	%	%	%	%	%	%	%	%	%	%	%	%	%	%	%	%	%	%	%	%	%	%	%
基金10	%	股市多/空头	%	%	%	%	%	%	%	%	%	%	%	%	%	%	%	%	%	%	%	%	%	%	%	%	%
基金11	%	股市多/空头	%	%	%	%	%	%	%	%	%	%	%	%	%	%	%	%	%	%	%	%	%	%	%	%	%
基金12	%	股市偏空	%	%	%	%	%	%	%	%	%	%	%	%	%	%	%	%	%	%	%	%	%	%	%	%	%
基金13	%	股市偏空	%	%	%	%	%	%	%	%	%	%	%	%	%	%	%	%	%	%	%	%	%	%	%	%	%
基金14	%	股市偏空	%	%	%	%	%	%	%	%	%	%	%	%	%	%	%	%	%	%	%	%	%	%	%	%	%
基金15	%	固定收益套利	%	%	%	%	%	%	%	%	%	%	%	%	%	%	%	%	%	%	%	%	%	%	%	%	%
基金16	%	固定收益套利	%	%	%	%	%	%	%	%	%	%	%	%	%	%	%	%	%	%	%	%	%	%	%	%	%

（续表）

××××年××月××日	权重	策略	风险敞口分析																								
			股票市场						固定收益市场					大宗商品市场					外汇市场					信用市场			
			因子1	因子2	因子3	因子4	因子5	因子6	因子7	因子8	因子9	因子10	因子11	因子12	因子13	因子14	因子15	因子16	因子17	因子18	因子19	因子20	因子21	因子22	因子23	因子24	因子25
基金 17	%	固定收益套利	%	%	%	%	%	%	%	%	%	%	%	%	%	%	%	%	%	%	%	%	%	%	%	%	%
基金 18	%	全球宏观	%	%	%	%	%	%	%	%	%	%	%	%	%	%	%	%	%	%	%	%	%	%	%	%	%
基金 19	%	全球宏观	%	%	%	%	%	%	%	%	%	%	%	%	%	%	%	%	%	%	%	%	%	%	%	%	%
基金 20	%	股市市场中性	%	%	%	%	%	%	%	%	%	%	%	%	%	%	%	%	%	%	%	%	%	%	%	%	%
基金 21	%	股市市场中性	%	%	%	%	%	%	%	%	%	%	%	%	%	%	%	%	%	%	%	%	%	%	%	%	%
基金 22	%	股市市场中性	%	%	%	%	%	%	%	%	%	%	%	%	%	%	%	%	%	%	%	%	%	%	%	%	%
基金 23	%	股市市场中性	%	%	%	%	%	%	%	%	%	%	%	%	%	%	%	%	%	%	%	%	%	%	%	%	%
基金 24	%	受压力资产	%	%	%	%	%	%	%	%	%	%	%	%	%	%	%	%	%	%	%	%	%	%	%	%	%
基金 25	%	受压力资产	%	%	%	%	%	%	%	%	%	%	%	%	%	%	%	%	%	%	%	%	%	%	%	%	%
基金 26	%	并购套利	%	%	%	%	%	%	%	%	%	%	%	%	%	%	%	%	%	%	%	%	%	%	%	%	%
基金 27	%	并购套利	%	%	%	%	%	%	%	%	%	%	%	%	%	%	%	%	%	%	%	%	%	%	%	%	%
基金 28	%	并购套利	%	%	%	%	%	%	%	%	%	%	%	%	%	%	%	%	%	%	%	%	%	%	%	%	%
基金 29	%	事件驱动多策略	%	%	%	%	%	%	%	%	%	%	%	%	%	%	%	%	%	%	%	%	%	%	%	%	%
基金 30	%	特殊情形	%	%	%	%	%	%	%	%	%	%	%	%	%	%	%	%	%	%	%	%	%	%	%	%	%
基金 31	%	特殊情形	%	%	%	%	%	%	%	%	%	%	%	%	%	%	%	%	%	%	%	%	%	%	%	%	%
投资组合	%		%	%	%	%	%	%	%	%	%	%	%	%	%	%	%	%	%	%	%	%	%	%	%	%	%

可持续性分析

在第十三章第二节中介绍投资策略的可持续性时，我们已经指出可以用痛苦指数或布林通道的分析来判断一种策略是否有可持续性的例子，我们可以再来回顾一下。

图 15-7 至图 15-10 显示了业绩表现的持续性（如果排除受全球宏观大环境的影响，这些图的模式基本上没什么变化）。

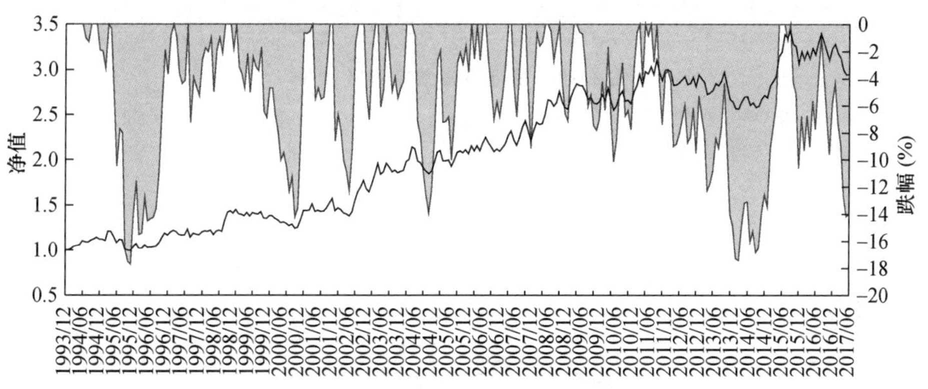

图 15-7　用痛苦指数观察持续性

资料来源：瑞信对冲基金指数。

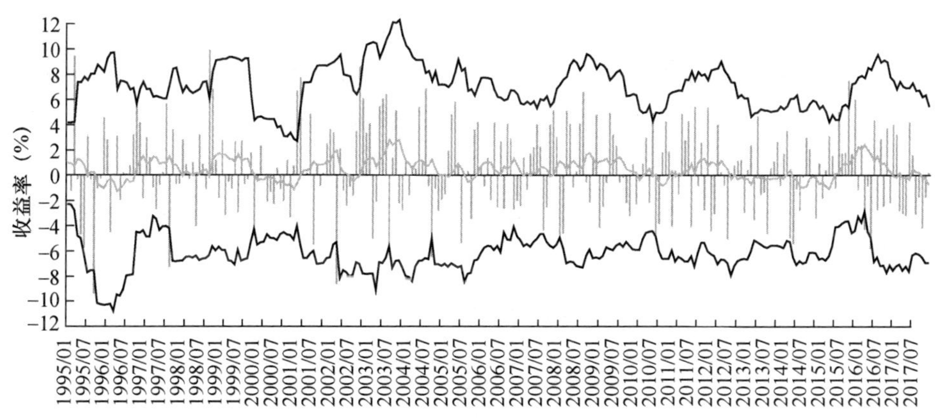

图 15-8　用布林通道观察持续性

资料来源：瑞信对冲基金指数。

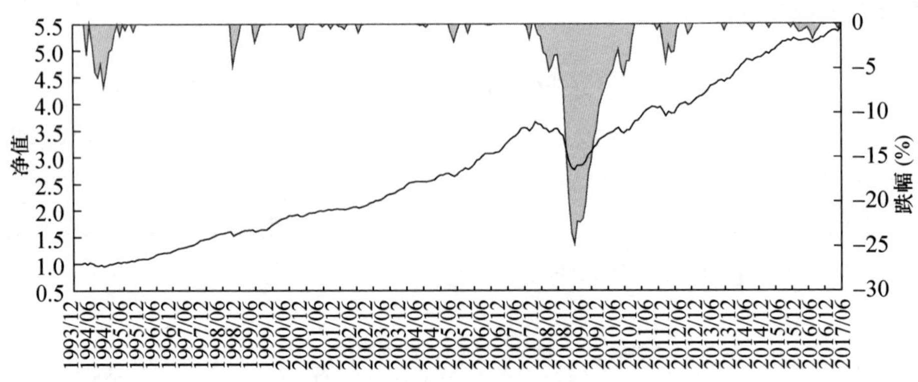

图 15-9　用痛苦指数观察持续性

资料来源:瑞信对冲基金指数。

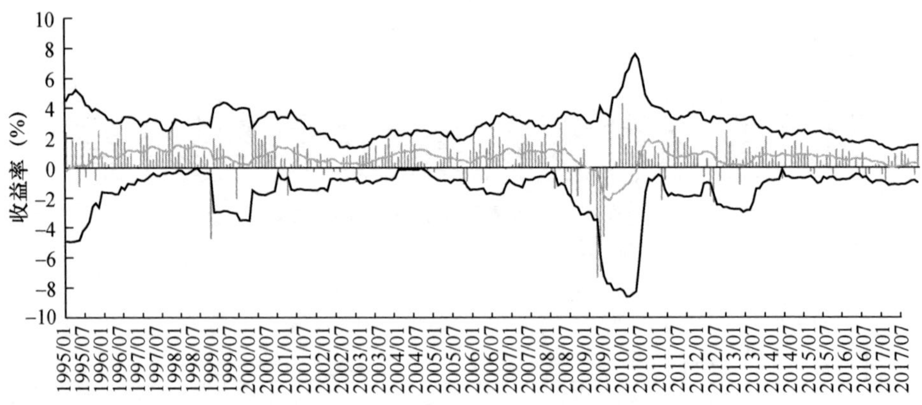

图 15-10　用布林通道观察持续性

资料来源:瑞信对冲基金指数。

图 15-11 和图 15-12 显示了业绩表现的非持续性(2008 年以后的数学模式完全改变了)。

实际上,通过前面收集到的"风险敞口"数据,我们可以对这些数据进行各种分析,来帮助判断底层基金或候选基金的投资策略是否具有可持续性。

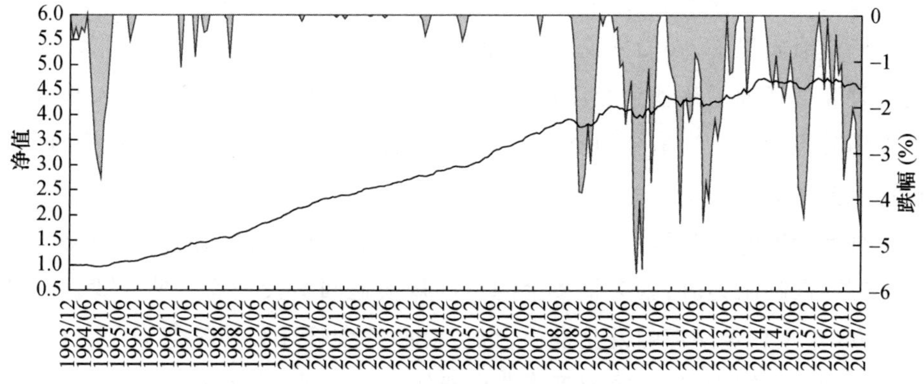

图 15-11　用痛苦指数观察非持续性

资料来源:聂军。

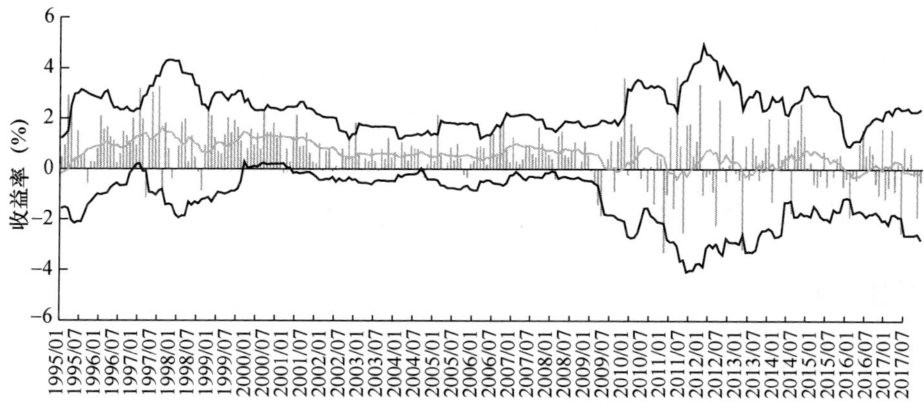

图 15-12　用布林通道观察非持续性

资料来源:聂军。

可扩展性分析

关于一只基金的可扩展性,主要看基金的主要投资策略是否有广阔的空间以及流动性有多大。这可以在进行尽职调查时仔细分析基金的业绩是否随着基金的管理资产规模的成长而受影响。这种影响可以从两方面来看,一方面是看基金的业绩是否出现明显下滑,另一方面是基金的波动率是否明显上升。据我们的长期观察,对于一个单策略基金而言,1 亿美元到 5 亿美元的资产管理规模是比较理想的,除非扩展策略,否则资产管理规模再增加就比较难以维持业绩表现了,人们常说“规模是收益的敌人”指的就是这种情形。尽职调查时应该仔细了解基金经理对其可扩展性的观点,并将此信息录入基金数据库随时备考察。当基金的资产管理规模接近基金经理所预期的规模时,再投资就要非常谨慎了。

对于传统的对冲基金基金经理而言,当他们意识到自己的投资策略在可展性方面面临阻力时,就会把多余的资产规模退回给投资者。然而我们看到在 2008 年全球金融海啸发生以后,很多对冲基金管理公司都意识到,只要管理资产规模足够大,光靠收取管理费也能使基金管理公司存活,所以有不少基金管理公司唯恐自己管理的资金规模不够大而疯狂募集资金。这实际上跨越了可扩展性的限制而拖累基金的业绩表现,不但未能将最优的业绩回馈给投资者,同时也掠夺了优秀初创者的募资空间而影响了整个行业的健康发展,因为其他有好策略的刚起步的基金经理在这种环境中很难募集到足够的资金,难以有足够多的机会展现他们的才华。这种现象在国内值得作为前车之鉴,FOHF 借助其专业团队和主动管理的特点,应该能及时甄别出哪些对冲基金已经面临可扩展性的瓶颈而停止向该基金注入新的资金。

惯性分析

有很多技术分析指标都可以用来帮助分析一个时间序列的趋势和惯性,因为基金业绩本身也是一个时间序列,这些技术分析也可以应用到基金的业绩表现分析上来判断基金表现的趋势和惯性。这些技术分析可以帮助 FOHF 风险管理团队判断底层对冲基金业绩表现的趋势和惯性,观察业绩表现是在变好还是变差,在连续很好的业绩表现后是否面临回吐获利的压力,等等。这对于风险监控及调整投资组合时能提供很有用的信息。图 15-13 中下半部分为技术分析指标。

肥尾分析

“肥尾”(fat tail)一词是指一些大涨大跌事件所发生的频率超出了它们按照正态分布所应该发生的频率。人们常常将共同基金或对冲基金的收益率想

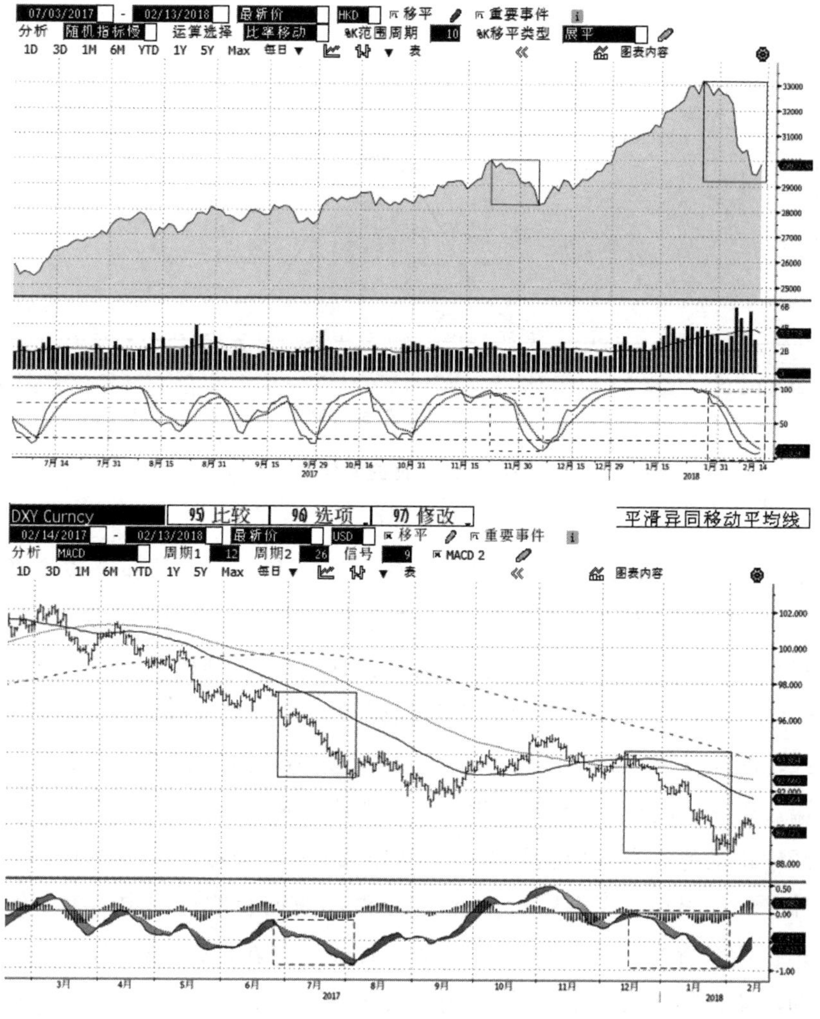

图 15-13　惯性分析

象为是按正态分布的。然而，事实上很难找到一只对冲基金的收益率是按正态分布的，而肥尾现象却是常态。通常越是杰出的基金经理，其投资收益率分布就越有别于正态分布。在分布右端出现肥尾体现了基金经理出众的投资才能，而左端出现肥尾则反映出基金的风险管理有待改善。图 15-14 可以清楚地看到在左端和右端均出现了肥尾。

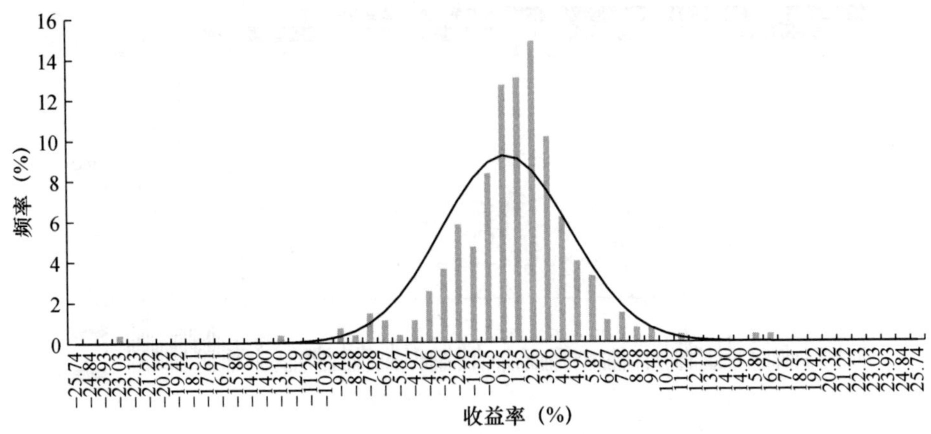

图 15-14　收益率分布

资料来源：聂军。

作为主动投资者，对冲基金经理在建立每一个仓位之前都应该估算盈利的概率和亏损的概率大致是什么情况，如果出现不利于自己的投资判断，应该如何及时止损；如果投资符合自己的判断，则应该让盈利机会充分发挥。当基金经理能始终寻找到盈利概率大于亏损概率的投资机会并严格执行止损，则基金经理的收益率分布将能够向正收益率方偏离并能使肥尾发生在右端而不是左端。当然，在整个大市场发生突发事件或恶劣的大市场环境时，再优秀的基金经理也难免会有左侧肥尾发生。例如，2008 年全球金融海啸时基木上每只对冲基金都出现过左端肥尾。所以，在做尽职调查的过程中需要了解清楚肥尾是在什么情况下发生的，从中学到些什么经验教训，采取了什么措施防范类似的左端肥尾再次发生。另外，也需要了解右端肥尾发生的原因，从风险管理的角度来说，各种违规交易有可能会导致右端肥尾的发生并拉高基金的年化收益率。

如何控制和避免基金投资中发生左端肥尾现象，是基金经理常常思考的一个问题。虽然可以通过从各个持仓上对下行风险进行保护，但这个问题更多的是一个基金的顶层避险问题。一个正常市况下有效的方法是在基金层面上通过限定每个仓位的大小来分散风险，但在整个市场“泥沙俱下”时仍然难以避免左端肥尾的发生。另外，也有很多“肥尾管理策略”，通常是通过股指上的期权等衍生品的结构设计支付少量的“保险费”来进行下行风险保护。在对候选基金进行尽职调查时应该了解该基金作采取的肥尾管理策略。

上行/下行市场风险分析

市场活动每时每刻都在起起伏伏中进行,然而人们对这种涨涨跌跌的记忆和分析往往只能停留在短期或某些时间片段。一个系统地全面分析基金在市场上行和下行中的表现的简单方法是将候选基金成立以来的收益率与相应市场的基准指数(benchmark index)的收益率作"排序性比较"。排序是按照市场基准指数从跌幅最大到涨幅最大逐渐排列。收益率计算频率可以是日、周、月、季等,通常频率越高,从中所能分析观察到的信息就越多。该方法适合于各大类资产策略,但选对了该市场的基准指数则是非常重要的。

例如,图 15-15 是瑞信新兴市场对冲基金指数与 MSCI 全球股指的月度排序比较。

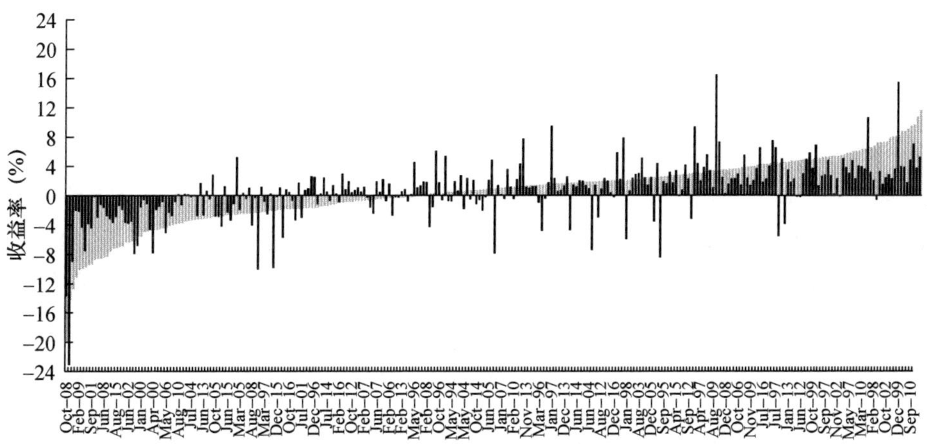

图 15-15　上行/下行市场风险分析(瑞信新兴市场)

资料来源:瑞信对冲基金指数。

虽然该指数中的基金投资范围遍及全球,但从图 15-15 中我们可以很清晰地看到,在全球股指大涨(月度超过 2.5%)时,该对冲基金指数绝大多数时候也在盈利,通常情况下涨幅不及股指,但偶尔涨幅也会高于股指涨幅:而在全球市场大幅下行(月度亏损超过 3.5%)时,该指数则无一例外一致下跌。当市场涨跌幅较小时,该指数的表现则是有涨有跌。由此我们可以很快判断在熊市中应该尽量避免投资该指数,而在牛市中投资该指数则是较理想的选择。

我们另外再看一个例子，图 15-16 是瑞信事件驱动策略对冲基金指数与 MSCI 全球股指的月度排序比较。

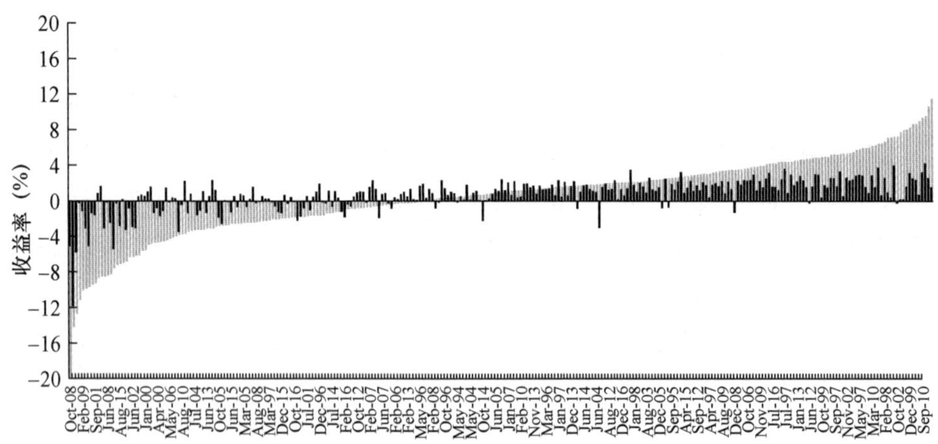

图 15-16　上行/下行市场风险分析(瑞信事件驱动)

资料来源：瑞信对冲基金指数。

图 15-16 很清晰地显示出，在 MSCI 全球股票指数上涨时，瑞信事件驱动策略，对冲基金指数在绝大多数情况下都是上涨的，但幅度一般没有指数的涨幅大：而市场下跌时，该对冲基金策略指数有不少时候是上涨的，即使下跌，其跌幅也显著低于 MSCI 全球股指的跌幅。

实际上，为了获取更详细的信息，图 15-16 还可以分为图 15-17 至图 15-19。

(1) MSCI 全球股指月度下跌超过－2％时排序比较：由此我们可以看到在 MSCI 全球股指大跌超过 8％或以上时，瑞信事件驱动策略对冲基金指数也随之下跌，其中 1998 年 8 月亚洲金融风暴发生时下跌近 12％。此外，在 MSCI 全球股指经历月度大跌时，瑞信事件驱动策略对冲基金指数总体上面临很挑战的环境，但一般的月度跌幅都远远小于 MSCI 全球股指的月度跌幅。

(2) MSCI 全球股指月度窄幅波动＋/－2％时排序比较：这种市场环境下，贝塔的成分比较少，收益率更能体现出投资的阿尔法来。

(3) MSCI 全球股指月度上涨超过 2％时排序比较：由此我们很清晰地看

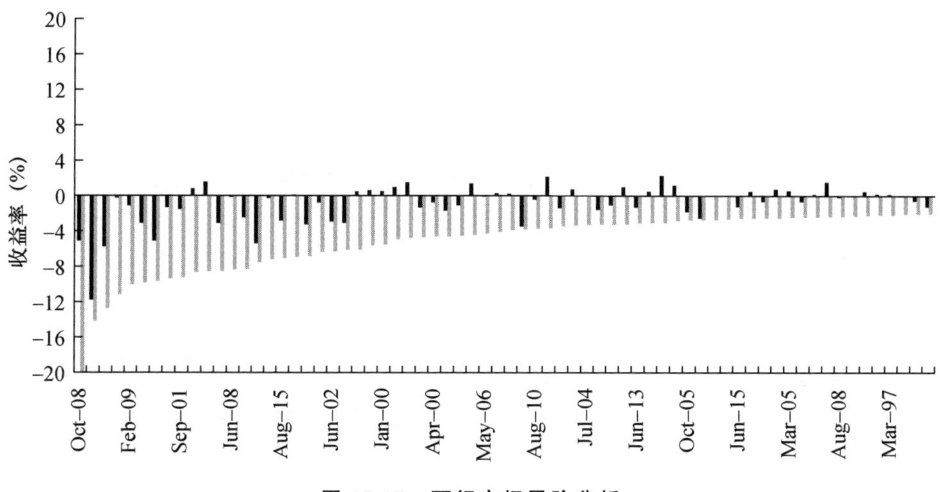

图 15-17　下行市场风险分析

资料来源：瑞信对冲基金指数。

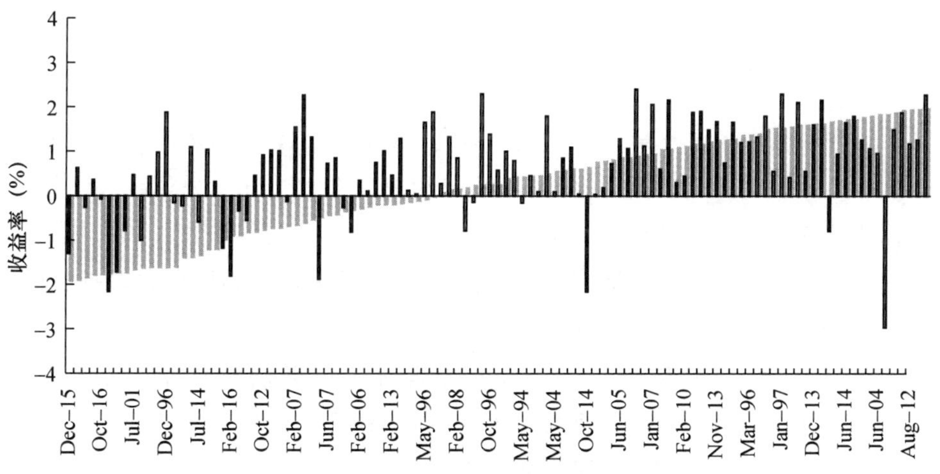

图 15-18　震荡市场风险分析

资料来源：瑞信对冲基金指数。

到，瑞信事件驱动策略对冲基金指数在绝大多数时候也随市场上涨，但极少有超过市场上涨的幅度，总体的收益情况还是很不错的。

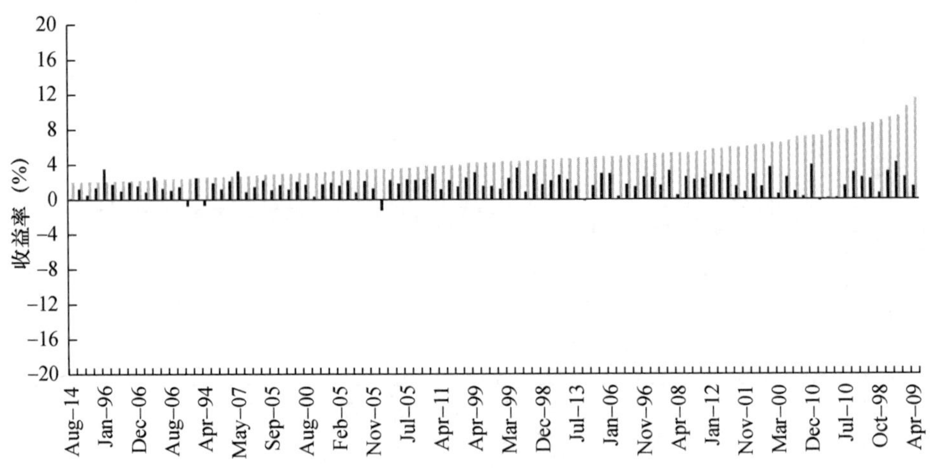

图 15-19　上涨市场风险分析

资料来源：瑞信对冲基金指数。

第三驾马车总结

综合以上市场风险管理尽职调查内容，从事 FOHF 市场风险管理尽职调查的专业人员需要亲自撰写报告，总结归纳出候选基金管理公司在风险管理方面的理念、方法论、系统及实际执行流程，有何优势以及其弱点和劣势。报告需要向投资决策委员会提交、接受投委会及团队的质疑和挑战并进行答辩，直到投委会和团队的所有问题都得到满意的答复。

投委会在全面审查完运营尽职调查报告后，应该给出确定的评估，最简单的可以分为“批准”和“否决”两级。如此，可以对展开了运营尽职调查的基金分别贴上“险-准”“险-否”的标签录入数据库。

第十六章
如何运营对冲基金组合基金

在本书第十一章中，我们介绍了如何构建 FOHF 的轮廓及简单介绍了尽职调查的“三驾马车”。尽职调查“三驾马车”的细节我们已经在第十二章到第十五章中作了详细介绍。在本书最后一章中我们再尽量详细地介绍运营 FOHF 的一些关键环节，以补充在第十一章中限于篇幅没能介绍的重要内容。

我们常说，如果把对冲基金投资比喻为投资界的皇冠，那么 FOHF 就是这顶皇冠上的明珠。那是因为 FOHF 可以靠完全透明的投资流程实现“承担债市的风险，获取股市的收益”。运营好 FOHF 是一件技术含量很高的事。我们要特别指出的是 FOHF 投资追求的是阿尔法回报而不是贝塔收益，其投资过程是个主动投资的过程而不是被动投资，大类资产配置是 FOHF 水到渠成的红利产品(bonus)而不是其目的(purpose)。运营 FOHF 对团队的专业技术知识宽度与深度、人际有效交流技能、团队协作精神，以及在对冲基金行业中的人脉联络(connection)和信任度等的要求都很高，并不是将一堆对冲基金随意拼凑或堆砌起来就是 FOHF 投资。实际上，运营 FOHF 的难度远远超过运营单策略的对冲基金。

我们希望借此机会强调，从事 FOHF 业务没有捷径，必须老老实实练好基本功。它追求的是非线性的阿尔法回报而不是贝塔收益。有人以为把一群 ETF 组合起来通过“择时”来调整配置就是一条做 FOHF 的捷径，其实不然，即使是全做多,这种收益也应该比直接买一个更大范围的 ETF 的收益要差。如果还涉及做空,那收益状况就更难说了。

人们常常感叹阿尔法回报极其难寻,然而 FOHF 在 5—10 年的时间周期里确确实实能实现“承担债市的风险,获取股市的收益”,给投资者带来实实在在的阿尔法回报。正因为如此,从事 FOHF 业务是件难度很高的事情,也才体现了 FOHF 的精美之处。

从事 FOHF 业务,尽职调查是最繁复的也是最关键的环节。需要时间、人力团队、很强的专业知识和技能,并且需要持续不断更新,这都可以从本书前面章节介绍的各种细节中看出来。除此之外,还有本章介绍的一些重要环节。

第一节　产品投资指南

这是运作一个 FOHF 产品的开始——要运营好一个 FOHF,首先需要与客户进行充分的沟通,了解客户的需求,并使客户在收益、风险、回撤、流动性等方面形成合理预期,然后量身定制设计好基金产品以满足客户的需求,真正体现 FOHF 独特的优势。其中制定好“投资指南”尤其关键,因为这不仅需要准确地反映出客户的期望,更是指导该基金产品运行的长期准绳。在基金的运营过程中,如果有任何偏离,基金管理团队的相应部门必须采取适当的行动,找出原因并进行调整,以求回到客户的需求上来,真正做到“不忘初心,方得始终”。怀着敬畏之心服务于客户的投资目标,不但是做好一个基金产品的保障,也是能将从事的资产管理行业做好、做长、做大、成功的法宝。

表 16-1 是投资指南的一个具体例子。

表 16-1　投资指南

FOF 投资指南监控					
因子		指南目标	实际操作	偏差	备注
FOF层面	投资策略年化收益率	＞r%			
	年化波动率	＜v%			
	年化夏普比率	＞1.2			
	最大痛苦指数	＜md%			
	痛苦指数持续时间	＜m			
	月杠杆上限	1.1x			
	子基金仓位限制	初建：x%； 自然成长：y%			
	子基金个数范围 15—25				
	FOF 6 个月可赎回资产比率	＞90%			
	FOF 3 个月可赎回资产比率	＞70%			
	FOF 1 个月可赎回资产比率	＞50%			
	FOF 2 周可赎回资产比率	＞40%			
	FOF 1 周可赎回资产比率	＞20%			
	FOF 1 天可赎回资产比率	＞10%			
	禁止投资证券				
	……				
策略层面	策略数不少于	5			
	策略净敞口：				
	股市多/空头策略	0—30%			
	股市中性策略	0—15%			
	股市统计模型套利策略	0—5%			
	股市偏空策略	0—3%			
	并购套利策略	0—15%			
	特殊情形策略	0—15%			
	受压资产策略	0—15%			
	事件驱动混合策略	0—15%			
	资本结构套利策略	0—15%			
	相对价值套利策略	0—15%			
	固定收益套利策略	0—30%			
	可转债套利策略	0—20%			
	信用套利策略	0—10%			
	CTA 策略	0—20%			
	全球宏观策略	0—35%			

（续表）

FOF 投资指南监控					
因子		指南目标	实际操作	偏差	备注
策略层面	新兴市场策略	0—15%			
	单一市场总净敞口：	0—40%			
	……				
子基金层面	投资最多占子基金/同一子投顾比率	<25%			
	赢损率超出 2 个标准方差⇒	采取 1 级行动			
	赢损率超出 3 个标准方差⇒	采取 2 级行动			
	赢损率超出 4 个标准方差⇒	采取 3 级行动			
	回撤超过 1 个标准方差⇒	采取 1 级行动			
	回撤超过 2 个标准方差⇒	采取 2 级行动			
	回撤超过 3 个标准方差⇒	采取 3 级行动			
	回撤持续时间超过 3 个月⇒	采取 1 级行动			
	回撤持续时间超过 6 个月⇒	采取 2 级行动			
	回撤持续时间超过 9 个月⇒	采取 3 级行动			
	侧袋及非流动性比率超过____%⇒	投决会决定			
	……				

其中尤其重要的是对基金产品策略的描述以及基金产品禁止投资的证券，这在基金运行的过程中会不断提醒这个基金产品是做什么的，有哪些“红线”不能“踩”。

当然，以上投资指南中很多指标是显而易见的，无须太多解释；而另一些指标并不广为人知，“痛苦指数持续时间”就是其中之一。痛苦指数持续时间是一个重要指标，是投资者实际感受痛苦的持续时间和忍耐程度，但尚未引起许多专业人士有意识的重视，需要根据客户或产品的风险忍耐程度而定。做投资没有回撤是不可能的，但有时基金可能每个月跌得并不多，但是持续的时间长好似温水煮青蛙，那样客户也会感到痛苦而抱怨，所以有必要对痛苦指数持续时间事先设立一个界限，一般应该短于 6 个月。如果痛苦指数持续时间超过 12 个月，则基金有可能无法收取绩效费而使运行压力显著加大甚至难以为继，所以痛苦指数持续到 9 个月时，应该采取非常谨慎的态度，该赎回就要当机立断赎回。另外，如果痛苦指数持续时间太长，基金经理的行为往往也会发生偏离和走形。回撤好比蹲下，没有蹲下不可能持续跳高，但蹲下的时间过长再跳起时，则动作很可能会变形。

又比如，在产品发行后需要持续地对子基金进行监视，如果发现子基金的收益率超过其自身收益率的 2 个标准方差以上（无论是盈利还是亏损），我们知道从统计意义上而言它都属于小概率事件，这时需要与子基金经理沟通，搞清楚是什么原因导致的。如果是亏损，应该搞清楚是正常运行中的“噪声”还是“恶化的开始”？相信这种情况有不少人会追问底层子基金公司亏损的原因，但应该也不会有多少人会立即采取行动；但如果是盈利，我们需要了解这种小概率盈利能否持续而不是去庆祝，如果不能持续，则需要采取措施及时赎回资金。我们曾经投资一个集中于能源行业的股市多空头对冲基金很多年，基金经理各方面都很令人满意，通常情况下基金年化收益率大约为 15%。2008 年上半年能源尤其是石油价格飙升，该基金在前五个多月的收益率已经达到 33%，这显然是非常令人感到高兴的。但我们的监视分析显示基金的收益率超过了 3 个标准方差。于是我们团队与基金经理讨论，看这种超额收益从何而来、这种情况能否持续，我们也指出了该基金的收益率与某能源指数相关性很高而且很稳定。基金经理对当年的业绩感到非常惊喜的同时也表达了他对接下来的行情信心不足。于是，在投资决策委员会开会咨询讨论后，我们认为原油的走势不会一直持续，决定先从该基金赎回资金，并与该基金经理进行沟通，表示我们在合适的时间点还会再回到他的基金。我们非常友好地于当年 7 月底赎回了我们的投资，最后获得了 28%左右的收益率。非常巧的是，在我们发出赎回申请后，原油于 2008 年 7 月 11 日达到了历史最高点 147.27 美元然后掉头回落，至今也没有回到该价位。而如果我们当时没有从该基金赎回的话，到 2008 年年底该基金全年的收益率是－24%左右。坦白地说，我们并没有“水晶球”，但从这个例子可以看出，事先把投资指南制定好并严格执行是多么重要。

当然，投资指南中具体需要放进些什么指标和内容是必须根据基金产品的要求而定的。一旦制定好，必须严格执行。

在国内有很多基金经理抱怨说投资者不稳定，看到其他赚钱的机会就经不住诱惑跑了；也有基金经理抱怨投资者要求太苛刻，既要高收益又不能有回撤；等等。其实这些问题都可以在投资之前与投资者沟通时谈清楚，先了解投资者有什么预期，然后看看能设计基金产品什么的 FOHF 产品，如果无论设计什么基金产品都无法满足投资者的预期（这种情况往往是投资者预期的收益率太高或者是流动性太高),那么就应该直接告诉投资者去寻找其他投资渠道。从事资产管理,我们应该清晰地知道自己的优势和短板在什么地方,投资者的资金固然重要,但是我们的名誉远远比这更重要,如果为了获得投资者的资金来管理而做出自己的基金产品无法达到的承诺,这种事情不但做不长、做不大,而且会给自己的名誉造成非常大的损失。所以 FOHF 只寻找“同频谱”的投资者,只有这样,基金管理团队才能制定合理的投资指南并努力真正地以此为操作的准绳。

由于 FOHF 可以在全资产类别、全策略、全方位配置投资资产,作为大资产类别的配置工具就成了 FOHF 的一大优势。这里的全资产类别包括股票市场、固定收益市场、大宗商品市场、外汇市场、信用市场;全策略是指各种各样的对冲基金策略的组合,既可以偏多头也可以偏空头;全方位则表明既可以做全球有成长机会和投资活力的市场,也可以只注重某个具有独特机遇的地区或国家的市场。另外,基于配置大类资产的特点,也衍生出 FOHF 的其他优势:长期稳健性、规模性、专业性、系统性、一致性和高容量性。以上这些特点使得 FOHF 在西方尤其受到主权基金、保险资金、再保险资金、退休养老基金、家族办公室、私人银行财富管理资金、传统信托业务资金的青睐。当然,要特别强调的是这里所说的传统信托业务资金是指家庭信托、企业年金信托等业务的资金,这与国内前些年的通道式信托业务的资金有很大区别。

第二节　自有数据库

建立自有数据库不仅很重要,而且非常有必要。数据库中的基金可能是从商用数据库获得的、从基金管理公司路演材料中获得的、团队成员参加某些专业会议和论坛而获得的,也可能是通过其他途径而收集的。

市场上数据库有很多信息(从基金策略的描述到基金的数据)并不准确,有的是基金自己故意所致,也有的是数据库被动收集数据所致,因此需要 FOHF 管理公司对其中的内容进行“清洗”。比如,在亚洲有很多对冲基金从事股市多/空头策略。有的基金经理为了使自己看上去显得卓尔不群而给自己的基金贴上“多策略”基金的标签,但做做回归分析就很清楚地看出来他们还是在做股市多/空头策略。

数据库中除了需要记录清楚每只基金的静态信息(如基金管理公司的地址、电话、电邮等),还需要记录基金的相对比较静态信息(如策略、地域、相关的服务商信息、公司/团队/主要成员的污点记录等)以及动态信息(如赎回窗口、提前告知时间、锁定期、管理资产规模、业绩数据、滚动阿尔法、滚动贝塔、风险因子数据等)。另外,还应该集中汇总与每只基金每次的交流记录。

每家 FOHF 管理公司针对自己的业务需要都应该有自己的一个分类系统,分类太粗则会将许多并不是很相关的基金置于同一个盒子里作比较,但分类太细则很难给每一只基金把所有的标签都贴准,维护成本较高不说,很可能有些基金很难得有“同伴”,这样,在做同类策略分析时就失去了比较的意义。在海外有几个数据库分类系统可以参考:① 瑞信对冲基金系;② HFR 系;③ EurekaHedge 系;④ BarclayHedge 系;⑤ 其他系,如 TASS 系、CISDM 系、Greenwich 系等。

(1) 瑞信对冲基金系。这个对冲基金系原本是由瑞信与 FOHF 管理公司 Tremont Group 联合制作和发布的 Credit Suisse Tremont Hedge Fund Indices,在麦道夫庞氏骗局败露后,Tremont Group 由于在麦道夫基金有 33 亿美元的投资而导致公司不得不关门应付投资者的赎回,瑞信对冲基金指数不得不拿掉了“Tremont”而与道琼斯合作过一段时间,后来也分道扬镳了。但无论如何,这个对冲基金策略分类还是历史比较悠久的,其指数一直回溯到 1994 年 1 月数据都是比较可靠的(股市中性策略指数 2008 年 11 月受到麦道夫庞氏骗局事件及 2009 年 2 月受到 Stanford 庞氏骗局事件的冲击需要作调整)、为业界所欢迎的。该系统将对冲基金策略分为 13 个简单明了的策略,如表 16-2 所示。

表 16-2　瑞信对冲基金策略分类

可转债套利策略
股市偏空策略
受压资产策略
股市多/空头策略
股市中性策略
事件驱动策略
事件驱动多种策略

（续表）

固定收益套利策略
全球宏观对冲策略
并购套利策略
新兴市场对冲策略
管理期货策略
多种对冲策略

当然，FOHF管理公司可以根据自己的需要在这些策略中再细分，例如每种策略下可以按地理区域或国家划分，也可以在每种策略下按行业等划分。这里所说的Stanford庞氏骗局是指由艾伦·斯坦福(Allen Stanford)通过他的Stanford Financial Group公司发行的基金所操纵的70亿美元的庞氏骗局，2009年2月斯坦福被美国证监会起诉，最终被法院宣判获刑入狱110年。

(2) HFR系。HFR系是人们常常津津乐道的一个对冲基金策略分类系统，其指数可以一直回溯到1990年1月，但分类曾经作过重新调整，所以其中有些指数的质量需要多加小心。HFR希望做到既全面又精细，结果搞出了一张很复杂的策略"树"(见表16-3)。

表16-3 HFR对冲基金策略分类

股票对冲	事件驱动	宏观	相对价值
股市市场中性	活跃管理型	主动交易策略	固定收益—ABS
基本面—成长	信用套利策略	大宗商品—农产品	固定收益—可转债套利
基本面—价值	受压资产/重组	大宗商品—能源	固定收益—企业债
方向性量化投资	并购套利	大宗商品—金属	固定收益—主权债
行业—能源/基础材料	特殊情形策略	大宗商品—多元	波动率策略
行业—医疗健康	私募证券	自由裁量式外汇交易	能源基础设施另类策略
行业—科技	多策略	系统性外汇交易策略	房地产另类策略
偏空策略 多策略		自由裁量式主题交易策略	多策略
		系统性多元交易策略	
		多策略	

无疑，如果一个自有数据库是按这个策略来分类的，其维护成本将是比较高的。

在分析全球对冲基金方面，数据当首推瑞信对冲基金数据库和HFR对冲基金数据库。虽然最近一些年HFR也致力于增强针对各个地域和国家的对冲基金数据库发展，但至少在亚洲的对冲基金方面，HFR仍然比不上EurekaHedge的亚洲对冲基金数据库。

(3) EurekaHedge系。EurekaHedge系起源于2001年总部在新加坡的对冲基金数据库，拥有许多注重亚洲对冲基金的独特信息，在亚洲对冲基金方面具有独特的优势。

EurekaHedge采取“主策略分类”及“二级策略分类”的方式来给基金贴两层标签。其对冲基金“主策略”分类如表16-4所示。

表16-4　EurekaHedge对冲基金主策略分类

套利策略
股市多/空头策略
管理期货策略
宏观策略
受压债券策略
复合多策略
事件驱动策略
相对价值策略
固定收益策略

对于净多头策略，主策略又分为自下而上策略、自上而下策略、自上而下结合自下而上策略、多元化债券策略。其“二级策略分类”分为：资本结构套利、可转换债券套利、汇率与利率套利、固定收益套利、统计模型套利、套利多策略、破产法相关策略、回购、兼并与收购、重组、公司分拆、事件驱动多策略、偏多头策略、偏空头策略、市场中性、短线交易、波动率套利、相对价值多策略、黑盒/量化投资、信贷市场中立、指数套利、择时、股票类别套利、盈喜、保险挂钩证券、基于资产的贷款、系统化交易、自由裁量式主题交易策略、大宗商品、活跃管理型、信用多/空头、按揭抵押证券、价值投资、结构化信用策略、融资交易、外汇、做多波动率、做空波动率、波动率相对价值交易、尾部风险波动交易、人工智能。

有别于 HFR 的结构,EurekaHedge 的“二级策略”并不隶属于“主策略”,所以一只对冲基金可以只贴一个主策略的标签,但同时可以贴上数个“二级策略”。如此如果再考虑到地域、行业等标签,该数据库也是需要很多人力来维护,并且在作同类基金的业绩表现及其他比较时,可能在某些类别中没有足够多的比较对象而失去比较的意义。

近些年 EurekaHedge 也在发展全球对冲基金数据库,但与瑞信对冲基金数据库及 HFR 对冲基金数据库相比就仍然显得逊色一些。

(4) BarclayHedge 系。BarclayHedge 系成立于 1985 年,其主要优势是在 CTA 策略方面有比较精细的分类和比较全面的策略数据(有的数据从 1980 年 1 月开始),是分析 CTA 策略者喜爱的数据库。BarclayHedge 对 CTA 策略分类如表 16-5 所示。

表 16-5 BarclayHedge CTA 策略分类

农产品交易
外汇交易
多元化交易
自由裁量式交易
系统化交易
金融/矿产品交易

BarclayHedge 在 CTA 方面的成功使其自然往全方位对冲基金策略数据库发展,其对冲基金策略分类如表 16-6 所示。

表 16-6 BarclayHedge 对冲基金策略分类

可转债套利策略
受压资产策略
股市偏多策略
股市多/空头策略
股市中性策略
事件驱动策略
固定收益套利策略
全球宏观策略

（续表）

医药及生物科技策略
并购套利策略
科技策略
复合多策略策略
欧洲股票市场策略
泛太平洋股票市场策略
新兴市场策略

可以看出，BarclayHedge 的分类比 HFR 和 EurekaHedge 的分类要简单明了，不过这里有几个行业性的策略和区域性的策略与其他策略通常不在一个层面上，所以这个分类并不是排他的。当然，BarclayHedge 最大的优势还是其 CTA 的分类和指数，从业界接受的广泛程度及影响力而言，应该说是无出其右者。

(5) 其他系。还有很多其他各种对冲基金数据库及其分类，限于篇幅就不一一介绍了。这里对位于马萨诸塞州大学的 CISDM(center for international securities and derivatives markets)数据库略作介绍，其分类如表 16-7 所示。

表 16-7　CISDM 对冲基金策略分类

可转债套利策略
受压证券策略
股市多/空头策略
股市市场中性策略
事件驱动多策略
固定收益套利策略
全球宏观策略
并购套利策略
中国股市多/空头策略
管理期货策略

每个 FOHF 管理公司在建立自己的自有数据库时，都可以参考以上各数据库的分类，但是一定要针对自己独特的需要来做分类才最有用。另外就是

在每个类别里要能够收集到足够多的基金数据，这样做分析才有意义。

第三节 构建投资组合及仓位调整

我们在第十一章中介绍过构建 FOHF 的流程，在整个过程当中，风险因子是我们贯穿始终的 DNA，在分析清楚哪些风险因子面临“顺风”环境，哪些风险因子面临“逆风”环境后，需要确定有意识地承担哪些风险来获取超额收益，同时需要规避哪些风险。所以，首先需要凝聚团队的专长作自上而下的宏观分析，然后从自下而上的遴选过程中所了解的特定对冲基金池里挑选恰当的基金出来，组成投资组合的“成分基金”。至于每只基金在投资组合中的权重，则又是基金经理与风险管理及量化分析部门之间反反复复优化投资组合的各种收益与风险分布的结果。一个好的 FOHF 的各种风险因子与自上而下的宏观分析应该相吻合，这样才能体现团队的独特之处，也才能从真正意义上主动承担什么风险、规避什么风险，而不是盲目和被动地承担底层基金随性所带来的风险。也正是如此，FOHF 较容易判断出哪些底层基金可能出现了风格漂移等情况并加以跟踪和识别。

其中“自下而上”的遴选过程主要是靠尽职调查的“三驾马车”，在经历细致的“三驾马车”严格的尽职调查后，FOHF 团队应该对入选基金池中的每只对冲基金的风格特征与风险特点都很清楚了。在宏观分析线条清晰后便可以“按图索骥”地挑选基金入列排阵了，然后再通过权重配置优化及在组合基金层面上对冲掉无意向承担的风险，最后确定投资组合。所以关键问题是如何进行自上而下的宏观环境分析及其对各种对冲基金策略的影响分析(见图 16-1)。

应该指出的是，在实际具体的操作中，除非是 FOHF 管理公司发行第一只基金产品，否则极少会专门为了发行一只新基金而召开全体投研和风险管理成员会议，来讨论“自上而下”的宏观分析以及对宏观环境和各对冲基金策略的影响，因为这些都是 FOHF 管理公司的例行工作，团队通常会在每个月或每个季度定期专门抽出一两天时间到与办公室几乎隔绝的环境中专心致志地展开这些分析和思考，回顾过去的表现，核实过去的分析判断是否有效，有哪

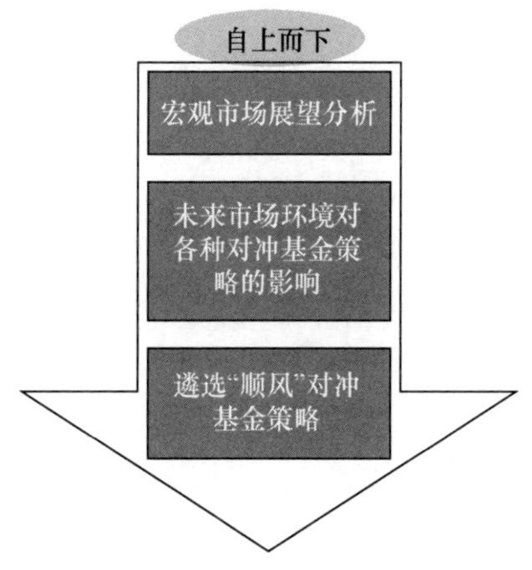

图 16-1　自上而下的流程

些偏离,投资总监、基金经理、各策略团队轮流分析和展望未来 6—9 个月各种相关市场环境和风险因子的演变,各个策略团队以专家的身份给自己的策略面临的机遇与挑战打分。由于每位团队成员的专长、经历以及看问题的角度都不同,即使是对同一个风险因子,观点可能也会截然不同甚至存在相反之处,比如在下面不同团队关注的焦点中,时常会看到各央行的政策被提到,也常常产生纷争。团队成员对有分歧的共同关注点进行辩论是一种健康的投资氛围,在辩论后常常会相向而行,最后形成该团队的共识。

比如,对于一个基于美国的 FOHF,在其季度性大会上,投资总监会就一序列宏观因素给出自己的观点和分析:汽油、原油、通货膨胀、汽车销售、轻卡销售、CPI、PPI(生产价格指数)、PMI(采购经理指数)、GDP(国内生产总值)、进出口数据、收益率曲线形状和近期变化趋势、住房消费、企业生产能力、企业盈利产能、外汇汇率、跨国利息差、跨国 GDP 差、外贸顺差逆差变化、个人消费数据、个人收入数据、个人违约率、工薪人数的变化、非农就业失业率、人力资源指标、库存和销售的比率、M2,等等。

事件驱动策略团队会针对与各种事件驱动策略相关的各种因素进行分析和阐述自己的分析判断:信用差点(投资级的债券、高收益级别的)、不同信用级别的违约率、破产收复率,以及高收益率债券市场所出现的重大事件的风险与机遇、高息债券的信用质量的变化趋势、高息债发行量状况以及拥有者的分布(谁在买)、高息债公募基金的资金流状况及趋势、受压资产市场的状况及发展、整个债券市场的升级/降级状况、并购事件的质与量的分布、资金量能、进入门槛是否提高、短期利率变动对各种事件驱动策略的影响、并购事件破裂比率,等等。

宏观策略及CTA策略团队则可从以下各方面的近况、趋势呈现自己的分析和展望:地缘政治、各央行政策、各国利率曲线变动、大宗商品整体(农产品、牲畜、能源、贵金属、工业金属及工业品、外汇、利率、股指)变动及各个期货产品的收益率曲线变动、各国通货膨胀情形、各主要经济体GDP增长状况及其销售状况、主要经济体债券市场、主要经济体之间的汇率、全球股市总览、波动率恐慌指数,等等。

股市多/空头策略团队可以从以下自己关注的焦点展现团队的分析及展望:各行业股指在过去不同时间段(1个月、2个月、3个月、6个月、12个月、2年、3年)的表现以观察行业轮动的趋势、价值VS成长、近期市场热点观察及分析、近期主要市场最大跌幅归因、全球股市表现对比和趋势、资金在各行业之间及大中小盘之间的流动状态、各行业估值情况、房地产行业变动及对股市的影响、能源消费变动及对股市的影响、企业(现金流、回购、分红、并购、杠杆等)状况和趋势,等等。

固定收益及可转债套利策略则可就其相关市场的近况、趋势及展望切入:各央行政策及市场预期、各宏观经济体债券市场表现及异动、央行基本利率合理水位与现状是否吻合、各主要经济体尤其是美国收益率曲线分析、各主要央行尤其是美联储升息/降息的可能性及对企业债券的影响、各种企业债券利率变动及趋势、固定收益市场波动率的变动和展望、互换息差变动,等等。

在各方呈示自己的观点和各种辩论后,每个团队成员需要对各种关键风险因子给出自己的观点和数字化的展望,最后综合平均后形成团队的“共识性观点”。

例如,团队辩论后会产生对市场的展望,如表16-8所示。

表 16-8　市场宏观因子 6—9 个月展望

股票市场	标普 500 指数	x
	日经 225 指数	xx
	金融时报 100 指数	xxx
	VIX 恐慌指数	$xxxx$
	……	
债券市场	美联储利率	y
	美国 10 年期国债利率	yy
	德国 10 年期国债利率	yyy
	……	
信用市场	美国投资评级信用点差	z
	美国投机评级信用点差	zz
	……	
汇率市场	美元指数	xy
	欧元	xxy
	英镑	$xxxy$
	日元	$xxxxy$
	……	
大宗商品市场	黄金	xz
	原油(WTI)	xxz
	……	

在此基础上，再研究哪些对冲基金策略将面临“顺风”环境，哪些将面临“逆风”环境。虽然我们知道历史不会被复制，但在这种时候适当借鉴历史是有帮助的(见图 16-2)。

我们可以对照相应的图看看我们的因子的水位处在什么象限，而该水位对应历史上的什么时期，在相应的历史时期中各对冲基金策略的表现。比如，图 16-2 显示受压资产策略在信用点差剧烈跳跃时不太可能有好的收益，而在信用点差收缩时该策略都会是“明媚的春天”。将这些量化分析与我们将要面临的实际市场环境相结合，以“科学＋艺术”地判断哪些对冲基金策略将迎来

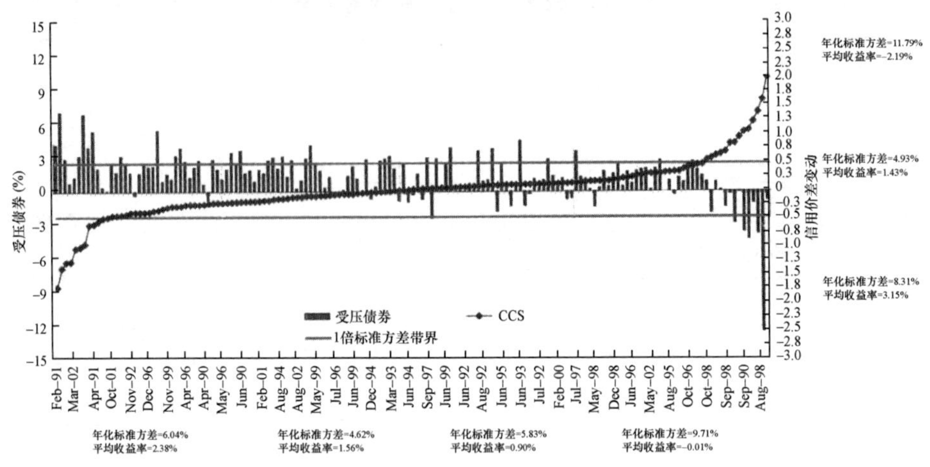

图 16-2 因子 VS 策略

“顺风”环境,哪些策略将面临“逆风”状态。如此,我们可以得出以下策略展望(示例)(见表 16-9)

表 16-9 各对冲基金策略展望(示例)

策略	得分(0—5)	预期收益(%)	原因
可转债策略	3	5	
市场中性策略	2	3	
事件驱动策略	3	7	
受压资产策略	2	5	
并购套利策略	2	3	
固定收益套利策略	2	2	
全球宏观策略	4	11	
股市多/空头策略	3	7	
管理期货策略	2	4	

基金经理将根据此策略打分在接下来的一个季度调整 FOHF 配置,期间如果有新基金产品需要构建,也将以此为依据建仓。接下来的任务就是需要判断哪些具体操盘的对冲基金会受益最多,而哪些将会面临最大挑战。这就需要依赖于平时尽职调查“三驾马车”所做的功课了。

FOHF的基金经理在对现有投资组合中的基金做出分析判断、初步给出权重配置后,需要与量化分析和风险管理团队密切合作对新投资组合进行风险因子分析。投资组合最后的建仓或调仓会在投资基金经理与风险管理/量化分析部门之间不断交流切磋优化后才确定。

第四节 投前、投中、投后的持续监控

投资之前

从投研团队一开始从各种不同渠道寻找到各种有潜力的对冲基金进行跟踪,展开第一阶段的投资尽职调查,到报告获投委会批准以后进行第二阶段的投资尽职调查,再到运营尽职调查、风险管理尽职调查,在尽职调查过程中,这“三驾马车”尽职调查人员可以保持交叉比对,核实从不同来源所获得的信息是否一致。从前面章节中我们看到,三部分尽职调查报告都需要报送投资委员会申请批准。

要清楚地客观了解一只基金是件很难的事情,并且需要不同的市场环境来验证,并不能只凭基金经理讲故事。作为机构投资者,FOHF的目标是,对候选基金的特性有充分了解和熟悉,使得在投资之后不会对基金经理的行为感到措手不及。这就需要在投资前相当长的时间窗口里对候选基金展开了解和持续监控。图16-3展示了在各个不同阶段除了在投资研究方面应该与基金经理跟踪,在运营管理方面及风险管理方面应该做的一些功课。

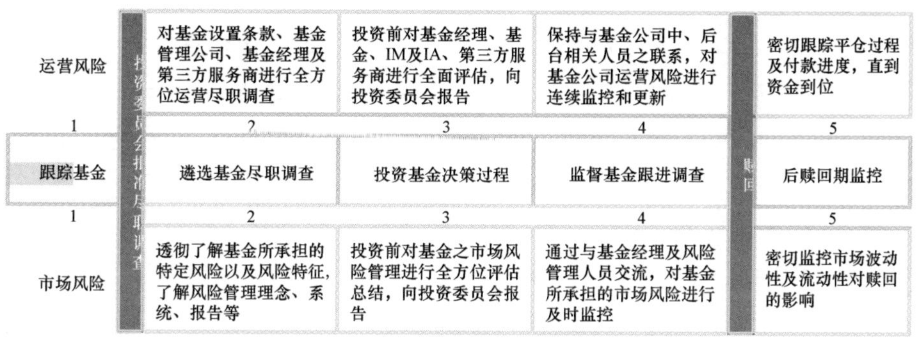

图16-3 风险管理尽职调查的步骤

由于运营尽职调查涉及审阅许多合同文件，耗时耗力，投资团队通常会在跟踪候选基金一段时间发现有潜力后向投资委员会报告、讨论、评审开绿灯后运营尽职调查才开始。首先会向基金经理收集一系列合同文件、公司章程等并起草和签署保密协议，以便获取相关私密信息。以下是一个清单：

- 基金私募认购合同(PPM)；
- 经审计后的财务报表；
- 基金路演材料及标准问卷表(DDQ)；
- 基金作为公司的设立章程；
- 与第三方服务商合同影印件；
- 背景调查授权书；
- 基金管理公司内控及合规手册；
- 基金管理公司风险管理指引；
- 基金、投资基金管理人、投资基金顾问之间的投资合同。

这里值得特别强调的是，虽然候选基金往往会提供按某种版本的"标准问卷表"，但其中的信息只能作为参考之用，必须经过自己亲自审查核实过的才是可靠的信息。万万不可直接将其中的信息不经核实地抄到运营尽职调查报告中去。

上面所列的这些文件，有一些是很长的，而且其中的内容可能很艰涩，因为涉及很多法律语言。但是，运营尽职调查值得把每一个文件都仔细读清楚，把每一个细节都搞清楚。始终应该相信每一句话都是有它的原因的，如果在投资之前没有搞清楚，那么投资以后就很可能发现这些"无关紧要"的内容其实是"坑"。这个过程就是从细节处找魔鬼的过程，也是保护投资者利益非常重要的实践过程。在实践中常常会在运营尽职调查的过程中发现有的条款是我们不能接受的，而候选对冲基金管理公司又不愿意做调整，在这种情况下，我们只好全面叫停整个尽职调查过程。

投资进行中

FOHF是主动的机构投资者，在进行投资以后，还需要定期针对尽职调查方面继续进行跟踪和检测，并研究分析和判断各种市场环境对投资组合中各个子基金的影响及应该采取的行动对策。

对于投资尽职调查而言，在投资以后，每周会要求基金经理提供净值估值。研读投资者通讯、比对该基金的投资认购书，看看这个表现是否符合预期，是否应该采取什么行动，并且分析判断市场环境对该基金接下来的表现是怎样的。如果有必要，会通过电话或者邮件与基金经理就投资方面的事项进行沟通。在保证沟通渠道畅通的情况下，通常不会在市场出现一些风吹草动就给基金经理打电话联系，分散其精力。因为如果在投前尽职调查过程中已经对底层子基金有了充分的了解，只要基金经理不出现风格漂移等严重问题，在正常的市场环境下必须对基金经理有充分的信任和尊重。

如果在与基金经理的交流过程中发现该基金的投资理念、投资策略或者投资流程发生了改变，FOHF 投资尽职调查人员要及时向团队更新对该基金的投资尽职调查报告，并向投委会汇报。每过一段时间，比如不超过 12 个月，FOHF 投资尽职调查人员要对每个子基金进行面对面的会谈获取更新信息，可以是通过专业会议或是直接在双方的办公室中会谈的方式。

对于运营尽职调查，在投资以后会继续研究子基金提供的净值报告、投资者通讯、风险报告、基金管理公司的财务报告、审计报告等。另外，会继续搜寻各种渠道，看是否有相关基金管理公司、团队人员的负面消息并追踪核实，保持与子基金运营团队的沟通畅通，随时更新其团队、系统、办公室等是否有变化或升级等。汇集所有收集到的信息实时更新运营尽职调查评估系统，如果发现有哪些指标恶化，则必须及时反馈给子基金的相关人员并及时向投委会汇报。

在风险管理尽职调查方面，FOHF 风险管理人员应该与子基金风险管理经理和团队保持顺畅的沟通。分析子基金所提供的风险管理报告内容，了解其风险因子的动态，监控基金表现的异动，密切跟踪子基金的痛苦指数，对比基金产品投资指南检查是否需要采取任何风险管理行动。了解子基金风险管理方法的改进、系统的升级和团队的变动。

投资赎回后

在投委会决定从某个底层子基金赎回后，运营团队和风险管理团队仍然需要密切跟踪该基金的运作和所面临的市场风险,直到最后一笔赎回资金入账。

除非一只对冲基金是因为关键人物或管理公司在诚信上出现问题被赎回,否则我们在同一只基金赎回以后,仍然会密切跟踪,在合适的市场环境下经投委会批准,会考虑再将之纳入投资组合中来。

第五节 风险管理

风险管理对于每个投资交易金额大、持仓时间长及交易频率低的 FOHF 而言毫无疑问是非常重要的。与考察对冲基金风险管理一样,FOHF 管理公司也必须有自己的风险管理哲学和理念,建立相应的风险管理系统将之付诸实施。这就需要建立强有力的风险管理系统。由于 FOHF 往往涉及多种资产类别和各种对冲基金策略,相互之间的差异性较大,风险管理系统必须能够覆盖各种对冲基金策略范畴。

由于很少有对冲基金的收益率分布是正态分布,FOHF 在进行风险管理分析时通常都用收益率的实际分布来做分析。为了适应 2008 年全球金融海啸发生时所有资产类别的动向都是高度正相关的,有很多 FOHF 的风险管理模型中会考虑到各底层子基金之间的相关性系数均为 0.8 或更高的情形下的风险数据。

FOHF 的风险管理通常需要在三个层面展开:① FOHF 层面;② 对冲基金策略层面;③ 底层子基金层面。在这些层面上必须严格执行基金产品投资指南中所规定的各项风险指标,尤其是集中度、非流动性风险等。

另外,深入了解投资组合中的风险贡献度也非常重要。高盛的罗伯特·利特曼(Robert Litterman)曾在著名的 *Journal of Portfolio Management* 杂志纪念费希尔·布莱克(Fischer Black)的特刊中发表“Hot Spots and Hedges”一文,其中提出了“边际风险贡献度”(MCR)的概念,对于鉴定 FOHF 投资组合的风险贡献度很有效,可以在此做个简单介绍:

假设我们的投资组合 P 由 n 只基金构成,它们的权重分别为 $w_1, w_2, \cdots, w_n$ 它们之间的协方差矩阵用 Σ 来表示,则我们知道投资组合的波动率可以用

数学公式表示为 $\sigma=\sqrt{\vec{w}^T\Sigma\vec{w}}$，其中 $\vec{w}=(w_1,w_2,\cdots,w_n)^T$。第 i 只基金的“边际风险贡献度”(MCR)定义为：

$$\mathrm{MCR}_i=\frac{w_i}{\sigma}\times\frac{\partial\sigma}{\partial w_i}.$$

一个美妙之处是，通过简单的数学推导我们会发现 $\mathrm{MCR}_1+\mathrm{MCR}_2+\cdots+\mathrm{MCR}_n=1$。

由于已经考虑了投资组合中的相关性，“边际风险贡献度”一个很显著的特点是其“可加性”，也就是说，两只基金叠加的边际风险贡献度等于它们各自的边际风险贡献度之和，而投资组合总的 MCR 为 100%。我们知道，风险参数通常是不可加的，例如两只基金叠加的 VAR 通常小于它们各自 VAR 的总和。这个概念是一个投资组合中的“牵一发而动全身”的全局概念，如果变动其中一只基金的权重，则所有基金的边际风险贡献度都会发生变化。它也使得投资组合中两只基金的边际风险贡献度具有可比较性，使基金经理清楚地了解在什么程度上承担了哪些风险，便于判断哪些是有意向承担的风险，而哪些是无意向承担的风险。

前面提到，由于 FOHF 调仓的频率很低，而每次调仓涉及的金额都比较大，调仓时就必须特别谨慎，每次调仓时基金经理都会与风险管理和量化分析部门密切合作、反复考量调仓对投资组合整体结构和期望的影响，需要不断地通过“艺术+科学”的过程优化各种因子后做出调仓的最后决定。这可以从以下的一份分析报告中略见一斑：

> 通过我们的蒙特卡罗分析系统可以看到，现有投资组合中按基金经理所最新建议的权重纳入(××基金)后将使投资组合的整体收益预期增加 xx%，同时使得新的投资在 1 个月、2 个月、3 个月及 6 个月的时间窗口表现中最大回撤幅度缩小，幅度分别为 yy%、zz%、xy%、xz%。分析显示这些改进之处的主要原因有……

在前面的章节可以看到，我们在做尽职调查时，会通过保密协议与对冲基金管理公司签订在什么样的痛苦指数幅度或持续时间长度将无条件赎回投资实现止损。另外，在基金产品波动超过一定幅度或者低于一定幅度时，我们也会与基金经理进行交流,决定是否采取行动甚至赎回。比如,有一次我们发现有只基金的波动率变得异常地小,在与该基金经理进行交流后发现他在那段时间无法理解市场的动向以至于无法操作,该基金经理还表示再往后他也看不到可以操作的市场环境,所以只好清仓将资金存入银行获取银行利息收益。在这种情况下,我们开会讨论后决定从该基金赎回投资,因为该基金经理浪费了我们资金的机会成本。另外,我们可以自己把资金存入银行获取利息收益,而不用基金经理来为我们存钱,然后收我们的管理费和绩效费。FOHF 一定要时刻牢记最初投资给某个对冲基金的目的和期望,一旦发现偏离就应该及时采取行动,这样才不会背离客户的期望。

在第十一章中我们提到团队的“3D”(discipline——守纪, diligent——勤奋, discovery——善于发现)要求和开展尽职调查时对候选底层子基金的“低姿态-高标准严要求-悚惧”(LHS)原则。在前面章节我们讲过两个实例。一个是长期资本管理公司(LTCM),另一个是麦道夫基金。从事对冲基金业务的业者基本上没有不知道这两只基金的,在它们倒塌之前,几乎所有的投资者对之都是趋之若鹜,生恐挤不进投资者名单。而在它们倒下之时,作者聂军所在的团队却成功避开,毫发无损,这完全得益于以上的信条和原则。

第六节　流动性监控

流动性监控对于 FOHF 而言是极其重要的。FOHF 的流动性分为两个层次。一层是各个底层子基金投资组合持仓的市场流动性,另一层是组合基金从底层子基金的赎回流动性,而后者远比前者更为重要(见表 16-10、表 16-11)。

由于 FOHF 本身是一只基金,对投资者是有赎回义务的;而另一端是赎回时间比较长的对冲基金——对冲基金通常的赎回窗口是每个月开放,也有每个季度或更长的时间开放赎回窗口的,而且还有一定的提前告知时间。如果在 FOHF 层面上没有设计和密切监控好流动性的匹配问题,则会出现“流动性错位”。投资者如果不能及时赎回,基金会面临投资者纠纷甚至一些法律问题。这与一般对冲基金的情形很不一样,值得特别留意。对冲基金在面临赎回压力时,可以尽最大努力将投资组合中的仓位清仓甚至甩卖来筹集足

表 16-10　流动性监控

流动性监控															
×年×月×日															
对冲基金组合基金		0.00%				x1%		x2%	x3%	x4%	x5%	x6%	x7%		
基金名	策略	权重	赎回窗口	告知时间（天）	锁定期	现金	赎回闸阀	1 周	2 周	1 月	2 月	3 月	大于3 月	回撤赎回条款	备注
基金 1	股市多/空	6.00%	月度	30		3.60%		45%	90%	100%	100%	100%	100%		
基金 2	并购套利	7.00%	月度	30		7.20%		35%	80%	100%	100%	100%	100%		
基金 3	受压资产	9.00%	月度	30		4.35%		32%	76%	100%	100%	100%	100%		
基金 4	固定收益套利	10.20%	月度	5		5.50%		100%	100%	100%	100%	100%	100%		
基金 5	股市多/空	6.50%	月度	45		15.00%		50%	95%	100%	100%	100%	100%		
基金 6	全球宏观	8.00%	月度	30		18.00%		45%	85%	100%	100%	100%	100%		
基金 7	可转债套利	7.90%	月度	30		5.75%		35%	78%	100%	100%	100%	100%		
基金 8	期货基金	11.00%	月度	3		3.40%		100%	100%	100%	100%	100%	100%		
基金 9	特殊情形	8.50%	月度	30		7.30%		35%	73%	100%	100%	100%	100%		
基金 10	市场中性	8.60%	月度	30		4.95%		45%	85%	100%	100%	100%	100%	是	
基金 11	受压资产	5.80%	季度	30		19.00%		20%	35%	50%	85%	100%	100%		
基金 12	股市多/空	6.20%	月度	30		8.30%		45%	78%	100%	100%	100%	100%		
基金 13	固定收益套利	5.30%	季度	30		5.78%		40%	65%	85%	100%	100%	100%	是	

注:回撤赎回条款指当回撤达到双方事先同意的幅度后,投资者可以无条件赎回。

够多的现金满足赎回需求。但 FOHF 就算想要“甩卖”也无济于事,因为与底层子基金有投资合同,严格规定了赎回窗口和每次允许赎回的百分比,这与基金阀值有关,也就是说,还要看在赎回时其他投资者是否也在赎回及赎回的力度。

另外,FOHF 在调仓时也会出现流动性短暂错配或者资金缺口的问题。比如投资组合要在 10 月 1 日从对冲基金 A 赎回而配置到对冲基金 B,通常情况下 FOHF 基本上是满仓操作,而我们需要在 9 月底之前的几个工作日将资金汇入基金 B 的基金行政人的托管账户中(国际时差是必须要注意的问题);但是,从对冲基金 A 赎回的资金并不会在月底之前到达,一般会在月底之后若干个工作日(须根据基金 A 的 PPM(基金募集说明书)而定)后才能到达,所以在这种时候,FOHF 需要一笔过桥资金来填补这个资金缺口。一般在成立 FOHF 时就会跟券商签订一个过桥贷款的协议来应对这些问题。

虽然 FOHF 一般不用杠杆,但因为以上所述的调仓情况实际上使得基金有了小幅杠杆,所以在基金的招募书中很多基金都会描述基金有 10%—30% 的融资杠杆。显然,每次调仓的规模越大,调仓的频率越高,所需要的过桥贷款就越多。

表 16-11　底层子基金投资组合流动性监控

投资组合流动性总览

×年×月×日

××基金								
	<1 天	<1 周	<1 月	<2 月	<3 月	<6 月	<1 年	整个投资组合
多头仓位	80.99%	92.57%	93.87%	94.06%	94.06%	94.06%	94.06%	94.06%
空头仓位	16.78%	16.78%	16.78%	16.78%	16.78%	16.78%	16.78%	16.78%

非流动性超过 1 周的仓位

仓位名称	头寸	仓位全称	头寸权重	过去 20 天历史波动率	过去 20 天平均交易量	清仓所需天数	仓位所占该证券发行量%	仓位所占该证券流通量%
证券代码 1	52 000 000	证券名称 1	0.19%	25.30%	8 400 000	24.76	0.05%	0.62%
证券代码 2	28 732 000	证券名称 2	1.30%	34.83%	12 968 601	8.86	0.33%	0.97%

第七节　团队建设

FOHF管理公司的组织构架图与对冲基金结构相似，分前台、中台与后台团队分工协作和责任隔离，最为关键的是需要有精良的团队胜任宏观经济分析和开展尽职调查的“三驾马车”。所以FOHF管理公司应该建立专才型的团队并鼓励分享与辩论的文化氛围。对于泛而不精的团队人员，将很难开展深入的尽职调查并有效地挖掘候选对冲基金的特色及甄别潜在欺诈等。

除了运营团队和风险管理团队，投研团队应该按对冲基金策略分工，然后再把一些相关策略归为一个“风格”，每个“风格”中有两三名成员就可以了。团队的大小取决于FOHF的策略跨度，跨度越宽所要求的人员就越多，而且每一位团队成员还应该有“备胎”，以保证团队覆盖面的稳定，确保基金产品的顺利运行。但由于对冲基金以及FOHF都强调产品的特色，FOHF团队的结构与产品的客户要求相辅相成，有的机构会根据客户对产品的需要而相应招募组建团队，而有的机构则是根据自身团队的特色而向客户提供反映自己优势的产品。

应该说，做FOHF，除了需要很高的技术含量和勤奋的付出，还有很多是对人性和人的行为的判断，必须要靠面对面地观察其言行举止来做出判断，这部分是无法用机器或者智能投顾取代的。所以说，人工智能的FOF多半都是噱头。很有趣的是，我们看到在国内很多FOF都是跟金融工程部门放在一起，光是依赖于电脑系统来分析候选基金的各种数据而不做实地尽职调查，是很难在对冲基金的“枪林弹雨”中走得很远的。

有不少人感到要做一个精良的FOHF很难找到优质的专业团队开展精深的尽职调查和进行前瞻性的投资分析，于是就希望通过打造平台找捷径，把尚在起步阶段有潜力的投资顾问或基金公司以“加盟”的方式吸引到平台上来，在投资过程中担任子基金的角色，而平台募集资金对之进行配置，同时在这些子基金的公司里占有一定股份。其实，作为FOHF，最好不要参与底层子基金的股权投资，因为那样会影响判断的公允性。然而，有许多“对冲基金平台”在供各种对冲基金在平台上运行时通常会拥有各个基金不同的股权。有人认为如果在这个平台上再运作一个FOHF是很棒的主意，但海外的很多实践证明现实要远远“骨感”得多，甚至有些尴尬。这样做(对底层子基金拥有股权)不仅会影响选择子基金时的公平性，而且关键是池子太小，可供投资的空间也非常有限，而且如果没有很好的“退出机制”，运营的结果很可能还会出现“优汰劣剩”的尴尬局面。因为优秀的投资顾问/基金经理在业绩表现优异后很容易受到其他投资者的青睐而募到足够多的资金，使其管理资金迅速成长后“赎身”自立门户或者被“挖角”。另一方面，表现不佳者则可能会逐渐占据平台。

总之，我们认为，从事 FOHF 业务没有什么捷径可走。无论是组建团队，还是具体操作一个 FOHF 产品，都必须怀着对市场和客户的敬畏之心，认认真真对待，才能做得大、做得强、走得远。

中国的对冲基金行业，尤其是 FOHF 行业，都还处于起步阶段，充满了新的生机。对于有志于在这个领域施展自己的才华、成就自己的事业、实现自己的梦想的从业者，可以参考前面提到的“3D”原则：守纪、勤奋、善于发现，并且认认真真、兢兢业业地学习和加强自己在对冲基金领域中各种策略方面的知识和能力。本书正是为了给这些有志者提供一个系统的学习材料和海外的经验参考而写作的。对于具有扎实功底的 FOHF 从业者，中国这片沃土上有着巨大的发展机会。海阔凭鱼跃，天高任鸟飞！

参考文献

[1] John C. Hull, *Options, Futures and other derivatives*, 4th edition. Prentice-Hall, 2000.

[2] Paul Wilmott, Derivatives, *The Theory and Practice of Financial Engineerin*. John Wiley & Sons, 1998.

[3] Neil A. Chriss, *Black-Scholes and Beyond: Option Pricing Models*. McGraw-Hill, 1996.

[4] Philip Jorion, *Value at Risk*. Irwin, 1997.

[5] Richard A. Johnson & Dean W. Wichern, *Applied Multivariate Statistical Analysis*. Prentice Hall, 2002.

[6] Lars Jaeger, *Managing Risk in Alternative Investment Strategies, Successful Investing in Hedge Funds and Managed Futures*. Prentice-Hall, 2002.

[7] Joseph G. Nicholas, *Market Neutral Investing*. Bloomberg Press, 2000.

[8] George A. Philips, *Convertible Bond Markets*. Antony Rowe Ltd., 1997.

[9] Keith M. Moore, *Risk Arbitrage*. Wiley Frontiers, 1999.

[10] Ciara Connolly, and Mark C. Hutchinson, "Dedicated Short Bias Hedge Funds Diversification and Alpha during Financial Crises", *The Journal of Alternative Investments*, Vol. 14.2011/12, 3, 28—41.

[11] Robert Litterman, "Hot Spots and Hedges", *The Journal of Portfolio Black*, 1996, 23(5), 52—75.

[12] Barry Schachter(ed), *Intelligent Hedge Fund Investing*. RISK Books, 2004.

[13] 文芳,"聂军:为对冲基金正名""美国 VS 日本:对冲基金发展六大制胜法宝",《新财富》,2010 年 7 月。

[14] 聂军,“对冲基金中国策”,《新财富》,2014 年 6 月。

[15] 聂军,“玩转期权策略万花筒”,《新财富》,2014 年 9 月。

[16] 聂军,“如何构建对冲基金组合基金”,《新财富》,2016 年 9 月。

[17] 聂军,“沪港通打开全球指数大门活水引流 A 股”,和讯网,2014 年 4 月 21 日。